中國語學研究 開篇 單刊 No.15

太田斎・古屋昭弘
両教授還暦記念中国語学論集

太田斎・古屋昭弘両教授還暦記念中国語学論集刊行会◎編

好文出版

太田斎教授近影

古屋昭弘教授近影

中國語學研究 開篇 單刊　No.15

太田斎·古屋昭弘
両教授還暦記念中国語学論集

太田斎・古屋昭弘両教授還暦記念中国語学論集刊行会◎編

序

太田斎先生は去る平成二十四年十月に還暦を迎えられ、また古屋昭弘先生も平成二十六年三月に還暦を迎えられる。両先生は東京都立大学大学院において共に慶谷壽信東京都立大学名誉教授に師事した同級生である。大学院修了後はそれぞれ神戸市外国語大学と早稲田大学で教鞭を執り後進の指導に当たられるとともに、我が国における中国語音韻学・中国語方言学の研究を一貫して牽引してこられた。この分野の研究に従事する若い学徒で両先生の学恩を受けていないものは少なかろう。

本論集は両先生の還暦を祝賀すべく、受業生およびゆかりある人々により編まれた。

研究の深化にともない専門性が強まり、その結果個々の研究者が手がけることのできるテーマの幅がせまくなってゆく。このことは必然にして不可避のように感じられる。中国語音韻学・中国語方言学もこのような潮流に無縁ではいられない。その中にあって、研究分野の広さと高度な専門性を両立しているのが太田・古屋両先生に他ならない。

「玄応音義に見る玉篇の利用」、「『西儒耳目資』編纂過程推測の手がかり」、「丙種本西番館訳語校本（稿）」、「缙云方言音系」、「北方方言怪音例集－語流音變以及其他特殊音變－」、これらは太田先生の研究業績の一部である。伝統的中国語音韻学と中国語方言学、この両分野を太田先生のように垣根なくそして高い水準であつかうことのできる研究者は、世界的にもまれであろう。また、現代中国語諸方言の常用語彙に現れる例外的音形をあつかう方法論にもふれなければならない。類例をていねいに積み重ねることにより例外的音形の音韻史的・語彙史的来歴を明らかにするとともに、その例外の度合いを能う限り軽減しようとするこの方法論は、太田先生の独創であり斯界での評価も高い。『中国语文』二〇一〇年第五期に掲載された「常用词特殊音变的分析法：以“肩膀”和“井拔凉水”为例」はその明証である。そしてこの方法論を展開するために準備された書棚を埋め尽くすB6サイズのカードバインダーは、妥協なく研究対象に向き合う太田先生の真摯な姿勢をきわめて明快に伝えてくれる。

「上古音の開合と戦国楚簡の通仮例」、「宋代の動補構造“V教（O）C”について」、「説唱詞話『花関索伝』と明代の方言」、「明代官話の一資料—リッチ・ルッジェーリの「賓主問答私擬」—」、「明代知識人の言語生活—万暦年間を中心に—」、こちらは古屋先生の研究業績の一部である。上古音から方言音をも含む明清音、文献学、歴史文法、さらには社会言語学までという研究領域の途方もない広さのみならず、文学に対する造詣の深さが古屋先生のご研究における一大特徴と申し上げてよかろうかと思う。「賓主問答私擬」の解読に成功されたのも、文学作品等を通じて先生が同時代の中国語に精通されていたからにほかならない。早稲田大学中国語中国文学コースのスローガン「古今兼学・語文双修」

は古屋先生においてもっともよく体現されているといってもけっして過言ではない。平成二十一年に出版された『張自烈『正字通』字音研究』は、先生のこのような学問が高いレベルで昇華した名著である。

太田・古屋両先生の受業生から多種多彩なテーマを手がける研究者が輩出した根本要因も、以上述べたように広汎な研究領域を高い水準であつかうことのできる両先生の学識にある。

「受業生」と書いたが、それは神戸市外国語大学と早稲田大学における指導学生という意味には限らない。こと学問に関する限り、両先生は教えを求めるものに対し在校生か否かを基準に分け隔て接することなどなく、ひとしく熱心に指導された。古屋先生が昭和六十年以来主宰されている『中国語学研究　開篇』、そして太田先生が平成七年から刊行を続けておられる『アジア言語論叢』は、そのような真摯で自由な学問の交流拠点であり続けている。

すぐれた研究・教育ばかりではない。太田・古屋両先生の誰に対しても変わることがない穏やかで誠実なお人柄も人を引きつけずにはおかない。平成二十四年四月より古屋先生が日本中国語学会会長、そして太田先生が日本中国語学会副会長の任にあるのもむべなるかなと思われる。

我々受業生一同は、太田・古屋両先生が多年にわたる奮闘により築かれた中国語学を基礎に自らの研究を行うことができる学恩に感謝すると同時に、その伝統を守りまたそこから一歩でも前に進みたいと願う。本論集が収録する諸論文がその実践たり得ていれば幸いである。

両先生のご健康そしてご研究の発展を祈念するとともに、これからもかわらぬご指導を賜るようお願い申し上げる。

平成二十五年一月

『太田斎・古屋昭弘両教授還暦記念中国語学論集』刊行会

目　次

太田斎教授略歴

1952年〔昭和27年〕10月3日	北海道名寄市に父芳春、母孝子の長男として出生
1971年〔昭和46年〕3月（18歳）	北海道立旭川西高等学校卒業
1976年〔昭和51年〕3月（23歳）	神戸市外国語大学中国学科卒業
1978年〔昭和53年〕3月（25歳）	東京都立大学大学院人文科学研究科中国文学専攻修士課程修了
1980年〔昭和55年〕9月（27歳）	山東大学中文系高級進修生（1982年7月まで） 銭曾怡先生の指導の下で博山、淄川、掖県（莱州）、青島、膠南、煙台、単県等の山東方言を調査
1983年〔昭和58年〕3月（30歳）	東京都立大学大学院人文科学研究科中国文学専攻博士課程単位取得退学
1983年〔昭和58年〕4月（30歳）	東京都立大学人文学部助手（1986年3月まで） 立正大学教養部非常勤講師（1984年3月まで） 横浜市立大学文理学部非常勤講師（1986年3月まで）
1986年〔昭和61年〕4月（33歳）	神戸市外国語大学専任講師
1986年〔昭和61年〕7月（33歳）	東京外国語大学アジア・アフリカ言語文化研究所非常勤講師（夏期言語研修「西南官話」担当）
1987年〔昭和62年〕4月（34歳）	神戸市外国語大学助教授
1989年〔平成2年〕4月（36歳）	平成1-3年度（1989-1991）科学研究費総合研究（A）（課題番号 01301057）「漢語諸方言の総合的研究」（研究代表者：岩田礼）研究分担者
1992年〔平成4年〕12月（40歳）	山口大学人文学部非常勤講師（集中講義）
1993年〔平成5年〕4月（40歳）	平成5-7年度（1993-1995）科学研究費総合研究（A）（課題番号 05301056）「中国の方言と地域文化」（研究代表者：平田昌司）研究分担者
1993年〔平成5年〕10月（41歳）	筑波大学文芸・言語学系非常勤講師（集中講義）
1993年〔平成5年〕12月（41歳）	東京都立大学人文学部非常勤講師（集中講義）
1994年〔平成6年〕4月（41歳）	京都大学人文科学研究所非常勤講師（1995年3月まで）
1995年〔平成7年〕7月（42歳）	静岡大学非常勤講師（集中講義）

1996年〔平成8年〕4月（43歳）	神戸市外国語大学教授
1996年〔平成8年〕11月（44歳）	筑波大学文芸・言語学系非常勤講師（集中講義）
1997年〔平成9年〕4月（44歳）	平成9-11年度（1997-1999）科学研究費基盤研究（A）（課題番号 09301022）「中国における言語地理と人文・自然地理」（研究代表者：遠藤光暁）研究分担者
1997年〔平成9年〕7-9月（44歳）	浙江省雲和県にて方言調査
1998年〔平成10年〕4月（45歳）	中国社会科学院語言研究所に滞在、この間浙江省雲和、縉雲、江蘇省揚中、河南省方城方言の調査（1993年3月まで）
2000年〔平成12年〕7-8月（47歳）	浙江省東陽市にて方言調査 第5届現代語言学高級研討班講師（於厦門大学）
2001年〔平成13年〕4月（48歳）	平成13-15年度（2001-2003）科学研究費基盤研究（B）（課題番号 13410130）「歴史文献データと野外調査データの綜合を目指した漢語方言史研究」研究代表者
2002年〔平成14年〕4月（49歳）	京都大学大学院非常勤講師（2005年3月まで） 平成14-16年度（2002-2004）科学研究費基盤研究（B）（課題番号 14401032）「呉語婺州方言群・甌江方言群の調査研究」（研究代表者：秋谷裕幸）研究分担者
2002年〔平成14年〕9月（49歳）	浙江省瑞安市湖嶺鎮にて方言調査
2003年〔平成15年〕9月（50歳）	浙江省瑞安市湖嶺鎮にて方言調査
2004年〔平成16年〕4月（51歳）	平成16-18年度（2004-2006）科学研究費基盤研究（B）（課題番号 16320051）「中国語方言の言語地理学的研究―新システムによる『漢語方言地図集』の作成―」（研究代表者：岩田礼）研究分担者
2004年〔平成16年〕12月（52歳）	浙江省瑞安市湖嶺鎮にて方言調査
2006年〔平成18年〕10月（54歳）	日本中国語学会編集委員長（2008年10月まで、編集委員としての任期は2010年10月まで）
2007年〔平成19年〕4月（54歳）	平成19-21年（2007-2009）科学研究費基盤研究（C）（課題番号 19520360）「音韻と文法のインターフェースからの中国語の類型的特徴の再検討」研究代表者
2007年〔平成19年〕7月（54歳）	新潟大学非常勤講師（集中講義）

2008年〔平成20年〕3-4月（55歳）	陝西省岐山県蒲村鎮にて方言調査
2009年〔平成21年〕3月（56歳）	河南省開封市において、河南大学辛永芬副教授の協力を得て延津、長垣、開封、済源方言の調査
2009年〔平成21年〕4月（56歳）	神戸市外国語大学理事（学術担当、2011年3月まで）
2010年〔平成22年〕4月（57歳）	平成22-25年度（2010-2013）科学研究費基盤研究（B）（課題番号 22320079）「漢語諸方言における周辺諸言語との言語接触による類型推移現象の実証的研究」研究代表者
2010年〔平成22年〕8月（57歳）	陝西省鳳翔県虢王鎮にて方言調査
2011年〔平成23年〕8月（58歳）	甘粛臨夏唐汪、青海甘溝にて方言調査
2012年〔平成24年〕4月（59歳）	日本中国語学会副会長(任期は2014年3月まで)

この他、1984-1985 年、岩田礼氏にインフォーマントを紹介して頂き、日本国内で河南省鞏県方言の調査を行った。また 1990 年、同じく日本で江蘇省揚中県出身者に出会い方言調査を行った。

太田斎教授研究業績一覧

年齢はその年の誕生日以前における満年齢数を示す。

1978 年（昭和 53 年）25 歳

〔修士論文〕西儒耳目資の音系について―入声の特質をめぐって―，東京都立大学大学院人文科学研究科，3 月.

1980 年（昭和 55 年）27 歳

〔論文〕尖団小論，『人文学報』第 140 号，139-153 頁，3 月.

1981 年（昭和 56 年）28 歳

〔編著〕『中州音韻』音注索引【慶谷壽信等と共編】，全 343 頁，東京都立大学近世音研究会，3 月.

1982 年（昭和 57 年）29 歳

〔論文〕博山方音记【銭曾怡等と共著】，『山东大学文科论文辑刊』1982 年第 1 期（総第 7 期），1-43 頁，8 月.
〔編著〕『詞林韻釈』索引（改訂版）【慶谷壽信等と共編】，全 354 頁，采華書林，12 月.

1984 年（昭和 59 年）31 歳

〔論文〕山東方言における‘児化’，『人文学報』第 166 号，23-51 頁，3 月【中国語訳：傅根清译「山东方言的“儿化”」，『烟台师范学院学报（哲社版）』1991 年第 1 期（総第 20 期），67-78 頁，1991 年 3 月】.
〔論文〕博山方言词汇【銭曾怡等と共著】，『语海新探』第 1 輯，207-250 頁，11 月.

1986 年（昭和 61 年）33 歳

〔著書〕西南官話基本文型の記述【馬真等と共著】，全 258 頁，東京外国語大学アジア・アフリカ言語文化研究所，3 月.

〔論文〕山東方言における‘児化’(補),『人文学報』第 180 号, 35-58 頁, 3 月.
〔編著〕西南官話教本 1【馬真等と共編】, 全 271 頁, 東京外国語大学アジア・アフリカ言語文化研究所, 7 月.
〔編著〕西南官話教本 2【馬真等と共編】, 全 478 頁, 東京外国語大学アジア・アフリカ言語文化研究所, 7 月.
〔論文〕掖県方言調査報告稿（Ⅰ),『神戸外大論叢』第 37 巻第 4 号, 81-106 頁, 10 月.
〔編集〕学会展望(語学)【佐藤晴彦・山川英彦と共編】,『日本中国学会報』第 38 集, 311-327 頁, 10 月.

1987 年（昭和 62 年）34 歳

〔資料〕丙種本西番館訳語校本（稿), 神戸市外国語大学『外国学研究 17（内陸アジア言語の研究Ⅱ)』, 157-215 頁, 3 月.
〔編集〕学会展望(語学)【佐藤晴彦・山川英彦と共編】,『日本中国学会報』第 39 集, 322-352 頁, 10 月.
〔論文〕掖県方言調査報告稿（Ⅱ),『神戸外大論叢』第 38 巻第 7 号, 55-74 頁, 12 月.

1988 年（昭和 63 年）35 歳

〔論文〕中国語に見られる‘Metathesis’について,『開篇』第 5 期, 36-51 頁, 6 月.
〔論文〕掖県方言同音字表（第一次改訂稿）【銭曾怡等と共著】,『開篇』第 5 期, 82-109 頁, 6 月.
〔論文〕掖県方言調査報告稿（Ⅲ),『神戸外大論叢』第 39 巻第 6 号, 63-80 頁, 11 月.

1989 年（平成元年）36 歳

〔論文〕博山方言語彙調査稿（附）淄川方言雑記, 神戸市外国語大学『外国学研究 19（内陸アジア言語の研究Ⅳ)』, 103-145 頁, 3 月.
〔論文〕掖県方言調査報告稿（Ⅳ),『神戸外大論叢』第 40 巻第 5 号, 19-42 頁, 10 月.

1990 年（平成 2 年）37 歳

〔論文〕膠南方言調査報告（稿),『神戸外大論叢』第 41 巻第 4 号, 33-52 頁, 9 月.
〔論文〕漢族方言と少数民族言語,『文化人類学』第 8 号（第 6 巻第 2 号), 146-152 頁, アカデミア出版会, 12 月.

1991 年（平成 3 年）38 歳

〔論文〕単県方言調査報告（稿）Ⅰ,『神戸外大論叢』第 42 巻第 3 号，1-36 頁，9 月.

1992 年（平成 4 年）39 歳

〔方言地図〕漢語諸方言の総合的研究，（1）研究篇，（2）漢語方言地図（稿），（3）漢語方言資料地点別リスト［附］80 年代漢語方言資料目録（稿），平成 1-3 年度科学研究費総合研究（A）（課題番号 01301057）研究成果報告書（研究代表者：岩田礼），3 月【14. 在（動詞）：（1）87-90 頁，（2）20 頁；15. 的（構造助詞）：（1）91-92 頁，（2）21 頁】.

〔書評〕「山東方言志叢書」の出版始まる，『東方』第 134 号，31-33 頁，5 月.

〔論文〕方言地理学研究二則―動詞＜在＞、結構助詞＜的＞―，『神戸外大論叢』第 43 巻第 2 号，19-39 頁，9 月.

1993 年（平成 5 年）40 歳

〔論文〕単県方言調査報告（稿）Ⅱ,『神戸外大論叢』第 44 巻第 1 号，21-32 頁，9 月.

1994 年（平成 6 年）41 歳

〔論文〕常用語彙中に見える例外的対応形式について（1）―「今日」と「今年」を例に―，『神戸外大論叢』第 45 巻第 4 号，41-60 頁，9 月.

〔論文〕常用語彙中に見える例外的対応形式について（2）―「今日」と「今年」を例に―，『神戸外大論叢』第 45 巻第 7 号，49-63 頁，12 月.

1995 年（平成 7 年）42 歳

〔論文〕北方方言怪音例集（1）――語流音變以及其他特殊音變，神戸市外国語大学『外国学研究 31（アジア言語論叢）』，105-170 頁，3 月.

〔方言地図〕中国の方言と地域文化，平成 5-7 年度科学研究費総合研究（A）（課題番号 05301056）研究成果報告書（研究代表者：平田昌司），第 2 分冊「漢語方言地図集」，4 月【「今日」を表す各語源形式―その地理的分布と音声変化の諸相―，30-38 頁；比較構文―語順の差異を基準とする各タイプの分布状況―，154-159 頁】.

〔書評〕銭曾怡『博山方言研究』，中国の方言と地域文化，平成 5-7 年度科学研究費総合研究（A）（課題番号 05301056）研究成果報告書（研究代表者：平田昌司），第 3 分冊「書評集：中国地域文化研究の諸相（1）」，17-33 頁，4 月【中国語訳：傅根清、刘淑学译「钱曾怡的《博山方言研究》」，『淄博师专学报』1996 年第 4 期（総第41期)，63-70頁】.

〔論文〕中国語の多様性と統合性，マンダリンから国語へ，『アジア読本・中国』，55-61頁，62-63頁，河出書房新社，4月.

〔論文〕北方方言怪音例集（2）——語流音變以及其他特殊音變，『神戸外大論叢』第46巻第2号，87-105頁，9月.

〔論文〕北方方言怪音例集（3）——語流音變以及其他特殊音變，『神戸外大論叢』第46巻第4号，73-86頁，9月

〔論文〕北方方言怪音例集（4）——語流音變以及其他特殊音變，『神戸外大論叢』第46巻第6号，43-57頁，11月.

1996年（平成8年）43歳

〔論文〕北方方言怪音例集（5）——語流音變以及其他特殊音變，『神戸外大論叢』第47巻第1-4号，243-254頁，6月.

〔論文〕北方方言怪音例集（6）——語流音變以及其他特殊音變，『神戸外大論叢』第47巻第5-6号，75-87頁，10月.

〔論文〕晋方言常用词汇中的特殊字音——“今日”和“今年”，『首届晋方言国际学術研讨会論文集』，63-69頁，山西高校聯合出版社，12月.

1997年（平成9年）44歳

〔論文〕漢語方言の常用語彙に見られる例外的対応形式について—‘明’の場合—，『開篇』第15期，114-149頁，6月.

〔論文〕『西儒耳目資』編纂過程推測の手がかり，『神戸外大論叢』第48巻第2号，61-72頁，9月.

〔論文〕『西儒耳目資』編纂過程推測の手がかり（続），『神戸外大論叢』第48巻第5号，41-51頁，10月.

〔論文〕『西儒耳目資』に見る先行韻書の利用のされ方，『開篇』第16期，76-80期，12月.

1998年（平成10年）45歳

〔論文〕掖城音系——掖县方言调查报告之一【銭曾怡等と共著】，神戸市外国語大学『外国学研究39（アジア言語論叢2）』，1-67頁，3月.

〔資料〕玄応音義反切と玉篇反切の一致，『開篇』第17期，134-140頁，6月.

〔論文〕浙江云和方言音系【曹志耘と共著】，『方言』1998年第4期，290-303頁，11月.

〔論文〕玄応音義に見る玉篇の利用，『東洋学報』第80巻第3号，01-024頁，12月【中

国語訳：何琳译「玄应音义中《玉篇》的使用」，董琨等主编『音史新论：庆祝邵荣芬先生八十寿辰学术论文集』，223-237 頁，学苑出版社，2005 年 5 月】.

1999 年（平成 11 年）46 歳

〔論文〕掖城词汇——掖县方言调查报告之二【銭曾怡等と共著】，神戸市外国語大学『外国学研究 45（アジア言語論叢 3)』，49-111 頁，3 月.

〔項目執筆〕『現代中国事典』，岩波書店，5 月【15 項目：ウェード式，HSK，エスペラント，漢字簡略化方案，言語学，言語政策，注音字母，中国語，中国文字改革委員会，白話，拼音符号，方言学，民族共通語論争，文字改革，呂叔湘】.

〔論文〕论汉语方言中的“类因牵引”和“同音词冲突”，『神戸外大論叢』第 50 巻第 5 号，19-36 頁，10 月.

〔論文〕“蜘蛛”的“网”——微母字特殊演变例，江蓝生、侯精一主编『汉语现状与历史的研究：首届汉语言学国际研讨会论文集』，287-296 頁，中国社会科学出版社，12 月.

2000 年（平成 12 年）47 歳

〔著書〕呉語処衢方言研究（中国語学研究開篇単刊 No.12）【曹志耘、秋谷裕幸、趙日新と共著】，全 470 頁，好文出版，3 月.

〔論文〕“同音词冲突”和“类音牵引”，『首届官话方言国际研讨会论文集』，25-30 頁，青島出版社，3 月.

〔編集〕橋本萬太郎著作集第 3 巻，内山書店，10 月【担当：Internal evidence for Ancient Chinese palatal endings（編者註 33-37 頁）；Retroflex endings in Ancient Chinese（編者註 85-87 頁）；Implications of Ancient Chinese retroflex endings（編者註 95-96 頁）】.

〔論文〕見かけ上の合音―語彙化の音声的現れ―，『神戸外大論叢』第 51 巻第 6 号，33-51 頁，11 月.

2001 年（平成 13 年）48 歳

〔論文〕汉语北方方言常用词的特殊演变——“煎饼”、“灯蛾”、“狐狸精”、“啄木鸟”，『神戸外大論叢』第 52 巻第 7 号，25-33 頁，12 月.

2002 年（平成 14 年）49 歳

〔編著〕新編中国地方志所録方言志目録（附：方言専志目録）【加納巧と共編】，平成 13-15 年度科学研究費基盤研究（B）（課題番号 13410130）研究成果報告書（研究代表者：太田斎)，第 1 分冊，全 321 頁，3 月.

〔論文〕掖城词汇与语法——掖县方言调查报告之三【銭曾怡等と共著】，神戸市外国語大学『外国学研究 51（アジア言語論叢 4)』，13-138 頁，3 月.

〔著書〕呉語蘭渓東陽方言調査報告【秋谷裕幸らと共著】，平成 13-15 年度科学研究費基盤研究 (B)（課題番号 13410130）研究成果報告書，第 2 分冊，全 122 頁，4 月.

〔論文〕漢語の身体名称に見られる特殊変化（1）―「踝」の諸語形をめぐる憶説―，『神戸外大論叢』第 53 巻第 1 号，17-36 頁，9 月.

〔論文〕錯綜した「混交」―中国西北方言の「コウモリ」、「ヤモリ」、「アリ」、「ハチ」―，『慶谷壽信教授記念中国語学論集』，51-92 頁，好文出版，11 月.

2003 年（平成 15 年）50 歳

〔論文〕缙云方言音系，神戸市外国語大学『外国学研究 58（アジア言語論叢 5)』，95-132 頁，3 月.

〔論文〕漢語の身体名称に見られる特殊変化（2）―「踝」の諸語形をめぐる憶説―，『神戸外大論叢』第 54 巻第 2 号，25-46 頁，9 月.

〔論文〕漢語の身体名称に見られる特殊変化（3 完）―「踝」の諸語形をめぐる憶説―，『神戸外大論叢』第 54 巻第 3 号，105-123 頁，9 月.

2004 年（平成 16 年）51 歳

〔編著〕漢語方言地図集（稿）第 4 集，平成 13-15 年度科学研究費基盤研究（B)（課題番号 13410130）研究成果報告書（研究代表者：太田斎)，第 3 分冊，全 265 頁，3 月【1. コウモリ，7-20 頁；2. ヤモリ，21-24 頁；3. トカゲ，25-27 頁；11. アリ，70-76 頁；13. クモ，77-82 頁；方言地图有关词汇节录，173-259 頁】.

〔論文〕虚構の字音、虚構の小韻―乏韻渓母小韻は実在したか―，『開篇』第 24 期，1-13 頁，3 月【中国語訳：何琳译「虚构的字音、虚构的小韵——乏韵溪母小韵是否真正存在」，『語言』第 6 巻，48-66 頁，首都師範大学出版社，2006 年 12 月】.

〔論文〕「回紇 huíhé」の「紇 hé」，『神戸外大論叢』第 55 巻第 1 号，21-34 頁，9 月.

2005 年（平成 17 年）52 歳

〔論文〕瑞安湖岭方言音系，神戸市外国語大学『外国学研究 64（アジア言語論叢 6)』，141-176 頁，3 月.

〔著書〕莱州方言志【銭曾怡等と共著】，斉魯書社，全 378 頁，6 月.

〔論文〕“媳妇”が関わる民間語源三題―中国語西北方言の例を中心に―，『神戸外大論叢』第 56 巻第 7 号，15-41 頁，12 月.

2006年（平成18年）53歳

〔論文〕キメラ語形について（1），『神戸外大論叢』第57巻第7号（創立60周年記念特集号），181-207頁，6月.

2007年（平成19年）54歳

〔論文〕唇音下字反切の開合問題，『佐藤進教授還暦記念中国語学論集』，125-144頁，好文出版，4月.
〔卒論紹介〕北山由紀子「『原本玉篇』の受容について～『玄応一切経音義』との“案語”の比較を通して～」【富山大学卒業論文1997.1】；〔学会発表レジュメ紹介〕北山由紀子「顧野王『玉篇』と玄応『一切経音義』との関係」【第76回訓点語学会研究発表会，1997.5.23於大阪市立大学】，『開篇』第26期，263-265頁，5月.
〔論文〕北方方言里面所能见到的类音牵引等语音现象——以山西方言的“砚瓦”为例（续），『神戸外大論叢』第57巻第3号，93-105頁，9月.

2008年（平成20年）55歳

〔資料〕丁種西番訳語（川一）校本（稿），神戸市外国語大学『外国学研究69（アジア言語論叢7）』，109-164頁，3月.
〔論文〕北方方言“眼睫毛”的対应词的特殊音变化（1），『神戸外大論叢』第59巻第4号，23-43頁，9月.
〔論文〕北方方言里所见的类音牵引等语音现象——以山西方言的“砚瓦”等为例，乔全生主编『晋方言研究：第三届晋方言国际学术研讨会论文集』，18-26頁，希望出版社，10月.
〔編集〕学会展望（語学）【佐藤晴彦、山川英彦、下地早智子と共編】，『日本中国学会報』第60集，361-406頁，10月.

2009年（平成21年）56歳

〔論文〕北方方言“眼睫毛”的対应词的特殊音变化（2），『神戸外大論叢』第60巻第3号，63-76頁，10月.
〔編集〕学会展望（語学）【佐藤晴彦、山川英彦、下地早智子と共編】，『日本中国学会報』第61集，368-417頁，10月.
〔書評〕曹志耘主编『汉语方言地图集•词汇卷』（2008年，商務印書館），『中国語学』第256号，13-31頁，10月.
〔論文〕北方方言“眼睫毛”的対应词的特殊音变化（3），『神戸外大論叢』第60巻第6号，

91-103 頁，11 月.

2010 年（平成 22 年）57 歳

〔講義稿〕古代の四声と普通話の四声の対応関係，神戸市外国語大学『外国学研究 76（アジア言語論叢 8)』，95-131 頁，3 月.
〔論文〕常用词特殊音变的分析法：以“肩膀”和“井拔凉水”为例，『中国语文』2010 年第 5 期（中国社会科学院语言研究所建所六十周年纪念专刊），426-437 頁，9 月.
〔論文〕谈“蝌蚪”（1），『神戸外大論叢』第 61 巻第 1 号，25-44 頁，11 月.
〔論文〕谈“蝌蚪”（2 完），『神戸外大論叢』第 61 巻第 2 号，39-58 頁，11 月.

2011 年（平成 23 年）58 歳

〔編著〕長田夏樹先生追悼集【長田礼子等と共編】，全 486 頁，好文出版，1 月【倭人の言語とその展開，192 頁；日本語の形成，194 頁；上代日本語の源流を探る，202 頁；長田夏樹先生インタビュー，219-236 頁；研究と教育，323-324 頁】.
〔講演稿〕言語類型の推移に関わる現象，『人間文化』第 13 号，32-47 頁，人間文化研究機構，5 月.
〔論文〕韻図における唇音字の開合配置，『開篇』第 30 期，54-88 頁，9 月.

2012 年（平成 24 年）59 歳

〔論文〕于母重紐問題と助紐字を巡る臆説，『開篇』第 31 期，226-250 頁，10 月.

2013 年（平成 25 年）60 歳

〔著書〕韻書と等韻図 1，全 258 頁，神戸市外国語大学研究叢書 52，神戸市外国語大学外国学研究所，3 月.
〔論文〕陝西凤翔县虢王镇方言音系简介，『神戸外大論叢』第 63 巻第 4 号，20-32 頁，3 月.
〔論文〕北方方言“蚯蚓”的对应词（2），神戸市外国語大学『外国学研究 83（アジア言語論叢 9)』，91-136 頁，3 月.
〔論文〕山东方言的入声及相关的问题，神戸市外国語大学『外国学研究 83（アジア言語論叢 9)』，137-173 頁，3 月.
〔論文〕北方方言“蚯蚓”的对应词（1），曹志耘主编『汉语方言的地理语言学研究』，183-190 頁，商務印書館. 5 月.

古屋昭弘教授略歴

1954年〔昭和29年〕3月1日	横浜市に父弘、母いよ子の長男として出生
1972年〔昭和47年〕3月（18歳）	神奈川県立横浜翠嵐高等学校卒業
1976年〔昭和51年〕3月（22歳）	早稲田大学第一文学部中国文学専修卒業
1979年〔昭和53年〕3月（25歳）	東京都立大学大学院人文科学研究科中国文学専攻修士課程修了
1982年〔昭和57年〕3月（28歳）	東京都立大学大学院人文科学研究科中国文学専攻博士課程単位取得退学
1982年〔昭和57年〕4月（28歳）	東洋文庫奨励研究員（1983年3月まで） 早稲田大学文学部非常勤講師（1983年3月まで） 横浜市立大学文理学部非常勤講師（1983年3月まで）
1983年〔昭和58年〕4月（29歳）	早稲田大学文学部専任講師（1986年3月まで）
1985年〔昭和60年〕4月（31歳）	東洋文庫兼任研究員（現在に至る）
1985年〔昭和60年〕4月（31歳）	千葉大学文学部非常勤講師（1986年3月まで）
1986年〔昭和61年〕4月（32歳）	早稲田大学文学部助教授（1991年3月まで）
1988年〔昭和61年〕4月（34歳）	慶応義塾大学文学部非常勤講師（1990年3月まで）
1989年〔平成2年〕4月（35歳）	科学研究費総合研究（A）（課題番号01301057）「漢語諸方言の総合的研究」（研究代表者：岩田礼）研究分担者（1992年3月まで）
1989年〔平成2年〕4月（35歳）	二松学舎大学大学院文学研究科非常勤講師（1992年3月まで、及び1993年4月から2001年3月まで）
1991年〔平成3年〕4月（37歳）	早稲田大学文学部教授（現在に至る）
1991年〔平成3年〕4月（37歳）	神奈川大学非常勤講師（1992年3月まで）
1991年〔平成3年〕12月（37歳）	神戸市外国語大学非常勤講師（集中講義）
1992年〔平成4年〕4月（38歳）	北京大学中文系訪問学者（1993年3月まで）
1993年〔平成5年〕4月（39歳）	科学研究費総合研究（A）（課題番号05301056）「中国の方言と地域文化」（研究代表者：平田昌司）研究分担者（1996年3月まで）

1997年〔平成9年〕4月（43歳）	科学研究費基盤研究（A）（課題番号 09301022）「中国における言語地理と人文・自然地理」（研究代表者：遠藤光暁）研究分担者（2000年3月まで）
1997年〔平成9年〕12月（43歳）	東京都立大学非常勤講師（集中講義）
1998年〔平成10年〕12月（44歳）	金沢大学非常勤講師（集中講義）
1999年〔平成11年〕4月（45歳）	東京大学文学部非常勤講師（2001年3月まで）
2001年〔平成13年〕11月（47歳）	日中学院倉石武四郎賞受賞
2002年〔平成14年〕4月（48歳）	埼玉大学非常勤講師（同年7月まで）
2002年〔平成14年〕10月（48歳）	日本中国語学会編集委員（2006年10月まで）
2004年〔平成16年〕9月（50歳）	早稲田大学第二文学部学生担当教務主任（2006年9月まで）
2005年〔平成17年〕1月（50歳）	北京大学漢語言学研究センター兼任研究員(2005年12月まで)
2010年〔平成22年〕4月（56歳）	日本中国語学会理事（2012年3月まで）
2012年〔平成24年〕4月（58歳）	日本中国語学会会長（任期は2014年3月まで）

古屋昭弘教授研究業績一覧

年齢はその年の誕生日以降における満年齢数を示す。

1979 年（昭和 54 年）25 歳

〔修士論文〕王仁昫切韻に見える玉篇反切，東京都立大学大学院人文科学研究科，3 月.
〔論文〕王仁昫切韻に見える原本系玉篇の反切，『中国文学研究』第 5 期，128-140 頁，12 月.

1981 年（昭和 56 年）27 歳

〔紹介〕声母と韻母，『漢文研究シリーズ 11 漢字の常識（二）』，35-43 頁，尚学図書，5 月.

1982 年（昭和 57 年）28 歳

〔論文〕『度曲須知』に見る明末の呉方音，『人文学報』第 156 号，65-82 頁，3 月.
〔翻訳〕S. E. ヤホントフ「11 世紀の北京語の発音」，『均社論叢』第 12 号，52-58 頁，11 月.

1983 年（昭和 58 年）29 歳

〔論文〕『王仁昫切韻』新加部分に見える引用書名等について，『中国文学研究』第 9 期，150-161 頁，12 月.
〔その他〕佛すなわち物，『節令』第 3 号，14 頁，早稲田大学文学部澤田研究室.

1984 年（昭和 59 年）30 歳

〔論文〕王仁昫切韻と顧野王玉篇，『東洋学報』第 65 巻第 3･4 号，1-36 頁，3 月.
〔論文〕説唱詞話『花関索伝』と明代の方言，『中国文学研究』第 10 期，29-50 頁，12 月.

1985年（昭和60年）31歳

〔論文〕宋代の動補構造“V教（O）C”について，『中国文学研究』第11期，40-57頁，12月.
〔論文〕切韻における「伽」の音注について，『開篇』第1期，64-69頁，12月.

1986年（昭和61年）32歳

〔翻訳〕S. A. スタロスチン「上古中国語の声調について」，『開篇』第2期，26-36頁，10月.
〔書評・紹介〕四角号碼で引ける隋唐の漢字音字典『改定中古漢字音字典』，『東方』第68号，11月.
〔論文〕明刊説唱詞話12種と呉語，『中国文学研究』第12期，1-18頁，12月.
〔翻訳〕姚瀛艇「中日両国の朱子学研究」，『東アジア世界史探求』，54-65頁，汲古書院，12月.

1987年（昭和62年）33歳

〔論文〕『梅花戒寶巻』と清末浙東の呉語，『開篇』第3期，122-130頁，7月.
〔論文〕白居易詩における「相」の声調について，『開篇』第4期，37-44頁，11月.
〔論文〕明・成化本『劉知遠還郷白兔記』の言語，『中国文学研究』第13期，13-30頁，12月.
〔その他〕漢字の假借用法について，『出版ダイジェスト』第1245号.

1988年（昭和63年）34歳

〔論文〕南京方言資料－－南京白话〈人情债〉【徐菊秀・陳為瑋・氷上正と共著】，『開篇』第5期，135-148頁，6月.
〔論文〕「賓主問答私擬」の音系，『開篇』第6期，38-56頁，12月【中国語訳：刘丽川译《宾主问答释疑》的音系，『音韻学研究通訊』，1992年】.

1989年（平成元年）35歳

〔著書〕『花関索伝の研究』【井上泰山・大木康・金文京・氷上正と共著】，総411頁，汲古書院，1月.
〔論文〕明代官話の一資料―リッチ・ルッジェーリの「賓主問答私擬」―，『東洋学報』第70巻第3･4号，1-25頁，3月.
〔その他〕肇慶時代のマテオリッチたちと中国語，『集報』第14号，1-3頁，3月.

〔論文〕宣教師資料に見る明代の官話,『早稲田大学大学院文学研究科紀要』第35輯, 69-79頁, 12月.
〔翻訳〕黄仁宇『万暦十五年』【稲畑耕一郎・岡崎由美・堀誠と共訳】, 全388頁, 東方書店.

1990年（平成2年）36歳

〔翻訳〕姜信沆「訓世評話について」,『開篇』第7期, 65-86頁, 6月.

1991年（平成3年）37歳

〔校訂〕姜信沆「訓世評話について」（資料篇上）,『開篇』第8期, 134-148頁, 4月.
〔論文〕清代官話の一資料—ヴァロ・グレモナの「聴解神父の例文集」—,『中国文学研究』第17期, 18-37頁, 12月.

1992年（平成4年）38歳

〔校訂〕姜信沆「訓世評話について」（資料篇下）,『開篇』第9期, 75-90頁, 4月.
〔論文〕清代官話の一資料・補,『開篇』第10期, 39-41頁, 5月.
〔論文〕《正字通》和十七世纪的赣方音,『中国語文』1992年第5期, 339-351頁, 9月【再掲：『中国語文四十周年紀念刊文集』, 144-156頁, 商務印書館, 1993年】.

1993年（平成5年）39歳

〔論文〕張自烈と『字彙辯』—『正字通』の成書過程—,『東洋学報』第74巻第3･4号, 97-124頁, 3月.
〔論文〕張自烈『増補字彙』について,『中国文学研究』第19期, 97-108頁, 12月.
〔論文〕关于《拍掌知音》的成书时间问题,『開篇』第11期, 110-111頁, 12月【再掲：『中国語文』1994年第6期, 452-453頁, 1994年】.

1994年（平成6年）40歳

〔論文〕白居易詩にみえるV教（O）Cについて,『開篇』第12期, 141-144頁, 12月.
〔論文〕張自烈年譜稿（明代篇）—『正字通』の作者—,『早稲田大学大学院文学研究科紀要』第39輯, 93-104頁.

1995年（平成7年）41歳

〔書評・紹介〕葉祥苓『蘇州方言詞典』,『中国の方言と地域文化』(3), 平成 5-7 年度科学研究費総合研究（A）研究成果報告書, 4月.

〔論文〕《正字通》版本及作者考,『中国語文』1995年第4期, 306-311頁, 7月【再掲：『慶祝中国社会科学院語言研究所建所45周年学術論文集』, 101-107頁, 商務印書館, 1997年6月】.

〔資料紹介〕魏際瑞の「切字訓」―17世紀江西客家方音の資料―,『開篇』第13期, 135-139頁, 12月.

〔論文〕韻書中所見呉音的性質,『呉語研究 新亞學術集刊第11期』, 325-328頁, 香港中文大學新亞書院.

1996年（平成8年）42歳

〔解題〕『正字通』解題（附録：影印本《正字通》修補表及満文《十二字頭》）, 東豊書店影印『正字通』, 4月.

〔論文〕17世紀ドミニコ会士ヴァロと『官話文典』,『中国文学研究』第22期, 118-129頁, 12月.

〔論文〕影印《正字通》三种简介,『開篇』第14期, 161-163頁, 12月.

〔論文〕張自烈年譜稿（遺民篇）―『正字通』の作者―,『早稲田大学大学院文学研究科紀要』第40輯第2分冊, 91-106頁.

1997年（平成9年）43歳

〔論文〕魏際瑞と17世紀の江西客家方音,『橋本万太郎記念中国語学論集』, 265-274頁, 内山書店, 6月.

〔新刊紹介〕『日本語アクセント史総合資料 索引篇』,『開篇』第15期, 168-171頁, 6月.

〔書評・紹介〕影印本『正字通』四種について,『中国図書』第9巻第9号, 7-9頁, 9月.

〔論文〕明代の“V倒”について,『開篇』第16期, 99-102頁, 12月.

1998年（平成10年）44歳

〔論文〕萬濟國《官話語法》中的羅馬字拼音,『語苑擷英 慶祝唐作藩教授七十壽辰學術論文集』, 121-134頁, 北京語言文化大学出版社, 1月.

〔論文〕《字彙》與明代呉方音,『語言學論叢』第20輯, 139-148頁, 2月.

〔論文〕明代知識人の言語生活―万暦年間を中心に―,『現代中国語学への視座―新シノロ

ジー・言語篇』，147-165 頁，東方書店，3 月.
〔編著〕『デイリーコンサイス中日辞典』【杉本達夫・牧田英二と共編】，総 814 頁，三省堂，4 月.
〔論文〕『定州漢墓竹簡・論語』と大西氏の予言，『開篇』第 17 期，35-38 頁，6 月.
〔論文〕明刊『箋註陶淵明集』のことなど，『中国文学研究』第 24 期，112-120 頁，12 月.

1999 年（平成 11 年）45 歳

〔論文〕『楊家府演義』の“V 倒”“V 教 C”等について，『開篇』第 18 期，129-133 頁，1 月.
〔その他〕朝鮮研究室での河野六郎博士の思い出，『東洋学報』第 81 巻第 2 号，101-104 頁，9 月.
〔編著〕『デイリーコンサイス中日・日中辞典』【杉本達夫・牧田英二と共編】，総 1438 頁，三省堂，12 月.
〔論文〕『斉民要術』の“V 令 C”“V 著 O”等について，『開篇』第 19 期，188-192 頁，12 月.

2000 年（平成 12 年）46 歳

〔論文〕金堡「刊正正字通序」と三藩の乱，『村山吉廣教授古稀記念中國古典學論集』，931-941 頁，汲古書院，3 月.
〔編著〕『毎日精選中日辭典』【杉本達夫・牧田英二と共編】，大新書局，10 月.
〔論文〕『斉民要術』に見る使成フレーズ Vt＋令＋Vi，『日本中国学会報』第 52 集，1-17 頁，10 月.
〔論文〕『三國志玉璽傳』の言葉のことなど，『開篇』第 20 期，270-273 頁，12 月.
〔編著〕『实用汉日词典 デイリーコンサイス中日词典』【杉本達夫・牧田英二と共編】，外語教学与研究出版社.

2001 年（平成 13 年）47 歳

〔論文〕押韻から見た説唱文学と皮影戯，『近代中国都市芸能に関する基礎的研究 成果報告論文集』，96-105 頁，平成 9-11 年度科学研究費基盤(C)(2)研究成果報告書，3 月.
〔その他〕李氏朝鮮訳学研究の高まり，『東洋学報』第 83 巻第 1 号，84-90 頁，6 月.
〔論文〕说唱词话《花关索传》与明代方言，『徐州師範大学語言研究所集刊 語言学及応用語言学研究』1-1，17-34 頁.

2002 年（平成 14 年）48 歳

〔その他〕開篇と呉語，『集報』第 27 号，1-2 頁，3 月.
〔その他〕中国語教育者としての藤堂明保先生，『日本の中国語教育—その現状と課題・2002』，11-12 頁，日本中国語学会，3 月.
〔書評〕『老乞大 朝鮮中世の中国語教本』，『開篇』第 21 期，268-272 頁，3 月.
〔編著〕『日汉词典』【杉本達夫・牧田英二と共編】，外語教学与研究出版社，5 月.
〔その他〕近 20 年来中国語音韻史海外研究動向，『慶谷壽信教授記念中国語学論集』，207-219 頁，好文出版，11 月【中国語訳：丁鋒、切通しのぶ訳，近二十年來漢語音韻學海外研究動向，董琨、馮蒸編『音史新論 慶祝邵栄芬先生八十寿辰学術論文集』，学苑出版社，2005 年】.
〔編著〕『日汉汉日词典 中型版』【杉本達夫・牧田英二と共編】，外語教学与研究出版社.

2003 年（平成 15 年）49 歳

〔その他〕李方桂記念漢語史国際シンポジウムに参加して【秋谷裕幸と共著】，『開篇』第 22 期，401-404 頁，5 月.
〔解題〕『中国詩文の言語学 対句・声調・教学 松浦友久著作選Ⅰ』，351-364 頁，研文出版，9 月.
〔その他〕双声と畳韻，『同学』第 26 号，5-7 頁，9 月.
〔論文〕出土文献と上古中国語の音韻について，『中国文学研究』第 29 期，94-105 頁，12 月.
〔論文〕烏金宝巻に見る民国初期の浙東呉語，『烏金宝巻』，中国古籍文化研究所単刊 1，5-10 頁，中国古籍文化研究所，12 月.

2004 年（平成 16 年）50 歳

〔論文〕戦国文字｛一｝について【林虹瑛・村瀬望と共著】，『開篇』第 23 期，71-75 頁，5 月.
〔編著〕『梅花戒宝巻 影印・翻字・注釈』【氷上正・王福堂と共著】，中国古籍文化研究所単刊 3，総 89 頁，中国古籍文化研究所，10 月.
〔論文〕梅花戒宝巻に見る清末の浙東呉語，『梅花戒宝巻』，7-14 頁，中国古籍文化研究所，10 月.
〔論文〕白鹿書院本《正字通》中最早期的音注，『漢藏語研究 龔煌城先生七秩壽慶論文集』，『語言暨語言學』專刊外編之四，695-710 頁，12 月.

〔論文〕白鹿書院本『正字通』最初期の音注，『中国文学研究』第 30 期，56-74 頁，2004 年 12 月.

2005 年（平成 17 年）51 歳

〔編著〕『デイリーコンサイス日中辞典』【杉本達夫・牧田英二と共編】，総 611 頁，三省堂，1 月.
〔編著〕『デイリーコンサイス中日・日中辞典（第 2 版）』【杉本達夫・牧田英二と共編】，総 1476 頁，三省堂，1 月.
〔新刊紹介〕石汝杰、宮田一郎主编《明清吴语词典》，『開篇』第 24 期，304-308 頁，5 月.
〔論文〕《齐民要术》中所见的使成式 Vt＋令＋Vi，『中古漢語研究（二）』，235-257 頁，商務印書館，9 月.
〔論文〕白鹿書院本『正字通』声韻調の分析，『中国文学研究』第 31 期，209-225 頁，12 月.

2006 年（平成 18 年）52 歳

〔論文〕儒教と中国語学―出土文献と上古音―，土田健次郎編『近世儒学研究の方法と課題』，207-221 頁，汲古書院，2 月.
〔論文〕『正字通』における中古全濁上声字の扱い，『松浦友久博士追悼記念中国古典文学論集』，925-942 頁，研文出版，3 月.
〔その他〕「官話」と「南京」についてのメモ―「近代官話音系国際学術研討会」に参加して―，『開篇』第 25 期，119-123 頁，5 月.
〔論文〕書籍の流通と地域言語―明末清初を例として―，『アジア地域文化学の発展―20 世紀 COE プログラム研究集成―』，アジア地域文化学叢書 II，303-324 頁，雄山閣，11 月.

2007 年（平成 19 年）53 歳

〔博士論文〕張自烈『正字通』研究，早稲田大学文学学術院，1 月.
〔その他〕漢字文化圏と「国語」，『月刊言語』第 36 巻第 1 号，32-40 頁，1 月.
〔編著〕『江戸寛保元年（1741）刊「正字通作者辯」―影印・訓読・解説―』【珂然原著、野川博之と共著】，総 55 頁＋影印，中国古籍文化研究所，2 月.
〔論文〕写本時代の書籍の流通と地域言語，『中国古籍流通学の確立―流通する古籍・流通する文化―』，アジア地域文化学叢書 VI，112-133 頁，雄山閣，3 月.
〔論文〕張自烈『芑山詩集』について，『佐藤進教授還暦記念中国語学論集』，215-223 頁，好文出版，4 月.

〔論文〕《芑山詩集》《正字通》與全濁上聲字，『語苑擷英（二）慶祝唐作藩教授八十華誕學術論文集』，280-290 頁，中國大百科全書出版社，12 月.

〔その他〕中国語学研究『開篇』，『日本中国学会便り』2007 年第 2 号，10-11 頁，12 月.

2008 年（平成 20 年）54 歳

〔論文〕《老乞大》与《宾主问答》，『韓漢語言研究』，学古房，101-109 頁，2 月.

〔論文〕『芑山詩集』と張自烈の友人たち，『中国文学研究』第 34 期，32-46 頁，12 月.

2009 年（平成 21 年）55 歳

〔著書〕『張自烈『正字通』字音研究』，総 344 頁，好文出版，3 月.

〔論文〕『倭名類聚抄』と双声・畳韻，『水門』第 21 号，14-23 頁，4 月.

〔論文〕上古音の開合と戦国楚簡の通仮例，『早稲田大学大学院文学研究科紀要』第 54 輯，211-228 頁.

2010 年（平成 22 年）56 歳

〔その他〕漢詩音読の楽しみ，『集報』第 35 号，1-3 頁，3 月.

〔論文〕18 世紀末『琉球劇文和解』の中国語音，『水門』第 22 号，104-115 頁，4 月.

〔その他〕座談会「先学を語る」—河野六郎博士【出席: 梅田博之，大江孝男，辻　星児，坂井健一，古屋昭弘】，『東方学』第 120 輯，178-210 頁，7 月.

〔論文〕上古音的開合與戰國楚簡中的通假字，『歴史語言學研究』第 3 輯，189-203 頁，9 月.

〔論文〕上古音研究と戦国楚簡の形声文字，『中国語学』第 257 号，4-33 頁，11 月.

2011 年（平成 23 年）57 歳

〔書評〕長田夏樹「上古中国語における語頭重子音について」，「上古中国語音韻体系瑣説」，「匈奴の称号単于について」，『長田夏樹先生追悼集』，167-168 頁，170-171 頁，209-210 頁，好文出版，1 月.

水の単語家族

遠藤　光暁
青山学院大学

“水”和“川”在上古时意义相通，都来自牙喉音，构成同一个词族。词族早于谐声关系，也可当作构拟上古音的一个依据。广泛使用为意符的汉字很少当作声符，反之亦然。属于“水川”词族的还有“く巜巛甽澮涓㳫巡順準贯穿串泉源原気雲”等。“水”字在甲骨文一般具有“洪水”义，“水”字也应该是描写中间一条河两边涨水的洪水状况的象形文字。文章末尾讨论侗台语“血”字的原始形式，根据侗语的 qat 构拟其侗台祖语为*ql-声母。

词族　上古音　同源词　第一次颚化　侗台语

1 「水」と「川」

大きな都市を訪れると，たいてい町の真ん中に大河が流れている。文明の揺籃期に思いを馳せると話は逆で，人間の毎日の生活に不可欠な水が得やすい川のほとりに集落ができ，その水量と平野の広さに応じて都市化が進んだわけである。タイ語では川のことを mɛ̂ɛ náam「母・水」，つまり「水の母」というが，まことに川は命をはぐくむ水の源泉となる母のような存在であった。上古漢語では「水」には water と river の意味があったが，日本語の「ちち」や現代中国語の「奶」が「乳房」と「乳汁」の両方の意味をもつことから類推して，二つの意味が未分化のまま一語で表される状態がありうることもうなずけよう。

『詩経』では「水」は 55 例現れ，いずれも river の意味で使われている。入韻例は「鄭風・揚之水：水弟」のように脂部字と通押，「斉風・敝笱：唯水」のように微部字と通押，「小雅・沔水：水隼弟」のように脂部・文部と通押，という状況になっている。董(1944:15-17)は「水」が群母字の「寱」と諧声することから，声母に x́を推定し，表では脂部と認めて x́i̯wed と再構している。河野(1950)はこうした牙喉音と通ずる章組字を上古音に存在した音韻対立としてではなく，上中古間に生じた音韻変化の過程で方言差があったためにもたらされた層の違いで解釈した。韻部については Baxter(1992:461-2)は微部と認めている。

一方，「川」も牙喉音と諧声し，まさに河野(1950)の例としても挙がっているものである。そして，「水」と「川」は微部と文部とで陰陽対転の関係にあることから，単に意味的に通じるだけでなく同源語である可能性がある。「水」自体が『詩経』で文部字と押韻しているのであるから，「川」と同音ないし近似音であった可能性がある。藤堂(1965:641)もつとに

「川も，中古音 tʃʻɪuɛn，北京語 ṭṣʻuan であるけれども，穿や串の場合と同じく，上古には kʻを声母とした公算がある。というのは，川と酷似したコトバに「く」および甽があり，

く(ケン)(水の流れ)＝*kuän→kuen

甽(同上)＝*kuän→kuen

のように，舌根音を声母とする。「く」印はいうまでもなく水の曲がって流れるさま，川の字もそれを三すじ重ねたにすぎない。従って川も上古には*kʻiuan であり，それが中古に口蓋化を起こして tʃʻɪuɛn となったと考えるのが妥当である。

…これを第一次口蓋化と称する。(引用者注：傍点は原文では下付き，以下で同著から引用する際も同様)」と述べている。

Schuessler (1996: 207)，大西(2007: 64-65)は戦国楚系文字での通仮からやはり「川」が上古には牙喉音系であったとしている。Sagart (1999: 158)は奥舌主母音が後続する牙喉音が口蓋化することを問題視するが，この通仮例は音理によって覆すことができないものである。

牙喉音と通ずる章組字は，推古朝遺文で例えば「支」をキに当てたり，現代閩語で牙喉音で反映される現象があるが，個別字にとどまり系統的なものではなく，「水」については潮州・厦門などで tsui 上声と発音され(『説文解字』巻十一「𣲹，之壘切」に対応)，牙喉音の音価とはなっていない。しかし，Boltz (1991: 63) はそれに対し*khrj- のような牙喉音系の閉鎖音声母を再構している。ほか，「川」は日本語の片仮名の「ツ」の由来となったとされ，その場合は舌音の反映を示すことになる。ただし推古朝遺文は絶対年代は『切韻』と同時期であり，朝鮮半島に当時伝えられていた漢字音に由来する上古最晩期のおもかげが留められたものの如くである。

2 声符になりにくい文字

平田(2010)は「水」が諧声文字ではなく，それを声符とする文字もほとんどないことなどから，その上古音の決定が難しいとしている。そして上古音の推定において字音の強度差があると述べている。

そもそも，上古音の推定根拠は当初は『詩経』など先秦の押韻資料のみであったから，入韻字の韻部のみを推定することができた。段玉裁に至り諧声文字も推定根拠に組み入れられ，諧声文字全般の上古音の推定ができるようになり，また声母も推定可能になった。カールグレンは比較言語学的方法を導入して，中古音との音韻対応を上古音推定の一つの梃子とした。この投影法により，およそ中古の韻書に存在する文字に対してはすべて上古来源を与えることが可能になったが，章組のように上古の由来が舌音と牙喉音に分かれる一対多対応の場合は諧声系列や通仮などの根拠がない字については不確定要因が残ることとなる。

「水」の場合，それを声符とする文字が一つあり，それが牙喉音であったため，諧声系

列の根拠から上古音を推定することが可能であった。しかし，「[illegible]」という僻字が存在しなかったとしても，前節のような単語家族の観点からすれば依然として牙喉音系列であったと推定が可能である。つまり，より早期の原始漢語の側から逆に上古音を推定する道筋もありうるということである。

ところで，「水」を声符とする字がほとんど存在しないのは何故だろうか。それにはそれが偏として広範に使われているという要因が大きく利いているであろう。つまり，ある単体文字が声符としても意符としても同じような頻度で使われると，合体文字のなかに現れたときに判断に困る。そこで，意符として頻用されるものは声符となることが抑制され，またその逆の傾向も成り立つであろう。ここで具体的にいくつかのサンプルの用例数を見てみよう。意符としての用例数は『説文解字』(一篆一行本，香港中華書局，1972 年)，声符としての用例数は『説文通訓定声』(北京中華書局，1984 年)に基づく。

	木	火	土	金	水	糸	玉	工	才	元	方
声符	3	2	5	15	3	2	5	32	23	25	32
意符	421	112	131	197	468	248	126	4	1	1	2

その差は明らかであり，上の推論がこのデータにより裏書きされる。ここで，意符として使われる例は絶対値が高いのに対して，声符として使われる例は少ないのは何故かという疑問が浮かぶ。それは音声の類似する範囲に属する字には自ずと限りがあることによるだろう。

3 「川」の系列

『説文解字』巻十一では「川，貫穿通流水也。『虞書』曰：「濬くㄍ，距水」。言深くㄍ之水會爲川也。凡川之屬皆从川。昌緣切。」(川は通貫して流れる水のこと。『虞書』[『尚書』「皋陶謨」])は「小川を深くして大河に至らせる」といい，それは小さな川の流れを大河に合流させるという意味である。川の属はすべて川に従う。昌緣切」)と言っている。『説文解字』では「く」は「水小流也。」(水の小さな流れのこと。)と解しており(姑泫切，上古元部)，「ㄍ」は「水流澮澮也。」(水[川]がとうとうと流れること。)と解している(古外切，上古祭部)。段注は「濬くㄍ」を『尚書』が「濬畎澮」に作るのは後人が改めたものとし，また「く」は「涓」と音義が同じだとする。

「川」については段玉裁が「今昌緣切。古音在十三部。讀如春。雲漢之詩是也。」と述べるように，『詩経』「大雅・雲漢」では「焚薫聞」と押韻し，文部に属すものとせねばならないが，中古音から投影させると元部相当となる。

藤堂(1965:643)は歌部・祭月部・元部の箇所で「く$_{ケン}$・ㄍ$_{ケン}$・巛$_{セン}$(川)はいずれも流れを表わす象形文字を，二筋三筋と合わせ，小流・中流・大流を表わしたにすぎず，コトバとしては同系と考えられる。川は第一次口蓋化をへて舌面音となったもの。穿と同系である。もと上古の文部に属す。」と述べている。

音韻面からすると，「川」が果たして牙喉音由来であるならば渓母相当であり，「く」見母→「巛」渓母のように有気音に交替することにより，より程度が甚だしくなることを表している可能性がある。

藤堂(1965:640-3)はこうした字を「貫穿串」などと共に「タイプ{KUAN}，基本義：つきぬける。」という単語家族にまとめている。

一方，「巛」は諧声系列に「巡順」などがあり，藤堂(1965:684)は「水は平準の準ジュン(たいら)と同系であると考える説がある。これは成立しうる考えであるが，水の本質は，「平らになる」ということよりも，むしろ凹みや溝に沿って，低いところへと流れる点にある，と考えるのが自然であろう。つまり順・巡・遂など，所定のルートに沿って，どこまでも進むことを意味するコトバと同系だと考えたほうがよい。」と述べ，邪母・神母と諧声することから舌音の系列と認め，「水」と共に「タイプ｛TUÊT TUÊR TUÊN｝，基本義：ルートに従う。」の単語家族にまとめている。

「準」については，『説文解字』では「水，準也。」といい，これは『白虎通』を承けた声訓で，『釈名』も「水，準也，準平物也。」とするが，声訓は往々にして同源語であることがあり，「水」から派生した語である可能性がある。

「川巛」は『詩経』の押韻と諧声系列からすると上古文部だとすべきだが，元月部の「く巜」とも単語家族をなす如くである。藤堂(1954)は『詩経』のうち雅頌と秦風・豳風は唇音韻尾と喉音韻尾の間の通押例が多く，上古漢語より古い太古漢語の趣を保存していることを示している。「水」が文部字と通押するのは小雅で，「川」が文部字と通押するのは大雅であり，より古い段階を示す可能性がある。このような時代差の観点からすると，「く巜巛」が単語家族をなすのは「川」が元部に変化してから派生されたと説明することになろう。

その一方で，単語家族は同一部ないし同一主母音からなる対転の関係にある部の内部でのみ構成されるとは限らず，傍転であってもよい可能性がある。Pulleyblank(1965)はそのようなAblautの例として「譚談」「似象」「嗣序」「依倚」「克可」などを挙げる。

4 「泉」「源」「原」「気」「雲」など

「泉」は元部だが，「水川」に連なる単語家族の一員である可能性がある。大西克也氏の教示によると，郭店楚簡『成之聞之』14号簡などに「水＋泉」で「源」を表現した例があるという。その場合，「泉」は従母字なので，章組における第一口蓋化を経た例とは別のケースとなる。Яхонтов (1960: 105-6；漢訳本57頁)には喉音と心母・邪母が諧声系列をなす例が挙がっている。『説文解字』では「泉，水原也。」(泉は水の源[1]である。)とし，「原」とは語源的に関連する可能性がある。

更に「原」も「平野」という意味で「川」と意味的に連なる。ちなみに「川」にも「平野」という意味があり，川があるところは洪積作用により平原が出来るから，これらはやはり同じ単語家族をなす可能性がある。

「淵」は真部なので音声的な距離が遠いが，備忘のためここに記しておく。

「気」は微部で，水蒸気として「水」とは意味的にも関係する。これまで見てきた諸字がいずれも合口であるのに対して，「気」は開口だが，Karlgren (1934:109-110) には「景」「光」のように開合の別を超えて同一単語家族をなす例が数多く挙がっている。

「雲」は文部で，『説文解字』は「山川气也。」といい，水蒸気が集まったものなので，やはり水の単語家族に属する可能性がある。

5 甲骨文字での用例と字源について

「水」は甲骨文字においては洪水という意味で使われることが多かった。貝塚等 (1960:139) は「卜辭において河川を示すときには一般に河・洹・滴の如く、水偏を附して一字で書き、某水の如く書くことは殆どない。…卜辭に水があらわれるのは、…洪水を表現している。」と述べる。伊藤 (1975: 56ff.) は更に殷人が洪水を鎮めるために特に黄河の神に対して祭祀を行なっていたという。「水」は動詞としても使われ，「洪水になる」という意味を表わした。河川名を表わす固有名詞の「河・洹」などの文字は合文である可能性もある。つまり一字で記されていても，口頭では「可水」「亘水」などのように発音していたということである。

「水」と「川」は甲骨文字では字形上ほとんど区別がなかった(松丸他 1994 の両者の該当箇所を比較)。

「水」の小篆 (下の B) に対して『説文解字』は「象眾水並流，中有微陽之气也。」と釈するが，小篆の字形のもとになる字形(A)は両側は間が切れているから４つの点だとすべきである(以下の図版は『説文解字』一篆一行本および『古文字詁林』第九冊，上海教育出版社，2004 年から引用)。

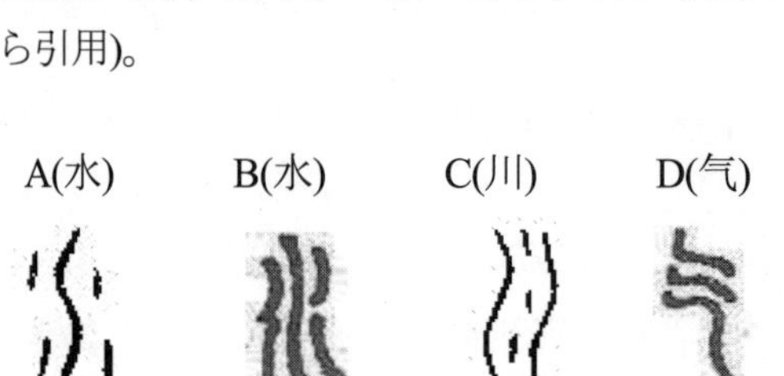

[1] 日本語でも「みなもと」は「み＋な(の)＋もと」のように「水のもと」という構成になっている。

甲骨文字では点は液体を表わすことが多く，真ん中は「く」で一本の川を表わすので，その四周に水があるという状況からして洪水の象形とするのがよい。

「川」についても様々な字形があるが，上掲のCは『古文字詁林』第九冊，265頁が「象畔岸而水在中流之形」と釈する如くである。

ちなみに，「気」は小篆ではDの如くなっており，徐(1988:38)は甲骨文字として「三」の字を掲げ，「象河床涸竭之形，二象河之兩岸，加－於其中表示水流已盡。即汽之本字。…小篆譌作，借為雲气之气。」と述べる。川の両岸の真ん中に水滴を表わす点が入り，流れが止まっている様子を象形し，それが気体の「気」を表わすようになったのは仮借だとする。

小文の第4節では専ら単語家族のレベル，つまり音と意味の結合関係に基づく語源の面から議論をしており，字源はまた別の問題となる。一般に，甲骨文字などの字源は，時代的に近接するかまたは同時期の資料なので語源を論ずるに際して参考にはなるが，区別して論ずるのが有利であろう。

6 終わりに

以上の議論では上古音の音価の問題に触れることをむしろ意識的に避けてきた。音類に基づくだけでもかなりの議論が可能であること，上古音の再構音は諸家の間で非常に大きな差があること，むしろ単語家族の立場から上古音を検証できるだろうこと，がその理由であった。最後に小文で取り上げた字に対する諸家の再構音価を一覧しておこう。

	水	川	泉	原	气	雲
Karlgren (1940)	śi̯wər	t̂ʼi̯wən	dzʼi̯wan	ngi̯wăn	kʼi̯əd	gi̯wən
董(1944)	x́i̯wed	t̂ʻi̯wən	dzʻi̯wän	ngi̯wăn	kʻi̯ə̆d	ɣi̯wə̂n
藤堂(1965)	thiuər	kʻiuə̂n	dziuan	ŋïuăn	kʻiər	ɦïuən
李(1971)	—	thjiən(?)	—	—	khjədh	gwjən
Baxter (1992)	h[l]jujʔ	KHju/on	Sgʷjan	ngʷjan	—	wjɨn
郑张(2003)	qhʷljiʔ	khjon	sgʷen	ŋʷan	khɯds	ɢun
Schuessler (2007)	lhuiʔ ?	k-hlun	dzwan (!)	ŋwan	kə(t)s	wən
Handel (2009)	^{B}hlujʔ	^{B}khlun	—	—	—	—
Baxter-Sagart(n.d.)	*s.turʔ	t.l̥u[n]	s-N-ɢʷar	[ŋ]ʷar	C.qʰəp-s	[ɢ]ʷə[n]

こうしてみると，「川」については牙喉音系と認めるのが多数派なのに，「水」については一部に限られる。これについては「水」を声符とする牙喉音字が僻字1つのみに限られることが大きいであろう。しかし，小文で見たように，「水」と「川」は最早期の中国語では音・義そして形も共に分かちがたい関係にあるから，両方とも牙喉音系と認めるのがよ

い。一方，「泉」について牙喉音要素を認める学者もいる。

藤堂(1954; 1987: 26-7)は上古の陰陽対転のうち -n に関わるものを現代北京語の -r 化に類する交替規則を想定している。「水」と「川」の韻尾の違いについても同じ条件に当てはまり，このアイディアを更に検討する価値があろう。

上表から見て取れるのは，李方桂に至り簡素化された上古音がその後また複雑化している傾向である。これには新たな進展を組み込んでいった面も無論あるが，李方桂が取り入れた頼惟勤の喉音韻尾説が等閑に付されているため主母音が多く必要とされ，また河野六郎の第一口蓋化説は言語層の観点を取り入れるべき方向性の一つのサンプルとして挙げられたに過ぎず，他にも例えば上中古間の韻母の対応にも層の観点によって簡明に説明できることはある。

近年，上古漢語の形態論についてはSchuesslerやSagartらが多く研究しているが，こと単語家族に関しては藤堂(1965)は一大宝庫であり，多くの優れた着想が盛り込まれている。こうした日本の学者の成果を今後の上古音研究に組み入れていく価値がある。

余論：タイ・カダイ語の「血」と漢語の「血」

ここでタイ・カダイ語における「血」の祖形と更に漢語の「血」との対応関係について論じておきたい。

Li (1977: 134, 281)は現代タイ系諸言語 (Tai) における対応に基づきタイ祖語を*lïet と再構している。Thurgood (1988: 184) は侗語と仫佬語がそれぞれ pha:t$^{9'}$，phɣa:t^{7} であることから，侗水祖語として*phla:t^{7} を再構している。Norquest (2007: 584) は黎語の ɬa:c^{7} のような語形に基づき，黎祖語として*hla:c を立てている。梁 (1996: 471, 805)は以上のような状況に対して「台语支与侗水语支是否同源，存疑。」としつつも，*splɯat という祖形を擬している。s は有気音で現れることから再構したものである。

さて，最近入手した中国科学院少数民族語言調査第一工作隊『関於侗語方言的划分和創立侗文問題的初歩意見（草稿）』1957 年，貴陽の「各地侗語声母対応例字簡表」によると，「血」には pat$^{9'}$，ɬat$^{9'}$，qat$^{9'}$，kat$^{9'}$，tat$^{9'}$，pjat$^{9'}$，tjat$^{9'}$のような方言差異が見られる(貴州省民族語文指導委員会編『侗族語言文字問題科学討論会彙刊』貴陽，1959 年，83 頁にも出ている)。そのデータを元に方言地図化すると次の頁の通り。

ここで特に貴重なのは q-で始まる地点がいくつかあることであり，ここから「血」の侗祖語の形を*qla:t のように推定することができる。つまり，q を発音する際には円唇性を伴いやすく，q＞p のような音韻変化が想定できるが，逆は考えにくい。q はまた摩擦音に変化しやすいので，hl-のような形を経て ɬ に変化することもあり得る。hl-の段階で陰陽分裂を経れば陰調となるが，hl-の h-が脱落した後で陰陽調分裂が起これば陽調になる。タイ系諸語は後者のケースである。第二子音に同化されて ql-＞t-のような変化が生ずることも想定できる。q と k が対応する場合，例えば奥舌母音の前後に q が現れるといった分布が見られるのならばk > qという方向を考えることになるが，そうでない場合は有標的な音が無標的に音に変化する方がふつうなので，q>kという変化があったとするのがよかろう。

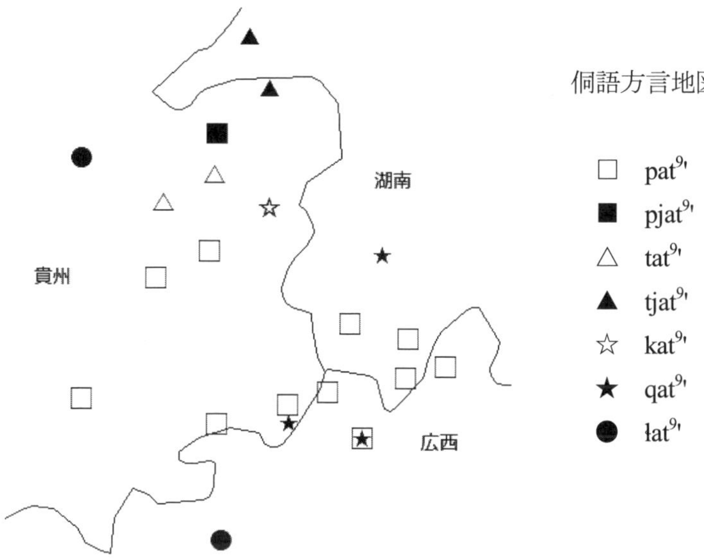

侗語方言地図「血」

第二子音の -l- が -j- に変化するのはよく見られる変化である。

声母に関してはこの侗祖語の*ql-をタイ・カダイ祖語にも推定することによりすべての言語への変化を説明することができる(ただし，有気性や陽調になっている点を更に考慮に入れる必要がある)。

龚(2002: 345)は漢語の「血」(同書が使用する中古音は $h^{w}et$，上古音は $qh^{w}iig$)を泰語(Siamese)の luuat とが関係詞であるとするが，このままでは音価の差が大きすぎ，同書では「我们认为可信度相对低的対应」を表示する * が付されている。声母について言えば，侗語方言に基づく新たなタイ・カダイ語再構音によれば，より音価が近いことになる。

参考文献

平田昌司 2010.「“水”の字音から」,『日本中国語学会第60回全国大会予稿集』62-65頁。

伊藤道治 1975.『中国古代王朝の形成』。東京：創文社。

貝塚茂樹・伊藤道治 1960.『甲骨文字研究』本文篇。増補訂正版，東京：同朋舎，1980年。

河野六郎 1950.「中国語音韻史研究の一方向」,『河野六郎著作集』2，227-232 頁，東京：平凡社。

松丸道雄・高嶋謙一 1994.『甲骨文字字釋綜覽』。東京：東京大学出版会。

大西克也 2007.「楚簡における第一口蓋化に関わる幾つかの声符について」,『佐藤進教授還

曆記念中国語学論集』62-76 頁，東京：好文出版。
藤堂明保 1954.「上古漢語の方言ー特に周秦方言の特色についてー」,『東方学論集』1, 85-104 頁；『藤堂明保中国語学論集』22-40 頁，東京：汲古書院，1987 年。
－－－－1965.『漢字語源辞典』。東京：學燈社。
董同龢 1944.『上古音韻表稿』。台北：台聯國風出版社，1975 年。
李方桂 1971.「上古音研究」,『清華學報』新 9 巻：1-61 頁；北京：商务印书馆，1982 年。
平田昌司 2012.「上古漢語和古方言文獻」，第四屆國際漢學會議論文，台北：中央研究院。
龚群虎 2002.『汉泰关系词的时间层次』。上海：复旦大学出版社。
徐中舒 1988.『甲骨文字典』。成都：四川辞书出版社。
郑张尚芳 2003.『上古音系』。上海：上海教育出版社。
Baxter, William. 1992. *A Handbook of Old Chinese Phonology*. Berlin: Mouton de Gruyter.
Baxter, W. and L. Sagart. (n.d.) Baxter-Sagart Old Chinese reconstruction (Version 1.00). Online at http://crlao.ehess.fr/document.php?id=1217. Accessed 25th Aug. 2012.
Boltz, William, G. 1991. Old Chinese Terrestrial Rames in Saek. In William G. Boltz and Michael C. Shapiro (eds.) *Studies in the Historical Phonology of Asian Languages*. Amsterdam: John Benjamins.
Handel, Zev. 2009. *Old Chinese Medials and Their Sino-Tibetan Origins: A Comparative Study*. Taipei: Institute of Linguistics, Academia Sinica.
Яхонтов, С.Е. 1960. Фонетика китайского языка тысячелетия до н. э. (лабиализовоныегласные). *Проблемы востоковедения* 6: 102-115; 「上古汉语的唇化元音」，雅洪托夫『汉语史论集』53-77 页。北京：北京大学出版社，1986 年。
Karlgren, Bernhard.1934. Word Families in Chinese. In *The Bulletin of the Museum of Far Eastern Antiquities* 5:9-120.
－－－－1940. Grammata Serica. In *The Bulletin of the Museum of Far Eastern Antiquities* 12: 1-471.
Li, F.K. 1977. *A Handbook of Comparative Tai*. Honolulu: The University Press of Hawaii.
Norquest, Peter K. 2007. *A Phonological Reconstruction of Proto-Hlai*. Ph. D. diss., The University of Arizona.
Pulleyblank, E.G. 1965. Close/open Ablaut in Sino-Tibetan. In *Lingua* 14:230-240.
Sagart, Laurent. 1999. *The Roots of Old Chinese*. Amsterdam: John Benjamins.
Schuessler, Axel. 1996. Palatalization of Old Chinese Velars, In *Journal of Chinese Linguistics* 24/2: 197-211.
－－－－ 2007. *ABC Etymological Dictionary of Old Chinese*. Honolulu: University of Hawai'i Press.
Thurgood, Graham. 1988. Notes on the Reconstruction of Proto-Kam-Sui, In Jerold A. Edmondson and David B. Solnit (eds.), *Comparative Kadai: Linguistic Studies Beyond Tai*. Dallas: The Summer Institute of Linguistics. 179-218.

謝辞　小文をなすにあたり平田昌司氏・大西克也氏との意見交換により多くの教示を受けた。また曾暁渝先生には中文要旨を見ていただいた。あわせて謝意を表する。

清華簡の通仮と上古音声母体系

—清華簡『耆夜』『皇門』『金滕』『祭公』を例に—

野原　将揮
早稲田大学

近幾十年來，考古方面有巨大的發現。譬如荆门市的《郭店楚墓竹簡》、上海博物館所藏的《上海博物館藏戰國楚竹書》，清華大學的《清華大學藏戰國竹簡》等。在清華簡裡，我們可以利用曾經沒有看到的通假例。筆者認為通過對清華簡的研究能夠解決上古音的一些問題（特別是戰國中期到後期音系）。本文的目的是通過清華簡的研究對上古音主要是聲母方面做些構擬。

上古音　聲母　通假字　清華簡　楚簡

1 はじめに

20 世紀後半以降、長江流域を中心に中国各地で多くの資料が発見されている。そのなかでも竹簡は数万冊を超す量が出土しており、歴史学や思想史の分野から大きな注目を浴びている。これは歴史言語学においても例外でない。出土資料が重宝されるのは出土資料が先秦の研究においてひとつの定点となるからであろう。本稿は『清華大学蔵戦国竹書』「耆夜」「金縢」「皇門」「祭公之顧命」の通仮字を例に（以下、清華簡と略称）、戦国中期頃の声母体系を概観することを目的としている。

2 出土資料扱う意義と清華簡について

2.1 出土資料を扱う意義—共時的・通時的研究に向けて—

清朝以降、上古音研究はたとえば詩経等の押韻字の分類、諧声符の分類、異文・声訓の整理、漢訳語の研究というようにあらゆる手法で進められてきたが、最大の問題点は「資料に制約が有る」ことであった。すなわち研究対象とする時代や地域を限定した上古音再構——換言すれば「言語層」を限定した上古音再構——を進めることが困難であったことである。このため従来の研究によって再構された上古音体系には類型論的に支持されない点が多く見受けられる[1]。しかし近年の相次ぐ出土資料の発見によって上古中国語の共時

[1] 祖語の再構と類型論的研究については松本克己 1984 に指摘されている。

的・通時的研究を進めるための環境が整いつつある。本稿では研究対象を清華簡に見える通仮例に限定し考察を加えたい。

2.2 清華簡について

清華簡は2008年に清華大学に寄贈され、竹簡の保護、整理等の段階を経て2010年末に第一冊が出版された。炭素14年代測定法（AMS法）によると紀元前305±30年で戦国中期から後期にあたる。『清華簡（壱）』には「尹至」「尹誥」「程寤」「保訓」「耆夜」「金縢」「皇門」「祭公之顧命」「楚居」の9篇が収められ、『清華簡（弐）』には「繫年」1篇が収められている。「耆夜」が『詩経』「蟋蟀」と関連し、「金縢」「祭公」等が『尚書』『逸周書』と対応関係を見せるように従来の楚簡とは文献の性格及び用字法の面でやや異なる。

3 本論－通仮例から見た子音体系－

- 以下、本稿では通仮字を「　」で表し、被通仮字（語）を｛　｝で表す。
- 本稿で扱う通仮例は基本的に声符の異なる通仮例とするが、「箸」｛書｝のように諧声符を同じくする通仮例でも、上古音を論じる上で重要である場合は採用する。
- 〔通仮表〕について、左から「通仮字」、「声符」、「（通仮字の）音韻地位」、「被通仮字」、「声符」、「（被通仮字の）音韻地位」、「例」とする。「音韻地位」は声母、韻母の順に示す。また音価を示すことで開合等の区別を表す（例：「辯」並元 en）。
- 紙幅の関係上、本稿では「耆夜」「金縢」「皇門」「祭公」に見える通仮例に限る。

3.1 唇音

3.1.1 破裂音（幇、滂、並母）

〔表1 破裂音（唇音）通仮表〕

通仮字	声符	音韻地位	被通仮字	声符	音韻地位	例
備	葡	並之職 ək	服	𠬝	並職 ək	金3、皇5
覍	—	並元 ons	弁	—	並元 ons	金10
嗚	甹	滂耕 eng	屏	幷	並耕 eng	皇1
卑[2]	—	幇之 e	譬	辟	滂錫 eks	皇2,9,10,13
濒[3]	頻	幇並真 in	賓	宾	幇真 in	皇5
缶宀[4]	缶	幇幽 uʔ	保	—	幇幽 uʔ	皇12

[2] 「卑」は皇門5、9号簡では｛俾｝（使役）に読まれる。

[3] 「濒」は『説文』で「从頁从涉」とあるが、濒声か。

[4] 「缶宀」は皇門6号簡では｛寶｝に読まれる。

両唇破裂音であるから開合について考慮する必要はない。唇音に限らず、声母の清濁については諧声系列および通仮から推定不可能であるため中古音から推定せざるを得ない。

3.1.2 鼻音（明母）

〔表 2 鼻音*m 通仮表〕

通仮字	声符	音韻地位	被通仮	声符	音韻地位	例
毋心	母	明之 əʔ	謀	某	明之 əʔ	耆 7、祭 3
宓心	宓?	幇質 it	密	宓	明質 it	耆 7
戠	蔑	明月 et	邁	蠆省	明祭 ats	耆 12
戠	蔑	明月et	末	—	明月 at	皇 7
命	—	明耕engs	名?	—	明耕 eng	耆 7
柔心[5]	敄	明屋oks	瞀	敄	明屋 oks	皇 10,12
袜	未	微物əts	昧	未	明物 əts	祭 1
紋	文	微文ən	旻	文	明文 ən	祭 1

「毋心」は無声鼻音とも関連する（「毋心」｛悔｝等）。「戠」と｛邁｝｛末｝の通仮から清華簡で*-et、*-at が通仮可能範囲にあることが分かる[6]。

3.2 舌音・正歯音（一部）

Pulleyblank1962:116 で指摘されるように、諧声系列を分類してみると舌音（正歯音も含む）は上古の T-type と L-type の声母に由来する。郭店、上博楚簡等の楚簡では T-type と L-type は通用しない。つまり戦国時代には T-type と L-type の区別が保存されていたと考えられる（野原 2009:75-76）。以下、清華簡の T-type と L-type の通仮例を挙げる：

3.2.1 T-type

〔表 3 T-type 通仮表〕

通仮字	声符	音韻地位	被通仮	声符	音韻地位	例
弔、沸	弔	端覚 iwks	淑	叔	禅覚 iwk	耆 1、祭 2

---

5 「柔心」はおそらく「敄声」。同様の例として、郭店『老子』丙本 1、47 号簡に「柔」｛侮｝、上博『容成氏』53 号簡等がある。「侮」も侯部。

6 上博楚簡『曹沫之陳』では「曹沫」が「散穢」、「散蔑」と表記される。「沫」*mat、「蔑」（「萬声」とすれば）*mjans、「戠」*met が互いに通仮し得たことになる。

上	—	禅陽 ang	尚[7]	—	書陽 ang	耆 2
𠷎	—	禅幽 uʔ/s	酬	州	昌幽 u	耆 3,4,6
𢧵	𠷎	禅幽 uʔ/s	讎	雔	禅幽 u	耆 6
㡿	石	書鐸ak	庶[8]	石	書魚 a	耆 4
石	—	禅鐸 ak	宅	乇	澄鐸 ak	金 8
坦	旦	透元 anʔ	壇	亶	定元 an	金 2
鉭	旦	透元 anʔ?	墠	單	禅元 anʔ	金 2
旹	之	章之 ə	載	𢦏	端職 əks	金 2
䈞	竹	知覚 uk	熟	孰	禅覚 iwk	金 10
纍	綴	知元 ots	端	耑	端元 on	金 10
湛	沈	澄侵 umʔ	沖	中	澄冬 ung	金 11,12、皇 1
𨗨	童	定東 ong	動	重	定東 ongʔ	金 12
𢢔	者	章魚 aʔ	圖	—	定魚 a	祭 3
𡰪	乇	知鐸?ak	度	庶	定鐸 aks	祭 5

郭店、上博楚簡と同様に、清華簡においても T-type は L-type と通仮しない。「讎」について、多くの研究者が「仇」との関係から「讎」を牙喉音に再構するが、「𠷎」{讎}{酬}の通仮により「讎」が牙喉音でないことは明らかである (野原 2011b:42-45)。また「湛」{沖}の通仮は他の楚簡に見えない例で、侵部冬部の関係を論じる際に重要な例となる[9]。

3.2.2 L-type

〔表 4 L-type 通仮表〕

通仮字	声符	音韻地位	被通仮	声符	音韻地位	例
睪	—	以鐸ak	奭	—	書鐸 ak	
𡉘	弋	以職ək	飭	食	船職 ək	耆 5
𢻫	—	徹?月 et	轍	徹省	徹月 et	耆 9
𨌲	斿	以幽u	輶	酋	以幽 u	耆 5
𧻓[10]	潮	澄宵 ew	趯	翟	定薬 ewk	耆 10
舒	予	書魚 a	序	予	邪魚 aʔ	耆 13

7 『説文』によると「尚」は「从八向声」とある。

8 「庶」は甲骨金文等で「从火石声」。

9 郭店『五行』12 号簡には"㣛"{忡}の通仮が見える。

10 「𧻓」の右傍は「潮」の本字で「舟」ではない。「潮」の本字は上博『三德』16 号簡に「奪民時以水事, 是謂𣽈」とあり、『呂氏春秋』「上農」「奪之以水事, 是謂籥」と対応する。

⿸疒余、余	余	以魚a	豫	予	以魚 as	金 1、保 1、祭 1
⿰阝⿱左土	陀	定歌aj	地	也	定歌 ej	金 5
由	—	以幽 iw	猶	酋	以幽 u	金 6,皇 9
聖	呈?	書耕 engs	聽	壬	透耕 eng	皇 8
詞	司?	邪之ə	辭	—	邪之 ə	皇 8
⿰糹司	司?	邪之 ə	治	台	澄之 əs	皇 8
⿰申戈	申	書真 in	甸	田	定真 in	祭 4

郭店、上博楚簡と同様に、清華簡においても L-type と T-type の区別は明確である。「⿱罒呈」{奭} について、『説文』に「読若郝」とあることから多くの研究者が「奭」に牙喉音を再構するが、「⿱罒呈」{奭} の通仮から L-type と推定すべきであろう[11]。また従来の研究では「潮」を T-type と見なしていたが、「潮の本字」を声符とする「⿺走⿰屮刂」が L-type {趯} と通仮していることから「潮」も*lrjew と再構される[12]。「甸」も同様 (甸*lins)。「⿺走⿰屮刂」{趯}、「由」{猶} 等は他の楚簡に見られない通仮例である。

3.2.3 鼻音*n（泥母、日母）

〔表 5 鼻音*n 通仮表〕

通仮字	声符	音韻地位	被通仮	声符	音韻地位	例
⿸尸二	—	泥真?	佞	仁	日耕 engs	耆 3
年	千	泥真 in	佞	仁	日耕 engs	金 4
⿰月頁	—	泥幽?	擾	夒	日幽 iwʔ	皇 5

「⿰月頁」{擾} の通仮は九店楚簡、上博楚簡『季庚子問於孔子』1 号簡等に見え、泥母幽部に相当する字音と思われる。清華簡『皇門』13 号簡では心母 {羞} にも読まれる (3.6「特殊例」参照)。「羞」は諧声系列からも鼻音*n-に由来すると推定される (*snju)。

3.2.4 *r（来母）

〔表 6 来母*r 通仮表〕

通仮字	声符	音韻地位	被通仮	声符	音韻地位	例
剌	—	来月 at	烈	列	来月 at/et	祭 4

11 「読若郝」について、上古のある方言に*hl->x-という変化があったのではないか。

12 注 10 も併せて参照されたい。{籥} との通仮から L-type と言える。

3.3 牙喉音

3.3.1 破裂音（見母、渓母、群母、影母を除く）

〔表 7 破裂音（牙音）通仮表〕

通仮字	声符	音韻地位	被通仮	声符	音韻地位	例
夾	—	見 ep	介	—	見祭 eps	耆 2
戗	今	見侵 əm	戡	甚	渓侵 um	耆 1
戟[13]	?	見幽?	仇	九	見幽 u	耆 6
逑	求	群幽 u	赳	丩	見幽 uʔ	耆 7
者	古	見魚 aʔ	庫	車?	渓魚 as	皇 1
共	—	見東 ong	恐	巩	渓東 ongʔ	皇 2
氒	—	見月 ot	厥	欮	見月 ot	皇 3,5,6,7,10
示	—	群支 e	祇	氏	群支 eʔ	皇 5
叚[14]	—	見魚 aʔ	格	各	見鐸 ak	皇 6
肣	今	見侵 əm	禽	今	群侵 əm	皇 9
訍	及	群緝 əp	急	及	見緝 əp	皇 7

3.3.2 摩擦音（暁母、匣母、于母、影母含む）

〔表 8 摩擦音（喉音）通仮表〕

通仮字	声符	音韻地位	被通仮	声符	音韻地位	例
𣍘	友	于之 əʔ	侑	有	于之 əs	耆 7
晏	妟	影元enʔ	讌	燕	影元 ens	耆 3
歙[15]	酓	影侵 əm	飲	—	影侵 umʔ	耆 3,4,6,9
女	—	影元?	焉	—	影元 an	金 2
㬈[16]	?	?	厭	猒	影談 ems/ʔ	金 5
學	幽	影幽 iw	幼	—	影幽 iws	金 7
畏	—	影微ujs	威	—	影微 uj	金 12、祭 1,2

13 従来の研究から「戟」は見組幽部に相当する字音と推定される。

14 「叚」を｛假｝(「大いに」の意）に読む説もあるが今本との対応から｛格｝（至る）に読む。皇門 13 号簡にも「叚」が見え今本との対応から｛假｝（至る）に読む（『説文』に「假、一曰至也。虞書曰假于上下」)。よって 6 号簡の「叚」についても｛格｝との通仮を考えず「假」に読むべきかもしれない。また祭公 1 号簡にも見え｛假｝（大いに）と読まれる。

15 「酓」は本来「今声」ではないが、甲骨の後半期から徐々に声符化したと考えられる。

16 「㬈」は異説も多いが、本稿では｛厭｝に読む（新蔡楚簡参照)。

員	口	于文 ən	云	—	于文 ən	耆 12
䡼	員	于文 ən	魂	云	匣文 ən	祭 3
㤷	—	?	咸	—	匣談 om	皇 6
印?	—	影真 ins	懿	壹?	影質 it	祭 2

3.3.3 破裂音—摩擦音

〔表 9 破裂音（牙音）—摩擦音（喉音）通仮表〕

通仮字	声符	音韻地位	被通仮	声符	音韻地位	例
軥[17]	匀	以真 wjin	軍	—	見文 un	皇 6
訡	金	見侵 əm	歆	音	暁侵 əm	耆 8
鄗	高	匣宵awʔ	郊	交	見宵 ew	金 13
盍	—	匣盍 ap	奄	—	影談 omʔ	皇 6
嬰[18]	賏?	影耕 eng?	儆	敬	見耕 eng	皇 3,13
卿	皀	渓陽 ang	享	—	暁陽 angʔ	祭 5

近年、喉音に口蓋垂音を再構する仮説（潘悟雲 1997）が優勢であるが、諧声系列と同様に戦国竹簡では牙音と喉音は互いに通仮するため、その正否を論じることはできない[19]。

3.3.4 牙喉音と関連する以母

〔表 10. 牙喉音—以母通仮表〕

通仮字	声符	音韻地位	被通仮	声符	音韻地位	例
夜	亦	以魚 aks	擧	與	見魚 aʔ	耆 3,4,6,8

「夜」{擧} の通仮例により牙喉音に由来する以母が改めて確認されたと言えよう（大西 2012 を参照されたい）。同様の例として、郭店『老子』甲本 8 号簡「與」{夜}、同『成之聞之』39 号簡「赦」{懇}、上博『昔者君老』4 号簡「赦」{夜} 等があり、「夜」や「與」が牙喉音と密接な関係を有していることが分かる。以上の例は牙喉音に由来する以母と L-type に由来する以母が戦国時代に未だ合流していなかったこと示している。

---

17 「匀」{軍} の通用は戦国資料中でしばしば見られる。「匀」は于母、見母等と関連する。

18 「嬰」については {營} {榮} {懔} など異論が多い。賏声字が開口であるのに対して、{榮} {營} が合口であり、また郭店『老子』乙 5,6 号簡に {驚} が見えることから本稿では {儆} に読む説を採った。

19 Baxter&Sagart2011 も潘悟雲 1997 の口蓋垂音の仮説を一部修正し採用している。

3.3.5 鼻音（疑母）

〔表 11 鼻音*ng 通仮表〕

通仮字	声符	音韻地位	被通仮	声符	音韻地位	例
埶[20]	—	疑月 ets	邇	爾、彌?	明?日歌 ej?	皇 2,10

「埶」は疑母*ngjets であるが、「邇」は日母や疑母だけでなく明母「彌」とも関係を有す。

3.3.6 第一口蓋音化

〔表 12 第一口蓋音化通仮表〕

通仮字	声符	音韻地位	被通仮	声符	音韻地位	例
訓	川?	暁文 uns	順	川?	船文 uns	皇 8

「川」が合口字であること等から多くの研究者が例外的な第一口蓋音化字としている。いずれにせよ「川」や「訓」が戦国竹簡で「順」を表すという点に関して異論はない。

3.4 歯音（正歯音を除く）

3.4.1 破擦音（精母、清母、従母、荘母、初母、崇母）

〔表 13 破擦音（歯音、歯上音）通仮表〕

通仮字	声符	音韻地位	被通仮	声符	音韻地位	例
篧	雀	清薬 ewk	爵	—	精薬 ewk	耆 3,4,6,8,9
虘	且	清魚 a	嗟	差	初歌 aj	耆 5
⿱七虫	七	清質 it	蟋	悉	心質 it	耆 9,10,11,13
⿰貝朿	朿	清錫 eks	責	朿	精錫 ek	金 3
⿱則心	則	精職ek	賊	則	従職	皇 9
才	—	従之ə	哉	𢦏	精之 ə	皇 11,13
⿱爫才	才?	従之ə	茲	—	精之 ə	祭 3
淒	妻	清脂?微?	濟	齊	精母脂 ij?	皇 13

郭店、上博楚簡と同様に清華簡においても破擦音と摩擦音の通仮は多くない。したがっ

20 『国語・楚語』韋昭注に「暬、近也」とあることから｛暬｝に読む説もある（復旦読書会 2011.1.5「清華簡≪皇門≫研読札記」の「学者評論」の秦樺林 2011.1.8 の見解を参照)。このほか「然」｛熱｝の通仮が郭店『太一生水』3、4 号簡や『老子』乙 15 号簡に見える。

て破擦音と摩擦音に明確な区別があったと推定される[21]。これに対して鄭張尚芳 2003 や葉玉金 2009 は精組の大部分が摩擦音に由来すると推定するが（*sl-等）、これについては疑問の余地がある[22]。また本稿で扱った資料には摩擦音と摩擦音の通仮は見られなかった。

3.5 無声鼻音

3.5.1 中古暁母と通仮する鼻音

〔表 14 無声鼻音（暁母）通仮表〕

通仮字	声符	音韻地位	被通仮	声符	音韻地位	例
䎽,䎽	昏	暁文 ən	問	門	微文 un	金 10、皇 8
䎽,䎽	昏	暁文 ən	聞	門	微文 un	皇 2、祭 1,5

「䎽」{問}{聞} の通仮から「昏」が戦国後期まで鼻音性を保存していたと考えられる（「昏」*hmən）。趙彤 2006:50-52 は楚方言に無声鼻音を認めないが、これには従えない[23]。本稿で扱った資料には無声鼻音が透母と交流する例は見られなかった[24]。

3.6 特殊例

〔表 15 特殊例〕

通仮字	声符	音韻地位	被通仮	声符	音韻地位	例
𡰥	—	?	佞	仁	泥耕 engs	耆 3
𡰥	—	?	遲	犀	澄脂 ij	金 1、祭 2
紾[25]	冫?	幇?蒸 əng	滕	朕	定蒸 eng	金 5,10
訐	千	清真 in	信	人	心信 ins	金 11
纐	興	暁蒸 əng	繩	黽	船蒸 əng	皇 11
䏔	—	日幽?	羞	丑	心幽 u	皇 13

---

21 ただし、清華簡『耆夜』、上博楚簡『孔子詩論』に「蚤」と {蟋} の通仮が見える

22 葉玉金 2009:228-229 は精組の破擦音化を漢代後期から南北朝の間とする。

23 趙彤 2006 は漢語祖語に無声鼻音を推定するのに対して（漢語祖語**Sm->*m̥->x-）、楚方言には無声鼻音が無いとするが（楚方言**Sm->*m-）、楚に限らず非楚系資料にも無声鼻音の通仮例があることから支持しがたい。

24 皇門 11 号簡に「俟夫」とあり、前掲注 20 の復旦読書会 2011.1.5 は {癡夫} に読む。「癡」が疑声であるとすると無声鼻音*hng-から徹母へ変化した例と考えられる。「俟」には崇母、群母があるが、群母字は中古微韻に所属し上古微部に相当する。

25 「紾」は「冫声」か。L-type「滕」と通仮しており説明が困難。

「𡰥」は『説文』に「古文仁」、『玉篇』に「𡰥、古文夷」とあり、「𡰥」は*n-{仁}{年}{佞}に読まれる一方でL-type{遲}{夷}等にも読まれる。したがって「𡰥」については少なくとも鼻音*n-の系列とL-typeの系列の二方向の通仮を考えなければならない。また「䋲」{繩}と同様の例として上博楚簡『孔子詩論』28号簡「青蠅」{蠅}」がある。暁母「興」がL-type「繩」「蠅」と通仮しているように、暁母とL-typeが交流する例が幾つか見られる。これは無声流音が暁母と関連する方言の存在を示しているのではないだろうか（方言A*hl->th-、方言B*hl->x-)。「䏔」は{NU}の単語家族に所属する可能性が高い[26]。

4 おわりに

巨視的にみると、清華簡と楚簡との間に大きな差異はないが、個別の通仮例（用字法）については楚簡に見られない用例が幾つかある。しかし楚簡に反映する音韻体系の枠組みから大きく外れるような通仮例は無く、清華簡の音韻体系が楚簡とほぼ共通の音韻体系を有していることは確実である。本稿では紙幅の関係上、すべての例を挙げ清華簡の声母体系全体について論じることが出来なかった。楚簡との比較を含め稿を改めて論じたい。

本稿冒頭部分でも述べたとおり、出土資料の発見によって歴史言語学の分野でも言語層をある程度限定した再構が可能となりつつある。本稿では清華簡の通仮例に限定して考察を加えた。今後は同時代の資料——たとえば郭店、上博、包山楚簡等——との比較（共時的研究）と、時代の異なる資料——たとえば馬王堆等——との比較（通時的研究）を進めることで、より詳細な上古音体系を再構することが課題である。

参考文献

松本克己 1984.「言語史の再建と言語普遍」,『言語研究』86：5-32 頁。

野原将揮 2009.「上古中国語音韻体系に於けるT-type/L-type声母について—楚地出土竹簡を中心に—」,『中国語学』256：67-85 頁。

野原将揮 2010a.「上古音研究における中国“新派”の研究」,『中国語学』257：69-78 頁。

野原将揮 2011a.「「好」の字音とその単語家族～上古音研究と戦国楚地出土資料から～」,『漢検漢字文化研究』1：7-24 頁。

大西克也 2012.「統一期における秦の文字改革——「與」「予」「鼠」「泰」などを例として」,『中国出土資料学会』2012 年度第1回例会資料。(「與」「予」「鼠」に関する論文が『古文字研究』第29輯：644-653 頁, 2012 年に掲載されるとのことである)

潘悟雲 1997.「喉音考」,『民族語文』5：10-24。

野原將揮 2010b.「詩論≪郭店楚簡≫聲母系統」, In Mitsuaki Endo & Yoshihisa Taguchi(eds.) *Papers in Old Chinese and Sino-Tibetan.* Linguistics Circle for the Study of Eastern

[26] {NU}：「丑」*hnrjuʔ、「紐」*nruʔ、「擾（夒声）」*njuʔ、「㚖」「好」*hnuʔ、「手」*hnjuʔ、「羞」*snjuʔ、「䏔」*Nuʔ（清濁など実際の音価が推定できないためNとしておく）（野原 2011a）

Eurasian Languages. pp.69-78。
野原將揮 2011b.「「仇讎」的讀音～以≪清華簡・耆夜≫爲例～」,『中国語学研究開篇』30：42-45 頁。好文出版。
葉玉英 2009.『古文字構形与上古音研究』,厦門：厦門大学出版社。
趙彤 2006.『楚方言音系』,北京：北京戲劇出版社。
鄭張尚芳 2003.『上古音系』,上海：上海教育出版社。
Baxter, W. and L. Sagart (n.d.) Baxter-Sagart Old Chinese reconstruction (Version 1.00). Online at http://crlao.ehess.fr/document.php?id=1217. Accessed (date)等参照。
Pulleyblank,E.G.1962. The Consonantal System of Old Chinese. *Asia Major.* 9:58-114

本稿は日本学術振興会平成 24 年度科学研究費補助金（特別研究奨励費）による研究成果の一部である。

说“鸟”*

汪维辉
浙江大学

“鸟”在汉语基本词中是个很特殊的词。在普通话里它有两音两义，有些方言中则不说“鸟”，而改称“雀”或“虫蚁”等，这都是缘于避讳。避讳有时代性和地域性。避“鸟”字讳大概始于唐，今天则主要存在于官话（含晋语）、客家话、粤语和闽语区。历史上人们曾采用同义词替换的办法来避讳“鸟”字，并且在一些地区成功了；但是在通语中却仍然使用“鸟”，只是改变了声母，并没有被其它词所取代，原因大概是找不到一个语义上完全合格的替代词。“鸟”的个案既有“字音的更改”，又有“词汇的变化”，这种例子并不多见，对于“认识语言的现状跟历史”很有意义。研究词汇，把现状（方言的共时分布）和历史（纵向的历时演变）结合起来，可以把问题看得更清楚。

鸟　雀　虫蚁　避讳改音　词汇替换　方言分布　词汇史

{鸟}（bird）属于人类语言的基本词，被斯瓦迪士（M.Swadesh）列入100核心词表。汉语中的“鸟”字已有不少学者做过研究，本文在已有研究的基础上进一步讨论相关的一些问题。

1 现状

1.1 “鸟”的两音两义

“鸟”在现代汉语通语（普通话）里有两个读音、两个意思：niǎo是通用音、通用义，指“鸟类的总称”；diǎo是专用音、专用义，指“男阴[1]”。[2]

---

* 谨以此文祝贺太田斋教授和古屋昭弘教授六十华诞。本文为国家社科基金项目“汉语核心词的历史与现状研究”（11BYY062）的阶段性成果。在文章初稿刚刚草就之际，同窗挚友黄树先教授得知我在写作此文，特地发来他的新作《说“鸟”》，笔者得以先睹为快，深感欣幸。黄文立足于穷尽性地搜罗汉语核心词“鸟”的相关系列，并与亲属语言进行比较，征引宏富，令人叹服，有些资料是我之前没有关注到的，比如《元曲释词》、李荣《温岭方言的变音》和李玉《说“鸟”字的上古音声母及其词义变化》，拙文修改时得以参考，在此谨向黄教授致谢。不过黄文与拙作的思路和旨趣全然不同，所以我回复黄教授说咱俩不妨“同题各作”，拙文也就仍用原题而不避重名了。写作过程中承秋谷裕幸先生多所指教；友生史文磊、顾军、张文冠、真大成提供研究信息及资料多种；2011年12月23日同门学术沙龙曾讨论过此文，友生贾燕子、胡波等或提出意见，或提供资料；友生李雪敏、

“鸟”在现代方言中的读音情况，有多位学者曾经论及，但限于资料，所述都不够全面，这里依据曹志耘主编《汉语方言地图集·语音卷》098“鸟特字的声母”地图，归纳为下表。

表一：方言中“鸟”的声母

读音 / 方言区	读如端母	读如泥母	读如精母[3]	其 他	无
官话、晋语	12	141		2	208
吴语	99	8			15
赣语	54	13		1	23
徽语	5	6		1	3
湘语	29	7			6
客家话	62	2			6
粤语	2			1	57

王翠协助整理《汉语方言地图集》的材料；李雪敏帮助翻译高田时雄先生的文章。一并在此致谢。文中错误概由作者负责。

1 《现代汉语词典》（第 5 版）释作“男子阴茎的俗称”（见“屌”字条），恐未必准确，应该是指整个“男阴”。南师大博士生朱乐川君来信告知：2002 年增补本《现代汉语词典》288 页“屌”字条释作：“男性生殖器的俗称。”反比第 5 版释义准确。笔者谢谢乐川君提供这条信息。

2 参看《现代汉语词典》第 5 版“鸟 niǎo”条（998 页）、“鸟 diǎo”条（313 页）和“屌 diǎo”条（313 页）。新近出版的《现代汉语词典》第 6 版同第 5 版。“通用音”和“专用音”是李荣先生（1982）的用语，“通用义”和“专用义”则是笔者的类推。

3 《汉语方言地图集》“读如精母”类列有湖南耒阳（赣语）、永兴（赣语）和泸溪乡话三个点，前两个点读作 tɕ，泸溪乡话读作 ts。秋谷裕幸先生来信告知：湖南耒阳这个方言中，t 组声母拼细音时读成 tɕ，导致“焦”和“刁”同音。因此，“鸟”假使读塞擦音，它并不一定与闽语的塞擦音有关系。我手头没有永兴方言的材料。但还是首先要确认精组和端组的分合情况。（2011 年 10 月 21 日电邮）秋谷先生的意见是对的，笔者谢谢他的提醒。据胡斯可《湖南永兴赣方言同音字汇》（《方言》2009 年第 3 期），永兴的情况与耒阳完全相同，也是“焦”和“刁”同音。因此，这两个点“鸟”的声母读法虽跟闽语相似但性质不同，《地图集》的处理未当。本文把这两个点归入“读如端母”而不归入“读如精母”。泸溪乡话的情况，友生胡波帮我请教了吉首大学的瞿建慧老师，她回信说：“我个人认为，泸溪乡话说的是‘雀儿’，而不是‘鸟儿’，在泸溪话里没有古端母字今逢齐齿呼读如精母的现象，至于把鸟儿说成雀儿是不是由于避讳，我不敢妄言。”（2012 年 3 月 20 日电邮）实际上在《地图集·词汇卷》的 036“鸟儿”地图中，泸溪乡话标的是“□[dʑy^{334}]子等”（详下文表二），而不是“鸟”，可见把泸溪乡话标作“读如精母”也未妥，本文把它归入“无”类。如此看来，就目前所知，“鸟”读如精母的现象只见于闽语。

闽语	6		84	1	11
平话	10	5		2	20
土话	18	2			2
畲话	2				
儋州话		1			
乡话					4

说明：①地图原注：以“鸟儿”里的“鸟”字音为依据，不包括其它场合的“鸟”字。

②读如端母的包括：t、tʰ、ɗ。

③读如泥母的包括：n、l、ȵ、ɲ、ȵdʑ。

④读如精母的包括：ts、tɕ。

⑤其它的包括：l、ŋ、∅。

⑥“无”指有些方言点不说“鸟儿”，而用其它词代替。参看下面表二。

⑦表中数字是方言点数。

表中读如端母的是保持旧读，读如泥母、精母和“无”的则是缘于避讳。各方言区的大致情形如下：

官话区（包括晋语）将近60%的点不说“鸟儿”（即表中的“无”），说“鸟儿”的读如泥母的约占40%，这都是出于避讳；读如端母的只有12个点：湖北黄梅、湖南常德、汉寿、临澧、桃源、郴州、靖州、通道、张家界、江苏丹徒、江西九江县、瑞昌——都是处在周边读如端母的地区；此外四川华蓥和重庆忠县两个点读作零声母（即表中的“其他”）。

平话“无”和读如泥母的占到约68%，读如端母的占27%，总体上靠近官话。其中桂北平话多读如端母，只有贺州、富川、钟山等为“无”，而桂南则多为“无”或读如泥母，湖南宁远平话也读如泥母。

徽语读如泥母和“无”的点比读如端母的多将近一倍，也与官话靠近。

吴语读如端母的占81%强；不说“鸟儿”和读如泥母的约占19%，具体的方言点是：安徽池州、清阳、江苏溧阳、常州、通州、靖江（吴）、江阴、浙江杭州[4]（以上读如泥母）、安徽黄山区、当涂、铜陵县、繁昌、南陵、芜湖县、泾县、宣城、江苏金坛、高淳、溧水、海门、启东、上海崇明、浙江洞头（以上为“无”）。绝大部分处在跟官话接壤的地区，只有浙江杭州和洞头是例外，杭州的情况详下文。

客家话读如端母占绝对优势（约89%）；只有2个点读如泥母（广东信宜、湖南汝城），6个点为“无”（广东东源、和平、龙川、博罗、惠州、连南），当是受周边强势方言的影响所致。

湘语读如端母的也占近70%，其余约30%读如泥母或“无”。

赣语读如端母的约占60%，不过还有约40%为“无”或读如泥母。

---

[4] 《地图集》杭州标作“无”，可疑。据笔者调查，杭州是说“鸟儿”的，读如泥母。详下。

土话读如端母的约占 82%，“无”和读如泥母的约 18%。

以上吴语、客家话、湘语、赣语和土话总体上倾向于保持旧读。

粤语 95%是“无”，说明粤语是避讳“鸟”字的（详下）；只有广东阳春、广西玉林读如端母，广西兴业读如来母。

闽语读如精母的是主流，占 75%。平山久雄先生（1992）认为是由于避讳。笔者曾就这个问题请教过秋谷裕幸先生，他回信说：“闽南区、闽东区和莆仙区‘鸟’的声母存在读同精母的现象，原来的*t 现在改读成[ts]。我认为原因应该是避讳。那么，为什么改成[ts]声母而没有改成其它声母呢？这大概是受到‘雀’字声母的影响而成立的。”（2011 年 10 月 18 日电邮）又说：“平山教授指出了闽语‘鸟’字[ts]声母出于避讳，但没有讨论其成因，这仍然是一个谜。”（2011 年 10 月 19 日电邮）此外福建龙岩、建阳、浦城（闽）、武夷山、南平、福安、莆田、大田、沙县、尤溪 10 个点不说“鸟”字，福建光泽、建宁、将乐、泰宁、浙江苍南（闽）、泰顺（闽）6 个点读如端母，福建三明、漳平读[ŋ]。

1.2 “鸟”的异称

有的方言干脆不说“鸟”，而用其它词代替，据曹志耘主编《汉语方言地图集·词汇卷》036“鸟儿”地图，归纳为下表。

表二：方言中“鸟”的异称

用词 / 方言区	鸟	雀	虫蚁	鹣	鸦	飞禽	其他	无统称
官话、晋语	139	203	7	6	2	2	2	2
吴语	103	16			1		1	
赣语	64	22					2	
徽语	12	4						
湘语	37	6						
客家话	61	8					1	
粤语	3	56						
闽语	89	12					1	
平话	17	18					2	
土话	20	2						
畲话	2							
儋州话	1							
乡话		1				3		

说明：①“鸟”类包括：鸟儿、鸟子、鸟崽/鸟仔、鸟团、鸟一（“一”不包括儿、子、崽、仔、团）；鸟、鸟～鸟儿、鸟～鸟子、鸟鸟、鸟鸟子、鸟□[nan^{0}]、飞鸟、□[mi^{44}]鸟。

②“雀”类包括：雀儿、雀儿～雀子、雀儿～雀仔、雀儿～雀娃子、雀儿～鸟儿、雀儿～鸟、雀儿～拐⁼拐⁼、将⁼等、雀儿子、雀子、雀子～鸟、雀子～鸟子、雀崽/雀仔、雀仔～鸟仔、雀团、雀－（“－”不包括儿、子、崽、仔、团）；雀、雀～雀崽/雀～雀仔、雀～鸟、雀雀、雀雀～拐⁼拐⁼、雀雀儿、雀雀儿～雀鸟、雀雀儿～拐⁼拐⁼儿、雀雀子、雀娃子、雀伢崽、鸟雀、鸟雀～鸟仔、麻雀、渺⁼雀嘚。

③“虫蚁”类包括：虫蚁、虫蚁儿、虫蚁子。

④“䴉”类包括：䴉儿、䴉子。

⑤“鸦”类包括：鸦儿、鸦鸟。

⑥“飞禽”类包括：飞禽、飞飞儿、□[$ʥy^{334}$]子等。

⑦表中数字是方言点数。

上面两个表要对着读[5]，因为有些点不说“鸟”，所以也就没有“鸟”字的音；说“鸟”的方言，有些因为避讳而声母改读泥母或精母，有些则不避，仍读端母。

“鸟”在方言中的异称，大致分布如下：

官话区（含晋语）主要是“雀”类和“鸟”类，“鸟”大都读泥母（见上），此外还有“虫蚁”（安徽濉溪、河南嵩县、社旗、西峡、鲁山、扶沟、湖北郧县）、“䴉”（山东平度、潍坊、临朐、诸城、沂南、日照）、“鸦”（山西襄垣、襄汾）、“飞禽”（山西大宁、甘肃隆德）及其他（山西娄烦、四川盐亭）。以上都属于避讳改名或改音。

吴语、徽语、湘语、客家话、闽语、土话都以“鸟”类为主。吴语中“雀”类只有安徽池州、黄山区、当涂、铜陵县、繁昌、南陵、芜湖县、泾县、宣城、江苏金坛、高淳、溧水、海门、启东、上海崇明、浙江昌化（旧）16个点，[6] 绝大多数是靠近官话的地区，另外江苏宜兴说“鸦鸟”，浙江洞头是“其他”。徽语中“雀”类只有安徽祁门、旌德、江西浮梁、浙江淳安4个点，湘语中只有湖南辰溪（湘）、溆浦、保靖、花垣、吉首、泸溪（湘）6个点，客家话中只有广东东源、龙川、博罗、惠州、连南、清新、廉江、香港新界8个点，土话中只有广东南雄、湖南江华2个点，闽语中有福建龙岩、漳平、建瓯、建阳、浦城（闽）、武夷山、福安、莆田、大田、三明、沙县、尤溪12个点，另外福建南平是“其他”。赣语也是以“鸟”类为主，也有一些“雀”类，两者的比例约为3：1。不过徽语中“鸟”读如泥母的多于端母（参见表一）；客家话虽然基本上都说“鸟”并且读如端母，但实际上也是避讳“鸟”的（改声调），李如龙先生（1990）说：“在粤语和客家话，都了切的‘鸟’用来表示男女交合，广州音diu^2，梅县音tiau（上声），也是为回避此音，禽鸟的鸟分别改读niu^2、tiau（阴平）。”[7] 闽语虽然说“鸟”，但绝大多数读如精母，平山久雄先生认为也是出于避讳，已如上述。

粤语基本上都是“雀”类，只有广东阳春、兴业、广西玉林3个点是“鸟”类。

平话“鸟”类和“雀”类不相上下，其中桂北平话基本上是“鸟”类，只有贺州、富

---

5 两幅地图有些数据不相对应，是《地图集》成于众手、尚欠精致所致。

6 《地图集》杭州标作“雀儿”，不确，应该是“鸟儿”（泥母），详下。

7 客家话中只有个别地点不改变声调。参看兰玉英（2010）。

川是“雀”类；而桂南则基本上是“雀”类。

无统称的只有四川宝兴、古蔺 2 个点。

1.3 避讳的结果

“鸟”字《广韵·筱韵》“都了切”[8]，今天作为专用音，读作diǎo[9]，符合音变规律；通用音读作niǎo，则是出于避讳改音。大概是因为形状相似，“鸟”被用作男性生殖器的代称，[10] 后来人们专门为这个专用义造了一个形声字——“屌”，又可省作“屌”，或径写作“吊/弔”，[11] 历史上也有借用同音字“⌊”来书写的（详下）。一些方言区不说“鸟”，而用其它词代替，也是出于避讳。

在汉语中，一个词如果由于避讳的原因不能说，通常会采取以下几种办法：

（1）同义词替换。比如：邦一国、启一开、世一代（以上为避皇帝名讳），卵一蛋（避亵词），等等。

（2）别的同音词改变读音，为它让道。比如：笔（屄），松（㞞），操、糙（肏），[12] 徙（死），等等。又如据平山久雄先生（1995/2005）研究，“昆”由gūn改读成kūn，是为了避同音字“裈”。

（3）本身改音也是一途，不过比较少见。“入”是一个，山西方言的“透”也是一个，[13] 它们都跟“鸟”的情况一样，有“通用的”和“专用的”两个读音。平山久雄先生（1992）举了二十多个例子，除了“鸟”以外，大概只有第 12 例即山西平遥方言“埋”的声母由[m-]改读成[p-]（为了避免联想到“埋葬”）[14] 属于此类。

以上（2）（3）都属于“避讳改音”，但又有他词改音和自我改音之别。

“鸟”的情况最为复杂，既有自我改音，也有词汇替换。这种局面是如何造成的呢？让我们来看看它的历史。

---

[8] 该小韵共有 9 个同音字，不过除“鸟”以外都是不常用的字。

[9] 《现代汉语词典》diǎo 音节下只有鸟、屌两个字。

[10] 参看李玉（1991）、蒋冀骋（1991：141）。

[11] 参看顾学颉、王学奇（1983：471），王学奇、王静竹（2002：303），曹德和（2006：216）。

[12] 参看李如龙（1990）。

[13] 关于“入”和“透”，参看李荣（1982）。李文说：“山西很多地方，‘透（送气）’字是比‘入（音日）’字还要粗野的话。山西本地话专用的‘透’字送气，通用的‘透’字常常不送气。”（《语文论衡》111 页）

[14] 平山久雄先生说，此例是侯精一先生在私人谈话时告诉他的。

2 历史

作为鸟类的总名，“鸟”这个词在汉语中可以说亘古未变，甲骨文已有[15]，历代载籍习见，直到今天仍说。

古代除了“鸟”，还有一个“隹”字，《说文解字·隹部》：“隹，鸟之短尾总名也。象形。”[16] 此字虽然甲骨文中已有，但一直未见文献用例[17]，它是否曾经作为一个词在汉语中使用过，值得怀疑，故本文姑置不论。

“禽”有一个义项与“鸟”对当，即“鸟类的总名”，《尔雅·释鸟》：“二足而羽谓之禽，四足而毛谓之兽。”今天仍有“飞禽走兽”的说法。但“禽”的本义是“走兽总名”（见《说文》），段玉裁认为用作鸟类总名是“称谓之转移假借”[18]。据王泗原《古语文例释》“禽但谓兽，鸟不曰禽”条，“禽”之古义与“兽”同，不作“鸟类”讲，后来由于四个因素的影响，“禽”才有了“鸟”义。（230-235 页）可见这个义项是后起的，它在古书中可以得到印证，如汉张衡《归田赋》：“落云间之逸禽，悬渊沉之魦鰡。”但用例并不多。实际上“禽”是个义域宽泛的词，它并未作为“鸟”的对等词跟“鸟”形成过竞争，只是有时用作“鸟”的同义词而已。类似的还有一个“雀”，有时词义也相当于“鸟”，但唐以前通常都是泛指小鸟，大鸟不能称“雀”，如《左传·襄公二十五年》：“（然明）对曰：视民如子。见不仁者，诛之，如鹰鹯之逐鸟雀也。”所以在唐以前的上古和中古汉语阶段，可以说从来没有一个词跟“鸟”形成过真正的竞争之势。

2.1 词汇替换

但是，唐代以后，情况发生了变化。据目前所知，“鸟”用作詈词可以上推至唐代，最早论及这个问题的当推蒋礼鸿先生，《敦煌变文字义通释》“鸟”条云：

> 骂人的话，读入端纽，和《水浒传》里的“鸟人”、“鸟男女”的“鸟”相同。
> 燕子赋：“燕子被打，可笑尸骸：头不能举，眼不能开。夫妻相对，气咽声哀。‘不

---

[15] 《说文解字·鸟部》：“鸟，长尾禽总名也。象形，鸟之足似匕，从匕。”林义光《文源》：“匕象鸟足形，非匕箸形。”按：甲骨文、金文均象鸟有喙、头、羽、尾、足之形。（据《汉语大字典》）

[16] 罗振玉《增订殷虚书契考释》说：“卜辞中隹（许训短尾鸟者）与鸟不分，故隹字多作鸟形，许书隹部诸字亦多云籀文从鸟，盖隹、鸟古本一字，笔画有繁简耳。许以隹为短尾鸟之总名，然鸟尾长者莫如雉与鸡，而并从隹，尾之短者莫如鹤、鹭、凫、鸿，而均从鸟，可知强分之未为得矣。”王凤阳（2011：112）也说：“在古文字中‘鸟’和‘隹’其实就是同一字的象形意味更强的字和更标准化、简易化的字的区别而已，是无所谓‘长尾’、‘短尾’的。”孙玉文（1993）则认为“鸟”“隹”同源。

[17] 参看王凤阳（2011）“鸟 隹”条（112 页）。

[18] 《说文解字注》739 页。

曾触犯豹尾，缘没横罹鸟灾？’”[19] 这是燕子气愤的话，说自己没有触犯皇帝的仪仗，为什么要遭受这种倒霉的灾祸呢！并不是因为被雀儿所打而称为鸟灾。雀儿和燕子是同类，燕子自视是“人”而不是鸟，也不会用“鸟”来指雀儿而称为“鸟灾”的。《太平广记》卷二百七十三，李秀兰条引《中兴间气集》[20]：“秀兰尝与诸贤会乌程县开元寺，知河间刘长卿有阴疾，谓之曰：‘山气日夕佳。’长卿对曰：‘众鸟欣有托。’举坐大笑。”“山气”谐疝气。这是刘、李借陶诗[21]作猥亵语相嘲谑，可见唐人已用“鸟”如“鸟男女”的“鸟”。（303-304 页）[22]

此后也有多位学者论证过这一点，但证据不出蒋先生所引的两条。[23] 宋代以后例子稍多，学者们多有引述，这里不再详举。此外，《汉语大字典》“𠃜”字条云：“②男性生殖器。《通志·六书略一》：‘𠃜，男子阴。’”[24] 说明宋代已有借同音字“𠃜”来记录“鸟”的专用义的。

可见，大概从唐代起，口语中说“鸟”（端母）就不大方便了。久而久之，它就成了一个需要避讳的亵词和詈词，于是就有了一些替代形式，主要有“雀（儿）”和“虫蚁”等。下面分别讨论。

2.1.1 雀（儿）

《文选·宋玉〈高唐赋〉》：“众雀嗷嗷，雌雄相失。”李善注：“雀，鸟之通称。”这条唐人的注解颇堪注意，说明其时“雀”已可用作鸟类的通称。

下面我们挑几部书来作一个抽样调查：

（1）《新编五代史平话·周史平话上》（部分）

---

19 《汉语大字典》“鸟（diǎo）”字条释作“人、畜雄性生殖器”，即引《燕子赋》例及蒋说。（缩印本 4613 页，修订本 4914 页）

20 维辉按：李秀兰（？-784），唐代女诗人。《中兴间气集》是唐代高仲武编选的唐诗选集。高仲武，渤海（今山东省滨州市）人，生卒年、字号不详。《中兴间气集》2 卷，选录肃宗至德初（756）到代宗大历末（779）20 多年间作家作品，计 26 人，诗 130 多首。旧史家称此时为安史乱后之“中兴”时期，书名取此。此书在每家姓氏之后，都有简短评语。

21 维辉按：陶渊明《饮酒》：“山气日夕佳，飞鸟相与还。”又《读山海经》：“孟夏草木长，绕屋树扶疏。众鸟欣有托，吾亦爱吾庐。”

22 查《敦煌变文字义通释》各版，1959 年第一版、1960 年第二版及 1962 年第三版都只引《燕子赋》一例，至 1981 年增订本第一版增补了《太平广记》例，此后各版均同。谢谢张文冠博士为笔者提供上述各个版本。

23 如李玉（1991）、曹德和（2006）及杨琳（2011a）等。

24 此条材料承南师大博士生朱乐川君提供，谨致谢忱。查郑樵（1104-1162）《通志·六书略第一》，原文是：“𠃜，丁了切。男子阴。”（《通志二十略》，王树民点校，中华书局 1985 年第一版，上册，239 页）又，于智荣（1999）已提到詈词“鸟”可写作“𠃜”。

此书讲述周太祖郭威发迹的故事，有一段说道：

> 年至十一岁，武安令郭威去看守晒谷，怕有飞禽来吃谷粟时，驱逐使去。无奈那雀儿成群结队价来偷吃谷粟，才赶得东边的去，又向西边来吃。无计奈何，郭威做成竹弹弓一张，拾取小石块子做弹子，待那飞禽来偷谷时分，便弯起这弓，放取弹子，打这禽雀。却不曾弹得雀儿，不当不对，把那邻家顾瑞的孩儿顾驴儿太阳穴上打了一弹。弹到处，只见顾驴儿瞥倒在地气绝。被那地分捉将郭威去，解赴黎阳县里打着官司。离不得委官亲到地头，集邻验视顾驴儿尸首，除太阳穴一痕致命外，余无伤痕。取了郭威招伏，解赴潞州府衙去听候结断。那潞州刺史坐厅，将郭威管押立于厅下。刺史一觑，却是孩儿每打杀了孩儿，把笔就解状上判：送法司拟呈。那法司检拟郭威弹雀误中顾驴儿额上，系是误伤杀人，情理可恕；况兼年未成丁，难以加刑，拟将郭威量情决臀杖二十，配五百里，贷死。呈奉刺史台判：推拟照断，免配外州，将颊上刺个雀儿，教记取所犯事头也。司吏读示案卷，杖直等人将郭威依条断决，决讫唤针笔匠就面颊左边刺个雀儿。[25] 刺讫，当厅疏放。

此书通篇只用“雀（儿）”或“飞禽”“禽雀”，未见一例“鸟”，应该是宋元时期北方口语的真实反映。

（2）《训世评话》

此书编成于 1473 年，是一部故事体的汉语教科书，全书采用文白对照的方式，编了 65 则故事，语言带有明显的江淮官话色彩。编者李边是朝鲜王朝司译院都提调辅国崇禄大夫领中枢府事。全书“雀”在文言部分和白话部分均有出现，“鸟”则只出现在两篇故事的文言部分，其中一例为“乌鸟猛兽，驯扰其傍”（6 文），另一例如下：

> 唐末天下大乱，贼兵四起，百姓不得力农，四海饥荒，人民畜产殆死无余。又值冬日，雪深四五尺，禽兽亦皆饿死。有一野鸟，饥甚，飞集田头。见鼠往来田间，鸟以为鼠藏米谷，进前请米。鼠即借米。鸟得米而归，饱腹终日，飞啼自在之际，又有一饥乌，见野鸟饱腹快乐，默计以为鸟得米而食，低声问曰：“小弟，汝何处得米，近日如此飞啼自乐欤？”野鸟直告借米之处，乌云：“大兄怜我饥馑，率我偕归借米之家，如何？”鸟应诺。偕诣其处。田鼠见鸟之归，问曰：“汝何故来欤？”鸟曰：“此乌大兄饥饿，因我乞米来耳。”鼠一见乌之憎态，心不悦，反曰：“我之积米，曾已散尽。”即走入穴，良久不出。鸟闻其言惭愧，与乌言曰：“汝在此，见鼠之出。”鸟即飞还。乌忿忿不已，独立穴前，待鼠之出，谋欲害之。鼠以为乌曾飞去矣，走出穴外。乌击啄鼠之头脑，鼠须臾而毙。乌即飞去，告鸟曰：“我啄杀鼠矣。”鸟闻其言，痛甚哀鸣，飞至鼠死之地，鼠死已在沟中矣。鸟悲鸣彷徨不去。此乃借米不均之患也。（32 文）

白话部分翻译为：

---

[25] 郭威后来绰号就叫“郭雀儿”。

唐末天下乱了，四下里贼兵横行，百姓每不得耕种，天下饥荒，饿死的人马头口且不说，冬月天连日下雪四五尺高，飞禽走兽也都饿死。有一个野雀儿饿的昏了，飞到那田头谷梃里头坐的时节，有一个田鼠频频的来往。这野雀心里计较："他好歹有攒积米粮。"就到根前去，要借些粮。田鼠说："有粮借馈你。"野雀借得粮去，吃的饱了，早起晚夕噪鸣快活。老鸦却见野雀吃饱快活，料磨者说："这野雀必定讨粮米吃。"就低声哀问："兄弟你那里去讨些米粮吃，这几日那般噪鸣欢乐？"野雀儿老实说了借粮的意思。老鸦说道："雀大哥，可怜见带我去借者米粮。"野雀儿便引他去见那田鼠。田鼠对野雀说："雀兄弟，你来何故？"野雀回说："我这老鸦大哥无有吃食，教我引来借些米谷吃。"这田鼠一见老鸦生的形容狠歹，心里嫌他，说："我有多少粮米么，这两日都散了。"这般说，就走入窟陇里，一向不肯出来。野雀儿听他说害羞，教这老鸦看一看他，便飞去了。老鸦恼的当不得，独自丢在窟陇前面，等出来要害他。田鼠只想老鸦已自去了，忽然走出来，三不知被那老鸦把头脑上啄破就死了。老鸦飞去，对野雀说："啄杀田鼠来了。"野雀听得这话，悲鸣哀痛，飞到田鼠死处，见了田鼠被杀，彫在田沟里。这野雀凄惶哀鸣，彷徨不去。这是借粮不均，逢这灾害。(32 白)

"鸟"一律改成了"雀（儿）"，说明在李边习得的口语中鸟类的通称是"雀（儿）"。

（3）《朴通事谚解》(1480－1483 年)

此书中"雀"4 见（另有 1 例"孔雀"未计），未见"鸟"字：

后面北斗七星板儿做的好，那雀舌儿[26]牢壮便好。
墙上一块土，吊下来礼拜。　这个是雀儿。
每日家寻空便拿雀儿，把瓦来都躧破了。

这应该是明代前期北方官话的真实反映。

《红楼梦》中有这样的对话："说他'雀儿拣着旺处飞，黑母鸡一窝儿，自家的事不管，倒替人家去瞎张罗'。"（六十五回）"咱们家没人，俗语说的'夯雀儿先飞'，省得临时丢三落四的不齐全，令人笑话。"（六十七回）"夯雀儿先飞"就是"笨鸟先飞"（"夯"即"笨"字)。这都是口语中说"雀儿"的真实反映。

这些北方文献中"鸟"说成"雀（儿）"，跟今天官话区许多地方的情形是一脉相承的。

2.1.2 虫蚁（虫鷖）

许政扬（1984）说："今开封地区方言，谓禽鸟为'虫蚁'。此词亦见于宋元戏曲、话本中。"(63 页）

"虫蚁"一词大约始见于东汉，起初当是指昆虫、蚂蚁之类，如《金匮要略·禽兽鱼虫禁忌并治第二十四》："蜘蛛落食中，有毒，勿食之。凡蜂蝇虫蚁等，多集食上，食之

26　"雀舌儿"是腰带上的一个部件。

致醯。”此义魏晋南北朝隋唐时期沿用，例子颇多。后来可以泛指一切动物，正如许政扬（1984）所说：“所有一切古昔目为‘虫’的，不论飞禽走兽，昆虫鳞介，无不可称‘虫蚁’。”（68 页）例如《五灯会元·保福清豁禅师》：“未几，谓门人曰：‘吾灭后将遗骸施诸虫蚁，勿置坟塔。’言讫入湖头山，坐磐石，俨然长往。门人禀遗命，延留七日，竟无虫蚁之所侵食，遂就阇维，散于林野。”这是泛指鸟兽等动物。元尚仲贤《洞庭湖柳毅传书》第三折：“（柳毅笑云）钱塘君差了也。你在洪波中扬鳍鼓鬣，掀风作浪，尽由得你。今日身被衣冠，酒筵之上，却使不得你那虫蚁性儿。”这是指蛟龙。更多的例子可参看许政扬（1984）。但在宋元以来的戏曲、小说等通俗文献中则常专指鸟类，如：

金董解元《西厢记诸宫调》卷一：“虫蚁儿里多情的，莺儿第一。”凌景埏校注：“指小的鸟雀和虫，也写作‘虫鷖’。”按：此“虫蚁儿”当义同“鸟儿”，凌释恐未确。

《喻世明言》卷三十六《宋四公大闹禁魂张》：“见是小的跳将来，赵正道：‘小哥，与你五文钱，你看那卖酸馅王公头巾上一堆虫蚁屎，你去说与他，不要道我说。’那小的真个去说道：‘王公，你看头巾上。’王秀除下头巾来，只道是虫蚁屎，入去茶坊里揩抹了。走出来，架子上看时，不见了那金丝罐。”“王秀道：‘师父，我今朝呕气。方才挑那架子出来，一个人买酸馅，脱一钱在地下。我去拾那一钱，不知甚虫蚁屙在我头巾上。我入茶坊去揩头巾出来，不见了金丝罐，一日好闷！’”

《喻世明言》卷二十六《沈小官一鸟害七命》：“有个客人，时常要买虫蚁。”“偶然打从御用监禽鸟房门前经过，那沈昱心中是爱虫蚁的，意欲进去一看，因门上用了十数个钱，得放进去闲看。只听得一个画眉十分叫得巧好，仔细看时，正是儿子不见的画眉。那画眉见了沈昱眼熟，越发叫得好听，又叫又跳，将头颠沈昱数次。”

《西游记》第三十二回：“原来行者在他耳根后，句句儿听着哩；忍不住飞将起来，又琢弄他一琢弄。又摇身一变，变作个啄木虫儿。……这虫鷖不大不小的，上秤称，只有二三两重，红铜嘴，黑铁脚，刷刷的一翅飞下来。”

《金瓶梅词话》第二十四回：“妇人道：‘贼短命，你是城楼上雀儿，好耐惊耐怕的虫蚁儿！’”

以上例子中的“虫蚁（虫鷖）”明显都是指｛鸟｝。

《水浒传》第六十回：“（燕青）更且一身本事，无人比得，拿着一张川弩，只用三枝短箭，郊外落生，并不放空，箭到物落；晚间入城，少杀也有百十虫蚁。”许政扬云：“此言射猎，岂有不取狐兔，只逐雉雁之理？这里所谓‘虫蚁’，其意也为兼概飞走两者无疑。”维辉按：从上下文的“落生”“箭到物落”等语来看，这个“虫蚁”当专指鸟类而非泛指飞禽走兽。《水浒传》第六十一回：“却说燕青为无下饭，拿了弩子去近边处寻几个虫蚁吃。”“虫蚁”义同。

许政扬（1984）说：“又吴自牧《梦粱录》卷十三‘诸色杂卖’条、周密《武林旧事》卷六‘小经纪’条，均载‘虫蚁笼’，《旧事》又著‘虫蚁食’，此或鸟笼与鸟食。”（63 页）所释甚是。顺便一提，在《水浒传》和《金瓶梅词话》里，对话中的“鸟”字几乎都是用作骂人话。

可见至晚元明以后“虫蚁”其实就成了“鸟”的别称，一直沿用到今天的部分官话方言中。《汉语大词典》“虫蚁”条第二个义项为“对禽鸟等小动物的通称”，恐未确。

现代方言中所见的其它鸟类通称“䳲、鸦儿、鸦鸟、飞禽”等，有些在近代汉语文献中偶见用例，略举如次。

䳲（chén）：《汉语大字典》“䳲”字条：小鸟。《字汇·鸟部》：“䳲，小鸟。”元王元鼎《河西后庭花》：“泥中刺绵里针，黑头虫黄口䳲。”元刘庭信《寨儿令·戒嫖荡》：“学调雏黄口䳲，初出帐小哥嘍，怎当他风月担儿沉。”（缩印本，4635页）

鸦鸟：《大唐三藏取经诗话·入鬼子母国处第九》：“又过一山，山岭崔嵬，人行不到，鸦鸟不飞，未知此中是何所在。”又《入王母池之处第十一》：“前去之间，忽见石壁高芩万丈，又见一石盘，阔四五里地，又有两池，方广数十里，弥弥万丈，鸦鸟不飞。”比较同书《入竺国度海之处第十五》：“佛住鸡足山中，此处望见，西上有一座名山，灵异光明，人所不至，鸟不能飞。”[27]“鸦鸟”显然跟“鸟”同义，是用作鸟类的统称。明哈铭《正统临戎录》：“一日，铭与袁彬及达子也先帖木儿等同在爷爷前奏说：‘吃金一心愿忠朝廷。若驾有好歹时，铭等务要奉金身归朝廷。如铭等有好歹时，亦愿爷爷深埋着，不要触污天地，使鸦鸟残吃。’”[28]

飞禽：《通制条格》卷二十七“禁捕秃鹫”：“奉圣旨：您行文书，这飞禽行休打捕者。好生禁了者。钦此。”《西游记》中“飞禽”多见，如第六回：“等待片时，那大圣变鱼儿，顺水正游，忽见一只飞禽，似青鹞，毛片不青；似鹭鸶，顶上无缨；似老鹳，腿又不红：‘想是二郎变化了等我哩！……’”

“飞飞儿”则未见文献用例。

2.2 读作泥母的来源

除了寻求同义词来替代“鸟”字以外，人们还试图用改音的办法来达到避讳的目的。

“鸟”本为端母字，到了《中原音韵》中已读作泥母，跟“袅、嬲、裹”列在一起（萧豪韵），[29]也就是跟今天普通话通用音的声母一致了。从上文所引的《中兴间气集》和敦煌本《燕子赋》可知，早在唐代“鸟”字已产生专用义，因此我们推测这个读音在实际口语中的产生年代当更早。赵庸（2012）说：“郑张尚芳在论述吴语中官话层次分析的方言史价值时，提出可以把杭州话作为识别判认南方方言中北来层次先后的重要的语音史坐标，并列出杭州话在语音上的十个官话特点：……之后又补充了一点：特字‘鸟’说liɔ，也属官音，吴语则另有白读tiɔ。[30]……特字‘鸟’说liɔ，可能是更早的读音，我们这次没有调查到，老中青年均说n̥iɔ，另有亵语音tiɔ，同吴语异读音。”也就是说，现代杭州话“鸟”的读音是[n̥iɔ]，口语中通常说“鸟儿”。从这一间接证据来看，“鸟”读作泥母大概至晚北宋后期已然，杭州话的读音应该是宋室南渡时从中原带过来的。[31]当然，这一

[27] 此书“鸟”字一共就这3例。

[28] 此文“鸟”字仅此一见。

[29] 蒋冀骋（1991：141）、李玉（1991）、单周尧（1992）等均已指出这一点。

[30] 郑张尚芳《吴语中官话层次分析的方言史价值》，上海：首届国际汉语方言历史层次研讨会提交论文，2004年。

[31] 岑仲勉（1948）云：“……再合观元曲不多用‘鸟’字一节，可信转入泥纽，当早在

推测尚需进一步证实。到了明代的字书、韵书中，就明确记载了这个读音，如《洪武正韵》、《篇海类编》均“尼了切”。

至于为什么避讳要改读作泥母而不是别的声母，单周尧（1992）已经作了有说服力的回答：“由[t-]转[n-]，跟‘钩’（古侯切）在广州话中为了避讳不读[kɐu˥]而读[ŋɐu˥]音理正同。”上引山西平遥方言“埋”的声母由[m-]改读成[p-]也属于同类现象。这里不再赘述。[32]

3 讨论

平山久雄先生（1995/2005：104-105）曾指出：“我认为避讳改音是一种社会风气的产物，人们可能对某字与秽字同音本不大在乎，后来就变得敏感了。”此论甚确，避讳确实是有时代性和地域性的。本节我们讨论三个问题。

3.1 为什么上古、中古时期“鸟”字不需避讳？

邢公畹先生（1982）说：“‘鸟’字音何以上古、中古都不讳，唯独到了明代才避起讳来？”除了“明代”需提前外（详上），邢先生所问的问题是对的。

目前尚未发现唐以前避“鸟”字讳的证据。唐以前“鸟”为何不需避讳呢？大概是因为那时“鸟”还没有被用作亵词和詈词。那么唐以前男阴称什么呢？《正字通》说：“屌，男子阴名。按：此为方俗语，史传皆曰势。”（单周尧 1992 引）《大词典》“势”字条释作“男性生殖器”，首引《太平御览》卷六四八引汉郑玄《尚书纬・刑德放》：“割者，丈夫淫，割其势也已。”《大字典》则释作“人及动物的睾丸”，引《字汇・力部》：“势，阳气也。宫刑：男子割势。势，外肾也。”始见书证同。

除“势”之外，可能还有“卵”。从很早的时候起，“卵”就可以用作睾丸的俗称，《大字典》所引的始见书证是《素问・诊要经终论》：“厥阴终者，中热、嗌干、善溺、心烦，甚则舌卷、卵上缩而终矣。”又如《素问・骨空论》：“腰痛不可以转摇，急引阴卵，刺八髎与痛上，八髎在腰尻分间。”《灵枢经・五色》：“男子色在于面王，为小腹痛，下为卵痛，其圜直为茎痛，高为本，下为首，狐疝㿉（癞）阴之属也。”早期医籍中此类“卵”字数见。

不过，唐以前对于这一类亵词似乎很少避讳，这大概就是平山久雄先生所说的跟“社会风气”有关吧。高田时雄（2010）[33]“俗讳之一例”举了唐代因俗讳改音的两个例子，颇给人以启发。一是“裸”，本音鲁果切（或郎果切等），为避俗讳而改读作胡瓦切（或户瓦切、音踝等），如慧琳《一切经音义》卷一百《惠超往五天竺国传》中卷：“【裸形】鲁

宋代。”曹德和（2006：216）根据“鳥”与“鸟”的关系的分析，也推测“鸟”的泥母一读可能宋代已经产生。

[32] 岑仲勉（1948）可能是最早论及“鸟”字变音及其原因的文章，岑先生认为改读泥母是道学先生“强改其读”，而又师徒相传造成的。可备一说。

[33] 此文承真大成博士从京都大学发给我，甚谢。

果反。赤体无衣曰裸，或从人作倮，或从身作躶，今避俗讳，音胡瓦反，上声。”可洪《藏经音义随函录》：“【躶形】上郎果反，俗谓阴囊为躶也。古文作胞，像形字也。《说文》：‘赤体。躶，裸也。’又肥，是身之少分，亦不合偏露其躶也。今宜作裸，音踝，裸即全体无衣也。”“【躶者】上胡瓦反，正作裸、倮二形。又郎果反，《说文》云‘赤体，躶裸也。’风俗以为恶口也。【躶形】上户瓦反，净也，无衣也，正作裸也。又郎果反。《说文》云‘赤体，躶裸也。’南方谓恶口也，非此呼。”慧苑《新译华严经音义》：“【躶露】上郎果反，隐处也，俗为恶口也。又按躶是身之少分也。今宜作裸，户瓦反。”维辉按：这个例子实际上是说，“裸”因为与表“阴囊”义的“卵”同音，[34] 俗读改变声母读作“胡瓦切”的音。二是“圆”，本字应作“𦟛”，音户官切，避俗讳改读作于拳切，写作“圆”，如可洪《藏经音义随函录》第十册《菩萨地持经》卷十：“【两圆】或作圜，同于拳反。天体也，核也，𦟛也，正言𦟛，避俗讳，故作圆也。𦟛户官反。”高田先生说：“容易推测出‘户官反’乃至‘胡官切’的音是表达睾丸之意。随着俗讳就写成‘圆’了。”《菩萨地持经》中的“两圆”，在玄奘翻译的《瑜伽师地论》中作“两核”，宾法师的《四分律饰宗义记》有注：“核谓卵也。”这是说民间避“𦟛”字（音户官切，义为“卵”），把它改读成于拳切的“圆”字。由此可见唐时人们对表生殖器的词已经很敏感了，大概常常用作詈词，所以民间称之为“恶口”。这跟“鸟”（端母）从唐代开始用作詈词可谓不谋而合，反映了一种时代风气。

3.2 为什么有些方言里“鸟”不需避讳？

避“鸟”字讳应该是从北方兴起的，这从共时分布中可以看得很清楚。[35] 到明代以后，有些吴语区的作品中也出现了“鸟”用作亵词和詈词的例子，比如明冯梦龙编《山歌·会》：“铁店里婆娘会打钉，皂隶家婆会捉人，外郎娘子会行房事，染坊店里会撇青。”原注：“第三句或作‘打生船上姐儿会弄鸟’。亦可。”《型世言》中用作骂人的“鸟”4见，如下：

> 邓氏去开门，便嚷道：“你道不回了，咱闭好了门，正待睡个安耽觉儿，又来鸟叫唤！”（第五回）
>
> 邓氏嚷道：“扯鸟淡，教咱只道是贼，吓得一跳。怪攮刀子的！”（同上）
>
> 那左首的笑了笑道：“我徐明山不属大明，不属日本，是个海外天子，生杀自由。我来就招，受你这干鸟官气么？”（第七回）
>
> 又寻了些监生秀才去，撞了这两个蛮掌家，道：“他盗了咱进御玉带，还要抄没他。干你鸡巴鸟事，来闲管！”（第三十二回）

这几例皆为模拟北方人口吻，文中自称用“咱”也是一个显证。《型世言》中指“男阴”还是说“卵”的。在今天的吴方言中，“鸟”一般是不需要避讳的，因为男阴不叫“鸟”。

---

34 “卵”《广韵》卢管切，又郎果切。

35 多位学者都已指出，称男阴为“鸟”是北方方言词。

明清吴语作品中的这类“鸟”字，很可能是受了北方话的影响而使用的。像《喻世明言》卷二十六《沈小官一鸟害七命》中虽然有称｛鸟｝为“虫蚁”的（见上引），但“鸟”也十分常见，比如故事一开头说到主角沈秀特别喜欢鸟儿，“养画眉过日。……街坊邻里取他一个诨名，叫做‘沈鸟儿’。”诨名叫“鸟儿”，可见口语中是并不避讳“鸟”字的。

在不需避讳“鸟”的吴语等一些南方方言中，男阴称“卵（卵子、卵袋等）”[36]等，不称“鸟”。所以在这些方言中常常需要避讳“卵”而无需避讳“鸟”。这就像“球”、“蛋”一类的词，在北方地区常被用作亵词，而在南方则是无需避讳的。人名中有“球”字的（如鲁冠球、王球之类），一定不会是北方人。这是方言之间的避讳差异。

3.3“鸟”字避讳的结果为什么改音和词汇替换并存？

如上所述，历史上人们试图采用同义词替换的办法来避讳“鸟”字，并且在一些地区成功了；但是在通语中却仍然使用“鸟”，只是改变了声母，并没有被其它词所取代。这又是为什么呢？

原因大概是找不到一个语义上完全合格的替代词，像“雀（儿）”和“虫蚁（儿）”等，都不如“鸟”字简明而准确。从上面所引的一些文献用例可以看出，“雀（儿）”和“虫蚁（儿）”虽然常用作鸟类的通称，但是实际上都蕴含着一个隐性义素[+小的]，在今天的活方言中也是如此。语义上真正合格的大概只有“飞禽”，不过这个词书面语色彩过重，而且是双音节，在实际口语中用来表示一个经常要说到的基本概念并不十分合适。方言中虽然有用“飞禽”来称呼鸟类的，但很少，《地图集》上标出的只有甘肃隆德一个点。所以，曾经用来替换“鸟”的那些词，语义上大都存在缺陷，结果在音和义的竞争中，义胜出，于是就只有采用另一种办法来避讳，即改变“鸟”的读音。

“鸟”在词汇替换方面遇到的困难，如果跟“卵－蛋”的历时替换作一对比，就会看得更清楚。“卵”（egg）也被斯瓦迪士（M.Swadesh）列入100核心词表，属于人类语言的基本词，由于避讳的原因，后来被“蛋”替换。这一过程相对简单，替换也比较彻底（只是在南部吴语、闽语和部分客家话中没有发生替换），“卵”本身并没有发生改音的现象，只是“蛋”的字形有一个从“弹”到“鴠”等最后定型于“蛋”的过程。[37]

4 结语

李荣先生（1982）说过：“研究语言的人常常排斥有关‘性’的字眼，编辑字典跟调查方言都是这样。其实说话的时候要回避这类字眼，研究的时候是不必排斥的，并且是不能排斥的。就学问本身说，这类禁忌的字眼常常造成字音的更改，词汇的变化，对认识语言的现状跟历史，都是很重要的。”（《语文论衡》110页）“鸟”的个案既有“字音的更改”，又有“词汇的变化”，属于比较复杂的一类，这种例子并不多见，对于“认识语言的现状

---

[36] 此类词语习见于明清吴语小说中。

[37] 范常喜（2006）对“卵”和“蛋”的历时替换作过研究，不过结论多可商补。关于这个问题，我们将另文讨论。

跟历史”的确是很有意义的。“鸟”的个案反映出汉语在入唐以后确实发生了很大的变化，记录原生态口语的语料也逐渐增多，为探明口语演变的真相提供了条件。

有意思的是，在当代汉语中，读作泥母的“鸟”字也常常被用作詈词（年轻人中尤为常见，包括方言区的人说普通话），这跟普通话的迅速普及和电视剧[38]等有声媒体的影响有很大的关系，正如李如龙先生（1990）所说：“民族共同语对方言有天然的影响，尤其在社会生活节奏加快的时候。”

主要参考文献

曹德和 2006 《詈辞演变与雅化倾向——从“鸟”等的语音、语义和字符演变说起》，《汉语史学报》第 6 辑，上海教育出版社；又收入其《语言应用和语言规范研究》，北京：文化艺术出版社、中国社会科学出版社，2006 年。

曹志耘主编 2008 《汉语方言地图集》，商务印书馆。

岑仲勉 1948 《说两个俗语·一 “鸟”音改变之原因》，《中央日报》1948 年 3 月 15 日第七版《文史周刊》。

陈章太、李行健主编 1996 《普通话基础方言基本词汇集》，语文出版社。

范常喜 2006 《“卵”和“蛋”的历时替换》，《汉语史学报》第 6 辑，上海教育出版社。

顾学颉、王学奇 1983 《元曲释词》第一册，471 页。

何仲英 1921 《水浒传释词（续）》，《教育杂志》第 13 卷第 8 期。

黄树先 2011 《说“鸟”》，第三届汉语历史音韵学高端论坛（武汉，2011 年 10 月 14-17 日）提交论文。

蒋冀骋 1991 《近代汉语词汇研究》，湖南教育出版社。

蒋礼鸿 1988 《敦煌变文字义通释》（第四次增订本），上海古籍出版社。

兰玉英 2010 《客家方言中“鸟”、“卵”的意义及其文化意蕴》，《中华文化论坛》第 4 期。

李　荣 1965 《语音演变规律的例外》，《中国语文》第 2 期；又收入其《音韵存稿》，商务印书馆 1982 年，107－118 页。

——— 1978 《温岭方言的变音》，《中国语文》第 2 期；又收入其《语文论衡》，商务印书馆 1982 年，63 页。

——— 1982 《论“入”字的音》，《方言》第 4 期；又收入其《语文论衡》，商务印书馆 1982 年，107－111 页。

李如龙 1990 《从“操”的读音谈到读音的避讳》，（香港）《中国语文通讯》第 7 期。

李　玉 1991 《说“鸟”字的上古音声母及其词义变化》，《古汉语研究》第 3 期。

单周尧 1992 《“鸟”字古音试论》，《中国语文》第 4 期。

孙玉文 1995 《“鸟”“隹”同源试证》，《语言研究》第 1 期。

王凤阳 2011 《古辞辨》（增订本），中华书局。

王泗原 1988 《古语文例释》，上海古籍出版社。

王学奇、王静竹 2002 《宋金元明清曲辞通释》，语文出版社，303 页。

[38] 如电视剧《水浒传》中骂人的“鸟”字都读作 niǎo。

邢公畹 1982 《说“鸟”字的前上古音》，《民族语文》第 3 期。
许政扬 1984 《宋元小说戏曲语释（三）• 虫蚁》，收入《许政扬文存》，中华书局。
杨　琳 2011a 《训诂方法新探》，商务印书馆，127-133 页。
——— 2011b 《吊之美善义的由来》，中国文字学会第六届学术年会提交论文，张家口 •河北师范大学。
于智荣 1999 《谈“鸟”字》，《汉字文化》第 2 期。
赵　庸 2012 《杭州话白读系统的形成》，《语言研究》第 32 期第 2 期。
高田时雄 2010 《避讳と字音》，京都大学人文科学研究所《东方学报》第八十五册。
平山久雄 1992 《中國语における避諱改詞と避諱改音》，《未名》（神戸大學文學部中文研究會）10，1-22 頁。
——— 1995/2005 《昆明为什么不读 Gunming？》，《平山久雄语言学论文集》，商务印书馆。

“酂”字的音

李　蓝
中国社会科学院

“酂”在历来的字书韵书中多有记载，有多种读音。大致在东汉时就有了读音分歧，历代经师各有所本，读音情况比较混乱，直到清代段玉裁著《说文解字注》才基本厘定了这个字的读音。此后的字典词典都依从段氏之说。作为地名用字，“酂”今见于河南永城和湖北老河口（原光化县）。根据我们实地调查，段氏的定音实际是一个已沿用了近两千年的老文读，河南永城的当地人并不读段氏所定之音。根据“名从主”的地名定音原则，这个字应据当地人的实际读音另行定音，相关字典词典的注音都应修改。

“酂”的古音　地名读音　词书定音

1 酂字的古音义

1.1 典籍所载音义

《玉篇》邑部第二十：子管切。说文云百家为酂。酂，聚也。又子旦切。南阳有酂县。又在丸切。

《玉篇》另有“鄌”字条：邑部第二十：祚何切。沛郡县也。亦作酂。

《广韵》平声桓韵在丸切：酂聚也。又音纂音赞。

《广韵》上声缓韵作管切：五百家也。又五乡为酂。周礼曰四里为酂，五酂为鄙。又子旰切。

《广韵》去声翰韵则旰切：县名，在南阳。

《广韵》另有“鄌”字条：平声歌韵昨何切：鄌，县名，在沛郡。或作酂。酂本音賛。

《集韵》平声戈韵才何切：说文沛国县，萧何初封邑。或从賛。并立字头鄌。

《集韵》平声桓韵徂丸切：聚居也。百家为酂。

《集韵》上声缓韵祖管切：说文百家为酂。酂，聚也。一曰县名，在南阳。

《集韵》去声换韵则旰切：说文一曰百家为酂。酂，聚也。南阳有酂县，萧何子孙续封者。

《集韵》另有“鄌”字条：平声麻韵锄加切：地名。

李蓝按：上三书音注，《玉篇》与《广韵》基本相同：“酂”有平声、上声和去声三读，上声合口韵义为“百家为酂”，平声合口、上声合口、去声开口三韵均可训“聚也”，南阳酂县读去声开口韵。这三个反切折合成普通话，分别读 cuán，zuǎn，zàn。南阳酂县音 zàn，与酂字的其他音义不混，而沛郡的“鄌”折合成普通话读 cuó，与酂字音义均不同，但字形可借用酇。

《集韵》与《玉篇》、《广韵》的不同主要有两处：一是是指出沛郡酇是汉萧何的初封地，南阳酇是萧何子孙的续封地。二是给“鄌”字增加了来自麻韵开口的读音。

《康熙字典》酉集下邑部十七划“酇”字条：《广韵》、《正韵》作管切，《韵会》祖管切并音纂。《集韵》聚也。《周礼·地官·途人》四里为酇，五酇为鄙。又《礼乐记》缀兆注，缀谓酇，舞者之位也。又《奔丧》乃为位注，位有酇列之处。又《广韵》《集韵》《韵会》《正韵》并子旴切，音赞，地名。《玉篇》南阳有酇县。《前汉·萧何传》封为酇侯。又《广韵》在丸切。《集韵》《韵会》《正韵》徂丸切，并音鑽，义同。又《集韵》才何切，音嵯。《前汉·地理志》沛郡有酇县注，莽曰赞治。应劭曰音嵯。师古曰此县本为鄌。应音是也。〇按《字汇补》，萧何封国在南阳之酇，非沛之鄌。盖南阳酇邑为汉阴，县旁有筑水，古曰筑阳。何少子延初封筑阳，其明验也。班固以酇叶何，谓萧何封邑，与何同韵，而莽又改鄌为赞，其所以伪也。又与醛通。《周礼·天官·酒正三曰·盎齐注》，如今酇白也。《释文》即今之白醛酒也。宜作醛，在何反。俗作酇非。

李蓝按：《康熙字典》的“酇”字条有两点值得注意：一是对《集韵》沛郡酇是萧何的首封地而南阳酇是其子孙续地的说法疑信参半；二是重申《玉篇》和〈广韵〉南阳酇是本字本用，沛郡酇是借用字形的观点。

1.2 相关的史籍资料

萧何首封地是南阳酇而非沛郡鄌的观点可在《史记》、《前汉书》中的相关古注中得到进一步的证明。

史記卷五十三·蕭相國世家第二十三：“漢五年，既殺項羽，定天下，論功行封。群臣爭功，歲餘功不決。高祖以蕭何功最盛，封為酇侯”注：【集解】文穎曰音贊。瓚曰今南鄉酇縣也。孫檢曰有二縣，音字多亂。其屬沛郡者音嵯，屬南陽者音讚。按茂陵書，蕭何國在南陽，宜呼讚。今多呼嵯，嵯舊字作鄌，今皆作酇，所由亂也。【索隱】鄒氏云：屬沛郡音嵯，屬南陽音贊。又臣瓚按茂陵書：蕭何國在南陽，則字當音贊，今多呼為嵯也。注：瓚曰今南鄉酇縣。顧氏云：南鄉，郡名也。太康地理志云魏武帝建安中分南陽立南鄉郡，晉武帝又曰順陽郡也。

漢書卷三十九蕭何曹參傳第九：“漢五年，已殺項羽，即皇帝位，論功行封，群臣爭功，歲餘不決。上以何功最盛，先封為酇侯，文穎曰：「音贊。」師古曰：「先封何者，謂諸功臣舊未爵者，何最在前封也。酇屬南陽，解在高紀。」食邑八千戶。”“孝惠二年，何薨，謚曰文終侯。子禄嗣，薨，無子。高后乃封何夫人同為酇侯，小子延為筑陽侯。師古曰：「酇及筑陽皆南陽縣也。今其地（見）〔並〕屬襄州。筑音逐。」孝文元年，罷同，更封延為酇侯。”

1.3 段注的观点

但《说文解字注》力证萧何始封沛郡子孙移封南阳之说。说文六篇下邑部酇字“南阳有酇县”段注：汉地理志南阳郡酇侯国。孟康曰音赞。按南阳县作酇，沛郡县作鄌，许二字划然不相乱也。在沛者後亦作酇，直由莽曰赞治而乱。南阳酇音赞。沛鄌及改作酇字皆音嵯，音亦本不相乱。萧何始封之酇，茂陵书、文颖、臣瓒、颜师古、杜佑皆云在南阳；江统、戴规、姚察、李吉甫、今钱氏大昕皆云在沛。在沛说是也。始封于䣜，高后乃封之南阳之酇与筑阳。文帝至莽之酇候皆在南阳。故地理志于南阳云酇候国，而沛郡酇下不云候国，为在沛不久也。诸家所传班固作泗水亭高祖碑云：文昌四友，汉有萧何。序功第一，受封于䣜。以韵求之，可以不惑。

段氏举出汉人班固泗水亭高祖碑的韵文，此可成萧何始封于沛郡的铁证。段氏之说还可参见说文六篇下邑部“䣜”字注。

段注影响深远。此后的字典词典基本上都采纳了这个意见。如 1968 年台湾中国文化研究所的《中文大辞典》、1993 年四川出版社和湖北出版社的《汉语大字典》“酇”字条、中国社会科学院语言研究所编的《现代汉语词典》、《新华字典》等，基本上都采信段说。

2 调查情况说明

2.1

为了取得第一手材料，2010 年 7 月 8 日至 12 日，我们赴河南省永城和湖北老河口实地调查当地的实际读音。调查内容包括记当地人的地名读音，同类字的读音；当地人说普通话时读这个字的读音；当地人关于这个字音的意见，等等。

2.2 河南永城酇城镇、酇阳乡的调查

2.2.1 永城市概况

永城位于黄河下游，黄河屡次决口，多从这里经过。据说洪水虽汹涌，永城城垣却一直安然无恙。隋代取永久巩固之义，名永城。

周属宋国。春秋称芒邑。秦置芒县、酇县。东汉芒县改临睢县。晋废。隋开皇十六年（596 年）复置酇县，大业六年（610 年）析彭城、睢阳二郡之属地始建永城县。金兴定五年（1221 年）升为永州。元至元二年（1265 年）复降为县。1945 年 2 月更名为雪枫县。1949 年 3 月恢复为永城县，隶属皖北行署宿县专区。1952 年改属河南省商丘专区。1996 年 10 月，撤县设市。

2.2.2 “酇”在当地用作地名的情况

酇城镇位于永城市西部，距市区 23 千米。面积 70.6 平方千米，人口 5 万人。辖酇东、五里、王庄、鞠庄、夏三楼、酇西、袁庄、薛庄、王寨、花园、孙双楼、宋庄、卞庄、王楼、肖楼、候寨、乔集、张庄、刘庄、龚庄、中楼、酇南、姑庵、夏庄、张楼、夏柏元、胡楼、曹庄、李集、丁各、丁桥、马六、肖各 33 个行政村，146 个自然村，284 个村民小组。镇政府驻酇东村。

［沿革］酇城历史悠久，商有酇邑，秦置酇县，元代以前酇城为县治。1952 年设酇城区，1958 年改公社，1961 年复设区，1968 年复改公社，1984 年改乡，1996 年建镇。

酂阳乡位于永城市西部，距市区 16 千米。辖酂北、常庄、乔霍楼、丁柳元、崔庄、陈牌坊、蔡集、母阁、六湾、李庄、陈楼、黄盆厂、陈庄桥、代营、杨庄、张线庄、马楼、翟楼、酂南、盛楼、酂西、凡庄、陈阁、吴庄、宋庄、刘庄、孟油坊、孟桥、王楼、乔楼 30 个行政村，112 个自然村，225 个村民小组。乡政府驻酂北村。

［沿革］1959 年建酂阳公社，1961 年设区，1968 年复改公社，1984 年改乡。1997 年，面积 69.9 平方千米，人口 4.7 万，辖酂西、酂北、圣楼、常庄、吴庄、母阁、牌坊、樊庄、乔楼、宋庄、练楼、陈阁、崔庄、乔霍楼、杨庄、翟楼、线庄、马楼、元湾、陈楼、油坊、孟桥、刘庄、丁柳元、蔡集、代营、王楼、黄盆厂、酂南、马楼 30 个行政村。乡政府驻酂北村。

2.2.3 “酂”在当地用作地名的读音

河南永城市酂城镇、酂阳乡、酂西村等处的本地人口语中是把“酂”读成[ts‘uan˧]，折合成普通话应读 cuán。根据访谈，当地要有文化的读书人才知道[ts‘uo˧]的音，本地不识字的人，未出过远门的老年人，妇女等，都是说[ts‘uan˧]。但现在读[ts‘uo˧]的人开始多起来了，原因主要是当地学校里的老师、外地来的公社书记或村镇干部等人多半都会说[ts‘uo˧]音，年轻人受影响，或自己查字典，就读成[ts‘uo˧]了。当地一个有文化的长者甚至还这样告诉我们：在他们当地，那些没文化的妇女，没读过书的人，都是读错误的音，只有他们这些有文化的人才知道[ts‘uo˧]音。这些情况告诉我们，这是典型的文白异读：[ts‘uo˧]是文读音，[ts‘uan˧]是白读音。

这个调查结果非常出乎我们的意料。但在对照文献后我们恍然大悟：永城的音折合成古音，应是一个山摄合口一等平声從母字，也就是从《玉篇》开始，到《广韵》、《集韵》里都著录的“在丸切”（或徂丸切）。这可是一个源远流长的读音。

2.3 湖北老河口市酂阳办事处、酂阳路的调查

2.3.1 老河口市概况

老河口市位于湖北省西北部，居汉水中游东岸。全市共辖 2 个乡 8 个镇 5 个办事处，全市面积 1032 平方公里，其中市区面积 27 平方公里，总人口 52.9 万。1985 年，被湖北省政府列为计划单列市。

老河口市历史悠久，建城已有 2000 多年，古称酂阳，是春秋名将伍子胥的故里，汉代开国丞相萧何的封地。地处秦岭支脉伏牛山南支尾端，位于汉水中游东岸，南阳盆地边缘。

2.3.2 “酂”在当地用作地名的情况

老河口市辖 1 乡：袁冲乡；5 镇：仙人渡镇、张集镇、竹林桥镇、薛集镇、孟楼镇；4 个街道办事处：酂阳办事处、光化办事处、李楼办事处、洪山嘴办事处。

酇阳办事处辖村委 13 个：八一、太山、晨光、府洲、汉滨、临江、郑营、龙岗、酇南、杨营、卢营、杨寨、黄营。辖居委会 11 个：大桥路、牌坊街、和平路、航空路、仁义街、洪城门、友谊路、东启街、三环路、童营、高潮。

2.3.3 “酇”字在当地的读音

湖北省老河口市区现有酇阳路、酇阳办事处、酇南村等地名。“酇阳路”、“酇阳办事处”和“酇南村”当地人都读[tsan˩]，去声，与“称赞”的“赞”字同音。

湖北老河口的“酇”音折合成古音，应是一个山摄开口一等去声精母字，也就是《玉篇》、《广韵》、《集韵》等韵书里记载的“子旰切”的音。从地名用字的角度来说，早在《说文解字》里就已载明是一个地名专用字，沿用至今已两千多年。

3《现汉》和《新华》的相关条目与修改建议

3.1

《现代汉语词典》第四版（2002 年）220 页：

酇：Cuó 酇城，地名，在河南永城西。另见 1569 页 Zàn。

1569 页：酇：Zàn 古地名，在今湖北光化一带。另见 220 页 Cuó。

《现代汉语词典》第五版（2005 年）238 页：

酇：Cuó 酇城（Cuóchéng），地名，在河南永城。另见 1697 页 Zàn。

1697 页：酇：Zàn 古地名，在今湖北老河口一带。另见 238 页 Cuó。

2006 年《新华字典》第 10 版 77 页酇：

Cuó[酇阳][酇城]地名，都在河南省永城西。

《新华字典》未收“酇”字音 Zàn 的音义。

3.2

河南永城的“酇城镇”和湖北老河口的“酇阳路”都是现势地名。现势地名的订音原则是在遵循普通话音系古今语音演变规则的基础上“名从主”。再加上河南永城和湖北老河口两地的读音都有源远流长的文献著录可支持，因此，河南永城市“酇城镇”的“酇”折合成普通话应定音为 cuán，而湖北老河口市“酇阳街”的“酇”折合成普通话应定音为 zàn。

根据这种情况，《现代汉语词典》（包括小《现汉》）和《新华字典》均应作相应的修改。而且，完全相同的字目，《新华字典》与《现代汉语词典》最好能统一起来。下面我们提供一个修订后的建议词（字）条，给词典修纂的同志作参考。

酇：Cuán 酇城（Cuánchéng），地名，在河南省永城市。另见×××页 Cuó，×××页 Zàn。

×××页：酇：Cuó，酇的旧读。另见×××页 Cuán，×××页 Zàn。

×××页：酂：Zàn 酂阳（Zànyáng），地名，在湖北省老河口市。另见×××页 Cuó，×××页 Cuán。

参考文献

永城市地方志编纂委员会 2010　《永城市志》，（郑州）中州古籍出版社。
湖北省老河口市志编纂委员会 1992　《湖北老河口市志》，（北京）新华出版社。

クシを意味する「串」の来歴

笹原　宏之
早稲田大学

穿肉的扦子“串”字，现在在同属汉字圈的中国和日本被普遍使用。“串”的字义一直被认为是源于日本或者朝鲜。但是通过文献调查可以发现在中国佛典中已存在其较早的用法。可以推断其是从“弗”字派生而来。表示扦子之意的“串”极有可能是随佛典的传出而东渡到日本和朝鲜的。在日本，从奈良时期开始，作为“串”字的训读使用“クシ”。而在朝鲜，很久以前开始多用于表示码头之意，现在一些地名当中仍然遗留些许痕迹。在中国，意为扦子的用法曾经一时消失，但是现代由于日本料理店的流行等原因，其他国家的佚存字义有可能从日本和朝鲜流入到中国，重新被使用。

汉字　字志　字义　国训　辞书

1 はじめに

日本では、2010 年 11 月に常用漢字表の改定が行われ、追加された 196 字の中に「串」という字があった。これは「中」という字に「口」を加えたような単純で分かりやすい形態で、いかにも２つの肉片に、竹製ないし金属製の棒状の「くし」（以下、クシ）を刺した様子をかたどった象形文字のように映る。以前から、学校で習う「患」という字を書く際に，日本人は実はこの「串」を書いていた。「患」と「串」とは字源としては関連しないとも説かれるが、要素の形としては同一であるため、そこで馴染みが強めていた。

街中の看板や貼り紙でなじみ深く、ことに近畿地方では串焼き、串カツの店舗が多いこともあり看板など言語景観としても頻出する字であった。またマスメディアにおいても日本新聞協会は「くし」「玉ぐし」などと仮名で書くことにしていたが、常用漢字表に採用されたことを受け、同年、紙面（NHK は画面）にふりがななしで用いることと定めた。「朝日新聞」では、その前の 2002 年よりから、すでに「串」はほとんどの読者がこれをクシと読めると判断して、「金串」「玉串」「串刺し」「串焼き」など、読み仮名を振らずに使用するようになっていた（「読売新聞」は「くし」と仮名表記することになっていた）。

これは語源的には同源ともいわれる「櫛」もまた常用漢字表にない表外字であったために、ひらがなによって「くし」と表記するために、それとの衝突を回避し、表記面から意味を区別する目的もあったのだろう。この字は子供の命名には用いにくいが、一般にはよく使われているという実状を受け、すでに2004年から人名用漢字にも採用されていた。串自体は、焼き鳥や串焼きなどの店では、料理に刺して提供し、さらにその本数で勘定を数えるなど不可欠な存在である。グルメブームを生み出すほどの食文化への傾注が「麺」「丼」などとともに漢字の社会的な使用傾向を動かした結果と見ることもできよう。

この字には一般の漢和辞典では「国訓」マークという出自に関するラベルが貼られている。『大字典』(1917)では、「串」のクシを国訓とは判断せず、「○（口）」２つが貨幣で「｜」が銭さしの象形とみるが、用例と時代的に合うだろうか。「患」はこれを音符とするとも記す。「弗」（小篆やクシサスの義も示す）と通用、一説に同字との解釈を引くのは示唆的である。『大漢和辞典』でも「国くし。肉などを貫いて火にあぶる器。弗字(1-82)の誤用」、「別字」と注記されている。熟語欄には「串刺」（くしざし「祝詞式・大祓」など）もあり、「慣（クワン・なれる・ならう）」「穿（セン・つらぬく）」に通じるというのは『大字典』に似るが、現代中国語として「ぜにさし」の意が生じていると記述する。漢字に関する様々な書籍にも「弗」がクシを表す本来の漢字で、「串」を用いるのは誤用だと書かれる。この字のクシの意味は日本独自で、日本の肉は小さいためクシが１本になったなどと推測されることさえある。このクシの意の「串」の出自と展開については、笹原2007などに触れたが、その後明らかになった実例を追いながら検討していく。

2 中国におけるクシを意味する「串」の出現と衰亡

中国では、「串」という字は、クシを指す名詞としては辞書に載ることがなかった。遼代の『龍龕手鏡』（高麗本）には、仏典や『一切経音義』などの使用と注記を受けて、「串」には「今古患反　穿也　亦習也　二」と動詞としての用法が示されるだけである。「習」の意は『爾雅』『荀子』から見える。「(くしで）さす」「つらぬく」などは南朝梁の簡文帝の詩など六朝時代以降に見られる字義で、字源は必ずしも古代の字形が根拠とされているわけではないが、物を刺したさま（藤堂1978、白川2004）とも、「毌」の「変体」（「弗」も。段玉裁『説文解字注』第10篇下「患」など。貝を加えた字が「貫」）、「隷変」ともされる。クシの字音（『洪武正韻』「枢絹切」）と区別があるともいわれる。

一方、「弗」は、唐代の裴諴（誠）や韓愈(768-824)の詩に「肉」を刺すクシとして現れる（「南歌子」詞『雲谿友議』巻下（「稗海」「四庫全書」ほか。「四部叢刊」景明刊本は「串」に作る)、「贈張籍」『昌黎先生集』（「四部叢刊」景朱文公校元刊本）巻5、『古今事文類聚』（「四庫全書」等）後集巻 6 ほか）。古くは六朝時代の葛洪(283-343)『字苑』に「初眼反」「今之炙肉弗（字）也（經文作剗削之剗非體也）」「謂以籤（鐵）貫肉炙之者也」などと出る（「大智度論」巻18・「仏本行集経」巻18・「十誦律」巻6・「薩婆多毘尼婆沙」巻4、「立世阿毘曇論」巻8・「修行道地経」巻3・「瑜伽師地論」巻4など。玄応『一切経音義』（高麗版ほか)、慧琳『一切経音義』（同）所引。『小学鉤沈』巻13-3ウ参照)。なおその「十誦律」巻1には「戸弗」という、類似する字体で「門鍵」（閂）を表す用法（地點反　扂）も漢末の『通俗文』に現れていた（慧琳『一切経音義』所引。玄応は「印」の第1画のない字体に作る）。

明代の『六書本義』巻9や同書を引く『正字通』には「丳」に篆書体が見られるが、実際にはさほど古い象形文字ではない（「串」は先述のとおり習の意では『爾雅』などに現れる）。「鏟」や「籤」がそれと同系の語を表記する漢字であったが、これらの形声文字よりも象形文字の方が表現意図に適するケースもあったのだろう。「突」に対する「凸」、「繖」に対する「傘」など、当時は俗字とされながらもそうした字が受容され、さらにその異体字も派生するという風土が存したと考えられる。このように「串」の用法はもと「枢絹切」（セン）、「穿」（つらぬく）という音義を持つ動詞であり、「丳　炙宍（肉）一也　初限反（セン）」（『龍龕手鏡』）とは別の字とされてきた。『広韻』（沢存堂本など）でも「丳　初限切　炙肉丳也」、「串　古患切　穿也習也」と意味も明確に分けられており（前者はそれ以前の切韻系韻書写本や『俗務要名林』にも類似、関連する記述が見られる。後述）、『集韻』でも前者は「燔肉器」と明記されている（北魏の『斉民要術』巻9には、『食経』を引くとされる箇所に、鉄串で刺して炙り焼く意の動詞用法もある。『漢語大詞典』参照。ただし、「四庫全書」では確かに「丳」だが他の箇所はいずれも「串」、「四部叢刊」景上元鄧氏群碧楼蔵明鈔本はそれぞれを「丳」、清代の「百子全書」影印掃葉山房版・龍渓精舎校刊本は逆にそれぞれを「串」に作る。いずれかに字体の同化が生じ、あるいは揃えられたものか。「中」と並ぶ箇所では字体差が際立ったため「丳」とされたか）。『新修纍音引證群籍玉篇』、『篇海』（『（会玉）川篇』（大岩本幸次 2007:197-201 参照）を引く）やその系統にある『重訂直音篇』『字彙補』などは、「□（諧中はリ）」「丳」（（二）音鏟炙肉具（也）　『大漢和辞典』口部では『字彙補』から「丳　サン・セン・くし」とする。なお、「串」と「丳」は「丨」部）という「丳」から混淆を経たのか、派生したとみられる異体字を収めた。

「串」には、「茶一串」のような量詞としての用法が少なくとも唐代には現れていることが知られており（三保 2004 ほか。『漢語大詞典』などは字音の区別も行う。「茶一丳」「串茶」や日本の円仁による「團茶一串」という使用例も存する）、それが日本において助数詞、さらに名詞のように使用されるという契機を与えたという可能性は否定できない。また唐代から宋代にかけて「珠串」「串珠」「貫串」「串子」などと熟語を構成し、連なったものや貫かれたものを指す名詞としても使われるようになる（『唐李義山詩集』（「四部叢刊」景明刊本など）、『朱子語類』など。『漢語大詞典』は字音を『集韻』により胡慣切 huan4 とする。『漢語大字典』も参照。明代には「宝串」という語も現れる。「胡同串子」の語もある。宋代や清代には「丳」と「串」との間に通用現象が生じていたことも記されるが、それらは主に名詞のクシ以外の用法である。『記纂淵海』（「北京図書館古籍珍本叢刊」影印・「四庫全書」）は李義山の「珠串」を「珠丳」に作る）。ことに北宋（11 世紀）の文同『丹淵集』巻 19（「四部叢刊」景上海涵芬楼蔵明刊本ほか）などの「炙串」、『朱子語類』巻 136（「四庫全書」影印ほか。1668 年などの和刻本も 1 つの熟語とする。『宋史』にも同文あり）などの「肉串」は注目される。

このようにクシの意には「弗」が用いられたが、それを「串」と記すことも実は中国で古く詩や仏典において行われたことが確認される。詩集や経文では「弗」を「串」と記した例があり、「串」を調理・食事用か否かは問わずクシとして用いることは、中国に発祥したとも考えられる。『一切経音義』や『龍龕手鏡』等は仏典の漢字の状況を網羅しない。

559年に陳の真諦が訳した「仏説立世阿毘曇論」(800年に上申された『貞元録』にも記載されている)巻8第七「地獄品名大焼炙」には、地獄で罪人が受ける責め苦が描写されている。その中では、「串」という字が「兩三串」といった量詞に近い用法のほか、「復有罪人鐵串自抜貫未傷處翻轉就炙」、「若一邊已熟其串自轉復炙一邊」「是中罪人受此串炙」「彼中罪人為串所刺」「利串皆是鐵」などクシ様の器具という明らかな名詞の用法を含め、10回にわたり用いられているのである。『国訳一切経』でもここは「利串」(四本弗)「一串」「両三串」「鉄串」「諸串」「串炙」「串」と名詞ないし量詞と解している。

図1 広勝寺本「大蔵経」

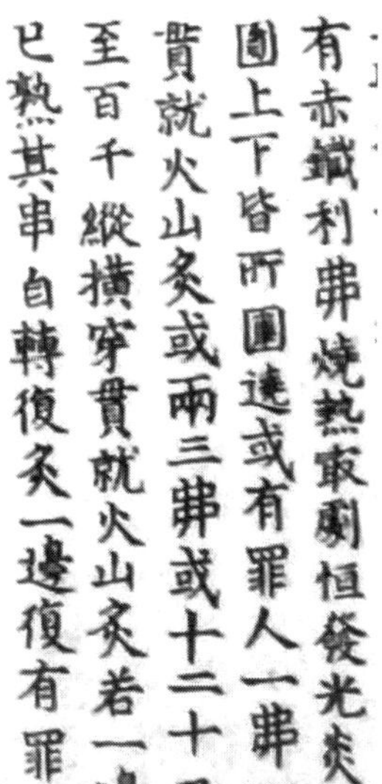
有赤鐵利弗燒熱熾劇恒發光炎周
圍上下皆所圍遶或有罪人一弗所
貫就火山炙或兩三弗或十二十乃
至百千縱横穿貫就火山炙若一邊
已熟其串自轉復炙一邊復有罪人

これは、「大正新脩大蔵経」第32巻の本文でそのようであり、前に触れた「一切経音義」でも同様だが、金版、磧砂版、そして高麗版、写本などとの間には異同がある。例えば北宋版系とされる版本である金代の広勝寺本(12世紀「中華大蔵経」巻49)では10回中初めの3回と最後の1回を「弗」に作り、残りはやはり「串」としている。これらは仮に誤写によるものだとしても、ここでは「弗」と「串」は、韻書の反切とは異なり、字音が共通だったものと推測される。両字の通用という状況を想起させるものといえよう。南宋版系とされる12世紀の資福蔵など(「中華大蔵経」巻49校勘記)や13世紀から14世紀初めにかけての磧砂版(「宋版磧砂蔵経」巻27)ではその10例が「弗」で統一されている。後者では第8の末の音義に「弗　初産反」と記された。校訂を経る中で次第に従来の音義・辞書的な規範によって統一された可能性がある。『紹興重雕大蔵音』(「中華大蔵経」所収)「雑部」などでも両字の字音の区別は受け継がれていた。

そして先の「大正新脩大蔵経」本の底本に用いられた13世紀の「高麗大蔵経」巻28では10回とも「串」と板刻されていた。本経の敦煌本は巻8を欠き、またこの初雕版は早くに失われ、古態や中国版との直接の関連についてはなお検討を要するが、字形に類似点の見られる広勝寺版との重なりは偶然とは考えがたい。さもなければ朝鮮半島では「串」にクシという意味がすでに存在したためにこれで統一されたもの、あるいはこうした使用を契機として「弗」との混同が広まったものと考えられる。なお、この経文には「鞞嵐婆」という梵語も使われており、「嵐」の「あらし」を国訓とする説に対しても示唆的である。

仏典では唐代の法成述、福慧記「瑜伽師地論分門記」(847-859　Pelliot Chinois 2035。Stein

2552 はこの部分を欠く）にも行間に朱筆で「鐵（口王は隹）丳」「三支丳」と書き込まれていた。先の『一切経音義』所引経典には現存本でも「丳」の使用が見られ、別字による異文も伝わる。経文では「串」が複数の意の動詞や量詞として多用されたことが混同を招いた要因であろうか。食生活の道具としての象形文字が肉を禁葷食とした仏教において地獄のクシの描写にも転用され、その形状や性質に合わせて字体を変えた可能性も想起される。

このように「丳」と同様に「串」も、肉を焼く用途ではないがクシの意での使用が生じていた。「鉄串」や「串炙」という語は『大漢和辞典』『漢語大詞典』に見られないが、経書など伝統的な漢籍ではない仏書においては、「串」でクシを意味する用例があったのである。後述するもう一つの仏典の例と合わせて当時の人的、物的な交流の状況を鑑みれば、これらは別個に生じた暗合ではなく、こうした釈典を含む漢籍が文字メディアの一つとなって、日本や朝鮮にも流伝する中でこの字体と用法も伝わった可能性が考えられる。

そもそも中国では調理や食事の時に、実際にどのような形状のクシが使われたのだろうか。阿辻 1994:61 に西晋時代(265 - 316)の嘉峪関の壁画が示される。その元となった甘粛省博物館他 1985 所載の「宴飲図」の写真 5 点（図版 58,61,63,65）においては、いずれも 3 本のクシに肉片様の物が 3,4 個ずつ刺してある（図 2　pp.62,64 においてやはり「炙肉」と解されている）。多いものでは、肉のようなものが 5 つほど刺されたものもある。これに類する食器も武威などで発掘されており（高啓安 2008)、そうした食品と道具を同時に象った漢字が「丳」であり、それは中国製の象形文字であったといえる。

それと似た「串」が中国で通用されることが上述のように後代の文献で起こったということだろう。むしろ、その絵画に描かれたようなクシ１本と肉塊が象られた字形をもつ象形文字としての「串」もあったと解することも可能である。さらなる先後関係、それぞれの字音の差の実際の有無や、その区別の意味などを検討する必要もある。ただ、「丳」「串」をクシとして使うことはその後、中国ではあまり見られなくなくなっていった。

なお、中国では「□（門の中に串)」という「關（関)」の異体字が楚の馬王堆老子甲木簡に見られるが、クシとは直接は関連しないと考えられる。『篇韻』(『康熙字典』广部）に現れる「庳」(カロ切音篗草失也）も別系統と見られる。なお、「門丳」と「門串」という熟語がともに閂を意味することがあったなど、両字が後代の中国でも通用が個別に起こることはあった。「賗」という隋代の『文字指帰』に現れたとされる字にも、後に「銭さし」という名詞を表す例も生じていた（『中華大字典』)。「竄」の簡体字「窜」は、後代の字義の通用をふまえ、形声が意識された結果だろう。

図２　宴飲図

3 日本におけるクシを表す「串」の出現と定着

図３　平城宮東院地区出土木簡

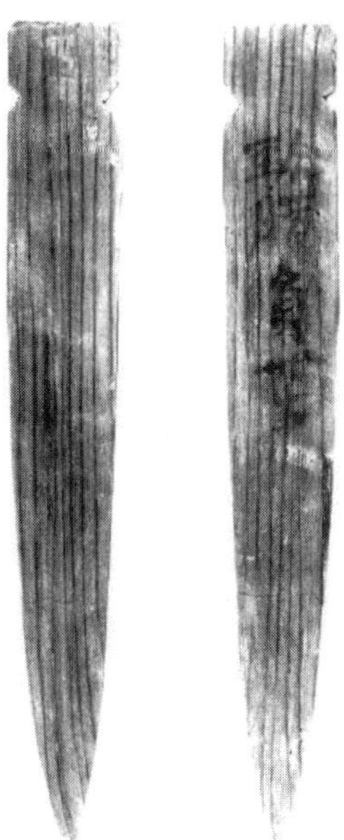

日本では、物を貫く長く、先の尖った物を和語で「くし」と言った。そのクシには、奈良時代から漢字「串」が当てられている。見方を変えると、漢字圏において早くから「串」という字がクシとして定着し、使われていたのである。当時書かれた肉筆では、例えば「越前国坂井郡高串村東大寺大修多羅供分田（地）図」（天平宝字３年・759　奈良国立博物館蔵　重要文化財）では、「高串村」（たかくしむらと読まれている）「串方江」「串方西里」といった地名が毛筆で記されている。平城京・平城宮から出土した木簡にも「□＼魚二連＼串＼□〔鵤ヵ〕」（串は字形が不鮮明）、助数詞として「輸腊員卌串」などが見られる（奈良文化財研究所「木簡データベース」、三保2004）。正倉院文書等でも例えば「越前国司解」（天平神護２年・766　東南院３櫃18）に上記の板井郡「串方村」、「上咋万呂啓」（年不詳　続々修48）に「更申先日所期申乾脯 六串　折骨一枚」、「雑財物目録案」（年不詳　続々修44）に読み未詳だが「覆（雨冠か）串簀（責は青）肆枚」が見られる。

奈良時代に編纂された書籍にも、「串」がクシとして用いられているが、こうした肉筆の例からみて、それらの字体も当時より「串」であった可能性が高い。『古事記』中巻神武には「痛矢串」（真福寺本では「病矢串」。春瑜本などに「イタヤクシ」、延佳神主校正鼇頭本などに「イタヤグシ」と傍訓。宣長は「串」に動詞的な性質も見出していた。『日本書紀』巻３では「流矢」。『諸本集成古事記』など参照、間瀬1998、月岡2005に新しい解釈が提示される)、『出雲国風土記』には「挂串」(意宇郡　細川家本・倉野本・日御碕本・「万葉緯」本・出雲国府総社本・六社神社本　『出雲国風土記諸本集』・『古風土記集』・笠間書院影印・白帝社影印など。「くしにかけて」と読まれている)とある。古風土記には逸文にも『万葉集註釈』(仙覚抄　仁和寺蔵臨川書店影印・「万葉集古註釈大成」など)巻3所引『大隅国風土記』に「大隅郡串卜郷」(「髪梳」の意の「隼人俗語」から「久四良(郷)」となったものを「今改口(曰)串下(ト)郷」という)などが見られる。また『万葉集』には、「五十串」(巻13　3229番　元暦校本・『万葉集註釈』など。「いぐし」と読まれている)で、斎串、神前に立てる神聖な串という用法が見られ、奈良時代の高橋連虫麻呂は、「宍串呂」(巻9　1809番　元暦校本・伝藤原伊房写本など。枕詞で「ししくしろ」と読まれている)つまり鹿や猪などの肉の串刺しとして用いるほか、「目串」で「めぐし」(同　1759番　同。かわいそうなことの意などと解される)の語を万葉仮名のように表記する工夫も行っている。後にこれらの「串」には『和名類聚抄』を根拠として「弗に作るべき事」、「弗ノ誤」との指摘もなされた(契沖『万葉代匠記』巻9下、13上、『校本万葉集』)。これらは、クシを訓とする串が日本の文字使用層においてすでに十分な定着をみせていた状況に基づく転用と見ることができる。中国や朝鮮では、クシとしての「串」は後述のように宋代、高麗時代からと確例の出現が遅いのは伝存する肉筆資料の量と関わることだろうか。

日本での早くからの「串」の定着は、次の例からもうかがえる。上代の『古事記』『日本書紀』『日向国風土記(逸文)』には、他に「櫶」という字を「くし」と読ませる例が、地名などに登場する。この字は、中国では異体字で「梙」とも書かれるもので、喬木の「むくろじ」という木の名を意味するものであった(『竹譜』等。仏典での使用についてはここでは触れない)。この「むくろじ」は「無患子」(ムカンシ　「木欒子」と混淆)に由来する語とも考えられる。そこから部首が逆行同化を起こし木偏が付加されたのだろうか、別に「木櫶子」とも記された。「無患木」とも称したところから生じた字である可能性もある。

日本では、その訓(字義)からではなく「串」が含まれ、部首として木偏まで付いているとして「くし」の語にあてがったものだろう(『和訓栞』参照)。「梙」を国字とみなす例もある(『時代別国語大辞典　上代編』)。いずれにせよこれも国訓である。姓に「梙野」(くしの・ぐしの)が現在あるのは継承性のない、個別に素材を表そうとして偏が付加された結果による暗合だろうか。『新撰字鏡』「小学篇」には「𣟄」という字で、「ししのくし」(宍(享和本50オ　「完」ではない。「害」は誤写による)乃久志)という字が見える。旁に含まれる「䙴」という部分は「□(襾升丶)」(「群書類従」本5ウは「□(襾外)」、享和本は「□(雨升辶)」に作る)。これは、中国にも存在する字体であるが(後述)、ここでは訓のとおり、肉の串に対する造字だろうか。「串」や「籤」の字音も意識された可能性もある。

また、唐の窺基撰(7世紀後半)石山寺本『法華経(妙法蓮華経)玄賛』巻6(平安中期950年頃淳祐自筆書写加点　中田祝夫『古点本の国語学的研究』訳文編影印)には「鑯(口王は隹)弗」「三支弗」がある(同書の翻刻と索引や、『日本国語大辞典』第2版の引用文、保安3年(1122)写興福寺本を底本とした「大正蔵」の翻刻などは「串」に作り、前2者はクシと読む[9])。この写本でも字体は「弗」ではあるが、日本の「串」(くし)の定着には、先にも示したように仏典からの影響があったことがうかがえる。なお、Pelliot Chinois 2176では4か所とも「□(弗の丨2本が中間で切れる崩し字)」という形で記されている。ほかに、例えば敦煌写本とされるもの(北京図書館所蔵、唐時代　故宮博物院・上海博物館・書道博物館所蔵)や金版(「中華大蔵経」巻100)も、いずれも巻6ないしその該当箇所は欠くものの現存する(後者は「大正蔵」から翻刻する)。この仏典は、例えば『日本比丘円珍入唐求法目録』に「妙法蓮華經玄賛兩本二十卷」と見え、図書寮本『類聚名義抄』に引用されている。さらに天平年間の「常疏充装潢等帳」(天平15年)ほか複数の正倉院文書(『大日本古文書』ほか)には、「法華(花)玄賛(讃)」など、上述の経文も「阿毘曇論」「立世阿毘曇」などの名で見られるように、将来された時期が比較的早く、使用されることが少なくなかったことがうかがえる。なお、玄応『一切経音義』の宮内庁書陵部蔵大治三年(1128)写本、金剛寺蔵鎌倉中期写本(「日本古写経善本叢刊」影印・「古辞書音義集成」影印)には「弗」が「弗」やそれに近い字形で記される箇所がある。

『和名類聚抄』調度部・厨膳具には、「串銻」(センソク)の項目があり、「『唐韻』云、串、初限反、与剗(けずる・たいらにするの意)同　夜伊久之(やいぐし　焼き串の意)」と注記がなされている。狩谷棭斎『箋注』に指摘されるように「弗」とする本(元和古活字本など。同本では「伊」は「以」に作る)や辞書もある。現存する切韻系韻書(『唐五代韻書集存』)では、「弗　炙肉鐵」という記述が複数見られるが、その用法の「串」は見当たらない。『和名類聚抄』編纂時に、国内で既に習慣化されていた「串」と「弗」との同定ないし前者の見慣れに起因する見間違えが生じたのだろうか。木村正辞は、『萬葉集文字辨證』巻下(1904)に本居宣長『古事記伝』巻18-35オから、「字形も」似ているために「漢國にても此二字まがへることあり」と根拠は記さずに述べる文を引用している。

平安時代末から鎌倉時代初期にかけて、前田本・黒川本『色葉字類抄』や観智院本『類聚名義抄』などでは、「串」や「弗」に「クシ」という訓(「弗」には「ヤイク(グ)シ」という訓もあり、「弗」という誤記も生じる)が単字や熟語において掲載されているが、以後、「串」(くし)に収斂していく。クシの意を持つ「弗」が日本へ伝播してから「串」へ変形した可能性も残るが、仏教、具体的には僧侶や仏書とともに伝来し、仏者の世界でしばしば用いられ、使用層が拡大しクシの用法も持っていた「串」の字体が広く定着したとも考えられる。なお高山寺本『類聚名義抄』に「亻串」という字に「クシ」とあるが、観智院本は「クヒ」に作る。『音訓篇立』地上4-3には「クワン」「クエン」という音も示される。

ほかに、『訓点語彙集成』には、「串」(クシ　最明寺本『往生要集』上)、「串柹」(クシガキ　西南院本『和泉往来』　『高野山西南院蔵本和泉往来総索引』所収の影印では2か所に傍訓を伴わずに現れる)、「太玉串」(フトタマクシ(グシ)　稲荷神社影印本『延喜式』巻8祝詞)のほか、キスモキ(存疑)、クスヌク、ツラヌク、ナラフ、ヒサシという訓を収める。文献、辞書類などで中古、中世を通じてこの字は動詞としての用法を減らしながら「串」「串刺」「串蚫」などクシとして使われ収められ続け、江戸時代に及ぶとこの字は一般化が進んでいく。江戸川柳には、鰻の蒲焼きのことだろうか、

串といふ字をかはやきと無筆讀　　礫川
串といふ字をかはやきとくしや讀　　礫川

という、礫川（小石川の文日堂）の句が『誹風柳多留』33 編（文化 3(1806)年刊　『誹風柳多留全集』三省堂）36 と 39 に収められている。2 つの句で読字主体が異なっている。さらに、79 編（文政 7(1824)年刊）3 にはこれをふまえたのか、「串といふ字は蒲焼によく叶ひ　芋洗」という句もある。これらの誤読を詠んだ句は、逆に見れば市井の漢字を読み書きできる多くの人々は、「串」という字を「くし」と読めたことを裏付けるものといえる。他の句（84 編 17 など）でも「串」は傍訓を伴うことなく、クシと読まれることを前提として用いられている。こうした見立てによる当て読みはその後もしばしば行われ、落語では「串」を「おでん」と無筆が読んだという話もあるほか、現代ではステーキに見えるという人もいる。

『新撰用文章明鑑』（元禄 8 年　国会図書館蔵本　「近世文学資料類従」影印）巻下 16 ウ「俗字正字之部（ぞくじしやうじのぶ）」に、「俗字（ぞくじ）とは世間にていつの比（ころ）よりか書誤（かきあやまり）て用（もち）ゆる文字（もじ）也正（たゞ）しからぬゆへ俗字（ぞくじ）といふ也。此字は内證（ないしやう）の書札（しよさつ）又は覚書（おぼへがき）などにはくるしかるまじきか。人前（にんぜん）へ出すは矌（はれ）（ヵ　ひとみがない、瞠る、みるなどの意　別字）の書冊などには用（もちい）がたし。」と「正俗（しやうぞく）」を説明してあり、24 オには、「串（くし）　俗字　丳（くし）　正字」という処置が見られる。

ここには、本来は、「串」であるという認識と、そう書くべきだという規範意識が近世期に存在していたことをうかがうことができる。『大漢和辞典』や『広漢和辞典』などは、「串殺」（センサツ）という語を『日本外史』から引く。これは「串」が動詞性を帯びている可能性があるが、クシも意識して造られた頼山陽によるいわゆる和臭のある語ではなかろうか。他にも中国由来の「串戯」（カンギ）という漢語に日本では「ジョウダン」と別の漢語の読みを当て、また「串海鼠」で「くしこ」と読ませるといった熟字訓、国字「躾」と組み合わせ「串躾」（ぐししつけ）という和裁用語も生じるなど独自の展開を見せた。

4 朝鮮におけるクシを表す「串」の定着と衰亡

朝鮮では、クシのことを固有語で「곶」(goj)「꽂」(ggos)のように言った。和語の「くし」（串・櫛）と同源ともいわれる（『岩波古語辞典』ほか）。日本より古い例は見つからないものの「串」という字がそのクシの意として用いられており、形状に共通点のある地形の埠頭・岬の意にも用いられてきた。後者の方が用例としては古い存在が確認できる。『大明律直解戸律』（14 世紀末）に「各串船楫」（串は原文の「埠頭」の訳）、地名としてはより

早く『三国史記』(1145)巻37に、7世紀以前の三国時代の高句麗のものとして「泉井口縣一云於乙買串」(巻35によると8世紀半ばに新羅の景徳王が漢語地名に改名)、「板麻串」が現れている(奎章閣所蔵1760年版など)。また、「龍飛御天歌」(15世紀)には「登山串」、『新増東国輿地勝覧』(16世紀)にも「長山串」「甲串津」などが見られる(鮎貝1972:245-246、金鍾塤1983:57,125、李得春他2006:304、李建植2009:228など)。

クシの意の「串」は、それより遅れて文献上に現れ、『中朝大辞典』は、1657年の『語録解』初2bを挙げる(ほかに髷差しの意の「串子」(chuan4zi)は18世紀の『訳語類解　補』などから引いている)。『韓国漢字語辞典』は、『増補文献通考』(20世紀)「串(천 cheon)編」、各種の「朝鮮王室儀軌」(例えば高宗壬寅1902)「五百五十串」(量詞)のほか、クシを意味する固有語「곶」で読ませる例として、『通文館志』(18世紀)「串之」、『古今釈林』(18世紀)「串柹」「串蟹」、『六典条例』(19世紀)「串丁」ほかを挙げている。これらにも朝鮮語でクシの意の「곶」と発音が近い語への仮借が含まれているが、ほかにも発音が類似する「つるはし」にも「串光伊」などと当てる例があり、また、『吏読便覧』(1829)には、朝鮮で発音が類似する固有語の処・所の語にも「串」が当てられており、「串」の訓読みによる使用が慣習化していた状況がここにもうかがえる。ただ、先に引いた「高麗大蔵経」の時代や位相とは、歴史や社会集団も隔てている。この空白の期間と位相の差は朝鮮で脈々と仏典系統の用法が伝えられ続け、残っていたものとみるべきか、日本から新たな影響を受けて再度生じたものか。朝鮮で生じた用法と仏典や日本での現象との間で暗合が生じた可能性も残る。

辞書でも、例えば『漢韓大辞典』(1963:41)では「串」の「國(国字・国音・国語語義)」として地名とクシの意(「串柹」は字音として곶시)を認め、『大漢韓辞典』(1964:33)でも「串」に「곶」を「國音」として認めている。「串柹」(くしがき)は、上述のとおり日本では平安時代に現れ、後の『庭訓往来』等にも存しており(『日本国語大辞典』2版など)、日本から伝わった漢字表記である可能性も残る。現代でも地名としては朝鮮半島の各地に存在し、朝鮮語の固有語で訓読みとする例が残っている(都守熙2003:246ほか)。しかし現在では、地名を表記するための文字は漢字からほとんどハングルに取って代わられ、「串」も書かれることは日常ではなくなった。小型の「玉篇」(韓国で漢字辞典を意味する普通名詞となった)には「串」に관、천、찬、꿴、「弗」に찬という中国由来の字音や国訓としてのクシの字義が載ることがある(例えば『国漢明文新玉篇』1950)。しかし、この字を巡る動態を反映していないことは中国や日本の字書類とも程度の差こそあれ共通する。

なおベトナムには一串、数珠の意の「紩」という会意文字があるが、後出のものである。

5 現代の中国におけるクシを意味する「串」の復活

「扦子」(qian1zi)がクシの意の現代中国語である。この字は、もとは「攑」と書かれ、「さす」という意味を持っていた。それが、宋代より「セン」という発音を示す声符を「千」

という簡易なものに取り替え、このような俗字が生じた。この「⿰扌䙴」は、上述の「小学篇」の「櫏」と関連が想起される。「櫏」は、字体としては中国にも古くにあり、「桾櫏」（君遷（子））という熟語となってサルガキ・ブドウガキという柿の一種を表した。これには、「辶」を書かない字体もあり、同様に「枅」と通用関係ももっていた。また手偏と木偏とはかつて筆字で字体が交替し、用法も通じた。中国でもかつては「櫏」にクシの意があったとすれば、それが地下水脈のように伝わり続けた可能性が出てくる。

中国では、現在、「羊肉串」(chuan4r)「牛肉串」「鶏肉串」などが街中で販売されており、それらの漢字が羊肉などの串焼きを売る店の看板には「羊肉串店」「串吧」「串」などという名詞用法も見られる。羊肉はもと西方のイスラム系民族の料理とされる。延辺の朝鮮族の料理でもあったともいわれ、朝鮮族の地においては「串店」(chuan4rdian4)、ハングル表記される混種語では「꿘점（店）」で串焼きが売られている。一方、朝鮮製漢語「散炙」（산적）と記す店もある。中国語で「串炙」はやはり朝鮮料理の名前に使われるという。中国には、日本料理店も新出しているが、そうでないと思われる商店にも「串焼」も見かける（図4）。なお、北京など都市化が進展した地では、中国でもパソコンのフォントの利用が増え、手書き文字がなくなってきている。

図 4 商店の看板に
(2009. 11. 17 長春にて)

近年、中国では外食産業において日本の影響により串物がはやり始めたため、「串炸」(chuan4zha2)で串揚げを指すようになっており、「串烤」で炭火焼きを表すともいう。「串焼」は日本文化の伝播が顕著な台湾ですでに使われるようになっており、「串点」でおでんを表すこともあるという。これらの名詞化は中国に滅び、あるいは使用が習慣としては稀薄化し、日本における佚存字義が再輸入された結果と考えられ、こうした伝播は古代にも起きたと考えうる。

しかし、朝鮮半島（これもいずれかの時代の日本に由来する可能性がある）経由で入ってきた用法、あるいは上述の宋代前後からの「（銭）串子」(chuang4zi)すなわち貨幣が紐で一つながりになった銭さし、そして「炙串」「肉串」という類の名詞から派生した継承性のある用法や動詞、量詞が名詞化したものという可能性も残る。「銭串」という語も使われている（明代からの語。この串はヒモの意ともされ、この語に対する『漢語大詞典』の語釈に「指成串的銅銭」と見られ、ここにも名詞的用法が見られる）。なお中国人留学生は、中国語の「串」についても日本語の「くし」と説明する人が多い。現代中国では一般の辞典類に「丳」は掲載されずすでに死字となっている。一方、「串」に現実に使われているクシの意味は載らない。『中日辞典　新語・情報篇』(2008)に「串灯」で、串状に連なる電球、イルミネーションを意味する語が載ったが、これらもクシの意による造語だろうか。

6 おわりに

クシとしての「串」に見いだせた最古例をまとめると日本は8世紀、中国は11,12世紀、朝鮮は（岬の意で）12世紀となる。ただし仏典を含む漢籍や地名での痕跡、さらに古代の肉筆や版本が多く散逸した大陸と半島の状況まで加味すれば、それが中国や朝鮮においてより古くから存在していた可能性もうかがえた。「丳」がクシであり、「串」をクシとして使うことは日本で生じた誤用や日本や朝鮮における国訓とみなす通説は、歴史的な文献資料に基づき検討を加えなければならない。日本は「串」にクシという用法が上代以来見られ、慣習として今日まで日常の中で保持され続けたという点ではユニークであった。「国字」や「国訓」というレッテル貼りは、複雑な文字使用と伝播の情勢の前では、大きな意味を持たないことがわかる。「串」に対する国訓ラベルは、少なくとも漢和辞典の類からは次第に消えていく可能性がある。結果と目されがちな事象も調査未了の経過にすぎない。

そして漢字自体がなおも変化を続けている。中国でstring（文字列）は「字符串」「字串」、keychain（パスワード管理システム）は「钥匙串」と訳された。日本では複数の電子辞書を検索する方法を「串刺し検索」と呼び、「串」が新たな意味を獲得した。インターネット上では「多段串」など「串」に「プロ串」という当て字からproxy（代理）という意味が与えられ、プロクシサーバーを表すWEBの一部での位相語・位相文字として流通している。そのサーバーを通すことを「串を刺す」と言い、共起する動詞の転用も起こした。クシを変換して現れた「串」がそれらしい表記として定着したのだろう。SNSのミクシィに「御串」という当て字も現れた。店の看板や急いで書く伝票等では「串」の「口」を丸くした絵画的で象形性の高いデザイン字形が現れた。看板に「串」の字を書く際に「口」を一つ増やして「□（目を丨が貫く）」とし他店よりも肉が多いと宣伝する店もある。また「丳」には「はんぺん」や、江戸時代の「串」のように「かばやき」という誤読も現れており、いずれ漢字の動態を示した材料として扱われる可能性がある。

和書に出て、中国の儒教や道教系の字書、仏典の字を集めた『一切経音義』や『龍龕手鏡』に見られないことから日本製漢字（国字）とされた字も、仏典によってこれが覆ることが実際に確認できる。例えば『日本書紀』に「鏤」という字が使用されており、渡来人が執筆し和臭がほとんどないとされるいわゆるα群に存在する国字と見れば異例のものとなる。木村正辞（『皇朝造字考』等）など先人が日本製漢字と説いてきた。しかし、仏教経典や五代石晋の可洪『蔵経音義随函録』に「縷」の部首を糸偏に置換したこの字の早い使用が見られ、暗合として片付けがたい。木村正辞が引用するこの音義書（『欟斎雑攷』巻2参照）も網羅的な検討を経ておらず、この類はいくつも見いだせる。日本製漢字という指摘自体にも網羅性は未だないが、その内実の考証も未完である。字音語に関する研究のように、漢字の出自の研究も中日韓越という漢字圏全域における広範な資料を対象に、字誌による記述方法も用いつつ網羅的かつ個別的に歴史と現状を検討していく必要がある。

参考文献

阿辻　哲次 1994.『漢字の字源』。東京；講談社。

鮎貝房之進 1972.『雑攷俗字攷・俗文攷・借字攷』。東京；国書刊行会。

大岩本幸次 2007.『金代辞書の研究』。宮城；東北大学出版会。

間瀬　智代 1998.「『古事記』中巻「痛矢串」の訓釈」,『中京大学文学部紀要』32。

三保　忠夫 2004.『木簡と正倉院文書における助数詞の研究』。東京；風間書房。

笹原　宏之 2007.『国字の位相と展開』。東京；三省堂。

白川　　静 2004.『新訂字統』。東京；平凡社。

高田　時雄 2010.「藏經音義の敦煌吐魯番本と高麗藏」,『敦煌写本研究年報』4 。

藤堂　明保 1978.『学研漢和大字典』。東京；学習研究社。

月岡　道晴 2005.「真福寺本『古事記』中巻「病矢串」について」,『古代文学論集　―村山出先生御退休記念―』。北海道；万葉集研究会。

高　　启安 2008.「甘粛古代飲食名品拾遺」,『敦煌研究』第 5 期。

甘粛省博物館他 1985.『嘉峪関壁画墓発掘報告』。文物出版社。

張　涌泉他 2008.『敦煌経部文献合集』7。中華書局。

李　　建植 2009.「韓国固有漢字의 発達」,『口訣研究』22。

李　得春他 2006.『中韓語言文字関係史研究』。延辺教育出版社。

金　　鍾塤 1983.『韓国固有漢字研究』。ソウル；集文堂。

都　　守熙 2003.『韓国의 地名』。ソウル；아카넷。

謝辞

本稿は第 3 届漢字與漢字教育國際研討會（北京師範大學 2012.8.18）での大会報告「串字探源」と重なる所がある。ご教示下さった張涌泉先生ほかの方々に御礼申し上げる。

沈約の「小紐」「大紐」説と劉滔の「傍紐」「正紐」説

—六朝時代の詩病説と韻紐図・九弄図との関係について—

平田　眞一朗
山梨大学

日僧空海(774-835)撰《文镜秘府论》西卷〈文二十八种病〉里载有两项有关双声和叠韵的诗病的规定。这两项规定叫做“旁纽”和“正纽”。关于“旁纽”和“正纽”的规定，那里一共介绍了三种不同的学说。即除了正式的规定以外，还有两种异说。这两种异说是分别由沈约(441-513)和刘滔提倡的。因为他们分别根据不同形式的音韵图表，所以产生了学说的分歧。本文把这两种异说跟中古时期的三张音韵图表对照一下，以便阐明它们之间的互相关系。

大纽　正纽　韵纽图　九弄图

はじめに

空海（774-835）撰『文鏡秘府論』（以下『秘府論』と略す）西巻「文二十八種病」のうち、「第七　傍紐」「第八　正紐」の項には、六朝時代に行われた双声と畳韻に関する詩病の規定が述べられている。そこでは「傍紐」と「正紐」の規定に関して、幾つかの異なる学説が紹介されている。「傍紐」の規定は「正紐」の規定と対になっているため、「傍紐」の規定について複数の学説があれば、そのそれぞれに対応する「正紐」説が存在する。「第七　傍紐」と「第八　正紐」の項を相互に対照しながら、そこに述べられている幾つかの異なる学説を整理していくと、それらの要点は結局、次に掲げる三つの説にまとめられる。（例詩及び例字は「第七　傍紐」「第八　正紐」の項の記述から引用した。）

A 説：一句五字または一聯十字の中で、I（声母）が同じ字を重ねて用いてはならない。（例）壮哉帝王居　佳麗殊百城：「居 kjĭwo 平」「佳 kai 平」の声母は共に見母(kj-,k-)であり、「殊 ʑĭu 平」「城 ʑĭɛŋ 平」の声母は共に常母(ʑ-)である[1]。

B 説：一句五字または一聯十字の中で、I（声母）M（介音）V（主母音）E（韻尾）が同じ字（すなわち T（声調）のみが異なる同音字）を重ねて用いてはならな

[1] 以下、本稿が引用する中古音推定音価は基本的に Karlgren 氏のものによる。B.Karlgren 著，赵元任· 罗常培· 李方桂合译 1995.『中国音韵学研究』（北京:商务印书馆）を参照。

い。（例）我本漢家子　来嫁単于庭：「家 ka 平」は麻韻二等平声開口見母、「嫁 ka 去」は麻韻二等去声開口見母である。（入声韻の韻尾は相配する平上去声の韻の韻尾と等しいものと見なす。このことは次に述べる C 説においても同様である。例えば「肝 kɑn 平」（寒韻平声見母）と「割 kɑt 入」（寒韻入声見母）を重ねて用いれば、この B 説の規定にふれる。）

C 説：一句五字または一聯十字の中で、M（介音）V（主母音）E（韻尾）が同じ字（すなわち I（声母）と T（声調）のみが異なる字）を重ねて用いてはならない。（例）丈人且安坐　梁塵将欲飛：「丈 ȡʻĭaŋ 上」は陽韻上声開口澄母、「梁 ljĭaŋ 平」は陽韻平声開口来母である。（MVE／T が全て等しい字を重ねて用いた場合は畳韻の詩病である「大韻」もしくは「小韻」の規定に触れる。）

「第七　傍紐」と「第八　正紐」の項に引用されている『四声指帰』（隋・劉善経撰）の記述は、「傍紐」とは A 説のことであり、「正紐」とは B 説のことであると規定している。『秘府論』には、この劉善経の説（「傍紐」＝A 説、「正紐」＝B 説）とは異なる学説についても併せて紹介されているが、「第七　傍紐」と「第八　正紐」の項の記述全体を通して、劉善経の説（「傍紐」＝A 説、「正紐」＝B 説）が基調となって諸説が配列される形になっており、『秘府論』においては、劉善経の説こそが「傍紐」と「正紐」についての正式な規定であると認められていたことは明らかである。

さて、それでは劉善経の説に対する異説にはどのようなものがあったのか。異説には二種類があり、「第七　傍紐」の項に引用されている劉善経の『四声指帰』の記述によれば、一つは沈約（441-513）による説、もう一つは劉滔[2]による説であった。沈約は詩病の名称として「傍紐」「正紐」の名は用いず、代わりに「小紐」「大紐」の名を用いていた。そして沈約の「小紐」とは A 説のことであり、その「大紐」とは B 説と C 説を併せたもののことであった。また、劉滔は詩病の名称に「傍紐」「正紐」の名を用いるけれども、その内容は劉善経の説とは異なっていた。劉滔の「傍紐」とは C 説のことであり、劉滔の「正紐」とは A 説と B 説を併せたもののことであった。劉善経、沈約、劉滔の三者の説を相互に対照できるように整理すると、次頁に掲げた表のようになる[3]。

2　劉滔については詳細不明。隋の劉善経撰『四声指帰』にその説が引用されていることから、彼が隋代以前の人物だったことは確かである。江戸時代の学僧、維宝(1687-1747)の『文鏡秘府論箋』（『真言宗全書 第 41 巻』所収）の巻第三にはこの劉滔について、『南史』巻七十二文学伝（もしくは『梁書』巻四十九文学伝）に見える劉昭の子の「劉縚」のことであるとする記述が見える。この「劉縚」について『梁書』の記事には「大同中、為尚書祠部郎」とある。大同は梁の年号で 535 年から 546 年に当たる。ただ興膳 1986:76 注 2 は、この二人が「同一人物かどうかは定かでない」として慎重な見方を示している。

3　これら沈約の説、劉滔の説についての解釈は、「第七　傍紐」と「第八　正紐」の記述を詳しく分析した結果、導き出したものであり、基本的に中沢 1957:59-68 の解釈に従

このような学説の違いはどのようにして生じたのだろうか。中沢 1957:64 はこの問題について、上に紹介した三者の説のうち、沈約の説と劉滔の説の違いは、それぞれが根拠とした音韻図表の違いに起因するのではないか、と指摘している。そこで中沢氏が取り上げているのは、『秘府論』天巻「調四声譜」に収められている二種類の音韻図表（「韻紐図」と「六字総帰一入の図」）であるが、本稿ではこのほか更に「九弄図」も加え、これらの音韻図表と「傍紐（小紐）」説、「正紐（大紐）」説の形成との関連について考察を加えたい。以下、§１では沈約の説と韻紐図の関連について、そして§２では劉滔の説と九弄図の関連について、それぞれ詳しく論ずることにしたい。

	劉善経の説	沈約の説	劉滔の説
「傍紐」(沈約の説では「小紐」)	A 説	A 説	C 説
「正紐」(沈約の説では「大紐」)	B 説	B 説＋C 説	A 説＋B 説

1　沈約の「小紐」「大紐」説と韻紐図

『秘府論』天巻「調四声譜」では、始めに「諸家調四声譜、具列如左。」と述べた後、漢字を様々に配列した幾つかの図を交えながら、四声相配、双声、畳韻、反切などの原理について論じている。そしてその中には、次頁に〔図１〕として掲げる音韻図表が収録されている。本稿ではこの音韻図表のことを「韻紐図」[4]と呼ぶ。

『秘府論』では、相配する平・上・去・入声の韻にそれぞれ属し、しかも声母を同じくする四つの字をひとまとまりとして「紐」と称する。この韻紐図（〔図１〕）はそのような四字一組の紐を、十二個並べて作成されたものである。〔図１〕では、図に用いられている漢字に全て、括弧に括って所属する『広韻』の韻目を記してある。示されている韻目のほとんどが開口の韻と合口の韻との対立を有するが、〔図１〕ではいずれの韻目も開口の韻の方を表している。同じ段に横に並べられている漢字は全て中古音の声調が等しい。即ち ABCD と EFGH はそれぞれ平・上・去・入声を表している。①から⑥の各行の紐（上段（ABCD）と下段（EFGH））の下には、【】で括ってそれぞれの紐が所属する中古音の声母を記してある。

韻紐図では、同じ行に縦に並んだ二組の紐（八つの漢字）は声母が等しい双声の関係にあり、同じ段に横に並んだ六つの漢字は韻母が等しい畳韻の関係にあるというのが原則である。しかし④の行では、上段の紐（ABCD）の声母が暁母(x-)、下段の紐（EFGH）の声母が匣母(ɣ-)であるから、上段の紐と下段の紐との間で声母は一致しない。また上

っている。その読解の詳しい過程については平田 2007:116-121 において述べた。

[4] この呼称は小西 1948 における命名に従ったものである。小西 1948:158 を参照。

段の紐（ABCD）では、①②の行は唐韻[5]ɑŋ(ɑk)に、③④⑤⑥の行は陽韻 aŋ(ak)にそれぞれ属しているから、両者の間で韻母は完全には一致しない。同様に下段の紐（EFGH）でも、①②④の行は齊韻 ei と屑韻 et（先韻入声）に[6]、⑤⑥の行は支韻 iě と質韻 ĭět（真韻入声）に、③の行は脂韻 i（平声）・之韻 i（上、去声）・質韻 ĭět（入声）にそれぞれ属しているから、お互いの韻母はしばしば一致しない。なお下段の紐で、陰声の韻（EFG）に入声の韻（H）が組み合わされているのが切韻系韻書や韻図の体例と異なっているが、このことについては後で触れる。

⑥	⑤	④	③	②	①	
張（陽）	良（陽）	鄉（陽）	羊（陽）	剛（唐）	郎（唐）	A
長（養）	兩（養）	嚮（養）	養（養）	㖂	朗（蕩）	B
悵（漾）	亮（漾）	向（漾）	恙（漾）	鋼（宕）	浪（宕）	C
著（藥）	略（藥）	謔（藥）	藥（藥）	各（鐸）	落（鐸）	D
【知】	【来】	【暁】	【以】	【見】	【来】	
⑥	⑤	④	③	②	①	
知（支）	離（支）	奚（齊）	夷（脂）	笄（齊）	黎（齊）	E
㑇	邐（紙）	篹（薺）	以（止）	併	禮（薺）	F
智（寘）	詈（寘）	哑	異（志）	計（霽）	麗（霽）	G
窒（質）	栗（質）	纈（屑）	逸（質）	結（屑）	捩（屑）	H
【知】	【来】	【匣】	【以】	【見】	【来】	

〔図 1〕韻紐図（小西 1953:22）[7]

さて、中沢 1957:64 はこの韻紐図（〔図 1〕）と、沈約の説（「小紐」＝A 説、「大紐」＝B 説＋C 説）との間には関連があるとして次のように述べている。（論旨が分かりやす

[5] 以下、『広韻』の韻目については、原則として平声の韻目を挙げて、相配する上・去・入声の韻目をも兼摂させる。

[6] 四等専属韻の推定音価については、拗介音を含まない直音の韻母であったと推定した有坂秀世氏の修正説に従う。

[7] 〔図 1〕には『広韻』の韻目を記していない漢字が四つある。このうち、②B「㖂」、②F「併」、⑥F「㑇」の三字は『広韻』に収録されておらず、字体から考えて、これら三字それぞれに相配する平声の欄に置かれている漢字の字体に、口偏や人偏を加えるなどして作り出したものであろう。④G「哑」は『広韻』では青韻去声開口見母（古定切）であり、図の構成にそぐわない。ここには本来、④E「奚」の字に口偏を加えた「嵠」の字が置かれていたものではないか。⑥C「悵」は『広韻』では陽韻去声開口徹母（丑亮切）である。この字も本来は「帳」（『広韻』では陽韻去声開口知母（知亮切））であった可能性が考えられる。平田 2011:20-21 を参照。

いように、所々に「(引用者注：～)」として注を加えてある。)

> 沈約説の大紐・小紐と四字一紐の譜（引用者注：韻紐図を指す）との関係は次のように考えられる。その小紐は傍双声の相犯（引用者注：A 説のこと）をさすのであるから、この譜でいえば、同行の上下二紐に属する字の同用がこれにあたる。またその大紐は（イ）正双声の相犯（引用者注：B 説のこと）と（ロ）「従連韻而紐声相参」の病（引用者注：C 説のこと）であるから、この譜でいえば、(イ)（引用者注：B 説）は同紐に属する字の同用であり、(ロ)（引用者注：C 説）はある一紐に属する字と横列の紐に属する字との同用がこれにあたる。

ここで中沢氏が指摘しているように、韻紐図に示されている字のうち、上段の紐（ABCD）もしくは下段の紐（EFGH）の範囲内から二字を選んで用いれば B 説の規定に触れることになるし、同じ行（①から⑥。但し④を除く）の上段の紐（ABCD）と下段の紐(EFGH)からそれぞれ一字ずつ選んで用いればA説の規定に触れることになる。また、韻紐図では①②⑤⑥の ABCDEFGH、③④⑤⑥の ABCD のように、なるべく M（介音）V（主母音）E（韻尾）が等しい紐を横にそろえて並べるように注意が払われている。そこで例えば⑥A に位置する「張」の字を、③④⑤の BCD の範囲内に位置する字のいずれかと一緒に用いれば C 説の規定に触れることになる。しかし C 説の規定に触れる例をより効果的に示すためには、上段の紐（ABCD）と下段の紐（EFGH）のそれぞれにおいて、①から⑥までを通じて MVE を全て一致させるのが理想的だったはずである。しかし前に紹介した通り、上段と下段のいずれにおいてもそれは実現していない。また同様に C 説の規定に関連して言うなら、①②③④⑤⑥の声母には全て異なったものを用いるのが理想的だったはずであるが、これも実現しておらず、①と⑤の行にはともに来母に属する紐が用いられている。

これらの点に合理的な説明を与えるためには、韻紐図は本来、四行からなる図を横に二枚並べて構成されていた、と考えるのが良いと思われる。(§2 で掲げる六字総帰一入の図（〔図２〕）や九弄図（〔図３〕）はいずれも四行から成っている。）即ち韻紐図では二行分が失われており、その二行は①②の行とともに一枚の図を構成するはずであった。そして③④⑤⑥の行は本来これら四行で一枚の図を構成していたはずであったと考えるのである。③④⑤⑥の四行に限るならば、これら四つの行の声母は全て異なっているし、少なくとも上段の紐では十六字（③④⑤⑥の ABCD）全ての MVE が一致している。下段の紐では⑤と⑥の二行の間でしか MVE が一致しないが、少なくとも④の EFGH は本来の形ではないだろう。韻紐図では、原則として同じ行の上段の紐と下段の紐の間で介音の直拗が一致するよう、所属する韻が選ばれている。この例外となるのは④の行だけである。③④⑤⑥の四行で一枚の図を構成していたという仮定に基づくなら、上段の紐がこの四行にいずれも三等韻を用いているのと釣り合うように、④の下段の紐も三等韻に属するものに修正する必要がある。④の行では上段の紐と下段の紐の間で声母も一致しないのだが、おそらくこの④の行の下段の紐（EFGH）には本来、暁母に属していて且つ⑤⑥の行と同じく支韻と質韻の字を用いた紐が置かれていたはずである。また、③の下段の紐のEFGには脂韻（E）と之韻（FG）が用いられていて、⑤⑥の下段のEFGに用いられている支韻とは韻母が完全には一致しない。③の EFG にも支韻が用いられるべきだったはずである。この点についても韻紐図が本来の姿を伝えていない可能性が考えられる[8]。

①②の二行には、（現在失われてしまってはいるが）ともに並べるべき二行分が存在したはずであり、それらはやはり①②の二行と同じく、上段に唐韻の紐を用い、下段に齊韻と屑韻から成る紐を用いていただろう。韻紐図では④の行の下段（EFGH）に齊韻と屑韻の字を用いた匣母に属する紐が用いられている。前に述べたようにこの紐はこの位置に用いられるべき紐ではないが、①②の行の下段の紐とともにその横に並べて用いるには、韻についても、また声母についても（見母と来母以外であることが必要）、必要な条件を満たしている。あるいはこの紐（④の EFGH）は、①②の二行に配すべき失われた二行分（四つの紐）の中から、現在の位置に紛れ込んだものなのかもしれない。

さて、韻紐図において沈約の「小紐」説、「大紐」説の規定に触れる例は具体的にどのように示されるだろうか。③④⑤⑥の四行（計 32 字）で一枚の図を構成していたという仮定に基づき、③A に位置する「羊」の字を例に用いて考えると次のようになる。

沈約の小紐（A 説）の規定に触れる字	③の EFGH（計 4 字）
沈約の大紐（B 説＋C 説）の規定に触れる字	③④⑤⑥の BCD（計 12 字）

このように韻紐図を使えば、沈約の「大紐」の規定に触れる例を効果的に示すことができる。韻紐図と沈約の説の関係については§2で劉滔の説を取り上げる際に再び触れる。

なお、韻紐図では下段の紐（EFGH）において、陰声の韻（EFG）に入声の韻（H）を組み合わせており、これは切韻系韻書や韻図の体例とは異なっている。沈約の説と韻紐図の間に関連があるとするなら、B 説やC 説の規定に触れる例の中に、このような紐に属する陰声韻と入声韻の字を、重ねて用いたケースというのが含まれるはずである。そして次に紹介する例は、そのようなケースに関係するかもしれない。『秘府論』の「第七　傍紐」の項に引用されている劉善経の『四声指帰』の記述は、劉滔の「傍紐」説（＝C 説）について説明した後に、次のような例詩を掲げている。興膳 1986:632 を参照[9]。

---

[8] 平田 2011:26-27 では、『秘府論』所載の韻紐図と、安然（841-903?）撰『悉曇蔵』に引用されている韻紐図との間の文字の異同に注意して、③の EFG には本来、支韻の字が用いられていた可能性があることを論じた。

[9] 興膳 1986 : 634 注 8 はこの例詩について「『秘府論』に引用される詩句は偶数である

如王彪之「登治城楼詩」云，
俯観陋室　宇宙六合　譬如四壁
即「譬」與「壁」，是也。

ここでC説の規定に触れるとされている二字を『広韻』で調べると、「譬」は支韻三等去声滂母A（匹賜切・推定音価はp'jiě 去)、「壁」は青韻四等入声幇母（北激切・推定音価はpek 入）である。中沢1957:64はこの二字について、C説の規定に触れる例としては適切でないと述べ、本来は「陋」（侯韻去声来母 ləu 去）と「宙」（尤韻去声澄母 ȡ'ĭəu 去）の二字が掲げられていたはずだと推測している。しかし「陋」と「宙」の間ではI（声母）は異なるものの、M（介音）は一致しないし、却ってT（声調）が一致してしまう。仮にMの不一致は無視したとしても、畳韻の詩病である「小韻」に触れることになり、C説の規定には触れないはずである。そこで韻紐図の構成を参考にして、陰声の支韻に-k韻尾の入声韻を組み合わせた紐が想定されていた、という前提で「譬」と「壁」の二字の関係について考えてみよう。韻紐図では陰声の支韻に-t韻尾の入声韻である質韻を組み合わせて紐を構成しているが、§2で掲げる九弄図（〔図3〕）には陰声の支韻に-k韻尾の入声韻である職韻（-ĭək）を組み合わせた紐が掲げられている。「譬」と「壁」の二字の場合、等位が異なっていることもあって(三等と四等)、両者のMVEは一致しないが、推定音価を参考にする限り、両者の韻母の間にはある程度の共通性が認められる（iě と ek）。C説はMVEが等しく、声母だけが異なる、二つの紐にそれぞれ属する二字に関する規定である。今、仮に「譬」と「壁」の間にもそのような二字の場合と同等の関係が認められたとしよう。その場合にはこの両者の間では声調が異なるわけだから（去声と入声)、C説の規定に触れる例に含まれることになるだろう。この例だけでは証拠として不十分かもしれないが、韻紐図や九弄図に見られる、陰声の韻に入声の韻を組み合わせた紐が、沈約や劉滔によって新たな詩病説の考案のために用いられていた可能性は考えられると思う。

このように韻紐図は、『秘府論』に述べられている双声と畳韻に関する詩病説（A説、B説、C説）と大いに関連があると見られるが、韻紐図はこれらの規定に触れる例を分かりやすく図示するために作られた、というわけでは必ずしもない。なぜなら韻紐図の構造にはこれらの詩病説とは関係の無い配慮が含まれているからである。前に述べたように、韻紐図では同じ行の上段の紐と下段の紐の間で介音の直拗が一致するよう、所属する韻が選ばれている。A説の規定に触れる例を示すためだけであれば、上段と下段の紐の間で介音の直拗まで一致させる必要は無い。韻紐図に見られるこのような配慮は、当時行われていた反切の構造と関係がある[10]。おそらく韻紐図は本来、反切の原理を分

のが通常だが、これは例外的に三句からなる。」と述べ、一句を脱している可能性が高いと指摘している。なお、この詩の作者とされている王彪之(305～377)は東晋の人。

[10] 韻紐図と反切の関連については平田2011:22-23、27-28において述べた。

かりやすく理解させるために作成されたものだったが、それが後に新たな詩病説の考案のために応用されていった、ということだったのではないかと思う。

2 劉滔の「傍紐」「正紐」説と九弄図

中沢 1957:64 は、沈約の説と劉滔の説の違いはそれぞれが基づいた音韻図表の違いに起因するのではないか、と指摘した。そして沈約は韻紐図に、劉滔は「六字総帰一入」の図にそれぞれ基づいたのだろうと推測している。「六字総帰一入」の図とは、『秘府論』天巻「調四声譜」に韻紐図とともに収められている一枚の音韻図表のことであり、次に〔図２〕として掲げるのがそれである。

④	③	②	①	
荒(唐合)	傍(唐合)	光(唐合)	皇(唐合)	A
恍(蕩合)	旁(蕩合)	廣(蕩合)	晃(蕩合)	B
侊(宕合)	徬(宕合)	珖(宕合)	璜(宕合)	C
霍(鐸合)	薄(鐸合)	郭(鐸合)	鑊(鐸合)	D
咊（戈）	婆（戈）	戈（戈）	禾（戈）	E
火（果）	潑（果）	果（果）	禍（果）	F
貨（過）	紴（過）	過（過）	和（過）	G
【曉】	【並】	【見】	【匣】	

〔図 2〕六字総帰一入の図（小西 1953:21）[11]

[11] 〔図２〕では見やすいように全ての字に『広韻』の韻目と中古音の声母を記しておいたが、実は次に説明する幾つかの字では図に示した音韻地位と実際の発音（中古音）との間に矛盾が生じてしまう。③B「旁」③G「紴」④C「侊」の三字は『広韻』に収録されているが、その反切はいずれも〔図２〕における位置が示す音韻地位とは一致しない。おそらく〔図２〕ではこれらの位置に用いるべき適当な字が無かったために、それぞれ③A「傍」③E「婆」④B「恍」と字体の一部が重なる三字を用いて空欄をうめたのだと思う。③F「潑」④E「咊」の二字についても『広韻』の反切と〔図２〕における位置が一致せず、同じ理由から、本来③Fと④Eには、それぞれ③E「婆」④F「火」と字体の一部が重なる「菠」と「吙」の字を用いていたのではないかと思われる。小西 1953:22 は異文の一つに惠心院本『悉曇蔵』巻第二に引用されている同図を掲げているが、そこでは③Fは「菠」、④Eは「吙」となっている。①C「璜」の字は『広韻』では胡光切（唐韻平声合口匣母）であり、〔図２〕の位置と一致しない。小西 1953:22 が指摘するように、この字は『文筆眼心抄』（『弘法大師全集 第三輯』（1910 年・東京:吉川

〔図２〕から分かるように、この図の構造は基本的には韻紐図と同じであり、同じ段に横に並べられた四字が韻母の等しい畳韻の関係になり（ABCD は唐韻合口 ʷɑŋ(ʷɑk)、EFG は戈韻 uɑ)、同じ行に縦に並べられた七字が声母の等しい双声の関係になるように構成されている。『秘府論』ではこの図の後に「上三字、下三字、紐属中央一字、是故名為総帰一入」と記されていて、韻紐図とは異なり、陽声韻の紐（ABC・唐韻合口）と陰声韻の紐（EFG・戈韻）が同じ入声韻（D・鐸韻合口）を共有する構成になっていることが強調されている[12]。

上に掲げた六字総帰一入の図（〔図２〕）や韻紐図（〔図１〕）は、双声の関係よりも畳韻の関係（厳密には T を除いた MVE の一致）を強調した構造になっている。例えば〔図２〕で、①A に位置する「皇」の字と双声の関係になる字は 6 字（①の BCDEFG）であるのに対し、これと MVE が一致する関係になる字は 15 字（①の BCD、②③④の ABCD）である。これと同様のことは韻紐図（〔図１〕）についても指摘できる。

沈約の説（「小紐」＝A 説、「大紐」＝B 説＋C 説）と劉滔の説（「傍紐」=C 説、「正紐」＝A 説＋B 説）において、軸になっているのは B 説である。B 説と C 説を併せて「大紐」とした沈約の説は畳韻の関係（厳密には T を除いた MVE の一致）をより重視しており、一方､B 説と A 説を併せて「正紐」とした劉滔の説は双声の関係をより重視していると言えるだろう。上に述べたように、韻紐図や六字総帰一入の図は畳韻の関係を強調した構造になっているから、これらの図を使えば沈約の「大紐」説に触れる例は効果的に示すことができる。しかし劉滔の「正紐」説に触れる例を示すのに、これらの図を用いるのは効果的とは言えない。劉滔の説が基づいた音韻図表があったとすれば、それは九弄図のような構造を持つ図ではなかっただろうか。次頁に〔図３〕として九弄図を掲げる。この図は円仁（794-864）が 847 年にその入唐から帰国した際、日本に伝えたものであり、正式には「九弄十紐図」と言う[13]。九弄図は現在二種類が伝えられており、〔図３〕に掲げたのはそのうちの一種類である[14]。

さて、九弄図（〔図３〕）では、上段（ABCD）もしくは下段（EFGH）の 16 字が全て同じ声母（上段は知母 ʈ-、下段は来母 l-）に属しており、また①②③の各行においては A から H までの 8 字全ての MVE が一致する。①の行は陽韻 ĭaŋ(ĭak)、②の行は真韻

弘文館）所収本）では「潢」に作る。「潢」の字は『広韻』では正しく唐韻去声合口匣母（乎曠切）である。②C「珖」の字は『広韻』には収録されていない。あるいは「桄」（『広韻』古曠切・唐韻去声合口見母）の字の誤りではないかと思う。

[12] 六字総帰一入の図の構造については平田 2011:28-30 において詳しく述べた。

[13] 図には「元和新聲韻譜」と題した序文が付されている。元和は唐の年号で 806 年から 820 年までの十五年間に当たる。小西 1948:195-199 を参照。

[14] もう一種類は「四聲五音九弄反紐図」と言い、『大広益会玉篇』末に収録されている。どちらの九弄図も紐の配列の仕方は同じだが、韻目や声母の選択が異なっている。

ĭĕn(ĭĕt)、③の行は仙韻 ĭɛn(ĭɛt)、④の行は支韻 iĕ（入声は職韻 ĭək）である。これらの韻の間には開合（いずれも開口の韻）と等位（いずれも三等韻）の他に、特に共通点は無い。①A に位置する「張」の字を例に取ると、この字と双声の関係になる字は 15 字（①の BCD、②③④の ABCD）であるのに対し、MVE が一致する関係になる字は 7 字（①の BCDEFGH）であり、この図が双声の関係を強調した構造になっていることが分かる。そして①A の「張」の字を例に用いて、劉滔の「傍紐」説、「正紐」説の規定に触れる例が、具体的にどのように示されるかを見てみると次のようになる。

劉滔の傍紐（C 説）の規定に触れる字	①の FGH（計 3 字）
劉滔の正紐(A 説＋B 説)の規定に触れる字	①の BCD、②③④の ABCD（計 15 字）

九弄図を使えば、このように劉滔の「正紐」説に触れる例を効果的に示すことができる。小西 1948:216 は九弄図について「（斉梁期の）韻紐図の後裔」であると述べているが、劉滔（注 2 を参照）の詩病説と九弄図の間に関連があるとすれば、この図と同じ構造を持つ図の存在は遅くとも隋代以前、早ければ沈約（441-513）とほぼ同時代にまで遡ることができる可能性が考えられる。

④	③	②	①	／
知（支）	邅（仙）	珍（真）	張（陽）	A
徴（止）	展（獮）	⿰亻引	長（養）	B
智（寘）	驏（線）	鎮（震）	帳（漾）	C
陟（職）	哲（薛）	窒（質）	着（薬）	D
【知】	【知】	【知】	【知】	
④	③	②	①	／
離（支）	連（仙）	隣（真）	良（陽）	E
邐（紙）	輦（獮）	嶙（軫）	兩（養）	F
詈（寘）	輾（線）	悋（震）	亮（漾）	G
力（職）	列（薛）	栗（質）	略（薬）	H
【来】	【来】	【来】	【来】	

〔図３〕九弄図（小西 1948:202）[15]

[15] ②B「⿰亻引」の字は『広韻』には収録されていない。③G「輾」の字は『広韻』には知演切(仙韻上声開口知母)と女箭切(仙韻去声開口娘母)の二つの音しかない。④B「徴」は『広韻』では陟里切(之韻上声)であり支韻上声ではない。

参照文献

平田眞一朗 2007.「『文鏡秘府論』にいわゆる「傍紐」と「正紐」について」,『中国語学研究 開篇』vol.26:116-128 頁。

平田眞一朗 2011.「『文鏡秘府論』天巻「調四声譜」所載の韻紐図について」,『中国文学研究』第 37 期:19-37 頁。

小西甚一 1948.『文鏡秘府論考　研究篇上』。京都:大八州出版社。

小西甚一 1953.『文鏡秘府論考　攷文篇』。東京:講談社。

興膳宏 1986.『文鏡秘府論訳注　弘法大師空海全集(第五巻)』。東京:筑摩書房。

中沢希男 1957.「文鏡秘府論札記續記(3)」,『群馬大学紀要 人文科学篇』第 6 巻:59-76 頁。

江陽知莊合口韻語音演變考 *

丁　鋒
大東文化大學

中古開口二等江韻知莊組字和開口三等陽韻莊組字均產生 u 介音，讀[uɑŋ]韻母，是漢語語音史上兩項重要的語音演變。本文在考察唐宋元三代音韻資料所見音韻記錄的基礎上，總結前賢學者的相關學說，概括出江陽知莊開口合口化演進的歷史過程，認為其演變與具有撮唇性的舌葉聲母和後低元音有關，是聲韻雙向作用的結果，語音類化的結果，並擬定其演化的語音模式和時代模式。

江韻知莊組語音演變　陽韻莊組語音演變　舌葉音聲母的撮唇性
聲韻雙向語音演變　語音類化

1 問題的提起

《廣韻》開口二等江韻知莊組字與開口三等陽韻莊組字經歷聲韻演進後在北方漢語中讀舌尖後聲母（[tʂ、tʂʰ、ʂ]）和合口韻母[uɑŋ]，合流一體。這兩類字（準確說是三類）在中古時代本來語音差別很大，以下列示《廣韻》相關小韻的反切、字數及其聲韻分佈。

	[ɔŋ]			計	[iaŋ]			計
	江(33)	講(0)	絳(13)	(46)	陽(20)	養(17)	漾(8)	(45)
莊[ʧ]	/	/	/	0	莊 5 (側羊切)	/	壯 3 (側亮切)	8
初[ʧʰ]	囪 9 (楚江切)	/	糉1 (楚絳切)	10	創 3 (初良切)	磢 6 (初兩切) 類2	刱 4 (初亮切)	15

---

* 太田齋教授和古屋昭弘教授均為我赴東瀛問學以來歷經多年的良師摯友，逢二位耳順，可喜可賀，諸弟子同志歡欣踴躍，結集記念。得忝與其中，乃人生大快學問大快之事，謹以小文為師友壽，並祈永年。

本文曾於 2011 年秋在臺灣第十二屆國際暨第二十九屆聲韻學學術研討會（中央大學舉辦）上作過宣讀，蒙竺家寧教授和邢向東教授指點，謹此致謝。

						（初丈切[1]）		
崇[ʤ]	淙 4 (士江切)	/	漴 1 (士絳切)	5	牀 5 (士莊切)	/	狀 1 (鋤亮切)	6
生[ʃ]	雙 7 (所江切)	/	淙 2 (色絳切)	9	霜 7 (色莊切)	爽 9 (疏兩切)	/	16
知[t̥]	椿 2 (都江切)	/	戇 1 (陟降切)	3				
徹[t̥ʰ]	惷 5 (丑江切)	/	惷2 (丑絳切)	7				
澄[d̥]	幢 6 (宅江切)	/	幢6 (直絳切)	12				

江陽兩韻系知莊組二十一個小韻，九十一字[2]。為指稱方便，取聲組第一個平聲共有聲紐小韻字命名，可以把江韻系莊組稱為“江莊囱（即“窓”）類”，知組稱為“江知惷類”，陽韻系莊組稱為“陽莊創（即“瘡”）類”。江陽兩韻系知莊組字數不多，但語音演進不僅涉及介音，而且關乎聲母和主元音，是近代漢語音韻史和漢語語音史上獨特而重要的研究課題。迄今為止，先達學者做過一些有益而有建樹的探討，但仍然有深化論證，系統歸納的餘地。本文不揣譾陋，先整理音韻史實，繼而結合先賢學說對演進機制作一梳理探討，乞請學友同好賜教。

2 主元音：江陽韻形成考

2.1 唐宋詩詞押韻

江陽兩韻系[3]在唐以前語音關連甚少，唐代漸行漸近，宋代已趨合流。押韻上顯示自南齊到隋代江攝與通宕兩攝均有少數通押但無顯著傾向變化[4]。初唐韻例則顯示“江韻雖

1 李葆嘉《廣韻反切今音手冊》（上海辭書出版社 1997：292）“磢小韻為初丈切，與磢小韻初兩切同音。”又余迺永校注《新校互注宋本廣韻定稿本》（上海人民出版社 2008）：785“磢，初丈切。字與本韻初兩切‘磢’音同，應併。”

2 《廣韻》所收 91 字中，尚有 10 個異體俗體（江韻系陽韻系各 5 個），其實祇有 81 字。知組孃母字因演變途徑不同未納入表內。

3 本文所言江韻系陽韻系主要指其舒聲部，不涉及其入聲部。

4 各時代韻例有南齊（479-502）孔稚珪《旦發青林》“江長央霜忘”、南梁（502-557）虞羲《贈何隸事諲之》“良邦裳陽”、東魏西魏北齊北周（534-581）陸卬《黑帝高明樂》“邦光、庾信《柳遐墓誌》“陽張章江”和《代人傷往》“鴦雙”、南陳（557-589）陳叔寶《同平南弟元日思歸》“黃湯方鏘長香江湘”、徐陵《鴛鴦賦》“雙鴦”和《傅大士

有幾次獨用，但不如與他攝通押的多，介於通、宕兩攝之間。未見江韻同時與通宕兩攝韻一起通押的例，表明江韻讀音雖分別近於通、宕兩攝，但又不全同，能獨立存在。[5]”初唐江宕互押與江通互押的韻例各僅有四首[6]，與前代無本質區別。三攝的這種韻讀分佈與《切韻》把江韻排在東冬鍾韻後，江韻獨用，與陽唐韻隔開，是互為表裡的。江通宕三攝的元音為[ɔ]、[o（或u）]、[a（或ɑ）]，江通之別在於開口度大小，江宕既有開口度大小也有圓唇與否之別。少量的江宕通押暗示當時存在江宕韻母相近的方言。我們相信，從中唐到五代的約兩個半世紀是江宕合流重要的形成期和過渡期。反映唐代長安音的玄奘（600-664）、不空（705-774）、慧琳（737-820）的梵漢對音均以[ɑ]或[a]對應江宕兩攝字[7]。敦煌音韻材料，如漢藏對音和藏語譯音資料、俗文學別字異文資料等反映的唐五代西北方音均顯示江宕韻歸併趨勢，可以輔證[8]。

宋代江宕關係趨同，北宋中原詞人用韻顯示“江、陽、唐已合成一韻，其間僅有介音之別。”三韻系合併形成的宕轍“不雜其他轍的字。宕攝字偶有押入梗轍者。”“江韻字很少，因此跟唐陽的關係有些距離。經檢驗，能以95%的把握說它們相通。[9]”其中的江攝字不再與合口韻的通攝字互押而接近開口韻的梗攝，說明江攝元音的圓唇性進一步削弱，讀作[ɒ]或[ɑ][a]了。宋詞無韻書可依，押韻出自天成。魯國堯先生《論宋詞韻及其金元詞韻的比較》[10]一文對兩萬首宋詞用韻作了窮盡研究，歸納出宋詞韻18部，其中江陽部包括唐江陽三韻系，金元時代詩詞曲韻亦承其續[11]，自北宋初至元末三百年間江陽部呈穩定互押態勢[12]。

碑》“像丈朗往講”、隋代（581-618）釋真觀《夢賦》“昌揚雙囊梁房堂鏘芳”，共十首，其中“江邦雙講”為江韻字，其餘為陽韻或唐韻字。另外，江韻與東鍾韻押韻13首（南梁2、東魏到北周6、南陳2、隋3），韻例此省。以上均引自張見坤《齊梁陳隋押韻材料的數理分析》，黑龍江大學出版社，2008年。

[5] 鮑明煒（1990：41）。

[6] 韻例分別為：王梵志《尊人》降（江）長（陽）。宋嶷《晉山陰侯史府君神道碑》“康昌常江”、徐延壽《南州行》“江楊香筐堂鴦”、寒山《我見》“相樣帳養怏長樣暢當鄉養尚狀樣上降江相向”。其中“降江”為江韻字，其餘為宕攝字。江通互押韻例從略。

[7] 依次見施向東（2009：1-79）、劉廣和（2002：1-118）和聶鴻音（1985）。

[8] 參羅常培（1933）、張清常（1963）、高田時雄（1988）等論著。敦煌對音材料中江宕韻主體元音為[aŋ]，也有少數為[ɔŋ]，隱含多方言層次。

[9] 以上三處均引自朱曉農《北宋中原韻轍考》（語文出版社，1989：48-49）。梗轍含《廣韻》庚耕清青登蒸等梗曾兩攝字。

[10] 刊於《中國語言學報》第四期（北京：商務印書館，1991），又魯國堯（1994）所收。

[11] 宋洪民《金元詞曲用韻與＜中原音韻＞》，中國社會出版社，2008。

[12] 宋詞中有少量江陽韻與庚青韻相押的用例，魯先生指出屬於吳語特點。吳語梗攝二等白讀韻母今多作[a]，見趙元任《現代吳語之研究》（1928初版，台北：大華印書館1968影印本）：第二表（韻母）。

2.2 宋元韻圖

宋元時代的韻圖也印證了江陽韻的形成。宋初《韻鏡》（1007-1037）和稍後的鄭樵《七音略》（1162）如實反映《切韻》系韻書音韻系統，江陽各自獨立。但同時期邵雍（1011-1077）《皇極經世書・觀物篇・聲音唱和圖》"聲四以岳覺韻霍鐸韻分開合，則江韻當以併入宕韻矣。[13]"江陽韻自入聲開始合流[14]，舒聲在後，"岳霍"同音雖不見得體現江陽舒聲合流本身，但書中"總括十聲圖"獨缺江攝代表字[15]，暗含江攝混於宕攝的意味[16]，《皇極經世書》可以稱為最早體現江陽合流的等韻書。這種可貴的語音信息在祝泌的詮釋性著作《皇極經世解起數訣・聲音韻譜》（1241）中因謹遵《集韻》列字導致江陽分明而未能繼承下來[17]。倒是時代更早的《盧宗邁切韻法》（1186）雖然也本於《集韻》，但"全濁字母下上聲去聲同呼字圖"的字組中唯獨陽韻唐韻的次序與切韻系韻書相異而趨近江韻，顯露出"江陽合流"的跡象[18]。南宋的《四聲等子》《切韻指掌圖》均江附於宕圖內，"表明它們的語音很接近[19]"，顯示合流新動向。但對於江韻，兩書處理不同，反映的語音事實也不同。《四聲等子》江韻兼入開合口，列字江宕混雜，而《切韻指掌圖》單入合口，江韻單獨列於"十四合"第二行。《切韻指掌圖》因"是南宋時江西和尚做的[20]"，江韻入合口大概反映當時南方音，仍保留舊讀[ɔ][21]或讀[ɒ]。而《四聲等子》的開合兩配，充分揭示了江陽知莊組字的語音變化，在宋元等韻書中最具

---

[13] 《宋代汴洛語音考》，周祖謨（1966：601）。

[14] 江陽唐入聲覺藥鐸通押在隋代已經發生，入唐後亦多出現，用例多於和早於舒聲韻。李榮《隋韻譜》,《音韻存稿》（商務印書館，1982：184）和鮑明煒（1990）。

[15] 《記邵雍＜皇極經世＞的"天聲地音"》，陸志韋（1988：35-36）。

[16] 竺家寧先生言"圖中雖然不見江韻字，可是宋代韻圖有宕江合攝的趨向，同時，由聲四第一二行的覺（江韻入聲）、鐸（唐韻入聲）並列，亦說明邵氏的系統也已經宕江合一了。"《論皇極經世聲音唱和圖之韻母系統》(《淡江學報》第 20 期)，(竺家寧 1994：145)。

[17] 李新魁《漢語等韻學》（中華書局，1983：171－179）、馬重奇《＜起數訣＞與＜廣韻＞＜集韻＞比較研究 －＜皇極經世解起數訣＞校證之一》《＜起數訣＞與＜韻鏡＞＜七音略＞比較研究 －＜皇極經世解起數訣＞校證之二》(《漢語音韻學論稿》所收，巴蜀書社，1998)、大岩本幸次《＜皇極經世解起數訣・聲音韻譜＞校異記》（京都：臨川書店，2011）和《＜皇極經世解起數訣・聲音韻譜＞について》（日本中國學會《日本中國學會報》第 63 號，2011 年 8 月）。

[18] 《＜盧宗邁切韻法＞述評》(《中國語文》1992 年 6 期和 1993 年 1 期)，修訂本見魯國堯（1994）。

[19] 李新魁《漢語音韻學》（北京出版社，1986 年：241）。

[20] 《＜盧宗邁切韻法＞述評》，魯國堯（1994：119）。

[21] 客贛方言江韻今仍以讀[ɔ]元音為主，但宕攝（陽唐）亦同讀（李如龍等《客贛方言調查報告》廈門大學出版社，1992），與《切韻指掌圖》宕攝讀[a]不符。

時音價值。

《四聲等子》“宕攝內五”開口圖註明“陽唐重（開）多輕（合）少韻　江全重開口呼”說明在開口圖的江韻字已經全部讀開口呼了。圖中同時註明“內外混等”“江陽借形”，“‘混等’指宕、江兩攝的主要元音已經相同，‘借形’指江陽兩韻還有區別（江在二等，陽在三等），祇是陽韻照組字借放在同一圖形（二等）之中[22]”，說明江陽二韻雖有別，唯獨陽韻照組字（即“陽莊創類”）幾近江韻了。其合口圖亦註明“內外混等”，一三等分別列唐陽韻牙喉音字，二等列江韻知組字（即“惷類”）、莊組字（即“創類”）和來母字。《四聲等子》的首創是：（1）明示江韻唇牙喉音讀開口韻。（2）把江韻舌齒音（即知莊組）字單獨排列合口以區別於唇牙喉音字。（3）將陽韻莊組字與江韻（唇牙喉音）字排在相同二等位置[23]。《四聲等子》宣告了江韻莊知組字合口韻的誕生，功不可沒。竺家寧先生早已斷言：“二等江韻字唇、牙、喉音置於開口圖，舌、齒音及來母見於合口圖，而現代北方之舌、齒音‘樁、雙’等字正讀為合口，於等子現象合，可知等子音系正可表現切韻音系至早期官話之樞鈕。[24]”

《四聲等子》成書年不明，學界多主其為北宋作品。唐作藩先生從反映的語音狀況和用例來看，認為《四聲等子》與《經史正音切韻指南》均晚於《切韻指掌圖》，並且認為今本《四聲等子》為依據《經史正韻切韻指南》調整歸併的產物，成書可能在元代[25]。成書於元代至元二年（1336）的劉鑑《經史正韻切韻指南》江宕分立，但江攝“見幫曉喻屬開，知照來日[26]屬合”，陽韻莊組字與《切韻指掌圖》《四聲等子》一樣列在二等。江宕的讀音所附“聲韻”則言“江宕略同流參遇，用時交互較量宜。”在江韻的開合分佈、江宕音近方面與《四聲等子》異曲同工。不同的僅僅是陽韻莊組字與江韻唇牙喉音字不合圖。《經史正韻切韻指南》晚《中原音韻》（1324）十二年，作者又為關中人，記錄的江陽韻北音有時代感。

2.3 元代韻書

韻書方面江陽韻格局形成的記述比押韻和等韻晚得多，體現了唐宋時代韻書編纂在時音納入上的滯後性格。唐宋以增字增注增韻，刊謬補闕為宗旨的清一色《切韻》系韻書和官版韻書《廣韻》（1007）為應用主體，雖有增修本《集韻》（1039）、刪定本《禮部韻略》（1037）及其增補本毛晃《增修互注禮部韻略》（1162）等新韻書的問世，仍未能突

[22] 《<四聲等子>研究》,《語言文字學術論文集　－慶祝王力先生學術活動 50 週年》(上海知識出版社，1989)，又唐作藩（2001：205)。

[23] 陽韻莊組字排在二等的做法，《切韻指掌圖》亦然，蓋因照組有莊章二組聲母，不得不分列所致。但與江韻字同排，始見《四聲等子》。

[24] 《四聲等子之音位系統》(《木鐸》第 5、6 期合刊)，竺家寧（1994：15)。

[25] 《<四聲等子>研究》(《語言文字學術論文集　－慶祝王力先生學術活動 50 週年》上海知識出版社，1989)，唐作藩（2001：215)。

[26] 日母位實際標為“孃”母。

破 206 韻思惟藩籬。與宋相比，北方鄰邦金朝始肇革新風氣。韓道昭《五音集韻》（1212）突破藩籬併《集韻》206 韻為 160 韻，王文郁《平水韻略》（1229）、劉淵《壬子新刊禮部韻略》（1252）後來居上，據《廣韻》《集韻》“同用獨用條例”進一步併 206 韻為 106（或 107）韻，但即使這樣與時音還是有相當距離。唐宋（金）是江陽韻由醞釀形成到合一穩定的關鍵期，但六百多年間韻書對江陽韻的記錄幾無貢獻。

江陽合韻在韻書中的地位到元代纔被追認。黃公紹《韻會》（1292 之前）在分韻上尚為平水韻餘緒，為之“舉要”的熊忠《古今韻會舉要》（1297）沿襲其韻系，但根據韻書《七音韻》納入的各小韻組下“以上屬某字母韻”系統充分反映了時音。以下為《古今韻會舉要》中江陽（陽唐通韻）兩韻系“字母韻”系統小韻字及其反切一覽表[27]。

	江講絳			計	陽養漾與唐蕩宕通韻			計
	光字母韻(15)	廣字母韻(1)	誑字母韻(8)	(24)	莊字母韻(11)	甐字母韻(8)	壯字母韻(7)	(26)
莊 知	樁 (株江切)	/	惷 (陟降切)	2	莊妝裝 (側羊切)	/	壯 (側亮切)	4
初	窻摐鏦 (初江切)	/	𡑞 (楚降切)	4	創瘡 (初良切)	甐剙搶 (楚兩切)	創滄愴倉[28]刱 (楚亮切)	10
崇 澄	幢撞橦鐘[29]淙從漎[30] (傳江切)	/	幢撞憧艟 (丈降切) 漴 (士降切)	12	牀 (仕莊切)	/	狀 (助亮切)	2
生	雙艭雙 (疏江切)	雙 (所項切[31])	淙 (朔降切)	5	霜孀驦爽鷞 (師莊切)	爽漺騻塽鷞 (所兩切)	/	10
來	瀧 (閭江切)	/	/	1				

江韻知莊二組已經同音，讀同唐韻系合口一等“光廣逛”，江陽唐實際已經歸併。又陽韻莊組字字母韻“莊甐壯”限於本韻組的語音對應，說明陽韻莊組字與江韻知莊組不同音。這種分佈與《四聲等子》《經史正韻切韻指南》如出一轍[32]。

---

[27] 中華書局 2000 年影印版明刊《古今韻會舉要》。

[28] 《廣韻》不收“倉”字。

[29] 《廣韻》《集韻》“鐘”作“噇”。

[30] 《廣韻》未收“從漎”二字。

[31] 《廣韻》無此小韻，屬後增。

[32] 絳韻澄母“丈降切”與崇母“士降切”尚存對立，疑為韻書編纂時合而未盡之疏忽所

先於《古今韻會舉要》的《蒙古字韻》[33]（朱宗文校訂 1308）據時音分韻，陽部收《廣韻》江陽唐三韻系字，江陽合流。陽部末尾 16 母下收合口韻字，其中見溪群曉影喻匣七母（光匡狂荒汪王湟）收宕攝合口唐韻一等和陽韻三等字，知初澄（含祟）生四母（樁窻幢雙）收江知惷類字和江莊囪類字，莊初祟生四母（莊創牀霜）收陽莊創類字，顯示江陽韻知莊組字均讀合口韻，但江韻知莊組字與陽韻莊組字尚不同音，與上述韻圖韻書亦完全一致。

比《蒙古字韻》略晚的《中原音韻》（1324）江陽韻下中古江韻知莊組和陽韻莊組字首次揉合排在 7 個小韻（陰平：莊牕雙、陽平：床、上聲：爽、去聲：狀創）之內，為最早展示江陽韻系"囪惷創"三合一的韻書，奠定了江陽韻知莊組字合流的現代漢語格局。

綜上所述，隋唐時代可稱為江陽合韻的醞釀期，唐末五代北宋為形成期，南宋和元代為完成期。詩詞押韻材料最早最完整，韻圖材料以宋初邵雍（1011-1077）《皇極經世書・聲音唱和圖》最早揭示江陽混合秘密，《四聲等子》《經史正韻切韻指南》等宋元韻圖則為江陽韻完成期的作品。這些韻圖的音韻分佈與《古今韻會舉要》（《七音略》"某字母韻"音系）《蒙古字韻》《中原音韻》等元代韻書可以互證。宋代的江韻陽韻主元音可能仍有[ɔ]（或[ɒ]）與[a]的差異，但我們相信至遲到南宋和元代，江陽韻的主元音已經均為[a]了。《中原音韻》是最早揭示江陽知莊組聲韻完全同音的音韻學文獻。

3 聲母：知莊合一形成考

3.1 韻圖韻書中的知章莊分合

《切韻》時代知章莊分立，至唐五代敦煌殘卷《歸三十字母例》（斯 0512）僅有"照穿審禪日"[34]一組齒音，與宋人三十六字母相似，隱含章莊語音近似的信息。《守溫韻學殘卷》（伯 2012）言"審穿禪照是正齒音"，但在"兩字同一韻憑切定端的例"中區別同韻莊章組字讀音[35]，與宋代韻圖韻書格局一致。早期韻圖照二照三區別嚴謹，到元代劉鑑《經史正韻切韻指南》（1336）依舊，透過門法的複雜規定可以窺見照系兩類已多不分，說明照三章組的語音已經從舌面塞擦音（[tɕ]類）向舌葉塞擦音（[tʃ]類）演變，與照二莊組同讀了，知組亦完成舌葉化，與照系合流。同時代的《古今韻會舉要》《蒙古字韻》《中原音韻》完整記錄了知章莊三組聲母的匯合，相互呼應。

但語言現象的記錄滯後於語言現象的誕生。李新魁《宋代漢語聲母系統研究》認為宋代聲母對《廣韻》聲母"主要是知二組併入莊組聲母[36]。"並引用多種文獻，說明"知

致。

[33] 《蒙古字韻校本》，照那斯圖、楊耐思編著，民族出版社，1987。

[34] 周祖謨先生以為"這三十字母中沒有床母。從禪母的地位和所舉的例子來看，禪母當為塞擦濁音，所以有禪無床。"《唐五代韻書集成》（臺灣學生書局，1994：956）。

[35] 《唐五代韻書集成》（臺灣學生書局，1994）。

[36] 李新魁（1997：113）。

組的變入照組，當發生於宋代。[37]” 據寧忌浮先生的研究，在南宋初年毛氏父子《增修互注禮部韻略》（1162）修訂《禮部韻略》的文字中，不但已經出現莊章混同的例子，而且存在多量知照合併的字例和小韻例[38]。這比《古今韻會舉要》早近一個半世紀，知章莊合流的起源可以追溯到南宋初年甚至更早[39]。宋元時代是知章莊合流的時期，照系合併與知照合併均已完成。有理由相信，敦煌殘卷《歸三十字母例》、《守溫韻學殘卷》以及宋人三十六字母的照系聲母分佈是有莊章合流的語言事實支持的[40]。龔煌城先生對相當於南宋初年問世的《番漢合時掌中珠》（1190）中漢夏（西夏）對音的聲母歸納也顯示“中古知系字與照二、照三兩系字在《掌中珠》的漢夏對音裏已合而為一，無法分開。[41]”而時代更早的敦煌寫本漢藏對音、藏語譯音、敦煌俗文學別字異文反映的唐五代西北方音中知章莊三組混同的特點[42]也足以輔證這一推斷，甚至可以把知章莊合流的起點提前到晚唐五代宋初[43]。

3.2 元代韻書所見知章莊合母及其讀音問題

《蒙古字韻》作為口語音的記錄，雖然多少有些遵循前代韻書（所謂“古官話”）保留舊讀之處，在元代音韻史上具有重要學術價值。《蒙古字韻》知章莊三組合母八思巴字母的羅馬字轉寫音為dž（知照）、tš‘（徹穿）、tš（澄床）、š（審禪）、ž（日）[44]或ǯ（知照）、č‘（徹穿）、č（澄床）、š（審禪）、ž（日）[45]。楊耐思先生《漢語“知、章、

---

[37] 李新魁（1997：119-120）。

[38] 寧忌浮《古今韻會舉要及相關韻書》（中華書局，1997）第七章“毛氏父子的貢獻”。

[39] 沈括（1031-1095）《夢溪筆談》說到河朔（今河北阜城）人熊安生讀“贖（崇母）”為“樹（禪母）”，說明北宋時代北方人莊章組已有不分。見《宋代方音》，周祖謨（1966）。

[40] 三十六字母“照穿床審禪”五母莊章組字混配本身即是其反映。周祖謨《宋代汴洛語音考》亦考定汴洛地區莊章不分。

[41] 龔煌城《十二世紀末漢語的西北方音（聲母部份）》（《中研院歷史語言研究所集刊》第52本第1分，1981：76）。

[42] 見羅常培（1933）、邵榮芬（1963）、高田時雄（1988）等論著。

[43] 知章莊三組聲母零星混同早期有初唐曹憲《博雅音》（丁鋒《<博雅音>音系研究》，北京大學出版社，1995）和中唐慧琳《一切經音義》（丁鋒《慧琳改訂玄應反切聲類考 －兼論唐代長安聲母演變過程》，學苑出版社2005年出版），又《如斯齋漢語史叢稿》（貴州大學出版社，2010所收）。唐代玄奘、不空、慧琳等梵漢譯音資料中，知組字仍讀塞音（見施向東2009、劉廣和2002和聶鴻音1985），馬伯樂（2005）亦如此，可見知組尚未塞擦音化。慧琳反切音和對音具有塞音和塞擦音兩種分佈，可以視為詞彙擴散中的互異分佈。

[44] 照那斯圖、楊耐思編著《蒙古字韻校本》（民族出版社，1987）“蒙古字韻字母正體及轉寫表”。

[45] 羅常培 蔡美彪（2004）。龍果夫《八思巴字和古官話》（唐虞譯，羅常培校訂，同書

莊、日”的八思巴譯音》一文根據八思巴字譯寫的漢語以外其它文字的語言判斷，擬為顎齦音[ʤ、ʧ、ʧʻ、ʃ、ʒ]，認為《蒙古字韻》甲類（知組三等和章組）乙類（知組二等和莊組）的區別“不在聲母方面”，引宋元七種聲母材料證實知章莊已經歸併 [46]。從現代北方官話廣大地區知章莊三組聲母主體上均讀[tʂ]類或均讀[ʦ]（來自[tʂ]或[ʧ]）類來看 [47]，“三合一”代表了發展主流，而主流的源頭應該就是宋元以來音韻文獻所反映的合流事實。

雖然有學者主張《蒙古字韻》《中原音韻》知章莊三組分兩類聲母 [48]，但不少學者，特別是作《中原音韻》專門研究的學者均認為該歸一類 [49]。對於《中原音韻》知章莊合母當擬做什麼音，學界有不同認識。有的作舌葉音（[ʧ]類）[50]，有的作舌尖後音（[tʂ]類 [51]），構擬的主要分歧一在於聲母能否與三等i介音結合，一在於重視承前或重視啟後。《中原音韻》的知章莊聲母歸類與《蒙古字韻》一致，既然在二三等聲韻配合上不構成音位對立，擬作其中任何一個均可。知章莊合一應該分了兩步走，一步合讀為舌葉音，一步

收入）把莊組聲母與知章聲母分立，羅常培以為“龍氏忽視八思巴對音”“全無根據”（173-174 葉）。

[46] 《音韻學研究》第一輯（中華書局，1984），又楊耐思（1997）所收。

[47] 曹志耘主編《漢語方言地圖集・語音卷》（商務印書館，2008：77）。

[48] 如龍果夫《八思巴字和古官話》、趙蔭棠《中原音韻研究》、陸志韋《釋中原音韻》、王力《漢語語音史・元代音系》（1985 年初版，商務印書館 2008 年新版）。蔣冀騁《論＜中原音韻＞中知章莊三系的分合》（《漢語史集刊》第二輯，巴蜀書社，2000）則主張把不入照知精系的莊系字分立。錢曾怡等先生認為“持知莊章合為一類觀點的主要證據是:《中原音韻》的一部分知莊章在同一小韻內出現；現代北方方言知莊章多合為一類；凡知莊章在同一小韻內分化為兩類的，是由於介音的不同，而非聲母不同。持知章莊分為兩類觀點的證據是：多數知莊章在同一小韻內分為兩類，排列在不同小韻內的字，不僅介音不同，聲母也不同；現代方言也有知莊章二分的方言；與《中原音韻》稍前或稍後的材料一般也是支持知莊章分兩類的。”（錢曾怡主編 張樹錚 羅福騰副主編《山東方言研究》，齊魯書社，2001：47）

[49] 《中原音韻》的語音分佈本質上是知章莊三系歸併後自[ʧ]向[tʂ]的語音推移中間過程，何一凡先生《＜中原音韻＞見、知、照（章莊）系聲母發展的不同層次》認為“知系與照系（莊、章）在《中原音韻》中，就整個情況來說，知二、莊組為一個層次，知三、章組為一個層次。就知二、莊組來說，又有[tʂ、tʂʻ、ʂ]與[ʧ、ʧʻ、ʃ]兩個層次；就知三、章組來說，又有[ʧ、ʧʻ、ʃ]與[tʂ、tʂʻ、ʂ]（在支思韻）兩個層次，發展不整齊劃一，形成不同的層次，這是《中原音韻》音系處於發展過程中的特點。”（《＜中原音韻＞新論》，北京大學出版社，1991：26）。

[50] 羅常培《中原音韻聲類考》（《中央研究院歷史語言研究所集刊》第二本第四分，1932）、楊耐思《中原音韻音系》（中國社會科學出版社，1981）等。

[51] 石山福治《考定中原音韻》（東京：東洋文庫，1925）、李新魁《＜中原音韻＞音系研究》（中州書畫社、1983）、寧繼福《中原音韻表稿》（吉林文史出版社，1985）等。

轉讀為舌尖後音。第一步的演變，大致唐代為醞釀期，五代北宋為形成期，南宋元代為完成期。第二步的演變在《中原音韻》裏體現為中間狀態，明初《洪武正韻》(1375)[52]和蘭茂《韻略易通》(1442)[53]仍然繼承了洪[tʂ]細[ʧ]作為條件變體的態勢[54]。宣告形成現代漢語"知癡詩日"四母祇與開合兩呼相拼而不與齊撮兩呼相拼的韻書韻圖是明末徐孝的《重訂司馬溫公等韻圖經》和《合併字學集韻》(均 1606)，比元代韻書晚三百年。這三百年間，北音解決了知章莊合母三等字與i相拼的問題(即三等字不再與i相拼)，也宣告現代漢語舌尖後聲母模式的完成。

3.3 江陽韻的知莊合流問題

《切韻》時代，知組舌上音為舌葉塞音[ȶ]（即[t̪]）類聲母，莊組正齒音為舌葉塞擦音[ʧ]類聲母[55]，知組聲母在唐代經歷塞擦化後，匯入莊組聲母。江韻系的知莊二組合流時代，與知章莊合流相關。知章莊合流如上文所述在宋代，那南宋韻圖《切韻指掌圖》[56]《四聲等子》中江陽知莊組字三分的局面顯然未如實反映時音。江莊囱類與江知惷類同小韻的最早記錄是《蒙古字韻》《古今韻會舉要》，到《中原音韻》陽莊創類纔"加盟"進來，江陽韻知莊組聲母達成匯合。《字韻》《舉要》中江韻知莊組字與陽韻莊組字不同小韻，其原因不在聲母也不在韻基，而在介音。江陽韻知莊合母的態勢在元代之前已經形成。

4 介音：合口形成考

江陽韻知莊組語音合流過程為"三部曲"，唐後期的江陽對音和宋代開始普遍存在的江陽通押和韻書中江陽韻合部體現的主元音一致可以說形成最早；其次是聲母知莊的合流，其形成也在有宋以來，早於元代。最後一部是介音－－江陽韻知莊組三類字 u 介音全部形成，三類字完全同音纔是演進的終結。

江韻陽韻在《切韻》時代都是開口韻，二等江韻讀[ɔŋ]，沒有介音，三等陽韻讀[iaŋ]（或[iɑŋ]），有 i（或[j]）介音。江韻知莊組字 u 介音的增生在先，陽韻莊組字 i 介音向 u 介音的轉化在後。

---

[52] 參照本：韓國百濟文化出版社影印出版，出版年不明。《洪武正韻》保留濁母，與《韻略易通》略不同。

[53] 張玉來《韻略易通研究》(天津古籍出版社，1999)。

[54] 這種中間狀態在羅福騰博士論文《膠遼官話研究》(1998)裏，通過山東青島方言知章組字的[tʂ][ʧ]語音分佈與《中原音韻》比較，證實兩者在常用字語音分佈上高度吻合。張樹錚《從壽光方言看<中原音韻>的知莊章》一文(《中原音韻新論》，北京大學出版社，1991 年，又《方言歷史探索》，內蒙古人民出版社，1999 年所收)也得出"(壽光方言)字的歸類與《中原音韻》幾乎完全相同"的結論。

[55] 知組莊組擬音均從李榮《切韻音系》(科學出版社，1956)。

[56] 《切韻指掌圖》出現零星的莊章互混的小韻字，尤其在止攝。

4.1 唐宋元對音所見江陽知莊組字介音情況

對音所反映的江陽知莊組字材料不多，但值得充分重視。唐代不空譯咒梵漢對音中出現兩字，幢（澄江）讀dhva，創（初漾）讀kṣāṅ，劉廣和先生把韻母分別擬測為[uʌŋ]與[iaɣ̃][57]。敦煌漢藏對音與藏語譯音材料種類多，羅常培（1933）使用 6 種，高田時雄（1988）使用 14 種分析對音歸納音系，周季文等（2006）擴充為 18 種，整理出對音字表。高田書中出現的相關字及其構擬的河西方言音如下：

江韻系：幢（澄江）jwang（O[58]）、zhwang（Oa）＝[tśʷaŋ]

陽韻系：莊（莊陽）tsang（K）、'tsang（O）＝[tṣiɔ̃]//瘡（初陽）chang（TD）＝[tṣiɔ̃]//
　　　床（崇陽）cho（C）=[ṣiɔ̃]//狀（崇漾）shong（T）＝[ṣiɔ̃]

另外，《開蒙要訓》"惷"（徹江）注音"濁"（澄覺）[59]，高田把"濁"擬為[tśʷak]，周書字表中出現"霜"（生陽）字，擬音為[ʃiaŋ][60]。敦煌的漢藏對音材料出現的江韻系知組字很少，但已經明確顯示合口介音的出現，陽韻系莊組字則仍保有i介音。

回鶻字音與遼金兩朝的對音材料中未見江陽韻知莊組字[61]，同時代的西夏語漢語借詞中江韻"雙"轉寫為śi̯ow，陽韻"狀"轉寫為dźôn[62]，《番漢合時掌中珠》（1190）的漢夏注音中江陽韻相關字屬於ō攝，語音分佈如下。

西夏文轉寫 tɕhĭo：江韻"幢、窗"擬音作˳dång、˳tṣhång
　　　　　　　　陽韻"狀、瘡、床"擬音作 dẓjang、˳tṣhjang、˳dẓjang

西夏文轉寫 çɔu： 江韻"雙"擬音作 ˳sång

西夏文轉寫çĭo： 陽韻"霜"擬音作 ˳ṣjang[63]

---

57 劉廣和（2002：1-118）。

58 略寫符號中 C 為《千字文》、K 為《金剛經》、O 與 Oa 為《阿彌陀經》、T 為《大乘中宗見解》、TD 為《天地八陽神咒經》。"＝"後為構擬河西方言語音。

59 羅先生言"這不是當時特別的讀法，就是入聲與舒聲的變讀不同。"（羅常培 1933：82）。

60 周季文 謝後芳《敦煌吐蕃漢藏對音字彙》（中央民族大學出版社，2006）。

61 回鶻字音見高田時雄《敦煌・民族・語言》（中華書局，2005）第三章"回鶻字音"和聶鴻音《回鶻文＜玄奘傳＞中的漢字古音》（《民族語文》1998 年第 6 期），遼契丹語對音見孫伯君、聶鴻音《契丹語研究》（中國社會科學出版社，2008），金女真語對音見聶鴻音《＜金史＞女真譯名的音韻學研究》（《滿語研究》1998 年第 2 期）和孫伯君《金代女真語》（遼寧出版社，2004）。

62 龔煌城《西夏語中的漢語借詞》（《中研院歷史語言研究所集刊》第 52 本第 4 分，1981）。

63 李范文《宋代西北方音》（中國社會出版社，1994）。

西夏語沒有-ŋ韻尾，祇有-ĭ-、-ĭɯ-兩種韻頭[64]，因此江韻知莊組對音不能像敦煌材料那樣真切感受到u介音，但陽韻莊組字i介音的對應很明顯。

元代材料主要是八思巴字對音，《蒙古字韻》（1309）把江韻知莊組韻母注作u̯ɑŋ，收4韻組12字；陽韻莊組韻母注作haŋ，收4韻組23字。《事林廣記蒙古字百家姓》等資料中的江韻"雙"字對音作šu̯ɑŋ，陽韻"莊"字對音作ʒhaŋ[65]。

以上江韻知莊組字對音除西夏語對音外均體現有[u]介音，其形成可以追溯到唐五代。而陽韻莊組字對音所見介音一直為[i]，沒有明顯變化，直到《蒙古字韻》八思巴字音作h。這樣明顯可見，江陽韻知莊組字u介音形成分"兩步走"，第一步江知惷類與江莊囪類歸併在唐五代早已出現，前述《四聲等子》《蒙古字韻》《古今韻會舉要》《經史正韻切韻指南》的合流記載雖是韻書韻圖初見，已晚了三四百年。第二步是陽莊創類讀入惷囪合類，以《中原音韻》為完成標誌，韻母讀[uaŋ][66]。

4.2《蒙古字韻》陽莊創類介音 h 的音值

龍果夫在1930年發表的俄文論文《八思巴字與古官話》裡，把《蒙古字韻》八思巴對音的陽韻創類介音轉寫作 h，龍氏對 h 字母的解釋如下：

> a）字母[h]＋[i]在輔音的後頭用來對譯"古官話"韻母-ï，-ən，əŋ，əi̯裡的元音-ï和-ə。例如，"斯""古官話"作sï [shi]；"使""古官話"作sï [šhi]；"根""古官話"作kən [ghin]；"等""古官話"作təŋ [dhiŋ]；"克""古官話"作k'əi [k'h[67]ij]。上文已經說過，在《百家姓》裏用[eï]替代這個[-hi]。我們不能說明為什麼-ï和-ə同用這個[h]的結合音來對譯；我們已經看見這個[h]字母可以當作"古官話"的聲母χ用。我們不妨提醒讀者，在大多數歐洲文字的系統裏--尤其是英文中—[h]字可以有種種不同的功用。b）[h]字在"莊"字對音裏也發現過，"莊"現代北京話

---

[64] 張竹梅《西夏語音研究》（寧夏出版社，2004）。

[65] 羅常培 蔡美彪（2004）。

[66] 諸家擬音中，惟寧繼福先生擬作[aŋ]，其依據是《中原音韻・正語作詞起例》中"贓有粧"、"倉有窗"、"桑有雙""藏有床""磉有爽""葬有狀"等分辨聲母，不別韻母的江陽韻精組與知莊組對比字例。唐作藩先生《＜中原音韻＞的開合口》（《中原音韻新論》（北京大學出版社，1991），又唐作藩2001所收）認為其字例或有別聲母韻母兩項含義，主張"粧窗雙床爽狀"當讀合口。邵榮芬先生在《＜中原音韻＞音系的幾個問題》（《中原音韻新論》，北大出版社，1991）中支持寧論，主開口說。"起例"中"粧床爽狀"為陽莊創類字，作開口尚有可能，但"窗雙"為江韻莊囪類字，作開口的話與唐宋元對音及宋元多種韻圖韻書所見相違背，頗難信從。丁邦新先生《與中原音韻相關的幾種方言現象》（《中研院歷史語言研究所集刊》第52本第4分，1981）早已證實《中原音韻・正語作詞起例》中的語音對比具有同時區別聲母與介音的功能，能圓滿解釋上述難題。

[67] 原文 h 誤作 k。

作ṭṣuaŋ，古漢語作ṭṣi̯aŋ [ʒ̆haŋ]，《百家姓》作[ʒ̆e˙aŋ]的。

龍氏認為“這個譯音是頗有趣味的，因為它可以幫助我們解釋像北京這一類現代‘官話’裏的合口讀音。”“古漢語-i̯(aŋ)在ṭṣ的後頭起先因受前邊齒上聲母[68]的影響變成一種-ə，-ï－－所以八思巴字讀音作[ʒ̆haŋ，ʒ̆eaŋ]－－後來變成u。”並把創類字的演變史格式構擬為：

ṭṣi̯aŋ（古漢語）＞ṭṣə̯aŋ（古官話）[ʒ̆haŋ，ʒ̆eaŋ]（八思巴字）＞ṭṣuaŋ（現代北京話）[69]

羅常培先生把龍氏的haŋ擬作ẹaŋ，認為“陽韻開口莊組字北京音變合口，八思巴對音已見其兆。[70]”《蒙古字韻》的hi可以對譯-ï和-ə，h近似χ，同時可以記作ə̯、e˙、ẹ，其音值到底如何？χ為小舌擦音聲母，龍氏用它來表示曉母讀音，應該是舌根擦音[x]，可以不計。-ï是支思韻韻母，陽韻莊組字經歷了-i-＞-ï -（僅有[ʅ]的可能）＞-u-演變過程的假設難以成立，因為在比較短的一個歷史階段介音由非舌尖元音（-i-）到舌尖元音（-ʅ-）再回到非舌尖元音（-u-）這樣一個變化不是太自然。其他幾個發音，龍氏認為e˙“大概是一個傾向ə的e”，加上ə、ə̯、ẹ均是前或央的非圓唇半高元音，考慮它自[i]向[u]的後化演變軌跡，又兼顧其半高性或高性，準確的語音應該是[ɘ]（非圓唇半高央元音），或者是[ɨ]（非圓唇高央元音）。

陽莊創類的介音漸變歷程，直線型的話應是[i]＞[ɨ]＞[ʉ]（或[ɯ]）＞[u]，但從《蒙古字韻》的語音看，更像是弧線型的，即[i]＞[ɪ]＞[ɘ]＞[ʊ]＞[u]，有一個元音自高到半高的低化又回歸到高的過程，而且回歸時伴隨圓唇化。低化大概受韻腹的低元音[a]（或[ɑ]）的牽拉所致，而圓唇化顯然是舌葉音聲母的撮唇性影響導致的。陽莊創類介音的形成是漢語語音史上具有鮮明獨特性的演變實例。

4.3 宋元韻書韻圖中的陽莊創類介音

《古今韻會舉要》與《蒙古字韻》音系接近，介音亦一致。王碩荃（2002）認為“《韻會》莊字母韻haŋ的h變音這個過渡音，它是在聲與韻的相互作用中產生並保留下來的。而‘莊’的介音，可能已經帶有u介音的雛形了，祇不過這個新滋生的介音還不是真正的u介音，因此，《蒙古字韻》就用h來代表韻母裡向合口uaŋ韻母過渡中的模糊的u介音。[71]”對陽韻莊組讀音，竺家寧[72]、花登正宏[73]等學者均有相關敘述。

[68] 齒上聲母即捲舌音聲母。

[69] 以上均引自《八思巴字和古官話》（龍果夫著，唐虞譯，羅常培校訂），羅常培 蔡美彪（2004：202-203）。

[70] 《論龍果夫的＜八思巴字和古官話＞》，《中國語文》1959 年 12 月，又羅常培 蔡美彪（2004：422）。

[71] 王碩荃（2002：119-120）。

[72] 《古今韻會舉要的語音系統》，學生書局，1985。

《四聲等子》陽莊創類字排在宕攝開口，與江韻系幫組見系字同圖，可見創類字仍然具有i介音。《經史正音切韻指南》宕攝開口精照組四等排有“臧莊章將”等字，莊類的介音雖然有可能不是i（多半是i），但不會是u。進入明代，《西儒耳目資》所收江陽韻知莊組字音比較特殊。40 攝oam收有清平“莊（者荒）窗（撦荒）雙（石荒）”、濁平“撞（撦黃）”、上聲“奘（者恍）搶（撦恍）爽（石恍）”、去聲“惷（者況）創（撦況）截（石況）”等十小韻，45 攝uam亦收有清平“樁（者汪）鏦（撦汪）霜（石汪）”、濁平“床（撦王）”、上聲“奘（者往）磢（撦往）慡（石往）”、去聲“惷（者旺）刱（撦旺）淙（石旺）”等十小韻。一一比較可以發現各小韻所收字完全相同，僅字的排序不同，大部分小韻首字作了替換而已。《西儒耳目資》的列字取自《洪武正韻》，把《正韻》的小韻作重新編排。十小韻字分別取材於平聲陽韻“側霜切、初莊切、師莊切、助莊切”、上聲養韻“楚兩切、所兩切”和去聲漾韻“陟降切・側況切・助浪切・士降切、楚浪切・丑降切、色降切”下的中古江陽韻字，衹有“奘”小韻是新增的。《耳目資》的-o-介音韻往往與-u-介音韻形成互補關係，有oa與ua、oai與uai、oan與uan、oen與un和uen、oei與ui、oah與uah，而與-o-類韻母相拼的聲母主要是“黑（h）”母，實際是h（曉匣母來源）母與其他聲母同韻母情形下的條件變體[74]。但是oan與uam的不同之處是除了oam有h母的互補分佈外，“者撦石”三母是對立的。《耳目資》多有重出小韻，大體反映了時音的兩個層次或異地的兩種讀音[75]。如果uam即[uaŋ]，那具有ho結合特性，讓人聯想起與《蒙古字韻》h介音關係的oam應該就是[ʊaŋ]（或[ɔaŋ]）。可以肯定，在當時的北方尚存在這種方言。但這樣也意味先行合流的江韻系知莊組字也讀此音，需要進一步作出解釋[76]。

宋元明的韻書韻圖不存在陽莊創類字介音由 i 到 u 的過渡音記錄，《蒙古字韻》的對音雖是孤證，卻提供給了我們十分可貴的啟迪。

5 知莊組合口韻形成機制考

---

[73] 《古今韻會舉要研究》，東京：汲古書院，1997。

[74] 丁鋒《解剖<西儒耳目資>：移植<洪武正韻>小韻與韻系重構》，《民族典籍文字研究》第六輯，2010。

[75] 丁鋒《<西儒耳目字>重出小韻反映的明末語音狀況》，《歷史語言學研究》第三輯，2010。

[76] 李新魁《近代漢語介音的發展》認為：“在作於明朝的《西儒耳目資》（1626）中也反映了這種情況。該書中的江陽韻合口字也有[uaŋ]與[ʊaŋ]（原書標為 oaŋ）的對立，唸[uaŋ]的主要是江韻字（如‘惷樁’等），唸[ʊaŋ]的多是陽韻字（如‘莊’等），這種情況與《蒙古字韻》正好相合。……而直至明代《西儒耳目資》時還能把這種差別顯示出來。從音位學的觀點看，[uaŋ]的[u]與[ʊaŋ]的[ʊ]應該是屬於同一音位的不同變體。”（李新魁 1994：184-185）李先生對[uaŋ][ʊaŋ]兩韻收字的情形敘述和與《蒙古字韻》的一致性說法均有些失實，兩韻也不屬於音位變體。

5.1 知莊組合口韻形成機制的課題性質

江陽知莊合口韻問題有兩個分支，均是漢語音韻史上具有個案性的語音學課題。其特殊性首先體現在語音分佈方面：江韻為洪音，本無介音，惟知組莊組情形下產生 u 介音，純屬罕見；陽韻為細音，本來有 i 介音，但莊組字 i 介音神秘消失又新生 u 介音，也屬罕見。其次是語音變異方式，江韻知莊組 u 介音產生屬於增音；而陽韻莊組 u 介音產生表面上是音素的減（i 介音脫落）增（u 介音新生），但本質是介音的變異（即由 i 到 u），類型與過程非常另類。再其次是語音成因，江陽知莊組 u 介音的產生，歸根結底均是漢語音節內部調整的結果，但其演變動力來自聲母還是韻母，還是來自雙方，都需要研究。最後是時地的特殊性，即為何在近代漢語前期（晚唐五代宋元）這一特定時代，唯獨漢語北方地區出現這種演變，卻不為南方方言所共有。此外兩種變異殊途同歸，匪夷所思。江陽知莊合口化進程的特殊性決定了課題的特殊學術意義。

5.2 先行諸說

高本漢[77]以來，不少學者關注江陽韻知莊組合口化現象，作出種種解釋和推測，其主要學說引述如下。

王力《漢語史稿》認為：“為什麼我們認為江韻的知莊兩系字也是由齊齒變合口呢？因為我們認為它們在未變合口以前還經過一個齊齒階段，如‘雙’ʃɔŋ→ʃaŋ→ʃiaŋ→ṣuaŋ，這樣，它們就和陽韻莊系字在同一條件下發展了。江陽的入聲字也是由齊齒變合口（‘桌’‘酌’）的，那是受了o變uo的規律的約束，例如‘桌’ʈɔk→tɕĭak→tṣo→tṣuo，‘酌’（章系字）tɕĭak→tṣuo，就不能單純地認為齊齒變合口了[78]。”

董同龢《漢語音韻學》認為：“宕攝字的主要元音，現代多數方言作[a]類元音，一等與三等相同，祇有廣州、客家與一些吳語方言作o，（廣州三等字又受介音-i-的影響作œ，）福州一等作ou而三等作-yo-，又有些官話方言一等作a而三等作e，我們可以就此假定中古一三兩等都是ɑ，而廣州福州等處的o、ou等讀法為後來的變化，我們不能照上述假攝的例把三等的元音擬作-a-或-æ-，因為-iaŋ或-iæŋ變ioŋ不合情理，而說jɑŋ變少數方言的-ieŋ，則是自然的。陽韻開口莊系字官話多變合口，頗不好解釋，不過這樣變化的力量很大，江攝併入宕攝之後，知莊章三系聲母又混，所有江韻的知莊系字也全變合口了[79]。”

張琨《漢語方言中聲母韻母之間的關係》認為：“另外一個因為聲母不同而分化為前*a與*ɑ後的例子是《切韻》陽韻開口韻的字。《切韻》陽韻開口韻前可能有三種不同的聲母：知係聲母字，像‘張長帳丈’這些字。知係聲母一向構擬成舌面塞音，羅常培先生和李方桂先生都認為是捲舌塞音。照二係聲母，像‘莊床霜’這些字。照二係聲母都構擬成捲舌塞擦音和擦音。照三係聲母，像‘章唱上’這些字。照三係聲母都構擬成舌面塞擦音

---

[77] 高本漢為了解釋陽韻莊組合口韻，在《中國音韻學研究》中假設陽韻開口有 ṭṣiaŋ 和 ṭṣiwaŋ 的方言歧異。

[78] 王力《漢語史稿》（1957 年初版，中華書局 1980 年新一版：141-142）。

[79] 董同龢《漢語音韻學》（1968 年初版，中華書局，2001：174-175）。

和擦音。……在現代吳語中知係聲母陽韻開口字讀前*a，照二係聲母陽韻開口字讀後*ɑ。……照二係聲母後邊發生一種合口作用。這種合口作用或表示在介音上（金華、永康、靖江），或表示在元音上（平陽、溫州）。……在這篇文章裏討論的那些非吳語方言中，絕大多數都是知係聲母的陽韻開口字讀的和照三係聲母的同韻字相似，照二係聲母的陽韻開口字另有一種讀法。照二係聲母的陽韻字在現代方言中多半有合口作用[80]。"

竺家寧《四聲等子之音位系統》認為："二等江韻之演變如下：切韻ɔŋ－等子：æŋ→iæŋ→iæŋ→國語iaŋ/舌根音－uæŋ→國語uaŋ/舌、齒音－。……陽韻莊系字（照二）'莊、創、爽、床'等字今多讀為合口，而《韻鏡》《等子》均見於開口圖，故知介音[u]為後起者，或係同攝二等舌、齒音'椿、窗、雙'之類化[81]。"

李新魁《近代漢語介音的發展》認為："龍氏的解釋是對的。這個haŋ中的h在這裡的確是代表一個流音，這個流音原是在[tʂ]組聲母與[iɑŋ]韻相拼時產生的，起初大概相當於[ʅ]，即莊等字唸為[tʂʅiɑŋ]，後來韻母中的[i-]介音為流音[ʅ]所同化唸成[tʂʅɑŋ]，這個[ʅ]受到後元音[ɑ]的影響進一步變為一個後元音[ɣ]（或[ʊ]或[o]），hɑŋ中的h就是這個[ʅ]。《蒙古字韻》時可能正處於這樣的過渡階段[82]。"

王本瑛《莊初崇生三等字在方言中的反映》認為："張琨觀察宕攝字在方言中的表現後，認為莊系聲母有合口作用，以北京話為例，莊系字多半已和知章合流，但是獨宕攝字卻出現了合口，若以張琨的觀點來看，是否宕攝字是官話莊系聲母合口作用的遺跡?這主要的導因應該是宕攝字的主要元音是一個後元音，而後元音往往和後高元音u相輔而行的（張琨，1985：99[83]）。張琨所說的合口作用應該指的是-u-介音的保留程度。也就是說，宕攝的-u-介音是來自後元音，但因為聲母的性質使-u-介音傾向於保留。[84]"

潘悟雲《漢語歷史音韻學》認為："莊組因為是ʧ-，所以有撮口勢，這可以解釋莊組有合口的音韻行為，如陽韻的莊組字'創、莊、霜'等原是開口字，在許多方言中讀入合口。莊組的反切老是開合雜亂，有點像唇音，就是這個道理。[85]"

王碩荃《古今韻會舉要辨證》認為："陽韻莊組經過的變化過程可能是這樣的：中古陽韻主元音是後低元音ɔ[86]，韻母iɔŋ是在莊組聲母ʧ的後面；由於這個韻母高元音的介音i與舌葉音聲母ʧ的發音部位不相適應，韻母的i介音較多地受到ɔ的影響而部位逐漸後移，

---

[80] 張琨《漢語方言中聲母韻母之間的關係》(《中研院歷史語言研究所集刊》第 53 本第 1 分，1982：68-69)。

[81]《四聲等子之音位系統》(《木鐸》第 5、6 期合刊)，又竺家寧（1994：15)。

[82] 李新魁（1994：184)。

[83] 張琨（1985)，《切韻*a 和後*ɑ 在現代方言中的演變》(《中研院歷史語言研究所集刊》第 56 本第 1 分)。

[84] 王本瑛（1996)，《莊初崇生三等字在方言中的反映》(《聲韻論叢》第五輯，臺灣：學生書局：426)。

[85] 潘悟雲《漢語歷史音韻學》(上海教育出版社，2000：56)。

[86] 江韻主元音作[ɔ]是作者根據福建的"南方官話"擬定的，與北音不同。

向y過渡，最終就形成了過渡中的yɔŋ韻母。（按：跟舌面音tɕ組相比，i與ʧ的結合，沒有i與tɕ的結合協調。）等到莊組聲母捲舌化、ʧ組變成tʂ組以後，yɔŋ韻母的y為適應捲舌的tʂ組聲母，發音部位就繼續地逐漸後移，一直到u的位置；這時，韻母就變成合口的uaŋ了。《蒙古字韻》對中古的陽韻莊組字，是用八思巴對音haŋ來譯寫的。這個haŋ對音，似乎正是要說明《韻會》莊字母韻的由'開口'而'合口'的過渡性質[87]。"

鄭張尚芳《方言介音異常的成因e＞ia、o＞ua音變》認為："雅洪托夫（Yaxontov1960）提出二等上古帶l，李方桂（1971）改為帶r，得到海內外古音學界普遍認同。……在等韻門法中有獨立二等韻的攝被特別分列為'外轉'，外轉各攝也特別以二等字'江蟹臻[88]山效假咸梗'標名。其原由現在可以明白是因二等聲母不是簡單聲母，原都來自帶r的複聲母、至中古仍帶有特殊的ɣ/ɰ後顎介音，這就不奇怪了。……ɣ可前化為j、也可後化為w，稍後敦煌《阿彌陀經》藏文對音'幢'注音作djwang，ɣ以w表示，其後化傾向就跟後世的變化相似。……介音ɣ至近代音中尚有後化遺跡。……蒙古字韻也有這樣的對立。其中的u介音即當是ɣ介音變來的。當時江韻已是逢見系變i介音，逢知照變u介音，那同樣是ɣ的變化形式。""陽韻開口三等的莊組字官話今讀合口uang（包括'初兩切'的搶變闖），其他聲母字沒有這樣的，說明莊組的音值有點特殊。李榮先生《切韻音系》把莊組擬音從高本漢的tʂ改為ʧ[89]，解決了這一問題，因為ʧ組容易帶上撮唇勢，這從今衢州話可以看的很清楚。這個方言莊知章三組都可讀ʧ組，並且帶上一個弱ɥ介音。……這種情形衹見於市區，不見於鄉間，這跟杭州相似。……那麼正可作為當時雅語音系的ʧ組的確帶有撮唇勢，而促使'莊創狀床霜'等字從開口變成了合口。這些字在《蒙古字韻》中除聲母作ʧ組外，韻母作-hang，帶有'h'介音，這是個表示近於x的ɣ/ɰ介音符號，表示當時的確有一個介音，但是還不是真正的u，衹是一種模糊的中間狀態，所以沒有用u而用了這麼一個符號，反映還處於過渡狀態[90]。"

高曉虹《官話方言宕江攝陽聲韻知系字讀音分合類型及其演變關係》使用北京語言大學語言研究所《漢語方言地圖集》項目所調查的宕江攝陽聲韻知系（除日母外的知莊章三組）的五個字（宕攝"張知三章章三裝莊三"三字、江攝"撞澄二雙生[91]二"二字）347個官話方言點的調查數據考察宕江攝知系來源五組字讀音分合類型，進而討論官話方言中其不同類型間的演變關係，是一篇專門探索江陽韻知莊組字現代官話語音分佈及其演變過程的力作。高文的歸納結果顯示五字語音一組型到四組型的15種分佈中，顯示"張章（開）

[87] 王碩荃（2002：120）。

[88] 按"臻"為三等。

[89] 最早把莊組擬為舌葉音的是陸志韋《試擬切韻聲母之音值並論唐代長安語之聲母》（《燕京學報》第二十八期，1940），董同龢《上古音韻表稿》（《歷史語言研究所集刊》第18本，1944和1948）、李榮（1956）承襲其說，把知組擬為舌葉塞音為李榮先生首創。

[90] 鄭張尚芳《方言介音異常的成因及e＞ia、o＞ua音變》（《語言學論叢》第26輯，商務印書館，2002：99-100、105-106）。

[91] 原文"生"誤作"書"。

≠裝撞雙（合）”，以北京、青島、東台[92]為代表的開合兩分型共有 271 個點，佔總數的近百分之八十，體現北京型是官話方言的主體形式。綜合歷史音韻材料和官話方言的情況，高文制定出各類型的演變關係圖，並推測：“漢語官話方言中，宕江攝陽聲韻知系字隨著知莊章聲母合併為兩組、宕江攝韻母合併而從《切韻》五組型變為二組型。但由於缺乏相關材料，五組型和二組型之間的過程是怎麼樣的，現在還不很清楚。但可以確定，不同方言的合併過程並不完全一致。如宋西北方言很可能是宕開三莊組字受聲母影響，失去三等介音，進而與江開二知莊組字合併，之後宕江攝韻母合併，可能就是二組型的‘齊齒：開口’。由於宕江攝韻母的主要元音是一個後低圓唇元音，而莊組及知二聲母可能是圓唇色彩的舌葉音，所以韻母很容易滋生出一個合口介音，即二組型‘齊齒：合口’。之後，宕開三知章組字失去介音變為開口呼，就形成官話方言最多的一種類型：‘開口：合口’，由此繼續發展，合口可以變為撮口。也有可能是，知二莊聲母合併，宕江攝韻母合併，但由於宕開三莊組有三等元音，與江開二知莊仍保持分立，江開二知莊組先發展出合口介音，宕開三莊組後發展出合口介音，如八思巴文、《古今韻會舉要》所反映的情況[93]。”

陳雪竹《明清北音介音研究》認為：“鄭張尚芳先生的看法雖然解釋了宕攝字由開口變合口的演變，但是仍需要解釋為什麼其他攝中的莊組開口字都沒有發生同樣的變化，在吳語衢州方言中就是各個攝的字都帶有‘弱ɥ’的介音。另外不僅僅是宕攝莊組字讀為合口呼，江攝知組字也沒有按照演變規律讀為開口呼而是變為了合口呼，這樣看來其中的原因應該不單單是莊組聲母的發音，正如李先生的觀點，應當與這兩個攝的主元音也有關係。江宕攝合併後的主元音可能是一個後元音[ɑ]，知組二等聲母與莊組聲母合併後，讀為舌尖後音[tʂ]，舌尖後聲母[tʂ]與元音[ɑ]相拼，容易滋生出一個合口的[u]介音[94]。”

5.3 知莊組合口韻形成機制諸問題

5.3.1 江韻知莊組演變在先，陽韻莊組演變在後

與江陽韻知莊組字合口韻形成相關的史實研究，隨著一個多世紀來中外漢語音韻學者的成果積累，特別是對音資料的研究進展，可以確定江韻知莊組演變在晚唐五代西北方言中已經實現，而陽韻莊組合口韻形成過程的記錄直到元代《蒙古字韻》《古今韻會舉要》纔出現，《中原音韻》首次記錄江陽韻知莊組合口韻的合流。音韻史料不支持陽韻莊組合口韻形成先於江韻知莊組合口韻形成的推測[95]。

---

[92] 其中北京等 225 個點（佔總數百分之六十五）開合兩分且聲母同，青島等 36 個點開合兩分但聲母不同，東台等 10 個點聲母同但開撮（撮為合之別類）兩分。

[93] 高曉虹（2009：163）。

[94] 陳雪竹《明清北音介音研究》（中國社會科學出版社，2010：170-171）。

[95] 李新魁先生早就指出：“按江韻字早在宋代就已分化為開口與合口二類（見《四聲等子》及《切韻指南》），‘惷椿’等字唸為[uaŋ]，是早已定局的事。在江韻字唸為[uaŋ]的時候，陽韻‘莊’組字還沒有變入[uaŋ]，《蒙古字韻》時大概正是‘莊’等字與‘惷’

5.3.2 舌葉音聲母的撮唇勢

宋元時代陽韻莊組聲母的屬性有[tʂ]、[ʧ]兩種意見，前者有龍果夫、李新魁、陳雪竹等學者，後者有張琨、楊耐思、潘悟雲、王碩荃、鄭張尚芳等學者。舌葉音在普遍性上，"ʃ基本上為圓唇[96]"，這就是所謂的"撮唇勢"或"撮口勢"，使陽韻莊組聲介結構[ʧi]＞[ʧʷɨ]（或[ʧʷɪ]）＞[ʧʷʉ]（或[ʧʷɘ]）＞[ʧʷɯ]（或[ʧʷʊ]）＞[tʂu]的演變過程成為可能，而且莊組字與唇音的相似性並且與四呼均可相拼等方面，均值得重視。捲舌音的主張除了難以克服潘悟雲先生指出的莊組反切類似唇音的問題外，還有捲舌音雖然可以拼合合口呼，但能拼合與具有改變韻母的輔音功能畢竟不能等同，端精組和見曉組洪音各聲母也都可以拼合合口呼。又捲舌音聲母與齊齒呼拼合在漢語裏，尤其在在北方方言中沒有典型性[97]，很難獲得本議題的支持。

《切韻》江韻知組的舌葉塞音在唐代實現塞擦化，與莊組合流，繼而產生u介音[98]。舌葉音本來具有圓唇性，其語音結構的演變模式可以列為[ʧɔ]＞[ʧʷɔ]＞[ʧʷɒ]＞[ʧʷɑ]＞[tʂuɑ]。依據鄭張先生二等介音r＞ɣ/ɰ＞j/w（i/u）及其分別與見系/知照系的語音對應學說，可冒昧擬定其過程為[ʧʳɔ]＞[ʧᶭɔ]＞[ʧʷɔ]＞[ʧʷɒ]＞[ʧʷɑ]＞[tʂuɑ]。

5.3.3 舌葉音聲母對合口介音形成的主導作用

江陽知莊合口韻演變本質上是與漢語音系學相關的音節學中聲韻配列的歷時變異問題，是發生在音節內部語音互動的結果。音節內語音變異的動力源有可能是聲母，也有可能是韻母。如上所述，陽韻莊組合口韻演變的動因主要是舌葉音聲母的圓唇性，江韻知莊合口韻演變也有舌葉音的參與。張琨先生所言部份南方方言中莊系聲母對後續介音或後續元音發生一種合口作用也是這種體現，江陽知莊合口變異是聲母主導型的[99]。

5.3.4 江韻：合口韻母[ɔ]催化合口介音

就像部份學者所指出的，為什麼其他攝中的莊組開口字都沒有發生同樣的合口變化，這說明莊組聲母的特性不是變化的惟一條件。江韻陽韻合口變異的機制不是同樣的。在《切

等字處於欲合未合的年代。"（李新魁 1994：185）

96 朱曉農（2010：124）。

97 高曉虹（2009）作為研究對象的 347 個官話方言中，衹有 3 地（東明、贛榆、靖州）知類字讀齊齒呼，均與舌面音聲母相拼。又約 200 處官話方言中有舌尖後聲母，卻無一處與齊齒呼相拼。

98 莊組合口韻與知組（塞擦音化後）合口韻先後形成的可能性也不能排除，詳情不明。

99 孃母與知徹澄三母同組，江韻平聲孃母有"女江切"一小韻，收"聰髭涳（又東韻苦紅切）噥（又冬韻奴冬切）檂（又冬韻奴冬切）鬞膿鷜"八字，中古後均未發生合口化，亦可見合口化與聲母性質有密切關係。

韻》音系中知莊組二等韻開口有“江皆佳夬刪山肴麻庚耕咸銜”十二個，江韻獨特之處是其元音大多數學者都擬作[ɔ]，以後演化為[uɑ]，這符合江攝與通攝漸行漸遠而與宕攝漸行漸近最後合流的歷史事實。其他作[a、ɐ、æ]的二等韻元音均無類似變異，暗示[ɔ]的圓唇特徵和後低特徵在合口變異中起了催化作用。[ɔ]與[o]相近，現代漢語讀uo的歌韻端組（多托挪羅）精組（左搓）、鐸韻端組（鐸拓諾洛）精組（作錯鑿索）、藥韻知組（著）章組（酌綽勺若[100]）和覺韻知組（卓戳濁）莊組（捉鐲朔）字中古原屬開口，無u介音，均因其後的後圓唇元音o纔增生的，情形相似。

另一方面，二等開口韻 ɣ/ɰ＞j/w（i/u）介音在見系的分佈很普遍，但在知莊系的 ɰ＞w（u）變化二等韻除了江韻以外的例子，鄭張先生（2002）雖然舉了《中原音韻》蕭豪韻幫母肴韻字和浙江等地方言各聲組（包括莊組）具有 u 介音的字予以說明，但為什麼在北方漢語中不存在江韻以外其他十一個二等韻知莊合口化的現象是值得留意的，這種非均衡分佈的機制尚待論證。

5. 3. 5 陽韻：後元音[ɑ]與後高元音[u]相輔而行

陽韻變異的最終體現是u介音排擠了原有的i介音，鳩佔鵲巢。但是在《切韻》《廣韻》中莊組開口三等韻有“支[ĭě]脂[ĭɪ]之[ĭə]祭[ĭɛi]真[ĭěn]臻[ĭen]仙[ĭɛn]陽[ĭɑŋ]蒸[ĭəŋ]尤[ĭəu]侵[ĭěm]鹽[ĭɛm]”等十一韻，值得注意的是除了“之臻蒸尤”四韻，其餘七韻均為重紐韻，但重紐與合口介音的形成應該無直接關係。陽韻具有後低元音[ɑ][101]，與其他三等韻相區別，張琨先生論證後元音往往和後高元音u相輔而行，可以說是相適的，在莊組三等韻中也是惟一的。

5. 3. 6 陽韻的介音類化和江韻的元音類化

i＞u 的介音替換如竺家寧先生所言可以理解為類化過程，《蒙古字韻》的介音 h 寔為其類化過渡音。[ʧiɑŋ]到[ʧuɑŋ]（唐韻合口韻與江韻知莊組合口韻）的 i＞u 介音類化類型在漢語音韻史上罕見，舌葉音聲母和後低元音的聲韻相互作用為其成因。

江韻的介音從無到有，元音從[ɔ]到[ɑ]，自[ʧɔŋ]至[ʧuɑŋ]（唐韻合口韻）的類化過程在漢語中也是惟一的，其起因為舌葉音聲母和後低圓唇元音的相互作用，鄭張先生（2002）把它描述為 o＞ɔ＞uɔ＞ua 的元音分裂鏈式音變過程。

5. 3. 7 江陽韻知莊字演變在各方言中的多元性

---

[100] 這裡指藥韻字文讀，非白讀。

[101] 《切韻》宕攝元音擬音，高本漢唐韻作[ɑ]，陽韻作[a]；李榮分別作[â][a]。陸志韋、董同龢、周法高唐陽均作[ɑ]。王力早期（《漢語史稿》1957）同高本漢，後（《漢語語音史》1985）有調整，隋-中唐作[ɑ]、晚唐-五代以後作[a]。《切韻》唐陽二韻開合洪細為[ɑ、uɑ；jɑ、juɑ]分佈，從歷史資料看唐陽主元音可以不區別。宋元以後江宕合流，各家擬音[a][ɑ]有別，從音位學上看均可。

江陽知莊合口韻在北方官話中具有廣袤的地理分佈，體現了其語音演變的普遍性和生命力。現代漢語官話的江陽韻知莊合口字具有廣泛的[tʂuɑŋ]型分佈，但聲母還有[ʦ]、[ʧ]和[pf]等多種分佈，[tʂ] [ʧ]以外的聲母形式基本上是後起的[102]。韻母也有繁多的語音形式，如合口介音撮口化，主元音變化，後鼻音韻尾鼻化或失落等，也多半屬於後起的語音現象。江陽知莊合口韻在官話方言中多元合併途徑的研究一方面有助於釋明近代漢語語音史事實，也是方言史學術領域的重要使命，高曉虹先生（2009）的文章是這一方面具有嶄新開拓意義的新嘗試和新成果。

高先生的文章還展示給讀者在漢語官話中江陽知莊合口韻分佈的不均衡狀況，這對徹底弄清本議題的相關問題尤為珍貴難得。一些"張章莊撞雙"同讀開口呼的方言江陽知莊組韻母可能沒有經歷過合口化，一些"張章≠裝撞雙"分佈的方言暗示江陽知莊合口韻母與宕攝開口三等韻母具有不同的聲母或韻基演變歷程，一些"莊撞雙"三字具有文白兩讀的方言體現了江陽知莊合口韻作為官話權威語音的性質和與土著方言的差異，其給予的學術信息和學術啟迪是多元而深邃的。本文用於討論問題的歷代音韻材料其實也不過是殘存的某些古代方言記錄，方言性差異的分析和觀照作為本議題的觀念尺度甚為緊要。

江陽知莊合口化演變情形在漢語南北方言中大相徑庭，但目前尚未出現對此作系統分析研究的成果，這一研究對江陽知莊合口演變現象的地理疆界問題的解決和在漢語總體層面上定性，對發掘與本議題相關的豐富漢語語音寶藏無疑具有極大的學術意義。我們翹首以待。

6 餘論

本文對江陽知莊合口韻問題作了梳理歸納，可知江陽知莊合口韻的形成在於舌葉音聲母和後低元音的聲韻雙向作用，以下試構擬出江陽韻知莊三類字合流的語音和時代流程

---

[102] 高曉虹（2009）列舉出的讀[ʧ]聲母的方言均屬於韻基相同的"張章（開）≠裝撞雙（合）"型。可分三種情況。（1）五字聲母全讀[ʧ]，有河南獲嘉、鶴壁、沁陽，安徽安慶、桐城等五處。（2）後項字（"裝撞雙"等江陽知莊字）讀[ʧ]，有陝西的戶縣、商洛、耀縣、永壽、城固，甘肅的西峰、定西、秦安、西和，寧夏的隆德（以上前項字讀[tʂ]以及江蘇的靖江（前項字讀[ʦ]）等十一處。（3）前項字（"張章"等陽韻知章字）讀[ʧ]，有山東的平度、青島、臨朐、日照、榮成、乳山、濰坊、諸城（以上後項字讀[tʂ]）和萊陽、蓬萊（以上後項字讀[ʦ]），以及平邑（開口呼，後項字讀[pf]，亦開口呼）等十一處。所有二十七處方言均經歷江陽知莊合口化，相應字讀合口呼（包括舌尖圓唇元音）。表面上看，第（1）（2）類方言江陽知莊合口字仍保留舌葉音音讀，第（3）類方言江陽知莊合口字由[ʧ]轉讀[tʂ][ts][pf]而陽韻知章組字仍讀舌葉音，但尚待歷時研究的核實。平邑的江陽知莊組字聲介結構經歷了[ʧu-]＞[pf＋開口]的聲母唇齒化和合口介音消失的演變過程。高文所收方言中江陽知莊合口字讀[pf]的還有山東蒼山、新泰、滕州，山西平陸，陝西大荔、西安、略陽，甘肅永登，蘭州等九處，演變情形與平邑類似，屬於後起。

圖[103]。

（1）江莊囱（同“窓”）類：
《切韻》[ʧʰɔŋ]＞（唐代）[ʧʰɔŋ]＞[ʧʰʷɔŋ]＞
（晚唐五代宋初）[ʧʰʷɒŋ]＞[ʧʰʷɑŋ]＞（元）[ʧʰʷɑŋ]＞（明）[tʂʰuɑŋ]；

（2） 江知惷類：
《切韻》[t̥ʰɔŋ]＞（唐代）[ʧʰɔŋ]＞[ʧʰʷɔŋ]＞
（晚唐五代宋初）[ʧʰʷɒŋ]＞[ʧʰʷɑŋ]＞（元）[ʧʰʷɑŋ]＞（明）[tʂʰuɑŋ]；

（3） 陽莊創（同“瘡”）類：
《切韻》[ʧʰiɑŋ]＞（南宋元）[ʧʰʷʉɑŋ]（或[ʧʰʷɯɑŋ]）＞（元）[ʧʰʷɑŋ]＞（明）[tʂʰuɑŋ]。

“南宋元”有《四聲等子》《蒙古字韻》《古今韻會舉要》等一批韻書韻圖，“元”指的是《中原音韻》，“明”以《等韻圖經》為代表。陽韻創類字在元代的語音變化感覺比較快，這跟《蒙古字韻》系韻書反映的“古官話”語音有存古性[104]，而《中原音韻》為口語官話時音有關。

主要參考文獻

羅常培 1933　《唐五代西北方音》，《國立中央研究院歷史語言研究所單刊》甲種之十二，上海。

張清常 1963　《唐五代西北方音一項參考資料　－天城梵書金剛經對音殘卷》，《內蒙古大學學報》1963 年第 2 期。

邵榮芬 1963　《敦煌俗文學中的別字異文和唐五代西北方音》，《中國語文》第 3 期，又《邵榮芬音韻學論集》（首都師範大學出版社，1997）。

周祖謨 1966　《問學集》，北京：中華書局。

尉遲治平 1982　《周、隋長安方音初探》，《語言研究》第 2 期。

聶鴻音 1985　《慧琳譯音研究》，《中央民族學院學報》第 1 期。

陸志韋 1988　《陸志韋近代漢語音韻論集》，北京：商務印書館。

高田時雄 1988　《敦煌資料による中国語史の研究　－九・十世紀の河西方言—》，東京：創文社。

鮑明煒 1990　《唐代詩文韻部研究》，南京：江蘇古籍出版社。

李新魁 1994　《李新魁語言學論集》，北京：中華書局。

魯國堯 1994　《魯國堯自選集》，桂林：大象出版社。

竺家寧 1994　《近代音論集》，台北：學生書局。

[103] 這裡僅選擇一種，其他的構擬恕不能兼顧。

[104] 鄭張尚芳（1998）以為《蒙古字韻》“是以金末的中原讀書音為準的。”（《李新魁教授記念文集》，中華書局：164）。

李新魁 1997　《李新魁音韻學論集》，汕頭：汕頭大學出版社。
楊耐思 1997　《近代漢語音論》，北京：商務印書館。
鄭張尚芳 1998　《＜蒙古字韻＞所代表的音系及八思巴字一些轉寫問題》，《李新魁教授記念文集》，北京：中華書局。
唐作藩 2001　《漢語史學習與研究》，北京：商務印書館。
葉寶奎 2001　《明清官話音系》，廈門：廈門大學出版社。
劉廣和 2002　《音韻比較研究》，北京：中國廣播電視出版社。
王碩荃 2002　《古今韻會舉要辨證》，石家莊：河北教育出版社。
羅常培 蔡美彪 2004　《八思巴字與元代漢語：增訂本》，北京：中國社會科學出版社。
羅常培 2004　《羅常培語言學論文集》，北京：商務印書館。
馬伯樂 2005　《唐代長安方言考》，北京：中華書局。
施向東 2009　《音史尋幽 －施向東自選集》，天津：南開大學出版社。
高曉虹 2009　《官話方言宕江攝陽聲韻知系字讀音分合類型及其演變關係》，《中國語文》第 2 期。
林燾 2010　《中國語音學史》，北京：語文出版社。
朱曉農 2010　《語音學》，北京：商務印書館。
丁　鋒 1995　《＜博雅音＞音系研究》，北京：北京大學出版社。
丁　鋒 2010　《如斯齋漢語史叢稿》，貴陽：貴州大學出版社。

杜甫「秋興八首」「詠懷古跡五首」「諸將五首」の韻律

平田　昌司
京都大学

本文参考王渔洋《律诗定体》、中井竹山《诗律兆》等先贤的著作，分析杜甫《秋兴八首》、《咏怀古迹五首》、《诸将五首》的平仄、用韵、单数句末字的四声，指出这十八首的格律确实足以代表杜甫七言律诗的“正体”。

杜甫　七言律诗　平仄　秋兴八首　咏怀古迹五首　诸将五首

1 七言律詩の正格について

1.1 王漁洋『律詩定體』の示す七言律詩の図式

杜甫（712-770）[1]より以前、唐代の詩人たちによって五言律詩・五言絶句・七言絶句が作り上げられていたこと、相対的に成熟が後れていた七言律詩を完成させたのこそ杜甫だということ、いずれも中国文学史の話題として語られる（莫励锋 2007:77）。さらに杜甫の「七律　自放にして、五律　厳正なり[2]」というおおまかな指摘も、古くなされていた。七言律詩の韻律は自放—気まま、五言律詩は厳格に韻律規則を守るというのである。しかし、実際に韻律を検討してみると、杜甫の七言律詩をただ「自放」と言うことはできない。たとえば胡小石（1888-1962）は、1934 年ごろの講義ノートで、杜甫全詩集の平仄の分析を踏まえ、以下のようにまとめていた。

> 七言律詩の形式は、杜甫に至って完全に成熟した。かれが夔州で作った連作の「諸將五首」「秋興八首」「詠懷古跡五首」などは、音のひびきが力強く、対句は調和がとれ、さらに一篇全体の組み立て、毎句ごとの構成、選びぬかれた語彙、いずれの面においても後世の詩人たちから重んじられないものはない。その一方で、同じ時期に、拗体の七言絶句「夔州歌」十首や「白帝城最高樓」拗体七律一首を

[1] 杜甫の作品の引用にあたっては、主として續古逸叢書本『杜工部集』（上海：商務印書館、1957 年）に拠り、必要な場合は錢謙益箋注『杜工部集』（康熙六年季振宜刊本）、郭知達『九家集注杜詩』（『杜詩引得』2，北平：燕京大学引得編纂處，1940 年）を参考に字を改めた。

[2] 瀧川南谷『滄溟近體聲律考』。池田四郎次郎編『日本詩話叢書』6，東京：文会堂書店、1920 年（東京：龍吟社，1997 年影印本），236 頁。

作っている。これは、「正」にすぐれた者こそが「変」にすぐれ、既成の韻律を熟知する者こそが型を突き破るやりかたを理解しているということなのだろう[3]。

胡小石が明確に区別してみせたのは、規範にかなう「正」、平仄上の例外を多用する拗体の「変」である。葉嘉瑩（1988: 29-60）も、伝記的事実と対照させつつ杜甫の七言律詩の作風の変化を4段階に分け、第4期の「正格」にあたる「諸將五首」「詠懷古跡五首」「秋興八首」を最も高く評価した。

本論は、この杜甫の七言律詩の「正」とはどのような形式の韻律だったのか、検討を試みる。唐人自らの書き伝えた七言律詩の形式の完全な説明はすでに存在しないため、明代以降の文人が詩学文献や唐詩を研究した成果を出発点として参照する。とりわけ、熱意をもって詩の古典を学び、その韻律を正確に再現しようと努力した清の王漁洋（1634-1711）『律詩定體』は、唐代の七言律詩の韻律をかなり精細に示したものである[4]。以下、印刷の都合上、一部の記号を換えたうえで、『律詩定體』の結論を示す。それぞれの記号は、つぎのような意味をもつ。

○平声字（□は、平声字であることが必須で、例外を許さない場合）。(韻)は平声の韻字。
●仄声字（■は、仄声字であることが必須で、例外を許さない場合）
◎原則は平声字だが、仄声に換えることが許されるもの
◉原則は仄声字だが、平声に換えることが許されるもの
×平仄いずれでもかまわないもの
1a, 1b 起聯　2a, 2b 前聯　3a, 3b 後聯　4a, 4b 結聯

1) 平起

起句を押韻しない場合（平起不入韻）	起句を押韻する場合（平起入韻）
1a×○◉●□○●、1b×●□○●●(韻)	1a×○◉●■○(韻)、1b×●□○●●(韻)
2a×●◎○□●●、2b×○◎●■○(韻)	2a×●◎○○●●、2b×○◎●■○(韻)
3a×○◉●□○●、3b×●□○●●(韻)	3a×○◉●□○●、3b×●□○●●(韻)
4a×●◎○□●●、4b×○◎●■○(韻)	**4a**×●◎○□●●、4b×○◎●■○(韻)

---

3 胡小石（1991: 282）:「七律體制至杜老而完全成熟，其在夔州時所作組詩，如諸將五首、秋興八首、詠懷古跡五首，音節鏗鏘，對仗工穩，且謀篇布局、造句煉字無不為後世詩家所推重，乃于同時作拗體七絶夔州歌十首與白帝城最高樓拗體七律一首，蓋能正者始能變，愈深知格律者愈能知突破之方也。」

4 必ず平または必ず仄になる音節の指示は、『律詩定體』の各版本でずれがある。本論では『清詩話（上）』（上海：上海古籍出版社、1978年、113-115頁）に拠った。『律詩定體』成立の文学史的背景にふれた論考として、大平2001がある。

2) 仄起

起句を押韻する場合（仄起入韻）	起句を押韻しない場合（仄起不入韻）
1a×●□○●●（韻）、1b×○◎●■○（韻）	1a×●◉○□●●、1b×○◎●■○（韻）
2a×○◉●□○●、2b×●□○●●（韻）	2a×○◉●□○●、2b×●□○●●（韻）
3a×●◉○□●●、3b×○◎●■○（韻）	3a×●◎○□●●、3b×○◉●●○（韻）
4a×○◉●□○●、4b×●□○●●（韻）	4a×○◎●□○●、4b×●□○●●（韻）

これらを中井竹山（1730-1804）『詩律兆』[5]が、唐・宋・明の作例を帰納して定めた七言律詩の図式と比べてみると、平起で起句を押韻する場合（平起入韻）は竹山の「正格恒調」、仄起で起句を押韻する場合（仄起入韻）は竹山の「偏格恒調」に対応し、両者の結論は非常に近く、ずれが認められるのは、平仄いずれでも用いうる字が平優先なのか仄優先なのかといった部分の判断である。以後、上の『律詩定體』の各図式を七言律詩の基本型とみなして、議論をすすめる。

1.2 杜甫が自らの詩風を語った作品にみられる韻律

杜甫には、年齢とともに詩風が変化したことをうたった「老いてからというもの、詩作はいつでも適当にやりすごす（老去詩篇渾漫與）」と「年をとって、だんだんと詩の韻律が細密になってきた（晩節漸於詩律細）[6]」というふたつの有名な句がある。どちらも、杜甫が自らの詩風を語った作品だが、率然と読んだとき、両者は対照的な態度に見えてしまう。それでは、これらの句を含む詩全体の韻律にも、一方は規範にこだわらず、一方は厳密さを追求するという違いがあるのか。結果は下に示す。それぞれ、韻字[7]、平起・仄起の区別、奇数句末字の声調を附記する。

江上値水如海勢聊短述　　尤韻（休愁舟遊）　　平起不入韻

1a 為人性僻耽佳句○○●●○○●（去），1b 語不驚人死不**休**●●○○●●（韻）。
2a 老去詩篇渾漫與●●○○○●●（上），2b 春來花鳥莫深**愁**○○○●●○（韻）[8]。
3a 新添水檻供垂釣○○●●○○●（去），3b 故著浮槎替入**舟**●●○○●●（韻）。

---

[5]『日本詩話叢書』10，東京：文会堂書店，1922 年（東京：龍吟社，1997 年影印本），39-333 頁。『詩律兆』の引用は、すべてこの版によって頁数を示す。

[6] 作詩技法への杜甫の自負を語ったことばとして、よく引用される句である。ここでは、津阪東陽が言うように（『杜律詳解』卷中）、心ならずも詩作ばかりが上手になってしまったとの自嘲を含むと読みたい。

[7] 韻書は、宋濂跋を附した王仁昫『刊謬補缺切韻』（以下、宋跋本王韻）を用い、必要な場合に国立故宮博物院蔵裴務齊正字本『刊謬補缺切韻』（以下、裴務齊本）を参照する。

[8] 2a の「漫與」は四部叢刊本による。續古逸叢書本・錢謙益箋注本・九家注とも「漫興」。

4a 焉得思如陶謝手○●○○○●●（上），4b 令渠述作與同**遊**●○●●●○㊇。

遣悶戯呈路十九曹長　　寒韻（寒乾寛闌）　　仄起不入韻

1a 江浦雷聲喧昨夜○●○○○●●（去），1b 春城雨色動微**寒**○○●●●○㊇。

2a 黄鸝並坐交愁溼○○●●○○●（入），2b 白鷺群飛大劇**乾**●●○○●●㊇。

3a 晩節漸於詩律細●●●○○●●（去），3b 誰家數去酒杯**寛**○○●●●○㊇。

4a 惟吾最愛清狂客○○●●○○●（入），4b 百遍相看意未**闌**●●○○●●㊇。

『律詩定體』と比較すると、二首はそれぞれ平起不入韻と仄起不入韻の図式と完全に一致している。また、どちらの詩も、奇数句末に連続して同声調の字を使うことがなく、六朝以来の声病のひとつ鶴膝病[9]を回避している。前者は、「渾漫與」と書いておきながら、決して韻律に無頓着ではない。後者は、「漸於詩律細」と自ら述べたとおりに創作してみせている。

おそらく、『律詩定體』の図式は、杜甫の七言律詩「正格」を論じるにあたって、基準としての有効性をもつと思われる。それでは、「秋興八首」「詠懷古跡五首」「諸將五首」の韻律には、『律詩定體』と比べたとき、ずれがあるのか。

2 「秋興八首」「詠懷古跡五首」「諸將五首」の平仄

以下に「秋興八首」「詠懷古跡五首」「諸將五首」の合計十八首を列挙し、それぞれの平仄配置を検討する。個々の詩を示すにあたり、「秋興八首」は Q、「詠懷古跡五首」は Y、「諸將五首」は Zh とし、アルファベットの後にアラビア数字で第何首にあたるかを記す。

前掲の二首と同じく、奇数句末字の声調も附記する。

2.1 「秋興八首」

Q1（其一）　　侵韻（林森陰心砧）　　仄起入韻

1a 玉露凋傷楓樹**林**●●○○○●㊇（平），1b 巫山巫峽氣蕭**森**○○○●●○㊇。

2a 江間波浪兼天湧○○○●○○●（上），2b 塞上風雲接地**陰**●●○○●●㊇。

3a 叢菊兩開他日涙○●●○○●●（去），3b 孤舟一繫故園**心**○○●●●○㊇。

4a 寒衣處處催刀尺○○●●○○●（入），4b 白帝城高急暮**砧**●●○○●●㊇[10]。

---

[9] 鶴膝病については興膳(1986: 604)。朱彝尊が査嗣瑮（査慎行の弟）に与えた書簡によれば、杜甫が鶴膝病を避けていることを最初に指摘したのは李因篤（1631-1692）であった（朱彝尊『曝書亭集』巻三十三「寄査德尹編修書」、『四部叢刊初編縮本』、284 頁）。本論の注 8「漫與」、注 16 の「誰爭補」の訂正は、この書簡に示される朱彝尊の説に従った。

[10] 「砧」は、裴務齊本の侵韻「碪」の条に「俗砧」。宋跋本王韻は「碪」のみ。

Q2（其二）　　　　麻韻（斜華查笳花）　　　　仄起入韻

1a 夔府孤城落日**斜**○●○○●●(韻)（平），1b 每依南斗望京**華**●○○●●○(韻)[11]。

2a 聽猿實下三聲淚○○●●○○●（去），2b 奉使虛隨八月**查**●●○○●●(韻)[12]。

3a 畫省香爐違伏枕●●○○○●●（上），3b 山樓粉堞隱悲**笳**○○●●●○(韻)。

4a 請看石上藤蘿月●○●●○○●（入），4b 已映洲前蘆荻**花**●●○○○●(韻)。

Q3（其三）　　　　微韻（暉微飛違肥）　　　　平起入韻

1a 千家山郭靜朝**暉**○○○●●○(韻)（平），1b 一日江樓坐翠**微**●●○○●●(韻)[13]。

2a 信宿漁人還汎汎●●○○○●●（去），2b 清秋燕子故飛**飛**○○●●●○(韻)。

3a 匡衡抗疏功名薄○○●●○○●（入），3b 劉向傳經心事**違**○●○○○●(韻)。

4a 同學少年多不賤○●●○○●●（去），4b 五陵衣馬自輕**肥**●○○●●○(韻)。

Q4（其四）　　　　脂韻（悲遲）之韻（棋時思）　仄起入韻

1a 聞道長安似弈**棋**○●○○●●(韻)（平），1b 百年世事不勝**悲**●○●●●○(韻)。

2a 王侯第宅皆新主○○●●○○●（上），2b 文武衣冠異昔**時**○●○○●●(韻)。

3a 直北關山金鼓振●●○○○●●（去），3b 征西車馬羽書**遲**○○○●●○(韻)。

4a 魚龍寂寞秋江冷○○●●○○●（上），4b 故國平居有所**思**●●○○●●(韻)。

Q5（其五）　　　　删韻（關顏班）山韻（山間）　平起入韻

1a 蓬萊宮闕對南**山**○○○●●○(韻)（平），1b 承露金莖霄漢**間**○●○○○●(韻)。

2a 西望瑤池降王母○●○○●○●（上），2b 東來紫氣滿函**關**○○●●●○(韻)。

3a 雲移雉尾開宮扇○○●●○○●（去），3b 日繞龍鱗識聖**顏**○●○○●●(韻)。

4a 一臥滄江驚歲晚●●○○○●●（上），4b 幾廻青瑣點朝**班**●○○●●○(韻)。

Q6（其六）　　　　尤韻（秋愁州）侯韻（頭鷗）　平起入韻

1a 瞿唐峽口曲江**頭**○○●●●○(韻)（平），1b 萬里風煙接素**秋**●●○○●●(韻)。

2a 花萼夾城通御氣○●●○○●●（去），2b 芙蓉小苑入邊**愁**○○●●●○(韻)。

3a 朱簾繡柱圍黃鶴○○●●○○●（入），3b 錦纜牙檣起白**鷗**●●○○●●(韻)。

4a 廻首可憐謌舞地○●●○○●●（去），4b 秦中自古帝王**州**○○●●●○(韻)。

Q7（其七）　　　　東韻（功中風紅翁）　　　　平起入韻

---

11 葉嘉瑩（1988: 95, 109-110）の校訂に従えば、「每依北斗望京**華**●○●●●○(韻)」。

12 「查」は、裴務齊本の麻韻「樝」の条に「亦查、槎」。宋跋本王韻は「樝」のみ。

13 宋跋本王韻は、微韻「輝」の条に「亦作煇、暉」。

1a 昆明池水漢時**功**○○○●●○(韻)（平），1b 武帝旌旗在眼**中**●●○○●●(韻)。
2a 織女機絲虛月夜●●○○○●●（去），2b 石鯨鱗甲動秋**風**●○○●●○(韻)。
3a 波漂菰米沈雲黑○○○●○○●（入），3b 露冷蓮房墜粉**紅**●●○○●●(韻)。
4a 關塞極天唯鳥道○●●○○●●（上），4b 江湖滿地一漁**翁**○○●●●○(韻)。

Q8（其八）　　　　支韻（迤陂枝移垂）　　　　平起入韻
1a 昆吾御宿自逶**迤**○○●●●○(韻)（平），1b 紫閣峯陰入渼**陂**●●○○●●(韻)。
2a 香稻啄餘鸚鵡粒○●●○○●●（入），2b 碧梧棲老鳳凰**枝**●○○●●○(韻)。
3a 佳人拾翠春相問○○●●○○●（去），3b 仙侶同舟晩更**移**○●○○●●(韻)。
4a 綵筆昔遊干氣象●●●○○●●（上），4b 白頭吟望苦低**垂**●○○●●○(韻)。

2.2 「詠懐古跡五首」

Y1（其一）　　　　刪韻（還關）山韻（間山）　　平起不入韻
1a 支離東北風塵際○○○●○○●（去），1b 漂泊西南天地**間**○●○○○●(韻)。
2a 三峽樓臺淹日月○●○○○●●（入），2b 五溪衣服共雲**山**●○○●●○(韻)。
3a 羯胡事主終無頼●○●●○○●（去），3b 詞客哀時且未**還**○●○○●●(韻)。
4a 庾信平生最蕭瑟●●○○●○●（入），4b 暮年詩賦動江**關**●○○●●○(韻)。

Y2（其二）　　　　脂韻（悲師）之韻（時思疑）　拗格
1a 搖落深知宋玉**悲**○●○○●●(韻)（平），1b 風流儒雅亦吾**師**○○○●●○(韻)。
2a 悵望千秋一灑淚●●○○●●●（去），2b 蕭條異代不同**時**○○●●●○(韻)。
3a 江山故宅空文藻○○●●○○●（上），3b 雲雨荒臺豈夢**思**○●○○●●(韻)。
4a 最是楚宮俱泯滅●●●○○●●（入），4b 舟人指點到今**疑**○○●●●○(韻)。

起聯 1a・1b と前聯 2a・2b が失粘。『詩律兆』は七言律詩拗格の「正格拗起句体」の例として挙げる[14]。前聯 2a の句末三字は下三仄だが、入（一）・上（灑）・去（涙）とすべて声調が異なり、大きな欠陥にはならない[15]。2a 句末の「涙」は至韻（脂韻去聲)。あるいは、韻字と声調だけが異なる字を、意図的に奇数句末の位置に用いたか。

---

14 『詩律兆』巻六（185 頁)。

15 『詩律兆』巻十一・論三「七律三仄，起句忌之，蓋以主於押韻也。前聯頗多，後聯較少，結句為熟套。……三仄句，多參入聲。……其不用入聲，……是上去上，……是去上上，……去上去，……去去上，……上上去，……上去去，未嘗連一聲。」(309-311 頁)。この指摘については、やや後の鈴木玄淳『唐詩平側考』巻上も「釈然たり」と高く評価する（『日本詩話叢書』1、東京：文会堂書店、1920 年、79 頁)。

Y3（其三）　魂韻（門村昏魂論）　平起入韻

1a 群山萬壑赴荊**門**○○●●●○韻（平），1b 生長明妃尚有**村**○●○○●●韻。
2a 一去紫臺連朔漠●●●○○●●（入），2b 獨留青塚向黄**昏**●○○●●○韻。
3a 畫圖省識春風面●○●●○○●（去），3b 環珮空歸月夜**魂**○●○○●●韻。
4a 千載琵琶作胡語○●○○●○●（上），4b 分明怨恨曲中**論**○○●●●○韻。

Y4（其四）　東韻（宮中翁同）　仄起不入韻

1a 蜀主窺呉幸三峡●●○○●○●（入），1b 崩年亦在永安**宮**○○●●●○韻。
2a 翠華想像空山裏●○●●○○●（上），2b 玉殿虚無野寺**中**●●○○●●韻。
3a 古廟杉松巣水鶴●●○○○●●（入），3b 歳時伏臘走村**翁**●○●●●○韻。
4a 武侯祠屋長鄰近●○○●○○●（上），4b 一體君臣祭祀**同**●●○○●●韻。

Y5（其五）　豪韻（高毛曹勞）　仄起不入韻

1a 諸葛大名垂宇宙○●●○○●●（去），1b 宗臣遺像粛清**高**○○○●●○韻。
2a 三分割據紆籌策○○●●○○●（入），2b 萬古雲霄一羽**毛**●●○○●●韻。
3a 伯仲之間見伊呂●●○○●○●（上），3b 指揮若定失蕭**曹**●○●●●○韻。
4a 福移漢祚難恢復●○●○○○●（入），4b 志決身殲軍務**勞**●●○○○●韻。

2.3 「諸將五首」

Zh1（其一）　刪韻（關顔）山韻（山間殷）　平起入韻

1a 漢朝陵墓對南**山**●○○●●○韻（平），1b 胡虜千秋尚入**關**○●○○●●韻。
2a 昨日玉魚蒙葬地●●●○○●●（去），2b 早時金盌出人**間**●○○●●○韻。
3a 見愁汗馬西戎逼●○●●○○●（入），3b 曾閃朱旗北斗**殷**○●○○●●韻。
4a 多少材官守涇渭○●○○●○●（去），4b 將軍且莫破愁**顔**○○●●●○韻。

Zh2（其二）　庚韻（旌兵平）清韻（城清）　平起入韻

1a 韓公本意築三**城**○○●●●○韻（平），1b 擬絶天驕拔漢**旌**●●○○●●韻。
2a 豈謂盡煩回紇馬●●●○○●●（上），2b 翻然遠救朔方**兵**○○●●●○韻。
3a 胡來不覺潼關隘○○●●○○●（去），3b 龍起猶聞晉水**清**○●○○●●韻。
4a 獨使至尊憂社稷●●●○○●●（入），4b 諸君何以答升**平**○○○●●○韻。

Zh3（其三）　冬韻（農供）鍾韻（烽重封）　平起入韻

1a 洛陽宮殿化為**烽**●○○●●○韻（平），1b 休道秦關百二**重**○●○○●●韻。
2a 滄海未全歸禹貢○●●○○●●（去），2b 薊門何處盡堯**封**●○○●●○韻。

3a 朝廷袞職誰爭補○○●●○○●（上），3b 天下軍儲不自**供**○●○○●●(韻)[16]。
4a 稍喜臨邊王相國○●○○○●●（入），4b 肯銷金甲事春**農**●○○●●○(韻)。

Zh4（其四）　　　　蕭韻（寥貂）宵韻（標銷朝）　仄起入韻
1a 廻首扶桑銅柱**標**○●○○○●(韻)（平），1b 冥冥氛祲未全**銷**○○○●●○(韻)。
2a 越裳翡翠無消息●○●●○○●（入），2b 南海明珠久寂**寥**○●○○●●(韻)。
3a 殊錫曾為大司馬○●○○●○●（上），3b 摠戎皆插侍中**貂**●○○●●○(韻)。
4a 炎風朔雪天王地○○●●○○●（去），4b 只在忠臣翊聖**朝**●●○○●●(韻)。

Zh5（其五）　　　　灰韻（杯）咍韻（來哀臺材）　平起入韻
1a 錦江春色逐人**來**●○○●●○(韻)（平），1b 巫峽清秋萬壑**哀**○●○○●●(韻)。
2a 正憶往時嚴僕射●●●○○●●（去），2b 共迎中使望鄉**臺**●○○●●○(韻)。
3a 主恩前後三持節●○○●○○●（入），3b 軍令分明數舉**杯**○●○○●●(韻)。
4a 西蜀地形天下險○●●○○●●（上），4b 安危須仗出群**材**○○○●●○(韻)。

3 『律詩定體』にあわない平仄上の例外

以上列挙した十八首の平仄配置は、ほぼ『律詩定體』と一致するものの、ふたつだけめだった例外形がある。以下、項を分けて記す。

3.1 「×●□○●●○」の下三字が「○●○」になる型

表 1

聯＼形式	平起		仄起	
	不入韻	入韻	入韻	不入韻
起聯	杜止三首	杜止數首	**多用**	／
前聯	／		諸家例用而不甚多	
後聯	杜得四		／	
結聯	／		**熟套，多**	

『律詩定體』の図式から判断すると、句末の三字が「●●○→○●○」になる可能性があるのは、平起の起聯・後聯、仄起の起聯（入韻）・前聯・結聯に限られる。左の表 1 は中井竹山の結論[17]を整理したもので、「●●○→○●○」が出現できない聯には斜線を引いた。

---

16 「誰爭補」は九家注本の趙次公説によって改めた。趙次公の引く「旧本」・続古逸叢書本・銭謙益箋注本・四部叢刊本ともに「雖多預」とするが、それでは三句末字「貢」、五句末字「預」と去声が連続してしまう。

17 『詩律兆』巻四・七言律詩正格變調：起句四「杜止三首」（147 頁）、起句九「杜止數首」（149 頁）、後聯四「杜得四」（154 頁）；巻五・七言律詩偏格變調：起句一「此變之常者，四唐、宋、明皆多用」（167 頁）；前聯三「諸家例用，而不甚多」（172 頁）；結句三「此為熟套、四唐、宋、明皆倶多」（178 頁）。

三浦梅園は「韻礎上、腰に当る処、側を格とす。故に古人○●○此の如くなるを拗句といへり。されども是又訣あり。之を唐人に検するに、最も律詩中二聯に於て謹しむ。起結の聯、絶句の如きは頗緩なり[18]」と言う。

本稿の対象とする十八首についてみると、平起は不入韻の起聯（Y1.1b「天地間」)、入韻の起聯（Q5.1b「霄漢間」)、後聯（Q3.3b「心事違」）の 3 例。仄起は入韻の起聯（Q1.1a「楓樹林」、Zh4.1a「銅柱標」)、結聯（Q2.4b「蘆荻花」、Y5.4b「軍務勞」）の 4 例。数が少なく、竹山・梅園の説く多寡の傾向がほんとうに存在するのか否かは、明確でない。

7 例すべて、○●/○という２音節＋１音節の、修飾−被修飾構造（天地/間、霄漢/間、楓樹/林、銅柱/標、蘆荻/花）や主語−述語構造（心事/違、軍務/勞）である。平仄配置の例外を許すことで、○●型の２音節熟語を詩句中に用いる可能性を拡げた。

3.2 「×●◎○○●●」の下三字が「●○●」になる型

「律詩において或る句の下三字が平仄仄−ＶＶであるべき場合に、仄平仄Ｖ−Ｖとする例はたいへん多い」（小川環樹 1997: 83）としてよく知られるかたちである。表１と同じく、中井竹山の結論[19]を表２として整理した。「○●●→●○●」が出現しえない聯には斜線を引く。

表２

形式／聯	平起		仄起	
	不入韻	入韻	入韻	不入韻
起聯	／	／	／	杜止得三
前聯	**詩家之常（第三字必平）**		／	
後聯	／		殊不似(平起)前聯多	
結聯	**不勝其多（第三字必平）**		／	

「秋興八首」「詠懷古跡五首」「諸將五首」では、平起は前聯（Q5.2a「降王母」)、結聯（Y1.4a「最蕭瑟」、Y3.4a「作胡語」、Zh1.4a「守涇渭」）の 4 例。仄起は入韻の起聯（Y4.1a「幸三峽」)、後聯（Y5.3a「見伊呂」、Zh4.3a「大司馬」）の 3 例。上述の 3.1 と同じく例が少ないため、平起と仄起での出現頻度に、中井竹山の言うようなはっきりした差は見いだせない。また竹山は「第五字が第六字と拗になるのは、詩作する者にとって普通のことである。ただし、〔同じ句の〕第三字を必ず平声にしたうえで、はじめて許される（第五字與第六字拗，詩家之常。但第三字必平而後可」と強調する。この指摘に外れるものはない。

文法上は、7 例すべて●/○●の述語−目的語構造（降/王母、作/胡語、守/涇渭、幸/三峽、見/伊呂）ないし修飾−被修飾構造（最/蕭瑟、大/司馬）になっている。3.1 もそうであったように、平仄配置の例外を認めることによって、○●型の２音節熟語を句中に用いや

---

[18] 『詩轍』巻二（『日本詩話叢書』6，132 頁)。表記をすこしあらためた。

[19] 『詩律兆』巻四・七言律詩正格變調：前聯一「第五字與第六字拗，詩家之常。但第三字必平而後可」（150 頁)；結句一「諸家不勝其多，世亦知此為熟套，而往往忽於第三字，疎矣」(156 頁)；巻五・七言律詩偏格變調：起句四「杜止得三、諸家亦甚少」(169 頁)；後聯一「與正格前聯一同，而殊不似其多」(174 頁)。

すくした。

4 おわりに

「秋興八首」「詠懐古跡五首」「諸將五首」の韻律は、3.1および3.2に掲げた例を除いて、『律詩定體』の提示した図式に一致する。また、奇数句末字の声調は、平上去入各1が10例（Q1, Q2, Q7, Q8, Y2, Y3, Zh2, Zh3, Zh4, Zh5）と圧倒的に多い。とりわけ「諸將五首」の比率の高さがめだつ。あとは平1上2去1が1例（Q5）、平2去2が1例（Q4）、平1去2入が3例（Q3, Q6, Zh1）、上1去2入1が1例（Y5）、上2入2が1例（Y4）、去2入2が1例（Y1）。奇数句末字の声調に平上去入がそろった七言律詩ができる確率は、なにも配慮しない場合は22%にすぎない。また、押韻はすべて唐代の功令を遵守する。杜甫は「詩の韻律が精密（詩律細）」な作品として、この十八首を作った可能性が高いので、3.1および3.2の例も、正規形として許容していたとみなすことができる。

文学史における杜甫は、拗律と呼ばれる平仄上の破格（拗）が多い詩風を拓き、北宋の黄庭堅（1045-1105）や江西詩派に大きな影響を与えたことでも知られている。しかし、後世の文学史上で独創と評価されるものが、作者自身にとって代表的な作品であったとは限らない。杜甫の七言律詩の場合、後世に残ることを作者自身として最も期待していたのは、正規の韻律を用いて書かれた作品であって、決して拗律ではなかったと思われる[20]。

なかには「詠懐古跡五首」の失粘（Y2.2a-2b）の例も含んでいるけれども、杜甫自身にとっての七言律詩の韻律がどのようなものであったかを考えるには、「秋興八首」「詠懐古跡五首」「諸將五首」を基準としてよいだろう。

参考文献

大平桂一 2001.「うつしの詩学からゆらぎの詩学へ（下）: 神韻説再考」,『女子大国文』42 : 1-20。

小川環樹 1997.「唐詩概説」,『小川環樹著作集』2, 東京 : 筑摩書房, 1997年, 3-190（原著は1958年刊行）。

興膳宏（訳注・解説）1986.『弘法大師空海全集』第5巻, 東京 : 筑摩書房。

胡小石 1991.「杜甫七絶詩論」,『胡小石論文集續編』, 上海：上海古籍出版社, 281-283。

莫砺锋 2007.『唐宋诗歌论集』, 南京：凤凰出版社。

葉嘉瑩 1988.『杜甫秋興八首集説』, 上海：上海古籍出版社。

Mei, Tsu-lin and Yu-kung Kao. 1968. Tu Fu's "Autumn Meditations": An Exercise in Linguistic Criticism. *Harvard Journal of Asiatic Studies* 28, 44-80.

---

[20] 葉嘉瑩（1988: 50）。拙稿「制御された逸脱―杜甫七言拗律論」には、いわゆる拗律が内容・詩を作る場面などを考慮して選択された形式であることを考えるべきだと論じた。

不空訳『仏母大孔雀明王経』本文中の音訳語彙

―義浄訳『仏説大孔雀呪王経』との比較から―

橋本　貴子

过去有关唐代不空译音的研究仅以咒语的译音字为研究对象，而未论及经文中的译音词。本文对不空译《佛母大孔雀明王经》经文中的译音词进行研究，并将其与同本异译的义净译《佛说大孔雀咒王经》进行比较，考察一下不空的译音词所反映的语音现象。

译音词　唐代　不空　《佛母大孔雀明王经》　义净　《佛说大孔雀咒王经》

1 はじめに

1.1 不空訳の音訳漢字に関する研究

不空金剛（略称「不空」。Amoghavajra。705-774）が訳した漢訳仏典の音訳漢字に関する研究の中で、劉広和氏による一連の研究が最も体系的であると言えよう。刘广和 1984、刘广和 1987、刘广和 1991は大正蔵18-21巻に収録される不空訳の陀羅尼の音訳漢字全てを調査・整理することによって、音訳漢字とSanskrit（以下Sktと略す）音との対応関係の大枠を示し、陀羅尼のチベット転写、日本漢音、チベット対音資料、現代西北方言と照らし合わせ、不空訳が基づいた唐代長安音の推定を行っている。また刘广和 1994は、不空訳『仏母大孔雀明王経』(以下、『孔雀経』）とその同本異訳である義浄訳『仏説大孔雀呪王経』とを比較し、両者の間に見られる音韻的特徴の違いから、不空訳は北方西部、義浄訳は北方東部の方言音をそれぞれ反映したものと指摘する[1]。

但し、以上の研究は主に陀羅尼の音訳漢字を扱ったものであり、仏典本文中の音訳語彙は分析の対象とされていない。不空訳の音訳漢字に関する音韻学的研究をより全面的なものにするためには、仏典本文中の音訳語彙をも扱う必要があると思われる。

---

[1] その後、刘广和 2002において、刘广和 1984、刘广和 1991の内容を新たにまとめなおし、更に刘广和 1987、刘广和 1994および不空訳の音訳漢字を声母別に整理した一覧表を収録した。

1.2 『孔雀経』音訳語彙の資料としての性質

本稿では便宜上、仏典本文中に見える固有名詞等に関する音訳を「音訳語彙」と呼ぶことにする。陀羅尼の音訳漢字と同様に、音訳語彙も訳出当時の漢語および Skt の発音を知る上での材料となりうるが、取り扱いが比較的難しい。なぜなら、音訳語彙には既存の音訳語彙の踏襲がしばしば見られ、それらが訳出当時の発音の状況を忠実に反映したものであるとは必ずしも言えないからである。

不空訳『孔雀経』では、例えば arhat「羅漢」、dharma「達磨」、vaiśravaṇa「毗沙門」、asura「脩羅」～「阿修羅」等の比較的古い音訳語彙や、yakṣa「藥叉」、asura「阿蘇羅」～「阿蘇囉」等の唐代に出現し、不空の頃までにすでに定着していた音訳語彙が散見する。この程度の踏襲は『孔雀経』に限らず漢訳仏典全般において行われているものである。

だが、『孔雀経』の場合は更に、先行する同本異訳である義浄訳『仏説大孔雀呪王經』の音訳語彙の踏襲や部分的な改変（例：Skt. gomatī。義浄訳「瞿末底」→不空訳「遇末底」）も頻繁に行われている。

以上のような資料的性質を考慮するならば、『孔雀経』の音訳語彙に見られる音訳語彙全てを不空訳当時の資料として扱うのは適切ではない。そこで本稿では、既存の音訳語彙または義浄訳の完全な踏襲ではないと判断できるもの、つまり(1)不空訳独自の音訳語彙および(2)義浄訳の音訳語彙を部分的に改変したもののみを扱うことにする。そして、特に音訳方法における義浄訳との差異に着目し、それら差異の中から幾つかの音韻学的に興味深いと思われるものを取り上げて、若干の考察を加えたいと思う。

なお、本稿の目的はあくまでも不空訳の音訳語彙について論じることであり、義浄訳における Skt・漢語間の対応上の問題点については論じない[2]。

2 音訳語彙に関する考察

不空訳のテキストは東大本に、義浄訳については大正本にそれぞれ依拠する。その際、それぞれ他本を参照して字句の異同を確認し、依拠テキストの表記に誤りがある場合は訂正する。テキストの略称については、本稿末尾の「テキストの略称」を参照されたい。

音訳語彙が対応する Skt 語形は、田久保 1972[3]、Lévi 1915[4]、不空訳大正本の脚注[5]に依

---

2 義浄訳の音訳漢字に関する音韻学的研究としては Coblin 1991 がある。また上述したように、刘广和 1994 は義浄訳と不空訳の音訳漢字に関する比較を行っている。

3 田久保 1972 の Skt 語形は基本的に「梵文孔雀明王経固有名詞等索隠」（田久保 1972：63-77）に掲出されている形式に依るが、場合によってはテキスト本文または脚注の語形を参照することもある。なお、田久保 1972 で固有名詞の語頭に用いられる大文字は全て小文字に改め、複合語を示すのに用いられているハイフンは全て省略し、外連声部分を示す â、î、û、ê、ô は、それぞれ ā、ī、ū、e、o のように改める。

り、Monier-Williams 1899 または荻原 1979 に一致する形式を採用する。その場合は一々出典を明記しない。Monier-Williams 1899 および荻原 1979 に見あたらない Skt 語形に関しては、田久保 1972、Lévi 1915、不空訳大正本の脚注に示される Skt 語形の中から音訳語彙の示す形式に最も近いものを採用し、その出典を脚注で示す。

2.1 Skt の有声無気音 g j ḍ d b

義浄訳が Skt の g j ḍ d b を全濁音の字で音訳するのに対し、不空訳では義浄訳を踏襲せず次濁鼻音の字で音訳することが多い。これは唐代の長安音ないし西北方言で起きていた次濁鼻音の非鼻音化を反映したものに他ならない。以下に例を挙げる[6]。

g：疑母　　{義浄訳：群母}

gandharva 彥達嚩（上 6-4）　　{健達婆 459b3}
gomatī 遇末底（下 175-6）　　{瞿末底 473b12}
mātaṃgī 麼蹬儗[7]（中 125-2）　　{末登祇 469c15}
piṅgala 氷蘖羅（中 85-6）　　{氷伽羅 466b8}

j：日母　　{義浄訳：常母}

jambhaka 染薄迦（中 83-4）　　{贍薄迦[8] 466a7}
ajiravatī 阿爾羅伐底[9]（下 175-1）　　{阿市多伐底 473b5}
kauñjarā～kuñjarā 君惹囉[10]（中 124-7）　　{高渾折[11] 469c13}

ḍ：娘母　　{義浄訳：澄母、来母}

---

4 馮承鈞氏による中国語訳（烈維 1931）も参考にした。

5 不空訳大正本（No. 982）：415 の脚注 12 には、「梵註依東京帝大梵本，No. 334 記載」とあるのみで、この No.334 という Skt 写本の性質に関する説明はない。

6 左から順に、Skt 語形、不空訳の音訳語彙、( ) 内に東大本における出現箇所、そして { } 内には義浄訳の音訳語彙と大正本（第 19 冊）における出現箇所を示す。なお、不空訳に関して、東大本における出現箇所を示す場合、例えば（上 30-3）は「巻上 30 頁 3 行目」を意味する。

7 麗本は「麼」を「摩」に作る。

8 大正本は「贍」（咸開三去豔常）を「瞻」（咸開三平鹽章）に作る。金本、麗本に従って改めた。

9 房本は「爾」を「吤」に作る。麗本は「羅」を「囉」に作る。

10 麗本は「囉」を「羅」に作る。

11 金本は「高渾折剌」に作る。

dramiḍe[12] 達彌嫷[13]（中 85-2）　{達彌羅 466b1}
garuḍa 誐嚕拏（中 101-1）　{揭路茶 467c13}
kumbhāṇḍī 矩畔膩[14]（中 125-3）　{俱槃値 469c16}

d：泥母　{義浄訳：定母}
devamitrā 禰嚩密怛囉[15]（中 116-5）　{提婆蜜怛羅 469a13}
dadhimukha 捺地穆佉（上 23-4）　{達弟(亭里)目佉 460c9}
madanī[16] 末娜寧（中 125-4）　{末達儞 469c18}
rudra 嚕捺羅[17]（下 168-5）　{胡嚕達羅 472c18}

b：明母　{義浄訳：並母}
brāhmī 沒囉(二合)憾彌(二合)[18]（中 125-6）　{跋剌寐 469c20}
bali[19] 末里（中 87-3）　{跋里 466c1)}
hiḍimbā 呬林摩（中 127-4）　{呬林婆(去) 470a3}
kauśāmbī 憍閃彌（中 82-4）　{憍閃毘 465b23}

2.2 Skt の鼻音を含む開音節

Skt の鼻音を含む音節については、義浄訳、不空訳ともに次濁鼻音の字で音訳する。ただ、義浄訳は開音節の字または入声韻尾を有する音節の字を用いるのに対し、不空訳では時折それを踏襲せず、鼻音韻尾を有する宕摂や梗摂の字で音訳することがある。

na, ṇya：宕摂
analā 阿曩羅[20]（中 116-7）　{頞捺羅 469a15}

---

12 田久保 1972：22。dramiḍa の locative case（処格）。不空訳の「達彌嫷」は格変化後の形を反映している。また不空訳大正本：425、注 68 には dramida とある。
13 房本、金本、麗本は「嫷」を「拏」に作る。
14 房本、金本、麗本は「畔」を「伴」に作る。
15 房本、金本、麗本は「密」を「蜜」に作る。また麗本は「囉」を「羅」に作る。
16 田久保 1972：72；不空訳大正本：430、注 35。
17 房本は「捺羅」を「捺囉(二合)」に、麗本は「捺囉」に作る。
18 金本、麗本は「沒羅憾彌」に作る。
19 不空訳大正本：426、注 1 には vali とある。
20 金本は「羅」を「囉」に作る。

hiraṇyavatī 呬闌孃伐底[21]（下 176-3）　　{呬嚪若伐底 473b16}

ni, nī：梗摂

nimiṃdhara 顊泯達羅[22]（下 178-6）　　{尼民達羅 473b28}

aśanī 阿捨寧[23]（中 125-5）　　{頞扇儞 469c18}

以上はnまたはṇを含む音節の音訳例である。mやñを含む音節に対する宕摂字、梗摂字による音訳例は、不空訳の音訳語彙には見当たらなかった。

不空の頃の次濁鼻音は、前節で述べたように、非鼻音化を起こしていた。だが、宕摂や梗摂の鼻音韻尾を有する音節では、鼻音韻尾の影響で声母部分の鼻音性が比較的保存されやすかった。そのため、開音節または入声韻尾を有する音節と比して Skt の鼻音を音訳するのにより適切であるとして､鼻音韻尾を有する宕摂や梗摂の字が用いられたのであろう。

2.3 Skt の p と v

義浄訳の音訳語彙では時折 Skt の p を非母字で音訳するが、不空訳ではそれを踏襲せずに幇母字に改めている。

vātsīputra 婆雌補多（上 24-1）　　{婆雌弗多 460c13}

puṇḍavardhana 奔拏韈達那（中 86-3）　　{分荼跋達那 466b16}

また、義浄訳では時折 Skt の v を並母字で音訳するが、不空訳はこの部分を奉母や微母の字で音訳している。

奉母：

vetāḍa 吠跢拏[24]（上 15-2）　　{鞞多荼 460a6}

微母：

virocana 微盧者那（中 80-5）　　{鞞盧折那 465b24}

vāmaka 嚩麼迦（下 186-7）　　{婆莫迦 474b9}

airāvaṇa 愛羅嚩拏[25]（上 22-1）　　{醫羅畔拏 460b28}

---

21 房本は「闌」を「嚪」に、「孃」を「孃(上)」に作る。

22 房本は「羅」を「囉」に作る。

23 麗本は「寧」を「顊」に作る。

24 金本は「跢」を「哆」に作る。

25 金本は「羅」を「囉」に作る。

puṇḍavardhana 奔拏韈達那（中 86-3）　　　｛分荼跋達那 466b16｝

「嚩」は不空訳において専ら va および vā を音訳するのに用いられる字である。慧琳『一切経音義』巻 25「次辯文字功徳及出生次第」に va に対する音訳「嚩」があり、この字に対して「舞可反」（果開一上帮微）と反切注が附されている[26]。よって、少なくとも Skt の va、vā に対する音訳漢字「嚩」は、微母に読まれるべきであると考えた。

p と v の音訳に関して、以上のように不空訳が義浄訳を踏襲しないことがあるのは、不空訳が依拠した漢語音において唇音が重唇音と軽唇音とに分化していたため、義浄訳の音訳を見て不適切と感じられたからであろう。

2.4 Skt の h

一般に、Skt の h は有声音[ɦ]と考えられている[27]。玄奘『大唐西域記』に反映される暁母と匣母および Skt の h の音価について検討を加えた水谷 1958 は、古代インドの音声学書や多くの現代インド方言における h が有声であることを踏まえつつ、『大唐西域記』における音訳状況から Skt の h に強い摩擦と弱い有声性があったとした。また、不空訳についても、Skt の h に対して匣母字が多用されることを指摘し、暁母と合流する前の半ば無声化していた匣母が、弱い有声性を持つ Skt の h を表すのに適していたと考えている。

不空訳『孔雀経』の音訳語彙では、義浄訳が暁母で音訳している部分を踏襲せず、匣母の字で音訳することがある。

hutāśanī[28] 護跢捨顊　中 124-6）　　　｛呼多扇儞 469c12｝
hārīta 賀哩多（下 187-6）　　　｛訶利底 474b16｝
mahoraga 摩護囉誐（上 6-4）　　　｛莫呼洛伽 459b3｝
kuhā 句賀（下 175-1）　　　｛句訶 473b6｝

以上のような匣母字への改変状況は、水谷 1958 の言うように、弱い有声性を持つ Skt 音の h に対して匣母字で音訳するのがより適切であったことを示すものではないだろうか。

2.5 Skt の k kh

義浄訳は Skt の k kh に対して見組 1 等の字を使用する傾向があるのだが、不空訳は義浄訳を踏襲せずに見組 3 等 B・C 類の字に改めていることが多い。

---

[26] 慧琳『一切経音義』巻 25 第 44 張（『中華大藏經』第 57 冊：924b）。

[27] Allen 1953：35、Chatterji 1960：77、Bloch 1965：67、辻 1974：8、Masica 1993：101 を参照。

[28] 不空訳大正本：430、注 17。田久保 1972：77 には hutāsanī とある。

k：見母 3 等　　{義浄訳：見母 1 等}

kolaka[29] 句洛迦（上 24-1）　　{孤洛哥 460c13}

kālaka 迦洛迦（上 23-3）　　{哥洛迦 460c8}

karkoṭaka 羯句吒迦（上 23-5）　　{割孤得迦 460c10}

karkoṭaka 羯句擿迦（中 144-3）　　{葛句吒迦 471a8}

kauñjarā～kuñjarā 君惹囉[30]（中 124-7）　　{高渾折[31] 469c13}

kh：渓母 3 等　　{義浄訳：渓母 1 等}

mekhala 迷佉羅（中 81-3）　　{迷渴羅 465c7}

以上の不空訳の状況から、少なくとも不空訳の音訳に関わった人にとっては、見組 1 等よりも見組 3 等 B・C 類の字を用いるのが適切と感じられたと推察される。

ちなみに、不空訳のように Skt の k kh 等を後続の母音の種類に関係なく見組 3 等 B・C 類の字で音訳する方法は、魏晋南北朝期以来の漢訳仏典において広く行われている。この点については、別の機会に詳しく論じることにしたい。

2.6 Skt の c ch

義浄訳では Skt の c ch を主に正歯音の字で音訳する。不空訳は義浄訳で用いられている正歯音字をそのまま用いていることが多いけれども、時折歯頭音の字に改めていることもある。

c：精母　　{義浄訳：章母}

mucilinda 母呰隣那（上 24-4）　　{目真隣陀 460c16}

ch：清母　　{義浄訳：昌母}

kacchapī 羯縒比額[32]（下 175-4）　　{葛車比儞 473b8}

Skt の c ch は英語の church の ch のように発音すると説明されることが多い。だが、現代

---

[29] 田久保 1972：6 には kolukena とある。

[30] 麗本は「囉」を「羅」に作る。

[31] 金本は「高渾折剌」に作る。

[32] 房本、麗本は「縒」（宕開一入鐸清・止開三平支初・果開一上哿心）を「蹉」（果開一平歌清）に作る。東大本の「縒」は「蹉」の誤写である可能性があるが、今は保留する。なお、不空訳の「額」および義浄訳の「儞」が原語のどのような形式に基づいたものかは不明である。

インドでの実際の発音はやや歯音的であり、方言によってはtsやdzのように発音したり（南部）、cとtsの両系列を有する（東北部、西北部）こともあるという[33]。従って、不空訳における歯頭音字による音訳が、インド側の方言的特徴の反映である可能性は高い。

とはいえ、以下の音訳例を見るならば、一方の正歯音字による音訳が、実際のSkt音の方言的特徴を無視した因習的なものであったとは必ずしも言えないように思われる。

c：章母

candrabhāgā 戰捺囉婆誐[34]（下 175-3）　｛旃達羅婆伽[35] 473b8｝

virocana 微盧者那（中 80-5）　｛鞞盧折那 465b24｝

以上の2例では義浄訳が用いている正歯音字とは別の正歯音字によって音訳している。なお、chについては、義浄訳の昌母字を別の昌母字に改変する例は見当たらなかった。

不空訳においては、正歯音字、歯頭音字による音訳はどちらもc chに対する最も適切な音訳方法であったのではないだろうか。更に言えば、不空訳が依拠したSkt音では、c chは[ts]～[tʃ]、[tsʰ]～[tʃʰ]のようになっていたのを、時に正歯音字で音訳し、またある時には歯頭音字で音訳したということではないかと考える。

3 まとめ

以上では、義浄訳との差異の中から、幾つかの特徴的な音訳ないし改変状況を取り上げた。今回扱ったのは音訳語彙のみであるため、Skt・漢語間の対応上の問題点について十分に踏み込んだ議論ができなかった。今後、別の機会に陀羅尼の音訳漢字と合わせて、より全面的な形での解釈を試みたいと思う。

参考文献

水谷真成. 1958.「曉・匣兩聲母の對音―大唐西域記夷語音譯稿（その二）―」, 水谷 1994：391-439頁（もと『東洋学報』40 (4)：41-90頁）。

———. 1994.『中国語史研究　中国語学とインド学との接点』。東京：三省堂.

落合俊典（研究代表者）. 2007. 『金剛寺一切経の総合的研究と金剛寺聖経の基礎的研究』第2分冊。平成16～18年度科学研究費補助金基盤研究(A)研究成果報告書。

---

[33] Grierson 1913：393-395；Bloch 1965：55-56；Masica 1993：94-95； Ramanujan and Masica 1969：553、Map 1を参照。

[34] 房本は「囉」を「囉(二合)」に、「婆」を「婆(去)」に作る。麗本は「囉」を「羅」に作る。

[35] 大正本は「婆」を「娑」に作るが、金本、麗本によって訂正した。

荻原雲来. 1979.『漢訳対照梵和大辞典 増補改訂版』。東京：財団法人鈴木学術財団。
田久保周誉. 1972.『梵文孔雀明王経』。東京：山喜房仏書林。
辻直四郎. 1974.『サンスクリット文法』。東京：岩波書店。
刘广和. 1984.「唐代八世纪长安音声纽」,『语文研究』1984年第3期：45-50页。
———. 1987.「试论唐代长安音重纽—不空译音的讨论」，刘广和 2002：119-130页（原载『中国人民大学学报』1987年第6期：109-114页）。
———. 1991.「唐代八世纪长安音的韵系和声调」,『河北大学学报（哲学社会科学版）』1991年第3期：32-39页。
———. 1994.「大孔雀明王经咒语义净跟不空译音的比较研究－唐代中国北部方音分歧初探」，刘广和 2002：131-147页（原载『语言研究』1994年增刊：408-414页）。
———. 2002. 『音韻比较研究』，北京：中国广播电视出版社。
烈維. 1931.『大孔雀經藥叉名錄輿地考』(馮承鈞譯)，上海：商務印書館。
Allen, William Sidney. 1953. *Phonetics in ancient India*. London: Oxford University Press.
Bloch, Jules. 1965. Indo-Aryan: from the Vedas to modern times. English edition translated by Alfred Master. Paris : Librairie d' Amérique et d'Orient, Adrien-Maisonneuve.
Chatterji, Suniti Kumar. 1960. The Pronunciation of Sanskrit. *Indian Linguistics* 21: 61-82.
Coblin, W. South. 1991. A Survey of Yijing's Transcriptional Corpus (义净梵汉对音探讨). 『语言研究』1991年第1期: 68-92.
Grierson, George Abraham. 1913. The pronunciation of Prakrit palatals. *Journal of the Royal Asiatic Society of Great Britain and Ireland* (1913): 391-396.
Lévi, Sylvain. 1915. Le catalogue géographique des Yakṣa dans la Mahāmāyūrī. *Journal Asiatique* 11, v.5: 19-138.
Masica, Colin P. 1993. *The Indo-Aryan Languages*. Cambridge: Cambridge University Press.
Monier-Williams, Monier. 1899. *A Sanskrit-English dictionary*. Oxford: Clarendon Press.
Ramanujan, A. K. and Masica, Colin P. 1969. Toward a phonological typology of the Indian linguistic area. *Linguistics in South Asia*. Current trends in linguistics 5. The Hague; Paris: Mouton. 543-577.

使用したテキスト

不空訳『仏母大孔雀明王経』

東大本：『古訓点資料集』1（東京大学国語研究室資料叢書 15)。東京：汲古書院。1986年。
仁和寺蔵『三十帖策子』第15帖：『国宝三十帖策子 重要文化財十地経』。京都：法藏館。1977年。
金剛寺一切経本 a：上巻および下巻。上・下巻ともに首欠。写本。声点あり。落合 2007：164-165 によると、書写年代は平安後期（1086-1184年)、声点は漢音体系で12世紀後半の加点。

金剛寺一切経本 b：上巻のみ。首欠。写本。声点あり。落合 2007：165 によれば、書写年代は鎌倉前期（1185-1221 年）で、声点は漢音六声体系のもの。金剛寺一切経本 a・b はいずれも国際仏教学大学院大学のプロジェクトによって収集された画像データを用いた。これら貴重なデータを印刷してお送りくださった落合俊典先生にこの場を借りて感謝申し上げる。

房本：『房山石經』第 25 冊，北京：華夏出版社。2000 年。

金本：『中華大藏經』漢文部分第 65 冊，北京：中華書局。1993 年。

麗本：『高麗大藏經』第 36 冊，ソウル：東國大學校。1976 年。

大正本：『大正新脩大藏經』第 19 冊（普及版）。No. 982。東京：大正新脩大藏經刊行會。1989 年。

義浄訳『仏説大孔雀呪王経』

金本：『中華大藏經』漢文部分第 19 冊，北京：中華書局。1986 年。

麗本：『高麗大藏經』第 11 冊，ソウル：東國大學校。1959 年。

大正本：『大正新脩大藏經』第 19 冊（普及版）。No. 985。東京：大正新脩大藏經刊行會。1989 年。

慧琳『一切経音義』

麗本：『中華大藏經』漢文部分第 57 冊，北京：中華書局。1993 年。

テキストの略称

東大本：東京大学国語研究室所蔵本

房本：『房山石經』本

金本：金藏廣勝寺本

麗本：『高麗大藏經』再彫本

大正本：『大正新脩大藏經』本

契丹小字接尾語表(1953 年)

—語幹と接尾語間の付加成分及び接尾語中の交替可能な原字について—

吉池　孝一
愛知県立大学

1953 年日本语言学家长田夏树先生、考古学家小林行雄先生和蒙古语学家山崎忠先生共同发表了一张契丹小字后缀表。这张表叫做《作为后缀用的契丹字类别表》（以下简称《后缀表》），附在《庆陵》一书后边。我们认为这张表可视为日本五十年代研究契丹语的结晶之一。但遗憾的是图表的作者没有解释这张表的结构、后缀的语法意义和“原字”拟音的根据。本文将对这张表进行分析，并尝试推断出五十年代初期的作者的想法。如下:

①词干和后缀中间，有时可以插入业、卄、仌等附加成分。这表明契丹语跟阿尔泰语系诸语一样，用词干后接加附加成分的方法可构成新词。

②后缀成分业、平、亐和仌可以在一定条件下相互替换,这表明该四个原字在语法意义方面有共同之处。后缀成分叐、卄和穴也可以在一定条件下相互替换,这也表明该三个原字在语法意义方面有共同之处。

关于②，有 1992 年清格尔泰先生著写的《契丹小字中的动词附加成分》一文可参考。该论文将上述的原字音值构拟如下，业 l、平 ul、亐 al 和 叐 u、卄 ʊ、穴 u/iu。可见这两组原字在发音方面分别有共同之处。根据清格尔泰先生的这一有力的研究成果，可反过来证明五十年代初期《后缀表》作者对这两组原字的分析是具有足够的学术意义的。总的来说，虽然《后缀表》的作者没有解释图表的结构、后缀的语法意义和原字拟音的根据，但研究契丹语时这张图表仍给了我们不少启发和想法[1]。

契丹文研究史　契丹小字　契丹语构词法　附加成分

---

[1] この小論は「契丹文字及び関係領域の学術検討会」(2012.17-20。於：内蒙古大学蒙古学研究センター)にて資料を配布し口頭発表したものの日本語版である。このたび日本語にするにあたっては改訂を加えた部分がある。なお、契丹小字フォントは、内蒙古大学の契丹文字再研究課題組と内蒙古蒙科立軟件有限責任公司が制作したものによった。

1 序言

田村實造・小林行雄著『慶陵』(京都大學文學部 座右寶刊行会。1953 年 3 月刊行)の上巻末尾に「接尾語として用いられた契丹文字の類別表(1)」および「接尾語として用いられた契丹文字の類別表(2)」と銘打たれた 2 枚の表(以下「接尾語表」(1)(2)と呼ぶ)が、『慶陵』本体とは別刷りとなって折り込まれている。表の作者は考古学の小林行雄氏と蒙古語学の山崎忠氏と契丹・女真語および一般言語学に広く通じた長田夏樹氏の 3 名である。作者による表の詳しい説明がないためであろうか、本表は研究史の上でそれほど注目されることはなかったように思う。中国の学者からは、契丹小字の音価を推定した資料の一つとして評価される程度である。しかしながら本表の面目は音価よりも文法研究にある。本「接尾語表」は契丹語の語構成法を探求した嚆矢であり 50 年代初期における日本の契丹語研究の結晶とも言うべき作品である。小稿ではそのことについて実例を挙げて述べる。

2 接尾語表

この 2 枚の表は横に長い 1 枚の表を便宜的に中央から 2 つ分けたものである。

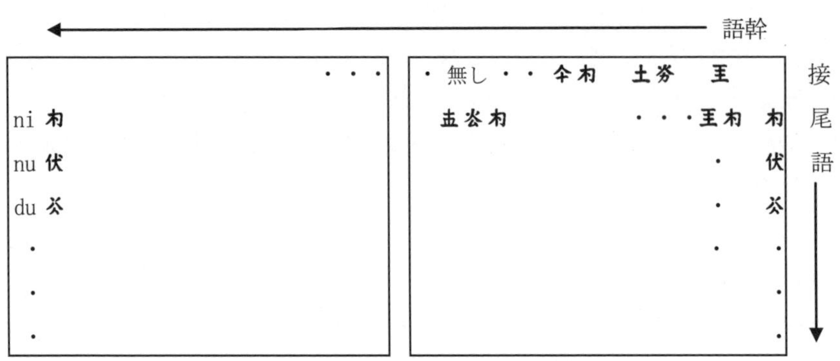

表(2)　表(1)

最上段の王、土券、仐朩は単独で出現する語幹部分である。単独で出現しない語幹は原表では空欄となっているが上の略図では「無し」とした。「無し」の下の盂尖という語幹は単独では出現しないということである。単独で出現するものとしないものの両者あわせて語幹は 162。表(1)の右端に、縦に並んでいる朩、伏、公は接尾語である。同じ接尾語が表(2)の左端にも並んでいるが、こちらには音価が付されているものがある。接尾語は 49 にのぼる。いま全ての接尾語を列挙すると次のとおり。1.朩 ni、2.伏 nu、3.公 du、4.秂、5.仝 da、6.仐 ka、7.矢 yi、8.当 yan 、9.关 ca、10.叉 ń、11.屮 tan、12.杄叉 ta-ń、13.杄伏 ta-nu、14.尖公 l-du、15.尖当 l-yan、16.尖叉 l-(u-)ń、17.尖丙 l-ga、18.尖北、19.永犳 da-sun 、20.永犳朩 da-sun-ni、21.屮九 la-ku、22.屮九朩 la-ku-ni、23.屮列 la-ba、24.屮列关 la-ba-su、25.本 ju、26.为本 ga-ju、27.为出 ga-cu、28.为艾 ga-sa(C)、29.盂本 ğul-ju、30.盂为本 ğul-ga-ju、

31.圡为出 ğul-ga-cu、32.圡为艾 ğul-ga-sa(C)、33.屮圡本 la-ğul-ju、34.屮圡为本 la-ğul-ga-ju、35.屮圡为出 la-ğul-ga-cu、36.券、37.券来、38.火、39.交、40.交关、41.及丙、42.及北、43.丹尘、44.刈及、(45.火)、46.刈及火、47.刈及药、48.关、49.亣。

表(1)の右上部分を写真で示すと次のとおり。

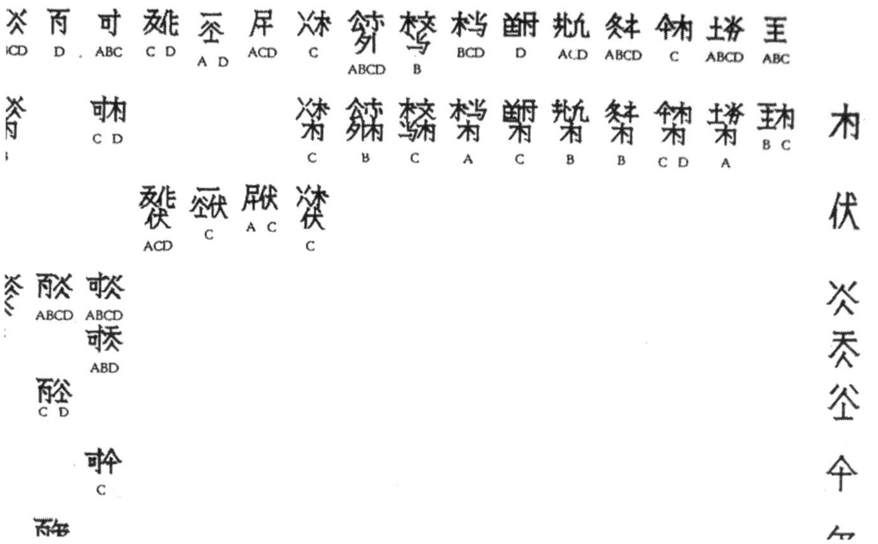

上の写真にあるように契丹小字は原字と呼ばれる表音文字成分をハングルのように左右上下に組み合わせて表記されるが、本稿では便宜的な措置として左から右に一列に記すことにした。なお、小字の下の ABCD は表を作製するに際して利用した 4 つの資料(A 興宗哀冊、B 仁懿皇后哀冊、C 道宗哀冊、D 宣懿皇后哀冊)である。

3 語幹と接尾語の間に出現する付加成分

本表は同一の語幹の下に異なる形式の語幹を収める。例えば語幹の第 73 の下には先ず単独で出現する語幹として田を収め、次いで接尾語が付いた語幹として田屮と田の 2 種を収める。このような場合の屮に着目して「接尾語表」を整理すると次のようになる。なお、語幹が単独の形式で出現しない場合は Ø とし、接尾語は接尾語のように□で括って提示する。付加成分は付加成分のように下線を付す。

3.1 同一語幹の欄に屮を含むもの

62 Ø—丙子伏—丙子屮—丙子屮井药—丙子屮圡本

72 圠—圠𫝀伏—圠𫝀㞢—圠𫝀岺㕣

73 田—田𫝀舟叉—田𫝀舟伏—田𫝀九

74 㲹安—㲹安𫝀舟伏

77 Ø—㞢关—㞢叉—㞢𫝀岺㕣—㞢𫝀岺当—㞢𫝀岺比

78 Ø—九岺矢—九岺当—九岺𫝀岺㕣—九岺𫝀岺当—九岺𫝀岺叉—九岺𫝀九

79 Ø—㲹岺当—㲹岺𫝀岺㕣

82 令夷—令夷仝—令夷𫝀岺丙

83 Ø—丙圠仐—丙圠𫝀岺丙

93 Ø—令金伏—令金㕣—令金券—令金𫝀岺㕣

94 Ø—几穴平券—几穴平舟伏—几穴平𫝀岺当

95 Ø—夬火㕣—夬火当—夬火券求—夬火𫝀岺当—夬火𫝀击本—夬火𫝀击为出

134 Ø—业丙𫝀卄矜村—业丙为出

133 Ø—公本𫝀卄矜—公本𫝀刭—公本𫝀刭平—公本为出—公本𫝀击本—公本𫝀击为本

3.2 同一語幹の欄に仝を含むもの

40 仕及矜—仕及矜村—仕及矜仝㕣—仕及矜矢

69 本*—本村—本仝—本仐—本叉—本仝㞢—本仝击为本

（＊本表は本と本を区別せず本で表記する。この語幹は本に相当する）

70 求关参—求关参村—求关参仝㞢—求关参仝舟叉—求关参仝舟伏

86 穴火—穴火当—穴火仝岺丙

148 仍及—仍及村—仍及仝舟尘

149 舟力—舟力仝舟尘—舟力关

150 㲹村—㲹村仝舟尘

3.3 同一語幹の欄に𫝀と仝を含むもの

71 气—气村—气关—气叉—气𫝀㞢—气仝舟伏 / 气𫝀舟伏—气平击为本

3.4 同一語幹の欄に卄を含むもの

100 Ø—㲹平仐—㲹平当—㲹平关—㲹平叉—㲹平卄安—㲹平卄安关—㲹平及矜

—㲹平𫝀九

104 Ø—刭凹参卄安—刭凹参𫝀击本，刭凹参𫝀击出—刭凹参𫝀击为亏

116 Ø—乇卡卄火—乇卡卄安—乇卡卄及内—乇卡𫝀击为出

117 Ø—穴平卄火—穴平卄矜—穴平击本—穴平击为出

119 Ø—介平卄火—介平击为本

120 冬由—冬由卄火

122 业本—业本伏—业本仐—业本㞢—业本卄火—业本𫝀刭—业本击本—业本𫝀击本

136 Ø—伞分廾豹—伞分廾平列来—伞分屮圡本—伞分屮圡为本—伞分屮圡为出

3.5 同一語幹の欄に圡を含むもの

143 小—小廾豹—小圡方列—小圡本—小圡方圡本
145 Ø—业不关—业不屮廾豹—业不屮圡方列—业不为出
147 Ø—令生方伏—令生方圡方列来—令生方圡本—令生方圡为出

3.6 同一語幹の欄に穴を含むもの

110 Ø—令平穴火—令平穴北—令平屮九
111 乂安—乂安伏—乂安叉—乂安穴火

3.7 同一語幹の欄に化を含むもの

88 伞九—伞九化衣公
154 亜伞—亜伞火—亜伞化中

3.8 同一語幹の欄に其の他の原字を含むもの

67 Ø—乂火化关—乂火化中—乂火化舟伏—乂火化衣公—乂火化衣当—乂火化衣叉
—乂火化衣万—乂火化叐豹朩—乂火化衣屮九朩
85 Ø—化穴伏—化穴公—化穴平衣当—化穴豹朩
99 Ø—九朩关—九朩叉—九朩叉安—九朩屮九
129 伞—伞为本—伞为出—伞为艾—伞为圡为方—伞为方圡本
151 叉夹为—叉夹为木舟尘

本表の作者は同一の語幹（あるいは語根）の下に異なる成分を含む語幹を配置している。このことより、本表の作者は接尾語の異なりに応じて語幹と接尾語の間に一定の付加成分を配するというアルタイ語に見られる語構成法を想定していたとして大過ないであろう。いま付加成分を示すと次のとおり。屮 la（出現頻度25回）、廾（11回）、公 da（10回）、圡 ğul（4回）、穴（2回）、化（2回）、为 ga（2回）、衣 l（1回）、平（1回）、叉 ń（1回）、木（1回）。

4 接尾語中の交替可能な原字

本表は同一の接尾語の下に異なる形式の接尾語を収める。例えば接尾語の第18衣北を横に見ていくと、語幹が圡平と中屮の場合は接尾語衣北と結びつくけれども、語幹が令长や令平となると接尾語穴北と結びつく。語幹の異なりに応じて接尾語中の原字が衣から穴へと交替する。このような交替可能な原字に着目して「接尾語表」を整理すると次のようになる。なお、接尾語は[接尾語]のように□で括って提示する。接尾語中の交替可能な原字は原字のように下線を付す。

4.1 岺～穴

18 岺比：圡平[岺比]—㞢ホ[岺比]—兮卡[穴比]—令平[穴比]

4.2 叐～廾～穴

19 叐犳 da-sun：雨子ホ[廾犳]—叔比[穴犳]—攵朩[叐犳]—攵平[叐犳]—业平[叐犳]—圡九[叐犳]—伞叉九[叐犳]—兮卡[穴犳]—伞生[叐犳]—仌平[廾犳]—公本ホ[廾犳]—兯分[廾犳]—小[廾犳]—业不ホ[廾犳]

20 叐犳朩 da-sun-ni：灭叐平[叐犳朩]—仌火化[叐犳朩]—化[穴犳朩]—伞尘[叐犳朩]—亜[廾犳朩]—冈[叐犳朩]—业丙ホ[廾犳朩]

4.3 ホ～平

21 ホ九 la-ku：灭叐火[ホ九]—国[ホ九]—丸岺[ホ九]—朩夊[平九]—九朩[ホ九]—攵平[ホ九]—业平[ホ九]—圡九[ホ九]—兮卡穴[平九]—令平[ホ九]

22 ホ九朩 la-ku-ni：仌火化岺[ホ九朩]—圡[平九朩]—圡九[ホ九朩]—叐安穴[平九朩]

4.4 ホ～亐

23 ホ列 la-ba：力冬[ホ列]—伞尘[ホ列]—屋[ホ列]—业本[ホ列]—仌化[ホ列]—雨仐[ホ列]—舟冬[ホ列]—业为考[ホ列]—冈[ホ列]—夕[ホ列]—公本[ホ列]—久[亐列]—犭[亐列]—为[亐列]—小圡[亐列]—伏本圡[亐列]—业不ホ圡[亐列]—公本化圡[亐列]

4.5 ホ～平～亐

24 ホ列夹 la-ba-su：共[ホ列夹]—舟冬[列夹]—业为考[ホ列夹]—公本[ホ列夹]—兯分廾[平列夹]—为[亐列夹]—令生亐圡[亐列夹]

35 ホ圡为出 la-ğul-ga-cu：夬火[ホ圡为出]—列凷忝[ホ圡为亐]—丙夬[平圡为出]—戋卡[ホ圡为出]—雨仐[ホ圡为出]—叒[平圡为出]—兯分[ホ圡为出]—令仐朩[ホ圡为出]—犭[亐圡为出]

4.6 ホ～岙～平～亐

33 ホ圡本 la-ğul-ju：可[岙圡本]—令生丙[ホ圡本]—为本[ホ圡本]—雨子[ホ圡本]—夬火[ホ圡本]—列凷忝[ホ圡本]/列凷忝[ホ圡出]—丙夬[平圡本]—列艾廾[平圡本]—业本[ホ圡本]—雨仐[ホ圡本]—氏[亐圡本]—伞为[亐圡本]—冘[ホ圡本]—公本[ホ圡本]—兯分[ホ圡本]—久[亐圡本]—犭[亐圡本]—小圡[亐圡本]

4.7 屮～仌～平

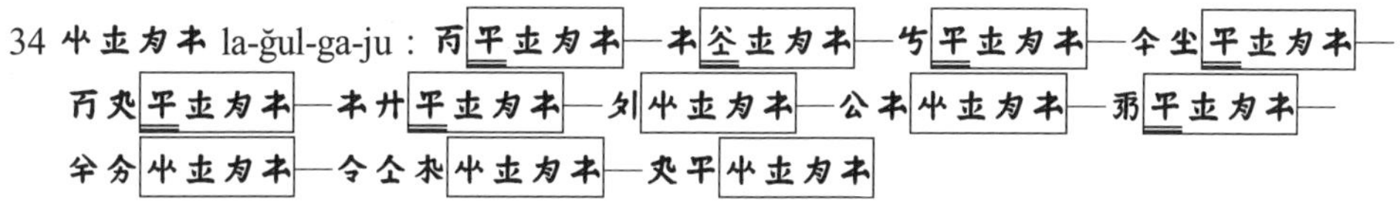

本表の作者は同一の接尾語の欄の下に異なる原字を含む接尾語を配置している。このことより、本表の作者は語幹の異なりに応じて交替可能な原字のグループを想定していたとして大過ないであろう。いま交替可能な原字を示すと次のとおり。夲～穴、屮 la～平～丂～仌 da、及 da～卄～穴。

5 結語

「接尾語表」の構造を検討することにより、50 年代初期においてどのような考えに基づいて本表を作製したかということにつき、その一部分ではあるが推定し得たと考える。以下に挙げる 2 点である。

① 同一の語幹（あるいは語根）の下に異なる成分を含む語幹を配置していることからみて、本表の作者は接尾語の異なりに応じて語幹と接尾語の間に一定の付加成分を付すというアルタイ語に見られる語構成法を想定していたとして大過ない。主要な付加成分は屮 la、卄、仌 da である。

② 同一の接尾語の下に異なる原字を含む接尾語を配置していることからみて、本表の作者は語幹の異なりに応じて交替可能な原字のグループを想定していたとして大過ない。交替可能な原字は、夲～穴、屮 la～平～丂～仌 da、及 da～卄～穴である。

斯界においては当初より契丹語はアルタイ語系統の言語と認識されていた。そうではあっても、①のように語幹（或いは語根）と付加成分と接尾語を具体的に想定していたらしいという点については、解読が緒に就いたばかりの 50 年代初期にあってみれば特筆すべきことといわねばならない。②については 1992 年に公表された清格爾泰氏の論文「契丹小字中的動詞付加成分」と見比べることによりその先見性を明らかにすることができる。清格爾泰 1992 は動詞の付加成分として屮 l、平 ul、丂 al のグループと 及 u、卄 ʊ、穴 u / iu のグループを挙げる。その推定音価をみると、語幹との間の母音調和にしたがって母音はその音価を異にするが、機能を異にする 2 つのグループに分けている。このグループ分けは、このたび「接尾語表」から帰納した②のグループ分けとほぼ一致する。後代の研究成果によって「接尾語表」の学術的な価値を証することができるというわけである。これまで、本表に対する中国の学者の評価は契丹小字の音価を推定した初期の資料の一つという程度であった。しかしながら本表の面目は音価よりも文法研究にある。本「接尾語表」は契丹語の語構成法を探求した嚆矢とも言うべき作品である[2]。

参考文献

田村實造、小林行雄 1953.『慶陵　東モンゴリアにおける遼代帝王陵とその壁畫に關する考古學的調査報告』(上巻本文册)。東京：座右宝刊行会。

小林行雄、山崎忠、長田夏樹 1953.「接尾語として用いられた契丹文字の類別表(1)(2)」,『慶陵　東モンゴリアにおける遼代帝王陵とその壁畫に關する考古學的調査報告』(上巻本文册)。東京：座右宝刊行会。

吉池孝一 2012a.「長田夏樹氏の契丹語ノートなど—接尾語表備忘録—」,『KOTONOHA』(古代文字資料館) 第 110 号:1-8 頁，2012 年 1 月。

吉池孝一 2012b.「关于长田夏树先生遗留的契丹小字解读工作的资料」,『契丹学国际学术研讨会会议论文集』。中国：赤峰（主办单位：赤峰市人民政府、内蒙古博物馆、中国社会科学院民族学与人类学研究所、赤峰学院）:327-335 页，2012 年 8 月。

清格尔泰 1992.「契丹小字中的动词附加成分」,『民族语文』1992 年第 2 期:1-9 页。

2 残念ながら「接尾語表」の作者は接尾語や①で示した付加成分の機能に就いて語るところがない。もっとも、本表の作者の一人である長田夏樹氏の 50 年代初期のメモが最近発見された。名詞に氺 la を付して動詞を作り、更にその動詞に圡 l を付して名詞を作るという契丹語の語構成法を暗示したものであり、本「接尾語表」と密接な関係を持つメモである。この点については吉池 2012a 及び吉池 2012b を参照されたい。

丙種本女真訳語の音訳漢字に反映された女真語の音声的特徴について

—超分節的特徴を中心に—

更科　慎一
山口大学

本文以会同馆《女真译语》为资料，对其音译汉字进行分析，并与满语书面语及现代满语口语作一些比较，提出了会同馆《女真译语》三音节词往往有“重轻中”型重音结构的看法。

女真译语　会同馆本　音译汉字　超音段特征

1 導入

一般に『華夷訳語』と総称される明代の外国語学習書のうち、女真語を記述したものには、石田 1930 の所謂「乙種本」と「丙種本」の二種がある。前者は語彙の部(雑字)と文例の部(来文)を含み、女真文字が記載されているため、女真語の最も重要な資料の一つとなっている。一方後者は、丙種本一般の例に漏れず、対訳語彙のみであり、異国文字を使用せずに、女真語を音訳漢字のみによって表記している。

音訳漢字の面から乙種本と丙種本を比べると、前者においては、語に対してではなく、女真文字一字一字に対して、固定した音訳漢字が付けられていると考えられる[1]のに対して、後者においては、語を単位として音訳がなされたと考えられる。両者における音訳手法のこの違いはきわめて重大である。喩えて言うならば、乙種本女真訳語の音訳漢字は、「ちょっと」という平仮名表記の日本語を“七約磁脱”と音訳し、一方丙種本女真訳語は、耳で聞いたとおりに“鵲脱”と音訳しているようなものだからである。満洲=ツングース語史的な興味から乙種本と丙種本の女真語形を比較する場合には、音訳手法のかかる違いにも注意を払う必要がある。

語を単位として音訳がなされた丙種本は、語のアクセントなどの超分節的特徴を知る上では、乙種本よりもかえって興味深い側面がある。本稿では、丙種本女真訳語を資料とし

[1] Kiyose 1977, p.38。

て、音訳漢字から窺える女真語の音声的特徴、特に超分節的特徴について考察し、併せて音訳漢字の扱い方について理解を深めてみたい。なお、以下、本稿では、乙種本が表記する女真語を女真語A、丙種本が表記する女真語を女真語Bと呼ぶことにする。

女真語Bを満洲語文語と突き合わせてみると、両者が非常に近い関係にあることがわかる[2]。多くの場合、音訳漢字から推定される女真語 B の子音と母音の音価は、満洲語文語とよく一致する。例えば：

「目」、満洲語文語 yasa、丙種本“牙撒”(883)[3]
「段」、満洲語文語 suje、丙種本“素者”(976)
「身」、満洲語文語 beye、丙種本“背夜”(889)
「夜」、満洲語文語 dobori、丙種本“多博力”(274)
「今日」、満洲語文語 enenggi、丙種本“額能吉”(282)
「鼠」、満洲語文語 singgeri、丙種本“勝革力”(417)

一方で、丙種本の音訳漢字を仔細に検討すると、満洲語文語綴りからの特徴的な逸脱が観察される。以下、丙種本女真訳語に見られる語中子音の有声摩擦音化現象及び音節縮約現象について、満洲語文語及び現代満洲語口語と比較しつつ論じてみたい。なお、女真語Aとの比較が当然行われるべきであるが、女真語Aの語の音形の詳細はなお不明であると言わざるを得ず、比較の対象とすれば問題をかえって複雑にする虞があるので、今回扱わなかった。

2 語中子音の有声摩擦音化現象

現代満洲語口語には、満洲語文語の語中の摩擦音 f, s, š, h が有声化し、同じく語中の閉鎖音 b、g が有声摩擦音化する現象がある。

f→[v]：「鼻子」、満洲語文語 oforo、満洲語口語(清格尔泰 1982 が記述する黒龍江省富裕県三家子方言、以下同じ)[ɔv′uro]
b→[v]：「走」、満洲語文語 yabumbi、満洲語口語[jɑv′ume]

---

[2] 金代碑文から現代満洲口語までの資料の言語特徴を比較した金启孮、乌拉熙春 1994：13頁において、女真語 B と女真語 A の関係は遠く、女真語 B と満洲語文語及び現代満洲語との関係は近いとしている点も参考になる。

[3] 以下、丙種本の音訳漢字は基本的に阿波国文庫本により、明らかな誤字は静嘉堂文庫本を参考にするなどして正した。但し、検索の便のため、項目に与えた通し番号(音訳漢字の後ろに括弧に入れて示した番号)は、石田 1930 のものを用いている。満洲語文語形を比定する作業に関しては、山本 1951、Kane 1989 等を参考にしたが、私見に従った場合もある。

s→[z]：「五十」、満洲語文語 susai、満洲語口語[suzɑi]
s→[ʐ]：「茄子」、満洲語文語 hasi、満洲語口語[χɑiʐɤ]
š→[ʐ]：「隅」、満洲語文語 hošo、満洲語口語[χ΄ɔ:ʐɔ]
h→[ʁ]：「火」、満洲語文語 yaha、満洲語口語[jɑʁ΄ɑ]
h→[γ]：「不好」、満洲語文語 ehe、満洲語口語[΄ɯ:γɯ]
g→[ʁ]：「雨」、満洲語文語 aga、満洲語口語[΄ɑ:ʁɑ]
g→[γ]：「北」、満洲語文語 amargi、満洲語口語[æmγ΄i:]

女真語Bでは、多くないものの、この現象が確かに観察される。

2.1 満洲語文語の語中のf, bが[v]と対応する例

丙種本女真訳語では通例(語中の場合も含め)、fは三十六字母の非、敷、奉母、即ち近世以降の北方音の/f/声母の字をもって音訳され、bは同じく幇、並母仄声、即ち近世以降の北方音の/p/声母の字をもって音訳される。

f：/f/　「蹄」、満洲語文語 *f*atha、丙種本“発塔”(479)[発：非母月韻三等合口、山摂]
「熊」、満洲語文語 le*f*u、丙種本“勒伏”(444)[伏：奉母屋韻三等合口、通摂]
b：/p/　「生」、満洲語文語 *b*anji-ha、丙種本“伴的哈”(817)[伴：並母緩韻一等合口、山摂]
「狐」、満洲語文語 do*b*i、丙種本“多必”(443)[必：幇母質韻三等開口、臻摂]

ところが、fやbがその前の音節とともに-u韻尾字(中古の流摂及び効摂の字)によって音訳される例や、音節初頭のbが、喩母や疑母、即ち近世以降の北方音の零声母であって、かつ韻母に合口の要素を含む字をもって音訳される例が散見される。これらの例は、丙種本の女真語において、f, bの一部が、その正確な音声が[v]であるか[w]であるかは明らかにし得ないが、何らかの有声唇摩擦音的(あるいは接近音的)な音で実現していたか、少なくとも音訳者の耳にそのように響いたことを示すものであると解釈される。

f→[v]：「腹」、満洲語文語 he*f*eli、丙種本“後力”(894)[後：匣母厚韻一等開口、流摂]
b→[v]：「鞋」、満洲語文語 sa*b*u、丙種本“掃”(971)[掃：心母晧韻一等開口、効摂]
又：「果」、満洲語文語 tu*b*ihe、丙種本“禿于黒”(348)[于：喩(云)母虞韻三等合口、遇摂]
「焦」、満洲語文語 jo*b*o-mbi、丙種本“着我必”(957「心焦」)[我：疑母哿韻一等開口、果摂。また現代北京語 wǒ 等参照]

2.2 満洲語文語の s, š が[z], [ʐ]と対応する例

丙種本女真訳語では通例(語中の場合も含め)、s(i の前を除く)は心、邪母、即ち近世以降の北方音の/s/声母の字をもって音訳され[4]、一方 s(i の前)及び š は同じく審、禅母、即ち近世以降の北方音の/ʂ/声母の字をもって音訳される。

s：/s/　「盔」、満洲語文語 *s*aca、丙種本“撒叉”(577)[撒：心母曷韻一等開口、山摂]
「耳墜」、満洲語文語 *s*uihun、丙種本“遂忽”(1076「銀耳墜」)[遂：邪母至韻三等合口、止摂]
s(i の前)：/ʂ/　「星」、満洲語文語 u*s*iha、丙種本“兀失哈”(7)[失：審(書)母質韻三等開口、臻摂]
š：/ʂ/　「日」、満洲語文語 *š*un、丙種本“受温”(5)[受：禅母有韻三等開口、流摂]

ところが、s, š が日母、即ち近世以降の北方音の/ʐ/声母をもって音訳される例が少数ある。これらの例は、女真語 B において、s, š の一部が[z]類の音声で実現していたことを示すものであると解釈される。

「嫂」、満洲語文語 a*š*a、丙種本“阿熱”(670)[熱：日母薛韻三等開口、山摂]
「剃」、満洲語文語 fu*s*i-mbi、丙種本“伏日”(936「剃頭」)[日：日母質韻三等開口、臻摂]

2.3 満洲語文語の h, g が[ʁ][γ]と対応する例

丙種本女真訳語では通例(語中の場合も含め)、h は暁、匣母(近世前期北方音の/x/声母)の字で、g は見、群母仄声(近世前期北方音の/k/声母)の字で、それぞれ音訳される。

h：/x/　「昏」、満洲語文語 far*h*ūn、丙種本“発児洪”(19)[洪：匣母東韻一等合口、通摂]
「影」、満洲語文語 *h*elmen、丙種本“黒児墨”(20)[黒：暁母徳韻一等開口、曽摂]
g：/k/　「要」、満洲語文語 *g*aisu、丙種本“蓋速”(796)[蓋：見母泰韻一等開口、蟹摂]
「狍」、満洲語文語 *g*io、丙種本“旧”(420)[旧：群母宥韻三等開口、流摂]

ところが、両者が影母や疑母、即ち近世以降の北方音の零声母の字をもって音訳される例がみられる。こうした例は[子音(主に l)＋h, g]の場合に多い。

---

[4] 但し、丙種本女真訳語の音訳には、心、邪母を含め精組字全般について、原則として洪音字のみが用いられ、細音字は“相子”(619「(板)箱」、<Ch.“箱子”)と“兀切”(966「帯子」、満洲語文語 uše)の二例を除き、使用されない。

「陰」、満洲語文語 tul*h*un、丙種本“禿魯兀”(14)[兀：疑母没陰一等合口、臻摂]
「半」、満洲語文語 dulga、丙種本“都魯阿”(310「半月」)[阿：影母相当]

また、[子音＋h, g]の連続において、h, g の前にある子音が後続音節の初頭子音であるかのように音訳され、h, g は音訳上反映がない例も少なくない。この例はいわゆる陽性語(語中に a, o, ū などの母音を含む語)に多く、陰性語(語中に e などの母音を含む語)には少ない。

「紅」、満洲語文語 fulgiyan、丙種本“伏良”(378「紅花」)[良：来母陽韻三等開口、宕摂]
「花」、満洲語文語 ilha、丙種本“亦剌”(378「紅花」)[剌：来母曷韻一等開口、山摂]

これらの例は、女真語 B において、h, g の一部が[ʁ][γ]の類の音声で実現した可能性を示す。

このように、女真語 B においても、現代満洲語口語と共通する語中摩擦音の有声化現象が観察されることは、丙種本女真訳語が、女真文字一字一字に対する音訳を基礎とする乙種本とは異なり、編纂者が口語の単語を耳で聞いて音写した資料として独自の価値を持っていることを示している。

3 音節縮約現象

丙種本女真訳語の音訳において特徴的であるのは、満洲語文語の二音節の音連続に対して、音訳漢字が一字しか当てられていない現象である。本稿では、この現象を「縮約」と呼ぶことにする。縮約は、いくつかのタイプに分けて考えてみることができる。

3.1 [母音＋h＋母音]を含む二つの音節の縮約

① h で始まる音節全体が音訳漢字上に反映されていないように見えるもの

「野猪」、満洲語文語 aidahan、丙種本“艾答”(448)[5]
「鐘」、満洲語文語 hūntahan、丙種本“忽塔”(609「酒鐘」)
「剪」、満洲語文語 hasaha、丙種本“哈雜”(593)
「蝴蝶」、満洲語文語 gefehe、丙種本“革廹”(475)
「板」、満洲語文語 undehen、丙種本“兀忒”(547)
「尾」、満洲語文語 uncehen、丙種本“兀徹”(481)
「湿」、満洲語文語 usihihe、丙種本“兀失黒”(108「露湿」)
「肺」、満洲語文語 ufuhu、丙種本“兀浦”(923)

---

5 満洲語文語形と比較した時、音訳漢字上では語末の-n の反映がない。これは、以下の諸例にも見えるように、女真語 B に広く見られる特徴である。

「暈」、満洲語文語 mentuhun、丙種本"墨秃"(959「頭暈」)
「鹹」、満洲語文語 hatuhūn、丙種本"哈秃"(1015)
「甜」、満洲語文語 jancuhūn、丙種本"当出"(1022)
「酸」、満洲語文語 jušuhun、丙種本"珠書"(1017)
「蜘蛛」、満洲語文語 helmehen、丙種本"黒名"(473)
「円」、満洲語文語 muheliyen、丙種本"木力額"(69「月円」)
「(織金)袍」、満洲語文語 gecuheri、丙種本"(昂出刺哈-)革出力"(999)

以上の例は、満洲語文語において、h の両側の母音が同一であるか、あるいは最後の二つの例「円」「(織金)袍」の場合 h の次の母音 e の音色が音訳漢字上に反映されていないために、これらだけを見れば、h を挟んだ二つの音節が縮約したのではなく、h に始まる音節全体が、何らかの理由で音訳されなかったか、もしくは女真語 B の音形式として初めから存在していなかった、と考えることもできる[6]。しかし、次の②まで見れば、h の前後の二つの音節が縮約した形で一つの音訳漢字をもって表記された、と考えるほかはない。

② h で始まる音節の母音の音色が音訳漢字上に反映されているもの

「浅」、満洲語文語 micihiyan[7]、丙種本"迷察"(148)
「卑幼」、満洲語文語 asihan、丙種本"阿沙"(685)
「五味子」、満洲語文語(misu) hūsiha、丙種本"(迷速-)忽厦"(380)
「黄(米)」、満洲語文語 fisihe、丙種本"費蛇"(399)
「苦」、満洲語文語 gosihon、丙種本"過灼"(232「苦水」)
「鴿子」、満洲語文語 kuwecihe、丙種本"忽帖"(485)
「往上」、満洲語文語 wesihun、丙種本"兀順"(869「不要往上看」)

以上の例は、例えば「浅」を例にとって説明すると、第二音節 ci と第三音節 hiya(n)が縮約し、一つの漢字"察"で音訳されている。この際 h で始まっている第三音節 hiyan の音節主音 a が、音訳漢字"察"(穿(初)母黠韻二等開口、山摂)の上に反映されている。

①及び②の大多数の例において、二つの音節の縮約が、三音節語の第二音節と第三音節との間に起こっている(h は第三音節の初頭に位置する)ことが注意される。例外となるのは①の「湿」、「円」、「(織金)袍」であるが、うち「湿」については、usihi-は動詞の語幹であり、-he は動詞の語尾(完了形動詞)であって、語幹部分のみを考えるならば、縮約は三音節語 usihi の第二音節 si と第三音節 hi の間で起こっていることになるため、例外ではなくなる[8]。

---

[6] 愛新覚羅 1996 ではそのように考えられている。後述 3.5 参照。
[7] hiyan を一つの音節に数える。
[8] 以上のほか、例に挙げなかった「例外」が一つある。「(不要)咳嗽」"伏察刺"(871, 満洲

筆者は、この縮約的音訳現象を、女真語 B における三音節語の強勢分布を反映するものと解釈したい。②の諸例において音訳漢字が第二音節ではなく第三音節の母音を写している(参照：阿沙：asih*a*n、費蛇：fisih*e*、過灼：gosih*o*n など)ことから、縮約は、第二音節が弱く、第三音節が強い音節強度の分布を反映していると考えられる。つまり、①の場合も含め、第二音節と第三音節に[母音＋h＋母音]を含む三音節語においては、第三音節に強勢があって、第二音節は軽く読まれるというアクセントの型があったのではないかと考えるのである。そして、第三音節の初頭に h があってその前後に母音がある場合にのみこのようなアクセントの型が出現するとは一般言語学的に考えにくいので、一般に女真語 B には「第二音節が弱く第三音節が強い」という型を持つ一群の三音節語があって、母音間の h が第三音節初頭にあるという条件下で h の有声化(2.3 参照)が頻繁に起こったのだと解釈する。丙種本の音訳者の耳には、有声化した h が子音としてほとんど感知されずに、恰も第二音節と第三音節が融合して一つの音節を成しているように聞こえたために、一つの音訳漢字をもって記録され、それによって三音節語の強さアクセントの型が図らずも露出した、と考えるのである[9]。

3.2 母音間に f または b があるとき、その両側の音節が一字をもって音訳されたもの

これは 2.1 に述べた f, b の有声摩擦音～接近音化と関連する音訳現象であり、「腹」と「鞋」の例を 2.1 にすでに掲げたので、ここにはそれ以外の例を挙げる。

「連刀」、満洲語文語 hadufun、丙種本“哈禿”(621)
「留(頭)」、満洲語文語 sulabu-、丙種本“素老”(930)
「洗」、満洲語文語 obo-、丙種本“敖”(932)
「洗澡」、満洲語文語 ebiše-、“欧塞”(949)

これらの例のうち、「連刀」の例は 3.1 の諸例と同様、三音節語の第二音節と第三音節が縮約し、音連続 dufu(n)が“禿”の一字をもって音訳されている。“禿”は透母字であり、丙種本女真訳語では一般に音連続 tu の表記に当てられる[10]ので、「連刀」において du で始

語文語 fucihiya-ra)がそれであるが、これも「湿」と同様の例である。即ち、fucihiya-が動詞語幹、-ra は語尾(非完了形動詞)であって、縮約が第二音節 ci と第三音節 hiya の間に起こって、“察”一字をもって音訳されている。

[9] 但し、三音節語の末音節初頭に母音間の h があっても縮約が起こらない例も少なくない。例えば、「星」usiha：兀失哈(7)、「犬」indahūn：因答忽(414)、「裙」hūsihan：忽失哈(967)などである。これらの例についてどう解釈するかは今後の問題である。

[10] 満洲語文語形への比定が可能な全用例 27(異なり語数)のうちの 26 は tu, to 音の表記に当てられている。一例だけ示す：「雲」、tugi：禿吉。

まる音連続の音訳にあてられているのは異例である。おそらく、第三音節の f が d の直後で気音のように響いたのを、音訳者が有気音$[t^h]$のごとくに聞き取ったのであろう。さすれば、d の直後の u はきわめて短いか、あるいはすでに無声化していたはずであり、そうであって初めて-duf-が$[t^h]$のように知覚されることが可能となる。従って「連刀」の例においても、第二音節の強度が小さく、第三音節が強いアクセント型を想定してよいと思う。

「洗澡」の例、及び前掲の「腹」の例では、縮約が三音節語の第一音節と第二音節に起こっている。この場合は、第二音節に位置する b, f が有声摩擦音～接近音化し、第一音節を写す音訳漢字の-u 韻尾として表現されている(「洗澡」の例の“欧”は影母侯韻一等開口、流摂である)。この場合、b, f の直後にある第二音節の母音は音訳上無視されていることになるから、これらの語も第二音節が弱く読まれていたと考えてよい。

「留(頭)」は三音節語の第二音節と第三音節が縮約しているが、「連刀」とは性質が異なり、音訳上、第三音節の-bu が、第二音節を写す音訳漢字“老”の韻尾-u として吸収されてしまっている(“老”は来母晧韻一等開口、効摂)ので、強勢は第三音節ではなく第二音節あるいは第一音節にあったと見るべきであろう。

「洗」の例では二音節語が一音節に縮約し“敖”(疑母豪韻一等開口、効摂)をもって音訳されている。第二音節-bo が第一音節を写す音訳漢字の韻尾-u に吸収されているので、この語が女真語 B において二音節性を保っていたとすれば[11]アクセントは第一音節にあった可能性がある。「鞋」の例も同様である。

3.3 母音間に n があるとき、その両側の音節が一字をもって音訳されたもの

この例は少なく、二例しかない。

「懶堕」、満洲語文語 banuhūn、丙種本“伴忽”(810)[伴：並母緩韻一等合口、山摂]
「髮」、満洲語文語 funiyehe、丙種本“分黒”(891)[分：非母分韻三等合口、臻摂]

二例とも、三音節語の第一音節と第二音節が縮約し、第二音節の[n＋母音]の部分が、第一音節を写す音訳漢字の-n 韻尾に吸収されている。第二音節が弱化していたと考えられる。

3.4 その他

「準備」、満洲語文語 dagila-fi、丙種本“塔暇非”(856)
「露」、満洲語文語 silenggi、丙種本“失雷”(12)
「柝(房)」、満洲語文語 efule-mbi、丙種本“額峰必”(541)

[11] 音訳漢字が示すとおり単音節語化していた可能性もある。

「稲」、満洲語文語 <u>holim</u>pa[12]、丙種本“<u>洪</u>帕”(361)

これらの例は、満洲語文語の gila, lenggi, fulem, holim などの二音節が一字に音訳されており、相当粗雑な音訳であると見ることができるが、音訳者が女真語 B の音声をどのように聞いたかを窺う資料としては却って興味深い。

「準備」の例は動詞であり、語幹は dagila-である。縮約は第二音節と第三音節の間に起こっており、縮約部分に対応する音訳漢字“暇”(匣母禡韻二等開口、仮摂)は第三音節の母音 a を写しているので、第二音節よりも第三音節がより強く響いたと解釈できる。

「露」の例は第二音節と第三音節が縮約し、-ngg-が音訳されていない。縮約部分の音訳漢字“雷”(来母灰韻一等合口、蟹摂)は音訳当時すでに現代北京語と同様開口化し、lei のように発音されたと考えるべきであろう。その主母音 e は満洲語文語の第二音節の母音と対応するので、この語の強勢は第二音節にあった可能性がある。

「柝(房)」の例は動詞で、語幹は efule-であるが音訳漢字“峰”から判断するに efulembi 全体を一語として音訳したようである。第二音節と第三音節が縮約し、強勢は第二音節にあったとも第三音節にあったとも解釈できる。

「稲」の例では第二音節 lim が第一音節を写した音訳漢字“洪”に吸収されていると解釈できるから、第二音節が弱く読まれたものと考えられる。

3.5 女真語 B と現代満洲語口語のアクセント

本章の考察においては、女真語 B の音形を可能な限り満洲語文語に近いものとして比較しようとし、両者の食い違いについては、名詞と形容詞の末尾の-n の有無のような形態論に属する差異を除き、音訳者の聴覚印象にその原因を求める態度を取っている。これには、異なる考え方もある。愛新覚羅 1996 では、筆者が音訳上の縮約として説明した例の大半を末音節の脱落、即ち満洲語文語形に存在している末音節が女真語 B において脱落したものとして捉えている。例えば、3.1①の「鹹」では満洲語文語の-hūn が、3.1②の「卑幼」では満洲語文語の-han が、3.4 の「柝(房)」では満洲語文語の-le(動詞語幹末)が、それぞれ脱落したと考えている。そして、これら“音節脱落”を、-n の欠落(注 5 参照)や末音節の音節初頭子音の弱化(2.3 に挙げた g, h の有声摩擦音化などを指す)などの現象と結びつけ、女真語 B において一般に末音節が弱化していたと結論付けている。筆者としては、“音節脱落”については 3.1 に考察したとおりむしろ第三音節が強い証左と見るし、-n の欠落は音韻変化というよりは形態論の問題であるから音節の強弱とは関係がないと見ており、末音節の音節初頭子音の弱化についても、音節の弱化を反映するものとは考えていない[13]。

---

[12] holimpa、「草珠米」(『三合切音清文鑑』)。Kane 1989 はこの項に対して満洲語文語 handu「うるち米」を比定するが、従わない。

[13] 音節の強弱を論じるなら、初頭の g, h の有声摩擦音化は阻害度の低下あるいは声帯振動

女真語Bにおいて、多くの三音節語で第二音節が弱く発音されていたらしいことは、音訳上の縮約を起こしてはいない次の二例によっても確かめられる。

「喜鵲」、満洲語文語 saksaha、丙種本“撒此哈”(462)
「腿」、満洲語文語 suksaha、丙種本“素思哈”(917)

即ち、三音節語 saksaha、suksaha の第二音節 sa が、舌位の著しく高い主母音を持つ“此”(清母紙韻三等開口、止摂)“思”(心母之韻三等開口、止摂)によって音訳されている。舌位が高いのは、音節強度が弱いために母音の開口度が小さくなったものと解釈できる。

以上述べ来たったアクセント傾向は、現代満洲語口語につながるものであろうか。現代満洲語口語の語アクセントについては、中国の研究者たちによって、強さアクセントであると報告されている(例えば、清格尔泰 1982—富裕県三家子屯、赵杰 1989—泰来県依布気村、愛新覚羅 1992—孫呉県四季屯及び富裕県三家子屯)。清格尔泰 1982 : 261-263 頁によると、現代満洲語口語(三家子方言)において、語のアクセントが置かれる位置を決める規則は相当に複雑であるが、三音節語に関しては、第二音節にアクセントが置かれる語が大部分であり、第三音節にアクセントがある語の多くは-n に終わる語であるという。第二音節にアクセントのある語が多いという記述は、第二音節が軽く読まれる語の多い女真語Bの場合とは逆である。例えば、上述の「喜鵲」も、「腿」も、第二音節にアクセントが置かれている :

「喜鵲」、sɑɢs´ɑ:ʁɑ[14]　　「腿」、sugs´ɑ:ʁɑ[15]

アクセントの点では、女真語Bと現代満洲語の間には開きがあると言えそうである。

4 音訳漢字の声調とアクセントの関係

さまざまな言語の『華夷訳語』の音訳漢字を調べると、音訳漢字が用いられている位置(語頭、語中、語末など)と音訳漢字の声調調類との間にある程度の関係が見られる場合があり、音訳対象言語のアクセントや声調を反映していると考えられる。丙種本女真訳語の場合、開音節の多い女真語Bの特徴を反映して、入声字が非常に多く、語中のどの位置でも入声字が用いられがちであるために、あまり顕著な声調選択の傾向を見出すことはできない。但し、満洲語文語形と比較可能な二音節語と三音節語について音訳漢字の声調を調べると、

の添加、即ち聞こえ度の増大であるから、音節的にはむしろ強化であると考えることもできる。

[14] 清格尔泰 1982 : 324 頁。

[15] 同上 328 頁。

二音節語であれ、三音節語であれ、去声字(中古の全濁上声字を含む)が語頭に比較的多く用いられ、かつ語頭以外では稀にしか用いられないという傾向が指摘できる。紙幅の関係で統計表を示すことはできないが、語頭に去声字が用いられた例をいくつか挙げておく。

「段」、満洲語文語 suje、丙種本“素者”(976)[清去-清上]
「青」、満洲語文語 niowanggiyan、丙種本“念加”(1100)[次濁去-清平]
「説」、満洲語文語 hendu-、丙種本“恨都”(775)[全濁去-清平]
「早」、満洲語文語 cimari、丙種本“替麻里”(273)[清去-次濁平-次濁上]
「生」、満洲語文語 banjiha、丙種本“伴的哈”(811)[全濁上-清入-調類不明]

これらの去声字は、女真語Bのアクセントの何らかの反映であると考えるのが自然であろう。丙種本女真訳語の音訳漢字の基礎方言の声調体系、及び調値については必ずしも明らかでないが、他の『訳語』の状況が参考になるかもしれない。筆者はかつてペルシャ語の学習書である乙種本回回館訳語の音訳漢字を考察したことがある(更科 2002)。そこでは、去声字がペルシャ語の単音節語及び複音節語末音節の短母音を含む音連続に用いられる傾向が見られ、更科 2002 では、現代ペルシャ語の単語のピッチパタンや明代官話資料の調値の再構などを根拠に、この去声の調値を高平調に推定した(154 頁)が、現在では高降り調に推定する余地もあると考えている。丙種本女真訳語の去声も高調(平調であれ、降り調であれ)であるとすると、この去声は第一音節の強勢を表している可能性がある。

以上を踏まえると、女真語Bは、第一音節に格別の強勢を持ち、第二音節は弱化し、第三音節も比較的強く発音される、いわば強弱中型のアクセントパタンを持っていたと推定してみることができる。

参考文献

愛新覚羅・烏拉熙春 1992.『満洲語語音研究』。京都：玄文社。

愛新覚羅・烏拉熙春 1996.「会同館『女真訳語』音韻の研究」,『大阪産業大学論集　人文科学編』90：13-27 頁。

石田幹之助 1930.「女真語研究の新資料」,『桑原博士還暦記念東洋史論叢』;（1973）『東亜文化史叢考』: 3-69 頁。東京：財団法人東洋文庫。

更科慎一 2002.「『回回館訳語』音訳漢字の声調体系」,『慶谷壽信教授記念中国語学論集』: 145-155 頁。東京：好文出版。

山本守 1951. 「女真訳語の研究」,『神戸外大論叢』2/2：64-79 頁。

金启孮、乌拉熙春 1994. 「女真语与满语关系浅议」,『民族语文』1994 年第 1 期：11-16 页。

清格尔泰 1982.「满语口语语音」,『内蒙古大学学报』（哲学社会科学）纪念校庆 25 周年专刊；（1998）『清格尔泰民族研究文集』：232-355 页。北京：民族出版社。

赵杰 1989.『现代满语研究』。北京：民族出版社。

Kane, Daniel. 1989. *The Sino-Jurchen Vocabulary of the Bureau of Interpreters.* Bloomington: Indiana University.

Kiyose, Gisaburo N. 1977. *A Study of Jurchen Language and script.* Hōritsubunka-sha.

《嘉絨譯語》概說*

池田　巧
京都大学人文科学研究所

《華夷譯語》是明清時期編纂的各種塞外語言的歷史資料。在這一系列的資料中含有稱為〈川番譯語〉9種詞彙集（書名是《西番譯語》)。〈川番譯語〉記錄的是分布在現四川省西部地區的藏語方言或其他藏緬語。〈川番譯語〉是按照《華夷譯語》的分類歸納的‘丁種本’。這是清乾隆13年（公暦1748年）以後，由系統調查進行採錄的地方語言。西田和孫（1990）曾經考證過此9種〈川番譯語〉所記錄的是哪些語言，認定為其中簡稱〈川三〉的資料就是記錄嘉絨語方言的《嘉絨譯語》。但迄今還未進行〈川三〉的全面研究，也無考證所記的語言特點和性質。本文為〈川三〉的研究序說，先整理分析了文獻上的記載，並拿資料中的一部分詞語和現代嘉絨語方言調查資料相對比，認同詞語以致分析出語音和詞彙的特點。本文僅是部分試釋，就〈川三〉收錄的所有詞的詳細分析，我們准備另外作專著討論。

華夷譯語　西番譯語　嘉絨語　藏緬語　音譯字

1 はじめに

清代に編纂された塞外言語の調査記録であるいわゆる丁種本《西番譯語》のうちで、西南中国のチベット系諸語を記録した資料は〈川番譯語〉と称され、中国北京市の故宮博物院に9種類が保存されている。そのうち〈川三〉と呼ばれる資料は、ギャロン語（rGyalrong Language ; 嘉絨語）を記録したものである。〈川番譯語〉には、740語の共通の見出し語（漢語）のもとで、対象言語の語彙がチベット文字と音訳漢字で記録されている。いずれの《譯語》にも巻頭に当該言語の話されている所轄の役所の所在地と分布地名が記載されてはい

* 本稿は、科学研究補助金基盤研究 (A)「ギャロン系諸言語の緊急国際共同調査研究」(代表：長野泰彦、課題番号21241007）による研究成果の一部である。2011年11月16日に国立民族学博物館で開催された國立民族學博物館故宮博物院學術交流研討會にて、本稿のもとになる報告を行ない、改訂して2012年10月26日にシンガポールの南洋科学技術大学にて開催された第45回国際シナチベット言語学会で発表した。Randy LaPolla 教授には、英語の発表稿に細かな御指摘と御意見をいただいたほか、報告時には James A. Matisoff 教授と荒川慎太郎教授から、啓発性の高いコメントを頂戴した。記して感謝したい。

るが、その記載情報に基づいてどの地点の言語を記録したものかを特定することは難しい。しかも《嘉絨譯語》について言えば、記載内容にかなりの誤りが含まれており、記録された単語のチベット文字表記と音訳漢字とが一致しない場合も少なくない。なかには、表記された語形が、これまでに蓄積された現代ギャロン語方言の調査資料に照らしても、なかなか見当がつきにくいものも含まれる。本稿では《嘉絨譯語》の概要を紹介するとともに、記録された基礎語彙をいくつか取り上げて現代ギャロン語方言との対応関係を探り、チベット文字と音訳漢字による表記の特徴と問題点を検討しつつ、記録されたギャロン語の語形を考察してみたい。

2《西番譯語》〈川三〉の研究史

《西番譯語》〈川三〉について紹介のある先行研究は、冯（1981）、西田（1973）、西田&孫（1990）、聂&孙（2010）の４点である。

西田（1973）は、後述の今西本を用い《嘉絨譯語》のうちから74語（重複があり実際には73語）を取り上げて現代ギャロン語の方言データと対照し、語彙の同定を行なっている。使用した現代方言の調査資料は、金（1957-58）による Somang（梭磨）方言および EDGAR (1932) による Chos gya（綽斯甲）方言のものである。西田（1973）は全収録語数のちょうど10分の1をサンプルとして提示しているわけだが、抽出された語彙はいずれも同定が非常にうまくいった例であって、試しに740語全体を現代語の調査資料に照らして検証してみるなら、このような美しい対応関係が得られる例は、実はそれほど多くはない。せいぜい全体の30%程度に止まるだろう。また西田（1973）の同定リストには、チベット文字による語形の記録がいっさい示されていない。これはチベット文字をそのままローマ字転写して語形を示しても、記録には誤りが多く現代語のデータとはよく一致しないため、考証が煩雑になることを避けたのだと考えられる。

ついで西田&孫（1990）が９種類の〈川番譯語〉についての解題を掲載し、《嘉絨譯語》〈川三〉にも言及しているが、簡単な紹介に止まり、聂&孙（2010）の出版まで実質的な研究の進展はなかった。主たる理由は、資料の参照が容易ではなかったことに尽きる。聂&孙（2010）は、故宮博物院に所蔵される９種類の《西番譯語》を精査して、各譯語の序言に記された分布域の地名を考証し、収録するすべての語について、チベット文字表記の語形をローマ字転写した校録文を集成した校訂本で、利便性が高い。ただし同書は、現代方言データとの対照による記録言語の分析はいっさい行なっていない。

我々は文献調査と平行して、ギャロン語の母語話者に協力を仰ぎ、収録語の検証を行なった。発話協力者は Suomo（梭磨 Somang）方言および Zhuokeji （卓克基 lCog tse）方言の話し手である。

3 《嘉絨譯語》の内容構成

3.1 版本

《嘉絨譯語》〈川三〉は、清・乾隆13年（西暦1748年）以降に編纂された丁種本と呼ばれる一連の《華夷譯語》のひとつであり、共通の語彙項目740語に対応する民族語を収録する。《嘉絨譯語》は、これまで以下の３種類の版本の存在が知られている。

A　故宮博物院蔵本（本研究の底本）
B　九種《西番譯語》対照本（北京大学図書館所蔵：王静如の編集になる手抄本）[1]
C　今西春秋教授旧蔵本（所在不明）

西田（1973）は、今西春秋教授旧蔵本を用いて74語を検討し、現代方言データとの対応を明らかにした。この版本はしかし、現在は所在が不明である。

3.2 序言と分布地

《嘉絨譯語》〈川三〉の序言には、記録されたギャロン語が話されている地域についての記載がある：

> 四川松潘鎮、松茂道、威茂協右營、直隷茂州汶川縣、保縣、各所轄西番內，除協標左營管轄茂州屬之靜州、隴木、岳希、牟托、沙壩、水草坪、竹木坎、長寧等處番民有語無字不造外，所有協標右營管轄汶、保兩縣屬之瓦寺、雜谷、梭磨、竹克箕、大小金川、沃日等，西番字語皆同。照依奉頒字書門類次序，譯繕如左。

それによると、協標右營が管轄する瓦寺［汶川県涂禹山］、雜谷（bKra shis gling　雜谷腦）、梭磨（So mang）、竹克箕（lCog tse　卓克基）、大小金川（Chu chen　金川；bTsen lha　小金）、沃日（dBang zhing）などが、記録された西番語（ギャロン語）の分布する地名（チベット語の地名および現在の漢字表記を附しておいた）として挙がっている。しかしこの序言の記載から、どの方言を記録したかまでは特定できない。

3.3 分類項目

《嘉絨譯語》は、他の丁種本《華夷譯語》同様、意味範疇により以下に示す二十の〈門類〉に分類されている。（　）内の数字は〈門類〉ごとの収録語数である。

一　天文門 (44)　　二　地理門 (52)　　三　時令門 (36)

[1] 西田&孫（1990）に全頁の書影が収録されている。

四	人物門	(60)	五	身體門	(36)	六	宮室門	(20)
七	器用門	(56)	八	飲食門	(22)	九	衣服門	(24)
十	聲色門	(14)	十一	經部門	(20)	十二	文史門	(14)
十三	方隅門	(14)	十四	花木門	(28)	十五	鳥獸門	(50)
十六	珍寶門	(18)	十七	香藥門	(32)	十八	數目門	(22)
十九	人事門	(110)	二十	通用門	(78)			

3.4 記載の構成

我々は故宮博物院と国立民族学博物館の研究交流のもとで故宮所蔵本を閲覧することはできたが、複写や撮影の許可が下りなかったため、残念ながらここに原著の書影を収録できない[2]。以下に掲げる書式の構成見本は、閲覧時のスケッチにもとづき、デジタルフォントで再構成したイメージである。原著は抄本なので、漢字の字形に細かな差異があるほか、チベット文字には流麗なウメ（dBus med：無頭体）が用いられている。

A	དེ་ཤི་ཙ་	←	**ギャロン語のチベット文字表記**
B	鼻	←	**見出し語（漢語）**
C	的 什 難	←	**ギャロン語の漢字音訳**

4 現代ギャロン語の方言データ

我々が検証のために利用した現代ギャロン語方言データの集成は、次の２種類である。

［1］**ギャロン語方言データベース**

長野泰彦教授と Marielle Prins 博士の共同編集になるギャロン語方言の小規模データベース。ギャロン語分布地域の 81 地点について 425/1200 語の基礎語彙（地点により記録語数は異なる）および 200 例文を収録する（一部にギャロン系以外の

---

[2] 聂&孙（2010）には《嘉絨譯語》の〈首頁〉（第１頁：天文門の〈天〉と〈日〉の２語）の書影が収録されている。

Geshizha〈革什扎〉語、Minyag〈木雅〉語、Lavrung〈拉塢戎〉語などのデータも含む)。国立民族学博物館のサイトで2013年より公開予定。

［2］黄布凡主編《藏緬語族語言詞匯》北京：中央民族学院出版社. 1992年.
中国で刊行されたチベットビルマ諸語の語彙集。50種類の言語について1822語を収録する。ギャロン語のデータは、林向榮教授の提供になる馬尓康県の卓克基方言。

5 分析と検証

ここでは〈門類〉のうちから　十. 聲色門（14語）を例として取り上げ、現代方言データと対照しつつ検証を行なう。なお〈編号〉は、原著に記載はないが、丁種本《西番譯語》に共通する語彙項目番号である。

十. **聲色門**		Part X		Colors		(14語)
編号	見出語	英訳	漢字音訳	チベット文字 Wylie式ローマ字転写		現代ギャロン語 Somang（梭磨）方言
351.	**白**	white	各不	ki brom		[kə prɑm]

音訳漢字、チベット文字表記が現代ギャロン語ときれいに対応している例。音訳漢字はギャロン語に音節単位で対応し、音節初頭子音および主母音をおおまかに写している。チベット文字は、音訳漢字では写しきれないギャロン語の音節初頭の複合子音と韻尾を描写している。

352.	**青**	blue black	各藍	ki nag	[kə nɐk]

丁種本《西番譯語》には、見出し語に〈黒〉がなく、この〈青〉が色名としての‘くろ’を指す。なお〈黒〉は 038.〈黒霜〉および 476.〈黒馬〉という複合語に使われている。漢語四川方言では /n～l/ を区別しないので、音訳漢字の〈藍〉の読音は /nan　～lan/ と考えられるが、音節末鼻音に同化して *[nã] のように発音されていたと推定される。四川方言では音節末鼻音の弱化傾向が広く見られる。

353.	**黄**	yellow	各挨	ki na 'i	[khsər po]

《譯語》の記載は、現代ギャロン語の [khsər po]（チベット語の gser po の同源語あるいは借用語）に対応しない。音訳漢字とチベット文字の双方とも別な語形を表記している。

そこでギャロン語方言データベースを参照してみると、《譯語》の記載に対応するデータがあった。

[kə- ŋej] (Heishui Luhua 黒水蘆花 Khro chu) ;
[kə- ŋej] (Jinchuan Manai Genza 金川馬奈 Ma le) ;
[kə- ŋɛj] (Lixian Shangmeng Rajipu 理県上孟 'Bo tog shu ko) ;
[kə- ŋej] (Lixian Putou 理県樸頭 Phu 'du) ;
[kə- ŋej] (Xiaojin Hanniu 小金汗牛 Ha nyung) ;
[kə- ŋej] (Xiaojin Xingge 小金新格 Ser ge)

《譯語》の記載は、こちらの語形を記録したものであろう。

354. 紅 red 各母兒令 ki wur ni [kə wu rnᴇ]

音訳漢字、チベット文字表記ともに現代ギャロン語ときれいに対応している。漢語四川方言では /n~l/ を区別しないので、音訳漢字の〈令〉の読音は /liŋ~niŋ/ と考えられるが、音節末鼻音に同化して実際には *[nĩ] のように発音されていたものと推定できる。四川方言では音節末鼻音の弱化傾向が広く見られる。

355. 紫 purple / violet 宗色 rtsong si ***

漢語の色彩語〈紫〉は、赤に近いものから青に近いものまで幅が広く、その様々な段階で明るさの違いもある。この項目の音訳漢字、チベット文字表記はともに漢語からの借用語〈棕色〉 */ tsoŋ sə /（日本語では茶色系に相当するが、これも領域が広い）を記録したものである。

356. 鵝黃 fine yellow 金納紅 kyang wang ***

対応する現代ギャロン語は不明。発話協力者は、記録された漢字音訳からもチベット文字表記からもまるで見当がつかない、という。漢語の *金黃 */ cin hwɑŋ / からの借用語の可能性が考えられる。

357. 五綵 five colors 克多色納安 kha lrog sna 'ad [khɐ to snɐ lŋɐ]

チベット文字表記の綴り字は誤りを含む。音訳漢字と現代語との対応から、正しい綴りは *kha ltog sna lnga と判断できる。ltog を lrog 、lnga を 'ad に誤っているのは、字形の類似によるものであろう。

358. **顔料** painting materials 澤耳之 mtsho rtsing [tsho rtshə]

チベット文字表記の最後の綴り字 -ng を除くと、音訳漢字、チベット文字表記ともに現代ギャロン語ときれいに対応している。余剰な音節末音 -ng の由来は不明。

359. **藍** indigo 藍各兒多 la ka mo ga [ŋon po]

《譯語》の記載は、漢字音訳、チベット文字表記ともに現代ギャロン語の [ŋon po] には対応しない。両表記から推測されるのは、[nɐm khə rmdok]「空色」である。352. で記したように、音訳漢字の〈藍〉の読音は / nan / ~ / lan / が区別されなかったことに加えて音節末鼻音の弱化により *[nã]（~ *[lã]）のような発音であったと推定される[3]。音訳漢字〈兒多〉と現代ギャロン語の音節 [rmdok] 「色」との対応から、チベット文字表記の mo ga は *mdog の誤記であろうと考えられる。

360. **皂** dark gray 各藍阿阿 ki nag kin ***

見出し語は、現代中国語では単独で使われないため、現代ギャロン語の対訳が特定できない。《譯語》の記録からは複合語であることがわかる。音訳漢字の前半の２文字〈各藍〉と対応するチベット文字 ki nag は「黒」の意（352. を参照)。しかし後半の２文字〈阿阿〉と対応するチベット文字 kin は不明。ともに誤記の可能性がある。発話協力者の意見では、後半の２音節は [kə bgi]「灰」に当たるのではないか、という。

361. **柳青** willow blue 卓引道 lcang yi ma go ***

現代ギャロン語ではこの見出し語に対応する語はないが、表記から推察するに [ltɕɑŋ i mdok]「柳の色」という翻訳表現を記録したのではないかと考えられる。最後の音節の音訳漢字〈道〉とチベット文字表記の ma go が対応しないけれども、359. を参照すると *[mdok] 「色」を表記したことがわかる。チベット文字表記の ma go は *mdog の誤記にちがいない(364. を参照)。またチベット文字表記の yi は、ギャロン語の属格助詞の [i] を記録しているが、音訳漢字では、助詞 [i] と次の音節初頭複子音の鼻音 [m] との連音

---

[3] ここでは〈藍〉とギャロン語の [nɐm] が対応していることから、音訳漢字〈藍〉は中古音で咸摂談韻なので、音節末鼻音の *-m を対応させたかのように見える。しかしギャロン語の [-m / m-] 音を写すにあたり、必ずしも中古音で *-m 韻尾の字を当てているわけではない。 361. の音訳字〈引〉は臻摂軫韻で *-n 、363. の音訳字〈山〉は山摂山韻で *-n 韻尾である。したがって、359. の〈藍〉字の用例は偶然であろう。

を、〈引〉/ in / の主母音＋鼻音韻尾を利用して表記している[4]。

362.　**明緑**　clear green　張固各白　sjang ku ki pa　[dʑɐŋ kə ***]

漢字音訳とチベット文字表記は対応しており、前半の２音節は現代ギャロン語方言の [dʑɐŋ kə]「緑」（チベット語 ljang gu との同源語あるいは借用語）に相当する。しかし後半の２音節 :〈各白〉ki pa は不明だが、「白」を意味する [kə prɑm] の可能性がある。（351. 白 'white' 各不 ki brom および 474. 白馬 'white horse' 木擾各白 bho ro ka brom を参照。）

363.　**桃紅**　pink　山落　sha ma go　***

音訳漢字の最後の音節〈落〉とチベット文字表記の ma go が対応しないけれども、359. と 361. および 364. を参照するなら、音訳漢字は異なるにしても、ギャロン語の *[mdok]「色」を表記しており、チベット文字の綴りは *mdog の誤りと判断できる。表記している語は [ʃɐ mdok] で、直訳すれば「肉色」である。音訳漢字の〈山〉は、１音節目の [ʃɐ] sha と２音節目 *[mdok] の音節初頭複子音の鼻音 [m] との連音を表記している[5]。２音節目の音訳漢字〈落〉は音が合わない。字形の類似による〈道〉の誤記か。

364.　**粉紅**　pale pink　馬色孟道　dmar mu mdog　***

〈粉紅（色）〉「ピンク色」に相当する現代ギャロン語方言の固有語は不明。《譯語》の記録の最後の音節は「色」を意味しており、ここでは音訳漢字〈道〉とチベット文字表記 mdog が正しく対応している。発話協力者によれば、チベット語からの借用語で dmar smug mdog [mɐr̥ smuk mdok]「赤紫色」ではないかという。音訳漢字〈色孟〉は *[smuŋ] という音を表記したものであろう。音節末音が [-ŋ] になっているのは、smug が次の音節初頭子音の鼻音に同化して *[smuŋ] と発音されていたためと考えられる。

---

6 誤謬の分析

以上の検証から、《嘉絨譯語》の記載には、少なからぬ誤記や誤りが含まれることがわかった。記載の誤りは、(a) 音訳漢字の筆画の誤り　(b) 字形の類似によるチベット文字の綴りの誤り　(c) コミュニケーションにおける誤解　の３種類に分類できる。

---

4 注３を参照。
5 注３を参照。

(a) 音訳漢字の筆画の誤り

224.	**骨**	bones	殺又	sha ru	[ʃɐ rə]

音訳漢字〈又〉you は、〈入〉ru の誤記である。

668.	**重**	heavy	各刀	ki lig	[kə li]

音訳漢字〈刀〉dao は、〈力〉li の誤記である。

(b) チベット文字の字形の類似による綴りの誤り

181.	**老**	old	各莫卓	ki mu dri'o	[kə mtʂo]

チベット文字表記の ki mu dri'o は、*ki mdro の誤記である。

234.	**庫房**	treasury	則可	med kho	[mdzot kho]

チベット文字表記の med kho は、*mdzo kho の誤記である。

(c) コミュニケーションにおける誤解

193.	**身**	body	窩什苟	wu shing ku	≠	[tə skru]「からだ」

《譯語》の表記は、[wu skru] 「彼の身体」を記録したものであろう。

267.	**刀**	knife	達惹	bcan 'gi	≠	[mbə rtsɑ]「ナイフ」

《譯語》の音訳漢字〈達惹〉は、[ftɐ rə]「斧」であろう。チベット文字表記の *bcan 'gi は音訳漢字に一致せず、不明。

325.	**甜**	sweet	各敏	'di meng	≠	[kə $cç^hi$]「甘い」

《譯語》の音訳漢字〈各敏〉は、[kə mjɐm] 「おいしい」という語を記録したものと考えられる[6]。

---

[6] James. A. Matisoff 教授より、「甘い」と「旨い」が派生関係あるいは互用関係の言語がある、との御指摘をいただいた。ギャロン語については未詳。今後の研究課題としたい。

345.　綵絹　colored silk　達兒底更票　da ’i ki khyar

《譯語》の記載は、「彩絹」の対訳ではない。音訳漢字からは現代ギャロン語の [tɐr̥ ti kən phjor] 直訳すると「帽子←きれいな」つまり「きれいな帽子」を記録したものと考えられる。編纂の過程でおそらく記録者は、彩絹（あやぎぬ）の帽子を指しながらこの単語を訊ねたのであろう。チベット文字表記は、正しくは *ta rti ki phyar と綴るべきところである。上述 (b) 類の、字形の類似による誤記と考えられる。

568.　請　invite/please　達辟　ta phe　≠　[kɑ sg̊or]「請う」

《譯語》の記載は、〈請〉「お願いして〜してもらう／招く」の対訳ではない。音訳漢字、チベット文字表記ともに記録しているのは、[tɑ pʰɐ]〈客人〉という語である。おそらく《譯語》の編纂の過程で記録者は、〈請客人〉「お客を招く」の〈請〉はどう言うのか？　といったフレーズを用いてこの単語を訊ねたために、当時のギャロン語の発話協力者は、誤解して〈客人〉という語のほうを答えてしまったのであろう。

7 おわりに

これまでの検討で、《嘉絨譯語》には相当量の誤りが含まれていることが明らかになった。したがって《譯語》のチベット文字表記をそのままローマ字転写して、あたかもそれが清代のギャロン語の語形であるかのように扱うのは、非常に危ういことだとわかるだろう。我々は《嘉絨譯語》に記録されたすべての語についての検証結果を詳説した専著を準備中であるけれども、残念ながら現代語との対応が未だに不明で、解釈のつかない語も少なくない。未解明の語について、さらに研究を深化させるには、二つの方向がある。一つは文献学的研究である。我々が現在まで利用できた《嘉絨譯語》の版本は、故宮本のみなので、今後は現存する《嘉絨譯語》の版本を広く捜索し、可能な限りの版本間の字句の異同を明らかにして、誤りを正す必要がある。もう一つの方向は、《譯語》に記載された語彙の解明につながる現代ギャロン語方言の調査データの蓄積である。同時にギャロン語の母語話者の協力のもとで、《譯語》の記載をさらに細かく検証し、語の構造分析を行なう必要があるだろう。

参考文献

EDGAR, J. Huston.　1932.　English-Giarung Vocabulary.　*Journal of the West China Border Research Society*. 5: Supplement.

金 鵬．1957-58．嘉戎語梭磨話的語音和形態（上 / 下）《語言研究》第 2 期，第 3 期

冯 蒸．1981．“华夷译语”调查记《文物》1981 年第 2 期．

黄布凡主编．1992．《藏缅语族语言词汇》北京：中央民族学院出版社．
林向荣．1993．《嘉绒语研究》成都：四川民族出版社．
康定民族师专编写组．1994．《甘孜藏族自治州民族志》北京：当代中国出版社．
聂鸿音 孙伯君 编著．2010．《《西番译语》校录及汇编》北京：社会科学文献出版社．
西田龍雄. 1970.『西番館譯語の研究』京都：松香堂.
西田龍雄. 1973.『多續譯語の研究』京都：松香堂.
西田龍雄, 孫宏開. 1990.『白馬譯語の研究』京都：松香堂.
福盛貴弘 遠藤光暁 編. 2007.『華夷訳語論文集』語学教育フォーラム 13. 大東文化大学.

朝鮮資料に見られる“官話”[1]

—その認識の変遷をめぐって—

竹越　孝
神戸市外国語大学

“官话”一词的用例始见于 15 世纪的朝鲜文献。本文拟通过分析朝鲜时代的历史记载、笔记和汉语教科书等文献中“官话”一词的使用情况，以考察朝鲜半岛对“官话”一词的认识是如何演变的。

官话　汉儿言语　常谈　《老乞大》　《直解小学》

1 “漢児言語”から“官話”へ

1.1 『老乞大』の例

1998 年に韓国の大邱で発見された、いわゆる『旧本老乞大』(14 世紀末頃) や、崔世珍 (1467-1543) が諺解を付した『翻訳老乞大』(1517 年以前) において用いられる“漢児言語”という言葉が、18 世紀の改訂版である『老乞大新釈』(1761 年刊) や『重刊老乞大』(1795 年刊) において“官話”に改められていることはよく知られている。

1a) 恁是高麗人，却怎麼漢兒言語説的好有？
——俺漢兒人□［上］學文書來的上頭，些小漢兒言語省的有。(『旧本』第 2 話)

1b) 你却是朝鮮人，怎麼能説我們的官話呢？
——我在中國人根前學書來着，所以些須知道官話。(『新釈』同上)

2a) 如今朝廷一統天下，世間用著的是漢兒言語。咱這高麗言語，只是高麗田地裏行的。過的義州，漢兒田地裏來，都是漢兒言語。有人問著，一句話也説不得時，教別人將咱每做甚麼人看？ (『旧本』第 4 話)

2b) 如今朝廷一統天下，到處用的都是官話。我這朝鮮話，只可在朝鮮地方行得去。過了義州，到了中國地方，都是官話。倘有人問一句話，也説不出來，別人將我們，

---

[1] 本稿は、中国近世語学会 2011 年度秋季研究集会 (2011.12.10，大東文化大学) のワークショップ「官話の虚像と実像」において発表した内容を基礎としている。ともに発表した木津祐子 (京都大学)、塩山正純 (愛知大学) の両氏を始め、席上ご指摘やご教示を賜った各位に謝意を表したい。

看作何如人也？（『新釈』同上）

上の 1a) は、なぜ“漢児言語”がうまいのかと問われた高麗人が、“漢児”のもとで学んだために“漢児言語”が少しわかるのだと応じている場面、2a) はその高麗人が、朝廷（元朝を指す）が天下を統一した今、世間で用いるのは“漢児言語”であり、義州を過ぎて“漢児”の土地に入れば、そこは“漢児言語”の世界なのだと述べる場面である。その“漢児言語”が、1b) 及び 2b) ではいずれも“官話”に改められている。『旧本』及び『翻訳』では“漢児言語”の例が全部で 6 例あり、『新釈』ではそのうち 5 例を“官話”に、1 例を“中國的話”に改訂している[2]。

1.2 改訂の持つ意味

この改訂は何を意味しているのであろうか。“漢児言語”の誕生と展開について論じた太田辰夫 1954 は、歴史文献に対する考証から、“漢児”が狭義としては契丹・女真・モンゴルといった北方民族統治下の漢族を、広義としては北方民族統治下の（漢族を含めた）諸民族を表すことを示した上で、“漢児言語”を次のように定義している。

3) “漢児言語”という場合の“漢児”は、本来狭義のそれであるが、しかしそれは広義の“漢児”によって語られることもあるわけで、むしろ広義の“漢児”間における共通語というようにみた方が適切であると思う。

上の『老乞大』における“漢児”は狭義で使用されており、また“高麗言語”との対比で語られていることから見ても、“漢児言語”は「中国語」という意味で使われている。上の改訂は、朝鮮半島において話し言葉としての中国語を意味する言葉が“漢児言語”から“官話”に移り変わったことを示すものと言えよう。

語源から考えれば、“官話”は本来“官”即ち役人の使う言葉という意味であり、いわばある種の階層的方言を指すものだったはずであるが、それが後に中国全土で通じる共通語の意味に転じたと思われる。イエズス会宣教師マテオ・リッチ（1552-1610）が記した“官話”に対する観察は、このような派生関係を含意したものの如くである。

4) 審問や裁判に使われる司法の言語という意味のクォンホア［官話］があり、用法がひとつしかないので、どの地方でもごく簡単に習得できる。子供や婦人に至る

---

2 『重刊』では“官話”が 4 例、“中國的話”が 2 例。なお、他に『旧本』・『翻訳』の“漢兒文書”を『新釈』・『重刊』で“官話”に改訂するものも 1 例ある。『朴通事』では、『朴通事諺解』（1679 年刊）において“漢兒言語”が 1 例あり、『朴通事新釈』（1765 年刊）ではその部分が“漢語”に改められている。

までこれをよく知っているので、他省の人とも語り合うことができる。（川名公平訳 1982：30）

そして、上に見た『老乞大』の例からすれば、朝鮮半島において“官話”の意味は、中国語そのものを表すまでに拡大したと考えることができよう。

本稿では、朝鮮王朝時代の諸文献に見られる“官話”の使用例を手掛かりに、朝鮮半島において“官話”の表す内容がどのように変化してきたかという問題を考えてみたい。

2 史書・筆記にみられる“官話”

2.1 史書に見られる“官話”

管見の限り、“官話”という言葉の歴史上最も早い使用例は朝鮮半島の文献に見られる。汪維輝 2010 によると、朝鮮王朝（1392-1910）27 代 519 年間の歴史を編年体で記した最大の史書『朝鮮王朝実録』における中国語関連の呼称は、“漢語”が 322 例、“華語”が 86 例、“漢音”が 38 例[3]、“官話”が 3 例、“漢兒話”が 2 例、“漢人言語”が 2 例、“中國語”が 2 例であるという。そこに見られる“官話”の用例は以下の 3 例である。

5) 頭目葛貴見『直解小學』曰：“反譯甚好，而間有古語，不合時用，且不是官話，無人認聽。右『小學』一件，送副使處，令我改正，則我當齎還燕京，質問以送。”上命右承旨成俔齎『直解小學』一件，贈副使。（『成宗実録』巻 158、14 年【1483】9 月 29 日）

6) 許遊擊國威，造船事昨日文移内稱：…今聞釜山倭船，製甚精緻堅牢，大小銃俱有，必我南人敎之也。乃欲用上威下靈之麗舟，難以不通官話之麗民，是未戰而勝敗已決於堂上矣。（『宣祖実録』巻 98、31 年【1598】3 月 27 日）

7) 庚寅，領議政柳成龍啓曰：臣昨日聞命下，今日早門，欲詣提督衙門，通名聽候分付，聞有未安事，必須稟定，故敢來先啓。提督今此求與大臣同行，欲得宣力供事之人。頃日臣與左右相，同往見之，提督見臣形容衰敗，癃病佝僂，語言不通，難以倚仗於戎馬之間，謂臣等曰：“柳某不通官話，今後有事，左右相可頻來相見。”又謂通事曰：“柳某年紀多，左相面帶病色。右相年富能幹事，可以同行。”其後連使通事，傳言於臣，問左右相中何相當去，更不提起臣名。（『宣祖実録』巻 102、31 年【1598】7 月 7 日）

上の 5) は、『老乞大』・『朴通事』の第一次改訂（1480-1483）に携わった葛貴[4]が、『直解

---

[3] 汪氏によれば、語音のみを指す場合も含むという。

[4] 『成宗実録』巻 122、11 年【1480】10 月 19 日の条に「侍讀官李昌臣啓曰：“前者承命，質正漢語於頭目戴敬，敬見『老乞大』、『朴通事』曰：‘此乃元朝時語也，與今華語頓異，多

小学』という書物を評して、翻訳は良いけれども、まま古語が見られるため現在の使用に適さず、かつ“官話”でないため聞いてわかる人間がいないと述べた記事であり、これが“官話”という語の初出例である。他の 2 例はいずれも壬辰・丁酉倭乱（1592-1598 年、いわゆる文禄・慶長の役）に関連するもので、6) は明軍の許国威が朝鮮半島で船を作ろうにも“官話”の通じない麗民では難しいと述べた記事、7) は明の提督が柳成龍（1542-1607）に対して“官話”が通じないと言ったという記事である。

ここで注意されるのは、最初の使用例である 5) が“官話”であるか否かを問題にしているのに対し、それから約 100 年後の記録である 6) と 7) では“官話”が通じるか否かを問題にしており、使われ方が異なるらしいということである。

2.2 随筆・燕行録に見られる“官話”

上の諸例に比べてやや時代は下るものの、朝鮮王朝時代の随筆や燕行録[5]の中にも“官話”の用例が認められる。大塚秀明 1996 や丁鋒 2010 の中からそれらを拾ってみると以下の通りである。

8) 余赴京時見安南國人用合口聲，中朝南方人亦間用之，與我國之音相近，而中朝官話則絶不用合口聲。（李晬光『芝峰類説』【1614】巻 7、文字部）

9) 余曰：“彼鹵漢不知江革，但知李逵。”趙君曰：“所謂目不識丁，正道此輩。而稗官奇書皆其牙頰間常用例語，所謂官話者是也。”（朴趾源『熱河日記』【1781】渡江録）

10) 中原初學者，只學『四書章句』口誦而已，誦熟然後更就師受旨曰講義。設令終身未講義，所習章句爲日用官話。所以萬國方言，惟漢語最易，且有理也。（同上）

11) 余曰：“使個鴛鴦脚踢倒支離。”鵠汀大笑曰：“先生亦會使官話。”…余於路，雙林責其僕與人爭詰，有“鴛鴦脚”云云。…此刻語次以華音用此語，而口鈍不成，汀不識爲何語。余書之，鵠汀大笑有此譏。（『熱河日記』鵠汀筆談）

有未解處。’即以時語改數節，皆可解讀。請令能漢語者，盡改之。曩者領中樞李邊，與高靈府院君申叔舟，以華語作爲一書，名曰『訓世評話』，其元本在承文院。”上曰：“其速刊行，且選其能漢語者，刪改『老乞大』、『朴通事』。”」とあり、戴敬の発言を契機に成宗が『老乞大』・『朴通事』の改訂を命じたことが知られる。また同巻 158、14 年【1483】9 月 20 日の条には、「先是命迎接都監郎廳房貴和，從頭目葛貴，校正『老乞大』、『朴通事』。至是又欲質『直解小學』，貴曰：“頭目金廣妬我，疑副使聽讒，故我欲先還，恐難讎校。若使人謝改正『朴通事』、『老乞大』之意，以回副使之心，則我亦保全矣。”」とあり、この時までに房貴和・葛貴の二名による改訂作業が終了していたことを知りうる。なお、翌 21 日の条には、葛貴が「俺南方人，字韻不正，恐有差誤。」と言ったという記録が見える。

[5] 高麗から朝鮮王朝の末期まで、北京に派遣された朝貢使節が残した記録類の総称。

12) 陳曰：左氏云，言語不達。夫言語不達，自古而然，重譯之所由設也。即舉中國而言，河南爲天下之中，語音皆中聲。若在閩廣，偏於極南，使採其土音，即中國之人猶不能解之，況異域耶。然而閩廣人捨其土音而學官話，又未嘗不可解。（沈樂洙『燕行日乘』【1786】）

上の 8) はベトナムや中国南方で用いられる合口声[6]が“官話”では決して用いられないことを述べたもの、9) は白話小説の類が“常用例語”で書かれており、それがいわゆる“官話”であると述べたもの、10) は中原の初学者がひたすら『四書章句』の口誦を旨とし、それが日常の“官話”となることを述べたもの、11) は“使個鴛鴦脚踢倒支離”（二本の脚でせむしを蹴り倒す）という言葉を発音したものの、伝わらなかったので書いてみせたところ、あなたも“官話”が上手ですねと笑われたことを述べたもの、そして 12) は福建・広東の人々が“土音”を捨てて“官話”を学んでいることを述べたものである。

上の例で用いられる“官話”は、それぞれ表す内容が少しずつ異なっているようである。8) は方言と対比されているので共通語の意味と思われ、9) は通俗的な口語という意味で使われており、10) は本義に近い役人の言葉という意味、11) は書かれたものについて言う点が注目されるが 9) と同じく通俗的な口語の意味、そして 12) は 8) と同様共通語の意味で使われているものと解釈される。

以上の例から、17 世紀以降の随筆や燕行録では“官話”の持つ意味が多様化している状況を窺い知ることができる。

3 初期訳学書と“官話”

3.1 “常談”と“官話”

近隣外国語の教育と研究に携わる機関として高麗の 1276 年に設立された通文館は、朝鮮王朝初期の 1393 年に司訳院と改称された。通文館・司訳院で教科書として使用された書物を“訳学書”というが[7]、ここでは初期の訳学書と“官話”との関係に注目してみたい。

崔世珍が著した『老乞大』・『朴通事』の注釈書である『老朴集覧』は、『四声通解』の序（1517 年）にその書名が見られるため、『翻訳老乞大』・『翻訳朴通事』と同様 1517 年以前の成立であることが知られる。『老朴集覧』には、『朴通事諺解』に収められたものと、1960

[6] 古屋昭弘・丁鋒両先生のご教示によると、“合口聲”は -m 韻尾を表すものではないかという。

[7] 司訳院は当初中国語の漢学のみであったが、15 世紀以降モンゴル語の蒙学、女真語の女真学（のち満洲語の清学）、日本語の倭学が設置され、以後この四学を基本とする教育体制が組まれた。それぞれの部門における教科書は漢学書、蒙学書、女真学書（清学書）、倭学書と称される。

年代に発見された乙亥活字本という 2 系統のテキストがあるが[8]、乙亥字本の方には、『老乞大集覧』と『朴通事集覧』に挟まれた部分に"音義云"で始まる 1 丁があり、そこにも"官話"に関する言及が見られる。年代からすると、これも"官話"の使用例としては最早期のものに属すると思われる。

13) 『音義』云：舊本内説的"呵"字不是常談，如今秀才和朝官是有説的；那箇"俺"字是山西人説的；"恁"字也是官話，不是常談；都塗吊了改寫的這們。助語的"那、也、了、呵"等字輕輕兒微微的説，順帶過去了罷，若緊説了時不好聽。南方人是蠻子，山西人是豹子，北京人是태子，入聲的字音都説的不同[9]。

『老朴集覧』において『音義』は『質問』とともに引用の頻度が最も高い書物の一つであるが[10]、ここで引用される部分は他と異なり、かなり口語的な色彩が強い。

この部分で興味深いのは、"常談"と"官話"が対比的に用いられていることである。"呵"についての言及である"秀才和朝官是有説的"は中国語として通じにくいが、強いて解釈すれば、秀才や役人が話すものという意味になる。これによれば、"呵"や"恁"は当時"官話"の語彙と認識されていた模様であり、"都塗吊了改寫的這們"とは、それらを書き改めたことを指すと思われる。また、冒頭に"舊本内説的"とあることは、"呵"、"俺"、"恁"等の語彙が『旧本老乞大』にのみ存在し、『翻訳老乞大』以降では改められている事実とも符合する。これよりすれば、1480-1483 年における『老乞大』・『朴通事』の第一次改訂は、"官話"を"常談"に改めるという方向性を持っていたことになるであろう。

ここで用いられている"官話"が本義、即ち役人が使う言葉の意味で用いられていることは疑いない。

---

8 『朴通事諺解』には夾注の形で『朴通事集覧』の各項目が収録される他、巻末に『老乞大集覧』と『単字解』が付されている。乙亥字本は凡例、『単字解』、『累字解』、『老乞大集覧』、『朴通事集覧』からなり、より完全な形を持つ。

9 引用中"　"で囲んだ語彙は、原文では□で囲まれている。なお、ハングルを用いて"태子"と記されているものは、遠藤光暁 2005 によれば"呔子"即ち「地方なまり」のことと推定されるという。

10 乙亥字本の凡例には、「一、『音義』者即原本所著音義也。所譯或與『譯語指南』不同，今從『音義』之譯。『音義』有誤者，今亦正之。」とある。中村完 1967 はこの部分について、「その内容は旧本における助字の用法を比較したもので、体裁からすれば、さきの『字解』にでも組み入れられそうであるが、テクスト老乞大の特徴的な用字であったためか、この位置におかれたのであろう。」と述べている。

3.2 『直解小学』の体裁

先に“官話”の初出例として引いた『成宗実録』の記事は、『直解小学』についての評価として語られた部分であった。この『直解小学』という書物は偰長壽（1341-1399）の著[11]、14 世紀の末頃『老乞大』・『朴通事』にやや遅れて成立した漢学書の一つと思われるが、すでに佚書となっているため、その内容や文体については知るすべがない。ただ、“直解”と名付く書物は幾つか伝わっており、そこから『直解小学』の体裁を窺うことが可能である。ここでは、現存する“直解”の資料を二つほど挙げておきたい。

まず、元の許衡（1209-1281）は、世祖フビライ（在位 1260-1294）のブレーンとして元朝の支配基盤を作った漢人官僚の一人であるが、彼が 1278 年に集賢大学士兼国子祭酒としてモンゴル人子弟の教育に当たった際に、儒教経典の口語解である『直説大学要略』、『大学直解』、『中庸直解』等を著したとされる[12]。そのうち、『大学直解』の冒頭を引いてみると以下の通りである。

14) 大學直解　“大學”是這一部書名。
　大學之道在明明德　“大學之道”是大學教人爲學的方法；“明”是用工夫明之；“明德”是人心本來元有的光明之德。夫子說：古時大學教人的方法，當先用功夫明那自己光明之德，不可使昏昧了。
　在親民　“親”字本是“新”字；“民”是指天下百姓說。大人爲學，既明了自己明德，又當推此心，使那百姓每各去其舊染之汚，以明其明德，也都一般不昏昧。
　在止於至善　“止”是必到這裏不改移的意思；“至善”是說極好的去處。大人之學，明自己的明德，新百姓每的明德，都要到那極好的去處，不可些改移，方是成功。這三句是『大學』一部書的綱領，所以叫做“三綱領”。

いま一つは、元のウイグル系文人貫雲石（小雲石海涯、1286-1324）による『孝経直解』（正名『新刊全相成斎孝経直解』、1308 年刊）である。同様に冒頭の部分を引く。

15) 開宗明義章第一　開發本宗，顯明義理的一章。
　仲尼居　“仲尼”是孔夫子的表德；“居”是孔子閑住的時分。
　曾子侍　孔子徒弟，姓曾名參，根前奉侍來。

---

11 『定宗実録』巻 2、元年（1399）10 月 19 日の条に、「判三司事偰長壽卒。諱長壽，字天民，其先回鶻高昌人。…建文元年六月，奏奉聖旨，準請回還。十月，以疾卒，年五十九。訃聞，輟朝賜祭。官庇襄事，賜謚文貞。公天資精敏剛強，善爲說辭，爲世所稱。自事皇明，朝京師者八，屢蒙嘉賞。所撰『直解小學』行于世，且有詩藁數帙。」という記事がある。『直解小学』及び偰長壽についての全般的な事柄は小倉進平 1964：567-571，592-593 を参照。

12 許衡の著したこれらの書物とその言語については、拙稿 1996 を参照。

子曰　孔子說。

先王有至徳要道　在先的聖人□［有］至好的徳、□□［緊要］的道理。

以順天下　以這個勾當順治天下有。

民用和睦　百順［姓］毎自順［然］和順有。

上下無怨　上下□［人］都無怨心有。

汝知之乎　你省得麼。（太田・佐藤 1996 の校訂による）

全体的に見て、『孝経直解』の方が『大学直解』よりも口語的であることが窺えるが、文言の本文の後にそれを口語[13]で解説した部分が記されるという形式は共通している[14]。これによれば、『成宗実録』で言う“反譯”というのは文言を口語に直すことであると考えられ、また“間有古語”とはこのような文言を挟む形式について言ったものかもしれない。

なお、世宗期（1418-1450）に司訳院や承文院[15]の登用試験に用いられた課本として、『老乞大』・『朴通事』や『直解小学』と並んで『魯斎大学』、『成斎孝経』、『直解大学』等の書名が見えており（魯斎は許衡、成斎は貫雲石の号）[16]、こうした“直解”の文献が朝鮮半島でも流通していたことが窺える。

3.3 初期漢学書の言語に対する評価

『直解小学』と『老乞大』・『朴通事』はともに初期の代表的な漢学書であったと考えられるが、この両者が対比的に言及されている二つの記録を見てみよう。

16) 上護軍閔光美等六十人上言曰：臣等竊見我國自三韓至于高麗，世世事大。高麗設

[13] 本来“直解”とは「直截なる解釈」を意図したものであり、必ずしも「口語による解釈」を意図するものではない。ここでの「口語」とは多分に便宜的な表現であり、その実体としては大きな幅を想定しなければならない。

[14] ただし、『孝経直解』の自序に「嘗觀魯齋先生取世俗之□［言］，直說『大學』，至於耘夫蕘子，皆可以明之。世人□［愛］之以寶，士夫無有非之者，於以見魯齋化□［民］成俗之意，於風化豈云小補。愚末學輙不自□［揣］，僣効直說『孝經』，使匹夫匹婦皆可曉達，明於孝悌之道。」というように、『孝経直解』が『大学直解』の影響下にあることは明らかであり、形式も『大学直解』のそれを襲ったものと思われる。

[15] 承文院は 1410 年に設置された主に外交文書の作成を掌る部署であり、実用向きの語学を扱う司訳院と棲み分けがあったと思われる。小倉進平 1964：5-8 参照。

[16] 『世宗実録』巻 33、8 年【1426】8 月 16 日の条、同巻 47、12 年【1430】3 月 18 日の条など。なお、『世宗実録』巻 64、16 年【1434】4 月 2 日の条には、李邊・金何の二名が遼東に赴き『直解小学』について明人に質した際、劉進が本書を評して“看此解說，偰宰相不是等閑人，比於『魯齋大學』、『成齋孝經』此語尤好。”と述べたという記録もある。

漢語都監及司譯尚書房，專習華語，其時漢人來寓本國者甚多。至國初，置司譯院，如龎和、荊華、洪揖、唐城、曹正等相繼訓誨。由是親灸習業，人才輩出。然學徒所讀，不過『老乞大』、『朴通事』、『前後漢』等書而已。且其書所載，率皆俚近俗語，學者患之。判三司事偰長壽乃以華語解釋『小學』，名曰直解，以傳諸後。今主上益勤事大，增設講肄官別齋學官，幷前銜權知生徒及承文院吏文學官學生等，皆給餼廩，敦加勸勉，敎養之方，至矣盡矣，而無他師範，唯以直解一部爲習，長壽之功，至此大矣。而況中朝儒者見直解，皆以爲解説至當，敬慕不已，則長壽之爲人，可知矣。聖朝曾無褒賞，臣等竊惟憾焉。伏望殿下，特擧善善之長，録長壽子，超陞爵秩，則不惟慰長壽於地下，實是盛朝之令典也。命吏曹録用其子。（『世宗実録』巻93、23年【1441】8月11日）

17) 我朝列聖相承，至誠事大。然本國語音與中朝不同，使事交際之間，不無捍格不通之患。故我國家設承文、司譯院，講肄、習讀官常習漢音，其爲慮至深切矣。但所習者不過『直解小學』、『老乞大』、『朴通事』、『前後漢書』。然『直解小学』逐節解説，非常用漢語也；『老乞大』、『朴通事』多帶蒙古之言，非純漢語，又有商賈庸談，學者病之。（『訓世評話』李邊序）

上の16) は『直解小学』の成立の経緯について述べる中で『老乞大』・『朴通事』の言語に触れたもの、17) は李邊（1391-1473）による『訓世評話』[17]の序の中で『直解小学』及び『老乞大』・『朴通事』の欠点を述べたものである[18]。なお、これらはいずれも『老乞大』・『朴通事』の第一次改訂が行われる前の記録であるから、旧本についての言及と見てよい。

二書の評価をまとめてみると次のようになる。

表　『直解小学』と『老乞大』・『朴通事』に対する評価

例	『直解小学』	『老乞大』・『朴通事』	年代
16)	・解説が至当である	・言葉が通俗的である	1441
17)	・節ごとに解説し常用の漢語でない	・蒙古語の影響があり純粋の漢語でない ・商人の卑俗な言葉がある	1473

表によれば、『老乞大』・『朴通事』の言葉が通俗的であるという点では共通している。また、これを見る限り『直解小学』と『老乞大』・『朴通事』の言語は似ていないようであるから、『直解小学』は『孝経直解』よりも『大学直解』の方に近い文体であった可能性が高いと言えるであろう。

---

17 『成宗実録』巻31、4年【1473】6月13日の条に、「領中樞府事李邊纂集古今名賢節婦事實，譯以漢語，名曰『訓世評話』以進，傳曰：“今見所撰書，嘉尚不已。” 賜油席一張、蓑衣一件，仍命饋酒，令典校署印行。」とある。なお、日本に1518年刊本が現存する。

18 なお、これらと同時に挙げられている『前後漢』、『前後漢書』については未詳。

ここで改めて『成宗実録』における“官話”の初出例について考えてみると、これは葛貴が『直解小学』という書物を前にして、音声ではなく文字を見て発した言葉であるから、「官話でないため聞いてわかる人間がいない」という時に、少なくともその地域差、つまりこれが方言なのか共通語なのかという点は意識されていないと見るのが妥当であろう。即ち、ここでの“官話”は役人の言葉と解すべきである。先に引いた『老朴集覧』の用例とともに、最早期における“官話”はいずれも本義で用いられていると考えてよい。

4 まとめ

“官話”の誕生について、太田辰夫 1954 は次のように述べている。

18) ただ明代に起こった官話の称が“漢児言語”の卑俗さに対する反動として生じ来ったものか、それとも南方音を排除する意図に出たものかは未だ明確になし得ない。清代における官話の奨励が南方音ことに福建広東音を排除する目的であったことは周知の通りであるが、明代においても同じかどうかはっきりしない。

太田氏は慎重に両論を併記しているが、以上に見てきた朝鮮半島の諸文献に即して言うならば、「“漢児言語”の卑俗さに対する反動」として出現したとする前者の見解が正しいと思われる。即ち、朝鮮半島における“官話”は 15 世紀に役人の言葉を意味する語として使用が確認され、その後 17 世紀までの間に中国語の共通語、さらに話し言葉としての中国語そのものを指す呼称にまで派生したと考えられる。これが中国本土における変化とリンクしたものなのか、それとも朝鮮半島で独自に生じた変化なのかという問題については今後の課題としたい。

参考文献

太田辰夫 1954.「漢児言語について―白話発達史における試論―」,『神戸外大論叢』5/2 : 1-29 頁。1988.『中国語史通考』253-282 頁。東京：白帝社。

太田辰夫・佐藤晴彦編 1996.『元版孝経直解』。東京：汲古書院。

大塚秀明 1996.「明清資料における官話という言葉について」,『言語文化論集』42 : 111-129 頁。

木津祐子 2007.「清代琉球官話課本にみる言語と文献」, 内田慶市・沈国威編『19 世紀中国語の諸相』151-174 頁。東京：雄松堂出版。

小倉進平著, 河野六郎補注 1964.『増訂補注朝鮮語学史』。東京：刀江書院。

川名公平訳, 矢沢利彦注 1982.『中国キリスト教布教史』1（大航海時代叢書第Ⅱ期 8 巻）。東京：岩波書店。

金文京・佐藤晴彦・玄幸子訳注, 鄭光解説 2002.『老乞大―朝鮮中世の中国語会話読本』（東洋文庫 699)。東京：平凡社。

竹越孝 1996.「許衡の経書口語解資料について」,『東洋学報』78/3：01-25 頁。

中村完 1967.「李丙疇編校『老朴集覽考』」,『朝鮮学報』45：118-124 頁。

古屋昭弘 1989.「宣教師資料に見る明代の官話」,『早稲田大学大学院文学研究科紀要 文学・芸術学編』35：69-79 頁。

山川英彦 1977.「《老朴集覧》覚え書き」,『名古屋大学文学部研究論集』70：61-72 頁。

丁鋒 2010.「《燕行録全集》所見朝鮮使者的明清語言記録」，嚴翼相・遠藤光曉主編『韓漢語言探索』163-211 頁。首爾：學古房。

李丙疇 1966.『老朴集覽考』。首爾：進修堂。

汪維輝 2010.「《高麗史》和《李朝實録》中的漢語研究資料」，嚴翼相・遠藤光曉主編『韓漢語言探索』119-162 頁。首爾：學古房。2010.『漢語史學報』9：221-242 頁。上海：上海教育出版社。

遠藤光曉 2005.「《老朴集覽》裡的音韻資料」，嚴翼相・遠藤光曉編『韓國的中國語言學資料研究』31-49 頁。首爾：學古房。

竹越孝 2008.「韓漢語言史資料研究概述—語法詞彙部分」，遠藤光曉・嚴翼相編『韓漢語言研究』489-506 頁。首爾：學古房。

『廣應官話』と乾隆年間の琉球通事

木津　祐子
京都大学

明清時期，東亞地區存在一種可稱為“官話圈”的語言溝通空間。各地通事使用的官話受了本地與通商對手雙方的語言影響，往往呈現出相當“現地化”了的語言實體。本文擬以琉球通事所編的《廣應官話》為核心材料，討論其語言特徵與其成書背景，以指出《廣應官話》有一定程度與《白姓》、《人中畫》系通事書相近，其成書背景也與《白姓》系學統（即鄭、蔡家一脈學統）有關。通過《廣應官話》的考證，我們就更能深入了解乾隆年間琉球通事的家學和學統及其所學到的官話反映的現地化實體。

琉球　官話　通事　白姓　現地化

1 琉球通事の学んだ官話について

琉球の通事書が書記言語として採用したのは、紛れもない口頭語「官話」であった。しかしそこには、何らかの方言の影響を受けたと思われる、規範を外れた句が数多く出現する。このようなある種の地域的特徴を帯びた通事書の言語については、かつて拙稿 2004b・2008・2012 などで論じたことがあるので、詳細はそれに譲るが、後の議論の前提となるので、各通事書間の主な言語的差異について、下に挙げておくこととする。

A系：『白姓』『人中畫』に用いられる官話の特徴
・已然体否定副詞に「没有」を用い、「不曾」「未曾」は用いない。
・「可＋VP」による是非疑問文を使用する。
・連帯・對象を表す介詞や連詞の「替」を多用する。
B系：『官話問答便語』『学官話』に用いられる官話の特徴
・基本的に、「不曾」「未曾」を用い、否定副詞「没有」の機能は未発達である。
・「可＋VP」疑問文は存在しない。
・介詞「替」は、受益者を導く用法のみを有し、連帯・對象は表さない。

これらは、通時的差異というよりも、共時的地域的差異を反映すると考えるのがより合理的であろう。ここでいう「地域的差異」とは、単に方言の問題のみならず、それを用いる具体的な状況、つまり、『白姓』なら那覇で山東や蘇州の漂着民と、『官話問答便語』ならば福州で当地の人々と、というような状況である。本論では、このような多様な意味をもつ「地域的」な変容を各通事書の「現地化」と呼ぶこととする。さて、ある種の方言の影響を受けた「官話」は、現代では規範外の「錯句」と見なされるが、当時の通事が「官話」学習のために用いた通事書では、これらは殆ど排除されない。もちろん、「錯句」と気づけば随時修正が施される。例えば『官話問答便語』の異本では、天理本が受事前置文で表す「処置式」を、赤木本がより規範に近い「把」字句に書き改めた形跡が見えるし（拙稿 2012)、『人中畫』で白話から官話に翻訳する際、中国刊本の否定副詞「不曾」「未曾」を、すべて悉く「没有」に改めたのも、より規範に近い官話を採用しようとした現れと見なすことができよう（拙稿 2011)。

一方、これら官話学習の主体である久米村通事については、従来は、あくまでも集団として扱われてきた。あたかも一枚岩のように語られてきた琉球通事について、筆者はまず通事書の内部差異を明らかにすることから着手して、その集団内部に、乾隆年間、鄭家と蔡家を中心とする有力な学門が存在したことを明らかにした。その学門は密接な姻戚関係を基礎に構成されており、彼ら一門が編纂した『白姓』（そして恐らく『人中畫』も）は、当初その閉じた集団の中で「秘伝書」として学ばれたのではないかという見立ても同時に示した。『白姓』成立時期とほぼ同時期に、やはり勤学生として福州に滞在した他の通事家子弟に『白姓』の官話は学ばれなかったこと、『白姓』『人中畫』のみが伝承する八重山に、初代通事が久米村鄭作霖から「秘伝書四部」を伝受された記録が残ること[1]等は、その根拠の一つである（以上、詳細は拙論 2004ab、2008b、2011 を参照のこと)。

本稿では、以上これまで明らかとなった諸点を基礎として、新たに『廣應官話』を取り上げ、その言語の特徴から見た当該学門との関係について考察したいと考える。

2 『白姓』と『人中畫』

さて、『廣應官話』の議論に入る前に、『白姓』と『人中畫』との間の結びつきについて、一点補足をしておくこととしたい。

まず、日本国内に現存する琉球写本『人中畫』は以下の通りである。

A：天理大学図書館蔵『人中畫』五巻
「風流配」「自作孽」「狹路逢」「終有報」「寒徹骨」

---

1 八重山《上官姓系圖六世正儀》八世正恕（初代官話通事）の家譜に、次のように記される。

同（＝乾隆）三十九年甲午奉　憲令爲學習官音事，駕夏立地船……奉請久米府唐榮鄭氏伊良皆通事親雲上諱作霖公，日夜攻學官音併雜案。至翌年三月間，已講究四聲平仄等。既蒙授賜先生秘傳書四部，乃稟　朝廷請回藉［籍］……

B：京都大学文学研究科図書館蔵『人中畫』五巻（敦厚堂の印記有り）
「風流配」「自作孽」「終有報」「寒徹骨」（付：『白姓』一巻）
C：東京大学総合図書館蔵『人中畫』四巻（武藤長平氏旧蔵本）
「風流配」「狹路逢」「終有報」「寒徹骨」
D：八重山博物館蔵『人中畫』一巻
「自作孽」。東大本「風流配」と筆跡及び書型が酷似する。

A 天理大学蔵本は、琉球写本『人中畫』が底本とした、繁本系中国刊本（嘯花軒本）と同じ五巻立ての形態を保持するが、B〜D の各所蔵本は完本ではない。ただ、B の京都大学蔵本は、缺本の「狹路逢」に換わって『白姓』を同帙に納め、両者の密接な関係を示す証左となり得ることは、拙稿 2011 にて論じた所である。

C 東京大学蔵本は五巻の内「自作孽」のみを缺き、D 八重山博物館蔵本は「自作孽」のみを存す。この東京大学蔵本は、天理大学本と京都大学本とが、書型及び筆跡の一貫する内部統一性の高いテキストであるのに対し、かなり不揃いの外見を呈す。即ち、「風流配」「終有報」「寒徹骨」三巻と比べて「狹路逢」は明らかに異なる大きさの本で、書式の面でも、「風流配」は 9 行 20 字、「終有報」「寒徹骨」は 8 行 20 字、「狹路逢」は 8 行 14 字である。筆跡も、「終有報」「寒徹骨」の二冊はほぼ同じ手と見なすことができるが、残る二巻は各々筆跡を異にする。注目すべきは、八重山本の「自作孽」の筆跡が、東京大学本四巻の内、「風流配」一巻に酷似することである。9 行 20 字という書式も共通する。それぞれ個別に修復を経ているので確定は難しいものの、恐らく元来は大きさもほぼ同じであったと思しい。つまり、八重山博物館蔵「自作孽」は、本来東京大学蔵「風流配」と出処を同じくしたのではないかと推測されるのである。

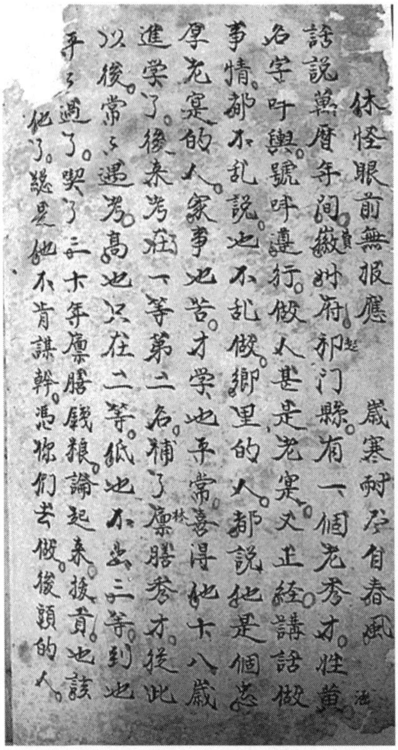

休怪眼前無報應　歲寒耐冬自春風
話説萬曆年間徽州府祁门縣有一個老秀才姓黄
名守叫興號叫遠行做人甚是老寔又且經講話做
事情都不乱説也不乱做郷里的人都説他是個忠
厚老寔的人家事也苦才学也平常善得他十八歲
進学了後来考在一等第二名補了廩膳秀才從此
以後常常遇考高也只在二等低也不出三等到也
平平過了喫了三十年廩膳錢粮論起来該貢也該
他了總是他不肯謀幹憑你們去做後頭的人

八重山博物館藏『人中畫』自作孽

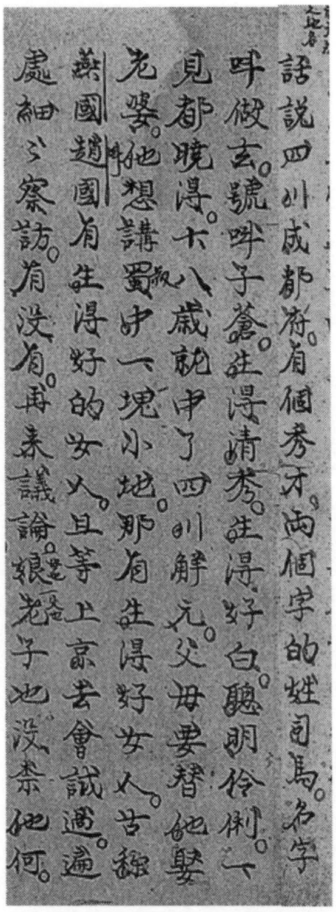

話説四川成都府有個秀才兩個字的姓司馬名字
叫做去號叫子蒼生得清秀生得好白聰明伶俐一
見都曉得十八歲就中了四川解元父母要替他娶
老婆他想講蜀中一塊小地那有生得好女人古稱
燕國趙國有生得好的女人且等上京去會試過遍
處細細察訪有没有再来議論娘老子也没柰他何

東京大学図書館蔵『人中畫』風流配

東京大学蔵『人中畫』については、同図書館目録カードに「本書者、故武藤長平在琉球蒐集圖書之一也。因同武藤氏朱印存焉」と記すのが、来歴を示す唯一の資料である。ただ、武藤長平氏が琉球のどこで本書を蒐集したかについては、これだけでは知る術がない。一方の八重山博物館蔵本「自作孽」の寄贈者は、石垣島出身の崎山孝子氏と記録され、元々八重山に伝わっていたテキストと考えて間違いはない。

いま、武藤長平氏の『西南文運史論』(岡書院、1926)「琉球訪書志」を繙くと、『人中畫』に関して次のような記事が見える。

> …また琉球特有の唐音稽古本には『白姓官話集』『尊駕』の二册がある　共に写本で伝わった、支那小説では『人中畫』が最も流行して唐音稽古のために皆の読んだものらしい、八重山の四ヶ村なる金城、宮城、大濱等の唐通事家には『狹路逢』『終有報』『金玉奴』『隋唐合傳』『玉匣記唐集』『新鐫人中畫』等の支那小説類が残存して唐音研究が盛んであって唐通事の人々は態々首里や久米村へ稽古に出た当時の有様を偲ばする（同書 200 頁）

列挙される中で、『新鐫人中畫』の書名は、『人中畫』巻一の目録直後、第一巻の「風流配」という題目の直前に記される内題に一致する。全巻の巻頭にも、また他の「自作孽」

「狹路逢」「終有報」「寒徹骨」などの巻頭にも、現存するテキストを見る限りこの五文字は記されない。「風流配」の一巻のみがそれを有するのである（東大本では目録後の内表紙の位置にこの五文字が配される）。仮に、武藤氏が『新鐫人中畫』と称するテキストも「風流配」であったと仮定すると、東京大学蔵四巻中の「狹路逢」「終有報」「風流配」三巻までが、この「八重山の四ヶ村なる金城、宮城、大濱等の唐通事家」での訪書に一致することとなる。現東京大学蔵本『人中畫』は、八重山での蒐集がその本体となっていると考えることも、あながち荒唐無稽な推測とは言えまい。東京大学蔵本と八重山博物館蔵本とを結びつける、より決定的な根拠は現時点では存在しないものの、いまは、ともに八重山に伝承した、元来は近い出処を有するテキストであると仮定したい。

上でも述べた通り、八重山には『白姓』と『人中畫』のみが伝わり、『學官話』『官話問答便語』の二種が伝承したことを示す記録は見られない。この事実も、『白姓』『人中畫』が、『學官話』『官話問答便語』と系譜上において、一線を画すことを示す。

3 『廣應官話』について

3.1 天理本『廣應官話』と法政本『廣應官話総録』

『廣應官話』二巻は、全体を類書のように門類によって分かち、それぞれについて、語彙・短句・問答集を収めた総合的な官話教材である。語彙には、繁簡は不統一ながら、中国語により語義解説が施される。問答部分は、福州を舞台にした対話例を多く含む。

日本に現存する『廣應官話』は、管見の限り、下の二種類である。

（1）天理大学附属天理図書館蔵『廣應官話』二巻　全一冊　毎半葉八行
本文巻頭内題の下に「唐榮梁允治永安氏彙定　同學蔡銓玉臺氏幫彙」。補強のために、『人中畫』「終有報」「寒徹骨」「風流配」の封面を用いる。

（2）法政大学沖縄文化研究所『廣應官話總錄』二巻　上下二冊　毎半葉六行
封面は「廣應官話」、内題は「廣應官話總錄」
「身体門」末尾に、「人面図」「背面図」「背身図」「人身図」四幅を付す。

下が両者の目録である。天理本は、関連する附録的項目（下線部）を目録に挙げる傾向はあるが、構成の骨格は両者ほぼ共通することが見て取れよう。

巻一 天理：天文門、時令門、地理門、珍宝門、人品門、身体門、飲食門、衣服門、采色門、船身門、<u>船上槓椇、福建省、官名、打對稱呼、邊頭字類</u>
法政：天文門、時令門、地理門、珍宝門、人品門、身体門、飲食門、衣服門、采色門

巻二 天理：宮室門、人事門、<u>下棋言語</u>、文史門、<u>印插方、永字八法</u>、器用門、<u>馬器數、發拳言語、蘇州馬子式</u>、魚蟲門、禽獸門、花木門、菓菜門、俗語門

法政：宮室門、人事門、文史門、器用門、菓菜門、魚蟲門、禽獸門、花木門、船册集、時話集

両者は異文の関係にあり、言語体系の相違も含め、それぞれに興味深い特徴を有する。例えば、法政本の「身体門」末尾に置かれる「人面図」「背面図」「人身図」「背身図」四幅の図版は、福建漳浦の人蔡奭が撰した正音書『官音彙解釋義音註』（乾隆 17 年序）巻頭の四幅を模写したものであるなど、久米村通事の官話学習の源泉を探る上で興味深い事象を含む。また、各門の内容についても、その本体部分は同じものと見なしうるが、細かな表現や配列、また収録語彙数や問答数などについては、相互に異同も多く見られる。特に「身体門」は、冒頭の語彙の内容から大きく異なっており、法政本が上記の通り『官音彙解釋義音註』の図福を踏襲することから考えて、少なくとも法政本は、何らかの別の来源を有するテキストを、後から取り込んだ可能性も考慮すべきであろう。相対的に、双方が用いる言語特徴や、施された原注にも相違点が見出されることから、それぞれ当初の形態に、伝承の過程で改訂や増補を行いつつ、個別に発展を遂げたものが、現存のテキストだと考えるべきであろう。

3.2 二種の『廣應官話』の言語的特徴について

本節では、二種の『廣應官話』問答部分に現れる言語的特徴を取り上げ、両者の異同を概観することとしたい。まず、主な共通点は次の通りである。

（1）副詞「滿」。天理本・法政本ともに共通して、「隨便」義の副詞「滿」を用いる。これは、他の通事書でも A 系（『白姓』『人中畫』）と B 系（『官話問答便語』『學官話』）を問わず、広く見られる琉球通事書の特徴の一つである。

1　你滿講將個價錢來。（「珍寶門」）＝你隨便講個價錢來。

この副詞「滿」については，陈泽平 1998:212 の次の指摘が重要である。つまりこれは、現代に至るまで福州方言話者が通語を話す際に陥りやすい特徴の一つとされる。

> 普通话中并没有“满”这样一个副词，这是套用了福州话的情态副词“罔”。表示“随便”“姑且”“将就”“随意”或行为没有特定目的。普通话中没有与之对应的副词。

（2）已然体否定副詞。已然体否定副詞は琉球通事書の A 系と B 系を区別する上で、最も重要な相違点であった。つまり A 系は「没有」を用い、B 系は「不曾」「未曾」を用いるのであるが、『廣應官話』では、その双方の使用が観察される。

没有：2　妹還没有做親。（人品門）

3　從没有冤枉一個人。（人品門）

4　好久沒有看見，去那裡來呢？（閑言門）

不曾：5　不曾算過，不曉得。（衣服們）

6　不曾把尺量過，不曉得。（衣服們）

7　這幾天都不曾相見，去那裡來？（閑言門）

特に、4と7は本文中に出現する場所が接近しており、内容もほぼ重複することから、双方の表現を並存して学ぼうとする意図が示す重要な例である。

（3）連同・対象を示す介詞「替」を使用。これはA系に共通する特徴である。

8　用的錢替中國一様麼？（珍寶們）

9　我替你講的話你總不聽我。（人品門）

10 弟雖是一個官，替你列位都是一様。（人品門）

続いて、以下は、両者の主たる相違点である。

（4）句末の語気詞。法政本には、用例は決して多くはないものの、「呢」と「哩」を区別して使用する傾向が見られる。その場合、疑問の語気には「呢」を用い、陳述語気には「哩」を用いる。一方の天理本は、いずれの場合も同様に「呢」を用いる。

	天理	法政
疑問	11 怎麼我買不起呢？	14 怎麼我買不起呢？
陳述	12 還要罵你呢。	15 還要罵你哩。
	13 當是假銀呢。	16 當是假銀子哩。（以上、「珍寶門」）

刘坚・江蓝生 1992 は，北方官話における「呢」は、『紅樓夢』以降ようやく陳述語氣と疑問語氣双方の機能を獲得し、それ以前（『儒林外史』や『岐路燈』など）は、「呢」「哩」が区別、もしくは「哩」が優勢的に使用されたと指摘する。ただ、そこには地域的な背景が存在し、呂叔湘が言う所の金元系白話（燕京中心）では陳述に「呢」、同じく平話系白話（汴京と臨安を中心とする地域）では陳述に「哩」が多く用いられる事実にも注目する（刘坚・江蓝生 1992：pp.175-181）。

『廣應官話』二本間の用法の違いが、果たして時代的差異なのか地域的特徴を反映するものか、現時点で判断することはできない。というのも、『廣應官話』には、次項で見るとおり、他にも重要な方言の影響が見出されるからである。ちなみに、他の琉球通事書では、『白姓』『人中畫』では「呢」「哩」が区別され、『官話問答便語』では、区別が判断できるほどの「哩」の用例が見られない（天理本『官話問答便語』では全部で二例、法政本『官話問答便語』では一例のみ。拙稿 2004b:609）。

（5）方言量詞「兜」。天理本に出現する量詞「兜（＝普通話「棵」）」は閩東方言に典型的な量詞であるが[2]、それは法政本では「顆（＝棵）」に置きかえられている。

天理：17 這兜榕樹好大不知有多少年代了。（菓菜門）
法政：18 這顆榕樹好大不知有多少年代。（花木門）

（6）声母/f-/と/hu-/の混同。本文に反映された語音上の特徴を一例挙げておくこととする。

天理：19 天紛紛亮了（原注云，天色朦朧）
法政：20 天昏昏亮了（原注云，略光也）（「天文門」）

「紛」は中古敷母文韻字、「昏」は曉母魂韻字である。原注から考えると、当然「天昏昏亮了」が正しく、「天紛紛亮了」は成立しない。しかし、この二種の用字法は、中古軽唇音声母/f-/（非母敷母）が曉母合口/hu-/で現れる閩語文言音の特徴を反映する。つまり天理本（或いはその底本）の作者は聴覚によって「紛」字を用いたと思われ、当該人物が学んだ官話では、/f-/と/hu-/両者が区別されなかったことを示唆するのである。

4 『廣應官話』の撰者梁允治について

前章では、『廣應官話』の言語的特徴について概観した。本章では、その成立に関して、撰者に擬される梁允治を手がかりに考えてみたい。

先に見たとおり、天理本『廣應官話』上巻巻頭には、撰者の梁允治、編集幇助に蔡銓という二名の名が記される（法政本には両者の名は見えない）。残念ながら、現存する久米村系家譜に両者の伝は失われていて、生平に関する詳細は不明である。しかし実は、梁允治は、乾隆 24 年（1759）に国子監官生として選ばれ北京に赴いた四名の中の一人として歴史に名を残す。不幸にも、彼は乾隆 25 年正月に入監した後に病に倒れ、同年 4 月 20 日、北京の地で客死するのだが、その間の事情は、中国の琉球関係檔案史料にも多くの記録が残される[3]。

もしもこの梁允治が『廣應官話』の撰者だとするなら、本書の稿本は、彼が中国へ旅立つ乾隆 24 年には成立していなくてはならない。彼本人の家譜が失われている為、その時点での彼の経歴について知る由はないのだが、他の家譜中に、彼本人や子供について記録数

---

[2] 林寒生 2002：75 は、福州・長樂など閩東方言 10 地点では、一つの例外も無く全て「兜」を使用すると指摘する。

[3] 乾隆二十五年正月初二日「禮部為琉球入監官生梁允治等應給服裝及口糧食物事致內務府咨文」（《清代中流關係檔案三編》，中華書局，1996, p.87）、乾隆二十五年四月二十九日「禮部為琉球國入監官生梁允治身故事內務府咨文」（同上，p.101）。

条を見出すことができる。

1：（蔡）十三世諱功熙…乾隆十三年戊辰二月十日長女加路銘年十六歳嫁都通事梁錫光外間親雲上長男梁允治。 《蔡氏家譜（具志家）》

2：（蔡）十二世諱光祖…乾隆三十九年甲午九月二十三日五男任貴年二十歳娶梁允治外間親雲上三女真牛。 《蔡氏家譜（仲井間家）》

3：（蔡）十三世楫…長男慎娶李繼志知念筑登之親雲上喜紀長女也、再娶梁允治外間親雲上第四女也…室梁氏武樽金生於乾隆二十四年己卯八月二十日午時…。 《蔡氏家譜（儀間家）》

4：（曾）七世紫金大夫信…男璜娶中議大夫蔡培福地親雲上二女真牛也。
八世若秀才璜…次男謙娶梁允治故外間親雲上二女。 《曽姓家譜（中宗根家）》

梁允治は乾隆 13 年（1748）に結婚し（1）、北京に出立する同 24 年にはすでに四人の娘がいた（3）。称号は「外間親雲上」と、采地名を冠した「親雲上」位を名乗っていることから（2・3・4）、既に高位に在ったこともわかる。また、乾隆 24 年の琉球官生を記録する中国檔案史料では、常に梁允治の名を四人の筆頭に掲げていることから[4]、同時に入監した官生の中では、彼が最年長もしくは最高位の人物であったことも推測される。それであるなら、官生に選ばれた時点の梁允治は、既に相当の通事経験と、恐らくは中国への渡航経験も有しており[5]、『廣應官話』を編纂するに十分な言語能力を備えていたと考えることも可能であろう。

また、1～4 からはもう一つ興味深い事実が浮かび上がる。梁允治を取り巻く婚姻関係が、悉く『白姓』中の重要な登場人物たちに繋聯するのである。

まず目を引くのは、彼の四女が、『白姓』の重要人物である蔡楫の長男に嫁いでいることである（3）。蔡楫は、『白姓』には元服間もない最年少の官話学生として登場していたが、物語の中心人物の一人、鄭通事（鄭文鳳）の義理の弟として、鄭通事と難民間の書物の接受を何度か取り持っている[6]（拙稿 2011）。また、梁允治自身の妻は蔡功熙の長女であるが

---

[4] 前注参照。

[5] 『廣應官話』の問答集には、福州在留生活を想定した問答が数多く含まれる。

[6] 次のような会話が『白姓』中に見られる。

○難民：弟這裡還有替通事點的書，今日帶去不帶去。

鄭通事（即鄭文鳳）：點完了麼？

難民：還沒有點完。

鄭通事：沒有點完，把那點了的給我帶去，還沒有點放在這裡，等點完了，小舅蔡克慎（即蔡楫）不時常來，交給他轉寄給弟。費兄的精神，再來拜謝。

○難民：前日令姐夫鄭通事留有几本書在這裡點。如今點完了。蔡先生順便帶去，寄還給他

(1)、その次女は、『白姓』に登場する鄭天保の弟天眷に嫁いでいる。さらに、梁允治の女婿の一人曾謙は、蔡楫の父の、『白姓』では蔡通事として、常に尊敬を以て言及される儀間親方蔡培の外孫（蔡培の次女の息子）にあたる。

以上の人物関係をまとめたのが、下の相関図である。

【人物相関図】[7]

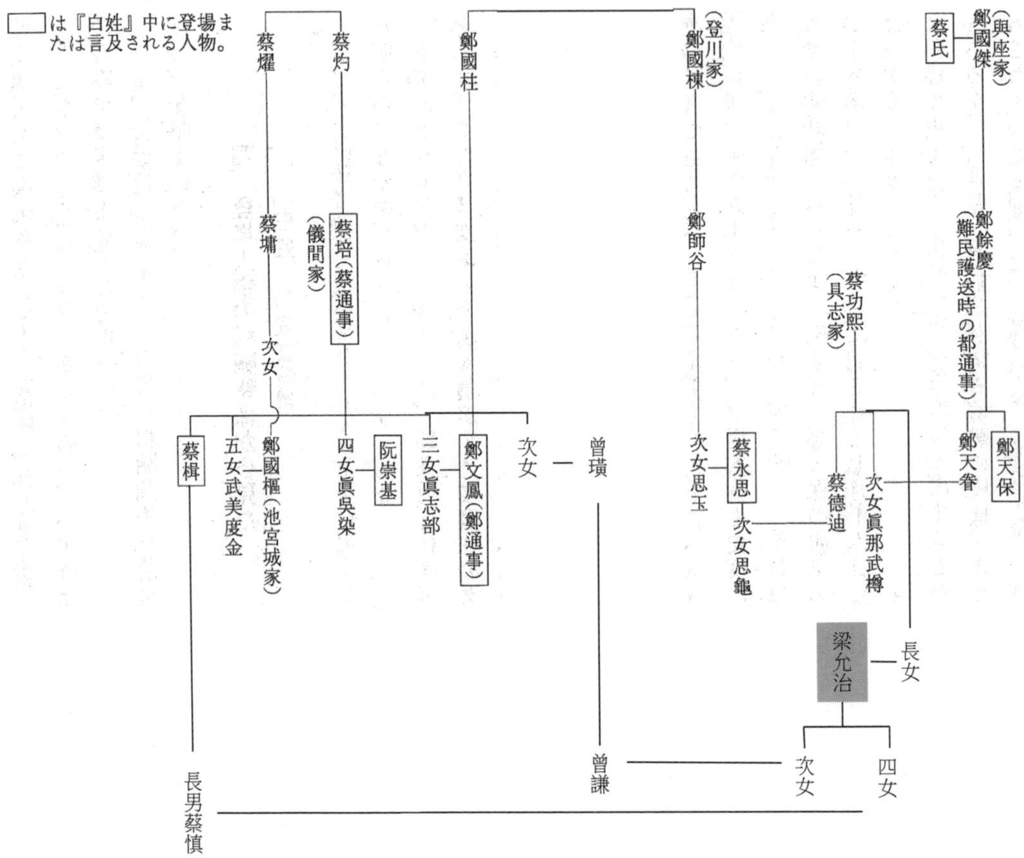

好麼。

蔡楫：昨日見家姐夫，也替我説過。先生這裡替他點的書，既然點完，小弟帶去還他。好不過的。家姐夫還有話托小弟説，有勞先生，另日面謝不盡。

難民：好説。煩勞兄臺，替令姐夫説一聲，弟所點的，差錯處狠多，不是弟不盡心，弟因見識有限，不要見怪。看有不著所在，自家更正。

7 本相関図作成には、京都大学鈴木史己氏の協力を得た。

5 まとめ

『白姓』は、乾隆18年11月執筆の林啓陞序をもつ[8]。しかし、その完成した『白姓』稿本が琉球に持ち帰られるのは、最短でも翌19年夏の接貢船帰還を待たねばならない。物語の登場人物であり尚且つ完成に深く関わった鄭家・蔡家学門が、それを用いて官話学習を開始するのもそれ以降のこととなる。乾隆19年帰還の接貢船には、勤学生として前年に渡唐していた、蔡培の三女婿である鄭國樞が乗船したことが彼の家譜記録からわかっており、林啓陞に『白姓』の校正と序文を請うた鄭鳳翼も或いは共に帰国していたかもしれない[9]。いずれにしても、鄭家・蔡家一門にとっては、待望の新しい官話教材到来であったはずである。時は、翌年に乾隆初の冊封使の来琉を控えた時期[10]、通事家にとっては勲功を挙げるまたとない機会として、官話学習の機運は当然高まっていたであろう。

『廣應官話』の撰者に擬される梁允治が、乾隆24年に官生として選抜されるまでに、『白姓』や『人中畫』を学んだかどうかを伝える史料は存在しない。ただ、上に見たとおり、梁允治は鄭家・蔡家に密接に列なる姻戚関係の中に有り、しかも後に官生に選ばれる程の有為の人物であり、家学を支える人材としての条件は有していたと見なしうる。『廣應官話』が、否定副詞で『白姓』系と『官話問答便語』系双方の特徴を並存すること、介詞「替」は『白姓』系を取り入れていることなどは、或いは彼が、伝来から暫くは「秘伝書」扱いであった『白姓』を学び得たことを示す例として、積極的に評価すべき特徴の一つなのかもしれない。このように、琉球通事書に見られる官話の多様な実態と学習の痕跡は、我々に、官話は常に修正或いは学習過程の状態で通用し得たという事実を伝える、貴重な資料と言うことができよう。

最後に余談を一つ記すことをお許しいただきたい。実は『白姓』には、腹痛を起こした鄭通事の代役で難民施設の当番を担った「梁通事」と呼ばれる人物が登場する。本文中に情報が乏しいため、拙稿2008においては人物特定には到らなかった。この「梁通事」を梁

---

8 林序の当該部分は次の通り。

…正在無聊之間，適有琉球國青年俊士姓鄭諱鳳翼者從吾門下。（中略）…懷有一集問答官話，請予□正。予閱之，始知是山東登州萊陽縣白瑞臨商人，于乾隆十五年間遭風飄到琉球國，彙纂官話一集。細閱其詞，果係細論條目工夫，又奚須更正爲哉。但思行文，用此虛字虛句，可以爲起承轉合之過接，今止平常說話，可以不必用此文辭也。遂援筆略改一二，便見直截。妄爲一序，還祈高明勿以老叟之言爲謬也幸矣。　／乾隆十八年癸酉十一月穀旦 林啓陞守超氏較正

9 鄭鳳翼は、『歴代宝案』第二集巻八によると、乾隆21年5月には接貢使節の一員に任命されており、乾隆19年、遅くとも20年に帰国していなくてはならない。（沖縄縣立圖書館史料編纂室編『歴代寶案』校訂本第五冊 p.245、同 p.260）

10 この時の冊封使は、正使が全魁、副使は『琉球国志略』の著者周煌である。

允治とする根拠は存在しないのだが、少なくとも、当番期間中の難民との対話記録を、鄭通事や鄭世道ら『白姓』纂集の中心人物に提供し得る存在として、梁允治が有する姻戚関係は重要な要素とは思われるのだ。もちろんこれ以上は現時点では未詳である。

参考文献

木津祐子 2004a. 赤木文庫藏《官話問答便語》校注（稿），《沖繩文化研究》31（法政大學沖繩文化研究所）：543-657 頁

2004b. 琉球編纂の官話課本に見る“未曾”“不曾”“没有”—その課本間差異が意味すること—，《中國語學》251：34−55 頁

2008. 《白姓》の成立と傳承—官話課本に刻まれた若き久米村通事たち—，《東方学》115 号：123-140 頁

2011. 琉球本《人中畫》の成立—併せてそれがとどめる原刊本の姿について—，《中國文學報》81：36-57 頁

2012. 「官話」の現地化—長崎通事書の二重他動詞“把”と琉球通事書の処置文—，《京都大學文學部研究紀要》51：129-147 頁

陈泽平 1998.《福州方言研究》付録「福州人说普通话词汇语法典型错误分析」，福建人民出版社

瀬户口律子 1996. 日本琉球的中国语课本《广应官话》，《中国语文》1996-4: 283-287 页

林寒生 2002. 《闽东方言词汇语法研究》，云南大学出版社

刘坚、江蓝生 1992. 《近代汉语虚词研究》，语文出版社

馬若瑟『中國語文註解』(Notitia Linguae Sinicae) 例句來源考

千葉　謙悟
中央大學

本文以馬若瑟的『中國語文註解』（*Notitia Linguae Sinicae*）口語篇為材料，對1935 條例句進行窮盡式的分析，探討其例句的來源。調查表明，書中例句大多數摘抄自『金瓶梅』、『古今小說』、『水滸傳』等文學作品，馬氏本身作出的例句則似乎很少。而且很多語料引自沒在書中提及的文獻。同時，馬氏對語料進行一系列處理，刪除或更改代詞和稱呼，使人很難窺測例句有出典。人們至今認為『中國語文註解』是一本官話語法書，反映了當時口語的實際面貌，而從例句的性質來看，它則含有相當古老的成分。這让我們不得不重新思考明清來華傳教士所掌握的中文，特別是「口語」具有何等性質。本文還指出需要對整個西洋資料進行詳細的出典調查。

馬若瑟　Notitia Linguae Sinicae　漢語劄記　西洋資料　出典

1 前言

馬若瑟的『中國語文註解』(*Notitia Linguae Sinicae*, 又譯『漢語劄記』。下面簡稱『註解』) 由於例句豐富、注釋極詳，被看作是 18 世紀前半葉的著名官話研究資料。如下面詳述，『註解』有緒論、口語篇和文言篇。全篇都用漢字揭出例句，賦予羅馬字標音和拉丁譯文，此外，有些地方在語法或修辭方面加上了詳細的註記。而文言篇的羅馬字則沒有聲調符號，有時連標音本身也被省略，可見口語篇作為語言資料之寶貴。總之，大量的例句可謂是『註解』的一大特徵。

但是，這些例句的出處還沒有得以研究考證。Lundbaek（1991：64）說：「馬若瑟所舉的例句沒有一個是自己作出來的，都是從元代戲曲和通俗文學搬移過來的。」這個論述沒有經過論證，不知他如何能導出這個結論。於是关于語料出處的問題層出不窮：這麼豐富的例句源自哪裡？真的沒有馬若瑟自己作出的嗎？沒有他身邊的中國教師提供的嗎？例句的出處將在很大程度上影響到『註解』的資料價值。因為所搜集的語料的性質會決定文獻的資料價值。同時，語料來源的研究結果會影響到整個西洋資料的價值。因為如果西洋資料所利用的語料都不反映當時口語而只把文學作品的片言隻語譯過來的話，那麼用它當作資料的歷史語法研究將基本失去意義。鉴于此，本文將考察『註解』口語篇例句的來源，並探討其資料價值以及馬若瑟想要把握、想要教授的語言的特徵。

以往對『註解』的研究有兩個方面：一個是基礎研究，另一個是語言研究。基礎研究主要指翻譯和影印。該方面早有 Bridgman（1847）、何群雄（2002）、張西平等編（2003）和千葉 (2004, 2005a, 2005b, 2008, 2010, 2012)等成果。關於語言研究日本有丁峰（2008）、千葉（2009）等，中國有李真（2012）等文章。

2 馬若瑟與『註解』

Joseph Henri Marie de Prémare（1666-1736）是法籍来華天主教傳教士。中文名字是馬若瑟。他 1666 年 7 月 17 日生於法國諾曼底（Normandie）的舍兒堡（Cherbourg）。他 1683 年加入耶穌會，1695 年結束了培訓課程，第二年列為神父。1698 年 3 月 7 日，跟傅聖澤（Jean Francois Foucquet）等一起向着中國起航出發。抵達廣州後，馬若瑟被派往江西。江西是從廣東前往江南或北京的傳教士們的必經之地，利瑪竇也曾於 1594 至 1598 年間在南昌居住過。據 Lundbaek（1991）的調查，1700 年江西共有 7000 名基督教徒。1699 年到達南昌後，馬若瑟長期居住於建昌（今南城），熱心於『易經』的研究。馬若瑟於 1714 年到 1716 年在北京和白晋（Joachim Bouvet）一起任職於宮廷。回到建昌後,從 1721 年開始居住於九江。1724 年因禮儀之爭被放逐到廣州，繼之於 1733 年被赶出國境而移居到澳門,并於當地去世。

馬若瑟著有儒教、禮儀之争等方面的著作，其中對漢語史研究最重要的就是『註解』[1]。『註解』是馬若瑟所著的漢語語法書。一共 262 頁，後面有 28 頁的索引。該書共分三部分：緒論、第一部口語篇、第二部文言篇。緒論包括中國典籍的分類、漢字的特點、書中所採用的羅馬字正書法、官話的發音和中文學習法等內容。第一部在簡單地說明語法體系後，對主要詞語進行了舉例性解說。最後列舉了 165 條常言。第二部解說文言的讀法。『註解』文本除了漢字例句外，絕大部分都是拉丁文，間有法語和意大利語。
該书作為草稿長期收藏在巴黎國立圖書館。1831 年由馬六甲英華書院出版,又於 1847 年由 James Granger Bridgman 出版了其英譯本。該書把原本的法國式羅馬字標音改為英語式,同時就語音本身也為了適應 19 世紀的發音特點而做了部分改動. 將原本和英譯本進行仔細對照後可以發現,英譯本有的地方刪略了原本的內容,同時又增補了原本所沒有的內容。所以如千葉（2004）指出過，認為『註解』英譯本和原本完全的觀點是有點兒危險的。

3 出典調查方法

本文的課題是對出現在『註解』口語篇的例句進行出典調查，查明例句有沒有出典，如果有的話，考察其來源。因此對在口語篇裡三字以上的所有例句進行檢索，找出了出典。注意點有二：（一）由於一字句、二字句如「口」、「又」、「鐵鍋」、「甚麼」等詞無法檢索出處，不包括檢索對象之列。書名、人名如『玉嬌梨』、『新刊經解』、「司馬遷」等詞儘管是三字以上的句子，也不列入檢索範圍之內。（二）有些例句不完全與文獻上的原文一致，出現了或多

[1] 『註解』成書年代未詳。有些文獻標出 1728 年，這是馬若瑟把草稿送到巴黎的時間，不是成稿的年份。我們只能說至遲到 1728 年『註解』已經寫完。

或少的差別。本文認為異同不超過 20%的話，則該文獻為例句的出處。具體說 10 字例句中 8 字相一致的話，則判斷該文獻是例句的出處。部分原文被省略時不算異同。下面來看看具體例子。

(1) 女子眉目秀媚固云［雲］美矣。若無才情發甚麼［其］精神、便不過是花耳、柳耳、鶯耳、燕耳、珠耳。玉耳。縱為人所［寵］愛，不過一時。至於［于］花謝。柳枯。鶯衰燕老，珠黄玉跰［碎］。當斯時也。則其美安在哉[2]。　96:III136[3]（『平山冷燕』十四回）

這是『註解』口語篇中最長的例句，共有 57 字。其中「云［雲］」、「甚麼［其］」、「所「寵」」、「跰［碎］」等 4 處 5 字與原文不一致。只是相異處不滿 11 字（即 57 字的約 20%），仍判為『平山冷燕』十四回是（1）的出處。（1）還有一些從略的地方，如「是」、「鶯耳、燕耳」、「縱」、「鶯衰燕老」、「則」等 11 字。被『註解』省略的地方不看作異同。另外，不拘於個別字的差別如「個」和「箇」、「於」和「于」等。

檢索主要使用了『中國基本古籍庫』，輔以『四庫全書』、『四部叢刊』以及筆者個人研製的數據庫。所有檢索結果用文獻加以核對。

4 引用文獻與次數

『註解』口語篇的檢索對象共有 1935 條，其中找出了 1483 條的出典。這個數字佔全例句的 76.6%，證實大多數語料是從文學作品抄過來的，以往的研究所述的內容得到了事實根據。由此可見，馬若瑟本身作出的例子以及中國教師、助手和朋友提供的例了不多，充其量是整個例句的 1 / 4 以下。是否如 Lundbaek 主張的那樣，完全沒有馬氏自己作出的例句尚待更深入的調查。

『註解』口語篇所引的文獻超過 80 種[4]。當然有時同一個例子找到幾個出典，判斷不了哪個是真正的出處，因此出典出現次數的合計超過例句的總數。『註解』口語篇的總例共有 1935 條，其中 316 條找到 5 種以上的出典。本文把它看作「出處不明」，不列入統計範圍之內。出典只有 4 種以下的話，看作都是出處。452 條找不到其出典，所以統計對象共為 1167 條。

下表是引用文獻和引用次數的統計結果。表格裡僅舉次數最多的頭 10 種文獻，括號內的

---

2 引文上的著重點為例句所沒有而原文有的地方，下線部分在例句為方括號的字所替代。例句除了長文以外基本上沒有標點，本文所引的例句中標點都由筆者所加。下同。

3 前邊的數字是何群雄（2002）的頁碼，冒號後的羅馬數字是千葉(2004, 2005a, 2005b, 2008, 2010, 2012)的卷號，數字是頁碼。下同。

4 口語篇最後的「諺語集成（Collectio Proverbiorum）」裡所看見的有些諺語找到其出典，但很難判斷馬若瑟意識到該諺語有出處，故不認定出典。如：「玉不琢不成器，人不磨［学］不成［知］道」143：VI（『禮記・學記』）。

數字為該文獻可視為唯一出典的例子的總數。

表：引用文獻與引用次數

書名	引用次數
『金瓶梅』	237（179）
『古今小說』	138（64）
『水滸傳』	116（72）
『玉嬌梨』	85（68）
『今古奇觀』	83（5）
『元曲選』	82（62）
『平山冷燕』	71（61）
『六十種曲』	62（29）
『好逑傳』	49（35）
『風箏誤』	48（40）

『註解』口語篇中例子出現最多的是『金瓶梅』，次數共有 237（179）條，與第二多的『古今小說』相比，相差很多，引人矚目。有趣的是，馬若瑟在『註解』本文中並沒提到『金瓶梅』，甚至書中完全看不到金瓶梅三個字。馬氏大量引用了『金瓶梅』一定是因為認為它是有用的，但『金瓶梅』從內容上說還是不好銘記其書名。於是馬若瑟隱匿書名仍從『金瓶梅』全篇抽出了很多例句，把它排在口語篇全篇。那麼為什麼『註解』裡引自『金瓶梅』的例子這麼多？這因為也許對以馬若瑟為首的來華傳教士來說『金瓶梅』是一部很有用的教材。眾所週知，『金瓶梅』對日常生活的描寫極為詳細，除了語言以外衣食住行都可以從中了解到。情節暫時不論，其描述的內容對傳教士有著很多益處。另外一個原因是作為一個傳教士他們的重要任務之一是聆聽信徒的懺悔。即信徒向神甫懺悔時其內容一定不是體面話，那麼為了應對這種話題『金瓶梅』會是一部很好的參考書。只是『註解』所引的部分都慎重地刪去了『金瓶梅』裡不太體面的表述，如：

（2）你若<u>&ct</u>［不和我睡］，我就急死了　104:IV185（『金瓶梅』五十回）

拉丁譯文也譯作「若果你～的話，我就急死了」，不翻譯原文的「不和我睡」。

馬若瑟『註解』中沒有提到話本小說，但調查表明口語篇含有很多例句引自『古今小說』『今古奇觀』等作品。『今古奇觀』的出典大部分跟其他話本小說重複，故獨自部分只有 5 條。引用次數前十名中有兩種話本小說，曾經沒有人提到過馬若瑟利用過這種作品。

才子佳人小說也用得很多。『註解』口語篇提及 4 種作品：『畫圖緣』、『醒風流』、『好逑傳』和『玉嬌梨』。除此之外表格裡還看到『平山冷燕』之名，引用次數要比『醒風流』多。

至於歷史小說，馬若瑟把『水滸傳』當作必讀之書推薦給讀者。雖然同屬歷史小說，『三國志演義』卻幾乎沒被引用，只有 2 條。這跟 19 世紀英國來華傳教士馬禮遜（Robert Morrison）

對『演義』給予高度評價，當作口語文體的一種規範、看作翻譯聖經的榜樣相反，值得注意。除了『水滸傳』以外『說岳全傳』、『隋唐演義』等的引用次數都較多，這也許反映著馬若瑟個人的嗜好。

至於戲曲『元曲選』和『六十種曲』的引用數量較多。馬若瑟好像喜歡看李漁的作品，引自『閑情偶寄』、『風箏誤』、『十二樓』等的例句也不少。

有關『易經』的幾篇文獻也成為『註解』引用的對象。如（明）錢一本『像象管見』、（元）陳應潤『周易爻變易縕』等。『朱子語類』也有 7 條例子。利瑪竇『天主實義』的引文也有一條。口語篇最後的「諺語集成」引自『淮南子』較多，共有 8 條。

總之，馬若瑟以白話文學為主，以文言作品為輔，搜集了大量的例句。可見馬若瑟的閱讀範圍之廣。要注意的是，不少引文出自『註解』沒提到的作品，而且其引用次數很高。

5 例句的分析

5.1 專名的替換與刪除

『註解』有一個極為有趣的現象。馬若瑟對部分例句進行一系列處理，就是替換或刪除例句中的專名，使人很難察覺其出處。首先探討替換專名的例子，其次討論刪除人名的例子。

馬若瑟將引文中的人名、稱呼等部分更換代詞如「我」、「你」、「他」等。先看替換人名的例子。

（3）你們弟兄雖是好意，要留我［秦明］，　只是害得我忒毒些箇（斷送了我妻小一家人口）[5]　85:III124－125（『水滸傳』二十四回）

（4）他［我看這花天荷］，為人又俊秀，又且多才，又有俠氣，又老實［成］，又謙讓，又和氣[6]　103：III144（『畫圖緣』七回）

（5）不知還是我［山小姐］同了他［宋兄］的，還是他［宋兄］同了我［山小姐］的　116:IV198（『平山冷燕』十二回）

（3）是秦明说的。「秦明」是自稱，以「我」來替換是合理的。（4）的「他」實際上指的是花天荷，可以用「他」來替換。（5）的情況則跟（3）和（4）不相同，把「山小姐」換成「我」不妥當，因為（5）是燕白頷的话，不是山黛說的。出現這個現象的原因可能在於馬若瑟考慮到中文第三人稱基本上分不清男女之別。

其次看替換稱呼的例子[7]：

---

[5] 例句中有括號的句子是承接原文的地方，是由筆者所加的，以便於把握上下文。

[6] 虛線表示該部分只在例句中而不在原文上。下同。

[7] 極為個別的例子是把地名換成人稱代詞。如：不知還是你［在貴省］所作，不知還是他［遊燕京］所作」116:IV198（『平山冷燕』十二回）。這是燕白頷問宋信在那裡作詩。為何作

(6) 還是他［大官人］理論是的［得］　116:IV198（『水滸傳』五十二回）

(7)（太夫人教）請他［小娘子］過來，説話則箇　117:IV199（『古今小說』卷十五）

(8) 乃吞吞吐吐，假假真真，使人［小弟］疑疑惑惑　127－128:V97（『畫圖緣』十四回）

(6) 至 (8) 的「大官人」「小娘子」「小弟」等稱呼都被刪略。馬若瑟在『註解』中說：「除了極為親密的人之間、平民之間以及主人和奴僕之間外，就中國人而言，用『我』『你』之類說話不文雅。因此我們需要了解中國人的稱呼」(48：II118)。但是『註解』除了這個部分（即解說人稱代詞的一節）以外，稱呼幾乎都被替換或刪去了。

第二個現象就是省略。刪去人名的例子如下：

(9)（用了百計千方，）費了萬千氣力，俱被這水小姐不動聲色，輕輕的躲過，到低［底］娶［他］不來　65:II136（『好逑傳』十三回）

(10) 石秀甫忙進去尋兩件衣服［舊衣］出來　66:II137（『醒風流』十回）

(11) 金蓮道，你問他怎地［的］。西門慶道，只不怎地，我問聲兒。金蓮道，你問必有緣故。　138:V109-110（『金瓶梅』六十七回）

(9) 的「水小姐」、(10) 的「石秀甫」、(11) 的「金蓮」和「西門慶」都被省掉。『註解』口語篇中所引的人名和地名基本上被刪掉，保留人名的例句僅有 6 條。有關地名的引文也極少，故不贅述。

因此，拉丁（或用其他歐文的）譯文都是按照刪改後的例子翻譯的。如：

(12)（登時）把他［雪娥］拉到房內［中］　57:II（『金瓶梅』九十四回）　accepit illum traxique intra cubiculum（抓住他拉到房子裡了）

(13) 此時要見他［小姐］還尚早　115:IV197（『平山冷燕』十六回）　il est encore trop matin pour le voir（要見他時間還太早了）

(14) 快去與我請得他［二位大王］來同喫　120:IV202（『水滸傳』三十二回）　curre et meo nomine eum invita ad prandium（跑吧，以我之名請他共餐）

(12) 至 (14) 都按照刪改後的漢字例句翻譯的，(1) 至 (11) 也不例外。(12) 和 (13) 的人物原來都是女性，可是 (12) 拉丁譯文用 illum 來翻譯「他」，(13) 法文用 le 來指「他」。這些 illum 和 le 均為陽性代詞，如果要表示女性應該用 illam 和 la。可見馬氏在這裡把「他」看作男生來翻譯。(14) 的「二位大王」在拉丁譯文是 eum，變成陽性單數的代詞了。要表示複數應該是 eos。這種混亂的原因可能在於，馬若瑟抄寫和修改後沒注意到原文而進行翻譯。這個推測妥當的話，這對馬若瑟怎樣撰寫『註解』這個問題給予我們一個線索。即馬若瑟先

這種修改還不清楚，但至少有一點，原句並沒有按照通常所想的那樣被改成「這裡所作」、「那裡所作」。

把從文學作品抽出來的語料抄寫在『註解』的草稿上，同時進行一些刪改，然後把拉丁文加上去的。

馬若瑟對引文的處理出自何等目的？本文認為是提高例句的通用性。他撰寫『註解』時很關注教學效果，比如對語音方面的觀察及其對教學的應用極為周到[8]。而且他對自著和自身的學習法抱有很大的信心，甚至說「與其用其他傳教士襲用的方法來記 1000 字，毋寧用我提供的方法學 100 字，這更有用」(11：I109)。馬若瑟雖然承認中文有太多的稱呼，可是為歐洲讀者著想把它替換或刪改了。也對含有人名的例句進行了同樣的處理。我們還是要認為他也對口語篇費了許多心思。

5.2 漢字例句與拉丁譯文

有不少例子從漢字例句不能確定其施事者，而有些拉丁譯文則標明其主語。甚至儘管漢字例句沒有寫明主語，拉丁譯文卻翻譯出其施事者。而且『註解』沒有說明為何該詞能為主語，讀者知其然不知其所以然。拉丁語主要可以從動詞的詞形來判斷施事的人稱、陰陽和單數複數之別，單憑漢字例句不能理解拉丁譯文緣何選擇該詞為主語。這個問題可以看出兩種情況。

一個是漢字例句只有「他」，男女分不清，儘管如此拉丁譯文卻分清「他」和「她」之別。

(15)且待我嚇他一嚇　117:IV199(『說岳全傳』二十九回)　expecta, illum terrebo ut oportet (等等，我適當地嚇他一下)

(16) 我一個<u>冢宰</u>［尚書］公子難道白白受他的凌辱就是這等罷了　103:IV184 (『平山冷燕』十八回)　Egone primi ministri filius，tantam eâ contumeliam acceperim et hoc impunè? (我是首相的兒子，被她這麼侮辱，她怎麼免得受罰？)

(17)還是請<u>他</u>［小姐］出來為妙　116:IV198(『平山冷燕』十六回)　nihil melius quam illam rogare ut exeat (最好請她出來)

(15) 的「他」譯為 illum 就是賓格的陽性代詞。(15) 是牛皋要嚇花普方的場面，從此纔可知「他」是男的，但憑著例句判斷不了是男是女[9]。(16) 和 (17) 的「他」分別譯為 eâ 和 illam，是陰性代詞的奪格和賓格。(16) 是張寅向宋信罵山黛的場面，(17) 是平如衡向山黛的侍女說的話，可知 (16) 和 (17) 的「他」都是女的。這些例子都必須參照原文纔能把握文意，找到出典纔能了解拉丁文代詞的用法。

另一種情況是漢字例句中沒有標明主語。

(18) 一一都說了　63:II134 (『水滸轉』四十六回)　omnia dixit singillatim (她把所有的

8　參看千葉 (2008)。

9　動詞 expecta 為對第二人稱單數的祈使句。這裡牛皋在心理對自己說，這種翻譯是正確的。

事情逐個說了）

（19）半步也走動不得　124:IV207（『連城壁』子集）　ne unum quidem passum facere potest（他們連一步也不能走）

（20）我文學的一個法兒　57：II128（『漢宮秋』楔子）　scio unum modum（我有一個方法）

參照拉丁文，（18）的動詞 dixit（他說了）的詞形是第三人稱單數的過去完成式[10]。例句卻沒有表示主語，無法了解拉丁譯文用第三人稱的理由。（18）的出典是『水滸傳』四十六回，參照原文果然有地方揭出主語：「那婦人只得把偷和尚的事，從做道場夜裏說起，直至往來，一一都說了」。由此可見，拉丁文用單數的第三人稱來翻譯（18）是正確的。只是單憑漢字例句不能知道（18）的主語是單數第三人稱。（19）和（20）也能沿著同樣的思路來理解。但（19）的主語與原文不相符。拉丁文的主要動詞為 potest（他們能、會），第三人稱複數現在型。參照『連城壁』原文「況且我這一對夫妻，是閒散慣了的人，一旦閉在署中，半步也走動不得，豈不鬱出病來？」，按這裡拉丁文的主語應是第一人稱複數，動詞的詞形應為 possumus。出現這個情況的原因還不清楚，馬若瑟讀錯的可能性很小，或許是把抄寫在草稿的句子翻譯成拉丁文時沒注意到原文的文意。（20）的拉丁文中動詞是 scio（我知道），第一人稱單數現在型。這個部分是毛延壽的话，拉丁譯文和原文完全符合。

當然，要了解拉丁文為什麼選擇了該時態時也要看原文，單從漢字例句不能窺知。查明了出典，通過對照例句和原文後纔能理解譯文為何選擇其主語和性別。

6 結語

馬若瑟的例句大多數是從文學作品中抄過來的。1935 條例子中有 1483 條可以查到出典。有出處的例句佔全體的 76.6%，可謂相當多。由此可見，馬若瑟自己作出的例子和中國教師提供的例子少，『註解』的例子基本上是引自文學作品的。

最多引用的是『金瓶梅』。其引用次數跟第二名『古今小說』相比多約一百條，可見馬若瑟很重視『金瓶梅』。引用文獻的種類超過 80 種，足以證明馬若瑟博引諸書，費心於使讀者通過大量例句體會中文語法。加之，馬若瑟沒把語料囫圇吞棗、原封不動地抄寫在『註解』上。他對例句進行了一些修改，為了提高例句的通用性對語料加以更改和刪去。通過窮盡式調查，弄清了拉丁譯文主語和動詞的選擇理由。這次調查顯示原文和譯文基本上形成較好的對應，由此可見馬若瑟是在正確讀懂作品的基礎上，將它翻譯成拉丁語的。

既然證實了口語篇的語料的確有出處，將『註解』口語篇的例句當作反映當時口語的資料又失當又危險。『註解』口語篇在中文史上的意義在於別處：（a）『註解』應該看作是語音資料，不適於語法資料。（b）『註解』的最大的資料價值就是可以窺測當時的來華傳教士所學

---

[10] 只從動詞的詞形分不清是「他」還是「她」。千葉（2005a：134）把該句的主語翻譯了「彼（他）」，今改「彼女（她）」。

習的中文內容。

至於 (a), 我們已經看到了『註解』的例句並不反映當時的「口語」本身, 它引自元代至清代的文學作品的, 不能天真地作為口語語法資料利用『註解』。那麼我們应如何利用此書呢? 其中一个有意義的方法就是把它當作語音資料。特別是口語篇, 羅馬字標音聲韻調俱備, 提供了當時語音的豐富材料。語音方面的研究已經有丁鋒 (2008) 指出, 緒論音節表所舉的語音體系跟『諧聲品字箋』有著密切的關聯。不僅於此,『註解』口語篇的羅馬字標音有著許多有趣的語言現象, 對此另文探討。

至於 (b) 給我們帶來了一個棘手的問題。馬若瑟所引述的例句真的是反映著當時的「口語」? 他所認為的「口語」是什麼樣的呢? 這就是關於『註解』的核心問題。比如元曲的語言與馬若瑟著書的時期相隔 400 年,『註解』中引自元曲作品的例子卻很多, 甚至馬氏註記說為了學習「優雅的說法」元曲作品足以參考。上面已經提到, 馬若瑟認為他的書有益於學習中文, 對自己提供的學習法抱有很大的信心, 因此『註解』的內容一定反映了他所把握的中文。

另一個可能是, 如 Lundbaek (1991) 指出過那樣,『註解』不是語法書而是為了讀懂文學作品的一種字典。若果真的如此, 來華英國傳教士艾約瑟 (Joseph Edkins) 150 年後批評『註解』為「虛詞字典」也不妥當。因為 Lundbaek (1991) 所說若是正確,『註解』只不過是一部「字典」了, 就意味著馬氏不是為了當時口語著書立說的。可是馬氏在『註解』當中常有註記如「為了說得更優雅」該這樣說不該那樣說, 似乎有意識地在強調口語。與其他歐洲人所著的中文語法書相比, 引人矚目的是『註解』提到歐洲人說中文時常犯的錯誤和彆扭的說法, 提示「優雅」的說法。因此『註解』並不是 Lundbaek 主張那樣的單純的「虛詞字典」, 傳授口語的意識在『註解』口語篇中相當明顯。比如『註解』口語篇的頭一節是「關於口語和俗文體 (de lingua vulgari et familiari stylo)」, 由標題來看, 馬若瑟似乎試圖編寫包括口語和口語文體兩個方面的語法書。

本文查明了『註解』例句的性質, 今後將對其他西洋資料進行同样調查。如果其他資料也有大量引自文學作品的例子的話, 我們將重新思考西洋資料的價值究竟在於何處。同時, 這也會让我們重新去思考什麼是當時的「口語」。

參考文獻

何群雄 2002.『初期中国語文法学史研究資料　プレマールの『中国語ノート』』。東京: 三元社。

千葉謙悟 2004. 「プレマール『中国語文『註解』 (Notitia Linguae Sinicae) 』(I), 『或問』8:105-140 頁。

千葉謙悟 2005a. 「プレマール『中国語文『註解』 (Notitia Linguae Sinicae) 』(II), 『或問』9:113-152 頁。

千葉謙悟 2005b. 「プレマール『中国語文『註解』 (Notitia Linguae Sinicae) 』(III), 『或問』

10:121-144 頁。
千葉謙悟 2008. 「プレマール『中国語文『註解』 (Notitia Linguae Sinicae) 』(IV), 『或問』14:183-208 頁。
千葉謙悟 2009. 「来華宣教師の中国語教育—プレマール *Notitia Linguae Sinicae* から—」, 篠原啓方等編『文化交渉による変容の諸相』。吹田 : 関西大学出版会。327-350 頁。
千葉謙悟 2010. 「プレマール『中国語文『註解』 (Notitia Linguae Sinicae) 』(V), 『或問』19:95-114 頁。
千葉謙悟 2012. 「プレマール『中国語文『註解』 (Notitia Linguae Sinicae) 』(VI), 『或問』22［印刷中］
丁锋 2008. 「馬若瑟《漢語劄記》的羅馬字記音及其與諧聲品字箋音系的關係」『民族典籍文字研究』第 5 期:226-246 頁。
李真 2012. 「試論傳教士漢語語法研究作品所受之中國語文學影響－以『漢語劄記』為例」, 『世界漢語教育史學會第 4 屆年會論文集』。243-259 頁。
張西平等編 2003. 『西方人早期漢語学習史調查』北京：中国大百科全書出版社。
Lundbaek, Knud. 1991. Joseph de Prémare (1666-1736), S. J. Chinese Philology And Figurism. Aarhus: Aarhus University Press.
Prémare, Joseph Henri Marie de., J. G. Bridgman (tr.) 1847. The Notitia Linguae Sinicae of Prémare. Canton: Office of Chinese Repository.

『満文三国志』における注釈について

鋤田　智彦
早稲田大学

《满文三国志》（清顺治 7 年）是把明代白话小说《三国演义》的满文译本。里面出现的注释文，有些是参照其底本嘉靖本《三国志通俗演义》的，有些是翻译者自己添加的。本文通过对这些注释文的分析，希望了解当时满人接触汉族语言与文化的情况。

《满文三国志》　《三国志通俗演义》　注释

1 『満文三国志』における注釈

1.1 『満文三国志』について

『満文三国志』（ilan gurun -i bithe）には大きく分けて二種類の版本が見られる。先に出版されたものは全て満文からなり、漢字は一つも見られない。順治 7 年（1650 年）の序が付けられていることから順治本と呼ばれる。またもう一つの版本は順治本の満文をほぼそのままに引き写し、さらにそれに加えて漢文を加え、いわゆる満漢合璧の形式としたものである。正確な成書年代は不明であるが、漢文で行われた闕筆の状況から雍正年間（1723 年～1735 年）とされる。そのため雍正本と呼ばれる。『満文三国志』の底本はその内容、構成などから正史ではなく、小説としてまとめられた『三国志演義』であると見られ、また、多く存在する『三国志演義』のうちいずれを翻訳したかについては、岸田 1997 における詳細な分析から、全 240 回からなるいわゆる嘉靖本の系統に属するものとする説が有力である。一方、雍正本『満文三国志』に添えられた漢文というのは嘉靖本から引いたものではなく、李卓吾本『三国志通俗演義』から引用している可能性が高いことも前出の岸田氏論文で述べられている。

1.2 順治本における注釈

嘉靖本『三国志通俗演義』には多くの注釈がなされている。『満文三国志』ではそれらを全て満洲語に翻訳しているのではなく、いくつかの箇所では嘉靖本の注釈を取り入れ、また、いくつかの箇所では嘉靖本に見られない注釈を独自に加えていることを見て取ることができる。本論文ではまず順治本『満文三国志』における注釈について嘉靖本との対照を行うことを中心として分析を進めたい。

順治本『満文三国志』では注釈があわせて159箇所にみられる。それらのうち嘉靖本からの翻訳と考えられるものが過半数を占める89箇所、そうでないものが70箇所という割合である。ここでは嘉靖本に基づく注釈であるかを基準として分類し、それぞれにおいてどのような性質の注釈が見られるかをみてみたい。

1.2.1 嘉靖本に対応する注釈

ここでは89箇所ある注釈について以下のように分類を行う。

a) 人物に関するもの（33例）
b) 地名に関するもの（9例）
c) 物および語に関するもの（11例）
d) 故事に関するもの（2例）
e) 後日譚（9例）
f) 内容理解のための補足（25例）

a)は33箇所と多く見られるが、どちらかというといずれも単純な説明となっている場合がほとんどである。字が現れた場合に名を示すもの、あるいはその逆であるものが多い。

1. yoo wen ciyan[楽文謙]：「文謙 進字」yoo jin -i tukiyehe gebu.（yoo jin[楽進]の字・14037b2）[1]

また、他の人物や官職、称号との関係についても注釈が加えられることがある。

2. jang dzung[張遵]：「張飛之孫」jang fei omo.（jang fei[張飛]の孫・24036b8）
3. u wang[武王]：「曹操也」u wang serengge tsootsoo be.（u wang[武王]というのはtsootsoo[曹操]を言う・16076b2）

他に『三国志演義』以前の人物についての説明も見られる。

4. o lai[悪来]：「惡來 紂王時人極有氣力」o lai serengge jeo han -i fonde hūsungge niyalma bihe.（o lai[悪来]というのは、jeo[紂]王の時に力の強かった人である・02089b8）

---

[1] 注釈の行われる語[それに対応する漢字]：「嘉靖本漢語」順治本満文（順治本筆者訳・順治本出現位置）という体裁である。

やや詳しい説明がなされる場合もあるが、そのような例は少ない。

5. ju jy[朱治] :「嘗從孫堅討長沙零桂三郡賊有功 又從破董卓於陽城助陶謙討黃巾」daci sun jiyan be dahame cang sa. ling ling. gui yang ere ilan jiyūn -i hūlha be dailame gung ilibuha. geli yang ceng de dung dzo be efulehe. too ciyan de aisilame suwayan mahala -i. hūlha be dailaha.（元々sun jiyan[孫堅]に従い、cang sa[長沙]、ling ling[零陵]、gui yang[桂陽]の三郡の賊を平らげ功を立てた。また、yang ceng[陽城]で dung dzo[董卓]を破った。too ciyan[陶謙]を助け黄巾賊を平らげた・03095b7）

これらはいずれも嘉靖本の内容を直訳した文である。

b)の地名に対する注釈ではほとんど三国志当時の地名を『三国志演義』の書かれた明代の地名に対応させたものである。

6. nan pi[南皮] :「今河間南皮縣」te. ho jiyan fui harangga nan pi hiyan inu.（今は、ho jiyan fui[河間府の]管下 nan pi hiyan[南皮県]である・07049a5）

また、一部ではその地にまつわる話が加えられ、順治本でも全体が訳されている。

7. ma ling san[馬陵山] :「馬陵是姜太公葬妻馬氏之地 龐涓敗於此處」ma ling san alin[2] serengge. jiyang taigung ni sargan masy -i giran sindaha ba. pang yuwan ere bade cooha gidabuha bihe.（ma lin san[馬陵山]というのは、jiyang taigung[姜太公]の妻 masy[馬氏]の屍を置いたところ。pang yuwan[龐元]ここで軍が敗れたのであった・03034b2）

このような例は上に挙げた以外に見られない。

c)については、過半数を占めるのが九錫に関する説明である。普段とはなじみのない語であるため注釈が加えられたのであろう。残る 2 箇所は以下のようなものである。

8. sui jing[水鏡] :「水者先天一無能養萬物 可方可圓 鏡者知人妍蚩之意也」sui serengge muke. jing serengge buleku. muke. abka -i sasa bifi. tumen jaka be ujime mutembi.. hošonggo oci inu ombi. muheliyen oci inu ombi. buleku hocikon bocihe be sembi.（sui[水]というのは水、jing[鏡]というのは鏡。水は天に等しくあり、万の物を養うことができる。方形であればこれとなる。円形であればこれとなる。鏡は俊なること醜なることを知る・07085a4）

---

[2] alin とは満洲固有語で山のことを表す。満洲語では漢語由来の語によりその属性を明確にするためそれぞれ対応する固有語を加えることがある。『満文三国志』に現れる語としては他に「地名」+ba（ところ)、「官名」+hafan（官職)、「書名」＋bithe（書)、「河川名」+bira（河川）など。

この例では『三国志演義』の注釈を翻訳する前に、sui と jing と表記される「水」「鏡」に対して固有語を挙げより理解をしやすくしている工夫が見られる。

9. ci ji[赤幘] :「赤幘即蜀錦抹額之類也」ci. fulgiyan. ji. mahala sere gisun. sy cuwan -i ba -i fulgiyan giltasikū jergi jaka.（ci[赤]は赤、ji[幘]は冠という言葉。sy cuwan [四川]の赤い片金のもの・01122b）

こちらも ci、ji という表記に固有語を挙げているが、注釈そのものは漢語と一致しない部分もある。

d)の故事に関するものは 2 箇所に限られる。一つは韓非子に見られる和氏の璧に関する話であり、もう一つは孟子に見られる子濯孺子と庾公之斯の話である。前者はほぼ嘉靖本に従い訳されているが、後者は抄訳となっている。

10. dzy dzo žu dzy. ioi gung dzy sy[子濯孺子][庾公之斯] :「昔日春秋之時 鄭國有一賢大夫名子濯孺子 深精弓矢之藝 鄭使子濯孺子領兵侵衛 使其將庾公之斯迎之 鄭兵大敗 衛使庾公之斯追之 從者曰 衛兵至近 大夫可以用箭射之 子濯孺子曰 今日我疾作不可以執弓追兵 今吾必死矣 乘車而走 衛兵趕上子濯孺子問曰 追我者誰也 左右曰 衛將庾公之斯也 孺子曰 吾生矣 左右曰 庾公之斯乃是衛國第一善射者 又與大夫無故舊之親 何言其生也 子濯孺子曰 雖與我無親 他曾於尹公之他處學藝來 尹公之他却是我的徒弟 尹公之他是箇正直之人 其朋友必是正人也 我故知其人 必不肯加害于我 故言我生也 左右未信 忽果庾公之斯追至大叫曰 夫子何不持弓矢乎 子濯孺子答曰 今日我臂疼不可以執弓也 庾公之斯曰 我昔日學射于尹公之他 尹公之他學射于夫子 我不忍以夫子之藝反害於夫子 雖然如此今日之事乃君之事也 我不敢廢之 遂抽矢去其箭頭發四矢而回焉 于是子濯孺子得命而還鄭 天下稱義 出孟子」julge cun cio -i fonde. wei gurun -i ioi gung dzy sy. in gung dzy to de gabtame taciha bihebi. in gung dzy to. jeng gurun -i dzy dzo žu dzy de gabtame taciha bihebi. dzy dzo žu dzy cooha gaifi. wei gurun be dailame genefi cooha gidabufi burlara de. ioi gung dzy sy amcanafi. dzy dzo žu dzy be wame jenderakū. sirdan -i sele be tatame gaifi untuhun indan -i duin da gaitafi bederehebi.（昔の cun cio[春秋]の時、wei[衛]国の ioi gung dzy sy[庾公之斯]、in gung dzy to[尹公之他]に射を学んだのであった。in gung dzy to[尹公之他]、jeng[鄭]国の dzy dzo žu dzy[子濯孺子]に射を学んだのである。dzy dzo žu dzy[子濯孺子]は軍を率い、wei[衛]国を討ちに行き、軍は敗れ、ioi gung dzy sy[庾公之斯]は追って行ったが、dzy dzo žu dzy[子濯孺子]を殺すに忍びなく、矢の鉄を引っ張り取り、空の鏃のない矢の四本射て退却したのだ・10079a2）

ここは敗走した曹操が華容道において自らを捉えようとする関羽に会った際に持ち出した話である。ここで故事を持ち出したのは、子濯孺子の孫弟子である庾公之斯が恩のある子濯孺子を敢えて射なかったことを説明するためであり、嘉靖本に引用された臨場感のある描写は満文抄訳では事実をただ述べただけとなっている。そのような簡潔な表現であっても主旨を伝えるための役割を果たせると考えたためであろう。

e)の後日譚と分類したのはいずれも嘉靖本において「後」から書き出されるものであり、満文でもいずれもそれに対応するamalaという語で書き始められる。いくつか挙げると以下のようなものがある。それらはいずれも本文に直接関係のない話題を提供している。

11. 李厳の最期：「後李嚴聞孔明身亡 掛孝出城迎接靈柩大哭而死」amala li yan. kungming ni akū oho be donjifi sinagan -i etuku etufi hecen tucime giran be okdofi songgome bucehebi.（後にli yan[李厳]はkungming[孔明]の亡くなったのを聞き、喪服を着て城を出て棺を迎え哭して死んだのである・21022a2）
12. 郭嘉の子孫：「後奕為太子文學早薨 子深嗣 深薨 子獵嗣」amala g'o i taidzy wen hiyo hafan ofi aldasi akū oho. jui g'o šen siraha. g'o šen akū ofi. jui g'o liyei siraha.（後にg'o i[郭奕]はtai dzy wen hiyo[太子文学]となり短命で亡くなった。子のg'o šen[郭深]が継いだ。g'o šen[郭深]が亡くなり、子のg'o liyei[郭猟]が継いだ・07068a7）

いずれも嘉靖本の訳であり、他の例も同様である。

f)の内容理解のための補足は多くを占め内容も豊富である。読者の理解を深める役割を果たし、そのような点からも『満文三国志』にも積極的に取り入れられたのであろう。

13. 曹操の性格：「雖是中了計 操不肯認錯」udu tere -i arga de tuhecibe. tsoo tsoo ini beye be ufaraha serakū.（たとえその計略にかかっても、tsooo tsoo[曹操]はその身を誤ったと言わなかった。09101b3）
14. 鍾会の特技：「原來鍾會善寫諸家字様 因此改之」dzung hūi daci yaya hacin -i bithei hergen -i durun be arame bahanambihe. tuttu ofi uthai halame araha.（dzung hūi[鍾会]はそもそも各種の文字の形を書くことができたのだ。それゆえすなわち換えて書いた。・24059b3）

これらはいずれも登場人物にまつわる補足である。他にも、

15. 夏侯淵の字：「淵字妙才 操稱此音 謂淵之謀可稱二字否」hiya heo yuwan -i tukiyehe gebu miyoo tsai. miyoo tsai serengge ferguwecuke erdemu sere gisun. tsootsoo ere be henduhengge. hiya heo yuwan -i bodogon. ere juwe hergen de acabumbio akūn sehengge.（hiya heo yuwan[夏侯淵]の字はmiyoo tsai[妙才]。miyoo tsai[妙才]というのは驚嘆すべき才能という言葉である。tsootsoo[曹操]がこれを言ったのは、hiya heo yuwan[夏侯淵]の謀が、この二字に合っているか否かを言ったものである・15008b8）

ここでは、注に先立ち曹操の台詞として“sini ferguwecuke erdemu be tuwambi. juwe hergen be ume girubure sehebi.”（あなたの驚嘆すべき才能を見よう。二字を決して辱めるな。）というものがあり、それについて字との関連する意味を固有語で解釈して説明を加えている。一方、嘉靖本における注釈がそのまま反映されていない例もないわけではない。

16. hū heo[虎侯]：「不稱虎痴 而稱虎侯者 美稱也」hū heo serengge sioi cu be tasha -i gese seme gisun.（hū heo[虎侯]というのは sioi cu[許褚]を虎のようであるという言葉・12066b7）
17. 虎痴：「不稱虎侯 而稱虎癡者 貶之也」sioi cu be tasha -i gese seme beliyen tasha sembi.（許褚[sioi cu]を虎のようであるといい、呆けた虎という・12067b2）

この二つは共に魏の武将許褚の別称についてである。共に敵対する馬超の台詞であり、まずは穏やかに「虎侯」と呼び、その後に怒りと共に「虎痴」と呼んでいる。嘉靖本ではそれらを「美稱」「貶之」と対比させ表現しており、語そのものの意味というよりは「虎侯」「虎痴」の使い分けについて述べているが、『満文三国志』では単純に語の意味が説明されていることがわかる。漢字がない順治本では、語そのものの意味の把握が重要であることが反映されているといえよう。なお、以下の箇所は嘉靖本では本文に書かれているものの、『満文三国志』では注釈として書かれた数少ない例の一つである。

18. 呂布の考え：「此是呂布弟兄之情也」ere lioi bu -i ahūn deo -i jurgan be gūnirengge kai.（これは lioi bu[呂布]の兄弟の義を思ったものである・03091a9）

以上で見てきたように、嘉靖本の注釈に対応する『満文三国志』の多くの箇所においては全体的には忠実に訳し、一部では長いものを削ったり固有語による説明を加えるなど工夫の跡も見られる。

1.2.2 順治本のみに見られる注釈

続けて嘉靖本には対応する箇所が見られず、順治本において新たに書き加えられたとみられる注釈について見てみたい。該当する 70 箇所を先と同様に分類すると以下のようになる。

a) 人物に関するもの（14 例）
b) 地名に関するもの（13 例）
c) 物および語に関するもの（40 例）
g) 官職に関するもの（3 例）

ここでは 1.2.1 でみられた d)故事に関するもの、および e)後日譚は一つも付け加えられていない一方で、ここで g)とした官職に関する注釈が新たに加えられている。また、割合を見ると c)物及び語に関する注釈の比率が高くなっていることが分かる。1.2.1 と同様にそれぞれの分類ごとにいくつかずつ例を挙げ見てみたい。

a)では、1.2.1 と同様に単純に名前や字を解説した注釈も見られるが、それ以外にもそれらに用いられた漢字そのものの意味について説明したものや、『三国志』以前の時代に現れた人物についての説明の割合が高くなっているのが特徴である。

19. hiyoo min hūwangdi[孝愍皇帝]：hiyoo min hūwangdi serengge hioosungga jilakan han sere gisun.（hiyoo min hūwangdi[孝愍皇帝]というのは、孝順で哀れな君という言葉・16080b8）
20. jing heo[敬侯]：jing heo ginggun heo sere gisun.（jing heo[敬侯]、敬なる侯という言葉・13014b9）

上に挙げた二つの注釈はそれぞれ漢字の意味を説明したものである。漢字表記のない順治本『満文三国志』では漢語音節の転写表記のみでは意味が取りづらいことから固有語を用いて理解をしやすくすることを目指していると考えられる。同様な状況はいくつも現れるとはいえ、実際にこれらのように意味について言及した注釈は数少ない。また、このような類型の注釈の出現が『満文三国志』に限られるのは当然のことである。他にも嘉靖本に見られたような人物の字や別の呼び名について説明するものもある。

21. sun be fu[孫伯符]：sun be fu serengge. sun tse -i tukiyche gebu.（sun be fu[孫伯符]というのは、sun tse[孫策]の字・06050b3）
22. san yang[山陽]：san yang serengge. siyan di be.（san yang[山陽]というのは siyan di[献帝]をいう・24078a2）

一つ目に挙げた孫策は前半における主要な登場人物であり、ここの箇所に先立ち数は多くないものの孫策を指す be fu という表記は何度か現れる。しかしそれらでは特に注釈も加えられることがない。また、ここでは嘉靖本にある孫伯符という字をそのまま音を転写表記し sun be fu とせずに sun tse と表記することによって注釈を加えずに済むことができるが、そうはしていないことからここでは原文に忠実に訳そうとする意識が働いているのであろう。一方二つ目に挙げた山陽というのは退位した献帝が山陽公に封ぜられたことに関係する。文章に現れる時には既に皇帝ではないことから、山陽という語にこのような注釈を加えたのは内容の理解を深めるために付けられた効果的な方法である。また、『三国志』以前の人物に対する注釈も見られる。

23. hiyang ji[項籍]：hiyang ji serengge ba wang -i gebu.（hiyang ji[項籍]というのは ba wang[覇王]の名・06052b5）

24. taigung lioi heo[太公呂后]：taigung lioi heo han g'ao dzu -i ama eniye.（taigung[太公]、lioi heo[呂后]は han g'ao dzu[漢高祖]の父母・24048b3）

ここに挙げた人たちは『三国志演義』を読む人にとっては説明の必要がないほどよく知られているため、嘉靖本ではわざわざ注釈を加えていないであろう。しかしながら『満文三国志』を読む満洲人にとってはそうではなく、注釈が必要となったと考えられる。しかしながら先に見たのと同様に hiyang ji はこれ以前にも現れており、その際には特に何も触れられていない。また、taigung は他の箇所では姜太公を表す語として現れており、そうではなく漢高祖の父を指す事を明示するという点では効果的な働きをしている。

b)では 1.2.1 に見られたのと同様に、三国時代の地名を改めて後の時代の地名を提示することにより説明を行ったものが多い。例えば、

25. mei u[郿塢]：mei u. fung siyang fui harangga mei hiyan inu.（mei u[郿塢]、fung siyang fui[鳳翔府の]管下の mei hiyan[郿県]である・02040b1）

そしてまた、a)で見たのと同様に、固有語を用いた説明が行われている箇所も見られる。

26. lo fung po[落鳳坡] : lo serengge tuhembi. fung serengge funghūwang. po serengge meifehe. funghūwang meifehe de tuhembi sere gisun.（lo[落]というのは落ちる、fung[鳳]というのは funghūwang[鳳凰]、po[坡]というのは坂。funghūwang[鳳凰]が坂で落ちるという言葉・13042b5）

上に挙げた例は漢字を用いずに満洲文字による漢字の転写表記のみを見るだけでは意味が取りづらいが、注釈によって語の持つ意味が明らかになっている。『満文三国志』ではこのようにほとんどの地名を本文では固有語で表記することはないが、呉の地を表す「江東」については例外的に giyang dung とせずにほとんどの箇所で giyang -i dergi（giyang[江]の東）と表記している。

c)においては a)や b)でと同様に固有語で説明を加えるものが多くなっている。

27. tung ciyo tai[銅雀台]：tung ciyo tai serengge teisun -i cecikei tai sere gisun.（tung ciyo tai[銅雀台]というのは、銅の雀の tai[台]という言葉・09068a5）

これらは逐語訳とも呼べるものであるが、他にも語の指し示す内容を説明する注釈も見られる。

28. jeo[酎] nure：jeo nure serennge tai miyoo de wecere nure -i gebu goloi beise aisin tucifi udambihebi ilan jergi tebuhe nure be jeo sembi.（jeo[酎]酒というのは tai miyoo[太廟]に祭る酒の名前。諸侯は金を出し買ったのである。三度醸造した酒を jeo[酎]という・

00130b2）

上の例は漢字そのものの意味を単に取るだけではなく、その語そのものが指し示す意味まで含めて解説したものである。これを読むことにより中国の歴史、文化についての理解も深めることができる有効な注釈であると言えよう。

g)として分類したのは3例あるが、ここではそのうち2例を挙げておく。

29. jy teo da ji jio[治頭大祭首][3] : jy dasan. teo uju. da amba. ji juktere. jio nure sere gisun.（jy[治]は統治、teo[頭]は頭、da[大]は大きい、ji[祭]は祭る、jio[酒]は酒という言葉・12081b2）

30. fu boo lang[符宝郎] : fu bo lang serengge han -i gui doron be jafaha hafan.（fu boo lang[符宝郎]というのは君の玉の印を納める官・16073b5）

29 については官職ではなく酒そのものを指しているように見えてしまうが、ここでは"ujulahangge geren be kadalahangge jy teo da ji jio sembi.（主なるもので皆を管理するのを jy teo da ji jio[治頭大祭酒]という）"という文が書かれているのでその心配はない。漢字の意味を逐語訳したものである。一方、30 では漢字そのものの意味ではなく、その官職にある者の職務を表しており、より具体的な説明となっている。

このように順治本編纂時において加えられた注釈を見てみると、中国語の音節をそのまま満洲語表記した語に対して理解のしづらいところがあり、それに対して固有語を用いることにより理解をしやすくしようとする目的をはっきりと見て取ることができる。

1.3 順治本と雍正本における差違

これまで順治本『満文三国志』における状況を見てみたが、それを元に編纂された雍正本について述べると、1 箇所で順治本における注釈が雍正本では地の文として書かれていると言うことが挙げられる他に、注釈が行われる箇所には違いはない[4]。内容に関しては数箇所で語が入れ替わる程度の変更が行われているのみである[5]。雍正本編纂にあたり改めて

---

[3] 嘉靖本『三国志演義』には「治頭大祭酒」に対して「即萬戶侯之職」という注釈がなされている。『満文三国志』における注との関連性はないと見られることからここでは順治本のみに見られる注として扱った。

[4] 第38回"yuwan šu tere fonde han -i gebu be gaifi tuttu genggiyen ejen sehebi."（袁術はその時、君の名を得たため明主と言ったのだ。・04073a5）という文が順治本では嘉靖本と同様に注釈として書かれ、雍正本では地の文として書かれている。

[5] 順治本と雍正本を対照してみると、雍正本を編纂する際に写し間違えたと考えられるような単純なものが多く、雍正本において新たな注釈を付けようとする動きは見られない。

注釈を付け直そうという動きはなかったようである。ただそこに添えられた漢語は雍正本を編纂した人物が独自に加えたものである可能性が高い。

2 まとめ

これまで見てきたように、『満文三国志』における注釈というのは底本である嘉靖本『三国志演義』から引用したものと『満文三国志』を編纂する際に独自に加えられたものの二つの系統からなることが改めてはっきりとした。それぞれの注釈が組みあわさることにより内容の理解がより効果的に行われさらにその背景にある故事などを知るための手助けとなっていることが分かった。また、実質的には順治本と雍正本との差はほとんどなく、この点からも雍正本が順治本の満文部分を元に、他の要素を差し挟むことなく編纂された様子が明らかとなったといえよう。

参考文献

岸田文隆 1997.『「三譯總解」の満文に現れた特殊語形の来源』。東京：東京外国語大学アジア・アフリカ言語文化研究所。

罗贯中编 1975.『三国志通俗演义』，北京：中国人民出版社。

疑問語気助詞“嗎”“麽”について

—民国期及び戦前の日本の状況—

荒木　典子
首都大学東京

用于是非疑问句末的语气词“吗”本来是“骂”的俗体。在明代白话作品里，主要是“么”用在是非疑问句末表达疑问语气。本文将这一现象作为普通话形成过程的一种体现，探讨“吗”的使用频度是如何超过“么”的。查看清代文献，我们能看到用“吗”的例子一时多于“么”，然后又被“么”超过。1920~40 年代民国时期的白话作品里有一些作品多用“吗”，1930 年代日本人学习汉语的课本里出现了积极使用“吗”的倾向。

疑问语气词　吗　么　民国时期　课本

1 はじめに

周知の通り現代中国語普通話では、文末におかれる疑問の語気助詞には“嗎”が用いられている。明清の白話文献では“麽”がその役割を担っていることが多い。現在確認できている範囲で最も早い“嗎”の用例は、清・乾隆年間の文献に見られる。嘉慶年間のいくつかの文献では用例数の上で“麽”を上回るが、清末の文献で再び“麽”に逆転される。その後の展開を追跡するために、本稿では民国期の文献や戦前の日本の中国語教科書を調査する。

2 “麽”の歴史

本節では、“麽”の誕生、普及、そして用途が多様化していく様子を追い、明清白話での実例を紹介する。

2.1 誕生

古代、疑問文を作るために文末に置かれた“不”“否”“無”などの否定の意味を持つ語が疑問語気助詞の始まりであると考えられている。音の変遷過程については諸説ある（太田 1958：360-363、呉福祥 1997:339）が、唐末宋初から“摩”“磨”と書かれるようになり、

“麼”と書かれるようになったのは宋代からである（太田 1958）。どの字を用いるかというのは文献によるようで、太田 1958 によると『祖堂集』では一貫して“磨”を用いているという。

2.2 多様化

その一方で、文末に置かれる“摩”“磨”“麼”が表すのは疑問の語気に限らなかった。孫錫信 1999:103-104 によると“摩”“磨”“麼”は、五代、宋、元の時期に広範に用いられ、A.推測、B.反語、C.（文中の）ポーズ、D.感嘆、といった語気をも表すようになったという。以下は挙げられている用例の一部である（以下、中国語の文に付した日本語訳は全て筆者による）。

A. 僧云:“莫是西邊去摩?”(『祖堂集』巻一八)
（僧曰く「もしや西方へ行かれるのでは」）
B. 我的兒子將來長不大麼?（『元朝秘史』[1]巻五）
（私の息子は将来成長しないと言うのか）
我豈不比一条轅、一個輪麼?（『元朝秘史』巻六）
（私が一本の轅、一個の車輪にも及ばないと言うのか）
C. 起來麼解元，天曉也。(『西廂記諸宮調』巻六)
（起きてください、解元どの、空が明るくなりました）
D. 這漢大膽麼。（『元刊・気英布』第一折）
（この男は大胆だ）

2.3 明清白話での用例

“麼”は宋代以降疑問以外の語気も表すようになったが、明清までに、疑問の語気（反語を含む）を表す機能に絞られていく。一度は使用範囲を拡大させた“麼”が再び疑問の語気を表す役割のみに収斂されていく様子を観察するために、荒木 2009 では明清の複数の文献について、“麼”の用例を収集し、作品別に現代の“嗎”では表しえない語気—推測、ポーズ、感嘆の語気—の用例数と、疑問の語気の用例数を比較した。その結果は表 1 の通りである。

[1] 『元朝秘史』は、元の太宗の朝にモンゴル語で記され、明の洪武年間(1368-1398)に漢訳が行われた。従って反映されているのは明代の中国語である。

表1

	Ⅰ“麽”は疑問以外の語気	Ⅱ“麽”は疑問の語気
『西遊記』(16C 末)	48 (25)	83
『金瓶梅詞話』(17C 初)	40(3)	73
『拍案驚奇』(17C 初)	13(5)	65
『儒林外史』(19C 初)	5(0)	96

※Ⅰの欄の（ ）内の数字は、その中の疑問詞疑問文末に置かれる用例数。中には以下のようなものもある。

那里請救麽。(『西』第41回)

“那里”を純粋な疑問詞ととらえれば「どこに助けを頼みに行くのか」となる。“麽”は今で言う“呢”のように解釈すべきで、Ⅰの用例となる。表1ではこのようなものは全てこちらに計上したが、疑問詞の不定用法ととらえれば「どこかに頼みに行くか」となり、“麽”は疑問の語気を表すことになり、Ⅱの用例となる。

4つの作品それぞれについてⅠとⅡのおよその比率を示すと、『金』では1:2、『西』でも1:2、『拍』では1:5、19世紀初めの『儒』では1:19となる。つまり、『儒』における“麽”が最も専門的に疑問のマーカーとして機能しており、現代の“嗎”に近い。同時に『儒』には“嗎”が現在の“呢”のように疑問詞疑問文の文末に置かれる用例が一つもない。

3 “嗎”の出現

宋代から清代までの疑問の語気助詞の“麽”について述べてきたが、この字は“怎麽”“什麽”“這麽”“那麽”といった指示詞の接尾辞にも使われており、この用法は現代語にも引き継がれている。つまり、宋代から清にかけて疑問の語気助詞と指示詞の接尾辞に同じ文字が用いられていたということになる（接尾辞を“們”“們”などと表記する文献も多い。語気助詞との区別をするためとは限らないが）。当然同一の文に接尾辞としての“麽”と語気助詞としての“麽”が同時に現れる場合もある。両者が用法によって読み分けられていたことを証明する文献として日本の唐話資料がある。1701年以前に完成したとされる岡島冠山編著『唐話纂要』では、接尾辞、語気助詞共に“麽”を用い、“嗎”は見えないが、接尾辞の場合は「モウ」、語気助詞の場合は「マア」と振り仮名を振っている。『南山俗語考』(1813年刊）ではそれぞれ「モ(ウ)」、「マァ（一)」と振っている。両者の音の違いが大きくなったためより相応しい文字を当てて分業させるにあたり、疑問の語気助詞に割り当てられたのは“嗎”だったのではないだろうか。この字は宋代の『広韻』にはなく、『正字通』には「“罵”の俗字」とある。この字が語気助詞として用いられた最初の例としては、大島2003:10で『白姓官話』に見られる2例が報告されている。『白姓官話』は「乾隆十八年」(1753年)の序文を有するテキストが複数存在しているため、現時点で確認できる最古の疑問の語気助詞“嗎”は18世紀中頃ということになるという。

4 “麼”と“嗎”の用例数（清末まで）

ではいつから“嗎”が優勢になったのか。清代の口頭語資料を選び、“麼”“嗎”それぞれの用例数を調査したものを表2にまとめた。

表2

	“麼”	“嗎”	その他	成書または刊行年代
羅松窗子弟書	7	0	魔1	乾隆前期(18C半ば)
清話問答四十條	1	46		乾隆22(1757)
霓裳續譜	3	7		乾隆60(1795)年の跋
劉公案	24	75		嘉慶2(1797)-9(1804)
庸言知旨	36	23		嘉慶7(1802)
清文指要(早大蔵)	21	45		嘉慶14(1809)
続清文指要(早大蔵)	2	63		嘉慶14(1809)
清文指要(北京大蔵)	17	48		嘉慶23(1818)
続清文指要(北京大蔵)	19	39		嘉慶23(1818)
三合語録(東洋文庫蔵)	120	0		道光10(1830)
清文虚字指南編	23	5		光緒11(1885)
重刻清文虚字指南編	24	4		光緒20(1894)
清語對答	16	0		年代不明

この表は、荒木2010:93の表に加筆修正したものである。『清話問答四十條』の結果を追加したことにより、“嗎”が圧倒的優位になる状況が1757(乾隆22)年の時点で既に見られることがわかった。『庸言知旨』を除くと、嘉慶年間は概ね“嗎”が優勢である。しかし道光、光緒年間の文献では再び“麼”が勢いを盛り返す。表には挙げていないが、満文虚字の用法を満漢混合体の歌の形式で説明した光緒24(1898)年の『虚字謌』(抄本、北京大学蔵)に以下のような一節がある。

外有 de, be,下加 o　並作疑語乎與麼　(1a)

(他にも de,be の下に o を加えるものがある。いずれも疑問の言葉の“乎”や“麼”に当たる)

“嗎”は挙げられていない。あくまで疑問の語気助詞は“麼”という認識である。

明代の小説では“麼”が、現代中国語では“嗎”が疑問の語気助詞として用いられているという事実から、時間の経過とともに、順調に“嗎”が“麼”に取って代わっていくものだろうと筆者は思っていた。“嗎”は乾隆年間の文献で一度は“麽”を圧倒するものの、そのまま快進撃を続けることはできなかった。おそらく嘉慶から光緒年間における、漢語話者の一般的な感覚としては、“麽”、“嗎”両者とも疑問の語気助詞であることに違いはなく、両方自由に使われていたのだろう。どちらかに偏るとしたら文献の性質または格式、或いは編纂者の言語環境（漢語教科書編纂に加わったのは満洲人、漢人ばかりとは限らない）が要因として働いていたのではないか。

それでは、再び“嗎”が表に出てくるのはいつなのだろうか。

5 “麽”と“嗎”の用例数（民国期）

清末の様子を見ると、“嗎”はあったとしても少なく、文献によってはまるで“嗎”など存在しないかのような印象を受ける。1910~30 年代の口頭語による作品（小説を中心としたが、随筆や、外国語による小説や戯曲の翻訳も含まれている）を調査した結果を表 3 にまとめた。

表 3

no.		書名	“麽”	“嗎”	“嗎”使用率(%)	備考
1	薛琪瑛(訳)	意中人(1916)	2	10	83	『新青年』1-6,2-2
2	胡適(訳)	決闘(1916)	0	3	100	『新青年』2-1
3	陳嘏(訳)	佛羅連斯(1916)	0	29	100	『新青年』2-1,2-3
4	胡適(訳)	二漁夫(1917)	1	1	50	『新青年』3-1
5	胡適	歸國雜感(1918)	0	6	100	『新青年』4-1
6	周作人(訳)	陀思妥也夫斯奇之小說(1918)	4	0	0	『新青年』4-1
7	陳獨秀	人生眞義(1918)	0	3	100	『新青年』4-2
8	劉半農(訳)	天明(1918)	29	0	0	『新青年』4-2
9	魯迅	狂人日記(1918)	5	0	0	『新青年』4-5
10	穆辰公	社会小説　北京(1924)	55	95	63	波多野 1988-90 収録
11	落華生(許地山)	綴網勞蛛(1925)	77	42	35	
12	沈従文	蜜柑(1927)	25	7	22	
13	凌叔華	花之寺(1929)	1	108	99	再版。初版年代不明。
14	沈従文	泥塗(1932)	1	22	96	
15	廃名(馮文柄)	桃園(1933)	0	27	100	四版。初版は 1928 年。
16	沈従文	月下小景(1934)	3	29	91	再版。初版は 1933 年。
17	沈従文	如蕤集(1934)	10	73	88	再版。初版は同年。
18	聖旦(仲蓀)	發掘(1934)	42	1	2	再版。初版は同年。

19	沈従文	沈従文小説選(1936)	26	66	72	『泥塗』収録。
20	緑漪女士(蘇梅)	緑天(1936)	17	9	35	七版。初版は 1928 年。
21	緑漪女士(蘇梅)	棘心(1937)	26	40	61	八版。初版は 1929 年。
22	沈従文	邊城(1937)	1	38	97	三版。初版は 1934 年。
23	凌叔華	女人(1937)	1	59	98	
24	老舎	駱駝祥子(1940)	3	20	87	再版。初版は 1939 年。

※文末の疑問語気助詞になっているもののみを数えた（反語用法も含む)。“干嗎(麼)”や、今で言う“嘛”に相当するものは省いてある。以降の表も同様。

※No.1~4,8 は戯曲及び小説の翻訳、6 は論文の翻訳である。原作者名は以下の通り。

No.1, No.3: Oscar Wilde（英） No.2: Nikolai Dmitrievitch Teleshov（露）

No.4: Guy de Maupassant（仏） No.6: W.B.Trites（英）No.8: P.L.Wilde（英）

このように、民国期において“嗎”は消し去られているわけではなく、作家または訳者によってはむしろ“嗎”の方を多用している。“麼”を多く使う作家としては落華生（＝許地山)、沈従文（『蜜柑』)、聖旦（＝仲蓉)、緑漪女士（＝蘇梅）（『緑天』）があるが、これらの作品でも少しは“嗎”が見られる（最も少ないのは聖旦『發掘』の 1 例)。“嗎”も“麼”も両方認識されていて、どちらを使うかはもはや好みの問題だったのだろうか（作家本人の意志ではなくて出版社や印刷会社が手を加えた可能性もある)。翻訳作品も訳者によるようで、この中では No.6 の周作人、No.8 の劉半農は“麼”を多く使う。両方用いられている作品では、同じページの、時にはかなり近接した部分に“嗎”“麼”が続けて出てくる場合もあり、明確な使い分けの基準は今のところ見つけられない。全体的な傾向としては緩やかに“嗎”が優勢になっていく。

もう少し細かく見てみよう。No.12 沈従文『蜜柑』(1927)では“麼”が優勢だが、No.14『泥塗』(1932)で“嗎”が大逆転し、以後の No.16『月下小景』(1934)、No.17『如蕤集』(1934)、No.19『沈従文小説選』(1936)も“嗎”の方が多用されている。更に No.14『泥塗』単行本版では“在家麼”という“麼”の用例が 1 例あったのだが、No.19『沈従文小説選』で収録されているバージョンではこの部分が“在家嗎”となっており、この作品における“麼”の用例は消滅している。No.20 緑漪女士（＝蘇梅）の『緑天』(1936)、No.21『棘心』(1937)も後者で“嗎”が逆転しているが、これらの初版本を見ていないので何とも言えない。

当時の規範的な語法としてはどちらが優勢だったのかを調べるためにこの時期の中国人向けに出版された漢語標準語または日本語の教科書を調べた結果を表 4 にまとめた。

表 4

no.	書名	年代	著者など	出版社	採用
1	接見問答	1897?	桂林	（写本）	麼

2	國語普通會話	1923	馬國英・編	廣州・中華書局	嗎
3	新著國語文法	1924	黎錦熙	商務印書館	麼/嗎
4	國音常用字彙	1932	教育部國語統一籌備會・編	商務印書館	嗎/麼
5	標準語大辭典	1935	全國國語教育促進會審詞委員会・編	商務印書館	嗎
6	日語常用會話公式	1937	岩井武男、李企堯	文久堂書店	嗎
7	新國語留聲片課本	1938	趙元任	商務印書館	嗎

今回見た教科書、文法書類の中では、1923 年のものが最も早く“嗎”を採用している。No.4 は標準語の制定に関するものである。ラムゼイ 1990:5-11 によると、およそ以下のような事情があった。1913 年 2 月 15 日、北京で第一回の読音統一会議が始まり官話音が国音の標準たるべきであると答申され、後には国語統一籌備会も結成されたが、様々な問題により発音上の標準画定は順調なものではなかった。一方、話し言葉で文章を書くことが急激に前進し、胡適らが官話に基づいた口語文を主張し、中国文学の伝統の辺縁にとどまっていた白話が再評価された。この変化が話し言葉の規範確立にも大きな貢献をなした。国語統一籌備会のメンバーも単一の均質な方言の自然な言葉としての北京の話し言葉を規範とするべきだと理解するようになり、1932 年に北京で実際に話されている発音に基づいた『國音常用字彙』を刊行したのだ。

同書では“麼”“嗎”を以下のように記述している。

p.22 嗎　麼広（助詞）
p.23 麼　広（甚麼,又助詞）

疑問の語気助詞は“嗎”を使う、という積極的な説明はないが、この書き方から推測すると、(疑問の語気) 助詞としては“嗎”が主なもので、“甚麼”の“麼”も同様に使える、という意味合いであろうか。

6 “麼”と“嗎”の用例数（日本）

それでは日本の中国語教育の場面に“嗎”はいつ登場するのだろうか。19 世紀末から 1940 年代までの教科書について調べた結果を表 5 にまとめた。

表 5

書名	年代	著者など	出版社など	採用
京話指南	1888			麼
官話問答	1898	岩村成允？		麼
支那語會話讀本	1903	青柳篤恒・編	早稲田大学出版部	麼
北京官話　家言類集	1906	市野常三郎、高木常次郎	積善館本店	麼

燕語新編	1906	馮世傑、市野常三郎、高木常次郎	積善館	麽
支那語文法	1909	石山福治	文求堂書店	麽
華語跬步[2]	1913	御幡雅文・編	文求堂書店	麽
新編支那語教程	1914	西島良爾	石塚書舗(再版)	麽/嗎
最新北京官話典型	1920	好富道明	文求堂書店	麽
改版日華合壁辭典[3]	1922	梅村美誠・編	言誠社	麽
支那笑話新編	1923	矢野藤助・編	文求堂書店	麽
携帯自修支那語の基礎と會話大全	1930	飯河道雄	東方印書館	麽
支那語新式學習法	1930	石山福治	文求堂書店	麽
傅式華語教科書	1931	傅培蔭	天理教教廳印刷所	麽
速成滿洲語自習書	1931	関東軍参謀部・編纂	偕行社	麽
言文對照初等支那時文	1931	幸勉	大阪屋號書店	麽
支那童話讀本	1934	矢野藤助・編	尚文堂	麽/嗎
現代模範官話	1936	幸勉	大連・大阪屋號書店	麽
中等官話談論新篇	1937	李俊漳・選輯	文求堂書店	嗎
趣味の日語華譯	1937	中谷鹿二	大連・善鄰社	麽
支那語語法篇	1938	倉石武四郎	弘文堂書房	麽/嗎
支那語教科書	1938	岡本正文・編	文求堂書店	麽
支那語會話篇	1938	傅芸子	弘文堂	麽/嗎
標準支那語会話	1939	橋本泰治郎	丸善株式会社	嗎
現代支那語科学	1939	デンツェル・カー著、魚返善雄・訳	文求堂書店	嗎/麽
最新支那語解釋法	1941	隈田直則	東京大阪屋號書店	麽
學び易い北京語の本	1942	久世宗一	永増書局	麽
支那語読本	1942	倉石武四郎	日本評論社	麽/嗎
支那言語組織論	1942	呉主惠	生活社	麽/嗎
日常支那語圖解	1943	加賀谷林之助	東京開成館	嗎
官話篇	1943	宮島大八・編纂		麽

「採用」の欄には、文法の説明や用例において疑問の文末語気助詞として使われている方を記した。両方の説明や用例が見られる場合は“麽/嗎”または“嗎/麽”と記した。用例が多い方、先に出てきた方、主なものとして説明されている方を先に書いている。今回調べた限りでは“嗎”が最初に日本の中国語教科書に出てくるのは『新編支那語教程』(1914)

[2] 増補十版。初版は 1903 年。

[3] 訂正三版。初版は 1912 年。

（再版）である。「第六章　虚字及助語辭」に次のような説明がある。

> 助語辭トシテ用ユル所ノモノハ『麼（マー）、呢（ニー）、罷（バー）、呀（ヤー）、咧（レー）、啊（アー）、哪（ナー）、罷咧（バーレー）、哇（ワー）』ナリ

ここに“嗎”は出てこない。「第十章」では“麼”の疑問文の例とともに次のような説明をしている。

> 麼ハ我ガ『カ』ニ同ジク字句ノ末尾ニ結合セラルヽ時ハ直接疑問ナルコトヲ表明スル適當ノ符號トナリ以テ『否ナ』或ハ『然リ』ト云ヘル答ヲ得ベキ疑問トナルナリ元來麼ハ一般ニ疑問符號トシテ普通ニ用ヒラルヽド雖實ハ『嗎』ニシテ『麼』ハ適當トスベカラズト雖今日ニ至リテハ混用遂ニ『嗎』字ヲ忘レ單ニ『麼』ヲ音『マー』トシテ用ユルニ至レリ（下部は筆者による）

本来疑問語気助詞は“嗎”であったのに現在は忘れられて“麼”が使われている、と順序を誤解している。1914 年頃の日本人が“嗎”を知っていたことは確認できたが、当時は情報が限られていて、歴史的なことまでは調べがつかなかったのだろうか。なお、今回見たものは再版なので、日本の教科書における“嗎”の初登場はもう少し前かも知れない。この後再び“麼”を採用する教科書が続くが、『支那童話讀本』（1934）では“麼”が 17 例、“嗎”が 15 例用いられている。今回見た中で初めて“嗎”のみを採用しているのは『中等官話談論新篇』(1937)である。特に説明はないが、用例で一貫して“嗎”を用いている。これより後の 12 冊の教科書のうち、“麼”を採用しているものは 5 種、“嗎”を採用しているものは 2 種、併用しているものは 5 種（このうち 1939『現代支那語科学』で“嗎”をメインとしている[4]）あり、“嗎”が用いられる頻度が上がっている。

7 結び

清・嘉慶年間を過ぎると、“嗎”は用例数の上で再び“麼”に逆転されてしまうが、1910 年代から 1940 年代の小説を中心とする白話作品には、“嗎”を多く使う作品が確かに存在する。疑問語気助詞としては 90%以上が“嗎”という作品も見られた。作家個人に注目して見ると沈従文の変化が興味深い（但し出版社の意向である可能性も否定できない）。同じ時期に中国国内の文法書でも“嗎”を採用するものが見られる。1932 年の『國語常用字彙』に見られるように、標準語としては“嗎”が主なものとされていく。

日本でも少なくとも 1914 年頃には“嗎”の存在が知られていたが、積極的に用例に採用

[4] P.103 に次のようにある：疑問（interrogation)を表はすには（中略）（二）疑問の不變詞（助詞）を用ひる。例、「啊？」「嘿？」「嗎（麼）？」

する教科書が編まれるのは1930年代である。その後、“嗎”が“麼”を圧倒していく。但し、戦後になっても必ずしも疑問語気助詞は“嗎”でなければならない、ということにはなっていない。1954年の王力『中国現代語法』上冊p.343で、

常用的疑問語氣詞有「嗎」(「麼」)「呢」二字。

とあり、“麼”“嗎”いずれの用例も挙げている。

疑問文末に“麼”と“嗎”のどちらを使うかというのは些細な問題のようだが、普通話の形成過程において、かつては“罵”の俗字だった“嗎”が“麼”を圧倒し、一つの役割を専門的に担っていく現象に興味を持ち調査を行った。今後、普通話形成の過程を調査する一環として、作家個人の作品を通時的に調査し、沈従文に見られるような変化の有無を探ることや、清代から今回調査した時期に、平行して起こった“哩”を始めとする語気助詞の変化を調査したい。

参考文献

荒木典子 2009.「明清白話小説の疑問文について」,『中國文學研究』第35期:34-49頁。

荒木典子 2010.「漢語疑問語気助詞“麼”、“嗎”について」,『水門』第22号:91-103頁。

太田辰夫 1958.『中国語歴史文法』。東京:江南書院。

大島吉郎 2003.「『兒女英雄傳』校注本における“嗎”と“麼”の記述をめぐって」,『中国語研究』第45号:50-63頁。

波多野太郎(編・解題)1988-90.『中國文學語學資料集成』全5篇。東京:不二出版。

ラムゼイ著、高田時雄・阿辻哲次・赤松祐子・小門典夫訳 1990.『中国の諸言語—歴史と現況』。東京:大修館書店。

孙锡信 1999.『近代汉语语气词』。北京:语文出版社。

吴福祥 1997.『敦煌变文语法研究』。湖南:岳麓书社。

照応語としての《他》の形成およびその発展

加納　巧
国立屏東科技大学

照應詞的《他》與「之」的相同點，包含沒有單數與複數之區別、出現在賓語的位置等。因此以往的研究認為《他》與「之」只是簡單的詞語替代。不過，唐宋時期形成的句型（如「V+《他》+(一)V」）開始出現《他》而沒有「之」的例子。本文認為當時「之」的勢力已經衰落，開始被《他》所取代。因此《他》擴展到了唐宋之後形成的新句型。

《他》　「之」　近代漢語　詞語替代

1 はじめに

方言を含む現代中国語において、三人称単数を表す代名詞は、そのほとんどが「他」、「其(渠)」および「伊」のいずれかを起源としている[1]。本論では、これらの形態素全般について論述する場合、総称として《他》という表記を用いる。

このような《他》は、主語、目的語のいずれの位置にも現れることができるが、目的語の位置に現れる例の中に、主に処置式文や受動者主語文において、前置された目的語が本来あったであろう位置に現れ、前置された目的語を照応する用法がある。

01) 把這碗参湯喝了它。（この朝鮮人参スープを飲んでしまいなさい）（劉月華等 2001:742 頁）

この種の《他》は、1. 目的語の位置にしか現れない、2. 単数・複数の区別を持たない、3. 未然を表す文にしか現れない等、人称代名詞《他》と異なる性質を持つ。本論では、このような《他》を「照応語の《他》」と称することとする。

照応語の《他》は、主に西南三省を除く長江流域より南、および河南省、山東省など、広い地域で観察される。よって、各方言を対象とした研究において、照応語の《他》その

---

1 「普通話」や「他」を用いる方言では、物や抽象的な事物及び概念を照応する要な場合は、「它」と表記されることもある。

ものを対照にした研究も多くある[2]が、照応語の《他》の形成について言及している研究には、易亜新（2003）と袁毓林、徐烈炯（2004）などある。

易は、湖南省常徳方言に関する研究において、照応語の《他》と同じ働きをしている「之」と《他》を、書面語形式と口語形式という対立で示し、いずれの形式も現代に至るまでの間に消滅してしまったが、常徳方言など一部の方言では、まだ口語形式が残されていると説明している。しかしながら、この主張は、第4章で述べるように、まだ議論の余地があるものと思われる。また、袁毓林、徐烈炯はこの問題について明確な答えを出していない。

本論では、照応語の《他》の形成と発展について考察を行う。ただし、本論では主に処置式文および受動者主語文において前置された目的語の位置に現れる《他》について考察するため、「把他(它)+VP」および粤方言の「VP+O+佢」は本論での議論の対象とはしない。また、照応語の《他》は、かなり口語的な表現で、文字として記述されにくいことなどから、実際にはデータによっては、歴史文献中の例文だけでは分析に十分な数を得られない場合もあり得る。よって、現在の現代漢語方言のデータも積極的に使用する。

2 現代漢語方言における照応語の《他》について

2.1 現代漢語方言における照応語の《他》

上述のように、照応語の《他》は主に処置式文や受動者主語文[3]の末尾に現れる。処置式文は典型的には「把」に代表される処置を表すマーカーに[4]よって目的語が動詞の前に置かれる文型であるが、本論では《把》の有無に必ずしもこだわらず、意味的に処置を表している文を扱う。

照応語の《他》は、現代漢語方言においては、長江以南では西南三省を除くほぼ全域、長江以北では河南省、山東省など広い地域で見られる。

02) （山東牟平）叫傺大爺把那個狗子領兒撂兒它吧。（あなたのおじさんにあの犬を連れだして捨てさせてよ）（孔昭琪 1989:175 頁）

03) （湖北英山）把這盆水潑了它。（この水を捨てなさい）（陳淑梅 1989:209 頁）

04) （安徽宿縣）我儂去把衣裳洗脫渠。（私は服を洗いに行きます）（唐愛華 2005:260 頁）

---

2 范可育（1988）、徐烈炯、邵敬敏（1998）、麦耘（2003）、佐藤直昭（2003）、易亜新（2003）、袁毓林、徐烈炯（2004）、加納巧（2007, 2008）等。

3 呉方言に見られる、目的語が処置を表すマーカーを伴わずに動詞句の直前に現れる形式（例：（江蘇蘇州）我快點封信寄脫。（はやくこの手紙を出しなさい）（劉丹青 1997:9 頁））の文も含む。

4 処置を表すマーカーには、「把」の他、「將」、「拿」、「給」、「幫」、「共」などがある（遠藤雅裕 2004）。本論ではこれらのマーカーを《把》でもって代表させる。

05)（江蘇蘇州）拿哀兩段課文背熟俚。(この 2 段落の本文をちゃんと暗唱しなさい)（劉丹青 1997:3 頁）

06)（廣州廣東）將條頸鏈賣咗佢，唔系有錢囉。(あのネックレスを売ったんだったら、お金あるんじゃないの)（麥耘 2003:516 頁）

07)（廣東連城）這碗飯食撇佢！（このご飯を食べてしまいなさい）(項夢冰 1997:421 頁)

08)（湖南隆回）咯滴錢你擔存過其，放到咯裡擋事。(このお金をしまっておきなさい。ここに置いていると邪魔になるから)（丁加勇 2006:196 頁）

いわゆる処置式文では、動詞句は単独のままで用いることができず、必ず何らかのプラスアルファになる成分が必要であるが、《他》はそのプラスアルファとはみなされない。

09)（上海市區）拿搿個物事摜脱伊。(これを捨てなさい)（筆者の方言調査による）[5]
*拿搿個物事摜伊。

しかし、河南省、湖北省および湖南省の方言では、動詞単独の形式に《他》が接続する例が見られる。

10)（河南羅山）把電視關它。(テレビを消しなさい)（王東、羅明月 2007:84 頁）

11)（湖北武漢）把那本書賣它（その本を売りなさい)。(許慧 2005:150 頁）

12)（湖南常德）把衣穿它。(服を着なさい)（易亞新 2003:289 頁）

これらの方言における「它」は、動作行為の完了や実現を表している（王東、羅明月 2007、易亞新 2003）と説明されている。また、羅山方言と武漢方言では、「它」を取り除くと、文として成立しない（王東、羅明月 2007、筆者の方言調査による）[6]。このことから、これらの方言の「它」は処置式文が成立するのに必要な成分となっていることがわかる[7]。

照応語の《他》が現れる位置は、主に文もしくは節末であるが、方言によっては、《他》が動詞の重ね型の間、もしくは動詞と補語（結果補語・様態補語・方向補語等）の間に位置する例も見られる。

13)（浙江寧波）該隻死老鼠揞其掉！（その死んだネズミを捨ててしまいなさい）（筆

---

[5] 筆者が行なったフィールドワークによって得られた例については、末尾に（筆者の方言調査による）と付け加えた。以下同。

[6] おそらくは常徳方言も他の 2 つの方言と同様ではないかと予想される。

[7] 脚注 8 で示すように、動詞と《他》の間に「了」に当たる成分が潜在している可能性がある。

者の方言調査による）
14) （浙江寧波）書（儂）要背得其滾糊爛熟，勿事要忘記。（本をちゃんと暗記しなさい、でないと忘れてしまうから）（范可育 1988:292 頁）
15) （浙江杭州）葛些桌子搬它出去。（これらの机を運び出しなさい）（筆者の方言調査による）
16) （浙江寧波）地板介膩腥，拖渠一拖（床がこんなに汚いから拭きなさい）。（湯珍珠等編 1997:35 頁）

2.2 《他》の意味的機能

Xu Liejiong (1999)は、照応語の《他》が現れる条件として、その文が「処置（disposal）」、「未実現（irreal）」、「動作主性（agentivity）」の三つの意味を持っていなければならないとしている。

また、徐烈炯、邵敬敏（1998）は、上海市区方言の「伊」（＝《他》）に関する研究の中で、「伊」は動作者が二人称の場合「祈使・命令」を表し、動作者が一人称および三人称の場合は「願望・意図」を表し、かつまだその動作が実現していないことを表す文に主に現れると指摘している。「伊」が主に命令を表す文に現れるという指摘は大西博子（2001）、佐藤直昭（2003）など他の研究においても見られる。例えば、佐藤直昭（2003）は、例(17)は例(18)と比較して、「命令」の語気が明瞭であると説明している。

17) 儂拿要求講講伊。（要求を言いなさい）（佐藤直昭 2003:p. 241）
18) 儂拿要求講一講。（要求を言ってよ）（同上）

佐藤はさらに、「伊」を伴う文に「命令」の語気が明瞭に現れるのは、「伊」に「動作の処置を強める働きがある（241 頁）」ためだと主張している。これに対して、加納巧（2008）は、上海市区方言に見られる「ViVi 伊」文における「伊」が、照応語の「伊」（＝《他》）における「処置」以外のすべての特徴を有していることを明らかにし、そこから《他》の働きは「処置を強める」ことではなく、「未実現」を表すことにあると主張している。

3 歴史文献に見られる照応語の《他》

本論における近代漢語文献の用例検索には、台湾中央研究院の「漢籍電子文獻瀚典全文檢索系統 2.0 版」（http://hanji.sinica.edu.tw/）および「近代漢語標記語料庫 1.0 版」（http://early_mandarin.ling.sinica.edu.tw/）を使用した。さらに万全を期すため、本論末尾に示した引用文献で字句の異同をチェックした。なお、中央研究院の電子テキストと引用文献との間に字句の異同が見られた場合、引用文献の記述を採用した。

照応語の《他》が現れる例は、早いものでは宋代の文献に見られる。

19) 但直說他，則恐未必便從，故且將去嚇他一嚇。(ただ、直接叱っても言うことを聞かない恐れもあるから、まずは驚かせよう)(朱子語類巻第一百三十四 歷代一)

明清小説では、現代漢語方言同様、動詞の重ね型の間、もしくは動詞と補語（結果補語・様態補語・方向補語等）の間に位置する例が見られる。

20) 這銀子就逼小人受了，小人也只丢掉它，要這樣贓錢那裏去使！（このお金は私めが無理に持たされたもので、捨てるしかありません、こんな汚いお金をどこで使えと言うんですか）(醒世姻緣 第二十回)
21) 被我如此支吾，調的他喜歡了，倒與我些茶吃，賞了我兩個大餅定，出來了。(私がうまく言ったもんで、すっかりお喜びになって、かえってお茶を頂いて、そのうえ大きなお餅を 2 ついただいて出てきました)(金瓶梅 第三十七回)
22) 為今之計，不如把這位先生招他進來，過其日月，有何不可？（早くあの先生をお婿さんに迎えて、暮らすのがいい)(金瓶梅 第十七回)
23) 你兩箇先行，我等他一等。(あなた達二人は先に行ってください。私は彼を待ちます)(水滸傳 第四十三回)

テキストや小説で照応語の《他》があまり現れないのは、この形式が極めて口語的な表現で文字化されにくかったからであろうと思われる。

4 照応語の《他》の形成

4.1 「之」と《他》

照応語の《他》の形成について、易亞新（2003）は、常德方言の「它」における研究の中で、以下の例に見られるように、常德方言の「把＋賓＋動＋它」は、「把＋賓＋動＋之」と構造上完全に一致している点を指摘し、ある一時期において、書面語形式としての「把＋賓＋動＋之」と口語形式としての「把＋賓＋動＋它」が並存した状態があったと想定している。

24) 把飯吃它！（ご飯を食べてしまいなさい）(易亞新 2003:288 頁)
25) 他把我的馬，連鞍轡一口吞之。(あいつは俺の馬を鞍や轡ごと飲み込んだんだ)(西遊記 第十五回)

そして、「書面語形式の「把＋賓＋動＋之」は変遷の結果、「之」が省略され、この形式は消滅し、口語形式も多くの方言で書面語形式に伴って消滅したが、常德方言のように、一部の方言では、口語形式の「它」が省略されることなく、「把＋賓＋動＋它」形式が完全に残され、次第に特殊な「把」構文へと変化していった（易亞新 2003:300 頁)」と主張している。また、曹廣順、遇笑容（2000）でも、この問題については、単なる「之」から《他》への語彙の交代であると述べている（559 頁）。

しかし、近代漢語の文献を見る限りでは、動詞句が単独の動詞の場合は直後に「之」を伴い、動詞＋結果補語の構造（VR 構造）の直後には《他》が現れるが、その逆の例は見られない。つまり、「《把》O+V+之」と「《把》O+VR+《他》」は見られるが、「《把》O+V+《他》」と「《把》O+VR+之」は見られない。『朱子語類』に「之」と「他」が同一文中に使われている例が見られるが、この文中の「他」と「之」は、それぞれ「公冶長」と「南容」を指しており、「將」、「把」直後の「女」、「兄之女」を照応していない。

26) 或先是見公冶長，遂將女妻他；後來見南容亦是箇好人，又把兄之女妻之。（先に公冶長に会い、娘を嫁にやった。その後、南容もいい人であるのをいて、兄の娘を嫁にやった）（朱子語類巻第二十八 論語十）

この他、近代漢語の資料において、単独の動詞の直後に「他」が現れる例は、ほとんどすべて二重目的語の間接目的語が《把》によって前置された例か、《把》が処置のマーカーではなく道具格のマーカーとして機能している文である。これらの文における「他」は、いずれも《把》の目的語を照応していない。

27) 你可將他這些日子的病症細細的告訴他。（あの人のここ数日の病状を詳しく話しなさい）（紅樓夢 第十回）

28) 俺沒曾在灶上把刀背打他，娘尚且不言語...（わたしがあの子を包丁の背で叩いたって、奥様はなにもおっしゃらなかった...）（金瓶梅 第十一回）

このうち、《把》が道具・手段を表す用法では、以下の例のように動詞の直後に「之」が現れる例も見られる。

29) 安進士聽了，喜之不勝。向西門慶稱道：「此子可敬！」將盃中之酒一吸而飲之。（安進士はそれを聞くと、うれしくてたまらず、西門慶に「いい子ですね」といい、杯の酒を一気に飲み干した）（金瓶梅 第三十六回）

もし、《他》が「之」からの単純な語彙的な交代であったならば、「《把》O+V+《他》」や「《把》O+VR+之」などの例が見られてもよいはずである[8]。

---

[8] 第 2 章で見た河南から湖南にかけての方言に見られる「把＋O＋V＋《他》」形式は一見したところ、ここでの議論の例外のように見える。しかしながら、以下の 3 地点の方言では、《他》の直前に「了」を加えて「V 了《他》」とすることも可能である（王東、羅明月 2007、許慧 2005、王群生 1994）。さらに、王東、羅明月（2007）では両者はほぼ同義であ

もし、易の言うように《他》と「之」の対立が口語と書面語の対立であるならば、一部の構文では《他》と「之」いずれもが見られ、別の一部の構文ではいずれかしか見られないという現象を説明することは難しい。

4.2 照応語の《他》の形成と発展

「その他」、「他人」を表す「他」が三人称代名詞に転化したのは、唐代の頃である[9,10]。照応語の《他》は、宋代の例が一番早い時期のものだが、おそらくは、人称代名詞の《他》とほぼ同じ時期に成立していたものと思われる。

前節で見た「《把》O+V+之」と「《把》O+VR+《他》」の対立について、ちょうど「之」から《他》への交代していくのと同じ時代に、VR 構造も形成されつつあった[11]。ただし、VR 構造は、初期の段階では動詞と結果補語の結びつきが弱く、目的語は動詞の直後に置かれた。このような例は、明清小説でも見られる。

30) 次日清早，王婆收拾房裏乾淨了...（次の日の朝早く、王婆さんは部屋をきれいにした）（水滸傳 第二十四回）

ると説明している。

（河南羅山）你再不好好睡，馬哈兒（馬上）有貓來把你吃它。（ちゃんと寝ないと、すぐに猫が来てお前を食べちゃうよ）（王東、羅明月 2007:85 頁）

・・・有貓來把你吃了它。（同上）

（湖北武漢）把旧房子拆它。（あの古い家を壊しなさい）（許慧 2005:148 頁）

把旧房子拆了它。（同上）

（湖北荊沙）把頭梯它。（頭を剃りなさい）（王群生 1994:268 頁）

把頭梯了它。（同上）

また、常德方言でも、同様の文型の文に動態助詞の「啊」を挿入することができる。

（湖南常德）早點兒把頭梳它。（早く髪をとかしなさい）（易亞新 2003:289）

（湖南常德）早點兒把頭梳啊它。（同上）

これらの方言において、「把 O+V+《他》」と「把 O+V+了+《他》」が併存し、かつほぼ同義であること、近代漢語資料では、「把 O+V+《他》」が見られないことなどを考えると、本来「把 O+V+了+《他》」であったのが、「了」がその音声形式を失い、「把 O+V(+ φ)+《他》」になったと考えることができるのではないだろうか。

9 王力 1957、太田辰夫 1958(1981)、唐作藩 1980、郭錫良 1980、俞理明 1988、魏培泉 2004 等。

10 漢語方言に見られる三人称代名詞の「其(渠)」や「伊」は、「他」よりも早い時期に成立していたと思われる。(魏培泉 2004)。

11 石毓智（2001）を参照のこと。

この形式には、動詞と結果補語の間に「之」が現れる例も見られる。しかし、同じ位置に《他》が現れる例は、近代漢語の文献には見られず、現代漢語方言でも寧波方言を除いて見られない。

31) 殿下放心。我已慮之熟，處之當矣。(殿下、ご安心ください。私は十分考え、適当に処理いたしました)(西遊記 第八十九回)

32) (浙江寧波)吃格水(儂)燒其滾。(飲む水を沸かしなさい)(范可育 1988:292 頁)

V《他》R の例は、寧波周辺の地域以外の他の方言には見られないため、上のような例をもって歴史的にも V《他》R が存在したと断定することはできないが、もし存在したとすれば、VR 構造の文は、以下に示すように「之」と《他》併用の時代を経て、VR《他》へと変化したと推測することができる。

33) 《把》O+V+之/《他》+R → 《把》O+VR+《他》

「之」が VR 構造の直後に現れない理由について、「之」を目的語とする動詞の音節数と関係があるものと考える。

「之」を目的語とする動詞は、ほとんど単音節である。台湾中央研究院の「近代漢語語料庫」中のテキストを検索した結果、目的語としての「之」を伴った 718 例中、直前の動詞が 2 音節以上だった例は以下の 1 例しかなかった[12]。

34) 軍師請三思之。(軍師様、よくよくお考えください)(平妖傳 第三十六回)

VR 構造は常に 2 音節 (以上) で構成されることから、VR 構造の直後には「之」を置くことができなかった。これに対して、《他》には「之」のような制限はなく、VR 構造の直後にも来ることができたことから、「《把》O+V+之」と「《把》O+VR+《他》」の対立が生まれたものと考えられる。

また、唐宋代以降に新しく生まれた文法形式、例えば動詞の重ね型や様態補語を伴った形式[13]などの場合は、すべて《他》が前置された目的語を照応しており、「之」を伴った例は見られない。

35) 若饒了這個和尚，誠然是勞而無功也。我還下去戲他一戲。(もしこの坊主を許したら、全くの骨折り損になってしまう。もう一度下りてからかってやろう)(西遊記

---

12 「一遇賊軍不論好歹，便直衝過去，用長槍刺殺之 (賊軍にあうと、相手構わず突撃し、長槍で殺した)(平妖傳 第三十四回)」中の「刺殺」は他動詞の連続とみなし、カウントしなかった。

13 太田辰夫 (1958(1981)) を参照のこと。

第二十七回)

36) ...我把他的屍首，從棺材裏頭傾將出來，燒得他骨拾七零八落，撒在被裏，...（おれは奴の亡骸を棺桶からひっぱり出してきて、骨がバラバラになるまで焼いて、布団に撒いたんだ...)（醒世姻緣 第十三回)

これらと同様の例は、現代漢語方言でも見られる。

37) （浙江寧波）門開其開。(ドアを開けなさい)（筆者の方言調査による)

38) （廣東廣州）將眼螺絲擰到佢實一實。(そのネジをしっかりとしめなさい)（麦耘 2003:518 頁）

これらの形式における《他》は、動詞の直後にあり、本来ならば、「之」も現れてよいはずである。しかし、「之」はこの時期にはすでに衰退の方向にあり[14]、新しく形成されたこれらの形式の文には現れることができなくなってしまっていたと考えられる。

以上の議論から、照応語の《他》は、当初は「之」が本来現れていところに取って代わっていたのが、その後「之」が現れることのできない VR 構造の直後や動詞の重ね型の間など､唐宋代以降に形成された新しい文型にまでその用法を拡張していったことが伺える。

5 最後に

本論では、唐代の頃に人称代名詞へと転化したとされている《他》が、その用法を徐々に拡大し、照応語として機能している「之」にも取って代わるようになり、さらには、「之」が現れない、動詞の重ね型のような、唐宋代に成立した新しい文法形式にも現れるようになる過程を明らかにした。

しかしながら、「《把》O+V+《他》」がなぜ見られないのかについては明らかに出来なかった。また、《他》は「之」と異なり、未然を表す文にしか現れない。この問題についても明らかにする必要があろう。これらの問題については、稿を改めて論じたいと思う。

参考文獻

太田辰夫 1958(1981).『中国語歴史文法』。東京：江南書院（1981 年版は朋友書店より出版)
大西博子 2001.「上海話的“拿”字句」,『中国語学』248 号：108-122 頁。
加納巧 2007. 「北部呉方言における非人称の《他》｣,『神戸市外国語大学研究科論集』第十号，1-17 頁。

---

[14] 魏培泉（2004）は、後漢および六朝の時には、すでに「之」が当時衰退しつつあったと指摘している（27 頁)。

______ 2008.「上海市区方言における指示対象を持たない“伊”」,『現代中国語研究』第10期：109-117頁。朋友書店
許慧 2005.「中国語（武漢方言）における特殊人称代名詞"它"の用法」,『日本中国語学会第55回全国大会予稿集』: 148-152頁。
佐藤直昭 2003.「虚指の“伊”—上海方言“伊”に関する一考察—」,『開篇』Vol.22 : 235-244頁。
曹廣順、遇笑容 2000.「中古譯經中的處置式」,『中國語文』2000年第6期：555-563頁。
陳淑梅 1989.『英山方言志』。武漢：華中師範大學出版社
丁加勇 2006.『湘方言動詞句式的配價研究——以隆回方言為例』。長沙：湖南師範大學出版社
范可育 1988.「寧波話“繩（儂）縛其牢”格式」,『吳語論叢』: 292-296 頁。上海：上海教育出版社
孔昭琪 1989.「牟平方言語法調查」,『語海新探』第二輯：171 - 185頁。山東教育出版社
劉丹青 1997.「蘇州方言的動詞謂語句」,『動詞謂語句』: 1-20頁。廣州：暨南大學出版社
劉月華、潘文娛、故韡 2001.『實用現代漢語語法（增訂本）』。北京：商務印書館
麥耘 2003.「廣州話以“佢”複指受事者的句式」,『第八屆國際粵方言研討會論文集』: 515-524頁。北京：中國社會科學出版社
石毓智 2001.『現代漢語語法系統的建立——動補結構的產生及其影響』。北京：北京語言大學出版社
唐愛華 2005.『宿松方言研究』。北京：中國社會科學出版社
湯珍珠、陳忠敏、吳新賢 1997.『寧波方言詞典』。南京：江蘇教育出版社
王東、羅明月 2007.「河南羅山方言“把+O+V+它”式處置式」,信陽師範學院學報（哲學社會科學版）第27卷第6期：84-87頁。
王群生 1994.『湖北荊沙方言』。武漢：武漢大學出版社
魏培泉 2004.『漢魏六朝稱代詞研究』,臺北市：中央研究院語言所。
項夢冰 1997.『連城客家話語法研究』。北京：語文出版社
徐烈炯、邵敬敏 1998.「續指代詞研究」,『上海方言語法研究』: 79-87 頁。上海：華東師範大學出版社
易亞新 2003.「常德方言的“它”字句」,『語言學論叢』第28輯：288-304頁。北京：商務印書館
袁毓林、徐烈炯 2004.「再論處置性代詞句」,『中國語言學論叢』第3輯：46-62頁。北京：北京語言大學出版社
Xu Liejiong. 1999. A Special Use of the Third Person Singlar Pronoun, *Cahiers de Linguisitique Asie Orientale* Vol. 28-1: 3-22.

引用文献

『朱子語類』，黎靖德編，北京：中華書局，1986 年
『國初鈔本原本紅樓夢』，曹雪芹，臺北市：臺灣學生書局，1976 年
『水滸全傳』，施耐庵、羅貫中，臺北市：萬年青書店，1974 年
『足本醒世姻緣傳 一百回，附錄一卷』，西周生，臺北市：世界書局，1978 年
『平妖傳』，羅貫中、馮夢龍，上海：上海古典文學出版社，1956 年
『西遊記』，吳承恩，北京：人民文學出版社，1955 年
『金瓶梅詞話』，笑笑生，里仁書局，2007 年

汉语方言连续多音节读轻声的现象*

罗　福腾
新跃大学

本文以山东方言、山西方言、南昌方言为例，讨论汉语方言多音节读轻声的现象。所谓的连续多音节读轻声的现象，指的是汉语方言中多音节词里有两个或两个以上连续的音节有轻读的事实。笔者从结构形式、语音特点、语意和语法特点等角度，多方面分析该现象所具有的特征。

轻声　连续多音节读轻声　山东方言　山西方言　赣方言

1 引言

本文讨论的连续多音节读轻声的现象，指的是汉语方言中多音节词里有两个或两个以上连续的音节有轻读的事实。不包括大于词的语法单位里的多音节连读轻声的形式，如：做买卖的；看起来；跑过去了；累得慌。笔者经过翻检手边的方言资料，得到的印象大致可以分为两种情况。

一种是未见有连读轻声的现象。如吴语的代表点苏州话（叶祥苓《苏州方言词典》）、湘语的代表点长沙话（鲍厚星《长沙方言词典》）、闽语的代表点厦门话（周长楫《厦门方言词典》）、晋语的太原话（沈明《太原方言词典》）、长治话（侯精一《长治方言志》）、获嘉话（贺巍《获嘉方言研究》）、西南官话的贵阳话（汪平《贵阳方言词典》）等。

另一种情况是有连读轻声的现象，但在数量上有多少的差别。有的方言尽管有连续多音节读轻声的形式，但词语较少，如北京话。据徐世荣《北京土语词典》、陈刚《北京方言词典》统计，北京话常见的几个两音节读轻声的词有：大姑子；小姑子；大师傅；东西子；吃虎子（饭量大的人）；老皮虎子（一种假想的野兽）。至于连续三个音节读轻声的词，则未发现。相比而言，有的方言连续多音节读轻声的现象较为普遍，而且是一种常见的、重要的构词手段，其语音结构、语义和语法特征等，也都有明显的规律可寻，例如山东方言、山西方言的某些点（乔全生 1994、1996）、赣语的南昌话（熊正辉《南昌方言词典》）等。

鉴于这是一种尚未被讨论过的语言现象，笔者不揣陋见，选取山东方言的几个点、山西方言的洪洞话、赣方言的南昌话作为讨论的对象，介绍并分析这一现象的一些基本情况。

---

* 此文曾得到中国山东大学钱曾怡教授、山西教育学院陈庆延教授的指点。谨此致谢。

2 语音特点

连续多音节读轻声的词，绝大多数是两个音节连着读轻声，三音节读轻声的词也有一些。根据轻声音节出现的位置，可以分为两类。一类是在词的后半部分，结构形式为：A＋L1 L2（L3）；另一类则是在词的中间部分，结构形式为：A＋L1 L2（L3）＋B。其中，AB 代表非轻声音节，L1 L2 L3 代表两个或者三个轻声的音节。

先说第一类：A＋L1 L2（L3）式。这类词一般由三至五个音节构成。分别举例如下：

山东方言

济南话	风缺连：风圈	土坷垃：土块儿
	餐打木子：啄木鸟	抽匣子：抽屉
	棉衣裳：棉袄之类的衣服	背搭子：褡裢
	饭巴拉子：雪珠	皮嗒狐子：狐狸
淄川话	散干粮：冷馒头	锅旮旯：锅里使用的垫圈
	拄巴棍：拐棍	巳晌午：中午时分
	两耽误：两面误事	悖理晦：违背事理
	干亲戚：干亲	压皮狐：梦魇
	老娘娘子：老太太	反文子：反文，汉字偏旁之一
	席头子：破席片	酒窝子：酒窝儿
	热疙瘩子：痱子	餐打猫子：啄木鸟
利津话	三卯时：启明星	檐壁虎：蝙蝠
	麻苍蝇：一种苍蝇	水长虫：鳝鱼
	草大麦：大麦的一种	夹棒子：木夹
	锨之骨：肩胛骨	被窝子：被子
	咸打味儿：小咸菜	招压背狐子：做恶梦
平度话	上水头儿：上游	腿卡拉：胯部
	牙狗子：公狗	马蛇子：蜥蜴
	豆角子：菜豆	狗奶子：枸杞
博山话	大门指头：拇指	热疙瘩子：痱子
	时气不济：惊吓而生病	木疙瘩子：蚊子叮咬后的疙瘩
	饭促织子：蟑螂	

山西方言

洪洞话	拉条子：拉面	撒不鞋：破布鞋
	背篓子：能背的篮子	狗骨头：可恶之人
	懒骨头：懒惰之人	没耳朵：无耳朵的人

赣方言

南昌话	驴狗子：驴	初生子：头胎
	蚂寅子：蚂蚁	破布子：碎布
	夜哇子：猫头鹰	有下子：有会儿
	人公子：玩偶	奸雀子：麻雀
	炸拨子：蟑螂	蔑拍子：篾条
	指头子：手指	脚股子：腿

以上连续多音节读轻声的例词，三个音节读轻声的词多见于山东方言，而山西方言的洪洞话、南昌话尚未见到。

再说第二类：A＋L1 L2（L3）＋B 式。这类词由四至五个音节组成，从组合上看，多为二次组合的合成词，即在原有的一个词的基础上，再叠加上一个表示意义类属的词。例如：

山东方言

淄川话	周姑子戏：当地流行的地方戏	离麻眨眼儿：黄昏
	六筲子瓮：水缸	果木子树：果树
	芙芙子苗：野草	长尾巴郎：灰喜鹊
德州话	夜猫子五更：半夜三更	生憋肚子气：生闷气
	左拉巴扤：左利人	辣疙瘩头：一种辣菜
	爬蔓子草：蔓状野草	
平度话	麻杆子雨：急雨	锨板子骨：肩胛骨
	黄姑子鱼：大黄鱼	狗尾巴草
	托头子戏：木偶戏	纳底子鞋：手工纳底的鞋
临清话	拐磨子雷：连续响的雷	夹旮旯头：腼腆的人
利津话	地巴拉猴子：鼹鼠	扫打拉毛儿：一种毛毛虫
博山话	趴古古子鞋：一种鞋	

山西方言

洪洞话　酸包气货：说话令人肉麻的人　没来头货：做事欠考虑的人
　　　　抄花子货：叫花子　羞虎子货：不敢见生人的人

赣方言

南昌话　沙皮子钱：一种旧铜钱　蚌壳子油：一种防冻油
　　　　白眼睛珠子：白眼珠　肌骨子人：瘦弱之人

关于上述方言多音节读轻声的语音性质，跟北京话的单音节轻声词相似，如失去原有的声调而读成较轻、较短的调子；轻声音节受前字调值的影响也有音高的差别如博山话（钱曾怡 1993）。但是，L1 L2 或者 L3 各个音节的音高，到底有什么样的具体差异，各地的资料对这一问题几乎都没有提到，也许是由于受耳朵听辨能力的限制，还无法说明连续轻声的几个音节的音高是多少，是依次降低，还是怎样，这有待利用实验语言学的技术和手段来证明。

3 语义和语法特点

作为方言的一种有效表达手段，跟单音节轻声的作用相似，连续多音节的轻声，也具有区别意义和词性的功能，即语音上是否连续读轻声，在意义和语法上是有差别的。

山西方言的洪洞方言，单音节的轻声与多音节的轻声之对立的例子有不少，情况也比较复杂。

同样的语素构成的结构形式，非连续轻读的形式是动宾短语，连续轻读的形式则是名词，这样的例子有二十多对（乔全生 1994）。选举几例对比如下：

1、　撒不鞋　指穿旧布鞋不提鞋跟，拖着走。动宾短语
　　　撒不鞋　指拖着穿的旧布鞋。名词
2、　夹尾巴　将尾巴夹起来。动宾短语
　　　夹尾巴　夹着尾巴的狗。名词
3、　炸馍馍　在油里炸馒头。动宾短语
　　　炸馍馍　炸好的馒头。名词
4、　拉条子　制作筐用的条子。动宾短语
　　　拉条子　拉面。名词
5、　没来头　没来由。动宾短语
　　　没来头　指说话说不到点子上的人。名词
6、　没材料　办事没能力。动宾短语
　　　没材料　办事办不到点子上的人。名词

7、 背篓子 背着篓子。动宾短语

背篓子 能背的篓子。名词

8、 转椅子 转动椅子。动宾短语

转椅子 可转动的椅子。名词

9、 骑车子 骑自行车。动宾短语

骑车子 自行车。名词

10、 架豆角儿 把豆角蔓架起来

架豆角儿 拉长蔓架起来所结的片状豆角。名词

非连续轻读的形式是动补短语，而连续轻读的形式是表数量的名词。例如：

1、 多一半儿 多了一半儿

多一半儿 多半儿

2、 少一半儿 少了一半儿

少一半儿 少半儿

3、 多半块儿 多了半块儿

多半块儿 大半块儿

4、 少半块儿 少了半块儿

少半块儿 小半块儿

山东方言的一些同类词，是读多音节轻声还是读单音节轻声，也有意义上的对立。可惜收集到的例子没有洪洞方言那样多。以下的几例，前二例来自淄川方言，三四例来自牟平方言，第五例来自利津方言。

1、 蒸包子 蒸制带馅儿的食品。动宾短语

蒸包子 一种带馅儿的食品。名词，与下包子相对

2、 下包子 煮饺子。动宾短语

下包子 饺子。名词，与蒸包子相对

3、 推车子 推自行车、小推车等。动宾短语

推车子 小推车，一种农具。名词

4、 跑管子 寻求管子之类的物品。动宾短语

跑管子 瓜类的毛根、毛须。

5、 套褂子 套上褂子。动宾短语

套褂子 外套。名词。

南昌方言也有几个由于可读轻声的音节数目不同而区别意义的例子。例如：

1、　笔头子　　毛笔尖的部分。偏正短语

　　笔头子　　写文章的能力。名词

2、　话人家　　女子找婆家。动宾短语

　　话人家　　批评人家。动词

从词义的感情色彩来看，连续多音节读轻声的词（特别是那些人品称谓词），有许多是表示贬义的，带有或多或少的厌恶、轻蔑、鄙夷的情绪在其中。这也许表明连续多音节轻读的方式，是构成某类贬义名词的手段之一。下边我们分别举例。

山东方言

济南话	叫花子：乞丐	二流子
	小叔子	锅腰子：驼背者
	豁嘴子：兔唇	媒婆子
淄川话	屠家子：屠户	老闺女：老处女
	疯闺女：女疯子	大伯子：丈夫之兄
	瞎老婆	聋老婆
	懒老婆	卖老婆：女贩子
	馋老婆	
博山话	雏保师：初学手艺者	瞎保师：技艺低的工匠
	挑担子：小贩儿	赖皮虎：淘气的孩子
	私孩子：私生子	结拉巴：结巴；口吃者
	熊和尚：懦夫	香妈妈：烧香老太
	神婆子：巫婆	
牟平话	跟脚子：随母改嫁者	媳妇子：儿媳
	科巴子：结巴；口吃者	

山西方言

洪洞话	羞虎子货：怕生人者	震瓜子货：做事鲁莽者
	抄花头货：叫花子	厉害佬：不讲理的人
	糊涂佬：糊涂人	懒势佬：懒惰之人
	软骨头：懦夫	娃娃佬：孩子气重的人

赣方言

南昌话

私伢子：私生子　　肌骨子人：瘦弱之人

细人子：小孩子　　女崽子：女孩子

摩胡子：女孩儿　　化宝子：败家子

鬼鬼子：小孩儿　　教化子：叫花子

童娘子：童养媳　　姘头子：姘头

轻骨头：轻佻之人　　双生子：双胞胎

从结构方式上看，山东方言和南昌方言连续读轻声的词语中，“子”尾词占相当大的数量。这一现象的产生与“子”的构词能力有关。汉语方言中，“子”是最具有派生能力的一个虚化后缀，常常读轻音。由它构成的词多，它自身又常常读轻声，所以，“子”尾词读连续轻声的机会也就多些。以下是山东方言“子”缀词连续读轻声和非“子”缀词连续读轻声的对比统计。

	济南	淄川	博山	利津	德州	临清	平度	牟平	平邑	合计
多音节读轻声总数	51	224	114	88	64	37	84	64	29	755
子尾词数	27	159	70	46	26	20	52	52	20	472
占百分比	53%	71%	61%	52%	41%	54%	62%	81%	69%	62.5%

在多音节读轻声的词里，南昌话的“子”尾词所占的比例也很高。笔者翻检到多音节轻声词共 66 例，其中“子”尾词有 60 条，占总数的 90%。

除了“子”尾词外，我们还注意到，山东某些县市的方言有一种单音节重叠后带“子”的词，结构形式为：A1、A2＋子。其中的 A2 和“子”两个音节都读轻声。山西的洪洞、临汾等方言也有一种与此类似的词，即两个重叠音节后面加上词缀“佬”，构成“A1＋A2＋佬”式。其中的 A2 和“佬”两个音节也读轻声。分别举例如下：

山东方言

淄川话

叭叭子：鸭子　　叫叫子：雄蝈蝈

绸绸子：绸子　　刀刀子：小刀儿

钩钩子：小钩子　　环环子：环儿

尖尖子：尖儿　　台台子：小台子

回回子：回民

牟平话

丢丢子：一种掷远工具　　捞捞子：一种小型网具

蛐蛐子：蟋蟀　　棒棒子：木棒

兜兜子：幼儿饭兜

平邑话	姑姑子：尼姑	赚赚子：扒手
平度话	车车子：车前子	蒿蒿子：黄花蒿

山西方言

洪洞话	锈锈佬：生锈的金属	死死佬：死了的植物
	糠糠佬：糠了的萝卜	弯弯佬：弯的棍状物
	破破佬：破了的物品	打打佬：有裂缝的器物
	哭哭佬：带苦相的人	病病佬：老病号
	捂捂佬：受热发霉的粮食等	瞎瞎佬：盲人
	漏漏佬：漏了的物品	掉掉佬：掉了把柄的物品

参考文献

曹延杰 1991　《德州方言志》，　语文出版社
高文达 1992　《济南方言志》，《山东史志丛刊》增刊
罗福腾 1992　《牟平方言志》，语文出版社
孟庆泰　罗福腾 1994　《淄川方言志》，语文出版社
钱曾怡 1993　《博山方言研究》，社会科学文献出版社
乔全生 1994　洪洞话轻声的语法语义作用，《语文研究》第 4 期
——— 1996　山西方言的几个詈词后缀，《方言》第 2 期
熊正辉 1995　《南昌方言词典》，江苏教育出版社
于洪廷 1989　《平邑方言志》，枣庄新闻出版局铅印
于克仁 1992　《平度方言志》，语文出版社
张鸿魁 1991　《临清方言志》，中国展望出版社

汉语方言中的“儿”音和儿化

赵 日新
北京语言大学/清华大学

本文以《汉语方言地图集》930 个点的语料为根据，描写“儿”的不同类型读音的地理分布，讨论“儿”的不同读音与儿化的不同类型之间的关系。

汉语方言 “儿”音 儿化

1“儿”的读音类型及分布

汉语方言中，“儿”有众多不同的读音类型，图 1 是根据《汉语方言地图集·语音卷》图“205 儿日止开三的声韵母”重新分类画成的。

图一：“儿”的读音类型及其分布

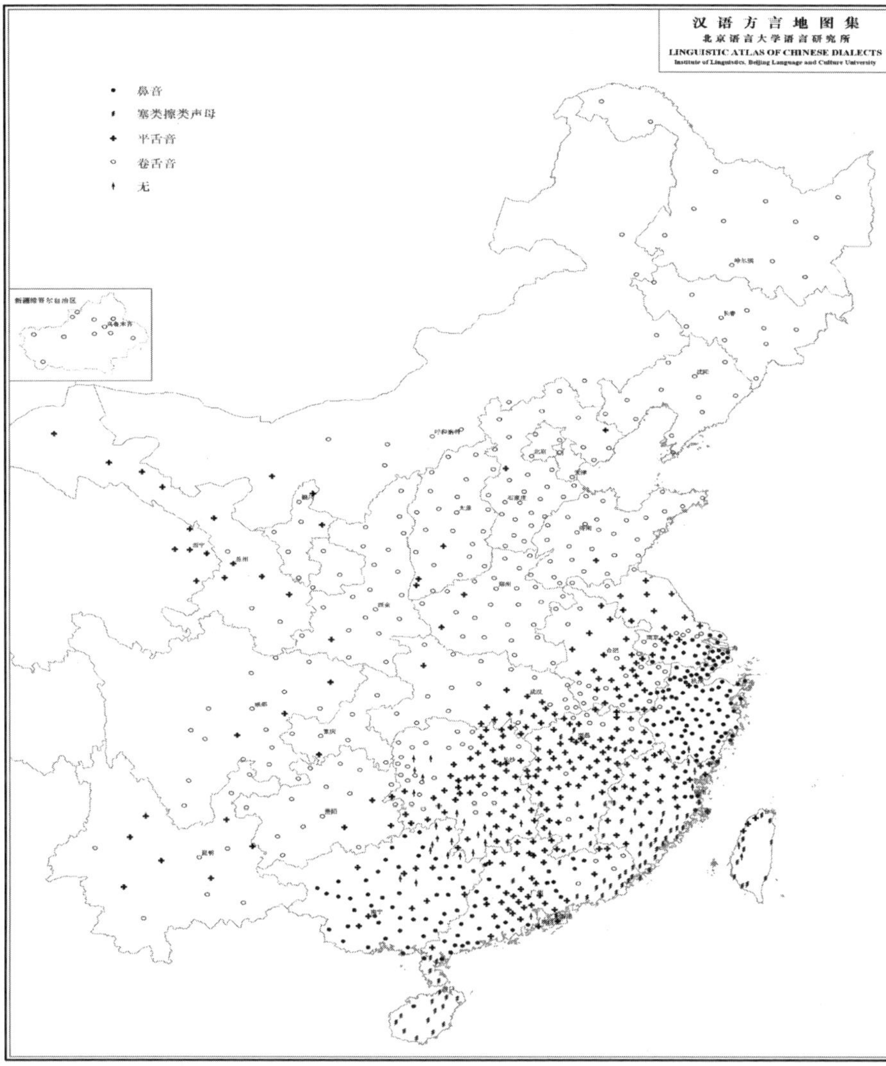

从图中可以看出，“儿”主要有四种读音类型，分别是：鼻音（声母为鼻音或鼻音自成音节）、卷舌音（卷舌声母或卷舌元音）、平舌音（多为舌面元音）、塞类擦类声母（韵母均为[i]），下面分类说明。

1.1

“儿”读卷舌音的主要分布区域：整个官话区。具体音值包括：

[ɚ]234	[ʅ]21	[ʅə]17	[ɐr]7	[ʅ]5	[ʐʅ]5	[ɤr]5	[ʒʅ]3	[ɑr]2	[ar]2
[əʅ]2	[ʮ]2	[ʮo]2	[ɜr]1	[ʅa]1	[ʅɚ]1	[ʌr]1	[ɣər]1	[ẓə]1	[ɔr]1
[ẓi]1	[ẓɔ]1	[ɛr]1	[ɤɯr]1	[er]1	[ɵr]1	[or]1	[kɯr]1		

见图二。

图二：“儿”读卷舌音的区域分布

具体分布地点如下。

北京：延庆、平谷、北京市

天津：天津市

甘肃：西和、环县、岷县、华亭、西峰、永登

内蒙古：通辽、乌兰浩特、太仆寺旗、赤峰市、扎兰屯、包头市、临河、集宁、呼和浩特市、额尔多斯

黑龙江：齐齐哈尔市、佳木斯市江、牡丹江市江、漠河、富锦、勃利、海伦、呼玛、克山、延寿、伊春市、哈尔滨市

辽宁：瓦房店、彰武、大连市、朝阳、辽阳、沈阳市、凌源、兴城、岫岩、北宁、清原、宽甸

吉林：桦甸、安图、白城、长春市、双辽、东辽、吉林市、松原、集安、靖宇

陕西：佛坪、富县、黄龙、志丹、清涧、商洛、西安市、镇巴、略阳、靖边、米脂、镇安、延安、宝鸡、大荔、平利、永寿、耀县、神木、户县

四川：泸定、旺苍、屏山、盐亭、古蔺、资中、北川、青川、汉源、宝兴、米易、成都市、长宁、西昌、富顺、广安

重庆：武隆、忠县、云阳、重庆市、秀山、大足

宁夏：隆德、吴忠市、银川、中卫、海原

贵州：遵义、大方、习水、铜仁、威宁、余庆、安龙、正安、安顺、贵阳市、天柱、晴隆、荔波、德江

云南：思茅、文山、昆明市、保山、盐津、昭通、马龙、建水

新疆：焉耆、吐鲁番、喀什、博乐、伊宁市、阿克苏、乌鲁木齐、哈密、和田、吉木萨尔、沙湾

山西：陵川、左权、平定、长子、太原市、灵丘、平陆、右玉、襄汾、大宁、代县、忻州、娄烦、阳城、大同、中阳、临县、岢岚、偏关、平遥、襄垣

河北：磁县、广平、平山、武强、冀州、永年、赞皇、隆尧、昌黎、唐县、阳原、张北、唐海、丰润、徐水、安国、香河、丰宁、围场、承德、故城、石家庄市、黄骅、南皮、晋州、霸州、河间、威县、宣化

山东：夏津、临朐、日照、潍坊市、苍山、沂南、诸城、肥城、利津、淄博市、章丘、桓台、滕州、聊城市、成武、新泰、莱阳、荣成、青岛市、平度、乳山、兖州、济南市、蓬莱、临邑、无棣、单县、东明、郓城

河南：获嘉、鲁山、滑县、鹤壁市、禹州、镇平、嵩县、沁阳、开封、民权、清丰、西平、柘城、郑州市、项城、夏邑、新蔡、确山、社旗、商城、灵宝、渑池、信阳市、扶沟

江苏：丰县、句容、靖江吴语、通州、如皋、南通市、泰兴、赣榆、邳州、南京市

濉溪、宿松、望江、潜山、岳西、芜湖、安庆市、郎溪、广德、马鞍山市、歙县、亳州、太湖、利辛、宁国、祁门、巢湖、铜陵

湖北：鹤峰、秭归、黄石市、蕲春、枣阳、恩施、宜都、武穴、老河口、远安、钟祥、郧县、红安、广水、赤壁、黄梅、英山

湖南：茶陵、衡南、衡阳、祁东、洪江、平江、祁阳、溆浦、常德市、安乡、汉寿、张家界市、保靖、麻阳、辰溪湘语、永顺、桃源、龙山、花垣、吉首、泸溪湘语、临澧、会同、绥宁、凤凰

江西：湖口、都昌、波阳、峡江、九江、赣县、德兴

广东：丰顺、紫金、大埔、兴宁

浙江：淳安

1.2

“儿”读平舌元音的主要分布区域：粤语（多数读高元音i y）、闽语（北部。以读高元音i y e等居多）、赣语、湘语、江淮官话、西南官话、兰银官话。从地图上看，大致分布在官话核心区的外围。具体音值包括：

[ə]33　[ɛ]32　[i]32　[ji]25　[e]27　[ɵ]25　[ɯ]18　[ɤ]13　[zʅ]10　[ø]9
[a]8　[o]7　[ɐ]7　[ɔ]7　[y]7　[ᴇ]3　[əɯ]3　[ɤɯ]2　[əu]2　[ɑ]2
[æ]2　[ʅ]2　[œ]1　[ɒ]1　[ie]1　[iei]1　[uæ]1　[ɛi]1　[ɪi]1　[ai]1
[ei]1　[ɵl]1　[øɥ]1　[øʉ]1　[jʉ]1　[ɦɛ]1　[ɦi]1　[ɣɛ]1

见图三。

图三："儿"读平舌元音的区域分布

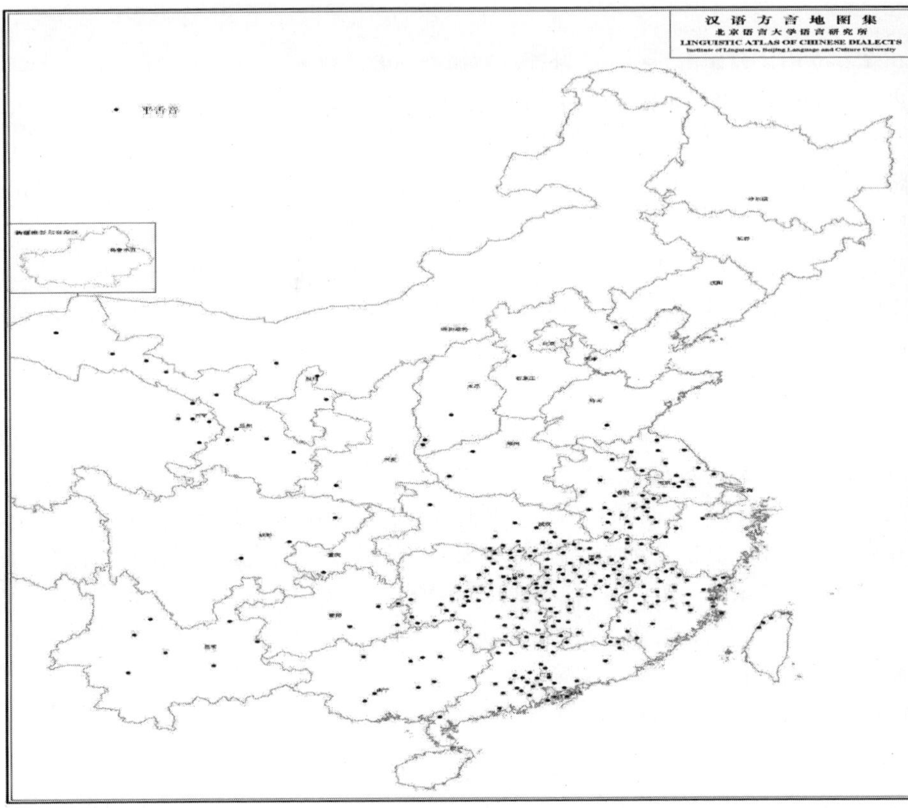

具体分布地点如下。

江西：遂川、铜鼓、铅山、崇义、新建、横峰、万载、泰和、新余市、安义、婺源、玉山、上犹、弋阳、东乡、金溪、信丰、浮梁、宜黄、乐平、萍乡市、万年、全南、南康、资溪、会昌、广昌、安福、南城、兴国、上栗、永新、进贤、修水、吉水、永丰、武宁、丰城、崇仁、抚州、上高、奉新、宜丰、贵溪、高安、吉安、南昌、分宜、德安、黎川、余江、瑞昌、南昌市、景德镇市、彭泽、宜春、芦溪、星子、莲花、新干、万安、乐安、樟树、南丰、余干、井冈山

湖南：炎陵、湘阴、双峰、冷水江、涟源、汨罗、常宁、永兴、江永、宁乡、芷江、湘潭、南县、攸县、邵阳、邵东、邵阳市、隆回、新宁、新晃、新邵、桂东、醴陵、郴州、汝城、株州、益阳、长沙市、望城、长沙、娄底、沅江、岳阳市、通道、武冈、洞口、桂阳、靖州、桃江、安化、城步、临武、耒阳、道县、华容、新化、衡东、衡山、浏阳、岳阳、临

湘、湘乡、安仁

广东：惠阳、蕉岭、梅县、平远、云安、仁化、五华、乳源、连南、阳山、韶关市、三水、高要、廉江、广州市、番禺、澳门、增城、新兴、阳东、新会、高明、从化、佛冈、宝安、鹤山、东莞、花都、南海、四会、顺德、香港、始兴、乐昌、连州、南雄、翁源、曲江

福建：顺昌、清流、上杭、永定、尤溪、宁化、古田、沙县、建阳、平潭、闽清、永泰、长乐、三明市、松溪、武夷山、霞浦、长汀、宁德畲、柘荣、浦城吴语、邵武、建宁、光泽、政和、南平、泰宁、将乐、明溪、漳平、浦城闽语、建瓯、福鼎

台湾：苗栗、桃园、新竹

安徽：南陵、泾县、青阳、东至、旌德、怀宁、霍山、舒城、合肥市、当涂、芜湖市、石台、和县、屯溪、滁州、灵璧、五河、霍邱、淮南市、枞阳、池州、无为、桐城、繁昌

江苏：丹阳、涟水、盱眙、东台、丹徒、泗洪、宝应、宿迁、射阳、江都、扬中、如东、靖江官话、溧水、灌云

广西：贵港、桂平、荔浦、梧州市、南宁市、河池、柳州市、鹿寨、全州、扶绥

湖北：崇阳、房县、潜江、石首、鄂州市、武汉市、应城、洪湖、监利、通城、大冶、阳新、咸宁市、通山

浙江：遂安、分水、杭州市

甘肃：安西、高台、张掖、兰州市、武威、嘉峪关市、临夏市、定西、秦安

青海：湟源、门源、乐都、西宁市、同仁

云南：富源、大理、临沧、永胜、会泽、楚雄、华宁

山西：临猗、万荣、霍州

宁夏：陶乐、盐池

四川：遂宁市、乐山市、平昌

河南：洛阳市、西峡

河北：涞源、青龙

贵州：镇远、黎平、都匀

重庆：綦江

山东：平邑

陕西：城固

内蒙古：阿拉善左旗

1.3

“儿”读鼻音的主要分布区域：吴语、徽语、闽语、粤语、客家话、平话。见图四。具体音值包括（音标后数字为方言点数，下同）：

[ȵi]83　[ŋ]47　[n]24　[ŋi]13　[niɛ]5　[ni]4　[ŋgi]3　[ŋei]2　[nə]2　[ȵɪi]1
[ȵei]1　[ȵĩ]1　[ȵiɑŋ]1　[ȵiɛ]1　[ȵie]1　[ȵiᴇ]1　[ȵiəi]1　[ȵui]1　[ȵiŋ]1　[nie]1

图四："儿"读鼻音的区域分布

具体分布地点如下。

广东：和平、东源、电白闽语、电白粤语、遂溪粤语、高州、郁南、茂名市、广宁、罗定、信宜、化州、阳西、阳春、封开、德庆、怀集、新丰、连山、斗门、恩平、龙门粤语、湛江市粤语、吴川、龙川、台山、开平、惠州市、龙门客话、博罗

海南：儋州

广西：永福、北流、容县、横县、龙胜、钟山、岑溪、昭平、贺州、三江、隆安、临桂、邕宁、融水、平南、宁明、青秀、崇左、宜州、北海市、苍梧、玉林、田阳、平果、龙州、武鸣、都安、巴马、平乐、陆川、田东、马山、钦州、百色、藤县、兴业、防城港市、上林、宾阳、罗城、柳城、阳朔、合浦、蒙山、博白、灵山、来宾

浙江：上虞、龙泉、江山、绍兴、诸暨、萧山、开化、景宁吴语、云和、缙云、龙游、庆

元、泰顺闽语、遂昌、浦江、天台、余杭、黄岩、东阳、乐清（台州片吴语）、义乌、温岭、玉环、磐安、建德、新昌、文成、常山、衢县、寿昌、临海、武义、青田、泰顺吴语、安吉、富阳、汤溪、孝丰、新登、长兴、于潜、湖州、三门、仙居、武康、宁海、象山、舟山市、镇海、慈溪、鄞县、余姚、奉化、宣平、洞头、平阳、乐清（瓯江片吴语）、瑞安、永嘉、温州市、苍南吴语、金华、永康、丽水、昌化、德清、崇德、海盐、海宁、桐乡、平湖、嘉善、嘉兴、嵊州、临安、桐庐、兰溪、苍南闽语

江苏：常熟、吴江、太仓、常州市、金坛、江阴、昆山、无锡市、宜兴、张家港、常熟、溧阳、苏州市、宜兴、海门、启东、高淳

上海：上海市、浦东、宝山、嘉定、青浦、嘉定、崇明、南汇、闵行、金山、松江、奉贤

福建：周宁、连江、福州市、闽侯、福清、宁德闽语、大田、屏南

江西：上饶、于都、龙南、广丰

安徽：宣城、休宁、绩溪、黄山、黟县

1.4

“儿”读边音声母，主要分布在闽语、赣语区。

[lu]15　[li]10　[lə]5　[lɤ]1　[lɵ]1　[lai]1　[lie]1

福建：晋江、厦门市、南安、泉州市、安溪、同安、永春、惠安、武平、连城

台湾：台北市、台南市

海南：乐东、东方、陵水、昌江、万宁、文昌、琼海、三亚市

广东：遂溪闽语、雷州、徐闻、湛江市闽语、连平

江西：定远、安远、宁都、石城、瑞金、寻乌、永修、鹰潭市、靖安

四川：平昌

1.5

“儿”读塞音塞擦音声母，主要见于闽语和粤语。具体音值如下：

[dzi]23　[zi]7　[dʑi]3　[ʒi]3　[gi]3　[tsi]2　[tɕi]1　[dʒi]1

具体分布地点如下。见图五。

福建：龙海、云霄、漳州市、南靖、平和、华安、东山、诏安、长泰、漳浦、德化、莆田、仙游

台湾：台中、高雄、南投、宜兰、花莲、嘉义、台东、屏东

广东：南澳、潮州、陆丰、普宁、饶平、汕头市、揭东、潮阳、澄海、海丰、惠来、惠东、清远市、英德、揭西、陆河

香港：新界

海南：定安、海口、澄迈、屯昌、琼中

图五：“儿”读塞音塞擦音声母的区域分布

2“儿”的音值分析

2.1

从图一可以看出，中原官话、冀鲁官话、胶辽官话、北京官话、东北官话、晋语是“儿”读卷舌音的主要分布区域，这也是官话的核心分布区域。其外围虽然也有不少地点“儿”读卷舌音，但并不是主流。卷舌“儿”音形成之后，挟着标准语的威力成为强势读音，并逐渐向周边方言扩散。不过在核心区也还残存着平舌音的读法。

2.2

汉语方言中，核心官话区外围有相当一部分地区“儿”是读平舌元音的，而且具体音值非常丰富，既有舌面元音也有舌尖元音，其中舌面元音几乎每个常规位置都有（前央后、圆唇展唇、从高到低）。在以往的研究中，人们对“儿”读卷舌音、鼻音的现象关注较多，对“儿”读平舌元音的现象关注不够，一定程度上影响了人们对“儿化”现象的认识，比如将儿化韵错认为“子变韵”。

各种平舌音应该是在“儿”脱落[ȵ]声母之后出现的变化形式。进一步说，读平舌音的“儿”可能有两个不同的来源：一是早期平舌音读法的保留；二是官话周边地区的人们模仿学习卷舌音时发音不到位，由“听者启动”而发成“ɛ、a、ɑ、ɔ”等舌面元音。下面具体列出官话区及其周边方言“儿”读平舌音的区域及音值。

安徽：南陵[e]、泾县[e]、青阳[ɛ]、东至[ɛ]、旌德[ɛ]、怀宁[ɛ]、霍山[a]、舒城[a]、合肥市[a]、当涂[ə]、芜湖市[ə]、石台[ə]、和县[ə]、屯溪[ɤ]、滁州[ɐ]、灵璧[ɐ]、五河[ɐ]、霍邱[ɐ]、淮南市[ɐ]、枞阳[əo]、池州[ø]、无为[ɔ]、桐城[ɔ]、繁昌[əl]
江苏：丹阳[e]、涟水[ɛ]、盱眙[ɛ]、东台[a]、丹徒[a]、泗洪[ɑ]、宝应[ə]、宿迁[ɐ]、射阳[ɔ]、江都[ɔ]、扬中[ɔ]、如东[əl]、靖江官话[ɒ]、溧水[ɛi]、灌云[ɣɛ]
广西：贵港[i]、桂平[i]、荔浦[i]、梧州市[i]、南宁市[ji]、河池[ə]、柳州市[ə]、鹿寨[ə]、全州[ɤɯ]、扶绥[iei]
湖北：崇阳[ə]、房县[ɐ]、潜江[ɯ]、石首[ɯ]、鄂州市[ɯ]、武汉市[ə]、应城[ɯ]、洪湖[ɯ]、监利[ɯ]、通城[øɥ]、大冶[zʅ]、阳新[zʅ]、咸宁市[zʅ]、通山[zʅ]
浙江：遂安[əɯ]、分水[əl]、杭州市[əl]
甘肃：安西[ɯ]、高台[ɯ]、张掖[ɯ]、兰州市[ɯ]、武威[ɯ]、嘉峪关市[ɯ]、临夏市[ɪi]、秦安[zʅ]、定西[zʅ]
青海：湟源[e]、门源[e]、乐都[ɛ]、西宁市[ɛ]、同仁[ø]
云南：富源[e]、大理[ɛ]、临沧[ə]、永胜[ə]、会泽[ɤ]、楚雄[ɤ]、华宁[əl]
山西：临猗[zʅ]、万荣[zʅ]、霍州[zʅ]
宁夏：陶乐[a]、盐池[a]
四川：遂宁市[ɤ]、平昌[l]、乐山市[əl]
河南：洛阳市[ɯ]、西峡[əɯ]
河北：涞源[ɯ]、青龙[əɯ]
贵州：镇远[ə]、黎平[zʅ]、都匀[ze]
重庆：綦江[əl]
山东：平邑[ə]
陕西：城固[ɯ]
内蒙古：阿拉善左旗[ɯ]

可以看出，“儿”是读平舌音的具体音值非常丰富，既有舌面元音也有舌尖元音，其中舌面元音几乎每个位置都有（前央后、圆唇展唇、从高到低）。

“儿”读平舌音的现象很值得深入研究。

2.3

“儿”读鼻音多数应该是存古的表现（不排除某些[n][l]不分的方言中读[l]声母的“儿”音）。

2.4

“儿”读边音声母的读法，有些是因为[n][l]不分，可以看成是鼻音的读法；有些则是擦音、塞擦音的边音化。

2.5

“儿”读塞音塞擦音，有些是从同部位的鼻音发展而来的，有的则是从卷舌擦音变化而来的。应该是晚起的变化。

对“儿”的不同类型读音之间的联系，项梦冰（2006）有过精到的分析，本文不再重复。

3 儿化的类型

汉语方言儿化的不同类型与“儿”的不同读音有着非常密切的关系。儿化的关键在于“儿”的音义与前一音节发生融合。“儿”的读音类型不同，融合的程度不同，是造成汉语方言儿化形式不同的直接原因。就整个汉语方言来说，儿化大致有以下几种类型。

3.1 卷舌型儿化

卷舌型儿化就是卷舌的“儿”音与前面的基本音节融合。融合有程度的区别。

（1）使基本音节的主要元音带上卷舌动作，如北京的 r；

（2）造成基本音节的介音和主要元音之间、声母和韵母之间增生闪音 ɾ，在有些音节中还会使介音失落，如山东即墨的“小鸡儿[siɔ tɕi^{ɾ}er]”、“家雀儿[tɕiɑ tθ^{hɾ}uər]”、“一点儿[i t^{ɾ}ɛr]”；

（3）儿音与前一音节的声母形成复辅音，如山西平定的“盖[kæɛ]-盖儿[kɭɐ]”、“牌[phæɛ]-牌儿[phɭɐ]”、“兔[thu]-（小）兔儿[thɭu]”（引自王福堂 2005）；

（4）卷舌的“儿”音使前一音节的声母带上卷舌特征，如山东即墨的“侄儿”[tʂer^{42}]（←侄[tʃʅ^{42}]），“小刘儿[siɔ^{55}ʐour^{42}]（←[liou^{42}]）”，山东金乡的“四儿”[ʂər]（←四sʅ）。又如河南商城长竹园“媳妇儿”[ɕi ʂur]（←fu）。

这些不同类型的儿化形式，大致可以看成是“儿”音逐渐前移并对基本音节形成影响的过程，即韵尾→韵母（主要元音）→介音与主要元音之间→声母和韵母之间→声母，使得音节的这些部分带上卷舌色彩。

就我们目前看到的材料，卷舌“儿”音一旦融入基本音节其卷舌特征会使基本音节的某个部分带上卷舌色彩，这是卷舌型儿化的最大特点。

3.2 平舌型儿化

（1）山东博山方言“儿”[ə]用作名词后缀，例如：麦ə、粟ə、狮ə、燕ə、桌ə、椅ə、姑ə尼姑、小舅ə、鼻ə、黑眼珠ə、包ə、帽ə、馆ə、药引ə、钻空ə、苗ə、指甲桃ə、牛犊ə、蛾ə、手套ə、车轮轮ə、媳妇ə、妮ə、后脑勺ə、豆汁ə、兜兜ə、小铺ə、虾皮ə。

当然，这只是平舌的“儿尾”，“儿”并没有融入基本音节，所以还不是“儿化”。

（2）平舌的“儿”音附着在前一个音节的末尾，成为前一个音节的韵尾，前一个音节的韵母可能发生相应的变化。如兰州“儿”音[ɯ]，儿化后[ɯ]附加在基本音节的末尾成为韵尾，例如：“马儿[maɯ^{33}]”、“叶儿[ieɯ^{24}]”；洛阳“儿”音[ɯ]，“事[sɿ^{412}]—事儿[səɯ^{412}]”、“虫[tʂhuŋ^{31}] —小虫儿[siɔ^{53}tʂhuɯ^{31}]”；郑州：梯儿[꜀thiou]、鸡儿[꜀tɕiou]、刷儿[꜀ʂuau]、筷儿[khiau꜄]。

（3）“儿”声韵调脱落，只剩下一个时间格，并前移到前一音节的主要元音上，使其元音长化。如山西静乐：

鸡儿tɕiː^{24}	兔儿thuː^{53}	牙儿ȵiãː^{33}
雀儿ɕyaːeʔ$^{4-33}$	秤儿tshɿː^{53}	花儿xuãː$^{24-33}$
杏儿ɕiãː^{53}	牌儿phaːe^{33} 纸牌	圈儿tɕhyæ̃ː^{33}
冬儿tuɤ̃ː^{24} 冬季	桃儿thɑːo^{33}	驴儿luː^{33}
歌儿kɤːɯ$^{24-33}$	镜儿tɕiː^{53}	谷儿kuaːeʔ$^{4-33}$ 谷子
方儿fɤːɯ药方	麦穗儿miəʔ^{4}ɕyː^{53}	肉丝儿zɤɯ^{53}sɿː$^{24-33}$

（4）山东平邑：“小辫儿 ɕiɔ piɛ（←辫 piã）”、“小米儿 ɕiɔ miei（←米mi）”。又如山东淄川：

变韵前韵母→变韵后音值	举例
ã iã uã yã → ɛ iɛ uɛ yɛ	班pɛ^{214} 上～/面miɛ^{31} 对～/船tʂhuɛ^{55} 小～/院yɛ^{31} 独～
ə̃ iə̃ uə̃ yə → ei iei uei yei	门mei^{55} 出～/信ɕiei^{31} 捎～/棍kuei^{31} 冰～/俊tɕyci^{31} 挺～
ɿ ʅ → ei	字tsei^{31} 写～/事ʂei^{31} 有～
i → iei	鸡tɕiei^{214} 小～

将上述方言“儿”的不同弱化形式放在一起比较，我们不难发现，这其实是“儿”从独立的弱化音节—前一音节的韵尾—以一个时间格前移到前一音节主要元音—化入的过程，即“有—弱—无”的完整变化过程。

平舌型儿化在中原地区官话多有被错认为“子变韵”的。较早提出“子变韵母”的是贺巍（1981、1982），侯精一（1985），都称作“Z 变韵母”。贺巍（1981）将“树枝儿[ʂʮ^{13}tsɿʏ^{44}]”、“铁丝儿[t^{h}iaʔ^{3}sɿʏ^{44}]”、“小柿儿[ɕiau^{53}sɿʏ^{13}]”称作“儿化韵”，将“树枝[ʂʮ^{13}tsɿəu^{44}]”、“铁丝[t^{h}iaʔ^{3}sɿəu^{44}]”、“软柿[ʐuan^{53}sɿəu^{13}]”称作“Z 变韵母”，并指出“Z 变韵母”“相当于其他方言的轻读‘·子’尾”。“儿化韵和 Z 变韵母自成系统，使用的元音也不同”，“儿化韵母的标志是含有[æ̃ æ ø ʏ]元音，和基本韵母、Z 变韵母相区别”，“Z 变韵母除[l]变[luə]，韵母和基本韵母[uə]相同，[ï]变[ïəu]外，其他各韵的标志是含有[iː- yː- ɔ ɔ̃ ã]元音，和基本韵母、儿化韵母相区别”。儿化韵母与 Z 变韵母的区分有形式上的标准，这种区分的标准背后隐藏着的原则大概是所在词语是否其他方言的轻声“子”尾词。

这种区分的问题是，它不容易说清楚为什么“树枝 X[ʂʮ^{13}tsɿʏ^{44}]、铁丝 X[t^{h}iaʔ^{3}sɿʏ^{44}]、

小柿 X[ɕiau^{53}sɿʏ^{13}]”是“树枝儿、铁丝儿、小柿儿”，而“树枝 X[ʂʮ^{13}tsɿəu^{44}]”、“铁丝 X[tʰiaʔ^{3}sɿəu^{44}]”、“软柿 X[ʐuan^{53}sɿəu^{13}]”分别是“树枝子、铁丝子、软柿子”；不容易说清楚为什么“桌 X[tʂuø^{44}]、面条 X[mian^{13}tʰiø^{31}]” 是儿化韵，而“桌 X[tʂɔu^{44}]、面条 X[mian^{13}tʰiɔ^{31}]”是 Z 变韵母。

我们认为，也许不必另外假设一套“子变韵母”。我们更倾向于将同一个基本韵母的这些不同变化形式看成是不同时期的儿化，即认为都是儿化韵。因为不同的基本韵母会有不同的变韵方式，同时参与变韵的又是不同时期的“儿”（读音可能不同），这样就造成了共时平面上儿化韵形式复杂多样的格局。具体请参看拙文《中原地区官话方言弱化变韵现象探析》（《语言学论丛》第 36 辑）。

3.3 鼻尾型儿化

鼻音“儿”（[n]或[ŋ]等）附着在前一个音节的末尾，成为前一个音节的韵尾；“儿”音节融入前面音节的韵母中，自身发生变化，或者使前面音节的韵母发生变化，如吴语徽语的从儿化而来的韵尾[n]、[ŋ]与其他鼻韵尾一道发生变化，或变为鼻化元音，或脱落。

（1）浙江云和方言“儿”读[ɲi^{324}]（阴平）。除了单用以外，“儿”还可以加在一些名词后面，主要功能是“指小”。这时还只是“儿尾”。例如：

鸡儿[tsɿ$^{324-44}$ɲi^{324}] 小鸡　　鸭儿[ɑʔ$^{5-4}$ɲi^{324}]小鸭
猫儿[mɑɔ$^{423-44}$ɲi^{324}]小猫　　猪儿[ti$^{324-44}$ɲi^{324}]小猪

江西玉山“儿”音[n̠i^{52}]，“儿”尾词表小：兔儿[thuə$^{52-33}$n̠i^{52}]，豆儿[du$^{31-22}$n̠i^{52}]，包儿[pɐɯ$^{33-45}$n̠i^{52}]”，“儿”尾后面再加“儿”尾同样表小：刀儿儿[tɐɯ^{33}n̠i$^{52-45}$n̠i$^{52-0}$]，鸭儿儿[ɐʔ$^{5-3}$n̠i$^{52-45}$n̠i$^{52-0}$]，马儿儿[mɑ^{22}n̠i$^{52-45}$n̠i$^{52-0}$]。

（2）义乌“儿”单字音为[n^{213}]，儿化时成为前一音节的韵尾，但前音节的主要元音拉长：瓜儿[kuaːn^{33}]、小蛇儿[sɯɤ^{53}ziɛːn^{213}]、盖儿[keːn^{55}]、刀儿[toːn^{33}]、被单儿[bi^{31}nɔːn^{33}]。

（3）浙江汤溪方言“儿”单读[ŋ^{11}]（阳平），义为儿子。小称时，[ŋ]附到基本韵母的末尾充当韵尾，基本韵母的元音有的要发生细微的变化，例如：细鸡儿[sia$^{52-33}$tɕie-iŋ^{24}]小鸡儿 | 细刀儿[sia$^{52-33}$tə-əŋ^{24}]小刀儿 | 柏儿[pa-ɑŋ^{55}] | 竹儿[tɕiɔ-ioŋ^{55}] | 饭勺儿[vo$^{341-11}$ʑio-ioŋ^{113}]。

（4）鼻音韵尾合并、消失，鼻尾韵转为鼻化韵，是吴语韵母演变的大趋势。在一些方言里，由“儿”字变来的鼻尾也同样走上了鼻化的道路。金华方言“儿”字单读[ŋ^{313}]（阳平），义为“儿子”。儿化时一律变为鼻化韵，例如：小生儿[siɑu$^{535-55}$sɑŋ-ã^{334}]戏曲中生角的一种 | 梨儿[li-ĩ^{313}] | 兔儿[tʰu-ũ^{55}] | 四方座儿[si$^{55-33}$fɑŋ$^{334-33}$zuɤ-uẽ^{14}]带抽屉的方凳 | 刷儿[ɕyɤ-yẽ^{55}] | 盒儿[ɤ-ɤ̃^{14}]。

如果我们以 C 代表辅音声母，V 代表韵母或主要元音，构成音节 CV，那么吴语儿化演变的轨迹就可以描述为：

cv＋n（cv＋ɲi）→cvːn→cvn→cṽ→（cv）

3.4 边音型儿化

这种类型的儿化较为少见，例如四川南溪话“儿”音[l]：“娃[ua]-娃儿[uəl]”；山东寿光话：“丝儿＝塞儿[səɭ]”。上文所引王福堂（2005）也属于边音型儿化。

4 小结

后缀“儿”在汉语方言中有如下存在形式：

（1）“儿”作为独立的音节，如浙江云和的“儿[ɲi^{324}]”，安徽旌德的“儿[n̥i^{44}]”，语义轻化，语音弱化；

（2）“儿”作为独立的弱化音节，读音含混，声调由前字浮游而来，如淄川“院儿[yã^{31}ɯ^{0}]”、博山“小铺ə”；

（3）“儿”融入前一音节，使其韵母发生变化，但音节模式较为特殊，如获嘉“铁丝儿[thiɐʔ^{33}sɿou^{33}]”、北京话“花儿[xuar]”；

（4）“儿”音节失落，使前字音节主元音延长，如山西静乐“方儿[fɤːɯ]药方”，山西和顺“炉儿[luː^{31}]、刀儿[tɔːu^{22}]”；

（5）“儿”音节彻底融入前一音节，“芳踪难觅”，同时前面的音节也成为正常的音节，如淄川“船儿[tʂhuɛ^{55}]小～”、获嘉“鸽儿[ko^{33}]（←kɐʔ^{33}）”。

这些不同的形式可以看成是“儿”弱化的不同阶段。

参考文献

曹志耘等 2000　《吴语处衢方言研究》，日本好文出版。
曹志耘主编 2008　《汉语方言地图集》，商务印书馆。
曹志耘 2002　《南部吴语语音研究》，商务印书馆。
高葆泰 1985　《兰州方言音系》，甘肃人民出版社。
贺　巍 1982　获嘉方言韵母的分类，《方言》第 1 期。
贺　巍 1981　济源方言记略，《方言》第 1 期。
贺　巍 1989　《获嘉方言研究》，社会科学文献出版社。
贺　巍 1993　《洛阳方言研究》，社会科学文献出版社。
侯精一 1985　晋东南地区的子变韵母，《中国语文》第 2 期。
李建校 2005　《静乐方言研究》，山西人民出版社。
卢甲文 1992　《郑州方言志》，语文出版社。
马凤如 2000　《金乡方言志》，齐鲁书社。
孟庆泰、罗福腾 1994　《淄川方言志》，语文出版社。
钱曾怡 1993　《博山方言研究》，社会科学文献出版社。
田希诚 1990　《和顺方言志》，语文出版社。
王福堂 2005　《汉语方言语音的演变和层次》（修订本），语文出版社。

王洪君 1999 《汉语非线性音系学》，北京大学出版社。
项梦冰 2006 客家话古日母字的今读——兼论切韵日母的音值及北方方言日母的音变历程，《广西师范学院学报》第 1 期。
张树铮 1999 《方言历史探索》，内蒙古人民出版社。
赵日新等 1991 《即墨方言志》，语文出版社。
赵日新 1999 徽语的小称音变和儿化音变，《方言》第 2 期。
赵日新 2007 中原地区官话方言弱化变韵现象探析，《语言学论丛》第 36 辑。
朱晨曦 2003 《平邑方言语音研究》，山东大学硕士学位论文。

北方中国語不完了体の調査モデル試案[1]

下地　早智子
神戸市外国語大学

一般认为，现代汉语普通话表示未完成体的形式共有三种，即动词后附成分“-着”、句末助词“呢”和时态副词“在”。我们注意到太田 1947 讨论未完成体时并未提到“在”，而是认为在北京话中用做动作进行标记的形式为“呢”(该文写成“哪”)。那么，北方话什么时候、为什么接受“在”呢？接受的过程又是如何？“-着”、“呢”、“在”三者到底如何分工，这分工情况与北方话接受“在”的过程究竟有无关联？

为了尽可能综合利用历时与共时研究的成果，本文尝试设计了一套汉语未完成体标记的共同例句表，以便不同领域的研究者可在同一个平台上讨论上面一些问题。

汉语未完成体调查表　语法化　动词分类　语态　情态

1 中国語の不完了体(imperfective)[2]をめぐる研究概況

1.1 変遷：空間表現から時間表現へ

現代標準中国語において不完了体(imperfective)を表す中心的な形式は，多くの言語同様いずれも空間表現が文法化したものである[3]。一般に，中国語では時間副詞“在”，アスペクト助詞“-着”，文末助詞の“呢”が不完了体相当形式であると考えられている[4]。先行研究によると，それぞれの文法化の過程は概略以下のようである。

---

[1] 本稿は，日本中国語学会第 61 回全国大会(2011 年 10 月 29 日、30 日)シンポジウム「漢語北方語的進行持続体」における「前言」及び下地 2011b に基づき，当日の議論を踏まえて加筆修正を加えたものである。関係者各位(特に遠藤光暁氏、竹越孝氏、林範彦氏)に，心から感謝を申し上げたい。なお，本稿の内容に誤りがある場合は全て筆者の責任である。

[2] 本稿は，文法的アスペクト(viewpoint aspect)の諸形式を取り扱う。同概念については，Smith.1997, Dahl.1999 を参照されたい。不完了体(imperfective)の定義は Comrie.1976 に従う。同書では，継続(continuous)と進行(progressive)は不完了体の下位カテゴリーとされる。

[3] Dahl.1999，p.32 を参照されたい。また，Bybee, et al.1994, pp.128-129, Table 5.1.には様々な言語における不完了標識の語彙的起源が挙げられている。

[4] “正”は参照時との同時性を表す時間詞である。「肯定の語気を強める」モーダルな副詞用法もある点で興味深いが，本稿ではひとまず空間語彙由来の形式のみをとりあげる。

進行体相当の“在”は，南方方言では空間名詞を導く locative marker としての用法が進行体として時間表現に援用されていたが，北方語でこの用法が観察されたのは比較的新しく，解放後のことである(香坂 1967:365)[5]。

“-着”はもともと〈付着〉を表す動詞であったが，移動動詞の後に下接して〈到着〉を表すようになり(V_{motion}＋着＋N_{goal})，さらに移動の結果の存在場所を導く側置詞として用いられるようになった(V_{motion}＋[着＋$N_{location}$])。唐代に至ると，“-着”は場所名詞の他に対格目的語をとるようになり，アスペクト形式として再分析される ([V-着]＋$N_{accusative}$)[6]。

文末助詞の“呢”は，最も早くは *midst* を意味する空間語彙“裏”であり，それが命題事象の存在について聞き手の注意を促すモーダルな形式として用いられるようになった[7]。

1.2 アスペクトとその他動詞の文法的カテゴリー

Vendler1957、金田一 1950 に代表されるように，動詞と進行形との親和性は動詞分類の基準とされてきた。日本語の動詞について，近年では工藤 1995 が奥田 1977 の研究史的価値を再確認しつつ，アスペクトとヴォイスの関連に留意したさらなる動詞の整理を試みている。奥田 1977 の革新性の一つは，〈瞬間動詞〉と呼ばれてきた動詞類が本質的には〈動作の長さ〉ではなく，対象の〈変化〉を記述するものであることを喝破した点にあった。従って，これらの動詞類は〈変化動詞〉と呼ばれるべきであり[8]，中国語についてもこの捉え方は重要である。中国語の動詞分類では，太田 1947 が既にアスペクトとヴォイスの関連を意識した記述を行っている。

(1) a. 他開門**哪**。(かれは門をあけている)　〔他動詞・動作の進行〕
　　b. 門開**着**哪。(門はあいている)　〔自動詞・状態の持続〕　(太田 1947:35)

Bybee et al. 1994 等を見る限り，アスペクトと関わる文法的カテゴリーにヴォイスが扱われるのは一般的ではなく，多くの言語においてはテンスやムード、モダリティ等とアスペクトが相関する状況が着目されている。工藤編 2004 に示されるように，日本語では方言の

---

5 さらに伊原 1982 の詳しい分析を参照していただきたい。

6 太田 1958，梅祖麟 1988，石毓智・李讷 2000，罗自群 2006，竹越 2007，远藤 2008 等を参照した。

7 太田 1950 は，“呢”が「動作・事態の主観的な現在における存在を指示する」(傍点筆者) ものであることを強調する。この指摘の通り，“呢”を文末助詞の“了”と区別するのは，発話時との関係である。また，命題事態が動態的であるか否かが，アスペクト的解釈とモダリティ的解釈を分ける。詳しくは，太田 1950，下地 2010，下地 2011a を参照されたい。

8 奥田 1978 は「結果動詞」と称している。また，中国語については，Tai.1984 が Vendler 動詞分類とは異なる results を析出した点も注目される。

データによってその根拠が得られる。中国語では，“呢”については言うまでもないが，その他“-着”が形容詞の後で〈誇張〉を表したり，命令文に用いられることが注目される。また，“-着”は進行を表す場合“在”と比べて主観的な意味合いが含まれることがある。

(2) a. 老师**在**开会呢。(先生は会議中です) → 客観情報として述べる場合
　　b. 老师开**着**会呢。→「静かにして欲しい」等のいらいらした感情等が表出される

さらに，沈力 2009 は晋方言の“-着”相当形式について，移動動詞用法，アスペクト用法，条件節に用いるムード用法，〈確認〉のモダリティを担う用法等を記述している。

本稿ではアスペクト、ヴォイス、ムード、モダリティに着目しつつ例文を選定する。

2 調査票の理論的背景

2.1 動詞分類

動詞はアスペクト対立の有無によりまず大きく二つに分けられる。中国語においてアスペクト対立のない動詞[9]は日本語よりも範囲が広く，(A1a)絶対的状態を表す動詞類[10]，(A1b)心理動詞の一部[11]，(A2)動作の局面を持たない変化動詞[12]に分けられる。これらの動詞はそもそも“在”や“-着”とは結びつかないので，ひとまず調査票から除外する。

アスペクト対立のある動詞には，(B1)動作動詞と，(B2)動作の局面を持つ変化動詞[13]の二つがある。このうち(B2)は，“在”の進行義と“-着”の結果義の対立が最も鮮鋭になる点で重要である。適切な名称が必要であるが，「二段構えの動詞」(太田 1947)という名称は「二側面動詞」(金水 2000)と少々まぎらわしい。“坐、站、放、穿”など〈付着〉を表す動詞が多いが，“开、关”のようにそうでない例も含まれる。また，工藤の「主体動作客体変化動詞」という名称では，木村 1983 の「消失動詞」類が含まれてしまうことになる。従って今回の調査表では，便宜的に「“坐”类动词」と称することにした[14]。

“坐”类动词は，動作と結果という二重の時間的特徴を有するだけではなく，自制性

---

9 アスペクト形式と結びつかないか，“了”としか共起しない動詞類を指す。具体例は下地 2010 を参照されたい(以下，同様)。

10 太田 1947 の「静態動詞」，Tai.1984 の states，陈平 1988 の“表示属性或关系的动词”。

11 Tai.1984 の states，陈平 1988 の“表示心理或生理状态的动词”。

12 太田 1947 の「完了動詞」、马庆株 1981 の“非持续性动词”，Tai.1984 の results。日本語ではこれらの動詞はアスペクト対立を有する(「結婚する v. 結婚している」)。

13 太田 1947 の「二段構えの動詞」，李临定 1985 の“具有两种功能的动词”，荒川 1986 による「段階性」を有する動詞類。

14 ただし，“坐，站”は動作の時間が短く，動作の局面が認知的に際立つことがまれであることから，進行の“在”とは結びつきにくい。

(volitionality)についても二重の性質を帯びている。すなわち，動作の局面が前景化する場合は自制性を有し動作者主語の語順を取るが，結果の局面が前景化する場合は非自制的で受け手主語の語順をとる。

(3)
アスペクト対立
- (A)なし　→　除外
- (B)あり
  - 動作動詞 ——— 自制的
  - “坐”類動詞
    - 〈動作〉前景　—　自制的
    - 〈結果〉前景　—　非自制的

以上により，動詞の類別による各形式の用法の違いが確認できるのではないかと考える。

2.2 文のタイプ

“在”は副詞節における用法からアスペクト用法が発達したと考えられている(伊原 1982)。また，“-着”には別の動作との同時性を表したり，条件節における用法が歴史・地理的資料の双方で観察され，アスペクト用法との関係を整理しなければならない。従って，問題となる形式が主節と従属節のいずれに用いられるかが留意される必要がある。

自制性の問題は動詞の分類のみならず，文型にも関わるものである。これについて，本調査表は「存現文」とそれ以外の文の区別が意識されるように作成した。また，自制性に関連してヴォイスの問題が考察できるように，受け手主語文を幾つか加えることとした。

2.3 意味

“在”“-着”“呢”の来源について先行研究の記述をまとめると，いずれの形式も二つの空間的な意味が核となり，他の用法が広がっていることが分かる。一つは〈存在〉であり，いま一つは〈移動〉である。共通する文法化の経路をごく簡単に示すと次のようになる。

(4) 〈存在〉又は〈移動〉動詞　>〈存在場所〉や〈移動の到着点〉を導く側置詞　>〈持続〉又は〈進行〉を表すアスペクト形式(>命題事態の存在について聞き手の注意を促すモダリティ形式)(>〈仮定〉〈命令〉等の〈非現実〉を表すムード形式)

〈存在場所〉や〈移動の到着点〉は結果状態や非自制性と結びつき，受け手が主語となる構文と関連する。〈移動〉の過程は動作進行や自制性と結びつき，動作者が主語となる構文と関連する。これらの意味と統語環境の関連についての考察は沈力 2009 が参考になる。

3 調査票

表 1.1　*zai* 調査票

locative			zai-1	他在北京工作。
			zai-2	他还在家里住。
			zai-3	我在大门口等你，你快点儿来。
			zai-4	他住在北京。
			zai-5	他坐在椅子上。
			zai-6	母亲在家里做活。
			zai-7	我在这儿等你。
			zai-8	我们在这儿吃饭。
			zai-9	我这儿正准备考试。
Progressive	“坐”类动词		zai-10	商店在开门。
			zai-11	他在戴手表。
			zai-12	他在倒茶。
			zai-13	他(正)在穿大衣，门就开了。
			zai-14	他们(正)在填坑。
	非“坐”类动词	存现句	zai-15	外面在刮风、下雨。
			zai-16	台上(正)在演花鼓戏。
			zai-17	天上在飞几只云雀。
		非存现句	zai-18	我(一直)在等她。
			zai-19	她在哭(呢)
			zai-20	水在开。
			zai-21	他们在开会。
			zai-22	他们(正)在吃饭。
			zai-23	他(正)在讲故事。
			zai-24	老师在找你。
			zai-25	大伙儿不约而同地在看他。
			zai-26	他(正)在看报。
			zai-27	小孩儿(正)在跳绳。
			zai-28	妈妈站在窗口，在向我挥手。
			zai-29	去年这个时候，我正在上课。
			zai-30	明年这个时候，你会在做什么？
			zai-31	老师在做什么？怎么不来上课？——老师在开会。课取消了。
			zai-32	你出来一下可以吗？——我在炒菜(呢)。什么事？
		心理动词	zai-33	我也在这么想。
			zai-34	你在想什么？

表 1.2　*-zhe* 調査票

Resultative, Durative or Progressive	“坐”类动词	存现句	zh-1	桌子上放着一碗水。
			zh-2	商店开着门。
			zh-3	他手里拿着一个铜盘儿。
			zh-4	门前站着几个人
			zh-5	茶杯里倒着茶。
			zh-6	他的房子里开着灯呢。

		非存现句	zh-7	商店门开着。
			zh-8	他拿着一个铜盘儿。
			zh-9	他戴着手表。
			zh-10	她穿着大衣/羊毛衫，一点儿都不冷。
			zh-11	我舅舅现在开着店。
			zh-12	他留着胡子。
			zh-13	那个人老在那儿站着。
			zh-14	他在椅子上坐着。
		连动句 V1 后	zh-15	他靠着墙打瞌睡。
			zh-16	坐着吃比较舒服。
			zh-17	他爱站着吃。
		祈使句[15]	zh-18	你拿着！　① Take this!　② Keep holding it!
			zh-19	躺着！　① Lie down!　② Keep lying!
			zh-20	站着！　① Stand up!　② Keep standing!
			zh-21	坐着！　① Sit down!　② Keep sitting!
	非"坐"类动词	存现句	zh-22	外面刮着风，下着雨。
			zh-23	台上演着花鼓戏。
			zh-24	天上飞着几只云雀。
		非存现句	zh-25	我一直等着他。
			zh-26	她哭着(呢)。
			zh-27	水开着(呢)。
			zh-28	他们开着会呢。
			zh-29	他正吃着饭呢。
			zh-30	我心里也这么想着。
			zh-31	大伙儿不约而同地看着他。
			zh-32	妈妈站在窗口，向我挥着手。
		非独立句	zh-33	正走着，大草堆里挑出一个长毛红脸的东西。
			zh-34	骑着车，又把该说的话想了一遍。
			zh-35	您要是看着不好，另给您换一块。
			zh-36	先吃着看吧。
			zh-37	这公寓您住着怎么样？
		祈使句	zh-38	听着！　① Listen!　② Keep listening!
			zh-39	快着点儿，时间到了！
			zh-40	慢着点儿说，别说得这么快。
			zh-41	今儿您可别忙着走了。
Mood or Modality			zh-42	这溜儿游客栈麽，多着呢。
			zh-43	吃饭来吧！饼子还热和着呢。
			zh-44	小红喜欢我着呢。
			zh-45	这孩子特别听话。
			zh-46	这孩子还算听话。
			zh-47	他特别爱我。
			zh-48	他至少还爱我。

[15] 命令文はすべて Hashimoto1993 から引用した。ただし，Hashimoto1993 では，①の意味のみが認められている。

	zh-49	你有事的话，你就来。
	zh-50	要是我的话，我就不去。
	zh-51	要是我的话，我就不去了。
Motion Verb	zh-52	他跑到了大门口。
	zh-53	他 来/去 了。(而且到了)
	zh-54	你去拿就去(吧)!
	zh-55	我到太原去。

表 1.3　*ne* 調査票

Durative, gressive or Affirming present existing as new information	“坐”类动词			ne-1	茶杯里倒茶呢。
				ne-2	他倒茶呢。
				ne-3	商店开门呢。
				ne-4	他们填坑呢。
				ne-5	他的房子里开灯呢。
				ne-6	他戴手表呢。
				ne-7	她穿大衣呢。
				ne-8	他留胡子呢。
	非“坐”类动词	存现句		ne-9	外面刮风、下雨呢。
				ne-10	台上演花鼓戏呢。
				ne-11	天上飞几只云雀呢。
		非存现句	动态句	ne-12	我等他呢。
				ne-13	他们开会呢。
				ne-14	他吃饭呢。
				ne-15	大伙儿看你呢。
				ne-16	老师找你呢。
				ne-17	小孩儿跳绳呢。
				ne-18	妈妈站在窗口，向我挥手呢。
				ne-19	老师做什么呢？怎么不来上课？——老师开会呢。课取消了。
				ne-20	你出来一下可以吗？——我(正)炒菜呢。什么事？
				ne-21	去年这个时候，我正上课呢。
				ne-22	明年这个时候，你会做什么呢？
			心理动词	ne-23	你想什么呢？
			静态句	ne-24	他在这儿呢。
				ne-25	这孩子特别听话呢。
				ne-26	这孩子还算听话呢。
				ne-27	他特别爱我呢。
				ne-28	他至少还爱我呢。
				ne-29	孩子们听了这个消息，可高兴呢！
			假设	ne-30	你有事呢，你就来。
				ne-31	要是我呢，我就不去。
				ne-32	要是我呢，我就不去了。

表 2　不完了体三形式の対照表

zh-2	商店开着门。	zai-10	商店在开门。	ne-3	商店开门呢。

zh-7	商店门开着。				
zh-11	我舅舅现在开着店。				
zh-5	茶杯里倒着茶。	zai-12	他在倒茶。	ne-1	茶杯里倒茶呢。
				ne-2	他倒茶呢。
		zai-14	他们(正)在填坑。	ne-4	他们填坑呢。
zh-6	他的房子里开着灯呢。			ne-5	他的房子里开灯呢。
zh-9	他戴着手表。	zai-11	他在戴手表。	ne-6	他戴手表呢。
zh-10	她穿着大衣，一点儿都不冷。	zai-13	他(正)在穿大衣，门就开了。	ne-7	她穿大衣呢。
zh-12	他留着胡子。			ne-8	他留胡子呢。
zh-22	外面刮着风，下着雨。	zai-15	外面在刮风、下雨。	ne-9	外面刮风、下雨呢。
zh-23	台上演着花鼓戏。	zai-16	台上(正)在演花鼓戏。	ne-10	台上演花鼓戏呢。
zh-24	天上飞着几只云雀。	zai-17	天上在飞几只云雀。	ne-11	天上飞几只云雀呢。
zh-25	我一直等着他。	zai-18	我(一直)在等她。	ne-12	我等他呢。
zh-26	她哭着(呢)。	zai-19	她在哭(呢)		
zh-27	水开着(呢)。	zai-20	水在开。		
zh-28	他们开着会呢。	zai-21	他们在开会。	ne-13	他们开会呢。
zh-29	他正吃着饭呢。	zai-22	他们(正)在吃饭。	ne-14	他吃饭呢。
zh-31	大伙儿不约而同地看着他。	zai-25	大伙儿不约而同地在看他。	ne-15	大伙儿看你呢。
		zai-29	去年这个时候，我正在上课。	ne-21	去年这个时候，我正上课呢。
		zai-30	明年这个时候，你会在做什么？	ne-22	明年这个时候，你会做什么呢？
zh-30	我心里也这么想着。	zai-33	我也在这么想。		
		zai-34	你在想什么？	ne-23	你想什么呢？
		zai-24	老师在找你。	ne-16	老师找你呢。
		zai-27	小孩儿(正)在跳绳。	ne-17	小孩儿跳绳呢。
zh-32	妈妈站在窗口，向我挥着手。	zai-28	妈妈站在窗口，在向我挥手。	ne-18	妈妈站在窗口，向我挥手呢。

zh-45	这孩子特别听话。			ne-25	这孩子特别听话呢。
zh-46	这孩子还算听话。			ne-26	这孩子还算听话呢。
zh-47	他特别爱我。			ne-27	他特别爱我呢。
zh-48	他至少还爱我。			ne-28	他至少还爱我呢。
zh-49	你有事的话，你就来。			ne-30	你有事呢，你就来。
zh-50	要是我的话，我就不去。			ne-31	要是我呢，我就不去。
zh-51	要是我的话，我就不去了。			ne-32	要是我呢，我就不去了。
		zai-31	老师在做什么？怎么不来上课？ ——老师在开会。课取消了。	ne-19	老师做什么呢？怎么不来上课？ ——老师开会呢。课取消了。
		zai-32	你出来一下可以吗？ ——我在炒菜(呢）。什么事？	ne-20	你出来一下可以吗？ ——我(正)炒菜呢。什么事？

参考文献

荒川清秀 1985.「“-着” と動詞の類」,『中国語』7 月号：30-33。

________ 1986.「中国語動詞の意味における段階性」,『中国語』9 月号:30-33。

伊原大策 1982.「進行を表す『在』について」『中国語学』229:1-11。

金水敏 2000.「時の表現」金水敏、工藤真由美、沼田善子著『日本語の文法 2　時・否定と取り立て』(岩波書店)：3-92.

金田一春彦 1950.「国語動詞の一分類」『言語研究』15:48-63。

工藤真由美 1995.『アスペクト・テンス体系とテクスト』ひつじ書房。

________ 2004.『日本語のアスペクト・テンス・ムード体系』ひつじ書房。

香坂順一 1967.「現代語の語法」牛島徳次・香坂順一・藤堂明保編『中国文化叢書 1　言語』357-375，大修館書店。

太田辰夫 1947.「北京語における “進行” と “持続”」『中国語雑誌』2 巻 2 号・3 号;太田辰夫 1995.『中国語文論集　語学篇・元雑劇篇』32-43,汲古書院。

________ 1950.「続 “呢” と “哪” について」『中国語雑誌』5 巻 2 号・3 号;太田辰夫 1995.『中国語文論集　語学篇・元雑劇篇』57-89,汲古書院。

________ 1958.『中国語歴史文法』東京：江南書院;1981 年,朋友书店。

奥田靖雄（布村政雄） 1977. 「アスペクトの研究をめぐって—金田一的段階—」『宮城教育大学国語国文』8:51-63。

下地早智子 2010. 「現代中国語における「シテイル／シテイタ」相当表現—日中のアスペ

クト対立に見られる視点と主観性—」『外大論叢』第 61 卷，第 2 号:87-108。
陈平 1988.〈论现代汉语时间系统的三元结构〉《中国语文》第 6 期：401-422。
黄伯荣等编著 2001.《汉语方言语法调查手册》广东人民出版社。
李临定 1985.〈动词的动态功能和静态功能〉《汉语学习》第 1 期：6-10。
罗自群 2006.《现代汉语方言持续标记的比较研究》中央民族大学出版社。
马庆株 1981.〈时量宾语和动词的类〉《中国语文》第 2 期：86-90。
梅祖麟 1988.〈汉语方言里虚词“着”字三种功能来源〉《中国语言学报》3:193-216。
沈力 2009.〈语气助词 ZHE2 的来源：晋方言与北京方言的比较〉喬全生(編)《晋方言研究—第三届晋方言国際学術研討会論文集》223-232，希望出版社。
石毓智・李讷 2000.《汉语语法化的历程——形态句法发展的动因和机制》北京大学出版社。
木村英樹 1983.〈关于补语性词尾“着/zhe/”和“了/le/”〉《语文研究》第 3 期:22-30。
刘一之 2001.《北京话中的“着(·zhe)”字新探》，北京大学出版社。
下地早智子 2011a.「明治以后汉语教本里所见“不完全体标记”的使用状况」遠藤光暁・朴在淵・竹越美奈子編『清代民国漢語研究』321-332，学古房。
__________ 2011b.《汉语进行持续体调查表》日本中国语学会第 61 回全国大会资料。
远藤雅裕 2008「浅谈『老乞大』各版本中的非完成体标记—以「着」「呢」为中心—」，严翼相・远藤光晓 编『韩汉语言研究』75-99，首尔：学古房。
竹越孝 2007. 「从《老乞大》的修订来看“着”的功能演变(上)」，古代文字资料馆发行『KOTONOHA』第 58 号：6-15。
Bybee, J, W. Perkins, and W. Pagliuca. 1994. *The Evolution of Grammar - Tense, Aspect and Modality in the Languages of the World.* Chicago: The University of Chicago Press.
Comrie, Bernard. 1976. *Aspect*. Cambridge: Cambridge University Press.
Dahl, O.1999. Aspect: Basic Principles. Brown, K and J. Miller (eds.) *Concise Encyclopedia of Grammatical Categories.* Oxford:Elesvier.30-37.
Hashimoto, Anne Yue 1993. *Comparative Chinese Dialectal Grammar – Handbook for Investigators*. Paris: Ecole des hautes études en sciences sociales.
Smith, Carlota S. 1997. *The Parameter of Aspect (Second edition)*. Dordrecht: KLUWER.
Tai, James H-Y. 1984. Verbs and Times in Chinese: Vendler's Four Categories*, Lexical Semantics*. CLS: 289-296.
Vendler, Zeno 1957. Verbs and times. *The Philosophical Review* 66 (2): 143–160.

豫北浚县方言句末语气词“不咋”*

辛　永芬
河南大学

豫北浚县方言语气词“不咋”，总位于句末，表示“无奈、勉强”、“不在乎、无所谓”、“强调事实显而易见”、“劝告、催促，并强调事理显而易见”等语气。“不咋”或与“不咋”类似的语言成分在河南方言、河北方言、山东方言、江苏方言都有分布。在浚县周边的安阳、汤阴等地，“不咋”还进一步演变为话题标记成分。“不咋”及其类似语言成分的来源值得进一步讨论。

浚县方言　语气词　“不咋”　来源

1 引言

豫北浚县方言中有一个复合语气词“不咋”，读作[·pu·tsa]，总出现在句子的末尾，句末使用降调，可以用在陈述句和祈使句中。用在陈述句中，一般用于应答，表示“无奈、勉强”、“不在乎、无所谓”、“强调事实显而易见”等语气；用在祈使句中，表示“劝告、催促”，并强调“事理显而易见”的语气。“不咋”或与“不咋”类似的语言成分分布范围较广，在河南、河北、山东、江苏等地都有分布。不同的地区发音不太相同，大概有“不咋”、“吧咋/吧咋也”、“不来[·pu·lɛ]”、“不啦[·pu·la]”等几种说法。

关于“不咋”或与“不咋”类似的这种复合语气助词所表示的语法意义，学者有过研究，大致可以概括为三种看法：第一种看法以钱曾怡、黄伯荣为代表。钱曾怡认为山东博山方言里的“走吧咋”、“洗吧咋”、“吃吧咋”中的“吧咋”是“表示催促的语气”（钱曾怡，1993）。黄伯荣主编的《汉语方言语法类编》中在描写安阳话的语气词时指出“不咋”是安阳话里常用的语气词，“大致相当于普通话里的‘吧’”，“‘不咋’单用有责备行动太晚并加以敦促之意”（黄伯荣，1996）。第二种看法以苏晓青、吕永卫为代表。苏晓青、吕永为指出徐州方言的“‘不来’用在陈述句的末尾，相当于北京话的‘呗’”，有三个意思，一是“表示事实或道理明显，很容易了解”；二是“表示认可或勉强同意，无可奈何的语气”；三是“表示无关紧要或不在乎的语气”（苏晓青、吕永为，1996）。第三种看法是陈慧娟的研究。她对安阳方言的“不咋”作了很详细的解读，认为安阳话句末的“不咋”可以表示“敦促”、“请求”、“无奈”、“建议”、“肯定”、“欣喜自豪”、“央求”、“解释”等多

* 本文初稿曾在第四届汉语方言语法国际学术研讨会（泉州）上宣读，与会代表提出了有益的意见，关于“不咋”的诸多问题跟吴继章老师有过多次讨论，吴老师给出了非常中肯的建议，这里谨致谢忱！本研究获得国家社科基金项目（项目编号：09BYY011）和中国博士后第46批科学基金项目（序号：20090460853）的资助。

种语气意义（陈慧娟，2008）。概而言之，学者认为“不咋”或与“不咋”类似语言成分的语法意义大致相当于普通话里的“吧”或“呗”。根据浚县方言的语言事实，我们认为第一种看法和第二种看法还不够全面，他们都只揭示了“不咋”类语气助词的一个方面的用法。陈慧娟的解读则过于繁杂，有些意义，比如“欣喜自豪”、“央求”则是把句子所表达的意思强加给了“不咋”，混淆了句子的意义与语气词的意义。

关于“不咋”及其类似语言成分的来源，冯春田的研究认为方言中“吧咋”或“不咋”的源头是清代《醒世姻缘传》里的“VP 罢怎么/仔么”，后来“怎么/仔么”合音为“咋”，成为“VP 罢咋”，“罢”进一步发生语音弱化，成为“吧咋”或“不咋”（冯春田，1996）。我们对“不咋”及其类似的语言成分做了进一步调查，从目前的方言分布和表义看，它的来源问题还有进一步讨论的空间。

2 浚县方言“不咋”的语法意义

浚县方言的“不咋”既能用在陈述句中也能用在祈使句中，归结起来可以表示四种语气意义：无奈、勉强；不在乎、无所谓；强调事实显而易见；劝告、催促，并强调事理显而易见。“不咋”与浚县方言的另外两个语气词“吧[·pa]”、“呗[·pɛ]”在功能和表义方面有近似之处，但在表达具体的主观态度方面有不同。

2.1 陈述句中的用法

2.1.1

陈述句中，“不咋”用在某人征求意见或提出请求时的答句中，表示应答者对所提意见或请求不太认可，却又有点儿无可奈何、有点儿勉强的语气。如：

（1） A：我在[kai^{213}]这儿吧？（我在这儿吧）
B：那你在这儿不咋。（那你就在这儿呗，谁能怎样你呢）
（2） A：开始写吧？
B：写不咋。（那你就写呗，还能怎样）
（3） A：我去瞧瞧不去？
B：去不咋。（去就去呗，还能怎样啊）
（4） A：给^{D} [1] [kɛ$^{55-42}$]他不给^{D}他嘞[·lɛ]？（给他不给他呢）
B：给^{D}他不咋。（给他就给他呗，还能怎样）
（5） A：回去，你不买□[·tɛ]啥儿哟？（要回去了，你不买些什么吗）
B：买□[·tɛ]不咋。（你说买那就买一些呗，也没什么）

---

1 上标“D”表示浚县方言动词、形容词和介词的变韵，可参看辛永芬《河南浚县方言的动词变韵》，《中国语文》，2006 年第 1 期。本文涉及到了动词的变韵和介词的变韵，它们所表达的意义随文解释。

以上的答句中也可以用“吧”或“呗”表示同意或应诺，但具体的语气附加意义与用“不咋”不同。用“吧”时，只表示正面的同意或允诺，对所提意见或请求还比较认可，不包含无奈、勉强的意味。用“呗”时，是一般的应答语气，不包含对所应答事情的不太认可、不太满意等语气，或可以说是一般的认可。而“不咋”包含对所应答事情不太认可或不太满意的语气，是一种消极的认可，语气中总带有一种“不这样，还能怎样”的无奈意味。这些区别可以通过添加后续信息得以显现。如上面例（3），用不同的语气词要添加有三种不同的后续信息：

（3a） A：我去瞧瞧不去？
　　　B：去吧，去瞧瞧都不后悔了。
（3b） A：我去瞧瞧不去？
　　　B：去呗，我不管你。
（3c） A：我去瞧瞧不去？
　　　B：去不咋，别嘞也有[mau^{24}]法儿呀。（去就去呗，别的也没办法呀）

综上，从对意见或请求的认可度看，“吧”、“呗”、“不咋’可以做如下排列：

吧（正面认可）＞ 呗（一般认可）＞ 不咋（消极认可）

2.1.2

陈述句中，“不咋”用在答句或表明对某种事件态度的话语中，表示一种“不在乎、无所谓”等语气。又分两种情况：

2.1.2.1

只出现在答句中，当别人提出一个事实或一个请求、建议，答话人对这个事实、请求或建议不在乎，或觉得无所谓时，在句尾用“不咋”，有一种强调“事情不值得理会”的不屑语气。如：

（6） A：俺明个就[·təu]走。（我明天就走）
　　　B：走、走不咋。（走就走呗，多大事儿呀）
（7） A：书他拿走啦。
　　　B：拿走、拿走不咋。（拿走就拿走呗，那有什么呢）
（8） A：扔^{D}[ʐo^{24}]它吧？（扔了它吧）
　　　B：扔^{D}、扔^{D}不咋。（扔了就扔了呗，又不值什么钱）

回答时，答话人常重复对话人所述事实，加强了那种不耐烦的态度。用“不咋”表示对所属事实不在乎、无所谓、不值得去理会的语气。有时可以加上相应的后续句，进一步表明态度。如：

（9） A：外头下雨啦。

B：下、下不咋，不出去不就妥了。（下就让它下呗，不出去不就行了）

（10） A：他瞧见了。

B：瞧见、瞧见不咋，又有做啥丢人事儿（看见就看见呗，又没做什么丢人事儿）

以上例句的末尾也可以使用“吧”或“呗”，但和用“不咋”有不同。用“吧”时，表示答话人知道事实后觉得可以认可的语气，用“呗”时，增添了一种无所谓的语气，而用“不咋”时，不在乎、无所谓的语气加重，且强调这种事不值得去理会。

2.1.2.2

对某一做法等不太认可或不太满意，却又表现出不在乎、无所谓的态度。可以直接用在提供背景或后续信息的话语中，且“不咋”所在句中常重复出现不太认可或不太满意的事件内容。如：

（11） 走叫他走不咋，咱离 D[liɛ213]他也能过。（走就让他走算了，咱离开了他也能过）

（12） 告你去告不咋，谁怕谁呀！（要告你就去告呗，谁怕谁呀）

（13） 叫老师就叫老师不咋，有啥了不起嘞。（叫老师就叫老师呗，没什么了不起的）

以上例句中的“不咋”可以换用“吧”或“呗”，用“吧”表示对事实认可，用“呗”表示无所谓的态度，而用“不咋”则带有明显的不满意之情。

2.1.3

陈述句中，“不咋”用来回答对方所问或应答对方，指明事实，且认为事实是显而易见的，并带有明显的追加解释的意味。如：

（14） A：干啥嘞？

B：屋里有人儿，想叫你进来坐坐不咋。（屋里没人，就是想让你进来坐坐呀，没别的意思）

（15） A：他咋啦？（他怎么啦）

B：叫□[iæ42]打了不咋。（还不是叫人家打了呗）

（16） A：他俩咋在一佗儿嘞么。（他们两个怎么在一起了呢）

B：他俩对脾气儿不咋。（那还用说，他俩对脾气呗）

（17） A：你说嘞谁呀？（你说的是谁呀）

B：国孬[·nau]不咋。（那还能有谁，小国呗）。

（18） A：你□[tsuai42]嘞不对 D[tuɛ213]他说呀？（你为什么不告诉他呢）

B：我怕他存不住气儿不咋。（我还不是怕他控制不住自己呗）

（19） A：他跑嘞些快。（他跑得很快）

B：可不是[pei55]不咋，撵都撵不上。（可不是嘛，赶都赶不上）

这种语境中的“不咋”都不能用“吧”替换，例（14）—（18）可以用“呗”，用“呗”表示指明事实，“事实显而易见，无需多说”的语气，而用“不咋”比用“呗”增添了一种追加解释的意味，带有明显的强调语气。

2.2 祈使句中的用法

用在祈使句中，表示劝告、催促，话语中总带有说话人认定所劝告或催促之事是理所应当的、道理是显而易见的语气。

（20） 他要要就给他买个不咋，花不了几个[tɕiɛ55]钱儿。（他要是要的话就给他买一个得了，又花不了几个钱）

（21） □[iæ42]都写了，你也写点儿不咋。（人家都写了，你也写点儿呗）。

（22） 慌啥嘞，再住一天不咋。（慌什么呢，再住一天呗）。

（23） 叫你吃你就吃不咋，作啥假儿嘞。（让你吃你就吃呗，客气什么呢）。

（24） 快些儿走不咋，一会儿就晚了。（快点儿走呗，一会儿就晚了）

这种语境中的“不咋”也可以换用“吧”和“呗”，但表达的语气不同。例（20）—（22）用“吧”表示商量的语气，例（23）、（24）用“吧”表示劝告、催促，但不含说话人主观认定事理显而易见的语气。以上例句中的“不咋”换成“呗”也可以，但在表达主观认定事理显而易见的语气方面要弱一些，另外，含“不咋”的话语中，一般都有追加解释的信息，如（20）、（21）、（23）、（24）。

综上，与普通话的“吧”相同，浚县方言的“吧”也可以表示商量、催促、劝告、疑问、赞同等意义，“不咋”只在表示催促、劝告和赞同义方面与之相近，但表达的主观态度明显不同。浚县方言的“呗”与普通话的“呗”基本对应，但“呗”跟“不咋”在表达主观态度方面也存在区别。就是说，浚县方言句末的“不咋”有其独特的语法意义和语用价值，它与“吧”、“呗”共存，在语义表达上形成一定互补。在对事实认可以及表示催促、劝告的态度方面，“吧”倾向于正面、“呗”倾向于中性，而“不咋”则倾向于负面，表达一种消极的态度。从表义上推测，它可能是句末反问形式演化而来的，带有“不这样，又怎样”的意味。无论是“无奈、勉强”、还是“不在乎、无所谓”抑或是“强调事实、事理显而易见”其实都是对自己态度的一种“申明”，主观性很强。从句法功能上看，“不咋”已完全虚化为语气词，句末用或不用只是语气的不同，并不影响句子的理性意义。和其他位于句末的语气词一样，句中没有其他完句成分时，“不咋”有完句的功能。

3“不咋”类语气词的方言分布和来源问题

“不咋”及其类似的语言成分在河南、河北、山东、江苏等地有广泛的分布。不同的地区发音有不同，豫北安阳、汤阴、鹤壁、淇县、滑县、内黄、清丰、延津，河北邯郸、峰峰，山东的淄博、潍坊等地使用“不咋”；保定说成“不□[·tsai]”；山东博山，河北魏县、邯郸、肥乡、涉县、大名使用“吧咋/吧咋着（也）”；江苏徐州说成“不来[·pu·lɛ]”；江苏沭阳、宜兴说成“不啦[·pu·la]”。[2] 从用法上看，这些地方的“不咋”所表示的语气意义基本相同，都是既能用在陈述句中也能用在祈使句中。但在安阳、汤阴话中，用在陈述句中的“不咋”消极主观性不太明显，有时只表示一般的申明语气。比如：

安阳方言：

（25） A：几点开会呀？

B：八点不咋。

（陈慧娟《河南安阳方言中的语气词“不咋”》，《安阳师范学院学报》2008 年第 1 期）

（26） A：你觉得咋样呀？

B：中不咋。

（陈慧娟《河南安阳方言中的语气词“不咋”》，《安阳师范学院学报》2008 年第 1 期）

汤阴方言：

（27） A：哪个“xian”字儿啊？

B：“贤人”嘞“贤”不咋。

在汤阴话里“不咋”还进一步引申出了话题标记的用法。如：

（28） 简单一个例子，那个“屋儿”不咋，汤阴话都说成“ver”。

可以看出，表示一般申明语气或只用来做话题标记的用法应该是“不咋”主观性较强意义的进一步虚化。

从构成上看，“不咋”是一个复合式语气词。“咋”是个合音成分。冯春田（冯春田，1996）对这个词的来源及其演变过程进行过较为详细的考察，认为现代山东方言句尾的“吧咋”、河南安阳方言句尾的“不咋”等来源于明末清初时期的“VP 罢＋怎么”，是“罢怎么”合音成“罢咋”后又进一步虚化的结果。冯著还指出清末白话小说《儿女英雄传》中出现过“不咱”、“不则”，应该是方言“不咋”的前身，是从“罢+怎么”演变而来的，“不”是“罢”的音变形式。这个结论有一定道理。从目前方言中的表现看，用于祈使句的“不咋”与“VP 罢+怎么”用法比较吻合，但其来源笔者还有一点疑问，即冯著所举《醒世姻

[2] 保定的材料由唐健雄老师提供，邯郸的材料来自吴继章老师提供的邯郸市语言文字工作委员会编的《普通话与邯郸方言》，吉林人民出版社，2004 年。博山、淄博、潍坊的材料转引自冯春田老师的《汉语方言助词“吧咋”、“不咋”的来历》，《古汉语研究》，1996 年第 1 期，第 54 页。江苏徐州的材料来自苏晓青、吕永卫老师的《徐州方言词典》，江苏教育出版社，1996 年，第 51 页。江苏沭阳、宜兴的材料由河南大学硕士李勤、张荣提供，谨此感谢！河南的材料为笔者调查而来。

缘传》中的例句共 3 例，它们的形式分别是“罢怎么”、“罢呀仔么”、“罢仔么”，表达一种祈使、劝告语气，这种用法只对应于方言中“不咋”在祈使句中的用法，而“不咋”在陈述句中的用法方言里表现得更为活跃，分布地域也很广。就是说，冯著所说的“罢+怎么”的文献例证与目前“不咋”及其类似语言成分在方言中的用法和广泛分布不太吻合，这一点需要进一步寻找证据。

我们从《醒世姻缘传》里又找出几例“罢呀怎么”的用法：

（29） 薛如兼道：“家去罢呀怎么！俺弟兄们且利亮利亮。”（清·西周生《醒世姻缘传·74》）

（30） 狄希陈道：“你管他怎么呀？你只管俺三个人有一个替你递呈子报仇罢呀怎么？” （清·西周生《醒世姻缘传·74》）

（31） 素姐说：“别要听他！他甚么三百钱合缠带布衫呀！”史先瞑着两个瞎眼，伸着两只手，往前扑素姐道：“没有罢呀怎么！我只合你到官儿跟前讲去！”看的人围的越发多了。（清·西周生《醒世姻缘传·76》）

很明显，例（30）、（31）不是祈使语气，也是冯著没有举出的例证，是否可以认为这种用法应该是“不咋”用于陈述句的前身？

冯著所举《儿女英雄传》里的“不咱”、“不则”用法与现代方言相同，应该是方言“不咋”的前身这一点值得相信。据齐如山报道，北京土话里至今还有“不则”的这种用法（齐如山，2008），付民、高艾军《北京话词语》写作“不咱”，发音是“bùze”（付民、高艾军，2001）。下面是《儿女英雄传》的例句：

（32）（张金凤）一时完事，因向十三妹道：“姐姐不方便方便么？”十三妹道：“真个的，我也撒一泡不咱。”（清·文康《儿女英雄传·9》）

（33） 他姊妹正在一头说笑，一头作活，听得是长姐儿的声音，便问说：“是长姐姐吗？大爷没在屋里，你进来坐坐儿不则？” （清·文康《儿女英雄传·33》）

（34） （那位老爷）见一掀帘子，进来了个消瘦老头儿，穿着糟旧衣裳。他望着勾了勾头儿，便道：“一块坐着不则，贵姓啊？”（清·文康《儿女英雄传·36》）

（35） 长姐儿见大爷出来，连忙站起来……。这个当儿，张姑娘又让他说：“你只管坐下，咱们说话儿不则！”（清·文康《儿女英雄传·38》

我们考察了近代白话语料，与“不咱”、“不则”用法相同且分布较广的还有一个位于句尾的“不是”。我们从《金瓶梅》、《红楼梦》、《儒林外史》中检索出许多例句，特别是《金瓶梅》，其中许多用法与现代方言对应整齐。请看下面的例句：

（36） 我这里不奈烦。又身上来了，不方便。你往别人屋里睡去不是，只来这里缠！（明·兰陵笑笑生《金瓶梅·51》）

（37） 月娘便道：“李大姐，他叫你，你和他去不是！省的急的他在这里恁有　划没是处的。”（明·兰陵笑笑生《金瓶梅·51》）

（38） 金莲道：“是我的丫头也怎的？你每打不是！我也在这里，还多着个影儿哩。”

（明・兰陵笑笑生《金瓶梅・75》）

（39） 书童道："你说不是！我怕你？你不说，就是我的儿！"
（明・兰陵笑笑生《金瓶梅・51》）

（40） 西门庆要便来回打房门首走，老婆在檐下叫道："房里无人，爹进来坐坐不是？"
（明・兰陵笑笑生《金瓶梅・26》）

（41） 月娘道："慌去怎的，再住一日儿不是？"（明・兰陵笑笑生《金瓶梅・75》）

（42） 袭人便走上来，坐在床沿上推他，说道："怎么又要睡觉？闷的很，你出去逛逛不是？"（清・曹雪芹《红楼梦・26》）

（43） 六老爷道："这何妨？请他进来不是，我就同他吃酒。"
（清・吴敬梓《儒林外史・42》）

（44） 大爷、二爷进来，上面坐下。两个婊子双双磕了头。六老爷站在旁边。大爷道："六哥，现成板凳，你坐着不是。"（清・吴敬梓《儒林外史・42》）

例（36）、（37）表示不满意。例（38）、（39）表示不在乎、无所谓等语气。例（40）指明事实，并加以强调的语气。例（41）、（42）、（43）、（44）表示劝告、催促语气，这些用例与现代方言里的"不咋"意义基本对应。

从搜索来的例句看，句尾的"不是"反诘的语气较强，是通过反诘表示一种肯定的态度，多用于祈使句，但也用于非祈使句，如（37）、（38）、（39）、（43）。句式范围的扩大，使得表反诘的"不是"进一步虚化，进而产生了"显而易见、无需多言"之意。方言中的"不耐烦、不在乎、无所谓"等语气是"显而易见、无需多言"意义的进一步延伸，其主观意义越来越强，最后演变为一种消极的语气，如浚县方言。消极语气的用法进一步泛化，其消极意义受到一定磨损，最后只是表示一种申明语气甚至只是一个话题标记，这应该是实词语法化的极致表现了吧？如安阳方言、汤阴方言。

从语音上看，表反诘的"不是"常处于句尾，有时为了加强说话者的主观态度，说话者还在后面添加其他语气成分，笔者从《醒世姻缘传》中检得一例：

（44） 高四嫂道："有数的事，合他家里理论，咱别分了不是来。"
（清・西周生《醒世姻缘传・8》）

我们是否可以这样推测：处于句尾的"不是"本来意义就较虚，添加的那些成分意义更虚，它们很容易发生语音弱化，进而产生合音，出现"不咋"、"不[·tsai]"、"不来[·pu·lɛ]"、"不啦[·pu·la]"等形式。但"不"这个语素所表示的反诘意味始终不能为其他成分替代，所以方言中保留了这个语素，这也是"不咋"倾向于表示负面态度的根本因素。另外，口语表达中，说话人有时会在句尾添加"啊"、"呀"、"哟"等更虚的语言成分这个事实方言中也有证据，前面浚县方言的例（19）常可以说成：

（45） A：他跑嘞些快。
B：可呗不是呀/哟，撵就撵不上。

安阳、汤阴、淇县、延津等地也有类似说法。

据以上考察，我们认为方言中的“不咋”及其类似语言成分应该有两种来源，明清时期的“罢怎么/罢呀怎么/罢呀仔么/罢仔么”是其中一种，主要对应于祈使句中的用法，句尾的“不是”是第二种来源，与陈述句中的用法更为吻合。

本文近代汉语的语料来自于《朱氏语料库》，由中国人民大学文学院朱冠明博士提供，谨致谢忱！

参考文献

白维国1991　《金瓶梅词典》，北京：中华书局。
陈慧娟 2008　河南安阳方言中的语气词“不咋”，《安阳师范学院学报》第 1 期。
冯春田 1996　汉语方言助词“吧咋”、“不咋”的来历，《古汉语研究》第 1 期。
邯郸市语言文字工作委员会编2004　《普通话与邯郸方言》，长春：吉林人民出版社。
黄伯荣主编1996　《汉语方言语法类编》，青岛：青岛出版社。
齐如山2008　《北京土话》，沈阳：辽宁教育出版社。
钱曾怡1993　《博山方言研究》，北京：社会科学文献出版社。
史金生 1997　表反问的“不是”，《中国语文》第 1 期。
苏晓青、吕永卫1996　《徐州方言词典》，南京：江苏教育出版社。
孙锡信1999　《近代汉语语气词》，北京：语文出版社。
辛永芬 2006　《河南浚县方言的动词变韵》，《中国语文》第 1 期。
付民、高艾军 2001　《北京话词语》，北京：北京大学出版社。

The Modal Particle“不咋” at the End of a Sentence in Xunxian Dialect

Xin Yongfen
Henan University

Abstract: “不咋” used as a modal particle always appears at the end of a sentence in Xunxian Dialect, Henan Province to express different emotions. “不咋” and the similar expressions are widely used in dialects of Henan, Hebei, Shandong and Jiangsu provinces. In places such as do Xunxian peripheral Anyang, Tangyin, “不咋” also further evolve for the topic mark ingredient.“不咋” and is the similar language ingredient origin worth further discussing.

Key words: Xunxian Dialect; modal particle; “不咋”; origin

当代关中方言古山臻摄合口字介音演变考察
——地域分布的视角*

邢 向东　　　　　　张 双庆
陕西师范大学/西安外国语大学　香港中文大学

关中方言中存在两种方向相反的音变：古山臻摄精组合口一等字介音[y]化、声母腭化，(同时来母合口一等字介音[y]化)，山臻摄精组合口三等字介音[u]化、声母不变。两种音变的发生地域呈互补分布，前者分布在东部，后者分布在中西部，来母字介音的[y]化发生在渭河以北，与两者都有交叉。文章通过地域分布观察和外部比较，认为前者是带有强烈的地域特点的音变，而后者则可能是官话历史上某一时期的一种普遍现象的遗留。

关中方言　古精组合口字　介音　演变　地域

0 引言

本文是在邢向东、黄珊（2009）基础上的进一步考察。

在白涤洲调查、喻世长整理的《关中方音调查报告》（一下简称《报告》）中，报道了关中东府方言存在精组合口一等字声母腭化、介音[y]化的现象，近八十年来，这种现象的地域分布变化不大。[1] 同时，关中方言还存在古来母字（在[n]、[l]合流的方言中，包括泥母字，下同）介音[y]化、古精组合口三等字介音[u]化的现象。[2]

---

* 项目来源：香港政府资助局立项课题《当代关中方言的调查及声母、介音演变研究》(项目编号：440808)（主持人张双庆），国家社科基金重点项目《近八十年来关中方言微观演变研究》(项目编号：10AYY002)（主持人邢向东）。

[1] 西府、东府是关中地区传统的行政、地理称谓，前者指宝鸡市所辖地区，后者指西府以外的地区。此外，关中地区地名用字变化较大。为了不引起误会，本文直接引用《报告》时用旧字，同时括号内注明新字，其他地方一律用新字。

[2]《关中方音调查报告》的调查点 50 个，列举如下：

1. 华县，2. 华县瓜坡镇，3. 渭南韩马村，4. 渭南故市镇，5. 临潼铁炉镇，6. 临潼，7. 澄城王庄，8. 白水，9. 蒲城，10. 蒲城义龙镇，11. 蒲城荆姚镇，12. 富平美原镇，13. 富平，14. 耀县，15. 同官梁家原，16. 高陵外门村，17. 三原，18. 泾阳鲁桥镇，19. 淳化方里镇，20. 咸阳洼店镇，21. 兴平，22. 武功，23. 礼泉，24. 乾县，25. 永寿监军镇，26. 旬邑太峪镇. 27. 彬县，28. 长武常刘镇，29. 扶风阎村，30. 眉县，31. 岐山青化镇，32. 麟游昭贤镇，32. 千阳，34. 陇县朱柿镇，35. 凤翔，36. 宝鸡，37. 商县府君庙，38. 周至亚柏镇，39. 周至，40. 周至终南镇，41. 户县，42. 西安，43. 蓝田，44 洛南富刘村，45. 华阴西王堡，46. 潼关，47. 朝邑仓头镇，48. 大荔，49. 合

1《报告》时代精组合口一等字声母腭化、介音[y]化现象

1.1

在《报告》的50个调查点中，关中21个点有精组声母腭化、介音由[u]变[y]的现象，都集中在东府地区。《报告》说：“在耀县、富平、铁炉、商县一线以东除去潼关以外的二十一个地方，舌尖塞擦音 ts tsʰ和摩擦音 s 在 uã uɛ̃两种韵母前变读为 tɕ tɕʰ ɕ，同时介音 u 变为介音 y。换句话说，‘钻窜酸尊村孙’六个音缀的声母都由舌尖音变为腭音，介音由 u 变为 y。像‘钻’二十一处都是 tɕyã，‘孙’都是 ɕyɛ̃。”（报告 106）

在《报告》报道的21个方言点中，临潼铁炉镇、澄城王庄山摄的“钻窜酸”有两读，如铁炉：钻 tɕyã/tsʮ̩ã ，窜 tɕʰyã/tsʰʮ̩ã，酸 ɕyã/sʮ̩ã ，臻摄字“尊村孙”只有腭化音一读。

富平、蒲城荆姚“钻窜酸”声母腭化，“尊村孙”未腭化。如富平：钻 tɕyã，窜 tɕʰyã，酸 ɕyã，但：尊 tsuɛ̃，村 tsʰuɛ̃，孙 suɛ̃。

在东部地区，只有临潼、潼关“钻窜酸”没有发生声母腭化、介音[y]化现象。

《报告》中精组合口一等字声母腭化的地理分布，见地图一。

阳,50.韩城。

本次调查48个点，地域范围有所扩大，没有一县多点的情况，代表点主要在县城或近郊，列举如下：

1.潼关,2.华县 3.大荔,4.合阳,5.韩城,6.蒲城,7.澄城,8.白水,9.富平,10.渭南,11.华阴,12.富平美原,13.商州,14.洛南,15.丹凤,16.西安,17.长安,18.户县,19.周至,20.蓝田,21.临潼,22.高陵,23.富县,24.黄陵,25.宜川,26.铜川,27.宜君,28.耀县,29.咸阳,30.三原,31.礼泉,32.兴平,33.武功,34.乾县,35.彬县,36.长武,37.旬邑,38.永寿,39.淳化,40.泾阳,41.扶风,42.眉县,43.麟游,44.千阳,45.陇县,46.岐山,47.凤翔,48.宝鸡。

地图一：《报告》精组合口一等字声母腭化分布图

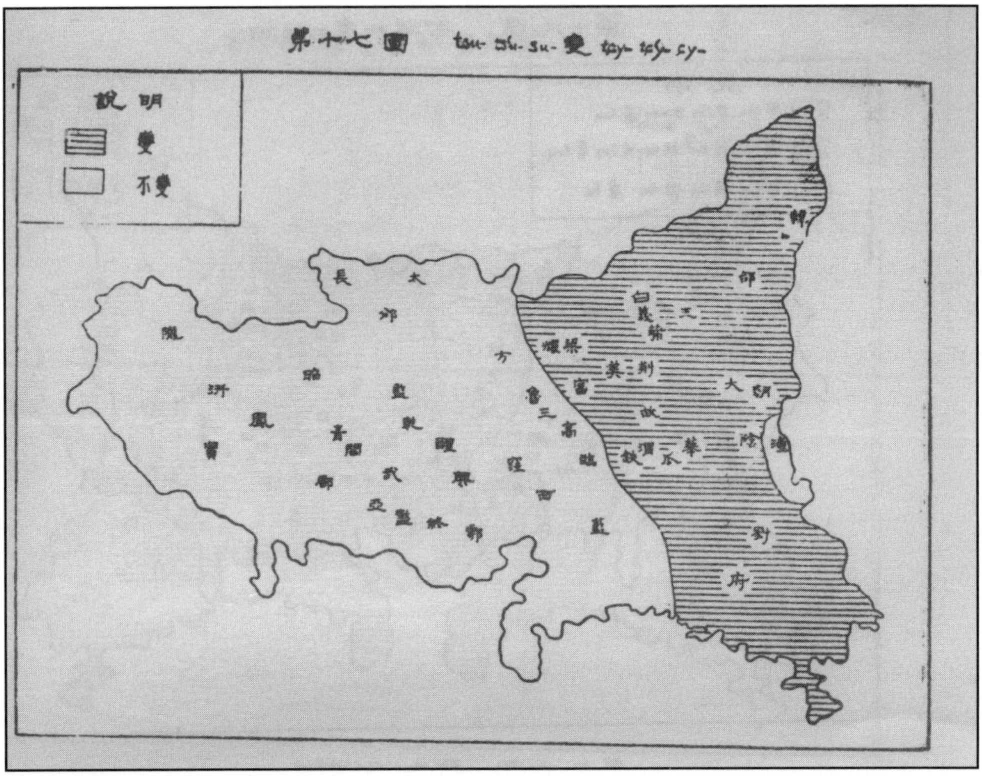

1.2 精组合口一等字声母腭化、介音[y]化的类型

关中方言中精组合口一等字的演变，主要表现为介音的[y]化和精组声母的舌面化。可以分为两个小类，具体情况如下。

类型一：山臻摄韵母的介音发生了不同程度的[y]化，并且使精组声母舌面化，因此与精组合口三等字、见组合口三四等字同音，如大荔话：“钻＝捐，汆＝圈，酸＝宣，尊＝军，存＝裙，孙＝熏”。这些方言大都属东部的渭南、铜川、商洛地区（张维佳 2002：71-72）。见表一。各地声调相同，略去不标，下同。

表一：部分东府话山臻摄合口一等精组字读音表

	山摄			臻摄		
例字	钻进去	窜	蒜	尊	村	孙
铁炉	tsɥ̩ã tɕyã	tsʰɥ̩ã tɕʰyã	ɕɥ̩ã ɕyã	tɕyɛ̃	tɕʰyɛ̃	ɕyɛ̃
富平	tɕyã	tɕʰyã	ɕyã	tsuɛ̃	tsʰuɛ̃	suɛ̃
铜川	tɕyã	tɕʰyã	ɕyã	tɕyei	tɕʰyei	ɕyei
渭南	tɕyã	tɕʰyã	ɕyã	tɕyɛ̃	tɕʰyɛ̃	ɕyɛ̃

类型二：山臻摄以外，果通摄合口字精组字声母几乎全部腭化，蟹止摄韵母介音已经[y]化，但声母尚未腭化，达到了这种演变的极致。有合阳一点，例如：山摄：钻tɕyã，窜tɕʰyã，蒜ɕyã；臻摄：尊tɕyẽ，村tɕʰyẽ，孙ɕyẽ：通摄：总tɕyuŋ，从tɕʰyuŋ，送ɕyuŋ；果摄：坐tɕyə，搓tɕʰyə，蓑ɕyə；蟹、止摄：醉/最tsyei，翠/脆tsʰyei，遂/岁 sei。

值得注意的是，在东府与西府的交接地带和东府的个别方言中，[u]介音[y]化的力量较弱，对声母的影响力也减小，如临潼、潼关未发生精组声母腭化、介音[y]化，富平、荆姚山摄精组声母腭化，臻摄精组声母未腭化，而铁炉、王庄臻摄精组字完全腭化，山摄字存在两读。

同时，在不同韵母类型中，[u]介音[y]化的趋势及其对声母的影响，也有强弱之分。其中最强的是山臻两摄，其次是果通摄韵母，最后发生[y]化的是蟹止摄精组字的韵母。

在同一类韵母的[u]介音发生[y]化时，声母的特点也对该变化产生影响。根据张维佳考察，在[ts]组声母中，应是擦音最先变，其次是不送气塞擦音，最后是送气塞擦音（也许跟"窜篡汆"不常用有关，见张维佳 2002：84)。

2 本次调查反映的微观演变

本次调查结果与《报告》相比，精组合口一等字介音[y]化、声母腭化的情况有所变化。

变化一：《报告》富平话山摄精组字腭化，臻摄未腭化。此次调查山摄、臻摄精组合口一等字均已腭化。

变化二：《报告》中潼关话山臻摄精组合口一等字完全没有腭化，介音也没有前化为[y]，此次调查的结果是，潼关话山臻摄精组字已完全腭化。

变化三：《报告》中合阳话蟹止摄合口一等字介音前化为[y]，声母还是[ts tsʰ s]，此次调查，合阳话精组一等字声母全部腭化，没有残留现象。(邢向东、蔡文婷 2010)

除了以上变化外，《报告》未调查而此次设点调查的方言中，澄城（县城)、铜川（同官，县城)、商州（县城)、洛南（县城)、丹凤、黄陵、宜君山臻摄合口一等精组字介音[y]化，声母腭化都已完成。不过，洛南、黄陵、宜君等其他字都腭化，"汆窜"没有腭化，而读同韵的精组合口字（洛南、黄陵）或知系合口字（宜君）。如宜君：钻꜀tɕyæ̃，酸꜀ɕyæ̃，尊꜀tɕyẽ，村꜀tɕʰyẽ，孙꜀ɕyẽ；窜 tʃʰuæ̃꜄，汆꜀tʃʰuæ̃。

富县话不仅“窜汆”两字未腭化，而且部分臻摄字存在文白异读，白读腭化，文读同精组合口字，如：钻꜀tɕyã，尊꜀tɕyəŋ，损꜂ɕyəŋ；但：村꜀tɕʰyəŋ/꜀tsʰuəŋ，寸 tɕʰyəŋ꜄/tsʰuəŋ꜄，孙꜀ɕyəŋ/꜀suəŋ；汆꜀tsʰuã，窜 tsʰuã꜄。

以上类型可用地图二示意如下。

地图二：当代关中方言精组合口一等字腭化分布图

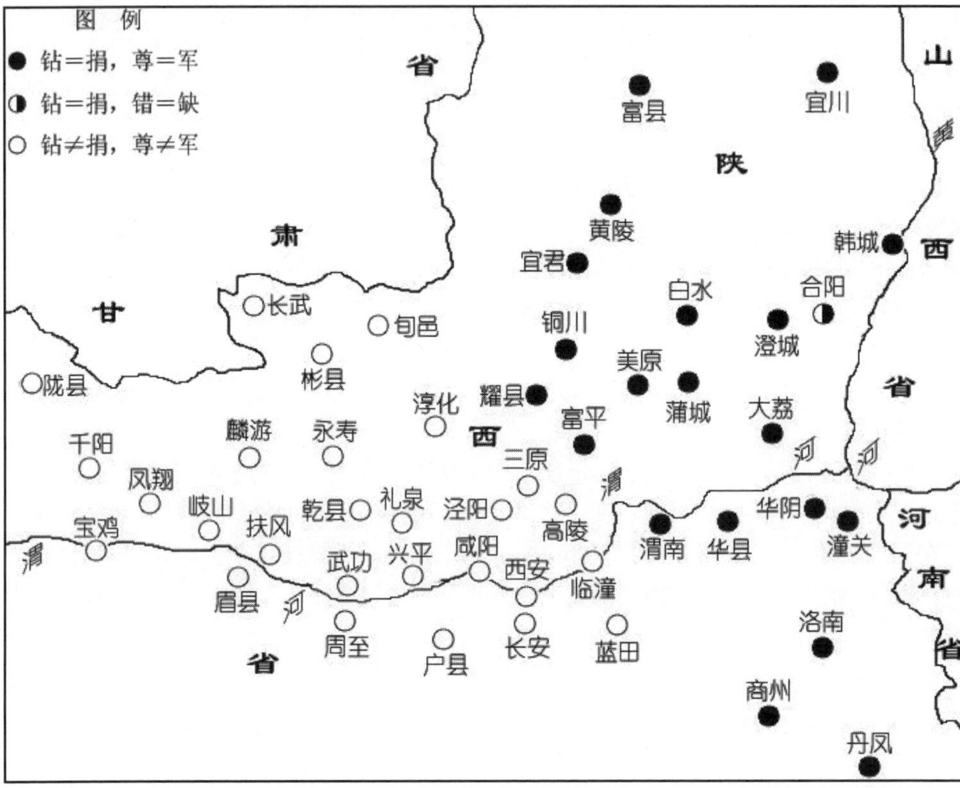

总体上，《报告》中所反映的介音[y]化的音值类型和地理分布，与今天调查的结果基本一致。可以说，在近八十年的时间里，精组合口一等字[u]介音[y]化、声母腭化保持了原来的态势和分布状况，只在局部有所扩展。

3 来母合口一等字介音的[y]化

讨论完精组合口一等字声母、介音的演变以后，我们再来看一下与之相关的另一项介音的变化：来母合口一等字介音的[y]化。

3.1

《报告》报道，关中方言中存在来母合口一等字介音[y]化的现象，其分布地区与精组合口一等字声母腭化有所不同：“另外‘暖乱嫩论’四个字也有介音 u 变 y 的现象，但是出现的地区和上述六个字音出现的地区不很一致，例如雒（洛）南、华阴‘暖乱’同读 lyã，‘嫩论’同读 lyɛ̃，和‘钻尊’等的变化是一致的；但是旬邑、邠（彬）县、长武‘暖乱’读 lyã，‘嫩论’读 lyɛ̃，可是‘钻’读 tsuã，‘尊’读 tsuɛ̃，前者变而后者不变；华县、瓜坡、渭南、故市、铁炉‘暖乱’读 luã，‘嫩论’读 luɛ̃，可是‘钻’读 tɕyã，‘孙’读 ɕyɛ̃，又是后者变而前者不变了。”（《报告》106）

具体地说，在《报告》中，来母合口一等字发生介音[u]前化为[y]的方言共有 20 点，根据声母是否保留分为两小类。列举如下：

类型一：读 lyã、lyɛ̃，共 15 点：

白水、蒲城、义龙、美原、洛南、华阴（东部）

兴平、永寿、旬邑、彬县、长武（中部偏西），哑柏（“暖嫩”不[y]化，“乱论”[y]化）（中部）

眉县、岐山（“乱嫩论”都[y]化，“暖”不[y]化）、麟游（西部）

类型二：l 母脱落，读 yã、yɛ̃。共 5 点，集中在东府的渭南地区，地域相连：

澄城王庄、朝邑、大荔、合阳、韩城

从地理上看，来母合口一等字介音[y]化发生的地区，东、西府都有，其中东府的渭南市最多，如渭南地区除了华县、瓜坡、渭南、故市、铁炉、临潼等距西安较近的方言外，大多数山臻摄合口一等来母字韵母介音发生了[y]化。

3.2

此次调查发现，来母字介音[y]化的分布范围略有缩小，主要表现在东府方言中，如白水、华阴、洛南来母字没有[y]化。但咸阳有[y]化现象。[3] 麟游臻摄有[y]化，山摄只剩个别字，如：暖ᶜluã，鸾꜀lyã，卵ᶜluã，乱 luã꜄，嫩 lyŋ꜄，仑꜀lyŋ，论 lyŋ꜄。

本次增加的调查点中，黄陵、宜君、富县来母字介音[y]化。以上分布见地图三。

[3] 洛南、华阴调查点不对应。另据孙立新（1985）报导，咸阳、武功来母字山臻摄合口一等字介音也有[y]化。

地图三：当代关中方言山臻摄来母合口一等字介音[y]化分布图

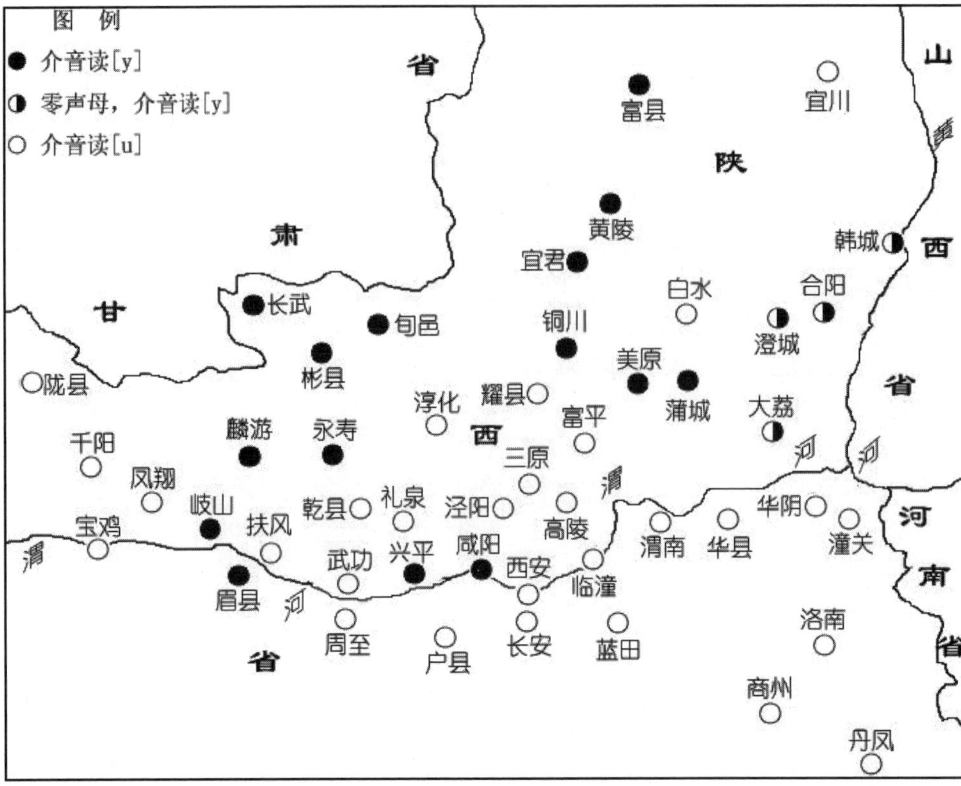

值得注意的是，地图三反映，来母字介音[y]化的范围，在渭河以南地区只有眉县一点。主要集中在关中北部地区。

将图二和图三叠加起来看，精组合口一等字和来母字介音[y]化的地理分布见地图四。

地图四：山臻摄合口一等精组、来母字介音[y]化地理分布图

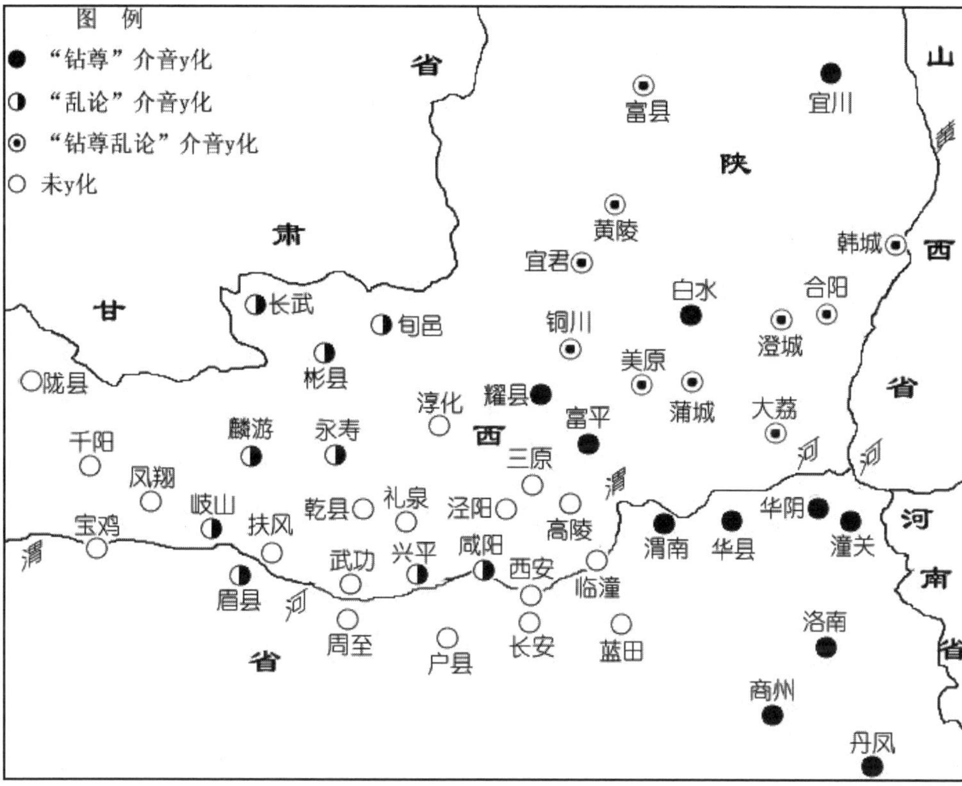

从地图四看，此次调查的 48 个方言点，只有 17 个点未受[y]化音变的波及。其余 31 个点中，两者重合的 10 个点，全部分布在东部偏北一带。精组[y]化集中在东部，来母[y]化集中在渭河以北，两者在东府的渭河以北地区重合，在中西部及东府渭河以南地区不重合。

总之，山臻摄合口一等字介音的[y]化，不论其声母为何，当是同一性质的音变。而来母字介音[y]化与精组字介音[y]化，在关中地理上既有重合，更有差异，又表现出不会是同步发生的音变。换句话说，在关中方言渭河以北地区，曾经大面积地发生过山臻摄合口一等字韵母介音的[y]化，这种音变首先涉及来（泥）母字，后来又影响了精组字，后者的地域局限于东府地区，在渭河以南有较大扩展。

4 精组合口三等字介音的演变

在东部方言发生精组一等合口字介音[y]化、声母腭化的同时，在关中西部，还存在着另一种方向相反的介音的演变。这种演变发生在西部的岐山、彬县一带：山臻摄三等从心邪母合口舒声字白读为[tsʰ s]声母、合口呼韵母。如岐山：全泉꜁tsʰuæ̃，酸＝宣꜀suæ̃，旋꜁suæ̃，选꜂suæ̃，算蒜＝旋~吃~做旋 suæ̃꜄，俊＝纵 tsuŋ꜄，逊＝送 suŋ꜄。（吴媛 2006）

这种音变主要分布在西府片。从本次调查的结果看，岐山、凤翔、麟游、千阳、陇县、淳化、旬邑、彬县 8 点，山臻摄合口三等从心邪母字绝大多数读[tsʰ s]母、[u]介音。宝鸡、扶风、眉县 3 点只有部分字这样读，如眉县：全꜁tsʰuæ̃，旋꜁ɕyæ̃/꜁suæ̃，旋 suæ̃ᵓ，俊 tsuŋᵓ。据孙立新（2004）和本次调查，户县、高陵亦属此类。（孙立新 2004:115）[4] 以上类型和分布，可用地图五示意如下。

地图五：当代关中方言精组合口三等字读音类型分布图

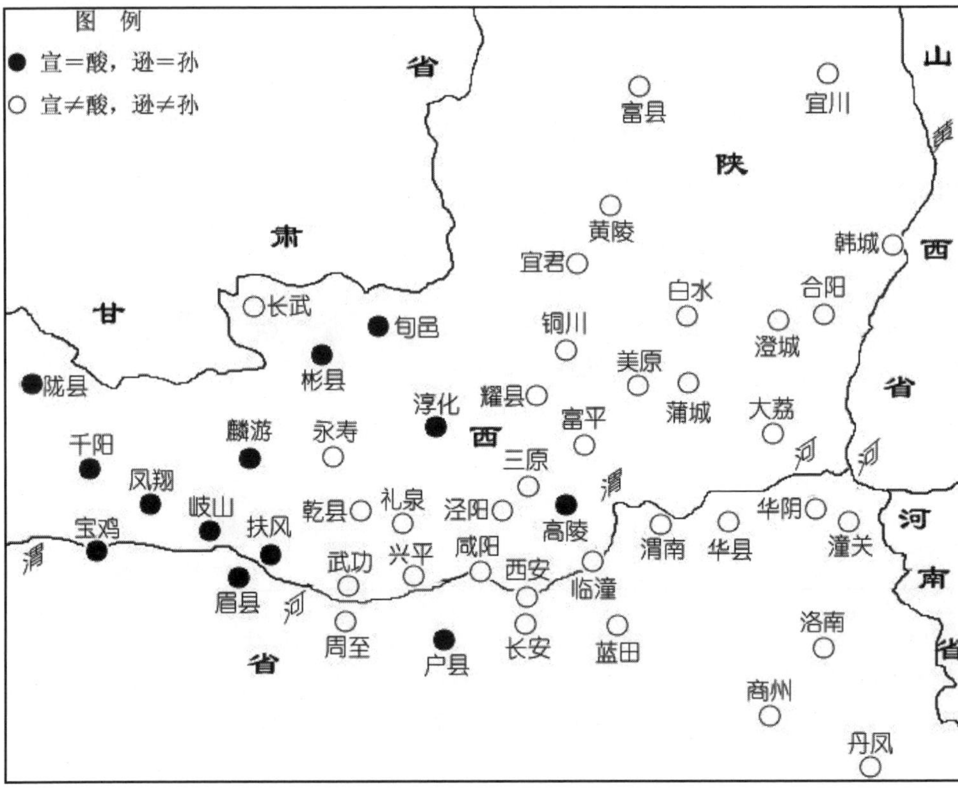

其他关中方言中也残存着同类变化的遗迹。如西安话：泉꜁tsʰuæ̃，全꜁tsʰuæ̃/꜁tɕʰyæ̃，旋꜁ɕyæ̃/꜁suæ̃ᵓ。（北大中文系 2003:273-274）周至话：全꜁tsʰuæ̃/꜁tɕʰyæ̃，旋～吃～做 suæ̃ᵓ。陕北话白读中普遍把“全”说成꜁tsʰuæ̃类音，把“皴”说成꜀tsʰuẽ类音。

这些方言残存的字音透露出两个重要信息：第一，这种音变发生的时间较早，应当在东府话山臻摄合口一等精组字声母腭化之前。因此不少方言只剩一部分字仍然读舌尖音声母、洪音韵母（下文将会论及，官话中多有这种音变的残存现象）。第二，这种音变的波及范围比目前存在的范围大，因为合口三等精组字有洪音读法的除了西府片比较集中以外，在关中其他地方还有散点状的分布，大概是由于权威方言的覆盖，这种音变只有残存的痕迹，分布范围已经很小。

将地图二与地图五迭合在一起，就得到当代关中方言山臻摄精组合口字不同读音的地域分布图。见地图六。

---

[4] 据孙立新（2004：114），此次未调查的陕南山阳、洋县、城固也是如此。

地图六：关中方言山臻摄精组合口字读音分布图

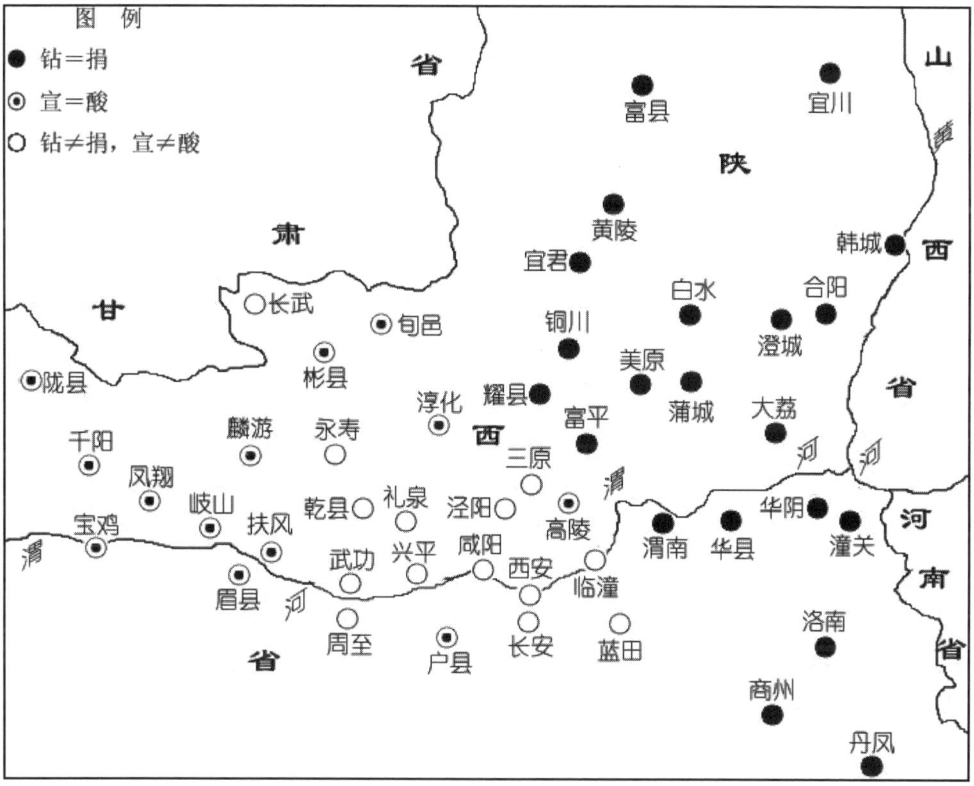

地图六呈现的，是山臻摄精组合口一等字与合口三等字两种方向相反的语音演变在当代关中方言中的地理分布。从地图上看到，两类音变的界限在关中中部偏东的耀县、富平、渭南一带。精组合口一等字介音[y]化、声母腭化的演变集中在东府；精组合口三等字介音[u]化的演变主要集中在西府，在咸阳地区则呈散点状分布。两类音变在咸阳、西安地区与铜川、渭南、商洛地区划然分开，互不交叉。语音演变的分界线与行政地理划分惊人地重合。而西安及其周围的方言，则像一根很粗的楔子，钉在两类音变的中间偏南地带，显示强势方言对周边方言的影响。

中西部方言将山臻摄合口三等从心邪母舒声字读为[tsʰ s]声母、合口呼韵母，与精组合口一等字保持洪音读法（未受东府话腭化波及），看起来似乎不相干，其实反映了同一个事实：在这些方言的音节结构中，精组声母的读音非常稳定，处于强势地位，而介音的力量相对较弱，不仅不能影响声母，反倒受精组声母影响，使本属细音的三等字韵母洪音化，变成了合口呼韵母。在知系声母的演变、端精见组齐齿呼字声母的演变以及精组合口字的演变中，我们反复看到，关中方言东西两片中，声母与韵母在音节结构中的地位有很大的不同，在中、西部方言中声母处于强势地位，往往影响韵母使之发生变化。（远藤光晓 2001，吴媛 2006，毋效智 2005，邢向东、黄珊 2007，2009，张双庆、邢向东 2012）在讨论关中方言声母与介音的关系时，应当充分考虑到这一点。

总之，东部地区山臻摄精组合口一等字介音[y]化、声母腭化，向三等字靠拢，西部地区山臻摄精组合口三等字介音[u]化、声母读舌尖音，向一等字靠拢，中部地区一、三等声母和介音保持分立，构成了关中方言中精组合口字饶有趣味的内部差异。显示了关中方言不同区域之间声母与韵母对音节结构的影响力强弱上存在的巨大差异。

5 余论[5]

山臻摄精组合口一等字介音[y]化、声母腭化，在黄河东岸的山西汾河片部分方言中也有分布。（侯精一、温端政 1993：623，王临惠 2003，史秀菊 2004）如果不考虑黄河阻隔，山臻摄精组合口一等字介音[y]化、声母腭化的方言是连成一片的。此外江淮官话的少数方言也发生了臻摄合口一等字介音的[y]化。（顾黔 2001：307-329，426-439）

另一方面，据邢向东、黄珊（2009），北方地区山臻摄精组合口三等字读入一等字的音变范围，比前一种音变的分布范围更广。如属于中原官话郑曹片的安徽濉溪话、江苏赣榆话（王旭东 2007：57-59，苏晓青 1997：218-220），晋语邯新片的河北鹿泉话（《河北省志·方言志》135-136）。更多的北方方言中残存着臻摄合口三等精组字声母与介音相互竞争的痕迹。例如“遵皴笋榫”在许多方言中读合口呼；河北平谷话“遵俊竣峻骏皴笋榫”均读合口呼，（陈淑静 1998：101）“俊”字在河北廊坊、唐山、保定、石家庄、沧州（白）、鹿泉均读tsuən°。（《河北省志·方言志》：187-188）山东宁津“遵皴俊又笋”读合口呼，“俊又笋损臻合一”读撮口呼；（曹延杰 2003：57-58）河北、山东、安徽、江苏以及陕西其他方言的情况提示，在历史上某一时期，官话中有更多的方言将山臻摄（尤其是臻摄）合口三等字读入一等字，它或许构成了官话方言中的一个层次。

通过不同音变的地域分布的内外比较，我们认为，关中方言中山臻摄合口一等字介音[y]化、精组声母腭化，是带有强烈的地域特点的音变。而山臻摄合口三等字介音[u]化、声母保持舌尖音不变，则是官话历史上某一时期的一种普遍现象的遗留，在当代方言中，有的像关中西部一样完整地保留，有的则只有少数残存现象了。关中以及其他一些方言的古山臻摄合口来母、精组字的韵母所发生的两种相反的演变，是主要元音、介音和声母之间互相影响、互相作用的结果。

参考文献

白涤洲遗稿，喻世长整理 1954 《关中方音调查报告》，北京：中国科学院出版社。
曹延杰 2003 《宁津方言志》，北京：中国文史出版社。
陈淑静 1998 《平谷方言研究》，保定：河北大学出版社。
顾　黔 2001 《通泰方言音韵研究》，南京：南京大学出版社。
河北省地方志编纂委员会 2005 《河北省志·方言志》，北京：方志出版社。
贺　巍 1993 《洛阳方言研究》，北京：社会科学文献出版社。
侯精一、温端政 1993 《山西方言调查研究报告》，太原：山西高校联合出版社。

[5] 余论中的有关问题，邢向东、黄珊（2009）已经作过详细讨论，此处略加概括，不再重复。

刘　静 2006 《陕西关中东府五县市方言志》，西安：陕西师范大学出版社。
吕枕甲 1991 《运城方言志》，太原：山西高校联合出版社。
钱曾怡 1993 《博山方言研究》，北京：社会科学文献出版社。
乔光明、晁保通 2002 郃县方言同音字汇，《方言》第 3 期。
史秀菊 2004 《河津方言研究》，太原：山西人民出版社。
孙立新 2000 《陕西方言纵横谈》，北京：华夏文化出版社。
孙立新 2001 《户县方言研究》，北京：东方出版社。
孙立新 2004 《陕西方言漫话》，北京：中国社会出版社。
苏晓青 1997 《东海方言研究》，乌鲁木齐：新疆大学出版社。
王军虎 2001 陕西关中方言的ɥ类韵母，《方言》第 3 期。
王临惠 2003 《汾河流域方言的语音特点及其流变》，北京：中国社会科学出版社。
王旭东 2007 《滙溪方言语音研究》，西安外国语大学硕士学位论文。
吴建生、李改样 1990 《永济方言志》，太原：山西高校联合出版社。
吴　媛 2006 《岐山方言语音研究》，陕西师范大学硕士学位论文。
毋效智 2005 《扶风方言》，乌鲁木齐：新疆大学出版社。
邢向东、蔡文婷 2011 《合阳方言调查研究》，中华书局。
邢向东、黄　珊 2007 中古端、精、见组字在关中方言齐齿呼韵母前的演变，《语言学论丛》第 36 期。
———2009 中古精组来母合口一等字在关中方言中的演变——附论精组合口三等字的演变》，《语文研究》第 1 期。
远藤光晓 2001 介音与其他语音成分之间的配合关系，《声韵论丛》第 11 辑。
张成材 1990 《商县方言志》，北京：语文出版社。
张光宇 2006 汉语方言合口介音消失的阶段性，中国语文第 4 期。
张双庆、邢向东 2012 关中方言古知系合口字声母的读音类型及其演变，《方言》第 2 期。
张维佳 2002 《演化与竞争——关中方言音韵结构的变迁》，西安：陕西人民出版社。

Investigating the Evolution of the Head Vowel of Ancient 山臻 She Closed Division in Current Guanzhong Dialects——From the Perspective of Areal Distribution

Xing Xiangdong(Chinese Language & Literature College,Shaanxi Normal University);Zhang Shuangqing(Faculty of Arts,Chinese University of Hongkong)

Abstract:There exists two opposite phonetic changes in Guanzhong dialects:The head vowels in the first closed division of ancient 山臻 She 精 Group tending to be [y], initial consonants palatalized,(at the same time the head vowels in the first closed division of initial consonant 来 words tending to be [y]);the head vowels in the thirs closed division of 山臻 She 精 Group tending to be [u], initial consonants didn't change. The places of these two phonetic changes are in complementary distribution, the former in the east, the latter in the central west. The [y]-change of head vowels in initial consonant 来 words took place in the north of Wei River. It overlaps with previous two cases.By areal distributional investigation, external comparison and phonetic analysis, writers consider that the former's phonetic change has a strong areal characteristics, and the latter belongs to the remains of the general phenomenon in a certain historical period of Mandarin. The evolution of 山臻 She Closed Division in different direction originated from the interaction and interrelationship between the head vowels and the main vowels, the initial consonants.

Key words: Guanzhong dialects; ancient 精 Group Closed Division; head vowels; evolution; areal

安徽宣城雁翅吴语古並母字今读音

沈　明
中国社会科学院

雁翅方言古並母字今分别读[v]、[pfɦ]。[v]与[ɿ]、[u]相拼，[pfɦ]拼其他韵母。从声类分合关系看，古並母分别与奉、微、船、日、群、匣、疑、云8个声母的合口字今音相同。本文认为，古並母读[v]属于较早的吴语本地层，[pfɦ]属于较晚的江淮官话外来层。当外来层[pfɦ]覆盖本地层的时候，受音系内部声韵拼合关系的制约，[v]还保留在和高元音[ɿ]、[u]的拼合之中。

雁翅吴语　古並母今读音

1 引言

雁翅社区在安徽省宣城市北部，隶属于宣城市宣州区水阳镇。

1.1 宣城市、水阳镇、雁翅社区

宣城市位于安徽省东南部皖南山区与沿江平原的结合地带，东经 117°58′-119°40′、北纬 29°57′-31°19′之间。东至东南与浙江省长兴、安吉、临安市交界，南倚黄山市，西至西北与安徽青阳县、南陵县、芜湖县接壤，北至东北与安徽当涂县和江苏省高淳县、溧阳市、宜兴县毗邻。东西长 161.5 公里，南北宽 150 公里，总面积 12323.43 平方公里。现辖 115 个乡镇（61 镇、44 乡）和 10 个街道。2004 年末，全市户籍人口 273 万人，常住人口 268 万人。（以上资料来源于行政区划网 www.xzqh.org）

水阳镇在宣城市北部。现在的水阳镇是 2002 年元月由原金宝圩杨泗乡、裘公乡、雁翅乡、水阳镇合并而成的。

雁翅原来是个乡，2002 年元月 10 日改称雁翅社区。雁翅北邻江苏省高淳县，西隔 35 公里接芜湖市。下辖 15 个村民小组。

1.2 宣城市的汉语方言

1.2.1

宣城境内的汉语方言。大部属于江淮官话，北部、西部及南部溪口乡金牌（东风）属于吴语，宣城市水东、杨林等乡及孙埠乡东部属于西南官话，宣城市东部棋盘、丁店等乡属于中原官话（赵日新 2009）。

1.2.2

安徽境内的吴语。又称西部吴语，指土著宣州话，分布于长江以南、黄山九华山以北、青弋江秋浦河流域，即唐代宣州总管府所辖地区。包括黄山市黄山区旧太平县、石台、泾县、铜陵、繁昌、芜湖县，以及郎溪、广德、宁国、南陵、宣州区、当涂、青阳、池州等 14 个县市区的农村。其中黄山区旧太平县、泾县、石台、铜陵、繁昌、芜湖县、南陵等县市以通行吴语为主。青阳、宣州区、宁国、贵池等县市区吴语的通行面积比较小。使用人口约 300 万人（赵日新 2009）。

根据《中国语言地图集》（中国社会科学院、澳大利亚人文科学院 1987），安徽境内的吴语分属吴语宣州片和太湖片。宣城属于吴语宣州片。宣州片下辖铜泾、太高和石陵三个小片。雁翅方言属于铜泾小片。

安徽吴语最为突出的特点是：古全浊声母今读自成一类，与全清、次清对立。吴语今读浊塞音、塞擦音的，宣州片里浊音成分很轻微，塞音很多已向通音转化，并带上清送气；浊塞擦音大都已转化为擦音，有的地方一部分字读清音（赵日新 2009）。

1.2.3

本文发音人夏振英，男性，1939 年 12 月出生，中等师范学校毕业，是雁翅社区和平村民小组的村民，长期在村里做会计。调查、核对时间分别是：2010 年 10 月 13 日至 11 月 2 日、2011 年 6 月 14 日至 21 日。

2 雁翅方言音系

雁翅方言音系包括声母 31 个，韵母 41 个，声调 5 个。

2.1

声母 31 个，包括零声母在内。

p布保帮伯	p^h跑偏品劈	pɦ爬盘房白	m门米明晚	f 飞分方法	v部步父皮
t到带爹跌	t^h胎讨土托	ʈɦ稻太袋毒	n男泥惹日		l来老兰落
ts灾争蒸擦	ts^h草吵超招	tsɦ才茶潮罪		s丝赊收生	z字池匙治
tʃ鸡挤猪居	$tʃ^h$溪处吹出	tʃɦ垂睡茄拳		ʃ西书虚宣	ʒ旗齐技忌
tɕ尖姐剪	$tɕ^h$千亲轻	tɕɦ谢桥转全		ɕ喜先香限	
k贵家该街	k^h开块看空		ŋ爱我牙袄	x海葵好婚	hɦ鞋咸柜下
Ø 二安衣雨柱回					

说明：

①[pɦ ʈɦ tsɦ tʃɦ tɕɦ]气流强烈，贯穿整个音节。而且气流听上去较浊，[tsɦ tʃɦ tɕɦ]分别与[ts^h $tʃ^h$ $tɕ^h$]对立。

②[v z ʒ]摩擦性很强。

③[m n ŋ]伴有明显的同部位浊塞音成分，实际音值是[m^{b} n^{d} ŋ^{g}]。

④[n]与洪音相拼时实际音值是[ɳ]，与细音相拼时实际音值是[n]。

⑤[tɕ tɕ^{h} tɕɦ ɕ]发音部分靠后，实际音值接近[c c^{h} cɦ ç]。

⑥零声母在开口呼前（“二耳儿”除外）是零声母（如“安[꜀ɵ]”）， 在齐齿呼、合口呼和撮口呼之前摩擦成分较强，齐齿呼前[j]（如“衣[꜀ji]”），合口呼前是[w]（如“污[꜀wu]”）。

2. 2

韵母 41 个，包括自成音节的[m̩]、[n̩]：

ɿ丝世知支皮米地	i泥犁帘甜全盐	u布步姑苦胡雾	ʮ猪煮主树举取雨
ᴇ儿耳二			
a麻茶家牙遮蛇	ia假借爹写惹爷	ua瓜挂跨花画话	ʮa抓爪耍
ɵ多锅贪伴甘官	iɵ砖转穿串椽船		
æ台才开柴街崖		uæ怪拐筷怀	ʮæ拽揣甩摔帅
əi杯租堆嘴抽沟		uəi桂亏回柜煨位	ʮəi锥吹睡圈权员
	iəu酒九修休牛有		
ɔu保刀高吵潮咬	iɔu苗条教焦浇饶		
an南山范帮房项	ian粮浆江墙让香	uan光广黄王筐旺	ʮan装窗床双霜
ən针真争蒸棕中	in金巾斤精经蝇	uən棍困温横	ʮn春纯军云匀
oŋ风东龙从中红	ioŋ胸兄熊荣用		
aʔ八腊杂夹鸭瞎	iaʔ甲脚鹊削药钥	uaʔ刮滑猾划挖	ʮaʔ刷
eʔ鸽割折舌十实石 黑色拆格不麦木	ieʔ急结节绝七极席		
oʔ钵盒落角服鹿缩		uoʔ活国骨谷阔屋	ʮoʔ出月约桌学竹
m̩母女鱼渔蜈			
n̩无尔			

说明：

①[a]在单韵母[a]和入声韵[aʔ]中，实际音值是[ᴀ]。

②[ɿ]和[t t^{h} ȶɦ]相拼时，不是纯粹的舌尖元音，实际音值介于[ɿ]和[i]之间。

③[u]做单韵母时，舌位更高，实际音值接近[β]。

④[ɔu iɔu]动程较短，实际音值接近[ɔ iɔ]。

⑤[an ian uan]主要元音是[ᴀ]，鼻尾[n]不很明显，有鼻化色彩。实际音值是[Ã^{n} iÃ^{n} uÃ^{n}]。

⑥入声韵喉塞尾[ʔ]明显。

2.3

声调　单字调5个（不包括轻声）

阴平33　　高知天边安弯
阳平213　 田才穷陈南完
上声35　　古纸老五女有
去声55　　盖近柱住旱望
入声5　　 发白湿十月麦

说明：
①阴平33有时候收尾略降，实际音值接近332。
②阳平213收尾部分升高较明显，实际音值接近13。
③入声5短调，喉塞尾[ʔ]明显。

3 雁翅方言古並母今读音

3.1

雁翅方言古並母字今音值。分别读[v]、[pfɦ]。请看表一。

表一：古並母字今读音

v	ɿ	皮疲脾~气琵~琶枇~杷庇包~便~宜[꜁vɿ]、 蔽弊作~毙避躲~蓖~麻币硬~被~窝[vɿ꜄]
	u	婆蒲菖~菩~萨脯胸~葡[꜁vu]、部簿作业~子步埠水~跳：码头[vu꜄]
pfɦ	i	辨辩汴~梁便方~辫[pfɦi꜄]
	a	爬琶琵~杷枇~扒~手[꜁pfɦa]
	ɵ	盘[꜁pfɦɵ]
	æ	排牌牌[꜁pfɦæ]、败□拨拉：~~开[pfɦæ꜄]
	əi	培陪赔裴[꜁pfɦəi]、翡[꜂pfɦəi]、倍背~书焙备未味[pfɦəi꜄]
	ɔu	袍[꜁pfɦɔu]、抱暴鲍刨[pfɦɔu꜄]
	iɔu	瓢嫖[꜁pfɦiɔu]
	an	旁螃庞[꜁pfɦan]、办傍~晚[pfɦan꜄]
	ən	盆彭[꜁pfɦən]
	in	贫频凭平坪评瓶萍苹屏[꜁pfɦin]、病[pfɦin꜄]
	oŋ	朋棚篷蓬[꜁pfɦoŋ]
	aʔ	拔[pfɦaʔ꜆]
	ieʔ	别区~、离~僻偏~[pfɦieʔ꜆]
	oʔ	雹[꜁pfɦoʔ꜆]

可见，[v]只拼[ɿ]、[u]两个高元音单韵母，如“皮[꜁vɿ]、婆[꜁vu]”。[pfɦ]拼[ɿ]、[u]之外的韵母，包括元音韵[i a ɵ æ əi ɔu iɔu]、鼻尾韵[an ən in oŋ]和入声韵[aʔ ieʔ oʔ]。也就是说，古並母字今读[v]还是[pfɦ]能从今韵母找到分化条件。

3.2

古並母字的声类分合关系。古並母字和奉、微、船、日、群、匣、疑、云8个声母的合口字今音相同。请看表二。

表二：古並母字声类分合关系

<table>
<tr><td rowspan="6">非组</td><td rowspan="6">=奉微</td><td>u</td><td>婆蒲菩脯胸~葡=符扶芙=无巫诬[꜁vu]、
部簿步埠水~跳：码头=务雾戊[vuᵓ]</td></tr>
<tr><td>an</td><td>旁螃庞=房防肪妨[꜁pfɦan]、办=范犯饭=万[pfɦanᵓ]</td></tr>
<tr><td>ən</td><td>盆=坟[꜁pfɦən]</td></tr>
<tr><td>oŋ</td><td>朋棚篷蓬=冯逢缝~衣裳[꜁pfɦoŋ]</td></tr>
<tr><td>aʔ</td><td>拔=伐筏罚=袜[pfɦaʔ꜇]</td></tr>
<tr><td rowspan="2">əi</td><td>培陪赔裴=肥[꜁pfɦəi]、倍背~书焙备=未味[pfɦəiᵓ]</td></tr>
<tr><td rowspan="3">章组</td><td rowspan="2">=日</td><td>倍背~书焙备=芮姓[pfɦəiᵓ]</td></tr>
<tr><td rowspan="3">in</td><td>病=闰[pfɦinᵓ]</td></tr>
<tr><td>=船</td><td>病=顺[pfɦinᵓ]</td></tr>
<tr><td rowspan="4">见系</td><td>=群</td><td>贫频凭平坪评瓶萍苹屏=群裙[꜁pfɦin]</td></tr>
<tr><td>=疑</td><td rowspan="2">u</td><td>婆蒲菖~菩脯胸~葡=吴梧[꜁vu]、
部簿作业~子步埠=误悟捂水~子：汤壶[vuᵓ]</td></tr>
<tr><td>=匣</td><td>婆蒲菖~菩脯胸~葡=胡湖狐壶葫鬍[꜁vu]、
部簿步埠=户沪互护瓠~子[vuᵓ]</td></tr>
<tr><td>=云</td><td>əi</td><td>培陪赔裴=维~护[꜁pfɦəi]</td></tr>
</table>

4 雁翅方言古並母字的演变

这一节要解决两个问题。第一，从声类分合关系来看，古並母字和非並母字今音相同，其合流方向是怎样的？第二，从音值来看，古並母字今分别读[v]、[pfɦ]，这两种读音孰先孰后，并存的原因是什么。

4.1

从声类分合关系来看，雁翅话古並母字，分别与奉、微、船、日、群、疑、匣和云8个声母的合口字合流。云母读[pfɦ]的目前只见于“维~护[꜁pfɦəi]”一字，暂且不计。这样，奉、微、疑、匣母和古並母字的合流是全部的；船、日、群和古並母字的合流是个别的，常见的只有“顺船母去声”、“闰润芮日母去声”和“群裙群母平声”五个字，都读[pfɦ]，即

“群裙＝平贫[꜀pfɦin]、顺闰润＝病[pfɦin꜄]、“芮＝倍[pfɦəi꜄]”。换句话说，船、日、群读同並母是残存的。

4.1.1

先看看吴语宣州片铜泾小片其他方言的相关情况。请看表三·一、表三·二（表三·一根据蒋冰冰 2000 整理；表三·二根据朱蕾 2010 整理。铜陵城关摘自谢留文 2010。石台河口摘自杨碧君 2010）。

表三·一：吴语宣州片铜泾小片古並母字今读音及声类分合关系

<table>
<tr><td></td><td colspan="3">並</td><td colspan="2">奉</td><td colspan="3">船</td><td colspan="2">群</td></tr>
<tr><td></td><td>平病</td><td>爬</td><td>赔</td><td>坟</td><td>饭</td><td>顺</td><td>剩</td><td>蛇</td><td>件</td><td>群裙</td></tr>
<tr><td>宣城雁翅</td><td colspan="6">pfɦ</td><td colspan="2">tsɦ</td><td>tɕɦ</td><td>pfɦ</td></tr>
<tr><td>南陵奚滩</td><td colspan="5">ɦv</td><td colspan="3">ɦz</td><td>ɦʑ</td><td>ɦ</td></tr>
<tr><td>芜湖湾沚</td><td colspan="4">hv</td><td>v</td><td colspan="2">ʂ</td><td>hʐ</td><td>hj</td><td>ʂ</td></tr>
<tr><td>当涂年陡</td><td colspan="4">hv</td><td>v</td><td colspan="2">ʂ</td><td colspan="3">hʑ</td></tr>
<tr><td>青阳童埠</td><td colspan="4">ɦβ</td><td>Ø</td><td>ɦ</td><td>ɦz</td><td colspan="3">ɦ</td></tr>
<tr><td>石台七都</td><td>袍h</td><td colspan="4">hʋ</td><td colspan="3">hz</td><td colspan="2">h</td></tr>
<tr><td>石台河口</td><td>hɥ</td><td colspan="2">hw</td><td colspan="2">Ø</td><td colspan="3">hɹ</td><td>h</td><td>hɥ</td></tr>
<tr><td>泾县茂林</td><td colspan="3">hv</td><td colspan="2">v</td><td colspan="4">h</td><td>hv</td></tr>
<tr><td>铜陵太平</td><td colspan="5">ɦv</td><td colspan="3">ɦz</td><td colspan="2">ɦʑ</td></tr>
<tr><td>铜陵城关</td><td colspan="5">v</td><td colspan="3">z</td><td colspan="2">ʑ</td></tr>
<tr><td>贵池茅坦</td><td colspan="5">b</td><td colspan="2">ɦʑ</td><td>hz</td><td colspan="2">ɦʑ</td></tr>
<tr><td>宁国庄村</td><td colspan="3">b</td><td colspan="2">hv</td><td>hz</td><td>hʑ</td><td>hz</td><td colspan="2">hʑ</td></tr>
</table>

表三·二：泾县古並母字今读音及声类分合关系

	並			船	群		奉		匣
	婆	跑	蒲	顺（绳）	共	群	缝	符	胡
泾县茂林	h	f^ɦ/h	ɸ^h	h	f^ɦ/h	hv	h	Ø	Ø
泾县岩潭	h	f^ɦ	ɸ^h/Ø	s^h/h	f^ɦ	ɕ^h	f^ɦ/h	Ø	Ø
泾县黄田	h	f^ɦ	Ø	s^h	f^ɦ	ɕ^h	f^ɦ	Ø	Ø
泾县章渡	h	ɸ^h	ɸ^h	h	ɸ^h	ɕ^h	ɸ^h	Ø	Ø

这两个表反映出，就音值来看，多数点古並母字已弱化，少数点还保留浊塞音[b]（如贵池茅坦、宁国庄村），雁翅已清化成[pfɦ]。弱化后的音值少数点读浊擦音[v]（如铜陵城关），多数点读带有明显气流的[hv]（如芜湖湾沚、当涂年陡）、[ɦv]（如铜陵太平）、[hβ]（如青阳童埠）或[hɥ/hw]（如石台河口），有的点某些字读清擦音[h]（如石台七都“袍”）。

就声类分合关系来看，绝大多数点並、奉母今音相同。少数点古並母和船母或群母有交叉。如泾县茂林（蒋冰冰 2000）“平＝裙[꜁hv]”、泾县岩潭（朱蕾 2010）“婆＝绳[h]”、泾县黄田（朱蕾 2010）“跑＝共[ɸ^h]” 和石台七都（蒋冰冰 2000） “袍＝群[h]”。

4.1.2

把雁翅话古並母和其他声母的合流分成两项来说。一是和船、日、群母的合流；二是和奉、微、疑、匣母的合流。

4.1.2.1

並母和船、日、群母的合流。其合流方向大体是：船、群母先合流*h，之后与並母合流*h。日母（“二耳”除外）细音读[n]，同泥（疑）母；洪音读[tʃɦ]，同船（禅澄崇）母。同船（禅澄崇）母就有可能随船母一起变，从而同並母*h。

①並母与船、群母的合流。先说船母和群母。宣州片吴语不少方言船、群母今音相同，比如“顺剩＝群”贵池茅坦[ɦʑ]、芜湖湾址[ʂ̩]、青阳童埠[ɦ]，又如宁国庄村“蛇＝群[hz]、剩＝件[hʑ]”。据同事谢留文告知，江西赣语也有船、群今音相同的例子，但只限于合口字。也就是说，船、群母的合流相对较早。而船、群合流的方言，是否和並母合流，各点并不一致。说明这几个声母演变阶段或演变方式可能不同。合流的方言，都和强气流[h]有关。

古全浊声母的演变（今北京话读塞音、塞擦音的），吴语宣州片主要是弱化和清化。这里不谈清化，只谈弱化。也就是说，浊塞音、浊塞擦音弱化成浊擦音，同时伴有强烈的或清或浊的气流。这就有可能朝两个方向走：或取浊擦音，或取气流较强的[h]。具体来说，

並：*b弱化到[hv]（如芜湖湾址），或取[v]（如铜陵城关），或取[h]（如泾县茂林“婆”）。

船：假定与精组合流，*dz^{h}弱化到[hz]（如石台七都），或取[z]（如铜陵城关），或取[h]（泾县茂林）。

群：*dʑ弱化到[ɦʑ]（如当涂年陡、贵池茅坦），或取[ʑ]（如铜陵城关），或取[h]（泾县茂林“件”）。

我们知道，同一方言里，音值相同是声类合流的先决条件，而並、船、群合流的唯一交叉点就是[h]。下面把铜泾小片几个方言点连起来看，古並、船、群的演变过程大体是：

↗v铜陵城关　　　　　　z铜陵城关↖

並*b→　hv→h泾县茂林　＝h泾县茂林　←贵池茅坦hz←dz^h（与精组合流）←船*dʒ^h

＝h泾县茂林　↖

ʑ铜陵城关←hʑ当涂年陡←群*dʑ^h

假定雁翅和泾县茂林的演变方式类似。先是船、群合流成[hz]（参看贵池茅坦）或[hʑ]（参

看宁国庄村、南极、贵池灌口、当涂年陡），之后取气流较强的[h]，与並母来的[h]合流（参看泾县茂林、石台七都）。具体过程应当是：船、群合流，“顺＝群裙[h]”；之后与並母合流，“顺群裙＝平病[h]”；再后並母由[h]变成[pfɦ]。于是，“顺＝病[pfɦin꜄]、群裙＝平[꜁pfɦin]”。至于並母怎样由[h]变成[pfɦ]，请看下文 4. 2. 1。

有意思的是，同一个方言里，同一声母来源的字，读音未必完全相同。以並母为例，有些读[h]，有些读[hv]。比如泾县茂林（朱蕾 2010）“婆[h]、爬平[hv]”，石台七都（蒋冰冰 2000）“爬平倍[ɦv]、袍朋[h]”。也就是说，同一个方言里，古並母所辖的字，其音值所反映的阶段不同。读[h]和船、群母合流相对合理，读[hv]就有可能导致某些字接下来读成[v]。

②並母与日母“闰润芮”的合流。雁翅话日母字，“二耳”读[ᴇ]，“闰润芮”读[pfɦ]，其他字细音读[n]，同泥（疑）母，和吴、徽语一样；洪音读[tʃɦ]，同船（澄崇禅母），跟着章组走，和官话一样。例如：儿外甥～＝泥～巴年＝宜疑研[꜁ni] | 让＝酿[nian꜄] | 人＝宁[꜁nin]、认＝宁～可[nin꜄] | 热日～子＝聂逆孽虐叶[nieʔ꜆]（以上读[n]）；然燃＝馋涎～沫：唾沫藏包～长～短尝裳偿[꜁tʃɦan] | 壬任姓仁人单站～：立人旁＝陈神绳程[꜁tʃɦən]、任责～纫＝阵[tʃɦən꜄] | 日～头＝择～菜侄舌实食石掷～猴子：掷色子[tʃɦeʔ꜆]（以上读[tʃɦ]）。

“闰润芮”今读[pfɦ]显然是例外。“闰润＝顺病[pfɦin꜄]”，同船、並母；“芮＝倍[pfɦəi꜄]”，同並母。其演变途径是，日母“闰润”跟着船母“顺”走。而船母同並母，所以日船＝並。

4. 1. 2. 2

並母与奉、微、疑、匣合口字的合流。吴、徽语大多数方言里，奉母跟着並母走。（参看表三・一、表三・二）。微母从*m变成零声母[Ø]，与疑、匣母合口字的今读合流。之后零声母[Ø]与合口呼[u]相拼，增生出一个浊擦音[v]。此时与弱化后的並（奉）母合流。其演变过程大体是：

↗h（与船、群合流）
並（奉）*b→hv→v←（拼u）←疑匣 Ø←微*m

4. 2

並母今分别读[v]、[pfɦ]的原因。假定雁翅话的演变类似于泾县茂林，那么船、群合流到並母的时候应当是[h]。但是，並母所辖的字里，有的读[h]，有的读[hv]，读[hv]的就可能变成[v]。怎样从[h]或[hv]、[v]变成[pfɦ]，有可能是外部强势的江淮官话的影响所致。

4.2.1

雁翅话处在江淮官话的包围之中，只残存着少数几项吴语的特点。江淮官话古全浊声母今读清音，逢塞音、塞擦音平声送气仄声不送气。雁翅话既要按照江淮官话走清化的路，又要维持吴语帮、滂、並三分的格局，而原有的强气流[h]又起着作用，就只好采用音值相近的清塞擦音[pfɦ]，以与帮母[p]、滂母[p^{h}]区别。于是，“变[piᵓ]≠片[p^{h}iᵓ]≠辫[pfɦiᵓ]、霸[paᵓ]≠怕[p^{h}aᵓ]≠耙[pfɦaᵓ]、拜[pæᵓ]≠派[p^{h}æᵓ]≠败[pfɦæᵓ]、背后~[pəiᵓ]≠配[p^{h}əiᵓ]≠倍[pfɦəiᵓ]”。

定母今读也有类似的情形。雁翅话古定母字单念[ʈ^{h}]，在语流中是[ɾ]，比如“蒙糁头毛毛雨[moŋ^{33}soŋ$^{33-3}$ʈ^{h}əi^{213}]：石头[dz^{h}eʔ$^{5-3}$ɾəi$^{213-55}$]”，[ɾ]是[d]的弱化形式。也就是说，定母由*d弱化成[ɾ]，如果按照江淮官话变就应当读[t^{h}]（同透母），但又必须保持与端母[t]、透母[t^{h}]的区别，就只好采用音值相近的清塞音[ʈ^{h}]。

4.2.2

古並母保留[v]和声韵拼合关系的限制有关。上文说过，[v]拼高元音单韵母[ʅ]、[u]，[pfɦ]拼其他韵母。从声韵拼合关系来看，並母字不管是读本地层[h]或[hv]、[v]，还是读外来层[pfɦ]，和高元音[ʅ]、[u]相拼时，[v]都要来得更自然。

其他古浊声母（北京话今读塞音、塞擦音的）也有类似的限制。具体来说，古从、邪、澄、崇、船、禅和群母，雁翅话今读也有两种音值：一读浊擦音，一读带有明显气流的清塞擦音。浊擦音拼高元音单韵母[ʅ]、[i]和[ʮ]，清塞擦音拼其他韵母。请看表四。

表四：雁翅话古全浊声母今读与韵母的关系

<table>
<tr><td>u</td><td colspan="2">ʅ</td><td>i</td><td>ʮ</td><td colspan="4">其他韵母</td></tr>
<tr><td>v</td><td>z</td><td colspan="3">ʒ</td><td>pfɦ</td><td>tsɦ</td><td>tɕɦ</td><td>tʃɦ</td></tr>
<tr><td>並母</td><td>从邪澄崇船禅</td><td colspan="3">从邪澄崇船禅群</td><td>並母</td><td>从邪澄崇船禅</td><td colspan="2">从邪澄崇船禅群</td></tr>
</table>

並母字读[v]、[pfɦ]的例子见表一，其他声母的例子请看表五。

表五：雁翅话古全浊声母（並母除外）今读举例

z	ʅ	盂痰~子池匙瓷糍滋~润迟慈辞词祠持时[꜁zʅ]、誓逝是氏自示视字牸~牛：母水牛巳辰~寺~庙饲~料痔治~鱼士仕柿事市侍服~似[zʅ꜄]
ʒ	i	徐齐脐奇骑其棋期旗[꜁ʒi]、技~术荠忌[ʒi꜄]
	ʮ	除厨[꜁ʒʮ]、苎柱住竖树具[ʒʮ꜄]
tsɦ	a	茶搽茬蛇[꜁tsɦa]、社~会[tsɦa꜄]
	ɵ	蚕[꜁tsɦɵ]、坐座[tsɦɵ꜄]
	æ	才材财裁豺柴[꜁tsɦæ]、在[tsɦæ꜄]
	əi	随隋绸稠筹愁仇[꜁tsɦəi]、助互~组罪遂半身不~隧受寿授售纣商~王[tsɦəi꜄]
	ɔu	曹槽巢~湖朝~代潮韶[꜁tsɦɔu]、皂造赵兆召绍[tsɦɔu꜄]
	an	馋残然燃涎~沫：唾沫藏包~长~短肠场稻~常尝裳偿[꜁tsɦan]、壤脏五~[꜂tsɦan]、丈仗杖上~街尚绱舢[tsɦan꜄]
	ən	沉壬任姓陈尘神辰晨臣仁人单站~：立人旁儿存曾~经层惩橙乘绳承丞澄橙呈程成城诚盛~满了[꜁tsɦən]、甚任责~纫缝~阵慎澄剩盛~大[tsɦən꜄]
	oŋ	从虫崇穷从重~复凇精液[꜁tsɦoŋ]、仲管~讼~事重轻~[tsɦoŋ꜄]
	aʔ	杂闸炸油~[tsɦaʔ꜆]
	oʔ	凿族俗续继~[tsɦoʔ꜆]
tɕɦ	ia	邪斜霞[꜁tɕɦia]、谢[tɕɦia꜄]
	iəu	囚求球[꜁tɕɦiəu]、就袖臼舅咎既往不~旧[tɕɦiəu꜄]
	iɔu	乔侨桥荞[꜁tɕɦiɔu]、轿校[tɕɦiɔu꜄]
	ian	墙蔷详祥强要~ | 勉~降投~[꜁tɕɦian]、匠鲞像橡[tɕɦian꜄]
	in	寻岑姓琴禽擒吟人名秦勤芹巡行~为 | 品~情晴形型刑[꜁tɕɦin]、净[꜂tɕɦin]、尽近静靖[tɕɦin꜄]
	ioŋ	琼秦~[꜁tɕɦioŋ]
	ieʔ	胁协吸薛泄歇蝎屑雪悉膝戌息熄媳锡析惜揳~偏流子：打水飘[tɕɦieʔ꜆]
tʃɦ	ʮəi	茄垂~直槌锤拳权[꜁tʃɦʮəi]、坠~砣：线砣[tʃɦʮəi꜄]
	ʮan	床[꜁tʃɦʮan]、状[tʃɦʮan꜄]
	ʮoʔ	镯学熟塾肉若赎属家~局入进~[tʃɦʮoʔ꜆]

从时间层次来看，雁翅话古並母读[v]较早，读[pfɦ]略晚。换句话说，古並母读[v]属于本地层，读[pfɦ]属于外来层。而当外来层[pfɦ]覆盖本地层的时候，由于音系内部声韵拼合关系的制约，[v]还保留在和高元音[ʅ]、[u]的拼合之中。

参考文献

蒋冰冰 2000　《宣州片吴语古全浊声母的演变》，《方言》第 3 期。

朱　蕾 2009　《宣州吴语铜泾型古全浊声母的演变》，《方言》第 2 期。

谢留文 2010　《安徽铜陵方言记略》，（北京）中国社会科学出版社。

夏俐萍 2009 《汉语方言古全浊声母演变研究》，北京语言大学博士学位论文（未刊）。
杨碧君 2012 《石台方言语音研究》，北京语言大学博士学位论文（未刊）。
赵日新 2009 《安徽省的汉语方言》，《方言》第 2 期。
中国社会科学院　澳大利亚人文科学院 1987 《中国语言地图集》，（香港）朗文出版有限公司。

汤溪方言文化典藏图册·元宵节

曹　志耘
北京语言大学

“中国方言文化典藏”是正在实施的一项大型研究计划。本文以笔者母语吴语浙江汤溪方言为例，尝试进行方言文化典藏图册·元宵节部分的编写。

中国方言文化典藏　元宵节　汤溪方言

“中国方言文化典藏”是正在实施的一项大型研究计划，旨在按照统一规划，采用科学方法和现代化技术手段，实地调查收集实态的中国方言文化资料，经整理、加工，建设中国方言文化典藏多媒体资料库和中国方言文化典藏网站，编写出版中国方言文化典藏系列图册和多媒体电子出版物，为保存和传承中国传统方言文化而努力。

该项目调查点包括汉语和少数民族语言。第一期以汉语为主，大致上以方言区为单位（同时参考地域文化区）选点，约 15 个。调查内容包括 9 个大类：房屋建筑、日常用具、服饰、饮食、农工百艺、日常活动、婚育丧葬、节日、说唱表演，共 800 多个调查条目。调查方法包括文字和音标记录、录音、摄像、照相。预期成果包括多媒体资料库、图册（分地系列）、多媒体电子出版物和网站四种类型。

本文以笔者母语吴语浙江汤溪方言为例，尝试进行方言文化典藏图册的编写，以期起到抛砖引玉的作用。

农历正月十五汤溪话叫做“正月十五”[tɕiai^{33}ȵiɤ^{11}ʑiɛ^{11}ŋ^{113}]。元宵节期间，汤溪最主要的活动是“迎灯”[ȵiei^{33}nai^{24}]。以前每个村子都要迎灯，迎灯这天晚上叫做“灯夜”[nai^{24}iɑ^{0}]。大概是为了便于其他村子的人（特别是亲戚朋友）来自己村里看灯，邻近一些村子的灯夜往往是相互错开的，例如：

正月十三：石羊，直里。

正月十四：上镜。

正月十五：汤溪，岩下。

正月十六：寺平。

正月二十：中戴。

除了迎灯以外，元宵节期间有的地方还有“跌狮子儿”[tia^{52}sɿ^{33}tsɿŋ^{52}]舞狮子、“跌马灯儿”[tia^{52}mo^{11}naiŋ^{24}]舞马灯等活动，不过现在很少见。至于食品方面，汤溪既无元宵，也没有其他专门的节日食品。

接城隍老爷[tsie^{52}ɕiai^{33}ɑo^{33}lə^{11}iɑ^{11}]◆汤溪/老童心摄

汤溪镇正月十五虽然也有迎灯活动（一般是从汤溪附近的村子“迎”来的），但主要活动并不是迎灯，而是接城隍老爷。正月十五一大早，人们把城隍老爷夫妇的塑像安置在一辆专用的推车上，上面装上香炉、烛台、灯笼等，由武士护驾，乐队壮声，在街上巡游。当巡游队伍到达某个家门口或店门口时，主人要对着神像拜香、烧纸，燃放鞭炮，并用自家的香烛换下神像车上的，把这些曾插在神像车上的蜡烛和香迎回家里，这个仪式就叫做“接城隍老爷”。接城隍老爷的时候自然免不了是要给红包的。

迎灯[ȵiei^{33}nai^{24}]◆寺平

元宵节期间最重要的活动是迎灯。在汤溪话里，“迎”[ȵiei^{11}]不是指迎接，而是“举”的意思。“灯”[nai^{24}]不是电视里常见的那种用铁丝纱布扎成的软体龙灯，而是桥灯汤溪话无专名。迎灯时，大家举着下面的木棍，一起把整条龙灯高高举起游行，这也就是“迎灯”一词的本意。

迎灯活动一般从白天就开始，不过白天带有预演的性质，灯也不点着，所以叫做“迎白灯”[ȵiei^{33}ba^{11}nai^{52}]。晚上的迎灯叫做“迎红灯”[ȵiei^{33}ɑo^{113}nai^{0}]。以前，在迎灯过程中要把龙灯摆成各种阵式，例如“绕双蝴蝶儿”[ȵiə^{11}ɕiɑo^{33}u^{33}tiɑŋ^{24}]等，精彩纷呈，惊险刺激。但现在很少有这些表演了。

敲锣开道◆寺平

灯桥板[nai^{33}tɕiə^{33}mo^{533}]◆上境

桥灯主要是由灯桥板构成的。所谓“灯桥板”，是一块约 1.5 米长、20 厘米宽的木板，每一块灯桥板上面安三盏灯笼，灯笼之间插两束花（以前是手工做的纸花，现在都是买的绢花）。组装龙灯时，要把各家的灯桥板连接起来。每一块灯桥板的两头都凿有圆孔，连接时分别与前后两块灯桥板的圆孔叠在一起，中间插入一根约一米长的木棍，叫做“灯拄”[nai^{24}tu^{0}]，再在灯拄上用楔子加以固定。上面那个楔子的细端上还有一个小孔，里面插着一根“鸡毛管”[tɕie^{33}mə^{33}kuo^{533}]鸡翎儿，既有固定作用，又有装饰作用。

龙头[lɑo^{113}dəɯ^{0}]◆上境

除了灯桥板以外，龙灯当然还有龙头和龙尾。其中龙头是整条龙灯的灵魂，是人们行礼膜拜的对象。龙头一般是用乌桕木雕刻而成的，上面的龙眼炯炯有神，下巴上垂挂着白色的龙须，面部还插着两根长长的触角，似乎是从鼻孔里喷出的水珠。迎灯时，龙头要安放在一个高大的梯形木架上，叫做“龙头梯儿”[lɑo^{33}təɯ^{33}t^{h}eŋ^{24}]，龙头两旁还有人手持钢叉护卫和壮威。

龙尾柄儿[lɑo^{33}ŋ^{11}mɑŋ^{535}]◆寺平

尾巴汤溪话叫做“尾巴”[ŋ^{11}pɤ^{52}]。但龙尾叫做“龙尾柄儿”，“柄”单字读[ma^{52}]（阴去）。

接灯[$tsie^{52}nai^{24}$]（之一）◆寺平

迎灯队伍行进的路线是事先商定好的，沿路的各家各户都会按时做好迎接的准备。当龙头到达自家门前时，主人要对着龙头拜香、烧纸，燃放鞭炮，并用自家的香烛换下龙头架上的，把这些曾插在龙头架上的蜡烛和香迎回家里。这个仪式叫做“接灯”。接灯也是要给红包的。

满堂红[$mɤ^{11}do^{113}ɑo^{0}$]◆寺平

接灯时换蜡烛的数量由各家自定，一般为五六根。有的人家如果家里当年有大事，例如有小孩出生，就会多换一些，最隆重的甚至要把龙头架上的蜡烛全部换一遍，称为“满堂红”。

接灯[$tsie^{52}nai^{24}$]（之二）◆岩下

现在有些村子已经不迎灯了。如果不迎灯，接灯的仪式就在祠堂里举行。灯夜这天，要把龙头安置在祠堂正中，在上面装饰上龙须、香炉、烛台、灯笼等，由专人负责给大家换香烛。接灯的仪式和迎灯时差不多，只不过各家各户要把香烛烧纸鞭炮拿到祠堂里来，再从祠堂里把换下来的香烛迎回家里。

上图是一位老太太端着刚从龙头上换下来的蜡烛和香，盆里是稻谷和柏枝，寓意粮食丰收。她正在不停地祈祷龙王保佑她的儿子生意发财，孙子读书取得好成绩。下图是把从祠堂接回家中的“灯”供在堂前的案子上。

从祠堂接回家中的“灯”◆岩下

平江城关方言的“把”

张 盛开
静冈大学

本文通过分析平江城关方言的实际语料以及向发音合作人做调查的结果，总结出平江城关方言的“把”主要有“给予、被动、使役、处置、工具、方位以及对象”等用法。平江城关方言的给予动词“把”既表使役，又表被动，还表处置，这些用法是继承了汉语本来的特征。“把”的工具用法，也可以理解为继承于古代汉语。“把”的方位用法不像是来自其他方言的影响。表示对象的“把”，很有可能是平江城关方言特有的用法，从平江城关方言内部自发产生的可能性很大。

给予　处置　使役　被动　对象

1 序言

平江县位于湖南省东北部，也是湖南省、湖北省、江西省的交界之处。位于交叉地带的平江方言非常复杂。地域最广、人口最多的平江城关区的方言为平江县的标准方言。本文对平江城关方言的“把”进行考察。在平江城关方言里，“把”是表示给予的动词，还能用于处置句，除此之外还有很多用法。笔者将利用口语语料结合实际调查的办法来考察其具体使用情况。笔者出生于平江城关方言区内的三阳乡白箬村。

2 周边方言的“把”

笔者收集了平江周边 17 个方言（湖南境内 14 个、湖南境外 3 个）中“把”的动词与介词用法（如表 1）。这些“把”的用法为笔者根据语法解释、语法例句以及长篇语料中的例句判断。其中 5 个方言的“把”只有一种用法（未列于表中），湖南衡阳方言的“把”只表示“替、帮”；湖南攸县、涟源、湘乡及江西都昌方言的“把”只表示处置。17 个方言中，用“把”作为给予动词的方言有 11 处，表示处置的有 16 处，表示使役（也有资料称致使，本文一律称使役）的有 7 处，表示被动的只有湖南长沙、绥宁、湖北鄂东、安徽宿松的 4 处。表示工具的只见于湖南辰溪、常德以及湖北鄂东，表示方位的仅见于安徽宿松方言。

从单个方言来看，安徽宿松方言的“把”用法最多，“把”可以作给予动词，还有处置、使役、被动、方位等用法。其次为湖北鄂东方言，“把”有给予、处置、使役、被动、以及工具等用法。湖南绥宁方言的“把”则有给予、处置、使役、被动等用法。

表 1　周边方言中的“把”

	出处	给予 给	处置 把	使役 让	被动 被	工具 拿	方位 往	其他 （替、帮）
安徽宿松	唐爱华 2005	○	○	○	○	–	○	○
湖南绥宁	曾常红·李建军 1998	○	○	○	○	–	–	○
湖北鄂东	汪化云 2004	○	○	○	○	○	–	–
湖南长沙	鲍厚星等 1999	○	○	–	○	–	–	–
湖南常宁	吴启主 1998	○	○	○	–	–	–	–
湖南益阳	崔振华 1998	○	○	○	–	–	–	–
湖南隆回	丁加勇 1998	○	○	○	–	–	–	–
湖南邵阳	李国华 1998	○	○	○	–	–	–	–
湖南常德	易亚新 2007	○	○	–	–	○	–	–
湖南辰溪	谢伯端 1998	–	○	–	–	○	–	–
湖南岳阳	李冬香 2007	○	○	–	–	–	–	–
湖南汨罗	陈山青 2006	○	○	–	–	–	–	–

3 研究方法

笔者首先从口语语料中收集“把”的例句，然后按其用法进行分类。不能判断或者意义不明时，通过电话向发音合作人（1937 年出生，男性，只会说平江话）进行确认，然后根据需要随时向发音合作人作调查。本文用于考察的语料 PDCC(Pingjiang Dialect Colloquial Corpus)均为笔者所作。笔者所作平江城关方言语料共约 4 万字，内容为故事、自由对话等。有一种是专门调查处置的“把”的录音资料，其内容为平江常见的四种东西的做法。还有一些是笔者向发音合作人调查所得到的例句。例句前有说话人代号的来自 PDCC。

4 考察分析

从语料中收集到的“把”一共有 278 例。语料中所见的“把”，具体分类如表 2。其中，处置义的例“把”最多见，占 128 例，其次为给予义的“把”，共 83 例。

表 2　PDCC 中的“把”

对应的北京官话	给	让	把	对/把	拿	在	来	把	把儿	
功能	给予	使动	处置	对象	工具	方位	概数	量词	名词	其他
用例（278）	83	6	128	19	10	1	12	7	10	2

4.1 给予動詞

“把”表示给予在近代汉语已经出现。冯春田 (2004：387) 指出北京话用“给”表示给予，但近代汉语用“把”。

> ① 将割下肉放在一个瓦罐内，熬成粥汤，要拿把祖母。(《型世言》4 回)
> ② 他又道先前已曾许把一个朱家，如何行得这等事！(又 25 回)
>
> 例中“把”后的宾语，是动作行为的受益者 (未发现相反的例子)；在现代汉语北京话里，这种“把”通常也由介词“给”所替代了。
>
> (中略) 从来源角度说，以上介词“把”应该是动词“与；给”义的“把”的转化，与表示动作行为工具或方式的介词“把”没有直接关系。而在上述介词“把”所在的文献里，可以看到不少“与；给”义的“把”如：
>
> ③ 只要把我文书钱，我就去打点。(《型世言》35 回)
>
> (中略) 这些动词“把”，意义和用法上都相当于现代汉语的动词“给”，由这种动词“把”转化为引进动作行为承受者的介词“把”是自然的。
>
> 冯春田 (2004：387-388)

PDCC 中表示给予的动词“把”共有 83 例。都可以翻译成北京官话的“给”。 能用于给予的动词在平江只有“把”。表示给予的“把”后可以带动态助词“过、哒”等。给予义的“把”近代汉语已经出现，周边 17 处方言中有 11 处方言也用“把”表给予。由此看来，平江城关方言的表给予“把”应该是本来就有的，只不过宾语的顺序跟北京官话不同。平江一般用“把钱他”而不是像北京官话那样的“给他钱”。

Dl:	你	俚	多	把	丫	钱	渠	打	哒	就	是。
01	nu^{21}	li^{33}	to^{33}	pɑ^{35}	ŋɑ^{55}	ts^{h}ien^{13}	e^{21}	tɑ^{35}	tɑʔ^{4}	ts^{h}iəu^{22}	ʂi^{21}

你们多给他些钱打 (麻将) 就是了。

对于两个“把”字是否可以同用于“把个苹果把他吃”之类的例句。发音合作人说虽然有人用，但如果表示相同的意思，02 更合适。一般来说会用例 03。也就是说表示给予时，两个“把”字一起用不自然。

	拿	个	苹果	把	他	吃。
02	lɑʔ^{4}	ko^{55}	p^{h}in^{13}kuø^{35}	pɑ^{35}	lɑ^{33}	k^{h}iɑʔ^{4}

拿个苹果给他吃吧。

	把	苹果	他	吃。
03	pɑ^{35}	p^{h}in^{13}kuø^{35}	lɑ^{33}	k^{h}iɑʔ^{4}

给他吃苹果。

4.2 使役

表示使役义的“把”有 6 例。这些“把”都可以翻译成“让”。周边方言中有 7 处方言（湖南常宁、绥宁、益阳、隆回、邵阳以及湖北鄂东、安徽宿松）使用。

Ljh:	我	俚	间壁	干娘子，	你	看	另日	时，
04	ŋo^{21}	li^{33}	kan^{55}piɑʔ^{4}	kuøn^{33}nioŋ^{13}tsu^{35}	nu^{21}	xan^{55}	t^{h}in^{22}niʔ^{4}	ʂø^{21}
	就	把	个	保姆	时	来	看	我，
	ts^{h}iəu^{22}	pɑ^{35}	ko^{55}	pɑu^{35}mo^{21}	ʂø^{21}	lai^{13}	xan^{55}	ŋo^{21}

我们间壁的奶奶，你看第二天就让保姆来看我，

Hzg:	他	第	一	封	信，	写	把	我	就	时，	有	丫
05	lɑ^{33}	t^{h}i^{22}	iʔ^{4}	fəŋ^{33}	sin^{55}	siɑ^{35}	pɑ^{35}	ŋo^{21}	ts^{h}iəu^{22}	ʂø^{21}	iəu^{21}	ŋɑ^{55}
	啧	责怪	我，	好 像	把	他，	取	取，	报	哒	师范	时。
	tseʔ^{4}	tseʔ^{4}kuai^{55}	ŋo^{21}	xɑu^{35}ts^{h}ioŋ^{21}	pɑ^{35}	lɑ^{33}	ts^{h}i^{35}	ts^{h}i^{35}	pɑu^{55}	tɑʔ^{4}	su^{33}fan^{22}	ʂø^{21}

他第一封信，写给我就，有点儿责怪我，好像让他，取，报了师范学校，（对他不好）。

4.3 被动

蒋绍愚 (2005: 242-243) 指出水浒，第 43 回中的例句：“我去岭下取水，被那大虫把我娘拖去吃了”为用“把”表示受害的被动句。周边方言中用于被动的“把”在湖南长沙、绥宁、湖北鄂东、安徽宿松方言中存在。

PDCC 中并没有出现表示被动的例句，但根据笔者的调查，“把”还可以表示被动。笔者自己造了一些用“把”表示被动的例句，向发音合作人进行了确认。结果笔者所造例句几乎都得到了肯定。这些被动句根据动词的性质可以分为直接被动和间接被动。直接被动句多用及物动词。張盛開 (2009) 已经指出平江城关方言根据“非使然”和“使然”来区别被动表现“落”和“等”。通过调查笔者确认了“把”的被动句不受这个限制。

	看	丫	格	衣	啰，	下	把	雨	汉湿	哒。
06	xan^{55}	ŋɑ^{55}	keʔ^{4}	i^{33}	lo^{55}	xɑ^{22}	pɑ^{35}	y^{21}	ts^{h}aʔ^{4}ʂəʔ^{4}	tɑʔ^{4}

看这些衣，都被雨淋湿了。

	真	毛时，	走	哒	伊阿	把	狗	咬	一	口。
07	tʂən^{33}	mɑu^{22}ʂi^{13}	tsøu^{35}	tɑʔ^{4}	i^{35}a^{21}	pɑ^{35}	køu^{35}	ŋaʔ^{4}	iʔ^{4}	xøu^{35}

真倒霉，走到这儿被狗咬了一口。

表示间接被动时，一般都使用不及物动词。间接被动在日语中很常见，但在汉语中不多见。因此这些例句中的北京官话翻译为直译，为了对比，也附上日语译文。

	把	个	公的	一	死	时，	个	婆婆	也	老	啊哒。
08	pɑ^{35}	ko^{55}	kəŋ^{33}tiʔ^{4}	iʔ^{4}	su^{35}	ʂø^{21}	ko^{55}	pʰø^{22}pʰø^{55}	iɑ^{21}	lɑu^{21}	ɑ^{55}tɑʔ^{4}

(奶奶)被爷爷死了，奶奶也老了。

爺ちゃんに死なれて、婆ちゃんも老いてきた。

	箇	个	伢啧	蛮	造孽，	老早	就	把	个	娘爷	死	过哒。
09	ko^{35}	ko^{55}	ŋɑ^{13}tseʔ^{4}	man^{13}	tsʰɑu^{22}nieʔ^{4}	lɑu^{21}tsɑu^{35}	tsʰiəu^{22}	pɑ^{35}	ko^{55}	nioŋ^{13}iɑ^{13}	su^{35}	kuøn^{33}tɑʔ^{4}

这孩子真可怜，很早就被父母死了。

この子は本当にかわいそうだ。親に早く死なれてしまった。

	把	个	夫娘	跑	过哒。
10	pɑ^{35}	ko^{55}	fu^{33}nioŋ^{13}	pʰɑu^{35}	kuøn^{33}tɑʔ^{4}

(他)被老婆跑了。

奥さんに逃げられた。

	把	个	丈夫	病	过哒。
11	pɑ^{35}	ko^{55}	tʂʰoŋ^{21}fu^{22}	pʰiɑŋ^{22}	kuøn^{33}tɑʔ^{4}

(她)被丈夫病了。

夫が病気になってしまった。(夫に病気になられてしまった)

	把	伢细的	一	走	时，	好	见	啰。
12	pɑ^{35}	ŋɑ^{13}si^{55}tiʔ^{4}	iʔ^{4}	tsøu^{35}	ʂø^{21}	xɑu^{35}	kien^{55}	lo^{55}

把/被孩子们一走，还真有点儿想念。

子供たちに出て行かれて、本当に寂しいね。

	谁	阿	里	把	条	牛	走	过哒。
13	ʂy^{13}	a^{22}	li^{33}	pɑ^{35}	tʰiɑu^{13}	niəu^{13}	tsøu^{35}	kuøn^{33}tɑʔ^{4}

谁家被牛走掉了。

どこかの家では牛に逃げられた。

	前年	我	伙	屋里	把	只	猫	啧	死	过哒。
14	tsʰien^{13}nien^{13}	ŋo^{21}	fu^{55}	uʔ^{4}li^{33}	pɑ^{35}	tʂɑʔ^{4}	mɑu^{33}	tseʔ^{4}	su^{35}	kuøn^{33}tɑʔ^{4}

前年咱们家被猫死了。

おととし、うちの猫が死んだ。(猫に死なれた)

上述例句没有“把”也能使用，但如果去掉“把”，说话人或者第三者所蒙受的损害就不能表达了。这些“把”表示受害的为多，能配合使用的动词亦多为不及物动词。这种“把”并非平江城关方言特有。根据唐爱华（2005：259），可以看出安徽宿松方言也有类似的例句，但是作者把它们解释为致使。以下例句以及译文均来自唐爱华（2005：259）。

tɕin^{22}・niɛn tau^{21}mei^{35} ma^{31}・ɕie tɕi^{22}i^{55}xa^{13}fa^{55}tʰo^{55}uən^{22}・tʰei

今年倒霉，把些鸡一下发脱瘟。（今年倒霉，让鸡全发了瘟。）

ai^{31} ma^{31}ko^{55}t^{h}ai^{13}mei^{13}i^{55}sɿ^{31}t^{h}o^{55}

唉把个大妹一死脱。（唉，让大妹死掉了！）

Grootaters, W. A. (1953) 中的以下山西方言的“把”与平江城关方言的“把”也极为接近。

把灯没了。	Grootaters, W. A. (1953) 例 16
把那个人死了。	Grootaters, W. A. (1953) 例 29
把轴也坏了。	Grootaters, W. A. (1953) 例 33

蒋绍愚、曹广顺 (2004：371-372) 把此类“把”称为致使义的功能扩展，其中引用的一部分例句如下。

偏又把凤丫头病了。(石头记，76 回)
怎么忽然把个晴雯姐姐没了。(同上 79 回)
把只煮熟了鸭子飞了。(儿女英雄传，25 回)

吕叔湘 (2003: 54) 指出虽然这种用法只能用于某种情况，现代汉语里也有相似的例句。这也是“把”的一个用法。

4. 表示发生不如意的事情，后面的名词指当事者。
偏偏～老李给病了。 | 真没想到，～个大嫂死了。
吕叔湘 (2003: 54)

以上近代汉语、现代汉语及其他方言中都有类似的“把”，但一般都将其解释为致使的“把”，笔者将其解释为被动有两个理由。其一，形式上跟日语的间接受害被动相似，只要把日语的后置词移动到名词的前面，就可以转换成平江的“把”字句。相反，只要把平江的前置词“把”移动到名词后面，就可以得到日语的被动句。其二，根据笔者的母语语感，说话人用“把”时强调的是自己或第三者所受的损害，而不是动作的主体如何 (08、09)。因此笔者认为这种“把”应该解释为表被动的“把”。

日语的被动			平江的被动		
妻に逃げられた。			把	猫最	死啊哒。
tsuma	ni	nige-rareta	被	猫	死了
夫娘	把	跑过哒	ni	neko	shin-areta
妻子	被	跑了	前置词“把”后移,		
后置词“ni”前移,			neko ni shin-areta		
把夫娘跑过哒。			猫に死なれた。		

4.4 处置

从语料中收集的“把”的例句里面，表示处置的例句最为多见，278 例“把”中，共有 128 例表示处置。

Zhz:	哦，	晒	酸菜	时，	把	格	菜	啧
15	o^{21}	sɑ^{55}	søn^{33}ts^{h}ai^{55}	ʂø^{21}	pɑ^{35}	keʔ^{4}	ts^{h}ai^{55}	tseʔ^{4}
	洗	过	洗	过	晒	干	水	啦，
	si^{35}	kuøn^{33}	si^{35}	kuøn^{33}	sɑ^{55}	kuøn^{33}	ʂy^{35}	lɑ^{21}

哦，晒酸菜啊，把菜洗了，洗了再晒干水，

笔者请发音合作人用“把”字造句时，合作人造的三个句子都是表示处置的“把”。从这也能看出，作为处置义的“把”对本地人来说地位很重要。从周边使用“把”的 17 个方言中有 16 个方言用“把”表示处置，而且“把”只有一个用法的时候多表示处置也能旁证。

	把	格	衣	洗	过。
16	pɑ^{35}	keʔ^{4}	i^{33}	si^{35}	kuøn^{33}

把衣服洗了。

	把	猪 橱	扫	过。
17	pɑ^{35}	tʂy^{33}tʂ^{h}əu^{13}	sɑu^{55}	kuøn^{33}

把猪圈打扫打扫。

	把	鸡	放	出去。
18	pɑ^{35}	ki^{33}	foŋ^{55}	tʂ^{h}yəʔ^{4}k^{h}i^{55}

把鸡放出去。

4.5 工具

表示工具的“把”全部有 10 例，太田辰夫 (1987:255) 已经指出，这种用法的 “把”古代曾有，但现代汉语已经没有这种用法。这些例句中的“把”都可以译成“拿”或者“用”。

周边方言中有湖南辰溪、常德以及湖北鄂东方言使用。

Cxg:	就	把	么里	张	起	去	霉。
19	ts^{h}iəu^{22}	pɑ^{35}	mo^{13}li^{33}	tʂoŋ^{33}	k^{h}i^{35}	k^{h}i^{55}	mai^{13}

就拿什么东西装着让它长霉。

Tly:	把	茜措	畚	格	畚	起	出去	啦，	箇	时。
20	pɑ^{35}	si^{33}ts^{h}øʔ^{4}	pən^{33}	keʔ^{4}	pən^{33}	k^{h}iʔ^{4}	tʂ^{h}yəʔ^{4}k^{h}i^{55}	lɑ^{21}	ko^{35}	ʂø^{21}

用簸箕装着扔出去的，那可是。

4.6 方位

俞光中・植田钧 (1999: 80) 指出表示方位的“把”相当于北京官话的“在、从，朝”，明清时多见，为后期用法。如：

△宋江把袖子里摸时，手内枣核三个，袖里帕子，包着天书。(『水浒全传』 42 回)

PDCC 中表示方位的例句有如下一例。“把”相当于北京官话的“在”。但实际上，例 22 之类的“把”也很常见。其他用“把”表示方位的方言只有宿松方言，意思为“往”。

Zhz: 就 把 筛 啧， 放 丫 秆， 放 丫 秆 放 哒
21 ts^{h}iəu^{22} pɑ^{35} sai^{33} tseʔ^{4} foŋ^{55} ŋɑ^{55} kuøn^{35} foŋ^{55} ŋɑ^{55} kuøn^{35} foŋ^{55} tɑʔ^{4}
就在米筛里，放点儿稻草，放点儿稻草，放在（里面。）

把 床 上 多 垫 丫 秆
22 pɑ^{35} ts^{h}ong^{13} ʂoŋ^{22} to^{33} foŋ^{55} ŋɑ^{55} kuøn^{35}
在床上多垫些儿稻草。

4.7 对象

下述例句用“把”导入对象。“把”后一般用形容词。这种“把”相当于北京话的“对”，例句 23 中同时使用“把”和“对”，也可以看出这种“把”跟“对”用法相同。

Ljh: 我俚 屋里 一直 对 我 俚 不 好 咯，晓得 吧，
23 ŋo^{21} uʔ^{4}li^{33} iʔ^{4}tʂ^{h}əʔ^{4} tai^{55} ŋo^{21} li^{33} pəʔ^{4} xɑu^{35} ko^{21} xiɑu^{35}tiʔ^{4} p^{h}ɑ^{21}
就 一直 把 我 不 好。
ts^{h}iəu^{22} iʔ^{4}tʂ^{h}əʔ^{4} pɑ^{35} ŋo^{21} pəʔ^{4} xɑu^{35}
我娘家一直对我们不好的，知道吧，一直都对我不好。

Ljh: 我 要 把 我 格 妹啧 伢啧 媳妇 郎婿 我 下 要 好，
24 ŋo^{21} iɑu^{55} pɑ^{35} ŋo^{21} keʔ^{4} mai^{22}tseʔ^{4} ŋɑ^{13}tseʔ^{4} siʔ^{4}fu^{22} loŋ^{13}si^{55} ŋo^{21} xɑ^{22} iɑu^{55} xɑu^{35}
我要对我的女儿，儿子，媳妇，女婿都好。

4.8 其他

平江城关方言的“把”还可以用作量词 (25) 和概数词 (26)，当量词时，一般跟有“柄”的东西搭配，跟北京官话的量词“把”相近。表示概数时，跟北京官话的“来”相当。另外，还有一个名词 (27) 用法，表示把手等。一般形式为“把啧”，用法跟北京官话的“把儿”相当。除了名词的声调为阴去以外，别的均为阴上。

Zny:	渠	把	打卦	嘴，	是	么里	问	咯。
25	e^{21}	$pɑ^{35}$	$tɑ^{35}kuɑ^{55}$	tsi^{35}	$ʂi^{21}$	$mo^{13}li^{33}$	$uən^{22}$	ko^{21}

他这嘴最爱说，什么都会问一问。

Zhz:	不	要	放	好久	哦，	十	把	日	就	可以	吃。
26	$pəʔ^{4}$	$iɑu^{55}$	$foŋ^{55}$	$xɑu^{35}kiəu^{35}$	o^{33}	$ʂəʔ^{4}$	$pɑ^{35}$	$ninʔ^{4}$	$ts^{h}iəu^{22}$	$xo^{21}i^{21}$	$k^{h}iɑʔ^{4}$

不用放多久。10 来天就可以吃。

Lyx:	拿	你俚	箇	有	把啧	格	来。
27	$lɑʔ^{4}$	$nu^{21}li^{33}$	ko^{35}	$iəu^{21}$	$pɑ^{55}tseʔ^{4}$	$keʔ^{4}$	lai^{13}

拿你们那些有棒儿的（糖）来

5 结语

以上通过分析平江城关方言的实际语料，以及向发音合作人做调查的结果，总结出平江城关方言的“把”主要有“给予、被动、使役、处置、工具、方位以及对象” 等用法。

第二章讨论过，周边方言中“把”有如此多的用法的方言也不多见。平江城关方言的“把”的这些用法，看起来很像是综合了周边方言中的“把”的用法。这也有可能。因为从地理环境来看，平江方言在湘方言、西南官话、赣方言的包围之中。从方言特点来看，張盛開 (2009) 已经指出平江方言兼有湘方言与赣方言的特征。

江蓝生 (2002：231) 指出给予动词自古以来就是兼表使役和被动，而且给予动词又能兼表处置。汉语使役、被动兼用是汉语本来就有的特征。因此平江城关方言的给予动词“把”既表使役，又表被动，还表处置，这些用法只不过是继承了汉语本来的特征。“把”的工具用法古代汉语就有，从语音方面来看，平江城关方言保存了古代汉语的特征，比如上声分阴阳等。语法方面继承古代汉语的“把”的工具用法，也可以理解。“把”的方位用法近代汉语才出现，从语音与语法的其他特征来看，平江方言受近代汉语影响的可能性比较少。而从周边方言来看，仅有一处方言有这个表方位的“把”。平江城关方言的这个表方位的“把”也不像是来自其他方言的影响。最成问题的是表示对象的“把”，根本找不到共同语以及其他方言的用例，这很有可能是平江城关方言特有的用法，从平江城关方言内部自发产生的可能性很大。至于其产生过程以及跟其他用法的关联，则有待今后再进一步的研究。

参考文献

鲍厚星、崔振华、沈若云、伍云姬 1999.『长沙方言研究』。长沙：湖南教育出版社。

陈晖 1998.「涟源桥头河方言的介词」，伍云姬 主编 『湖南方言的介词』：189-206 页。 长沙：湖南师范大学出版社。

陈山青 2006.『汨罗长乐方言研究』。长沙：湖南教育出版社。

崔振华 1998.「益阳方言的介词」，伍云姬 主编 『湖南方言的介词』：132-145 页。 长沙：湖南师范大学出版社。

丁加勇 1998.「隆回方言的介词」，伍云姬 主编 『湖南方言的介词』：207-227 页。 长沙：湖南师范大学出版社。

董正谊 1998.「攸县方言的介词」，伍云姬 主编 『湖南方言的介词』：31-45 页。 长沙：湖南师范大学出版社。

冯春田 2000.『近代汉语语法研究』。济南：山东教育出版社。

江藍生 2002.『近代汉语探源』。北京：商务印书馆。

蒋绍愚 2005.『近代汉语研究概要』 (2006 年第 2 次印刷)。北京：北京大学出版社。

蒋绍愚、曹广顺 主编 2004. 『近代汉语语法史研究综述』。北京：商务印书馆。

李冬香 2007.『岳阳柏祥方言研究』。北京：中国社会科学出版社、文化艺术出版社。

李国华 1998.「邵阳方言的介词」，伍云姬 主编 『湖南方言的介词』：278-287 页。 长沙：湖南师范大学出版社。

卢继芳 2007.『都昌阳峰方言研究』。北京：中国社会科学出版社、文化艺术出版社。

吕叔湘主编 2003.『现代汉语八百词增订本』。北京：商务印书馆。

彭兰玉 1998.「衡阳方言的介词」，伍云姬 主编 『湖南方言的介词』：239-263 页。 长沙：湖南师范大学出版社。

唐爱华 2005.『宿松方言研究』。北京：中国社会科学出版社、文化艺术出版社。

汪化云 2004.『鄂东方言研究』。成都：巴蜀书社。

王芳 1998.「湘乡方言的介词」，伍云姬 主编 『湖南方言的介词』：228-238 页。 长沙：湖南师范大学出版社。

吴启主 1998.「常宁方言的介词」，伍云姬 主编 『湖南方言的介词』：15-30 页。 长沙：湖南师范大学出版社。

谢伯端 1998.「辰溪方言的介词」，伍云姬 主编 『湖南方言的介词』：98-113 页。 长沙：湖南师范大学出版社。

易亚新 2007.『常德方言语法研究』。 北京：学苑出版社。

俞光中・植田钧 1999.『近代汉语语法研究』。上海：学林出版社。

曾常红·李建军 1998.「绥宁方言的介词」，伍云姬 主编 『湖南方言的介词』：46-57 页。 长沙：湖南师范大学出版社。

太田辰夫 1958.『中国語歴史文法』。東京：江南書院。

張盛開 2009. 「漢語平江方言の音韻及び文法の体系的研究（汉语平江方言的语音及语法的系统性研究）」，博士学位論文，日本：東京外国語大学。

Grootaers, W. A. 1953. Initial pə in a Shansi dialect : a problem of grammar. T'oung Pao 42 : 36-69。

闽北区浦城临江方言和邵将区光泽寨里方言的古浊平声分化[*]

秋谷　裕幸

爱媛大学

光泽寨里方言（属闽语邵将区）中读作入声的古浊平声字和浦城临江方言（属闽语闽北区）中读作阴去的古浊平声字高度一致。笔者认为，这种现象是寨里方言和临江方言各自独立地发生了大致上相同的古浊平声分化的结果。这可以视为邵将区方言和闽北区方言关系密切的重要证据之一。

闽北区　浦城临江方言　邵将区　光泽寨里方言　古浊平声分化

1 前言

闽语闽北区方言中，古浊平声、古浊上声、古浊去声和古浊入声往往分化为两个不同的调类，尤其是古浊平声在所有的闽北区方言中都分成两类。以下是建瓯市迪口方言的部分例字：

古浊平　鹅ŋyɛ^{213} | 赔poi^{213} | 皮p^{h}oi^{213} | 头t^{h}eu^{213}；鞋hɛ^{21} | 池tiɛ^{21} | 船yɛ^{21} | 成八~ia^{21}；
古浊上　坐tsua^{243} | 鳝ɬyɛ^{243} | 断拗~tui^{243} | 近kyɛ^{243}；苎ty^{41} | 蚁ŋyɛ^{41} | 妇新~pu^{41}；
古浊去　大tua^{55} | 树ts^{h}iu^{55} | 问mui^{55} | 病paŋ^{55}；鼻闻pi^{214} | 脰~仔：脖子teu^{214} | 长剩tiɔ^{214}；
古浊入　十ɬi^{243} | 疾痛tsi^{243} | 雹p^{h}u^{243} | 石tsiɔ^{243}；舌yɛ^{41} | 药iɔ^{41} | 学动词hɔ^{41} | 食吃iɛ^{41}。

其实，闽语邵将区的邵武等方言中也存在古浊平声的分化。这是 Jerry Norman（1973）首先发现的，但 Jerry Norman 教授没有把邵武方言的古浊平声分化现象和闽北区方言的古浊平声分化现象联系起来。

直到 2010 年龙安隆先生发表一篇文章：《福建邵武方言的浊平入化的性质》，指出了邵武方言中今读入声的古浊平字与闽北区方言的阳平甲字[1]对应。

本文的目的是在龙安隆（2010）的基础上，使用笔者所调查的福建浦城县临江方言和光泽县寨里方言的材料，进一步证实邵将区方言中也存在与闽北区方言古浊平声分化现象

* 本文初稿曾在“第九届台湾语言及其教学国际研讨会”（国立中央大学，2012 年 10 月 5 日-6 日）宣读。撰写期间，承蒙沈瑞清先生提出很多中肯的修改意见，谨此致谢。文中的错误一概由笔者负责。本文的研究得到了日本学术振兴会平成 22-25 年度基盘研究(B)“中国福建省浦城县南部のびん北区方言に关する调查研究”（项目号：22401027、负责人：秋谷裕幸）。

1 一般来说，“头糖虫”等声母读作送气音的字的调类为阳平甲，“猴寒行走”等声母读作塞音的匣母字的调类则为阳平乙。

性质相同的古浊平声分化。文章还讨论闽北区方言、邵将区方言和闽中区方言的谱系分类问题。

2 龙安隆（2010）简介

首先简要介绍龙安隆（2010）的主要内容。

该文研究邵将区邵武方言中读作入声的古浊平声字（共有 42 字），把这些字和浦城县石陂方言（根据秋谷裕幸 2004）中读作阴去[33]（相当于阳平甲）的古浊平字进行比较而发现：

> 邵武方言 42 个读入声的浊平字，在石陂方言读阴去的有 33 字，秋谷裕幸先生（2004）未收的有“蚊誊锤樵楻田抿蓬” 8 字，只有“寻”一字读阳平。但“寻”在石陂口语中不当量词用，作“寻找”讲也不是口语最常用的读音（“寻找”口语说“□ lɔ˥”）。可以说，邵武浊平入化字在石陂方言的浊平归阴去字所包含。[2]（龙安隆 2010：312）

和其他闽北区方言比较，也能成立同样的包含关系。据此，文章认为：

> 邵武浊平字读入声是舒声字读入声的主流，这部分字反映的是显著的闽语性质：它们是早期闽北闽语的“阳平甲”类字。这些字中的绝大多数在闽北闽语中读阴去或阳平甲，而不读上声或阳平乙，决非偶然。很明显，邵武这批浊平字与闽北闽语阴去或阳平甲里的浊平字在早期闽语中是相同的调类。（龙安隆 2010：313）

文章还指出，顺昌郑坊、泰宁等邻近的方言中读阴去的古浊平字也有同样的性质。

邵武方言中读作入声的浊平字与闽北区阳平甲的字对应，笔者认为龙安隆（2010）的这一论断是正确的。

问题是：邵武方言中读入声的浊平字只有 42 个。数量上与闽北区阳平甲（或相当于阳平甲的调类）的所属字有着很大的悬殊，[3] 而且正如 Jerry Norman（1973）所指出，这 42 个字当中读送气塞音或塞擦音的字在别的闽语中也读送气塞音或塞擦音，比如“头”邵武tʰəu^{53}入声 | 厦门tʰau^{24} | 福州tʰau^{52} | 建瓯tʰe^{22}，而邵武方言中读作阳平的古浊平声字则在别的闽语中读作不送气塞音或塞擦音，比如“爬”邵武pʰa^{22}阳平 | 厦门pe^{24} | 福州pa^{52} | 建瓯pa^{22}。所以，我们有理由怀疑邵武方言等邵将区方言曾发生过某种条件音变。

笔者认为浦城临江方言的古浊平声分化能够对邵将区方言古浊平声分化现象的考察投下新的曙光。

---

[2] 据秋谷裕幸（2008），石陂方言“锤”读作[tʰy^{33}]，“楻大木桶”读作[xəŋ^{33}]，均为阴去。“楻”是当地俗字。“寻”也有量词“庹”的用法，读作[ɕiŋ^{33}]，也是阴去。

[3] 比如，政和方言共有 222 个读作阳平甲的古浊平字（龙安隆 2010：312）。

3 闽北区浦城临江方言的古浊平声分化

福建省浦城县临江方言属于闽北区方言，存在着古浊平声和古浊去声的分化。本章描写临江方言的古浊平声分化并考察它的形成过程。临江的单字调系统是：阴平[44]，阳平[22]，阴上[53]，阳上[35]，阴去[33]，阳去[42]，入声[213]。

3.1 临江方言的古浊平声分化

3.1.1

绝大多数的古全浊平声字读阳平[22]，相当于阳平乙。例如：爬ba^{22} | 牌baɛ^{22} | 皮bi^{22} | 彭bã^{22} | 棚bã^{22} | 坪biã^{22} | 篷bəŋ^{22} | 苔青~daɛ^{22} | 题di^{22} | 蹄daɛ^{22} | 桃~仔dao^{22} | 条diao^{22} | 潭深~窟：深潭谭dã^{22} | 甜diẽ^{22} | 填diẽ^{22} | 亭dẽ^{22} | 同铜筒dəŋ^{22} | 脐dʑi^{22} | 糍dʑi^{22} | 槽dzao^{22} | 蚕dzã^{22} | 钱dʑiẽ^{22} | 全dʑyẽ^{22} | 墙dʑiõ^{22} | 丛dzəŋ^{22} | 徐dʑy^{22} | 茶da^{22} | 厨dy^{22} | 池dʑi^{22} | 沉dẽ^{22} | 陈尘dĩ^{22} | 长形容词daõ^{22} | 程dzĩ^{22} | 豺一种野兽saɛ^{22} | 蛇çye^{22} | 船çyẽ^{22} | 匙çie^{22} | 时~间çi^{22} | 尝çiõ^{22} | 渠他gy^{22} | 骑gi^{22} | 球giu^{22} | 钳giẽ^{22} | 琴gĩ^{22} | 禾ui^{22} | 华中~ua^{22} | 湖u^{22} | 鞋aɛ^{22} | 闲ẽ^{22} | 黄õ^{22} | 红ŋ^{22}。

3.1.2

古全浊平声还有少数字读作阴去[33]，相当于阳平甲：薸浮萍p^{h}iao^{33} | 啼哭t^{h}ie^{33} | 调~皮t^{h}iao^{33} | 头脑袋t^{h}eɯ^{33} | 糖t^{h}aõ^{33} | 桐~油t^{h}əŋ^{33} | 治杀。直之切t^{h}i^{33} | 槌锤铁~t^{h}y^{33} | 前tɕ^{h}iẽ^{33} | 寻庹çiẽ^{33} | 虫t^{h}əŋ^{33} | 豺猫口mie^{22}~：野猫saɛ^{33} | 床床铺ts^{h}aõ^{33} | 时~候çi^{33} | 还动词hiẽ^{33} | 环纽仔~：纽襻k^{h}uã^{33} | 濠~村：地名hao^{33} | 横huã^{33}。

3.1.3

绝大多数的古次浊平声字读阳平[22]。例如：魔mo^{22} | 麻maɛ^{22} | 谋miao^{22} | 忙maõ^{22} | 明~朝mã^{22} | 名miã^{22} | 冥暗~mã^{22} | 文纹闻huĩ^{22} | 泥naɛ^{22} | 年niẽ^{22} | 瓤naõ^{22} | 芦~粟lu^{22} | 梨li^{22} | 厘狸狐~li^{22} | 流lao^{22} | 刘留榴硫liu^{22} | 廉帘liẽ^{22} | 林lĩ^{22} | 拦栏luã^{22} | 磷lĩ^{22} | 狼laõ^{22} | 咙喉~头liã^{22} | 隆ləŋ^{22} | 龙ləŋ^{22} | 浓nəŋ^{22} | 然iẽ^{22} | 人nia^{22} | 仁nĩ^{22} | 鹅ŋo^{22} | 牙芽衙ŋa^{22} | 鱼愚ny^{22} | 牛niu^{22} | 元nyẽ^{22} | 银nĩ^{22} | 盂y^{22} | 雲yĩ^{22} | 王õ^{22} | 姨i^{22} | 摇iao^{22} | 邮由油iu^{22} | 延iẽ^{22} | 羊扬iõ^{22} | 赢iã^{22} | 融iəŋ^{22}。

3.1.4

古次浊平声还有 5 个字读作阴去[33]：模~范mo^{33} | 螺sui^{33} | 鳞sẽ^{33} | 蝇sẽ^{33} | 园hyẽ^{33}。“模~范”不是口语字，下文中可以不考虑[mo^{33}]这一读音。

3.1.5

我们可以看出：

(1)在临江方言中，古浊平声今读阳平[22]（相当于阳平乙）或阴去[33]（相当于阳平甲）；

(2)这个分化有一定的声母条件：阳平[22]拼[b d dz dʑ g m n ŋ l]、[s ɕ h]和零声母；阴去[33]则拼[pʰ tʰ tsʰ tɕʰ kʰ]和[s ɕ h]。

3.2 临江方言古浊平声的演变过程

这种分化与一般闽北区方言中的古浊平声分化很不一样。阳平乙不出现送气音声母合乎闽北区方言的常例，但是在别的闽北区方言中阳平甲（或相当于阳平甲的调类）不存在像临江方言那样声母和调类之间的配合限制。以下是石陂方言阴去[33]（相当于阳平甲）和迪口方言中阳平甲[213]的例字：

石陂　爬pa^{33} | 扶pʰy^{33} | 麻muai^{33} | 茶ta^{33} | 啼tʰie^{33} | 牛niu^{33} | 栏luaiŋ^{33} | 牙ŋa^{33} | 墙tɕiɔŋ^{33} | 时ɕi^{33} | 床床铺tsʰɔŋ^{33} | 篮saŋ^{33} | 桥kiau^{33} | 钳kʰiŋ^{33} | 鱼ŋy^{33} | 还动词xiŋ^{33} | 羊ʔiɔŋ^{33}；

迪口　爬pa^{213} | 扶pʰu^{213} | 麻mua^{213} | 茶ta^{213} | 啼tʰiɛ^{213} | 牛niu^{213} | 栏luai^{213} | 牙ŋa^{213} | 墙tsiɔ^{213} | 床床铺tsʰaŋ^{213} | 篮ɬa^{213} | 桥kiɔ^{213} | 钳kʰiɛ^{213} | 鱼ŋy^{213} | 还动词hiɛ^{213} | 羊iɔ^{213}。

可见，除了送气塞音或塞擦音以及擦音[s ɕ h x]声母以外，还出现不送气塞音或塞擦音、鼻音以及零声母或[ʔ]。这就是闽北区方言阳平甲的一般情况。只是，石陂的阴去[33]不存在来自古浊平声的浊音[b d dz dʑ g ɦ]声母字。

还要指出的是，临江方言往往不能区分别的闽北区方言能够区分的字。比如：

临江　薯蕃～：白薯＝徐dʑy^{22} | 赔＝陪bui^{22} | 泉＝全dʑyẽ^{22} | 尘＝陈dĩ^{22} | 裙＝群gỹĩ^{22} | 藤蔓＝亭dẽ^{22}；

石陂　薯蕃～：白薯tɕy^{33}≠徐dʑy^{42} | 赔po^{33}≠陪bo^{33} [4] | 泉tɕyiŋ^{33}≠全dʑyiŋ^{42} | 尘teiŋ^{33}≠陈deiŋ^{42} | 裙kueiŋ^{33}≠群gueiŋ^{42} | 藤蔓taiŋ^{33}≠亭daiŋ^{42}；

迪口　薯蕃～：白薯tsy^{213}≠徐tsy^{21} | 赔poi^{213}≠陪poi^{21} | 泉tsiɛ^{213} [5]≠全tsyɛ^{21} | 尘teiŋ^{213}≠陈teiŋ^{21} | 裙kœyŋ^{213}≠群kœyŋ^{21} | 藤蔓tai^{213}≠亭tai^{21}。

从以上两种情况来看，代表了较新的音韵状态的无疑是临江方言。笔者认为它经历了一次创新，即：除了送气塞音或塞擦音以及少数擦音[s ɕ h]声母的字以外，原来属于阳

[4] 调类特殊。

[5] 介音特殊。

平甲的字都转入了阳平乙（现在的阳平[22]）：

早期临江		现代临江	比较：石陂
蕏*tɕy阳平甲	＞	dʑy^{22}阳平	tɕy^{33}
徐*dʑy阳平乙	＞	dʑy^{22}阳平，“蕏”和“徐”合流	dʑy^{42}“蕏”和“徐”不同音
前*tɕʰiẽ阳平甲	＞	tɕʰiẽ^{33}阴去	tɕʰiŋ^{33}
赔*pui阳平甲	＞	bui^{22}阳平	po^{33}
陪*bui阳平乙	＞	bui^{22}阳平，“赔”和“陪”合流	bo^{42}“赔”和“陪”不同音
薸浮萍*pʰiao阳平甲	＞	pʰiao^{33}阴去	pʰiau^{33}
鳞*sẽ阳平甲	＞	sẽ^{33}阴去	saiŋ^{33}
名*miã阳平甲	＞	miã^{22}阳平	miaŋ^{33}
年*niẽ阳平甲	＞	niẽ^{22}阳平	niŋ^{33}

“早期临江”的声母音值很接近原始闽北区方言。参看 Zev Handel（2003）。

需要指出的是，随着“*阳平甲＞阳平乙”的调类转移，声母的清浊也发生了变化，原来的清塞音和清塞擦音改读成浊塞音和浊塞擦音（如，蕏*tɕy阳平甲＞dʑy^{22}，赔*pui阳平甲＞bui^{22}），结果导致一部分字的合流（如，“蕏”和“徐”、“赔”和“陪”）。

[s ç h]声母既出现于阳平也出现于阴去。读阳平的[s ç h]声母来自浊音声母，而读阴去的[s ç h]声母则来自清音声母。比如：“船”临江读作[çyẽ^{22}]，石陂读作[ɦyiŋ^{42}]，“文”临江读作[huĩ^{22}]，石陂读作[bueiŋ^{42}]，说明这两个字应该来自浊音声母；“蝇”临江读作[sẽ^{33}]，石陂读作[seiŋ^{33}]，“园”临江读作[hyẽ^{33}]，石陂读作[xyiŋ^{33}]，说明这两个字来自清音声母。在临江方言中，擦音的语音特征阻止了“*阳平甲＞阳平乙”的调类转移，使得“螺、鳞、蝇、园”4个字至今仍读阴去（相当于阳平甲）。

据笔者的调查，邻近的浦城县山下乡方言和水北街镇观前方言中也存在与临江相同的古浊平声分化。

4 邵将区光泽寨里方言的古浊平声分化

邵将区光泽县（邵武的邻县）寨里方言也有古浊平声分化现象，情况与邵武方言大同小异。本章首先描写寨里方言的古浊平声分化，然后再进行与临江方言之间的比较，进而考察其形成过程。寨里的单字调系统是：阴平[11]，阳平[334]，上声[44]，阴去[224]，阳去[45]，入声[41]。

4.1 光泽寨里方言的古浊平声分化

4.1.1

绝大多数的古全浊平声字读阳平[334]。例如：爬pʰa^{334} | 牌pʰie^{334} | 皮pʰi^{334} | 彭pʰaŋ^{334} | 棚冬瓜~pʰaŋ^{334} | 坪pʰiaŋ^{334} | 篷pʰoŋ^{334} | 苔青~hai^{334} | 题tʰi^{334} | 条调~羹hiau^{334} | 谭həm^{334} | 甜

hiam^{334} | 填hien^{334} | 亭hɐn^{334} | 铜筒hŋ^{334} | 脐tʰi^{334} | 糍tʰi^{334} | 槽tʰɒu^{334} | 钱tʰien^{334} | 全tʰien^{334} | 墙tʰiɔŋ^{334} | 丛tʰoŋ^{334} | 徐ʃy^{334} | 藷蕃～：白薯ʃy^{334} | 茶tʰa^{334} | 厨tʃʰy^{334} | 池tʃʰi^{334} | 沉tʃʰiəm^{334} | 陈tʃʰin^{334} | 尘hin^{334} | 长形容词hɔŋ^{334} | 程tʃʰaŋ^{334} | 豺～狗sai^{334} | 蛇ʃe^{334} | 船ʃien^{334} | 匙锁～ʃi^{-1} | 时ʃi^{334} | 尝ʃɔŋ^{334} | 骑kʰie^{334} | 球kʰəu^{334} | 钳kʰiam^{334} | 琴kʰəm^{334} | 和～尚禾vɐi^{334} | 华中～fa^{334} | 湖fu^{334} | 鞋he^{334} | 闲hien^{334} | 黄vɔŋ^{334} | 红foŋ^{334}。

4.1.2

古全浊平声还有少数字读作入声[41][6]：藻浮萍pʰiau^{41} | 桃～仔hɒu^{41} | 头脑袋hɐu^{41} | 潭həm^{41} | 糖hɔŋ^{41} | 桐～油hŋ^{41} | 蚕～仔tʰɔm^{41} | 前tʰin^{41} | 寻虡səm^{41} | 槌锤hei^{41} | 虫hŋ^{41} | 床床铺tʰɔŋ^{41} | 蟣蚂蟥～：蚂蟥kʰie^{41} | 虾何加切，～公：虾ha^{41} | 还动词hin^{41} | 横faŋ^{41}。

4.1.3

绝大多数的古次浊平声字读阳平[334]。例如：魔mɔ^{334} | 谋mɐu^{334} | 忙mɔŋ^{334} | 明～年maŋ^{334} | 冥夜晚maŋ^{334} | 文纹vən^{334} | 泥nie^{334} | 螺～蛳：田螺lɔ^{334} | 芦～苇lu^{334} | 梨li^{334} | 厘li^{334} | 狸狐～li^{-4} | 流刘榴硫ləu^{334} | 廉镰帘liam^{334} | 林ləm^{334} | 拦栏lan^{334} | 磷lin^{334} | 狼lɔŋ^{334} | 咙喉～liaŋ^{334} | 隆lioŋ^{334} | 龙lioŋ^{334} | 浓nioŋ^{334} | 然ien^{334} | 人nin^{334} | 仁桃～in^{334} | 鹅ŋɔ^{334} | 牙芽衙ŋa^{334} | 鱼ŋɐ^{334} | 愚ny^{334} | 牛ny^{334} | 元状～ŋyen^{334} | 银nin^{334} | 盂y^{334} | 雲vin^{334} | 王vɔŋ^{334} | 姨i^{334} | 摇iau^{334} | 邮由油iəu^{334} | 延ien^{334} | 羊扬iɔŋ^{334} | 赢viaŋ^{334} | 融ioŋ^{334}。

4.1.4

古次浊平声还有少数字读作入声[41]：麻～仔：芝麻mai^{41} | 毛猪～mɒu^{41} | 猫mau^{41} | 名miaŋ^{41} | 蚊～仔mən^{41} | 年nin^{41} | 瓤nɔŋ^{41} | 脓noŋ^{41} | 留sɐu^{41} | 篮sam^{41} | 鳞sɐn^{41} | 园菜～fien^{41}。

4.2 与临江方言比较

我们可以发现，在光泽寨里方言中读作入声的古浊平声字和临江方言中读作阴去的古浊平声字高度一致（字下加单线表示）：

临江　<u>藻浮萍</u>啼哭调～皮<u>头脑袋糖桐～油</u>治杀。直之切<u>槌</u>锤铁～<u>前寻虡虫</u>豺猫□mie^{22}～：野猫<u>床床铺</u>时～候<u>还动词</u>环纽仔～：纽襻濠～村：地名<u>横</u>（以上全浊平声）；
模～范螺<u>鳞</u>蝇<u>园</u>（以上次浊平声）；

寨里　<u>藻浮萍</u>桃～仔<u>头脑袋</u>潭<u>糖桐～油</u>蚕～仔<u>前寻虡槌锤虫床床铺</u>蟣蚂蟥～：蚂蟥
虾何加切，～公：虾<u>还动词横</u>（以上全浊平声）；
麻～仔：芝麻毛猪～猫名蚊～仔年瓤脓留篮<u>鳞</u>聋<u>园菜～</u>（以上次浊平声）。

---

6 实际上是阴入。

除了这些字以外，我们还可以补充 4 个有音无字。从调类的对应来看，它们应属于阳平甲：

□柴　临江ts^hao^{33}阴去丨寨里t^hau^{41}入声丨石陂ts^hau^{33}阴去丨迪口ts^hau^{213}阳平甲；
□田[7]　临江$ts^h\tilde{e}^{33}$阴去丨寨里$t^hɐn^{41}$入声丨石陂$ts^haiŋ^{33}$阴去丨迪口ts^hai^{213}阳平甲；
□茶油[8]　临江$s\tilde{e}^{33}$～仔油，阴去丨寨里$sɐn^{41}$～油，入声丨迪口$ɬai^{213}$～仔油，阳平甲；
楻大木桶[9]　临江$h\tilde{o}^{33}$阴去丨寨里$fɔŋ^{41}$入声丨石陂$xəŋ^{33}$阴去丨迪口$huaŋ^{213}$阳平甲。

临江位于闽语区的最北部，离浦城城关的吴语区很近，只要 20 多分钟的车程。寨里则位于闽语区的最西北部，离江西省的赣语区很近。这两个方言都受到非闽语的强烈影响，失去了大量的闽语传统特点。临江方言“桃～仔”读作[dao^{22}]、“潭深～窟：深潭”读作[$d\tilde{a}^{22}$]、“蚕”读作[$dz\tilde{a}^{22}$]。这三个字的声母在闽语中一般读作送气音。比如石陂：桃～仔$t^hɔ^{33}$丨潭$t^haiŋ^{33}$丨蚕$ts^haiŋ^{33}$。另外，临江方言“篮”读作[$l\tilde{a}^{22}$]、“聋”读作[$ləŋ^{22}$]。这两个字的声母在闽北区方言中一般读作擦音[s]或[ɬ]。比如石陂：篮$saŋ^{33}$丨聋$səŋ^{33}$。以上 5 个字不送气音和流音显然是临江方言受到外方言的影响而形成的。寨里的“螺～蛳：田螺”的读音[$lɔ^{334}$]也是同样的例子。闽语的“虾”一般用与《集韵》“何加切”对应的读音，而临江的“虾”[ha^{44}阴平]则与《集韵》“虚加切”对应，与浦城吴语一致（比如浦城仙阳方言读作[$xɑ^{35}$阴平]）。绝大多数的闽语“杀”说“治直之切”，除闽南区以外的大多数闽语“哭”说“啼”。不过，寨里方言用别的说法，“杀”说“杀”[$sɔi^{41}$]，“哭”说“哭”[k^hu^{41}]，显然都是从外方言引进的说法。

这样看来，临江和寨里之间的差异主要在于寨里方言鼻音[m n]声母“麻～仔：芝麻毛猪～猫名蚊～仔年瓤脓”的读音。尽管如此，我们不能忽略临江和寨里之间古浊平声分化的一致性。至于“麻毛猫名蚊年脓”，Jerry Norman（1973：231-236）和 Jerry Norman（1989：330-333）构拟原始闽语清鼻音*mh和*nh而解释了它们的调类演变。不过，笔者认为这个处理还要进一步检验，[10] 所以本文暂且存疑。

需要强调的是，这种一致性不仅仅在临江和寨里方言之间成立，而且在临江和其他邵将区方言之间也能成立。参看龙安隆（2010）的 2. 2 和 3. 1。由于该文中已经举出了顺昌郑坊方言的例字，在此不重复。

5 结论

5. 1 光泽寨里方言里古浊平声分化的形成

在第四章我们看到了光泽寨里方言中读作入声的古浊平声字和浦城临江方言中读作

---

[7] 一般写作“塍”。

[8] 石陂缺查。

[9] “楻”是当地俗字。

[10] 比如“麻猫名年”在除了邵将区以外的闽语和客家话方言中不存在表示来自清鼻音的调类演变。

阴去的古浊平声字高度一致。光泽和浦城虽然都属于福建省南平市，但相隔甚远，将近有250 公里的路程，互相之间密切语言交流是不可能的。那么，光泽寨里方言和浦城临江方言之间的一致不能视为语言接触所形成。

由此笔者认为，寨里方言里古浊平声分化是各自独立地发生了与临江大致上相同的语音演变过程而形成的：

A		B		C		现代寨里
平*piaŋ阳平甲	＞	*biaŋ阳平乙	＞	*p^hiaŋ阳平乙	＞	p^hiaŋ^{334}阳平
棚*baŋ阳平乙	＞	*baŋ阳平乙	＞	*p^haŋ阳平乙	＞	p^haŋ^{334}阳平
薸浮萍*p^hiau阳平甲	＞	*p^hiau阳平甲	＞	*p^hiau阳平甲	＞	p^hiau^{41}入声
藤*tən阳平甲	＞	*dən阳平乙	＞	*t^hɐn阳平乙	＞	hɐn^{334}阳平
铜*duŋ阳平乙	＞	*duŋ阳平乙	＞	*t^huŋ阳平乙	＞	hŋ^{334}阳平
头*t^həu阳平甲	＞	*t^həu阳平甲	＞	*t^hɐu阳平甲	＞	hɐu^{41}入声
鳞*sən阳平甲	＞	*sən阳平甲	＞	*sɐn阳平甲	＞	sɐn^{41}入声
名*miaŋ阳平甲	＞	*miaŋ阳平甲	＞	*miaŋ阳平甲	＞	miaŋ^{41}入声
年*nien阳平甲	＞	*nin阳平甲	＞	*nin阳平甲	＞	nin^{41}入声

阶段 A、B、C 的韵母音值是暂拟的。阶段 A 是稍微晚于闽北区方言和邵将区方言共同原始语的阶段。阶段 C 是早期寨里方言，也是接近原始邵将区方言的阶段。

A＞B 的语音演变是和“早期临江＞现代临江”的演变基本上相同（参本文 3.2）。双方各自独立地发生了同一种语音演变，即：除送气音以及擦音[s ç h]声母的字以外，*阳平甲归入*阳平乙，随之清音声母变成浊音声母。只是，鼻音[m n]声母字调类的走向寨里和临江不一致，在寨里保持着*阳平甲，在临江则归入*阳平乙。其他邵将区方言也发生了与寨里相同的语音演变。

正因为如此，寨里方言、邵武方言以及其他邵将区方言（龙安隆 2010）中读作与闽北区方言阳平甲的字很少。[11]

B＞C 的语音演变，即“浊塞音、塞擦音＞送气清塞音、塞擦音”是寨里以及其他邵将区方言的共享语音演变，一般认为是客赣方言的影响所致。

5.2 山区闽语的分类

本文主要根据闽北区浦城临江方言和邵将区光泽寨里方言的材料进一步证实了龙安

11 龙安隆（2010：312）还做了另外一个很有意思的观察。跟其他闽北区方言相比，建阳方言中读作阳平乙的字异常少数。比如政和方言共有 345 个阳平乙的字，建阳则只有 55 个。他说：“原因是原来的阳平乙字大量改读阳平甲字，使得今天的阳平乙仅剩 50 多个。”建阳方言中似乎发生了与寨里和临江相反方向的调类演变：“阳平乙改读阳平甲”。在寨里和临江发生的乃是“阳平甲改读阳平乙”，导致临江只剩 24 个阳平甲字。

隆（2010：313）所提出邵武方言中读作入声的古浊平声字“与闽北闽语阴去或阳平甲里的浊平字在早期闽语中是相同的调类”的观点。这很清楚地表明邵将区方言接近闽北区方言。

多数学者认为闽语首先要分成两大类：“沿海区闽语”和“山区闽语”（参秋谷裕幸2008：273-274），后者由闽北区方言、邵将区方言以及闽中区方言组成。Jerry Norman（1986）根据他所谓“第三套清塞音和清擦塞音”的表现推论邵将区邵武和将乐方言与闽北区方言之间的关系密切。后来，秋谷裕幸（2011）指出在闽中区方言中其实也存在“第三套清塞音和清擦塞音”的反映。既然如此，这不是闽北区和邵将区的共同特点而是整个山区闽语的共同特点。

本文论述了现代邵将区方言里古浊平声的分化可以追溯到与闽北区一样的分化状态，而这种古浊平声的分化是在闽中区方言中完全观察不到的。

David Prager Branner（2000：43）曾提出这种山区闽语的分类：

A. Miinbeei	1. Kienyang, Kienow, etc.
	2. Shawwuu, etc.
B. Miinjong	Yeongan, etc.

本文所做的研究支持这一分类方案。笔者根据这一方案，把山区闽语分类如下：

闽西北区[12]	闽北片（建阳、建瓯、政和、浦城等）、
	邵将片（邵武、光泽、顺昌等）
闽中区（永安、沙县等）	

本文所讨论的古浊平声的分化就是闽西北区的鉴别性音韵特点。

5.3 其他调类的分化

本文专门讨论了古浊平声的分化。不过，这实际上是一个很大很复杂的问题的一小部分。笔者在前言里指出闽北区方言中除了古浊平声以外古浊上声、古浊去声和古浊入声都存在同样的分化。这三个调类在邵将区的表现如何是今后需要仔细考察的课题。

方言材料出处

厦门、福州、建瓯：北京大学（2003）；浦城临江、浦城仙阳、光泽寨里：秋谷裕幸调查；浦城石陂、建瓯迪口：秋谷裕幸（2008）。

参考文献

12 此处采用了沈瑞清先生的命名。

秋谷裕幸（AKITANI Hiroyuki）2004　福建石陂方言音系，《方言》2004 年第 1 期，76-91 页。
——— 2008　《闽北区三县市方言研究》，《语言暨语言学》专刊甲种十二之二，中央研究院语言学研究所。
——— 2011　闽中区方言中弱化清声母的反映，《开篇》（日本・好文出版）30，275-278 页。
Branner, David Prager 2000 *Problems in Comparative Chinese Dialectology: The Classification of Miin and Hakka*, Berlin · New York: Mouton de Gruyter.
北京大学中国语言文学系语言学教研室 2003　《汉语方音字汇》（第二版重排本），1989 年第二版，语文出版社。
Handel, Zev 2003　Northern Min Tone Values and the Reconstruction of "Softend Initials", *Language and Linguistics* 4-1，47-84 页。
龙安隆 2010　福建邵武方言浊平入化的性质，《方言》2010 年第 4 期，310-314 页。
Norman, Jerry（罗杰瑞）1973　Tonal Development in Min，*Journal of Chinese Linguistics* 1-2，222-238 页。
——— 1986　闽北方言的第三套清塞音和清擦塞音，《中国语文》1986 年第 1 期，38-41 页。
——— 1989　What Is a Kèjiā Dialect ?，《中央研究院第二届国际汉学会议论文集・语言文字组（上册）》，323-344 页。

台灣海陸客語的動結述補結構[1]

遠藤　雅裕
中央大學

台灣海陸客語的結果補語(VR)結構具有不少異於標準華語的特色。本文對海陸客語的 VR 結構加以整理，通過與標準華語的對比研究總結出了兩點結論：[1] VR 結構的結合程度相對低；[2]VR 結構的使用条件相對受限制。這些特點反映了海陸客語具有選擇像似性(iconicity)相對高的詞序的傾向。最後本文提倡從連動結構(serial verb construction)的角度來研究 VR 結構。

客家話　動結述補結構　像似性　連動結構

1 前言

台灣海陸客語是漢語系語言(Sinitic languages)之一，而其結果補語述補結構(包括動相/趨向補語在內，簡稱為 VR 結構)具有不少異於標準華語的特色。本文對海陸客語的 VR 結構加以整理，通過與標準華語的對比研究總結出了兩點結論：[1] VR 結構的結合程度相對低；[2]VR 結構的使用條件相對受限制。這些特點反映了海陸客語具有選擇像似性(iconicity)相對高的詞序的傾向。

2 先行研究

先行研究主要根據標準華語的 VR 結構框架對漢語系語言的 VR 結構進行討論，如，香港粵語(張洪年 2007)、台灣閩南語(楊秀芳 1991、湯廷池等 1997)、台灣四縣客語(羅肇錦 1988)、連城客語(項夢冰 1997)、台灣東勢客語(江敏華 2007)等。遺憾的是漢語系語言的 V 與 R 之結合程度以及 VR 結構的適用範圍尚未得到深入的探討。本研究主要討論海陸客語 V 和 R 的結合程度以便填補先行研究的空白。

---

[1] 本文是在國際中國語言學學會第 19 屆年會(2011 年 6 月 11 日，中國天津，南開大學)上宣讀後加以修改的。會上承蒙不少老師和同仁提出了寶貴的意見，謹此再致謝忱。另外，本文是獲得日本學術振興會科學研究費補助金(平成 21-23 年度基盤研究 C 一般、課題番號：21520449)資助而進行的研究成果之一。語料來自筆者的田野調查。合作人是退休國小老師詹智川先生。詹老師是新竹縣新埔人，1939 年出生。此次承蒙詹老師的熱心協助，在此謹致謝忱。

3 海陸客語 VR 結構的特色

海陸客語 VR 結構的特色有如下兩點：

(01) [1] VR 結構的結合程度相對低(V 和 R 的獨立性相對高)。
[2] VR 結構的使用條件相對受限制。

V 和 R 之間可插入的成份多於標準華語，而且有一些標準華語包含 VR 結構的句子不能以相對應的 VR 結構來表現(不可構成 V 為不及物動詞(intransitive verb)的 VR 結構)。海陸客語選擇與所指的事態之間有平行密切關係的、像似性(iconicity)相對高的詞序。下面舉例論證這些特點。

3.1 VR 結構的結合程度

標準華語的 VR 結構，除了可將「得/不」插進去形成可能補語述補結構(V 得/不 R)之外，其他任何成份都不能出現在這個位置。可以說是一個結合程度相當高的語法單位。因此，趙元任(2002)在複合詞的框架裡討論 VR 結構，Li and Thompson(1981:54-58)直接把它稱作結果複合動詞(resultative verb compound)，朱德熙(1982:126)指出 VR 結構「在語法功能上相當於一個動詞」，至少是結合程度比短語更高的語法單位(石村 2008)。

與此相比，海陸客語的 VR 結構的結合程度相對低，除了可插入「tet^{5} 得/ $m̩^{55}$ 唔」形成可能補語述補結構之外，在 V 與 R 之間還能插入不少成份，形成如下所示的格式。

(02) [1] VOR：有些賓語(O)可出現在 VR 之間。
[2] VnegR：否定詞(neg)為「mo^{55} 無」(沒有)或「$maŋ^{55}$□」(尚未)。
[3] V「$ʒiu^{53}$ 有」R：「有」為實現(realis)情態詞。
[4] V「voi^{33} 會」R:「會」為非實現(irrealis)情態詞，其否定形式為 V「$m̩^{55}$ voi^{33} 唔會」R。
[5] V「a^{33} 啊」R：不能獨立成句，表示 VR 所示的動作後立刻就開始另一種動作。
[6] V「pun^{53} ki^{55} 分佢」R：整句表示祈使。
[7] V「得」OR/ VO「唔」R 等：帶賓語的可能補語述補結構。

VOR 與 VRO、VnegR 與 negVR 等都是相對應的格式，而兩者的使用情況並不是相同的，總的情況是前者的使用頻率較低。比如，VOR 的適用範圍小於 VRO，VnegR 有語境的限制。根據 Aikhenvald(2006)做出的連動結構(serial verb construction)的分類，當 R 由封閉型詞彙(closed class，如動相詞(phase)「to^{35} 倒」)構成，而 VR 結構為非對稱(asymmetrical)結構時，一般不能採取 VXR 格式(X 為某種成份)。下面分別討論如上所示的格式。

3.1.1 VOR 格式

這種格式相當於上古漢語的隔開式。VR 的賓語一般放在 VR 的後面形成 VRO 格式，但是有一些情況下，亦可把賓語放在 V 和 R 之間，形成 VOR 格式(例句中加上橫線的是 O)。

(03) ʧoŋ^{53} sam^{53} ʃit^{32} tsiu$^{35\text{-}33}$ tsui^{21} le^{53}

張三 食 酒 醉 了。 (張三喝醉了酒。)

(04) lia^{55} pʰien^{53} vun^{55} ʧoŋ^{53} ŋai^{55} sia$^{35\text{-}33}$ toŋ^{53} to^{53} sɨ^{33} {m̩^{55} ʧʰok^{32} / tsʰo^{21}}

□(這) 篇 文章 我 寫 當(很) 多 字 {唔著(不對)/ 錯 }。

(這篇文章我寫錯了很多字。)

(05) lin^{55} ʃa^{21} tsʰau^{55} ki^{55} siaŋ^{35}

鄰舍 吵 佢 醒。 (鄰居吵醒了他。)

就 R 的語義指向(semantic orientation)來講，例句(03)的 R 是「張三」(S)，例句(04)的 R 是「當多字」(O)，例句(05)的 R 是「佢」(O)。後兩者的賓語句法上的地位不同。前者的「當多字」是及物動詞「寫」的受事(或結果)。換言之，這個句子有論元分享(shared argument)的情況，即 O of V=S of R(Aikhenvald 2006:15)。而後者的「吵」不是及物動詞，因此不能說「佢」是「吵」的受事。這個句子沒有論元分享的情況。表面上看，是兩個個別的下位事態(sub-event)的並列。但是，例句(05)和 VRO 格式的例句(06)語義基本上相同。例句(06)的 VR 結構具有致使義。因此例句(05)的兩個下位事態之間應該有如「鄰舍吵[cause]佢醒」這樣的致使關係。換言之，這種致使義源自 VOR 格式本身。

(06) lin^{55} ʃa^{21} tsʰau^{55} siaŋ$^{35\text{-}33}$ ki^{55}

鄰舍 吵 醒 佢。 (鄰居吵醒了他。)

VOR 受到若干限制，能產性不高。比如，例句(03)的說法可能是固定的。項夢冰(1997:326)認為福建連城客語的 VOR 格式是「熟語性的說法」。總之，VOR 不如 VRO 那麼普遍。一些情況不能採取 VOR 格式，如，例句(07)a 能說，而 (07)b 則不能說。

(07) a. vu$^{35\text{-}33}$ tsʰiuŋ^{55} ta$^{35\text{-}33}$ si^{35} lo$^{35\text{-}33}$ fu^{35} le^{53}

武松 打 死 老虎 了。 (武松打死了老虎。)

b. *vu$^{35\text{-}33}$ tsʰiuŋ^{55} ta$^{35\text{-}33}$ lo$^{35\text{-}33}$ fu^{35} si^{35} le^{53}

武松 打 老虎 死 了。

3.1.2 VnegR 格式

VR 結構的否定詞為「mo^{55} 無」(沒有)或「maŋ^{55}□」(尚未)等。其否定形式有兩種。一種是 negVR，是與標準華語相同的(例句 08a,09a，加上橫線的是 neg)。另一種是 VnegR，是標

準華語所沒有的 (例句 08b,09b)。

(08)a. tʰi^{33} nai^{55} mo^{55} so^{21} tsʰiaŋ^{33}
地泥 無 掃 淨(乾淨)。 (地板沒掃乾淨。)
b. tʰi^{33} nai^{55} so^{21} mo^{55} tsʰiaŋ^{33}
地泥 掃 無 淨。

(09)a. maŋ^{55} ʃit^{32} tʰet^{5}
□ 食 掉(完)。
b. ʃit^{32} maŋ^{55} tʰet^{5}
食 □ 掉。 (還沒吃完。)

據合作人和鍾榮富(2004)[2]等指出，這兩種形式的語義相同。但是，既然形式不同，語義亦應不同。在 VnegR 之中，否定詞的否定範圍(scope)只限於 R，而 negVR 的否定詞的否定範圍則是 V 或整個 VR[3]。因此應該會產生所指事態之不同。R 為趨向詞時，其不同便會更為明顯地反映出來，如：

(10)a. mo^{55} mai^{53} ʧon^{35} loi^{55}
無 買 轉(回) 來。
b. mai^{53} mo^{55} ʧon^{35} loi^{55}
買 無 轉 來。

例句(10)a 表示「沒有買到東西而人回來了」，其否定範圍為「買」(V)，而(10)b 表示「人還沒回來(買到東西與否無關)」，其否定範圍為「轉來」(R)。

VnegR 格式也有一定的限制。有如下兩種條件時，一般不採取 VnegR。

[1] R 由封閉型詞彙構成，而 VR 結構為非對稱結構。比如，例句(11)的「to^{35}倒」為表示動作行為實現的動相詞。

(11)a. mo^{55} kʰon^{21} to^{35}
無 看 倒。(沒看到。)
b. *kʰon^{21} mo^{55} to^{35}
看 無 倒。

[2] VR 缺乏意圖性(intention)。比如，例句(12)的「tʰiu^{21}□」(滑)一般不是主事者故意所為，其結果「to^{35}倒」(與動相詞的「to^{35}倒」不同)也不是主事者動作的目的。

(12)a. mo^{55} tʰiu^{21} to^{35}
無 □(滑) 倒。(沒滑倒。)
b. *tʰiu^{21} mo^{55} to^{35}
□ 無 倒。

---

[2] 鍾榮富(2004)的材料是南部四縣客語。

[3] 峰岸(2006:201)指出孤立語系語言的否定詞放在否定範圍之內的動詞之前。比如，越南語有如下的情況；Anh ấy(他) đã(已) không(沒) đập(打) vỡ(碎) kính cửa sổ(窗玻璃).(他沒有打碎窗玻璃)：Anh ấy đã đập không vỡ kính cửa sổ.(他打了窗玻璃而窗玻璃沒被打碎)(三上 2007:177)。台灣閩南語也有類似的特點(Li, Ying-che 1988, Cheng 1997)。江敏華(2007:237)就台灣東勢客語的「V 有/無 R」和「有/無 V R」指出前者「偏重過程的描述」，而後者「則強調結果的達成與否」。

3.1.3. V「ʒiu^{53}有」R 格式

在 VR 之間亦可插入實現情態詞「有」[4]，形成 V「有」R 格式。「有」表示其後面 R 所示的狀態確實存在。這個格式是有標(marked)的。一般情況下採取的不是 V「有」R 格式，而是 VR 格式。加上「有」字以後產生特意解釋情況的含義。

(13) so^{21} ʒiu^{53} tsʰiaŋ^{33} mo^{55}? — so^{21} ʒiu^{53} tsʰiaŋ^{33} le^{53}

掃　有　淨　無？—掃　有　淨　了　　(掃乾淨了嗎？—掃乾淨了。)

(14) tsʰut$^{5-32}$ tet$^{5-32}$ kim^{53} mo^{55}? — tsʰut$^{5-32}$ ʒiu^{53} kim^{53} le^{53}

□(擦)　得　金　無？—□　有　金　了。　(擦得亮嗎？—已經擦亮了。)

V「有」R 格式也具有兩種限制。[1]在很多情況下，這個格式出現在問句的回答當中，不能單獨說。[2] 當 R 由封閉型詞彙構成，VR 結構為非對稱結構時，一般不能採取此格式(例句 15b)。

(15)a. ʒiu^{53} kʰon^{21} to^{35} le^{53}

有　看　倒　了。(看到了。)

b. *kʰon^{21} ʒiu^{53} to^{35} le^{53}

看　有　倒　了。

3.1.4. V「voi^{33}會」R 格式

在 VR 之間亦可插入非實現情態詞「會」，形成 V「會」R 格式。其否定形式為 V「m̩^{55} voi^{33}唔會」R 格式。「會」表示擁有某種能力或可能性。

(16) lia^{55} tuŋ^{53} si^{53} ʃit^{32} voi^{33} pau^{35} kai^{21}

□(這) 東西　食　會　飽　個(的)。　　(這東西是可以吃飽的。)

(17) ʃit^{32} m̩^{55} voi^{33} pau^{35}

食 唔 會　飽。　　(怎麼吃也吃不飽。)

這個格式相當受限制，不是所有的 VR 結構都能夠形成這種格式，而且肯定形式和否定形式是不平衡的。一般肯定形式受較大的限制，比如，「kʰon^{21} tsʰin^{53} tsʰu^{35}看清楚」可形成否定形式(例句 18b)而不能形成肯定形式(例句 18a)。與「VnegR」、「V 有 R」相同，R 由封閉型詞彙構成時，一般不能形成 V「會/唔會」R 格式，比如，「kʰon^{21} to^{35}看倒」(看到)就不能

---

4 對於漢語系語言的動詞前置「有」有幾種看法；[1]過去時制標誌(Hashimoto 1973)，[2]體標誌(完整/完成等)(Chappell 1992、石毓智 2004、竇煥新 2006、陳前瑞等 2010 等)，[3]實現情態詞(Cheng1997、曹逢甫 1998、鄭縈 2005、陳淑環 2009 等)。本文姑且採用第三個結論。海陸客語的「有」可和進行體標誌「到□位 to^{21} kai^{55} vui^{33}」一起出現，如；你正式有到□位做功課 ŋi^{55} tʃin^{21} ʃit^{5} ʒiu^{53} to^{21} kai^{55} vui^{33} tso^{21} kuŋ^{53} kʰo^{21}(你真的在做功課)。如果「有」是完整體標誌的話，句子本身應該有界限，與沒有界限的非完整體標誌在一起的話，自然是有矛盾的。

形成這個形式(例句 19)。

(18)a. *k^{h}on^{21} <u>voi^{33}</u> ts^{h}in^{53} ts^{h}u^{35}
看 <u>會</u> 清楚。

b. k^{h}on^{21} <u>m̩^{55} voi^{33}</u> ts^{h}in^{53} ts^{h}u^{35}
看 <u>唔 會</u> 清楚。
(怎麼看也看不清楚。)

(19)a. *k^{h}on^{21} <u>voi^{33}</u> to^{35}
看 <u>會</u> 倒。

b. *k^{h}on^{21} <u>m̩^{55} voi^{33}</u> to^{35}
看 <u>唔 會</u> 倒。

據手頭的材料顯示，這種限制的涵蓋範圍比 VnegR 格式大。

3.1.5. V「a^{33} 啊」R 格式

V「啊」R 格式用在複句的前句，表示 VR 所指的動作行為剛剛完成[5]。R 由封閉型詞彙構成時，亦可形成此種格式(例句 21)。

(20) ki^{55} ʃit^{32} la^{33} sot^{5} sɨ^{33} tseu^{35} le^{53}
佢 食 <u>啊</u> □(完) □(就) 走 了。 (他吃完了就走了。)

(21) ki^{55} ʃit^{32} la^{33} to^{35} ts^{h}iu^{33} eu^{35}
佢 食 <u>啊</u> 倒 就 嘔。 (他吃了就吐。)

3.1.6. V「pun^{53} ki^{55} 分佢」R 格式

V「分佢」R 格式均具有祈使義。「pun^{53} 分」是使令動詞，代詞「佢」指的是 V 的受事(=主題化的受事)。相對應的標準華語 VR 結構具有使動義，而海陸客語用「分」將這種隱性使動義顯現出來。這個格式接近漢代的使令式。

(22) kai^{55} ʧak^{5} pui^{53} ə^{55} ts^{h}ut$^{5\text{-}32}$ pun^{53} ki^{55} kim^{53}
□(那) 隻 杯仔 □(擦) 分(使) 佢 金(亮)。 (把那個杯子擦亮。)

(23) lia^{55} ts^{h}uŋ^{55} ʃu^{33} ə^{55} p^{h}ut^{32} pun^{53} ki^{55} vaŋ^{33}
□(這) 欉 樹仔 □(砍) 分(使) 佢 橫(倒)。 (把這棵樹砍倒。)

3.1.7. 可能補語述補結構

根據吳福祥(2003)的研究，海陸客語的可能補語述補結構和賓語的位置組合有五種(遠藤

---

5 「a^{33} 啊」亦可出現在離合詞之中，如，「lia^{55} ʧak^{5} se^{21} ŋin^{55} nə^{55} pot$^{5\text{-}32}$ la^{33} p^{h}iaŋ^{33} sɨ^{33} fat$^{5\text{-}32}$ ʃau^{53}□隻細人仔發<u>啊</u>病□發燒。」(這個小孩兒一病就發燒)。「pot$^{5\text{-}32}$ p^{h}iaŋ^{33} 發病」算是離合詞。

2011)。其中甲類和乙類均為在標準華語當中見不到的(參看下表)。

海陸客語可能補語述補結構的類型

肯定		否定	
甲 a	V 得 OR	甲 n	VO 唔 R
乙 a	VO 得 R	乙 n	—
丙 a	V 得 RO	丙 n	V 唔 RO

(24)a. tsuk$^{5-32}$ tet$^{5-32}$ kai^{55} ʧak^{5} kuai$^{35-33}$ ə^{55} to^{35}

捉 得 □(那) 隻 □仔(青蛙) 倒

b. tsuk$^{5-32}$ kai^{55} ʧak^{5} kuai$^{35-33}$ ə^{55} tet$^{5-32}$ to^{35}

捉 □ 隻 □仔 得 倒

c. tsuk$^{5-32}$ tet$^{5-32}$ to$^{35-33}$ kai^{55} ʧak^{5} kuai$^{35-33}$ ə^{55}

捉 得 倒 □ 隻 □仔

如上所示，動相詞「倒」也可以出現在這些格式中。可能補語述補結構沒有 VOR、VnegR、V「有」R、V「會」R 等格式的使用限制。

綜上所述，海陸客語 VR 結構的構成成份為實詞性（開放性詞彙(unrestricted class)）時，其獨立性相對高，詞序與事態之間像似性也相對高。

3.2. VR 結構的使用限制

海陸客語的 VR 結構使用限制多於標準華語。標準華語 V 為不及物動詞的 VR 結構帶賓語時具有使動義。海陸客語亦有此種 VR 結構，卻很少使用，而一般選擇其他幾種句式，如：

[1] 狀態補語結構(V 到 OR)　　例句(25),(26)a

[2] 賓語主題化(topicalization)　　例句(26)b

[3] 處置句　　例句(27)

(25) ki^{55} kiau^{21} to^{21} muk^{32} ʧu^{53} fuŋ^{55} fuŋ^{55}

佢 叫(哭) 到 目珠(眼睛) 紅紅。　　(他哭紅了眼睛。)

(26)a. ʧoŋ^{53} sam^{53} tʰiam$^{35-33}$ to^{21} ʃin^{53} tʰi^{35} fai^{33} tʰet^{5} le^{53}　　(張三累壞了身體了。)

張三 □(累) 到 身體 壞 掉 了。

b. ʧoŋ^{53} sam^{53} ʃin^{53} tʰi^{35} tʰiam$^{35-33}$ fai^{33} tʰet^{5} le^{53}

張三 身體 □(累) 壞 掉 了。

(27) tʰai^{33} kʰeu^{53} e^{21} lau^{53} ten^{21} nə^{55} tsʰo^{53} lap^{32} tʰet^{5}　　(胖子坐塌了椅子。)

大□□(胖子) □(把) 凳仔 坐 □(蹋) 掉。

標準華語的 VR 結構猶可形成如下的句子(例句 28)。主語「這瓶酒」是動詞「喝」的受事，而賓語的「張三」是「喝」的主事者(石村 2008:10)。海陸客語不採取這種 VRO 格式，而採取處置句(例句 29a)或 VOR 格式(例句 29b)。

(28) 這瓶酒喝醉了張三。

(29)a. ʧoŋ⁵³ sam⁵³ tʰuŋ⁵⁵ lia⁵⁵ kon²¹ tsiu³⁵ ʃit³² tʰet⁵ tsui²¹ le⁵³

張三　同(把) □(這) 罐　酒　食　掉　醉　了。

b. ʧoŋ⁵³ sam⁵³ ʃit³² lia⁵⁵ kon²¹ tsiu³⁵ (ʃit³²) tsui²¹ le⁵³

張三　食 □(這) 罐　酒　(食)　醉　了。

可見，海陸客語傾向於選擇像似性較高的結構(狀態補語以及 VOR)。除此之外，這裡還要強調一下原型 VR 結構的使用條件是：**S 為主事者、V 為及物動詞**。

4 總結與餘論

4.1 總結

海陸客語的 VR 結構和標準華語相比，其結合程度相對低，其使用情況也沒有標準華語廣泛。反過來看，標準華語的 VR 結構是結合程度相當高的語法單位，其涵蓋的領域也十分廣泛。換言之，標準華語的 VR 結構很發達，而海陸客語的 VR 結構沒有標準華語發達。

VR 結構是連動結構(serial verb construction)之一，大部分相當於 Aikhenvald(2006)所分類的開關功能連動結構(Switch-Function SVCs)的因果關係連動結構(cause-effect SVCs)。下邊參考 Aikhenvald(2006:3-4)的連動結構判斷基準(30)，描寫一下海陸客語 VR 結構(31)[6]。

(30) [1] 組合性(composition)：

對稱(symmetrical)：開放性詞彙(unrestricted class)構成 V_1V_2。

非對稱(asymmetrical)：V_1V_2 包含封閉性詞彙(restricted class)。

[2] 連接性(contiguity)：構成成份是否相鄰。

[3] 詞彙性(wordhood of compsion)：V_1V_2 在語法功能、音韻上是否形成一個詞。

(31) [1] 組合性：對稱和非對稱的組合都有。後者 R 的成員是動相詞和趨向詞。

[2] 連接性：V 和 R 的連接較鬆，中間可插入的成份多於標準華語，相對來說，傾向於非連接性(non-contiguity)。

[3] 詞彙性：雖然具有以 VR 為一個語法單位的傾向，但 VR 結構的詞彙性相對低。

6 暫時不討論第四個基準「語法標誌 marking of grammatical categories」。但可以說，海陸客語的動後標誌不太發達，沒有標誌也可以表示體貌等語法範疇(參看遠藤 2010a,b)。

4.2 餘論：其他孤立系語言的情況

中國南方以及東南亞的孤立系語言的 VR 結構，雖然具體情況各有一些差異，但一般具有像似性較高、其結合程度相對低等特色[7]。

就像似性來說，客語、閩語選擇像似性相對高的詞序，如，台灣東勢客語的「「V 有/無 R」偏重過程的描述」(江敏華 2007:237)，台灣閩南語的 VR 結構與事態之間有平行關係(Li, Ying-che 1988)。

就結合程度來講，可以說客語 VR 結合程度均不如北方漢語高，如，廣東梅縣(侯復生 2002)、五華(朱炳玉 2010)、福建長汀(饒長溶 2009)等客語均有「V 啊 R」格式：台灣東勢客語有「V 有/無 R」格式(江敏華 2007)。台灣閩南語 VR 結構的結合程度也低，如，可插入「會 e^{33}」、「𣍐be^{33}」(不會)、「有 u^{33}」、「無 $bə^{13}$」(沒有)等成份[8](張屏生等 2010:223)。湯廷池等(1997:294)就台灣閩南語動詞(V)和動相詞(P)的結構指出 VP 結構的結合程度比標準華語更鬆懈，如上所示的成份以外還可插入受事者介詞組「予伊」、範圍副詞「攏」、動貌副詞「猶未」。

遺憾的是目前各種語言的 VR 結構句法特色的相關報告不算豐富。而報告相對豐富的是 VOR 格式，如：湘潭湘語(例句 32)、溫州吳語 (例句 33)、泉州閩語 (例句 34)、廈門閩語 (例句 35)、汕頭閩語 (例句 36)、連城客語 (例句 37)、壯語(例句 38)、臨高話(例句 39)、傣語(例句 40)、仫佬語(例句 41)、越南語(例句 42)以及高棉語(例句 43)等。這個格式的限制因語言而異，大致的情況是漢語系語言使用限制大[9]，而非漢語系語言限制小或沒有。

(32) 吃酒醉噠(了)。 (曾毓美 2001:96)
=吃醉噠(了)酒。 (喝酒喝醉了。)
(33) 渠(他)好容易養三個妹妹(孩子)大。 (潘悟雲 1997:74)
(34) 食日晝飽就去了。 (李如龍 1997:133)
(吃飽飯就走了。)
(35) $i^{55\text{-}11}$ $si^{11\text{-}31}$ $tsiaʔ^{5\text{-}31}$ $bi^{53\text{-}55}$ tua^{11} e (周長楫等 1998:392)
伊 是 食 米 大 的。 (他是吃米吃大的。)
(36) 者個是蜈蜞，愛拍伊死無□($hi^{213\text{-}55}$)易。 (施其生 1997:152)
(這是螞蝗，要打死它沒那麼容易。)

---

[7] 粵語雖然是南方漢語之一，但其 VR 結構類似於標準華語。張洪年(2007:113)就香港粵語指出 V 和 R「結成結果補語的關係之後，就變成一個整體，組成一個複合的謂詞」。

[8] 湯廷池等(1997)指出這些成份均為情態動詞，而張屏生等(2010:223)指出為結構助詞。

[9] 漢語系語言的 VOR 格式均有程度不等的限制，如：上海吳語的賓語只能是第三人稱單數代詞、動詞以及補語均為單音節、句式帶有使令意義(徐烈炯等 1998:216)；溫州吳語的賓語必須是定量的；泉州閩語的 VOR 不能獨立成句；汕頭閩語的賓語必須是代詞；連城客語的 VOR 限於熟語性的。

(37) ɕieʔ^{5} tsʰiu^{33} puə^{51} (項夢冰 1997:326)
食 菜 飽。 (指人光吃菜不吃飯。)

(38) kɯn^{1} hau^{1} im^{5} (王均等 1984:83)
吃 飯 飽。 (吃飽飯。)

(39) kə^{2} kit^{7} nok^{8} hu^{2} dai^{1} lo^{3} (張元生等 1985:182)
他 打 鳥 隻 死 了 (他打死了那隻鳥。)

(40) xau^{1} jɯ^{2} sə^{1} taːi^{1} to^{1} nɯŋ^{6} (王均等 1984:298)
他 射 老虎 死 隻 一 (他打死了一隻老虎。)

(41) həi^{2} ʦaːn^{1} hu^{3} kɤaŋ^{1} lɔ (王均等 1984:492)
我 吃 飯 飽 了 (我吃飽飯了。)

(42) Tôi ăn phở no rồi. (三上 2007:169)
我 吃 米粉 飽 了。 (我吃飽了米粉。)

(43) prɔɔpɔ̀n vèəj klaa slap (上田 1998:61)
妻子 打 老虎 死 (妻子打死了老虎。)

橋本(1978)曾經指出亞洲大陸的語言形成一個連續體。可見，VR 結構的情況在漢語系語言和非漢語系孤立語之間有一定的連續性。大致可以說，越往北結合程度越高，越往南結合程度越低。換言之，VR 結構和連動結構有著密切的關係。因手頭的材料有限，這次只是窺豹一斑而已。以後擬從類型學的角度探討包括海陸客語在內的東亞、東南亞孤立語系語言的 VR 結構和連動結構。

文獻目錄

遠藤雅裕 2010a. 「台湾海陸客家語のアスペクト体系」,『現代中国文化の光芒』.25-64 頁。

遠藤雅裕 2011. 「台湾海陸客家語の補語」,『文法記述の諸相』.131-174 頁。

橋本萬太郎 1978. 『言語類型地理論』。東京：弘文堂。

石村広 2008. 『中国語の結果構文に関する研究—VR 構文の意味構造とヴォイス—』(東北大学大学院博士論文)。

三上直光 2007.「ベトナム語の結果表現について」,『慶応義塾大学言語文化研究所紀要』38:169-189 頁。

峰岸真琴 2006.「動詞連続と言語理論の諸前提」,『東ユーラシア言語研究』第 1 集(東京：好文出版).191-211 頁。

上田宏美 1998.「クメール語の動詞連続に関する一考察」,『慶応義塾大学言語文化研究所紀要』30:53-69 頁。

曹逢甫 1998. 「台灣閩南語中與時貌有關的語詞“有”、“Ø”和“啊”試析」,『清華學報』

28-3 :299-334 頁。
陳前瑞・王繼紅 2010.「南方方言“有”字句的多功能性分析」,『語言教學與研究』2010-4 :47-55 頁。
陳淑環 2009.「負遷移根源探討－以惠州方言的“有”字句為例」,『宜賓學院學報』4 :101-104 頁。
竇焕新 2006. 「台灣普通話中的“有+動詞”研究」,『渤海大學學報(哲社版)』28-3 :47-50 頁。
遠藤雅裕 2010b. 「台灣海陸客語的完整體」,『台灣語文研究』(台灣語文學會)5-1 :37-52 頁。
侯復生 2002.「梅縣方言謂詞後面的“阿”」,『客家方言研究(第四屆客方言研討會論文集)』(暨大學出版社) .332-343 頁。
江敏華 2007. 「東勢客語的動補結構初探」, *Journal of Chinese Linguistics*. 35-2: 225-266.
李如龍 1997. 「泉州方言的動詞謂語句」,『動詞謂語句』(暨南大學出版社).121-135 頁。
羅肇錦 1988. 『客語語法』,台北：台灣學生書局。
潘悟雲 1997. 「溫州方言的動詞謂語句」.『動詞謂語句』(暨南大學出版社).58-75 頁。
饒長溶 2009. 「長汀客話幾種有點特色的語法現象」,『客家方言研究』.429-445 頁。
施其生 1997. 「汕頭方言的動詞謂語句」,『動詞謂語句』(暨南大學出版社).136-152 頁。
石毓智 2004. 「漢語的領有動詞與完成體的表達」,『語言研究』24-2 :34-42 頁。
湯廷池・湯志真・邱明麗 1997. 「閩南語的「動貌詞」與「動相詞」」,『橋本萬太郎紀念中國語學論集』(東京：內山書店) 283-302 頁。
王均等 1984. 『壯侗語族語言簡誌』,北京：民族出版社。
吳福祥 2003.「南方方言能性補語結構“V 得/不 C”帶賓語的語序類型」,『方言』2003-3: 243-254 頁。
項夢冰 1997.『連城客家話語法研究』,北京：語文出版社。
徐烈炯・邵敬敏 1998. 『上海方言語法研究』,上海：華東師範大學出版社。
楊秀芳 1991.『臺灣閩南語語法稿』,台北：大安出版社。
曾毓美 2001. 『湘潭方言語法研究』,長沙：湖南大學出版社。
張屏生・蕭藤村・呂茗芬 2010. 『嘉義縣方言志』(上・下冊),高雄：中山大學出版社。
張洪年 2007. 『香港粵語語法的研究(增訂版)』,香港：中文大學出版社。
張元生・馬加林等編著 1985. 『海南臨高話』,南寧：廣西民族出版社。
趙元任 2002. 『中國話的文法(增訂版)』(丁邦新譯),香港: 中文大學出版社。
鄭縈 2005.「台灣客語動詞「有」的語法特點與語法化」,『臺灣語言教學與研究』6 : 31-47 頁。
鍾榮富 2004.『台灣客家語音導論』,台北：五南圖書出版股份有限公司。
周長楫・歐陽憶耘 1998. 『廈門方言研究』,福州：福建人民出版社。
朱炳玉 2010. 『五華客家話研究』,廣州：華南理工大學出版社。
朱德熙 1982. 『語法講義』,北京：商務印書館。
Aikhenvald, Alexandra Y. & R. M. W. Dixon (ed.) (2006) *Serial Verb Constructions: A Cross-linguisitc Typology*. Oxford : Oxford University Press.

Chappell, Hilary. 1992. Towards a typology of aspect in Sinitic languages. *Chinese Languages and Linguistics* 1: 67-106.

Cheng, Robert. 1997. Tense interpretation of four Tiwanese modal verbs. 『台、華語的時空、疑問與否定』(台北: 遠流出版公司). 19-36.

Hashimoto, Manrato J. 1973. *The Hakka Dialect: A Linguistic Study of Its Phonology Syntax and Lexicon*. Cambridge: Cambridge University Press.

Li, Charles and S.A. Thompson. 1981. *Mandarin Chinese: A Functional Reference Grammar*. Berkeley: University of California Press.

Li, Ying-che. 1988. A comparative study of certain verb phrase constructions in Mandarin and Hokkien. 『現代台灣話研究論文集』(台北：文鶴出版有限公司).147-163.

早期粤語資料の文体考

—ウイリアムス『拾級大成』における文末助詞“呢”の用法を中心に—

竹越　美奈子
愛知東邦大学

1842年成书的《拾级大成》是研究早期粤语的重要资料。编者卫三畏在编写该书时特别注意到了粤语中的语体差异。例如，第五章的会话分为三个部分，即与教师的对话、与买办的对话以及与佣人的对话，作者采用不同的口语语体编写了这些对话。拙文首先介绍该书记录的口语中所存在的几种不同类型的口语语体，并分析在不同的对话中句末助词的使用情况。通过对当时助词的使用情况与现代助词的使用情况的对比，我们可以发现：当时知识分子在较为正式的场合或在就学术性话题进行交流时，多使用句末助词“呢”；而在谈论日常生活或与非知识分子进行对话时，则多使用“呀”或者不使用任何其它助词。

早期粤语　卫三畏《拾级大成》　句末助词　“呢”　社会语言学

1 はじめに

早期粤語資料の多くは書面語、行政官の言語(court language)、現地語などを詳細に区別しており、編者が中国の複雑な言語生活に注意を払い、実用的な言語を習得して伝えようとしたことがわかる。その中でも、1842年のウイリアムスの教科書『拾級大成*(Easy Lessons in Chinese)*』は全十章からなる総合的な広東語の教科書で、内容は漢字の知識から講読、会話、翻訳など広範囲に及び[1]、特に第五章は会話の例と明示して書面語と区別している。

> 本課（＝第五課）の課文は第一に、簡便な文章を解釈する上での指針となることを目指した。ここから学者はこの方言の口語的な言い方を学ぶことができるし、書

[1] 十章の構成は、第一章:漢字の偏、第二章:漢字の旁、第三章:読み書き、第四章:読解、第五章:会話の実例、第六章:講読作品選、第七章:量詞、第八章:翻訳の実例、第九章:中国語への翻訳、第十章:講読と翻訳、(Chapter I : of the radicals, II : of the primitives, III: of reading and writing, IV : lesson in reading, V : exercises in conversation, VI : selections for reading, VII : the classifiers, VIII : exercises in translating, IX : exercises in translating into Chinese, X : lessons in reading and translating)となっている。

面語について記した前の課と比べることによって、両者（＝書面語と口語）の主な相違点に気づくだろう[2]。

そしてさらに重要なのは、ウイリアムスが、口語体の中にもさらにバリエーションがあり、社会的な階層によって使い分けるということを意識して、第五章を教師との会話、買弁との会話、使用人との会話の三部構成にしている点である。買弁との会話と使用人との会話についてウイリアムスは、

買便と使用人との二つの会話は……召使を雇っている人にとって、そして全ての階層の人との会話で大いに必要とされるであろう[3]。

と、教師に代表される読書人との会話と区別している。引用文の後半から、これが普通の口語体であって、教師のような読書人の会話がやや特殊なスタイルだと考えていたようだ。換言すれば、これは知識人も含めた全ての人が使うスタイルで、第一部（教師との会話）のようなスタイルは、知識人が公の場で使うややあらたまったスタイルなのである[4]。官話の口頭語の文体については、やや時代がさかのぼるが、17 世紀のドミニコ会宣教師のヴァロが、中国の口頭語には、書かれるときの方式で話される高雅なスタイルで知識人しか理解しないもの（第一モード）、中間的なスタイルで大部分の人が理解するもの（第二モード）、婦人や農民に説教するときに使う粗野なスタイル（第三モード）の三つのモードがあると指摘している。このうちの第二モードについてヴァロは、「優雅なので聞く人を疲れさせず、明晰なので教義が理解されやすい。布教のためにぜひとも習得が必要である」と述べている[5]。明晰で教義を説明するのによいということは、学術的な話題などにもよいということ

---

2 These exercises are designed principally as guides in the construction of simple sentences; from them, the scholar can learn the colloquial idiom of this dialect, and by comparison with the preceding lessons in reading, also mark the principal features of difference between the two.(Williams 1842:79)

3 These two conversations with a comprador and a servant, --- are most likely to be needed by persons employing such domestics, and also to a great degree in intercourse with all classes. (Williams 1842:97)

4 一般の口語は家庭などで自然に習得されるものであるが、あらたまったスタイルは教育を受けないと習得できない。Hudson(1980)参照。

5 古屋(1996)による。古屋(1990,1998)では、明代の口頭語にも文語と口語の混交体があり、話し手の階層により文体が違っていたと指摘している。また、『紅楼夢』を題材にした山﨑(1989)では、清代の口頭語に文語的スタイル（知識人が公的な場で使う）、文語と口語の混交体（知識人が非公的な場で使う）、口語的スタイル（誰でも使う。知識人でも家庭などではこれを使う）の三つを認め、特に知識人の場合は公的な場か否か、高尚な話題か卑近な

であろう。『拾級大成』の第一部、教師との会話は、ウイリアムスが「口語的な言い回しを学ぶ」と言っていたことからも、あくまで口語のうちの上品な層、ヴァロの言う第二モードに相当すると考えられる。これに対して第二部と三部は明らかに文体が違う。例えば同じ命令・依頼文でも第一部では、

1) 個個字請先生查字典睇吓點解。（この字ですが、先生、辞書を引いてどんな意味か見ていただけませんか）(Williams1842: 81: with a teacher)

と“請”を使っててていねいに依頼しているのに対し、第二部、第三部に出てくる命令・依頼文では“請”を使っていない。

2) 你時時叫箇厨子打掃乾浄個厨房。（いつもコックに厨房をきれいに掃除させておくように。）(Williams1842: 88: with a comprador)
3) 揀邊件衣服係爛嘅拈去補呀。（ほころびのある服をより分けて修理に出せ。）(Williams1842: 88: with a servant)

第二、三部は家庭などで使われる口語、ヴァロの言う第三モードに相当するのだろう[6]。

小文は『拾級大成』を資料として、この時代の口語のバリエーションについて考察する。その際、検討材料として、疑問文に共起する文末助詞“呢”と“呀”の分布に着目する。文末助詞をとりあげるのは、いずれの助詞も広東語の口語で常用の助詞であること、一見して現代の用法と違っていること、疑問文に必須の要素ではなく使用は任意なので、その選択が話し手の何らかの態度を表明するものと考えられる、などの理由による。

2 現代広東語の“呢”と“呀”

現代広東語の文末助詞“呢[ne^{55}]”には英語の“How about～?”に相当する用法がある[7]。

4) 我係黄二,你呢？（我是黄二，你呢？）

話題かによって、三つのモードを使い分けていたとする。太田(1988)も、中国の上流社会の教養ある人は、格式張った会話においては文章語に近い言葉で話し、家庭では口語を使ったと指摘している。

[6] しかしながら、ヴァロの言葉を借りれば「粗野な」スタイルであるが、ウイリアムスも「全ての階級の人との会話で必要とされる」と言っているように、特に下品ではなく、一般的な口語であって、知識人でも公の場以外、家庭などではこれを使っていたのだろう。

[7] 張洪年(2007)。同書の初版は、1972 年で 60 年代の香港口語から例文を採取している（増訂版序）が、小論では現代広東語の資料として扱う。なお Mathews & Yip(1994:348)も、この用法を“呢”の典型的な用法としてとりあげている。

“呢”はこのほかに、選択疑問文、反復疑問文、疑問詞疑問文、さらに反語とも共起する。

5) 你鐘意呢個呢？定鐘意嗰個呢？（你喜欢这个呢？还是喜欢那个呢？）
6) 啱唔啱呢？（对不对呢？）
7) 幾多錢呢？（多少钱呢？）
8) 點解唔出聲呢？（为什么不作声呢？）（以上、張洪年 1972: 197）

以上のうち反復疑問文と疑問詞疑問文の“呢”は“呀[a^{33}]”と入れ替え可能であるが、“幾多錢呀？”が一般的な疑問文であるのに対して、“呢”を使った例文 7)の方は特に値段について質問しているような、たとえば先に大きさとか別の問題について聞いた後に聞いているような感じだという。同様に反復疑問文でも、“書貴唔貴呀？（书贵不贵呀？）”が単に本の値段を聞いているのに対して、“書貴唔貴呢？”の方は焦点が「本」に置かれている、たとえば「別の何かは高いけれど、本はどうだい？」というような感じがするという[8]。つまり、“呢”には一点に焦点を置くという機能がある[9]。“呀”は最常用の助詞であり、それ自体が何か意味を付け加えるわけではなく、主な機能は語気を和らげることである[10]。

以上をまとめると、“呀”の主な機能は語気を和らげることであるが、“呢”の方はある対象に焦点を置く働きがある。“呀”が無標なのに対して、“呢”は有標だとも言える。

3 早期粤語の用例

3.1 Williams(1842)

Williams(1842)の第五章、Exercises in Conversation（会話の実例）の第一部、教師との会話では、外国人が中国の知識人に中国語を習うという設定で、話題は中国語の勉強の始め

---

8 張洪年(1972:197)。

9 Law(1990:121-125)は、“呢”には疑問文に使われても疑問文以外に使われても、聞き手の注意を何かに引きつける機能があるとする。なお、“呢”の来源は興味深い問題である。中国の唐以降の文献に現れる句末の「在」は、ある事柄が確かに存在するという語気を表すそうである。これが在裏＞裏＞呢と演変して現代中国語北方方言の文末助詞“呢”として残ったので、似た事例は呉語など各地の方言で見られる（呂叔湘 1955、金文京 1988）。Law氏の言う通り、広東語“呢”の根本的な機能が聞き手の注意を一点に集中することだとすれば、来源が指示詞の“呢”で、係呢（ここにある、の意）＞呢と考えるのも無理はないようだ。この“係呢”は実際に Ball(1888)等に現れる。もちろん、もっと多くの事例を総合的に調べて判断しなければならない。これについては稿を改めて論じたい。

10 Mathews & Yip(1994: 340)、飯田(2007: 148)など。飯田(2007)は、多岐に渡る“呀”の機能を「聞き手への一方的な発信伝達」であると総括している。

方、漢字の偏と旁、声調、官話と方言の違いなどである。外国人が質問したい内容の中国語での質問の仕方を知ると同時に中国語に関する知識も得られるという、大変実用的な構成になっている。会話の冒頭も、

9) A: 請坐。B: 請坐。A: 高姓呀？B: 好話, 賎姓柯。
（A: どうぞお掛け下さい。B: お掛け下さい。A: お名前は何とおっしゃいますか？B:（お気遣い）ありがとうございます。柯と申します。）(Williams1842: 79)

と礼儀正しく始まっており、知識人が実際にこういう優雅な会話をしていたことがわかる。一方、第二部の買弁(comprador)との会話では（イスも勧めず）いきなり名前や年齢を聞く。

10) A: 你叫做乜名？B: 我叫阿禮。A: 你今年幾大呀？
（A: 名前は何だね？B: 阿禮です。A: 今年いくつだ？）(Williams1842: 85)

そして第三部の使用人との会話は、いきなり怠慢を咎めることから始まる。

11) 做乜你上嚟咁遲？此後你聽見我{手敖}鐘你就上樓{口鋒}。
（どうして来るのがこんなに遅いんだ？これからはベルを鳴らすのが聞こえたらすぐに上がって来い。） (Williams1842: 88)

会話の内容から判断すると、使用人の仕事は衣食住の管理、掃除などの肉体労働であり、上下関係がはっきりしているので、命令することが多い。これに対して中国語教師は相当な知識人であり丁寧なことばで会話をする。買弁はこの中間で、雇用関係は成立するが、現地で生活し、仕事をするためには欠かせない存在であり、こちらからお願いすることも多い。買弁自身も外国の事情や外国語に通じていることが多く、教養レベルも一般の使用人よりは高い。ウイリアムスは相手の教養レベルや社会的関係に合わせて場面を設定し、適切な会話能力が身に着くように意図したのである[11]。

以下の節では、各部ごとに、疑問文のタイプ別にどの文末助詞が共起するかを調べる。

3.2 第一部:教師との会話

How about 型の疑問文は現代広東語の“呢”の典型的な用法とされている。第一部では1例があり、“呀”が使用されているが、この例は相手の姓を聞く時の紋切り型とも言える。

---

[11] ただ前述のようにウイリアムス自身が、二部と三部を一括して「全ての階級との会話で使える」としていることから、文体に関しては一部 vs 二、三部ととらえるべきだろう。

12) 高姓呀？（お名前はなんとおっしゃいますか？）(79: with a teacher)[12]

現代広東語では、選択疑問文に“呢”を使うことが多い。（張洪年 1972:197）本資料でも現れる 2 例の選択疑問文はいずれも“呢”である。

13) 你要我寫楷書,抑或行書,艸書呢？（あなたは私に楷書で書いてほしいのですか。それとも行書ですか、あるいは草書でしょうか？）(83: with a teacher)
14) 寫官話定寫白話呢？（官話で書きましょうか？それとも白話で書きましょうか？）(84: with a teacher)

反復疑問文と疑問詞疑問文は、前述のように現代広東語では一般に“呀”を使った疑問文が使用されることが多いにも関わらず、教師との会話では反復疑問文は“呢”が 3 例で助詞を使わない例が 1 例、疑問詞疑問文では“呢”が 9 例で助詞を使わない例が 3 例で、“呀”の用例はなく、“呢”の用例が圧倒的に多い。

15) 個怪字有別二字同解冇呢？（この怪という字と同じ意味の字はありますか？）(81: with a teacher)
16) 咁樣你曉得唔曾呢？（こういう説明でおわかりでしょうか？）(82: with a teacher)
17) 咁樣作合文法未呢？（このような書き方は文法的でしょうか？）(84: with a teacher)
18) 你噲講英話唔噲？（英語を話すことがおできになりますか？）(85: with a teacher)
19) 而家我想學廣東省俗話,先生揀邊的捷徑教我呢？（私は今広東省の俗話を学びたいと思っております。先生はどのような近道を選んで私に教えていただけるのでしょうか？）(80: with a teacher)
20) 箇個係乜字呢？（これは何と言う字ですか？）(81: with a teacher)
21) 係乜聲呢？（第何声でしょう？）(81: with a teacher)
22) 呢個書字英話叫乜野呢？（この書という字は英語で何といいますか？）(81: with a teacher)
23) 個個叢字入乜部幾多畫呢？（この叢という字は部首は何で、何画ですか？）(81: with a teacher)
24) 個個字官話係乜音,白話係乜音,福建係乜音呢？（この字は官話では何と読みますか？白話では何と読みますか？福建では何と読みますか？）(81: with a teacher)
25) 實字點樣分呢？（実詞は何と何に分けられますか？）(84: with a teacher)
26) 虚字點分呢？（虚詞は何と何に分けられますか？）(84: with a teacher)
27) 詩係點樣嘅呢？（詩とはどのようなものでしょうか？）(84: with a teacher)
28) 个个幸字點解？（この幸という字はどういう意味ですか？）(81: with a teacher)

---

[12] 例文の後の数字は Williams1842 のページ。以下同。

29) 個句又點解？（この文はどういう意味ですか？）(82: with a teacher)
30) 呢套書幾多簿？（この本は何冊あるでしょう？）(85: with a teacher)

3.3 第二部:買弁との会話

How about 型の疑問文が 1 例あり、"呢" が使用されている。

31) A: 早茶每朝要八點鐘便{口𨰻}。B: 好唎。大餐晚茶呢？A: 大餐四點。(A: 朝食は毎朝八時にしてくれ。B: かしこまりました。夕食とお茶は？A: 夕食は四時に。) (87: with a comprador)

選択疑問文は用例がない。反復疑問文では "呢" がなく、"呀" が 1 例、助詞を使用しない例が 1 例である。

32) 你有父母冇呀？（両親はいますか？）(85: with a comprador)
33) 你娶親未？（結婚していますか？）(85: with a comprador)

疑問詞疑問文は、"呢" が 6 例、"呀" が 3 例、助詞を使わないものが 2 例あった。

34) 譬如你喺我處雇工一月要幾多工銀呢？（もし私のところで雇ったら、ひと月いくらの給料が必要かね？）(86: with a comprador)
35) 你先日在邊位人客行處呢？（これまでどなたのところにいたのかね？）(86: with a comprador)
36) 你在個處辦乜野事呢？（そこでは何をしていたのかね？）(86: with a comprador)
37) 我想用你做買辦乜誰担保你呢？（君を買弁として雇いたいのだが、誰が保証人になってくれるのか？）(86: with a comprador)
38) 你幾時帯舗盖嚟呢？（いつ荷物を持ってくるか？）(86: with a comprador)
39) 本行要幾多人使呢？（この会社では何人必要ですか？）(87: with a comprador)
40) 你今年幾大呀？（今年何歳ですか？）(85: with a comprador)
41) 有幾遠路呀？（どのくらいの距離か？）(85: with a comprador)
42) 本行幾多位人客供埋食呀？（ここでは何人の方が食事しますか？）(88: with a comprador)
43) 你叫做乜名？（名前は何ですか？）(85: with a comprador)
44) 你老子住在邊處？（父親はどこに住んでいるか？）(85: with a comprador)

3.4 第二部:使用人との会話

How about 型と選択疑問文は現れない。反復疑問文は "呢" は 2 例のみで、"呀" が 3 例、助詞を使用しない例が 1 例である。

45) 你得閒剪髮未呢？（散髪の時間はありますか？）(90: with a servant)
46) 你便唔曾呢？（準備はいいですか？）(95: with a servant)
47) 做起個張枱唔曾呀？（テーブルの用意はできたか？）(91: with a servant)
48) 你識得個人喺邊處住唔呀？（その人がどこに住んでいるか知っているか？）(92:with a servant)
49) 你有使人去叫抬轎佬唔曾呀？（車夫を呼びに行かせたか？）(95: with a servant)
50) 你要熱水剃鬚唔要？（ひげをそるのにお湯がいりますか？）(90: with a servant)

疑問詞疑問文は、“呢” が 5 例、“呀” が 6 例に対して、助詞を使わない例が 11 例もあった。

51) 衣服佬要幾多銀一百件呢？（洗濯屋は百枚でいくらか？）(89: with a servant)
52) 做乜你先時唔來呢？（さっきは何で来なかったのか？）(92: with a servant)
53) 呢的共個的邊的至好呢？（これとあれではどちらがよいか？）(94: with a servant)
54) 做乜擅自去都唔話過我聽呢？（どうして私に言わないで行ったのか？）(94: with a servant)
55) 佢點答你呢？（彼は何と答えたのか？）(94: with a servant)
56) 乜野事幹呀？（何の用事だ？）(90: with a servant)
57) 呢個箱載乜野呀？（この箱は何が入っているのか？）(91: with a servant)
58) 寄去邊處呀？（どこに出しますか？）(92: with a servant)
59) 乜人整爛個度玻璃窓門呀？（誰がこのガラス窓を壊したのか？）(93: with a servant)
60) 佢幾時番嚟呀？（彼はいつ帰るか？）(94: with a servant)
61) 你點話過佢知呀？（彼にどう言ったのか？）(95: with a servant)
62) 做乜你上嚟咁遲？（どうして来るのがこんなに遅いのか）(88: with a servant)
63) 你而家做乜野？（今何をしているのか）(90: with a servant)
64) 你愛邊個？（どれがいいか？）(88: with a servant)
65) 你要乜野？（どれがいいか？）(90: with a servant)
66) 點様爛得呢隻碟？（この皿はどうしてこわれたんだ？）(91: with a servant)
67) 你尋乜野？（何を探しているのか？）(92: with a servant)
68) 邊個書櫃？（どの本棚？）(93: with a servant)
69) 呢的邊處拈嚟？（これはどこから持ってきたのか？）(94: with a servant)
70) 呢的拈去邊處？（これをどこに持っていくのか？）(94: with a servant)
71) 我放呢的在邊處？(これはどこに置けばよいか？) (95: with a servant)
72) 你爲何咁様做？（どうしてこんなことするんだ？）(95: with a servant)

3.5 小結

表1は以上をまとめたもので、第一部から第三部で疑問文のタイプ別に共起する文末助詞の用例数と各タイプにおける割合を示している。

表1: 疑問文と共起する文末助詞:タイプ別(Williams1842: Chapter 5)

疑問文のタイプ		教師との会話	買弁との会話	使用人との会話	計(%)
How about	呢	0	1(100%)	0	1(50.0%)
	呀	1(100%)	0	0	1(50.0%)
	なし	0	0	0	0
選択疑問文	呢	2(100%)	0	0	2(100%)
	呀	0	0	0	
	なし	0	0	0	
反復疑問文	呢	3(75.0%)	0	2(33.3%)	5(41.6%)
	呀	0	1(50%)	3(50.0%)	4(33.3%)
	なし	1(25.0%)	1(50%)	1(16.6%)	3(25.0%)
疑問詞疑問文	呢	9(75.0%)	6(54.5%)	5(22.7%)	20(44.4%)
	呀	0	3(27.2%)	6(27.2%)	9(20.0%)
	なし	3(25.0%)	2(18.1%)	11(50.0%)	16(35.5%)

これによると、How about型と選択疑問文については、用例数は少ないものの、現代広東語の用法と比べて違和感はない。反復疑問文と疑問詞疑問文について各部合計でそれぞれ“呢”が41.6%、44.4%と約半数を占めおり、“呀”をよく使う現代広東語から見ると違和感がある。しかし、これを各部ごとに見てみる顕著な傾向がある。

表2: 疑問文と共起する文末助詞:全タイプ(Williams1842: Chapter 5)

	第一部		第二部		第三部		計	
	No.	%	No.	%	No.	%	No.	%
呢	14	73.6	7	50.0	7	25.0	28	45.1
呀	1	5.2	4	28.5	9	32.1	14	22.5
なし	4	28.5	3	21.4	12	42.8	20	32.2
計	19	100	14	100.0	28	100.0	62	100.0

第一部の教師との会話では全タイプを通じて“呢”の使用例が多いのに対して第二部と第三部では相対的に“呢”の使用頻度が低い。

このように、疑問文に共起する文末助詞を調べた結果、知識人の使う優雅なスタイルでは、“呢”が多用され、一般的なスタイルでは“呢”の使用は多くなく、文末助詞自体を使用しないケースも多いということがわかった。知識人に対して高尚な話題を質問するのに“呢?”を多用していることから、“呀”でも文としては成立するのに“呢”を使ったのは、明晰な疑問文を使い、かつ会話の格調を上げるためだと考えられる。前述のようにヴァロは、第二モードについて「明晰で教義が理解されやすい」と述べている。Lobscheid(1864)

でも巻末の教義を説く項では全ての疑問文の文末が“呢？”で終わっている。もちろんヴァロの観察はいわゆる官語についてであるから、粤語の話される地域では状況はより複雑であろう。早期粤語資料が反映する言語について、いわゆる官話と方言との関係はどうであったのか、などほかにも解決すべき問題は多い。

参考文献

飯田真紀 2007.「広東語における発話伝達の文末モダリティ助詞」,『中国語学』254 : 143-163 頁。

太田辰夫 1988.「漢兒言語について」,『中国語史通考』白帝社, 253-282 頁.。(初稿は 1952 年)

金文京 1988.「漢字文化圏の訓読現象」,『和漢比較文学叢書 8:和漢比較文学研究の諸問題』東京：汲古書院, 175-204 頁。

古屋昭弘 1990.「宣教師資料に見る明代の官話」,『早稲田大学大学院文学研究科紀要』文学・芸術学編, 35 : 69-79 頁。

古屋昭弘 1996.「17 世紀ドミニコ会士ヴァロと『官話文典』」,『中国文学研究』22 : 118-129 頁。

古屋昭弘 1998.「明代知識人の言語生活—万暦年間を中心に—」,『現代中国語学への視座』神奈川大学中国語学科編, 東京：東方出版, 145-165 頁。

山﨑直樹 1989.「『紅楼夢』の言語—社会言語学的考察」,『早稲田大学大学院文学研究科文学研究科紀要』別冊第 16 集、文学・芸術学編, 69-80 頁。

張洪年 2007.『香港粵語語法的研究』香港：中文大學出版社。(初版 1972 年)

呂叔湘 1955.「釈景徳伝灯録中在、著二助詞」,『漢語語法論文集』科学出版社。

Ball, J. D. 1888. *Cantonese Made Easy(2nd ed.)*. Hong Kong: China Mail Office.

Hudson, R. A. 1980. *Sociolinguistics.* London: Cambridge University Press.（村山幹秀他訳 1988『社会言語学』東京：未来社)

Law, S. P. 1990. *The Syntax and Phonology of Cantonese sentences-final Particles.* Ph.D.diss.,. Boston University, Massachusetts.

Lobscheid, W. 1864. *Grammar of the Chinese Language.* Hong Kong: The Office of the Daily Press.

Matthews, S. & Yip, V. 1994. *Cantonese: A comprehensive Grammar.* Cambridge: Cambridge University Press.

Williams, S. W. 1842. *Easy Lessons in Chinese.* Macao: The Office of the Chinese Repository.

广州话[o][e]的音位问题再议及新拼音方案的提议

马　之涛
早稻田大学

广州话是粤方言中较具代表性的方言之一。广州话中存在着长短元音的对立现象早为学界所知，但应该如何看待广州话的长短元音，[o]、[e]的音位问题成为了讨论的关键，在学界也一直没有达成一致的意见。本稿想再通过对成为其核心问题的[o]、[e]的音位提出一些看法，并尝试从广州话韵腹与韵尾互为长短的特征来归纳广州话的元音音位，拟定一套新的广州话拼音方案。

广州话　拼音方案　长短元音　《广东省土话字汇》　《粤音读本》

1 问题所在

关于广州话中的长短元音问题，学界也一直有着争议，并没有统一的意见。而长短元音的问题主要是在围绕着元音[aː]、[ɐ]展开，然后则牵涉到[o]（韵母为[oŋː]、[ok̚][1]时）、[e]（韵母为[eŋː]、[ek̚]时）的音位问题。[o]、[e]的音位究竟应该归属到/u/、/i/，还是应该归属到/o/、/e/成为了争论的交点。学者间观点的不同也就造成了现在有不止一种关于广州话元音数量的学说，如有八元音、九元音和十一元音的学说[2]。

笔者在马之涛 2009、2010 中曾经对广州话元音的长短问题进行过讨论。简单概括当时的观点如下：[aː]与[ɐ]成长短对应关系，应视为同一音位/a/；[œː]与[ɵ]成长短对应关系，应视为同一音位/ö/；而[o]则应看为与[ɔː]成长短对应关系，归入音位/o/而不应为音位/u/；[e]应看为与[ɛː]成长短对应关系，归入音位/e/而不应为音位/i/[3]。而/i/、/u/、/ü/三个元音没有长短之别

---

[1] 本文中广州话的国际音标严式标音均参照詹伯慧 2002，但除[aː]以外的长度符[ː]及转角符[̚]为笔者所加。

[2] 八音位说如袁家骅 2001、詹伯慧 2002；九音位说如香港语言学学会 1993；十一音位说如李新魁等 1995。

[3] 对与韵尾[ŋ]、[k]搭配时[e]与[o]的音值，学界也存在分歧，即有些学者认为是[ɪ][ʊ]，如 Hashimoto Oi-kan Yue1972、袁家骅 2001、张洪年 1972、余迺永 2007；而有些学者认为是[e]、[o]，如李行德 1985、石锋 刘艺 2005、詹伯慧 2002，后者两篇论文依据语音学分析得出结论，较具说服力，为了方便叙述，本稿采用后者的音值。另外，在马之涛 2010 中曾作[ø]，本稿改用[ɵ]。

各成一个音位。具备长短对应关系的四个元音不带韵尾时都以长元音出现，带韵尾时可分为两种类型：一为韵腹短其韵尾长；一为韵腹长其韵尾短。包括入声韵在内，韵母（单韵母除外）的韵腹与韵尾互为长短，在韵腹长韵尾短的音节中，韵腹比韵尾更具备辨别语义的功能；在韵尾长韵腹短的音节中，韵尾比韵腹更具备辨别语义的功能。

总而言之，笔者认为广州话元音的长短之别是一个重要的语音特征，它不仅仅只存在于/a/，而且存在于/o/、/ö/、/e/，并且这种长短对立不仅是存在于两个韵母的韵腹与韵腹、韵尾与韵尾之间，也存在于同一韵母的韵腹与韵尾之间。只要清楚了解广州话中的这一特性，便可将元音音位归纳为/a e o ö i u ü/七个，而减少之前的八元音、九元音和十一元音学说的因为元音数过多而带来的不便，有利于广州话教学。

之前其实已经有学者[4]意识到了广州话中韵腹与韵尾互为长短的问题，只是在入声韵尾的问题上基本都认为入声韵尾不可能存在长短对应，所以导致后来大家都只在元音的长短或是元音音质上寻找原因。笔者在完成上述两篇拙稿后，才看到张群显 1994 曾经指出过与笔者有些类似的观点。张文所提出入声韵尾的“积极功能”是值得引起我们重视的，但笔者又认为张文还只是主要从单个音节去考虑入声韵尾的问题，如果放在音节连续的句子中去分析的话，入声韵尾持阻时间的长短所起到的辨意功能会更加一目了然，拙稿 2010 中曾经对此做过分析。

2 [o]、[e]的音位归属

上文也提到关于广州话的音位数，学界有如八元音、九元音、十一元音等不同的意见。但直接影响着整个广州话元音音位数归纳的，除了[aː]、[ɐ]之外，争论焦点更是在于构成韵母[oŋː]、[ok̚ː]、[eŋː]、[ek̚ː]时的[o]与[e]，是应该看作/o/与/e/，还是/u/与/i/，学界对此各有所说，笔者想在此对[o]、[e]的归属问题补充两点看法。

2.1 [o]前的声母[ŋ]

作为广州话的特征之一，中古疑母字在广州话中呈现为其细音与中古喻影母合流，声母[ŋ]消失，如：

疑[jiː]　　鱼[jyː]　　迎[jeŋː]　　逆[jek̚ː]

疑母洪音的声母[ŋ]虽仍有保留，但却不稳定，与影母洪音相混甚多（模韵除外）。可以说影母洪音读为带声母[ŋ]的情况较为普遍[5]，如：

亚[aː]＝[ŋaː]　　鸥[ɐuː]＝[ŋɐuː]　　安[ɔːn]＝[ŋɔːn]

---

[4] 如赖惟勤 1958。

[5] 中古影母洪音的合口呼字在广州话中为声母[w]，如汪[woːŋ]，这些字并不会读为[ŋ]声母。

詹伯慧 2002：15 中也曾提到："ŋ 舌根声母从不与 ɛ、œ、i、u、y 为韵腹的韵母相拼。"，笔者尝试将这种现象理解为声母[ŋ]只能出现在广州话的/o/、/a/两个较低较后元音之前。相反，我们也就可以从现在影母洪音与疑母洪音的混淆，即本来的零声母是否可以被念为声母[ŋ]这一规律，来作为我们划分音位问题时的一个参考标准。

而正是符合这一规律，带元音[o]的影母字在广州话中才经常被念成是声母[ŋ-]的音节，如：

屋[ok̚]＝[ŋok̚]　甕[oŋ:]＝[ŋoŋ:]　奥[ou:]＝[ŋou:]

由此可见，韵母[ok̚]、[oŋ:]和[ou:]是有着同样的洪音的特征，所以才能带上声母[ŋ]。所以从这个特征上看，[o]与[ɔ:]应该看作为相同的一个音位/o/，而与/u/分开处理。把[ok̚]、[oŋ:]中的[o]归纳到/u/，而却把[ou:]的[o]归到/o/的做法则不好解释为何只有[ok̚]、[oŋ:]的影母字才能被念成[ŋok̚]、[ŋoŋ:]，而音位/u/的影母字则不能念成带声母[ŋ]的音节，如：

乌[wu:]≠[ŋu:]　猥[wu:i]≠[ŋu:i]

2.2 西方文献

十九、二十世纪的西方学者的粤语罗马字母资料，多数将[eŋ:]、[ek̚]表示为 ing、ik；而将[oŋ:]、[ok̚]表示为 ung、uk，如马礼逊《广东省土话字汇》1828（以下简称《字汇》）、卫三畏《拾级大成》1842、鲍尔・詹姆斯・戴尔《易学粤语》1888 等都是如此。

笔者认为当时的这些由西方学者所制作的粤语罗马字母资料或多或少地影响着后来粤语拼音方案的制定，甚至现行的粤语拼音方案中也有不少是受到了这种早期的罗马字母书写方式的影响。

2.2.1 马礼逊《字汇》1828

让我们来看看《字汇》中的这几个韵母与马礼逊所标罗马字的对应：

[eŋ:]	ing	[ɛ:ŋ]	eng
[ek̚]	ik	[ɛ:k]	ek
[oŋ:]	ung	[ɔ:ŋ]	ong
[ok̚]	uk	[ɔ:k]	ok

显而易见，马礼逊将[eŋ:]表示为 ing 是因为 eng 已经用来表示[ɛ:ŋ]了，不可能再以 eng 来表示韵母[eŋ:]。元音[e]的介于[i]与[ɛ]之间，而且粤语中没有含韵母[i:ŋ]的音节，所以便可将 ing 来表示韵母[eŋ:]，而不至于重复。[ek̚]、[oŋ:]、[ok̚]这三个韵母的情况与[eŋ:]的情况是完全相同的，都是出于在字母使用上的考虑。

2.2.2 琼斯・丹尼尔　胡炯堂《粤音读本》1912

在琼斯・丹尼尔、胡炯堂的《粤音读本》中可以看到他对粤语的元音 i、u 有这样的一些描述：

1) i　Resembles the English sound of *i* in *it*, but has the tongue appreciably retracted towards the "mixed" position. Before **k** and **ŋ** it becomes almost **e**.（《粤音读本》xii）[6]
2) u　Similar to the English sound of *u* in *put*. Before **k** and **ŋ** it tends towards **o**.（《粤音读本》xiii）
3) e　Occurs chiefly in the diphthong *ei*. This diphthong is about the same as that heard in the Southern English pronunciation of *day*.（《粤音读本》xiii）
4) o　Occurs chiefly in the diphthong *ou*. This diphthong is much the same as that heard in the Southern English pronunciation of *go*.（《粤音读本》xiii）

可见，琼斯・丹尼尔当时已经清楚地描述了 i、u 出现在韵尾[ŋ]、[k]之前时其音质十分接近 e、o，而与英文的 it 和 put 的音质有所不同。从他的描述我们可以知道当时出现在韵尾[ŋ]、[k]之前的[e]、[o]应该与现在无异，而琼斯・丹尼尔的《粤音读本》对粤语元音的观察较为细致，将元音划分为十二个，更接近语音学上的处理，而我们从音韵学的角度上对音位进行划分时，不必墨守成规，应该考虑适当地将方案简化。

以上这两部文献中都将[eŋː]、[ek̚]拼写成 ing、ik，将[oŋː]、[ok̚]拼写为 ung、uk，但《字汇》是出于字母使用上的限制，《粤音读本》则较接近于语音学上的处理，二者都没有以韵腹与韵尾的互为长短的特征去划分音位。另外，李新魁 1990、高田时雄 2000 认为粤语中的韵母[eiː]是近代才从单韵母[i]演变出来的，多集中于唇牙喉音字。而韵母[eŋː]、[ek̚]的形成应该早于[eiː]，如《字汇》中韵母[i]以 ee 来表示，[eŋː]、[ek̚]则都以 ing、ik 来表示，而对于[eiː]还没有使用特别的拼写方式。笔者认为韵母[eŋː]、[ek̚]的存在在一定程度上也给[i]演变成[eiː]提供了一个条件，因为它们都为前高元音而且具备了韵腹短而韵尾长的音节结构，根据它们的这个类似点，我们在归纳音位时，将[eŋː]、[ek̚]、[eiː]的韵腹看作同一音位处理更为合理。

再者，依据 2.1 的归纳，可以看到高元音/u/、/ü/都不与韵尾[ŋ]、[k]构成音节。若将韵母[eŋː]、[ek̚]归纳到/i/的话，那么高元音中就只有/i/能与韵尾[ŋ]、[k]搭配，也似乎并不规整。

3 新拼音方案的提议

结合以上观点，[e]、[o]的音位问题，笔者认为可以参考韵腹与韵尾互为长短的特征来解决，即[ɛ]与[e]、[ɔ]与[o]分别看作音位/e/、/o/，[a]与[ɐ]、[œ]与[ɵ]也分别看作音位/a/、/ö/，另外还有只有长元音，没有短元音的三个高元音/i/、/u/、/ü/，如拙稿 2010 所述只将广州话元音

[6] 数字与下线为笔者所加。下同。

归纳为七个。以下，笔者以这七元音的归纳方法来尝试一套新的广州话拼音方案，希望能弥补从来的拼音方案中存在的不足之处。

过往的拼音方案各有所长，这是不可否定的，不过这些方案都没有能够理解与反映广州话韵腹与韵尾互为长短的这一特征，而是重视元音之间音质上的细微差异，利用增加元音音位的方法来解决问题，以至这些拼音方案中的元音数至少也有八个。过多的元音不但增加了学习者的学习负担，而且要让对语音学不太了解的学习者去正确地认识并掌握[a]与[ɐ]、[ɔ]与[o]、[ɛ]与[e]、[œ]与[ɵ]在音质上的区别非常困难。况且，在要求注意元音音质上区别的同时，也不得不要求学习者认识元音间长短的关系，给学习者在广州话习得上造成极大的不便。这也许也是广州话拼音方案迟迟不得推广的原因之一。

笔者认为，重视广州话韵腹与韵尾互为长短的特征，就可以减轻学习者记忆多个元音的负担，因为让不熟悉语音学的人认识一个音的时长的长短，比认识两个音质相近的音更为容易。所以利用广州话这一个特征来制定一个更为合理，更有利于学习者广州话习得和广州话母语者更加认识广州话的拼音方案应该是可行的。拙稿 2010 中也提到，在韵腹长而韵尾短的音节里头，韵腹比韵尾更具语义的辨别作用；相反在韵腹短而韵尾长的音节里头，韵尾则比韵腹更具语义的辨别功作用，例如“街[ka:j]”中[a:]比[j]更具语义辨别作用，而“鸡[kɐi:]”中的[i:]比[ɐ]更具语义辨别作用。后者只要学习者在发音时有意识地将 a 发得短促，由于发音的不完全，音质也就自然而然接近于[ɐ]。再者，在这个音节中由于[i:]比[ɐ]更具语义辨别作用，只要学习者正确地把握[ɐ]与[i:]的时长比例，发音也就越接近自然。

在考虑此拼音方案的时候，除了要在新方案中突出韵腹与韵尾互为长短的特征外，笔者也参考过往使用较广的粤语拼音方案和普通话的拼音方案，希望取各家之所长。主要参考的有《粤音韵汇》(1941)、《汉语拼音方案》(1958，以下简称《汉拼》)、《广州话拼音方案》(1960)、《耶鲁粤语拼音》[7]（1963，以下简称《耶拼》)、《教育学院拼音方案》[8]（1990，以下简称《教拼》)、《香港语言学学会粤语拼音方案》（1993，以下简称《粤拼》)。

3.1 声母

[p]b 爸	[p‘]p 爬	[m]m 妈	[f]f 化
[t]d 打	[t‘]t 他	[n]n 拿	[l]l 啦
[tʃ]z 揸	[tʃ‘]c 茶	[ʃ]s 沙	
[k]g 加	[k‘]k 卡	[ŋ]ng 牙	[h]h 哈
[kw]gw 挂	[k‘w]kw 夸		
[w]w 华	[j]y 也		

说明：

[7] 以《香港粤语语法的研究　增订版》2007 为参考。

[8] 以《广州话正音字典》2000 为参考。

声母 b、p、m、f、d、t、n、l、g、k、ng、h 在过往的拼音方案中差异不大，故不作改动。

[tʃ]、[tʃʰ]、[ʃ]以 z、c、s 来表示首先主要是参考《粤拼》的拼写方法。从字母数上来考虑，这比使用《粤音韵汇》、《教拼》的 dz、ts、s 更为简略，避免双字母造成的字母数过多。而如《广拼》那样设置 z、c、s 与 j、q、x 两套符号，笔者认为也大可不必，《广拼》的制定过于参照《汉拼》，而疏忽了广州话中无舌尖音与舌面音对立的实际情况，并不经济。

但是这种拼写方式也稍有其不足之处，即《汉拼》中的 zi、ci、si 的元音为[ɿ]不为[i]，而本方案 zi、ci、si 的元音为[iː]，在这一点上会给习惯《汉拼》的学习者带来一些不便。但是考虑到《汉拼》中的 j、q、x 后不得直接与洪音搭配，其中间必须有介音，而广州话中介音并不存在，若选用 j、q、x，把“渣”写为 ja、“叉”写为 qa、“洒”写为 xa 的话，无论是从拼写上还是从发音上也都使习惯《汉拼》的学习者有所不适应，故本方案仍然采取 z、c、s。

[w]用 w 来表示与既往的大多数拼音方案相同。但在 gw、kw 中的 w 并不等于《汉拼》中的介音 u，而是表示声母的圆唇性，这与除《广拼》以外的拼音方案相同。

而对[j]的处理上，《教拼》、《粤拼》使用较为接近国际音标的 j，其他拼音方案因为多用 j 来表示[tʃ]，所以采用 y 来表示[j]。本方案采用 y 是出于《粤音韵汇》、《耶拼》、《广拼》都使用 y，已经较为大众所熟悉的原因，且《汉拼》也以 y 来表示[j]，这对熟悉《汉拼》的学习者来说也较为容易接受。

3.2 声调及韵母

本节将声调与韵母一起叙述，是因为本方案强调的韵腹与韵尾互为长短的特征，是以声调符号的所在位置来表示的。本案将声调符号标于时长相对较长的音段（韵腹或韵尾），以此来区别长短。这样做是因为声调高低变化（平声与入声除外）都发生在时长较长的音段上，较为接近语音事实。

3.2.1. 声调：

阴平 55/53 些 sē	阴上 35 寫 sé	阴去 33 瀉 sê	上阴入 5 色 sek̄
			下阴入 3 锡 sêk
阳平 21 蛇 se̖	阳上 13 社 se̗	阳去 22 射 se̱	阳入 2 食 seḵ

说明：

广州话连入声一共有九个声调（不包括变调），这九个声调的阴阳对立十分整然，阴声一律比阳声要高，清代陈沣就在《广州音说》中曾说过：“他方之音多不能分上去入之清浊，（中略）而广音四声皆分清浊截然不混其善一也，上声之浊音他方多误读为去声，唯广音不误（中略）其善二也”。既然广州话声调的阴阳对立如此明显，这给我们考虑声调符号时提供了极大的便利，反之无论是从考虑学习者的理解方面，还是遵从声调的历史发展方面，我们也应该充分地利用这种特征。阴声的调值较高，阳声的调值较低，在过往的拼音方案中将声调分为阴阳来表示的就有 D.Joens(1912)、《粤音韵汇》。本方案也将声调标于字母上下来区分阴阳，声调所标字母（韵腹或韵尾）便为长音，以此区别韵腹与韵尾的长短关系。这样便使最长音节所用字母不超过 5 个(如：硬 nga̱ng)，比从来的方案（如《粤拼》：硬 ngaang6）更为简洁。

本方案与以往不同的是阴平以“－”标于较长音段上方。这是因为阴平调值 55 与普通话第一声同，较容易为《汉拼》学习者所接受。阴平调值时为 53，本也可用“ 、”标于字母上方来表示，不过考虑到上阴入的调值为 5，与阴平 55 相对应却不会下降，并且广州话阴平有向 55 发展的趋势，故而取用“－”来表示阴平与上阴入。

以“ˆ ”来表示阴去，则是因广州话中有三个平调 55、33、22（入声 5、3、2），而阴去 33 居其中，为区别阴平 55 与阳去 22 而选之。在视觉上“ˆ ”容易让人感觉到声调上有所升降起伏，并不直观反映平声调，但由于电脑输入软件上的限制，暂时并没有找到更为适合的符号，为了方便输入本方案暂用“ ˆ ”。

3.2.2 韵母：

韻尾 韵腹		i	u	m	n	ŋ	p	t	k
		[j] [i:] [y:]	[w] [u:]	[m] [m:]	[n] [n:]	[ŋ] [ŋ:]	[p] [p̚]	[t] [t̚]	[k] [k̚]
a [a:] [ɐ]	ā	âi	âu	ām	án	ạng	âp	ât	âk
	[a:] 沙	[a:j] 晒	[a:w] 哨	[a:m] 三	[a:n] 玩	[a:ŋ] 横	[a:p] 圾	[a:t] 杀	[a:k] 责
		aī	aû	am̄	an̦	an̖g	ap̳	at̲	ak̄
		[ɐi:] 西	[ɐu:] 瘦	[ɐm:] 心	[ɐn:] 韵	[ɐŋ:] 弘	[ɐp̚] 十	[ɐt̚] 实	[ɐk̚] 则
e [ɛ:] [e]	ē					ēng			e̱k
	[ɛ:] 些					[ɛ:ŋ] 腥			[ɛ:k] 石
		eî				en̄g			ek̲
		[ei:] 四				[eŋ:] 星			[ek̚] 食

o [ɔ:] [o]	ō	ōi			o̱n	óng		ôt	o̱k
	[ɔ:] 梳	[ɔ:j] 腮			[ɔ:n] 岸	[ɔ:ŋ] 爽		[ɔ:t] 渴	[ɔ:k] 薄
			oú			on̩g			ok̲
			[ou:] 好			[oŋ:] 容			[ok˺] 仆
ö [œ:] [ɵ]	ȫ					ȫng			ö̂k
	[œ:] 靴					[œ:ŋ] 商			[œ:k] 削
		öî			ön̩			öt̄	
		[ɵy:] 去			[ɵn:] 纯			[ɵt˺] 恤	
i [i:]	ī		īu	ím	īn		îp	ît	
	[i:] 思		[i:w] 消	[i:m] 闪	[i:n] 先		[i:p] 摄	[i:t] 舌	
u [u]	ū	ụi			u̱n			ût	
	[u:] 夫	[u:j] 每			[u:n] 换			[u:t] 阔	
ü [y:]	ǖ				ü̱n			ü̂t	
	[y:] 书				[y:n] 愿			[y:t] 说	
m/ng [m]/[ŋ]				m̩		n̩g			
				[m̩:] 唔		[ŋ̍:] 五			

说明：

以上表格可以看出，当韵腹为高元音 i、u、ü时，并不出现长短的对立，而在韵腹为中低元音 a、e、o、ö时则出现长短的对立，也可以看作短元音比其对应的长元音的舌位都要高。

[y]的字母是参考《汉拼》采用 ü，以“ ̈ ”做为相对于后元音 u 的前元音标记。不过笔者认为《汉拼》因为普通话的 j、q、x、y 不与 u 搭配，而将与 ü搭配时 ü 的“ ̈ ”省略的做法，虽然起到了经济的作用，但却容易引起学习者混淆，带来教学上的不便，故本方案中 ü的“ ̈ ”在任何情况下也不作省略。在韵母[ɵy:]中本也可以将其韵尾[y:]表示为 ü:，不过考虑到[y:]作韵尾只有此一处，为了简化方案，所以此处选择以 i 来表示韵尾[y:]。

相对于后元音[u]，[y]为前元音故以 u 上加“ ̈ ”的 ü来表示，同样[œ]、[ɵ]为前元音，与后元音[ɔ]、[o]相对应，故将[ɔ]、[o]记为 o，将[œ]、[ɵ]表示为 ö，ö的“ ̈ ”与 ü一样在任何情况下不作省略。

上文中已将声母 b、d、g 作为不送气清音的拼音字母，而 p、t、k 做为送气清音的字母，本应表示三种入声韵时应取 b、d、g 较为合理，不过考虑到除《广拼》以外的拼音方案多作

p、t、k，故此处也采用了约定俗成、使用较广的 p、t、k。

广州话的鼻音可以独成音节，过往的方案都以 m、ng 来表示[m̩:]、[ŋ̍:]，本方案也沿用这种方法。

另外，对于广州话中存在的变调的问题，如“钱”本为阳平 21，一般变调为阴上 35，本方案也采用一般的做法，于拼音末尾添加“ * ”表示，如“钱 cịn*”。

对于前后容易混淆的音节添加分隔符“ ’ ”表示，如“归纳 gwaī’na̱p”。

4 总结

以上，本稿通过以疑影喻母洪音前的声母[ŋ]的特征，以及西方传教士对广州话的拼写方式，提出了对广州话[o]、[e]的音位问题的一点看法，并针对广州话韵腹与韵尾互为长短的特征，进行了新广州话拼音方案制作的尝试。此方案归纳的元音数为七个，不仅减少了从来拼音方案中元音过多的缺点，减少了音节内所用字母的数量，而且只强调韵腹或韵尾的长短，不强调元音音质，这对广州话学习者来说，应该是简单易懂，容易掌握的。

附录：拼音例

Yisō̱ng, bún’goú ton̄ggwô yị yị yeńg yū̱ moụ hoṇgyam̄ cịn sen̄gmoụ [ŋ] gê
以上，本稿 通过 以 疑 影 喻 母 洪音 前 声母 [ŋ] 嘅

da̱kzen̄g, toṇgmại saīfōng cụ̄n’gâusi̱ dōî gwóngzaūwa̱* gê pen̂gsé fōngsek̄, taịcōt̄ zó dōî
特征， 同埋 西方 传教士 对 广州话 嘅 拼写 方式，提出 咗 对

gwóngzaūwa̱* [o] [e] gê yam̄waí maṉtại gê yat̄dī taífât, yau̱ zam̄dōî waṇfok̄ toṇg
广州话 [o] [e] 嘅 音位 问题 嘅 一啲 睇法， 又 针对 韵腹 同

waṇmeị wu̱ wại cọ̄ngdú̄n gê dak̠zen̄g， zōn̂haṇg zó san̄ gwóngzaūwa̱* pen̂gyam̄ fōngngôn
韵尾 互 为 长短 嘅 特征， 进行 咗 新 广州话 拼音 方案

zaîzôk gê sọ̄ngsî. Neīgô fōngngôn gwaī’na̱p gê yụ̄nyam̄ soû hai̱ cat̄ gô, ṃ dānzí
制作 嘅 尝试。呢个 方案 归纳 嘅 元音 数 系 七 个，唔 单止
meịboú zó coṇgleị pen̂gyam̄ fōngngôn zon̄g yụ̄nyam̄ gwôdō gê kû̄tdím, yịcé zeṉg hai̱
弥补 咗 从来 拼音 方案 中 元音 过多 嘅 缺点，而且 净 系

kọ̄ngdi̱u waṇfok̄ wa̱kzé waṇmeị gê cọ̄ngdú̄n, ṃ kọ̄ngdi̱u yụ̄nyam̄ yam̄zat̄, dōî gwóngzaūwa̱*
强调 韵腹 或者 韵尾 嘅 长短，唔 强调 元音 音质，对 广州话

gâuho̱k leị góng， yen̄ggōi hai̱ gándān meṇglịu gê
教学 来 讲， 应该 系 简单 明瞭 嘅。

参考文献

高田時雄　2000　《近代粤語の母音推移と表記》，《東方学報》vol.72:754-740。

賴惟勤　1958　《中古中國語の内・外について》，《お茶の水女子大學人文科学紀要》第 11 卷。（賴惟勤　1989　《賴惟勤著作集 I　中國音韻論集》汲古書院　收錄）。

馬之涛　2009　《広東語の母音の/a/と/ɐ/について》，《開篇》vol.28:91-98 页。

馬之濤　2010　《広東語の母音の長短について》，《中国文学研究》No.36:16-32 页。

白宛如　1984　《广州话元音变化举例》，《方言》第 2 期：128-134 页。

陈沣　1829　《广州音说》，《东塾集》。

广东省教育行政部门　1960　《广州话拼音方案》。

黄锡凌　1941　《粤音韵汇》，中华书局。

李新魁　1990　《数百年来粤语韵母的发展》，《方言》第 4 期：70-76 页。

李新魁等　1995　《广州方言研究》，广东人民出版社。

马礼逊　1928　《广东省土话字汇》，澳门：东印度公司出版社。（*Western linguists and the languages of China* v. 1 2001/ series edited by Kingsley Bolton and Christopher Hutton）

香港语言学学会　1993　《香港语言学学会粤语拼音方案》。

张洪年　2007　《香港粤语语法的研究 增订版》，香港：中文大学出版社。

张群显　1994　「粤语语音的音长单位」，《第一届国际粤方言研讨会论文集》，香港：现代教育研究社。

余迺永　2007　「由「切韵」韵母元音长短配对转易为「韵镜」等呼的音系变化说」，《语言科学》第 6 卷第 4 期：72-99 页。

詹伯慧　2002　《广东粤方言概要》，暨南大学出版社。

詹伯慧　2002　《广州话正音字典》，广东人民出版社。

周有光　1958　《新方案跟过去各种拉丁字母方案的比较》，《语文知识》（周有光《汉语拼音文化津梁》2007 收）。

Hashimoto　Oi-Kan Yue　1972　*Phonology of Cantonese*. Cambridge University.

Jones, Daniel　Woo, Kwing-Tong　1912　*A Cantonese phonetic reader*. London: University of London Press.

広西三江侗族自治県・六甲話の結果補語について

工藤　早恵
青山学院大学

三江侗族自治县位于广西壮族自治区北端, 与贵州省和湖南省毗邻。以侗族为主, 还有汉、壮、苗、瑶族。当地使用的语言主要有侗、汉、壮、苗、瑶语等，共同语言是属于西南官话系统的桂柳话。六甲话是当地使用的语言之一, 属于汉语方言。本文就六甲话的结果补语的语法特点作些描写。发音合作人是住在三江县周坪乡的谢水清（六甲人、女性、1988 年出生）。

三江侗族自治县　六甲话　结果补语　动补结构

0 はじめに

三江侗族自治県は、広西壮族自治区の北端に位置し、侗族の他に漢族、壮族、苗族、瑶族等の多くの民族が居住している。地域の共通語は西南官話の系統である桂柳話で、その他に六甲話、土拐話、侗語、壮語、苗語、瑶語等が話されている。本稿で扱う六甲話は、漢語方言の一種で、唐末か北宋の頃に福建から広東や柳州を経由して今の三江県に移って来たとされる六甲人を話者とする[1]。本稿は、三江県・周坪郷在住の六甲人の女性である謝水清さん（1988 年生）をインフォマントにして、六甲話の結果補語の語法を調査した結果について、初歩的な記述を試みたものである[2]。

---

[1] 陳瑾 1988:61 参照。

[2] 謝水清さんは、三江県の周坪郷光輝村で生まれ、古宜鎮の中学校を卒業後、広州で一年間働いた後に周坪郷黄排村に嫁ぎ、現在もそこで生活している。日常生活では、他の言語の話者と話す時は桂柳話を使用し、それ以外は六甲話を使用している。なお、本稿は、2010 年 8 月の調査で得たデーターを元に記述する。調査にあたり、大変お世話になった三江侗族自治県少数民族語言文字工作委員会の呉美蓮主任に厚く御礼を申し上げる。

1 結果補語の位置と種類

1.1 結果補語の位置

六甲話では、結果補語（R）は普通話と同様に述語動詞（V）の後に置き、V＋R の語順で動作・行為の結果を表わす。結果補語には、“惯/kuɐn^{41}/” や “开/kʰai^{53}/” 等の動詞や “清楚/ʦʰiŋ^{11}ʦʰu^{33}/” や “好/xou^{33}/” 等の形容詞が用いられる[3]。

1）我看惯囉。　ŋu^{35} kʰuɐn^{41} kuɐn^{41} lo^{33}　私は見慣れた。

2）□〈他们〉两□〈个〉分开囉。　tʰo:k^{11} liaŋ^{35} kɐm^{35} fɐn^{53} kʰai^{53} lo^{33}
　彼ら二人は別れた。

3）你讲清楚。　ni^{35} kaŋ^{33} ʦʰiŋ^{11}ʦʰu^{33}　はっきり言いなさい。

4）架摩托车□〈这〉□〈修〉好囉。　ka^{41} mo^{11}tʰo^{11}ʨʰiɛ^{53} li^{33} kiɐu^{33} xou^{33} lo^{33}
　このバイクはちゃんと修理しあがった。

1.2 動詞による結果補語

六甲話では、結果補語として常用される動詞に、以下のような語が挙げられる。

〈結果補語〉	〈例〉
(1) 会　wøi^{22}　習熟している	学会　xɐk^{23} wøi^{22}　マスターする
(2) 惯　kuɐn^{41}　慣れる	喊惯　xa:m^{33} kuɐn^{41}　呼び慣れる
(3) 够　kɐu^{41}　足りる	睡够　ɕiøi^{22} kɐu^{41}　寝足りる
(4) 开　kʰai^{53}　開く　離れる	打开　ta^{33} kʰai^{53}　開く
	分开　fɐn^{53} kʰai^{53}　分かれる
(5) 颠倒　tin^{11}tou^{41}　（上下を）逆にする	放颠倒　fuŋ^{41} tin^{11}tou^{41}　上下を逆に置く
(6) 在　tsai^{22}　（動作の結果）ある場所に位置する	坐在　tsø^{22} tsai^{22}　～に座る
(7) 成　ɕiŋ^{343}　①～にする、～になる	看成　kʰuɐn^{41} ɕiŋ^{343}　～と見なす
	换成　wɐn^{22} ɕiŋ^{343}　～に両替する
②～し終わる	□〈做〉成　tu^{41} ɕiŋ^{343}　やり終わる

---

[3] 本稿では、六甲話の調値を以下のように記述する。陰平 53、陽平 343、陰上 33、陽上 35、陰去 41、陽去 22、陰入（長）33、陰入（短）55、陽入（長）11、陽入（短）23。二音節以上の場合には、前の音節が連読変調を起こし、その大部分の調値が 11 になる。ただ陽上 33、陰去 41、陰入（長）33 は数少ない例外で、二音節になっても調値が変化しないことが多い。なお、V＋R の動補構造では、前項の動詞は調値が変化しないので、個別の単語として音声記号を分けて記述する。

	写成　sø^{33} ɕiŋ^{343}　書き終わる
(8) 生　ɕiŋ^{53}　生きる	救生　kiɐu^{41} ɕiŋ^{53}　命を助ける
(9) □　ia:u^{33}　その場を離れる	搬□〈走〉　pun^{53} ia:u^{33}　引っ越して行く
(10) □　xaŋ^{33}　対象の移動先を表す	卖□〈给〉　ma:i^{35} xaŋ^{33}　～に売る
(11) □　siŋ^{33}　理解する	听□〈懂〉　tʰiŋ^{53} siŋ^{33}　聞いて理解する
(12) □□　pɐt^{11}tei^{343}　後れを取る	去□□〈落后〉　kʰy^{41} pɐt^{11}tei^{343}　遅れて行く
(13) 到　tou^{41}　①時間的、空間的に到達する	送到　soŋ^{41} tou^{41}　～に送る
	睡到　ɕiøi^{22} tou^{41}　～まで眠る
②抽象的に到達する	注意到　tɕy^{11}i^{41} tou^{41}　～に気付く
(14) 得　tɐk^{55}　動作が達成される	□〈找〉得　lou^{35} tɐk^{55}　探し当てる
	□〈拿〉得　tiaŋ^{33} tɐk^{55}　手に入れる
(15) 着　tɕiɐk^{23}　寝付く	睡着　ɕiøi^{22} tɕiɐk^{23}　寝付く

(9) ～ (12) の"□/ia:u^{33}/""□/xaŋ^{33}/""□/siŋ^{33}/""□□/pɐt^{11}tei^{343}/"は、それぞれ普通話の"走""给""懂""落后"に当たる。

5) □〈谁〉把我伞□〈拿〉□〈走〉？　ŋ̊ie^{41} ba^{33} ŋu^{35} sa:n^{41} tiaŋ^{33} ia:u^{33}
　誰が私の傘を持って行ったの？

6) 我送□〈给〉你本书。　ŋu^{35} soŋ^{41} xaŋ^{33} ni^{35} pɐn^{33} ɕy^{53}
　私はあなたに本を一冊贈る。

7) 我看□〈懂〉英国字。　ŋu^{35} kʰuɐn^{41} siŋ^{33} iŋ^{11}kuk^{55}tsi^{22}　私は英文がわかる。

8) 对□〈不〉起, 我来□□〈落后〉囉。　tøi^{41}ŋ̊iou^{35}kʰi^{33}, ŋu^{35} lai^{343} pɐt^{11}tei^{343} lo^{33}
　ごめんなさい。私は遅刻した。

(13) の"到/tou^{41}/"は、「動作・行為の時間的、空間的な到達」や「抽象的な到達」を表す場合に用いられる。普通話ではこの他に、「動作・行為の達成」を表す場合にも用いられるが、六甲話ではこの場合には"到/tou^{41}/"は用いず、(14) の"得/tɐk^{55}/"を用いる。

9) 你信早本〈早就〉收得囉。　ni^{35} sɐn^{41} tsɐu^{33}pɐn^{44} ɕiou^{53} tɐk^{55} lo^{33}
　あなたの手紙はとっくに受け取った。

10) 我□〈找〉得他相片。　ŋu^{35} lou^{35} tɐk^{55} tʰa^{53} siaŋ^{41}pʰin^{41}
　私は彼の写真をみつけた。

11) 你□〈买〉得本字典□〈那〉□〈没〉？　ni^{35} tʰy^{33} tɐk^{55} pɐn^{33} tsi^{22}tim^{33} mun^{41} naŋ^{343}
　あの字典は手に入りましたか？

(15) の"着/tɕiɐk^{23}/"についても、普通話ではこの字を「動作や行為の達成」を表す場合に多用するが、六甲話では「寝付く」という意味で“睡着/ɕiøi^{22} tɕiɐk^{23}/”と言うことはできるが、他の動詞の補語になって「動作・行為の達成」を表す例は見当たらない[4]。

なお、普通話では視覚、聴覚等で感じとる場合に、結果補語の“见”や“到”を用いるが、六甲話では「見える」「会う」は“得见/tɐk^{55} kin^{41}/”、「聞こえる」は“得听/tɐk^{55} t^{h}iŋ^{53}/”と言う[5]。

12）帮〈多〉儿□〈孩子〉□〈这〉得见我来, 都好□□〈高兴〉。
puŋ^{33} ŋ̥i^{11}ŋo^{33} li^{33} tɐk^{55} kin^{41} ŋu^{35} lai^{343}, tu^{22} xou^{33} k^{h}un^{11}k^{h}i^{33}
この子たちは私が来るのを見て、みなとても喜んだ。

13）你今日得见他□〈没〉？ ni^{35} kim^{11}ŋ̥iɐt^{23} tɐk^{55} kin^{41} t^{h}a^{53} ŋ̥iou^{35}
今日彼に会った？

14）我得听歌声。 ŋu^{35} tɐk^{55} t^{h}iŋ^{53} kou^{53}ɕiŋ^{53} 私は歌声が聞こえた。

また、普通話の“闻见（匂いがする）”“梦见（夢で見る）”は、六甲話ではそれぞれ“□〈闻〉到/ŋ̥iuŋ^{53} tou^{41}/”“睡梦到/ɕiøi^{22} moŋ^{22} tou^{41}/”と言う。

この他に、普通話では「離脱・消失」を表す“掉”や「安定・固定」を表す“住”が補語として常用されるが、“掉”については、六甲話ではこれに当たる補語は用いられない。

例えば、普通話の“他卖掉了房子。”“他把牙齿拔掉了。”“你扔掉垃圾吧。”を六甲話では次のように言う。

15）他卖屋嘹。 t^{h}a^{53} ma:i^{35} ok^{55} lo^{33}

16）他把生虫牙齿切嘹。 t^{h}a^{53} pa^{33} ɕiŋ^{11}tɕioŋ^{343} ŋa:i^{11}tɕ^{h}i^{33} tɕ^{h}iɛ^{53} lo^{33}

17）你□〈扔〉垃圾。 ni^{35} liu^{41} la^{11}ki^{53}

普通話の“住”に相当する補語は、六甲話では用いないことが多く、場合によって“得/tɐk^{55}/”や「きつく締まっている」という意味の形容詞“紧/kin^{33}/”を用いる。例えば、普通話の“他握住了客人的手。”“我被眼前的风景吸引住了。”“记住了他的电话号码。”“你

---

4 普通話では、“着”が「火がつく」や不本意な結果を表すこともあるが、六甲話の“着/tɕiɐk^{23}/”はこの場合にも用いられない。

5 得＋Vの語形は、他に“得知/tɐk^{55} tɕi^{53}/”（知っている）“得识/tɐk^{55} ɕik^{55}/”（見知っている）がある。例文を挙げると以下のようになる。

你得知他是□〈谁〉□〈不〉？ ni^{35} tɐk^{55} tɕi^{53} t^{h}a^{53} ɕi^{22} ɳ̥ie^{41} ɳ̥iou^{35}
彼が誰だか知っている？

我□〈谁〉都□〈不〉得识。 ŋu^{35} ɳ̥ie^{41} tu^{22} ɳ̥iou^{35} tɐk^{55} ɕik^{55}
私は誰のことも知りません。

要好好抓住这个好机会。” は次のように言う。

18）他□〈握〉客人的手。 t^{h}a^{53} tɕiɐm^{33} k^{h}ɛ:k^{11}ȵiɐn^{343} ti^{33} ɕiɐu^{33}

19）我着〈被〉□前〈眼前〉的风景□□〈吸引〉囉。
ŋu^{35} tɕiɐk^{23} mɐn^{11}tsin^{343} ti^{33} fɔŋ^{11}kiŋ^{33} ɕiaŋ^{11}iɐn^{35} lo^{33}

20）记得他电话号码。 ki^{41} tɐk^{55} t^{h}a^{53} tin^{11}wo^{22} xou^{11}ma^{35}

21）你爱〈要〉好好抓紧个好机会□〈这〉。
ni^{35} ai^{41} xou^{33}xou^{33} tɕio^{53} kin^{33} kou^{41} xou^{33} ki^{11}wøi^{22} li^{33}

1.3 形容詞による結果補語

六甲話では、結果補語として常用される形容詞に、以下のような語が挙げられる。

〈結果補語〉	〈例〉
(1) 饱 pa:u^{33} 十分になる	吃饱 k^{h}ik^{55} pa:u^{33} おなかがいっぱいになる
(2) 反 fa:n^{33} （裏表が）逆だ	穿反 tɕ^{h}yn^{53} fa:n^{33} 裏表を逆に着る
(3) 紧 kin^{33} きつく締まっている	抓紧 tɕio^{53} kin^{33} しっかり掴む
(4) 快 k^{h}ua:i^{41} 速い	行快□〈点〉 xɛ:ŋ^{343} k^{h}ua:i^{41} tiɛ:t^{33} 少し速く歩く
(5) 慢 ma:n^{22} （速度が）遅い	□〈走〉慢□〈点〉 ia:u^{33} ma:n^{22} tiɛ:t^{33} 少しゆっくり歩く
(6) 死 si^{33} 極端な程度を表す	急死 kiɐp^{55} si^{33} やきもきさせる
(7) 大 ta:i^{22} 大きくなる	放大 fuŋ^{41} ta:i^{22} 大きくする
(8) 多 tou^{53} ～すぎる	□〈喝〉多 ɕiok^{55} tou^{53} 飲みすぎる
(9) 透 t^{h}ɐu^{41} 徹底している	看透 k^{h}uɐn^{41} t^{h}ɐu^{41} 見抜く
(10) 通 t^{h}oŋ^{53} 通じている	打通 ta^{33} t^{h}oŋ^{53} （電話が）通じる
(11) 齐 tsei^{343} そろう	□〈买〉齐 t^{h}y^{33} tsei^{343} 買いそろえる
(12) 醉 tsøi^{41} 酔う	□〈喝〉醉 ɕiok^{55} tsøi^{41} 酔う
(13) 早 tsɐu^{33} 早く	来早 tsɐu^{33} lai^{343} 早く来る
(14) 错 ts^{h}ou^{41} 間違えている	讲错 kaŋ^{33} ts^{h}ou^{41} 言い間違える
(15) 清楚 ts^{h}iŋ^{11}ts^{h}u^{33} はっきりしている	看清楚 k^{h}uɐn^{41} ts^{h}iŋ^{11}ts^{h}u^{33} はっきり見える
(16) 好 xou^{33} （十分に）～し終わる	学好 xɐk^{23} xou^{33} マスターする
(17) 坏 wa:i^{22} 悪くなる	穿坏 tɕ^{h}yn^{53} wa:i^{22} 着てだめになる
(18) 厌 im^{41} 飽きる	吃厌 k^{h}ik^{55} im^{41} 食べ飽きる
(19) □ mɐt^{23} いっぱいである	坐□〈满〉 tsø^{22} mɐt^{23} いっぱいに座っている

（20）□　tøi^{35}　何も残っていない　　卖□〈光〉　ma:i^{35} tøi^{35}　売り切れる
（21）□力　tɕiɐk^{11}lik^{23}　疲れる　　哭□力〈累〉　kʰok^{55} tɕiɐk^{11}lik^{23}　泣き疲れる
（22）清气　ʦʰiŋ^{11}kʰi^{41}　清潔である　　扫清气　sou^{33} ʦʰiŋ^{11}kʰi^{41}　掃いてきれいにする
（23）迟　tɕi^{343}　遅れている　　来迟　lai^{343} tɕi^{343}　遅刻する
（24）晏　ɔ:n^{41}　（時刻が）遅い　　睡晏　ɕiøi^{22} ɔ:n^{41}　遅く寝る
（25）夜　ia^{22}　（夜が更けて）遅い　　回屋夜　wøi^{343} ok^{55} ia^{22}　家に帰るのが夜遅い

（18）～（22）の“厌/im^{41}/”“□/mɐt^{23}/”“□/tøi^{35}/”“□力/tɕiɐk^{11}lik^{23}/”“清气/ʦʰiŋ^{11}kʰi^{41}/”は、普通話ではそれぞれ“腻”“满”“光”“累”“干净”に当たる。

22）中国菜我都吃厌囉。　tɕioŋ^{11}kuk^{55}ʦʰai^{41} ŋu^{35} tu^{22} kʰik^{55} im^{41} lo^{33}
中華料理はもう食べ飽きた。
23）啤酒□〈倒〉□〈满〉囉。　pi^{11}tsɐu^{33} pi^{33} mɐt^{23} lo^{33}
ビールをコップいっぱいに注いだ。
24）生活费快用□〈光〉囉。　siŋ^{11}wot^{23}fei^{41} kʰua:i^{41} ioŋ^{22} tøi^{35} lo^{33}
生活費はもうすぐ使い切る。
25）□〈个〉儿□〈孩子〉□〈那〉哭□力□〈就〉□〈不〉哭囉。
kɐm^{35} ȵi^{11}ŋo^{33} mun^{41} kʰok^{55} tɕiɐk^{11}lik^{23} to^{11} ȵiou^{35} kʰok^{55} lo^{33}
その子は泣き疲れると泣き止んだ。
26）你衣裳洗清气。　ni^{35} i^{11}ɕiaŋ^{343} sei^{33} ʦʰiŋ^{11}kʰi^{41}
あなたの服は洗ってきれいになった。

また、普通話では「（所定の時刻より）遅れている」「（時刻が）遅い」「（夜が更けて）遅い」「後れを取る」と言う場合には、どれも“晚”を用いるが、六甲話では意味に応じて使い分けがあり、それぞれ“迟/tɕi^{343}/”“晏/ɔ:n^{41}/”“夜/ia^{22}/”および動詞の“□□/pɐt^{11}tei^{343}/”を用いる。

27）电话打迟囉，公司□〈没有〉人囉。
tin^{11}wo^{22} ta^{33} tɕi^{343} lo^{33}, koŋ^{11}si^{53} ȵia:u^{33} ȵiɐn^{343} lo^{33}
電話をかけるのが遅くて、会社に誰もいなくなっていた。
28）我起晏囉。　ŋu^{35} kʰi^{33} ɔ:n^{41} lo^{33}　私は寝坊した。
29）我回屋夜囉。　ŋu^{35} wøi^{343} ok^{55} ia^{22} lo^{33}　私は家に帰るのが夜遅くになった。
30）我去□□〈落后〉囉，票都卖□〈光〉囉。
ŋu^{35} kʰy^{41} pɐt^{11}tei^{343} lo^{33}, pʰiu^{41} tu^{22} ma:i^{35} tøi^{35} lo^{33}
私は行くのが遅くて、切符はみな売り切れた。

2 目的語の位置

V＋R の動補構造が目的語を伴う場合には、二種類の語順がある。普通話と同様に結果補語の後に目的語を置いて V＋R＋O とする語順と、普通話では用いられない述語動詞の後に目的語を置いてV＋O＋R とする語順である。

2.1 V＋R＋O

V＋R の後に目的語を置く語順は、動作・行為と結果の間に因果関係があれば、多くの場合に成立するようである[6]。

31）学好中国话，□〈不〉容易。 xɐk^{23} xou^{33} tɕioŋ^{11}kuk^{55}wo^{22}, ŋ̊iou^{35} ioŋ^{11}ik^{55}
中国語をマスターするのは簡単ではない。
32）我□〈买〉得一张票。 ŋu^{35} t^{h}y^{33} tɐk^{55} iɐt^{55} tɕiaŋ^{53} p^{h}iu^{41}
私はチケットを一枚手に入れた。
33）写错过个字□〈这〉。 sø^{33} ʦ^{h}ou^{41} ko^{41} kou^{41} tsi^{22} li^{33}
この字を書き間違えたことがある。
34）我听错他话。 ŋu^{35} t^{h}iŋ^{53} ʦ^{h}ou^{41} t^{h}a^{53} wo^{22} 私は彼の話を聞き間違えた。
35）你吃饱饭□〈没〉？ ni^{35} k^{h}ik^{55} pa:u^{33} ma:ŋ^{35} naŋ^{343} お腹一杯になった？
36）你用成笔，□〈就〉还□〈给〉我。 ni^{35} ioŋ^{22} ɕiŋ^{343} pɐt^{55}, to^{11} xua:n^{343} xaŋ^{33} ŋu^{35}
ペンを使い終わったら、私に返して。
37）他写坏三张纸。 t^{h}a^{53} sø^{33} wa:i^{22} sa:m^{53} tɕiaŋ^{53} tɕi^{33}
私は三枚の紙を書いて駄目にした。
38）看□〈光〉本书□〈那〉囉。 k^{h}uɐn^{41} tøi^{35} pɐn^{33} ɕy^{53} mun^{41} lo^{33}
あの本を読み切った。

2.2 V＋O＋R

V＋R の間に目的語を置く語順は、V＋R＋O よりも成立の条件が狭まる。上記の 34）～38）は、V＋R＋O の他に V＋O＋R でも成立し、以下の 39）～43）ようにも言うこと出来るが、31）～33）は、V＋O＋R の語順にはしない。ただ現時点では、どのような条件の下でV＋O＋R が成立するのかについては、詳細は不明である。

---

6 ただし、“他□〈擦〉台清气囉。”（彼は机を拭いて綺麗にした。）は、V＋R＋O の語順ではあまり言わない。また普通話で “我笑疼了肚子。” “他哭红了眼睛。” は、六甲話では “他笑得肚都疼。” “他哭得眼都红囉。” となり、V＋R＋O の語順では言わない。

39）我听他话错囉。　ŋu^{35} tʰiŋ^{53} tʰa^{53} wo^{22} tsʰou^{41} lo^{33}

40）你吃饭饱□〈没〉？　ni^{35} kʰik^{55} ma:ŋ^{35} pa:u^{33} naŋ^{343}

41）你用笔成，□〈就〉还□〈给〉我。　ni^{35} ioŋ^{22} pɐt^{55} ɕiŋ^{343}, to^{11} xua:n^{343} xaŋ^{33} ŋu^{35}

42）他写三张纸坏囉。　tʰa^{53} sø^{33} sa:m^{53} tɕiaŋ^{53} tɕi^{33} wa:i^{22} lo^{33}

43）看本书□〈那〉□〈光〉囉。　kʰuɐn^{41} pɐn^{33} ɕy^{53} mun^{41} tøi^{35} lo^{33}

44）*学中国话好, □〈不〉容易。　xɐk^{23} tɕioŋ^{11}kuk^{55}wo^{22} xou^{33}, ȵiou^{35} iɔŋ^{11}ik^{55}

45）*我□〈买〉一张票得。　ŋu^{35} tʰy^{33} iɐt^{55} tɕiaŋ^{53} pʰiu^{41} tɐk^{55}

46）*写个字□〈这〉错过。　sø^{33} kou^{41} tsi^{22} li^{33} tsʰou^{41} ko^{41}

3 語気助詞とアスペクト助詞

六甲話では、V＋R の動補構造である動作・行為の結果が実現していることを表す時も、以下の例のようにアスペクト助詞や語気助詞を用いなくても文が成立する[7]。ただ、多くの場合に語気助詞の“囉/lo^{33}/”や“喇/la^{33}/”及びアスペクト助詞の“了/liu^{35}/”や“过/ko^{41}/”を用いる。

47）我听错他话。　ŋu^{35} tʰiŋ^{53} tsʰou^{41} tʰa^{53} wo^{22}　私は彼の話を聞き間違えた。

48）我搞坏一只碗。　ŋu^{35} ka:u^{33} wa:i^{22} iɐt^{55} tɕik^{55} kua:ŋ^{33}　私は茶碗を壊した。

49）我□〈做〉成作业。　ŋu^{35} tu^{41} ɕiŋ^{343} tsɔ:k^{33}nip^{23}　私は宿題をやり終えた。

3.1 “囉/lo^{33}/”

“囉/lo^{33}/”は語気助詞で、ある事態や状況がすでに発生したことを認める語気を表す。

50）票早本〈早就〉卖□〈光〉囉。　pʰiu^{41} tsɐu^{33}pɐn^{44} ma:i^{35} tøi^{35} lo^{33}
切符はとっくに売り切れた。

51）今日我有□〈点〉讲多囉。　kim^{11}ȵiɐt^{23} ŋu^{35} iɐu^{11}tiɛ:t^{33} kaŋ^{33} tou^{53} lo^{33}
今日私は少ししゃべり過ぎた。

52）生□〈满〉野□〈草〉囉。　ɕiŋ^{53} mɐt^{23} ia^{11}ȵiaŋ^{33} lo^{33}　野草が一面に生えた。

53）他□〈喝〉酒醉囉。　tʰa^{53} ɕiok^{55} tsɐu^{33} tsøi^{41} lo^{33}　彼は酒に酔った。

54）独家□〈做〉错囉，爱〈要〉有胆承认。
tok^{11}ka^{53} tu^{41} tsʰou^{41} lo^{33},　ai^{41} iɐu^{35} ta:m^{33} ɕiŋ^{11}ȵim^{22}
自分が過ちを犯せば、それを認める勇気をもたなければならない。

---

[7] この点については遠藤 2010: 60 で、既に指摘されている。

3.2 "喇/la^{33}/"

"喇/la^{33}/" は語気助詞で、状況の変化に気づいた時や新しい事態が発生したこと等を表す。

55）我弟眼哭红喇。　ŋu^{35} tei^{22} ŋa:n^{35} kʰok^{55} xɔŋ^{343} la^{33}　弟の目は泣いて赤くなった。

56）眼镜拷〈打〉破喇。　ŋa:n^{35}kiŋ^{41} kʰa:u^{53} pʰo^{41} la^{33}　眼鏡が割れた。

57）字写错喇。　tsi^{22} sø^{33} tsʰou^{41} la^{33}　字は書き間違えた。

58）□〈间〉屋□〈这〉□〈脏〉成□子〈这样〉喇。
ko^{33} ok^{55} li^{33} wo^{41} ɕiŋ^{343} n̥iaŋ^{22}tsi^{33} la^{33}
この部屋はこんなによごれてしまった。

59）他把我电脑搞坏喇。　tʰa^{53} pa^{33} ŋu^{35} tin^{22}nou^{33} ka:u^{33} wa:i^{22} la^{33}
彼は私のパソコンを壊した。

3.3 "了/liu^{35}/"

"了/liu^{35}/" はアスペクト助詞で、V＋R の後に置いて完成や実現を表す。

60）我听□〈懂〉了老师讲的话。　ŋu^{35} tʰiŋ^{53} siŋ^{33} liu^{35} lou^{33}si^{53} kaŋ^{33} ti^{33} wo^{22}
私は先生の話を聞いて理解した。

61）我已经吃饱了。　ŋu^{35} i^{11}kiŋ^{53} kʰik^{55} pa:u^{33} liu^{35}　私はもうおなかが一杯になった。

62）讲错了□〈不〉爱紧，你大胆讲。
kaŋ^{33} tsʰou^{41} liu^{35} n̥iou^{35} ai^{41}kin^{33}, ni^{35} ta:i^{11}ta:m^{33} kaŋ^{33}
言い間違えても大丈夫、思い切って話しなさい。

63）他救生了两个人。　tʰa^{53} kiɐu^{41} ɕiŋ^{53} liu^{35} liaŋ^{35} kou^{41} n̥iɐn^{343}　彼は二人の命を助けた。

3.4 "过/ko^{41}/"

"过/ko^{41}/" はアスペクト助詞で、V＋R の後に置いて経験を表す。

64）个字□〈这〉写错过。　kou^{41} tsi^{22} li^{33} sø^{33} tsʰou^{41} ko^{41}
この字は書き間違えたことがある。

65）以前我得见过飞碟。　i^{33}tsin^{343} ŋu^{35} tɐk^{55}kin^{41} ko^{41} fi^{11}tip^{23}
以前に私は蝶を見たことがある。

4 否定文

六甲話は、否定の副詞に "□/naŋ^{343}/" と "□/n̥iou^{35}/" の二種類がある。V＋R の動補

構造を否定する時は、表す意味に応じてこのどちらかを述語動詞の直前に置く。

4.1 “□/naŋ^{343}/”

V＋R の動補構造で、動作・行為が「まだ～という結果をみていない」ことを表す時は、“□/naŋ^{343}/” を用いる。

66）我□〈没〉学会。　ŋu^{35} naŋ^{343} xɐk^{23} wøi^{22}　私はまだマスターしていない。

67）他□〈没〉骑□〈走〉。　tʰa^{53} naŋ^{343} ki^{343} ia:u^{33}　彼はまだ乗って行っていない。

68）我□〈还〉□〈没〉准备好。　ŋu^{35} tie^{41} naŋ^{343} tɕyn^{11}pi^{22} xou^{33}
私はまだ準備し終わっていない。

69）□〈还〉□〈没〉画成幅图画□〈这〉。　tie^{41} naŋ^{343} wo^{22} ɕiŋ^{343} fu^{41} tu^{11}wo^{22} li^{33}
この絵はまだ描き終わっていない。

4.2 “□/ŋ̥iou^{35}/”

V＋R の動補構造で、ある動作・行為が「～という結果をみなかった」ことを表す時や、仮定や条件を表す節の中では、“□/ŋ̥iou^{35}/” を用いる。

70）今日一只鱼都□〈不〉钓得。　kim^{11}ŋ̥iɐt^{23} iɐt^{55} tɕik^{55} ŋ̥y^{343} tu^{22} ŋ̥iou^{35} tiu^{41} tɐk^{55}
今日は一匹も魚が釣れなかった。

71）他讲话我□〈没〉听清楚。　tʰa^{53} kaŋ^{33} wo^{22} ŋu^{35} ŋ̥iou^{35} tʰiŋ^{53} tsʰiŋ^{11}tsʰu^{33}
彼が話した話は、私ははっきり聞こえなかった。

72）作业□〈不〉□〈做〉成, □〈就〉□〈不〉□〈给〉出去。
tsɔ:k^{33}nip^{23} n̥iou^{35} tu^{41} ɕiŋ^{343}, to^{11} ŋ̥iou^{35} xaŋ^{33} tɕʰiɐt^{33} kʰy^{41}
宿題をやり終なければ、出かけちゃだめだ。

73）你□〈不〉讲清楚, 我□〈就〉□〈不〉帮得你。
ni^{35} n̥iou^{35} kaŋ^{33} tsʰiŋ^{11}tsʰu^{33}, ŋu^{35} to^{11} n̥iou^{35} puŋ^{33} tɐk^{55} ni^{35}
あなたがはっきり言わなければ、私はあなたを助けられない。

74）□□〈怎么〉□〈喝〉也□〈不〉□〈喝〉醉。
tɕie^{11}niɐn^{22} ɕiok^{55} ia^{35} n̥iou^{35} ɕiok^{55} tsøi^{41}　どんなに飲んでも酔わない。

5 疑問文

V＋R の動補構造を疑問文にするには、次の三種類がある。文末に否定の副詞の “□/naŋ^{343}/” か “□/n̥iou^{35}/” を加える場合と語気助詞の “□/le^{33}/” を加える場合である。

5.1 “□/naŋ^{343}/”

V＋R の動補構造で、ある動作・行為が「もう～という結果をみたか」と聞く時は、“□/naŋ^{343}/” を文末に加える。

75）人来齐□〈没〉？ ŋ̥iɐn^{343} lai^{343} tsei^{343} naŋ^{343} 人はもう揃った？

76）你记清楚□〈没〉？ ni^{35} ki^{41} tsʰiŋ^{11}tsʰu^{33} naŋ^{343} あなたはもうはっきりと覚えた？

77）交□〈给〉张老师的作文写成□〈没〉？
ka:u^{11} xaŋ^{33} tɕiaŋ^{53} lou^{33}si^{53} ti^{33} tsɔ:k^{33}wen^{343} sø^{33} ɕiŋ^{343} naŋ^{343}
張先生に提出する作文はもう書き上げた？

78）票□〈买〉得□〈没〉？ pʰiu^{41} tʰy^{33} tɐk^{55} naŋ^{343} チケットはもう手に入れた？

5.2 “□/ŋ̥iou^{35}/”

V＋R の動補構造で、ある動作・行為が「～という結果をみたか」と聞く時は、“□/n̥iou^{35}/” を文末に加える。

79）字写错□〈不〉？ tsi^{22} sø^{33} tsʰou^{41} n̥iou^{35} 字は書き間違えたんですか？

80）你今日起早□〈不〉？ ni^{35} kim^{11}ŋ̥iɐt^{23} kʰi^{33} tsɐu^{33} ŋ̥iou^{35} 今日早く起きましたか？

5.3 “□/le^{33}/”

“□/le^{33}/” は語気助詞で、V＋R の構文以外でも 81）や 82）のような文で使う。インフォマントの説明では、普通話の “了吗？” に相当すると言うことであるが、“□/n̥iou^{35}/” や “□/naŋ^{343}/” を用いた場合とどのような違いがあるのかは、現時点では不明である。今後更に調査が必要である。

81）□〈小〉朱结婚□? nei^{41}tɕy^{53} kit^{11}fɐn^{53} le^{33} 朱さんは結婚したの？

82）□□〈点点〉□〈这〉□〈就〉够□? tiɛ:t^{33}tiɛ:t^{33} li^{33} pɐt^{11} kɐu^{41} le^{33}
これだけで足りる？

83）“谂〈想〉好□?” “□〈没〉谂〈想〉好。”
“nam^{35} xou^{33} le^{33}” “naŋ^{343} nam^{35} xou^{33}”
「考えはまとまった？」「まだまとまっていない。」

84）“功夫□〈找〉得□?” “□〈还〉□〈没〉”
“koŋ^{11}fu^{53} lou^{35} tɐk^{55} le^{33}” “tie^{41} naŋ^{343}” 「仕事は見つかった？」「まだです。」

85）你□〈凑〉好□? 快□〈凑〉。 ni^{35} tsʰɐu^{41} xou^{33} le^{33} kʰua:i^{41} tsʰɐu^{41}
あなたはちゃんと集めたの？ 早く集めなさいよ。

86）□〈多〉儿□〈孩子〉□〈这〉都睡着□?　puŋ^{33} ȵi^{11}ŋo^{33} li^{33} tu^{22} ɕiøi^{22} tɕiɐk^{23} le^{33}
この子たちは寝付いた？

87）本书□〈这〉你看成□?　pɐn^{33} ɕy^{53} li^{33} ni^{35} k^{h}uɐn^{41} ɕiŋ^{343} le^{33}
この本は読み終わった？

おわりに

以上、三江侗族自治県周坪郷の六甲話の結果補語の語法について、初歩的な記述を行なった。本稿により、結果補語の語法の概略は明らかになったと思われる。ただ、目的語がV＋Rの間に置かれる為の条件や“□/le^{33}/”の意味・機能については、更に考察の必要がある。また、普通話ではV＋R＋Oで表せる文の中に、六甲話では別の構文でしか表せないものがあるが（注6参照）、その詳細についても現時点では不明であり、今後更に調査し分析を加える必要がある。

参考文献

スティーブン・マシューズ，ヴァージニア・イップ,千島英一，片岡新訳 2002.『広東語文法』：東方書店

林璋、佐々木勲人，徐萍飛 2002.『東南方言比較文法研究—寧波語・福州語・厦門語の分析—』『開篇』単刊No.13：好文出版

三木夏華 2005.「中国広西三江方言の文法について」『鹿大史学』第52号：19-34頁。

遠藤雅裕 2010.「台湾海陸客家語のアスペクト体系」『現代中国文化の光芒』中央大学人文科学研究所叢書49：25-63頁。

遠藤雅裕 2011.「台湾海陸客家語の補語」『文法記述の諸相』中央大学人文科学研究所叢書54：131-174頁。

陈瑾编 1988.『广西三江侗族自治县方言志』：广西三江侗族自治县县志办公室

曾晓渝，牛顺心 2006.「广西三江六甲话的两字组连读变调」『東ユーラシア言語研究』：20-31頁。

「老借詞調類一致之謎」と南方少数民族言語の声調の起源*

—漢語の声調発生に関連して—

中西　裕樹
同志社大学

本文对陈其光（1991）提出的"老借词调类一致之谜"现象进行了探讨，认为这一现象的产生是缘于发生借词时，提供借词的语言（汉语）和接受借词的语言（民族语）均未有声调所致。苗瑶语和侗台语的声调均是通过汉语借词产生的。

"老借词调类一致之谜"　南方少数民族语言　声调的起源　语言接触　汉语借词

1 「老借詞調類一致之謎」とその解釈

中国南方の声調を有する少数民族言語[1]における漢語からの借用語は、伝統的に「老借詞（または早期借詞）」と「新借詞」の二種類に分けて考えられている。このうち前者は調類により漢語と対応しているもので、後者は現在当該言語の周囲に分布している漢語方言と調値で対応しているものである。

＊ 本稿は以下の二度の口頭発表を基に改変を加えたものである。一、"「老借詞調類一致之謎」と南方少数民族言語の声調の起源"（第三回中国語音声研究会、於青山学院大学、2011年7月18日）；二、"「老借詞調類一致之謎」と中国南方少数民族言語のtonogenesis"（国立国語研究所共同研究プロジェクト「日本語レキシコンの音韻特性」研究発表会、於国立国語研究所、2011年10月2日）。二回の発表で題目は少し変えたが、内容は基本的に同一のものであった。会議の席上で多くの方から貴重なご意見を賜った。ここに感謝申し上げる。

発表後に Ratliff (2010)を入手し、Ratliff 氏が私とよく似た結論に達しておられたことを知った。その存在を知らずして上記のような発表を行ったことについては自らの不明を恥じるばかりだが、氏と私との考えにはなお異なる部分があるように思われるので、ここに発表し諸賢の叱正を請う次第である。

[1] 本稿で扱う「中国南方の声調を有する少数民族言語」は、おおよそミャオ・ヤオ諸語とタイ諸語を指し、漢語、ミャオ・ヤオ諸語、タイ諸語が同系ではないという立場をとる。

陳其光（1991）は、ミャオ・ヤオ諸語に属する諸言語・方言間で「老借詞」の調類対応が一致していることを取り上げて「老借詞調類一致之謎」と呼んだ。陳氏は同論文で以下のように述べている。

> “不论在哪个方言里，汉语的阴平、阳平、阴上、阳上、阴去、阳去、阴入、阳入[2]老借词都分别归苗瑶语的 1、2、3、4、5、6、7、8 调（少数阴入、阳入字入 5、6 调），而且方言之间对应关系很整齐”。

表 1 は養蒿ミャオ語における老借詞と新借詞の声調の対応を示している。老借詞は、中古の調類と声母の清濁を条件にきれいに調類対応していることがわかる。これに対して新借詞は、表の括弧内に示された調値によって周囲の西南官話と対応しており、古入声字がすべて古濁平字と合流しているなど西南官話の特徴がよく現れている。

表 1　貴州養蒿ミャオ語における漢語借用語の声調対応（陳其光 1991）

中古音	清平	浊平	清上	浊上	清去	浊去	清入	浊入
老借词	灯 ten1	铜 tə2	锁 shu3	臼 tɕə4	算 shen5	万 vaŋ6	尺 tɕhi7	墨 mɛ8
新借词	生~产 sen1(33)	提~高 thi8(31)	解~放 kɛ2(55)	社~员 sei3(35)	报~告 po3(35)	会开~ huei3(35)	缺~点 tɕhi8(31)	合~作 ho8(31)

この「老借詞調類一致之謎」をどう解釈するか、陳氏は以下のような考察を展開し、結論としては原因不明であるとする。

> “应该说，新老借词在借入时都是基本上符合借入语言和被借入语言的读音的。（中略）那么老借词的调类为什么如此一致呢？是不是借入时汉语没有方言差别，或者虽有差别但各类调的调值相同呢？大概古代汉语不会如此一致。是不是借入时苗瑶语还没有分化，所以后来能完全对应呢？不能设想，借词是在同一时间，而不是陆续借入的。是不是以前按调类借后来才改成按调值借呢？也不能设想广大群众当时有了调类的概念，而且会自觉地运用对应规律。鉴于这些设想都不能合理地解释问题，所以老借词调类一致之谜还没有解决，还很值得研究”。

陳氏は専らミャオ・ヤオ諸語について述べているが、このような「老借詞調類一致之謎」はひとりミャオ・ヤオ諸語のみに見られるのではない。中国南方のタイ諸語にも同様の現象が観察される。曾暁渝（2004:19）は以下のように述べる。

---

[2] 原文ママ。ここは通時的条件を示しているところなので、本来は「清平、濁平……」とすべきか。誤解がないように、表 1 では通時的条件を表す名称に改めた。

“侗台语里的汉语借词可以分为古汉语借词（老借词）和近、现代汉语借词（新借词）两大类。老借词的读法基本与《切韵》音系对应，新借词与西南官话对应。值得注意的是，新老两大类借词在声调上一个显著的区别：壮傣、侗水语里汉语老借词的调类一致，整齐对应，但调值差异较大；新借词的声调则分别与壮傣、侗水诸语言的相似调值对应，调类参差不齐”。

表２は、タイ諸語における漢語借用語の声調対応を示している。新借詞（現代漢借詞）は調値の類似によっているため、借り入れ先が同じ西南官話であっても言語によって対応する声調がことなっている。これに対して、老借詞（古代漢借詞）は、ミャオ・ヤオ諸語同様に中古の調類と声母の清濁を条件にきれいに調類対応していることがわかる。

表２　中国国内のタイ諸語における漢語借用語の声調対応（曾暁渝 2004:20）[3]

<table>
<tr><td rowspan="5">古代
汉借词</td><td>中古汉语</td><td>清平</td><td>浊平</td><td>请上</td><td>浊上</td><td>清去</td><td>浊去</td><td>清入</td><td>浊入</td></tr>
<tr><td>壮语</td><td>1</td><td>2</td><td>3</td><td>4</td><td>5</td><td>6</td><td>7</td><td>8</td></tr>
<tr><td>傣语</td><td>1</td><td>2</td><td>3</td><td>4</td><td>5</td><td>6</td><td>7, 9</td><td>8</td></tr>
<tr><td>侗语</td><td>1, 1’</td><td>2</td><td>3, 3’</td><td>4</td><td>5, 5’</td><td>6</td><td>7, 7’
9, 9’</td><td>8, 10</td></tr>
<tr><td>水语</td><td>1</td><td>2</td><td>3</td><td>4</td><td>5</td><td>6</td><td>7</td><td>8</td></tr>
<tr><td rowspan="5">现代
汉借词</td><td>西南官话</td><td>阴平</td><td>阳平</td><td colspan="2">上声</td><td colspan="2">去声</td><td colspan="2">入声</td></tr>
<tr><td>壮语</td><td>6</td><td>2</td><td colspan="2">3</td><td colspan="2">5</td><td colspan="2" rowspan="3">----</td></tr>
<tr><td>傣语</td><td>6</td><td>4</td><td colspan="2">2</td><td colspan="2">5</td></tr>
<tr><td>侗语</td><td>6</td><td>2</td><td colspan="2">4</td><td colspan="2">1, 1’</td></tr>
<tr><td>水语</td><td>3</td><td>4</td><td colspan="2">6</td><td colspan="2">1</td><td colspan="2">2</td></tr>
</table>

タイ諸語における「老借詞調類一致之謎」の原因について、曾氏（2004:21,27）は以下のような可能性を検討し、

(1) 当初影响侗台语诸语言的那种古汉语，其四声八调正好与各地的壮、傣、侗、水诸语言的各调在调值上依次相似对应。

(2) 汉末至隋唐时期，当时尚未分化的壮傣、侗水共同语 A, B, C, D 四调与所接触的南方汉语平、上、去、入四声在调值上分别近似，从而形成调类调值相似性对应的借贷，后来，这早期共同语分化，壮、傣、侗、水诸语言与南方汉语在调类上大致平行发

[3] タイ王国の標準タイ語（いわゆる Siamese）では、漢語借用語は平声が A 調、上声が C 調、去声が B 調、入声が D 調に入っており（三谷 1989）、ここで示されている中国国内のタイ諸語とは対応が異なっている。曾暁渝（2004:26）によると、中国国内のタイ諸語でも仡央語派と黎語派では「漢語関係詞」が Siamese と同様の調類対応を見せる。

展，各自的四声均因声母的清浊而分化为八调，但调值却各自变化较大。

(3) 由于壮、傣、侗、水诸语言与汉语的深刻接触，其汉语借词语音形式与汉语原词语音形式的关系已发展为“对应关系”（如同今北京话和西南官话相互借贷时声调上的对应）而不是“相似关系”一这种状况是语言由接触走向联盟的转折点和标准。

次のように結論づける。

> “中古时期，尚未分化的壮傣、侗水共同语的 A, B, C, D 四调依次与所接触的那种汉语方言的平、上、去、入四声的调值相似，因此，按语言借贷的相似对应原则，当时壮傣、侗水共同语以 A, B, C, D 四调与所借用的汉语平、上、去、入四声相配。后来，壮傣、侗水语支分化，进而再分化为各个语言。在此期间，汉语和侗台语的声调平行发展，先后因声母清浊对立的消变而分化为八个调类。这样，形成了如今壮、傣、侗、水诸语言里汉语老借词调类整齐对应的现象”。

しかしながら、ミャオ・ヤオ諸語とタイ諸語に同様の現象が見られることを考えると、曾氏のこの結論は受け入れがたい。また、同じ調類対応の層がいくつも存在するのはなぜかという問題もある[4]。例えば、以下の表３、表４に見られるように、曾氏は三洞スイ語（タイ諸語）の老借詞に上古・中古早期・中古晩期という三つの層を認め、趙敏蘭氏は柘山ヤオ語（ミャオ・ヤオ諸語）の老借詞に中古早期・中古晩期という二つの層を設定している[5]。

表３　貴州三洞スイ語における老借詞の層（曾暁渝 2010）

中古音 / 借词层次	清平	浊平	清上	浊上	清去	浊去	清入	浊入
上古	抽 ⁿdiu1	头 to2	底 te3	愤 pən4	姓 siŋ5	渡 ta6	百 pa:k7	白 pa:k8
中古早期	分~开 pan1	银[6] ɲan2	--	父 pu4	货 ɣau5	命 miŋ6	漆 hit7	--
中古晚期	分一~地 fən1	年 njen2	苦 ho3	五 ŋo4	到 thau5	病 pjeŋ6	百 pek7	墨 mak8

---

4 この問題には Ratliff (2010) も注目している。

5 表３、表４は、それぞれ曾暁渝（2010）、趙敏蘭（2010）中のデータに基づいて中西が作成した。

6 この字の声母は「舌面前鼻音」であるが、フォントがないため、ɲ で代用した。

表4　広西柘山ヤオ語における老借词の層（趙敏蘭 2010）

中古音 / 借词层次	清平	浊平	清上	浊上	清去	浊去	清入	浊入
中古早期	方 puŋ1	缝 puəŋ2	酒 tiu3	厚 hu4	粪 puən5	万 man6	八 pet7	袜 mat8
中古晚期	三 fam1	梅 mui2	写 fie3	旱 han4	四 fei5	病 pɛŋ6	七 tshiet7	十 tsiep8

曾氏の説を採るならば、上古から中古晩期という長期に渡って、借用元の漢語と借用先のミャオ・ヤオ諸語およびタイ諸語の調値がすべて変化せずに同じ調値を維持し続けていた、あるいは同様の調値に同時に変化しつづけたということになる。現在東・東南アジアに分布する声調言語の調値の多様性から考えるに、そのような状況は考えにくいだろう。

このように分節音のレベルでは借用の時代の違いを反映している借用語が、声調においてはすべて調類により対応しているのは、借用当時は借用元言語（漢語）・借用先言語（南方民族諸語）ともに声調をもっておらず[7]、後に漢語が声調を持つようになってから、漢語からの借用語を通じて、南方民族諸語に声調が発生したためではないだろうか[8]。声調が生まれた時点より以前に取り入れられた借用語は、声調発生時の条件に基づいてそれぞれの調値が付与されるから、たとえ借用された時代が異なっても、声調発生時の条件さえ同じであれば、同じ調類に入るのが自然である。

2 漢語と南方民族諸語の声調発生のタイミング

「老借词调类一致之谜」は、借用元（漢語）と借用先（南方民族諸語）が借用時に共に声調を持たなかったと仮定することによって解決することができた。次に漢語と南方民族諸語の声調発生のタイミングについて考えてみたい。そのヒントとして、まず比較的近年に Sinosphere[9]の言語で発生した、あるいは発生しつつある声調についての先行研究を見ていく。

---

[7] Ratliff (2010)は、借用が行われた時点における借用元言語（donor）・借用先言語（borrower）の類型について、次の四つのパターンを想定している：1. Donor atonal, Borrower, tonal; 2. Donor and Borrower both tonal; 3. Donor tonal, Borrower atonal; 4. Donor and Borrower both atonal。そして、これらのパターンの枠組みで東・東南アジアにおいて起こった借用の実際の様相を提示し、ミャオ・ヤオ諸語が漢語から借用語を取り入れた際の状況を考察している。結論は、本稿と同様に Donor and Borrower both atonal である。

[8] Ratliff (2010)は、この地域において漢語が最初に声調を獲得したかどうかはわからず、はじめの声調発生の波も（後の音節頭子音の合流とそれに伴う調類分化同様に）地域全体の現象と考えるのが妥当だとする。

[9] Sinosphere は Matisoff 氏の用語。「漢語（影響）圏」の意。

2.1 回輝（Tsat）語の声調の発展（鄭貽青 1997）

回輝語は海南島に住む回族の言語で、オーストロネシア語族に属しておりチャム語に近いとされる。これらの回族は10世紀から15世紀の間に、ヴェトナムのチャンパ王国から移住してきた人々の末裔である。

もともと複音節的で声調を持たなかった回輝語は、以下のような段階を経て声調を発展させた。

(1) 当初、舒声韻では有声破裂音を語頭に持つ音節の低平調(11)とそれ以外の語頭子音を持つ音節の中平調(33)の二声調しかなかった（まだ語の弁別機能はもっていなかった）。これは漢語借用語（軍話）の大部分をこの二声調で発音することからわかる。促声韻では、語頭に有声破裂音を持つ音節の高降調(43)とそれ以外の語頭子音を持つ音節の中昇調(24)があった。

(2) 音節末子音-hの脱落により高平調(55)が生まれる。-pが-tまたは-uに合流した後、-t,-kに変化が起こる。-t,-kは語頭に有声破裂音を持つ音節では-ʔに変化し、且つ高降調(43)に発音するようになり、それ以外の語頭子音を持つ音節では-t,-kは脱落し、且つ中昇調(24)に発音するようになった。この音節末子音の脱落は漢語（14-15世紀の軍話）の影響による。

(3) チャム祖語で舒声韻だった音節に元々の母音の長短により声調が生まれる。祖語が長母音をもつ場合には、回輝語では平板調（中平または低平）になり、短母音の場合には、下降調（語頭に有声破裂音・破擦音をもつ場合には21、それ以外の場合は32）になり且つ音節末に声門閉鎖音を持つようになった。下降調の音節末声門閉鎖音は漢語の影響。海南島の閩語では下降調の音節末（文昌では上声・陽去・陰入・陽入）に非常にはっきりした声門閉鎖音が聞こえる。

2.2 チアン（羌）語の声調の発展（Evans 2001）

チアン語は四川省に住むチアン族の言語で、チベット・ビルマ語派チアン語支に属する。おおまかに言うと、分布域の北部では声調の発達していないチベット系の言語と接触し、南部では漢語（西南官話）と接触している。北部方言と南部方言に大別され、北部方言には声調が存在しないのに対して、南部方言では語を弁別するのに声調が用いられる。北部方言はストレスアクセントをもつ。十全な声調体系を発展させた方言もあるが、ピッチアクセント体系の上に声調の層をもつ方言もある。少数の過渡的状態にある方言では、声調はいくつかのミニマルペアを弁別するだけだが、これらの最小対立には必ず漢語からの借用語が含まれる。

南部方言では、以下の六段階を経て声調が生まれた。

(1) 北部方言同様にストレスアクセントを有する状態。
(2) ストレスアクセントがピッチアクセントに変化。元々の強アクセント音節が高ピッチ音節に。
(3) 音節構造の簡略化（主には音節末子音の脱落）により tone-prone に[10]。
(4) 漢語からの借用語の増加。
(5) 漢語の声調の使用。
(6) 借用語に存在した声調のほかに、自前の声調を発展させる段階。

2.3 小結

以上二例が示すように、漢語の周囲（南方）には、漢語借用語を通じて声調を発生させた言語が存在する。Ratliff (2010:190-191)が指摘するように、回輝語の声調は漢語やミャオ・ヤオ諸語、タイ諸語とは発生の方式が異なっている上、周囲の漢語方言やタイ系の黎語と調値が近似しているという表面的な convergence の様相を呈している。しかしながら、声調言語である漢語との接触およびそれに伴う借用語の流入が、声調発生の引き金となったことは間違いないだろう。チアン語についても同様である。だとすれば、ミャオ・ヤオ諸語やタイ諸語が同様に、漢語からの借用語を通じて声調を持つようになったとしても何ら不思議はない。

ヴェトナム語の tonogenesis については、Haudricourt 氏により提案された以下のようなモデルが現在広く受け入れられている[11]。

(1) 西暦紀元初期には、声調は存在しなかったが、6 世紀頃になって、音節末に存在した子音の有無と差によって声調が発生。
(2) 音節末に子音がない音節→「高平調」。
喉音の-h がある音節→「低平調」。
声門閉鎖音の-ʔがある音節→「上昇調」。
(3) 12 世紀に至る間に、音節頭の有声音が無声化し、上記三種の声調それぞれに高・低の差が生まれ 6 声調が確立。

Matisoff (2001)は、ヴェトナム語の声調発生には、大量の漢語借用語が刺激となったに違いないと述べている。Matisoff 氏は同時に、そのヴェトナム語とタイ諸語、ミャオ・ヤオ諸語、漢語の共通語彙の間に規則的な声調対応が認められることから（「老借詞調類一致之謎」）、ヴェトナム語の声調発生に漢語からの diffusion があったとするならば、当然タイ諸語やミャオ・ヤオ諸語にも同じ説明がなされなければならないと言う。

---

10 tone-prone も Matisoff 氏の用語。「声調を産出しやすい」の意。
11 いま冨田（1988）による。

本稿注 8 に記したように、Ratliff (2010)は必ずしも漢語が最初に声調を獲得したとは考えない。しかし、他の言語が最初であったという証拠もない。Ratliff 氏も現在の Sinosphere の多くの言語がそうであるように[12]、漢語と接触した南方諸語が単音節化し tone-prone になっていたことは認めている。そうであるならば、続いて起こった声調発生という出来事のみを他言語から起こったとする必要はないだろう。圧倒的な影響力によって、南方諸語の音節構造を変化させた漢語に発生した声調が、それらの言語にも伝わったと考える方が自然である。

3 結語

漢語の平上去入とタイ諸語およびミャオ・ヤオ諸語の ABCD 調がそれぞれ相似した調値を持っていたために「調類借用」が行われたと想定すること（曾暁渝 2004）もまったく不可能ではないかも知れない。しかし、隣接した地域で類似したメカニズムによって各言語に声調が発生し、その上でたまたま類似した調値によって数度にわたる借用が行われたと考えるよりも、漢語で発生した声調が借用語を通じて南方諸言語に広がったと考える方が「老借詞調類一致之謎」という現象をより自然に説明できるのではないだろうか。

調類が一致する借用語にいくつかの層が見られることから、声調をもった借用語が取り入れられることによって、同時に声調が生まれたという解釈は成り立たない。漢語に声調が生まれたときにはすでに各言語に取り入れられていた借用語が、漢語を模倣して声調をつけて発音されることによって、それらの借用語と分節音のレベルで同一の特徴を共有するグループの語が同様の調値を獲得していったのだろう。以下のようにまとめられる。

(a) 漢語の「平・上・去・入」が分節音の特徴により四グループに分かれていた時代に、数度にわたって南方諸言語に語彙が借用される。（このときは漢語も南方諸語も声調を持っていなかった）
(b) 音節末子音の脱落により、漢語に声調が生まれる。
(c) 漢語話者と頻繁に接触する南方諸言語話者は、すでに自言語に取り入れられていた借用語に声調をつけて発音するようになり、元々当該借用語と同様（ないしは類似）の分節特徴を持つグループの語彙も同じ調値を持つようになっていった。
(d) その後の借用は調値の類似による。

---

[12] Matisoff (2001)によると、Sinosphere に位置するチベット・ビルマ語は他の地域のチベット・ビルマ語に比べてより単音節化が進んでおり、Indosphere のチベット・ビルマ語に比べると音節末子音や接頭辞を消失している割合が高いために、声調的にはより複雑である。

図1　漢語と南方民族諸語の声調発生

漢語	南方諸語
分節音の特徴により形態素が 平・上・去・入の ４グループに分かれている時代 (無声調)	分節音の特徴により形態素が A・B・C・Dの ４グループに分かれている時代 (無声調)

数度にわたる語の借用——→
（分節音の特徴により A,B,C,D 調のいずれかに入る）

音節末子音の脱落
↓
声調の発生

——→　漢語借用語の分節音の脱落と声調発生
↓
借用語と同一グループの固有語にも同じ声調が発生

ひとつ指摘しておく必要があるのは、南方諸語の音節構造の漢語化についてである。単音節化が進むことによって tone-prone になるのがこの地域の言語の特徴であり（Matisoff 2001)、この単音節化が、音節構造の漢語化の一つの現れであることは言うまでもない。さらに、上述の(b)、(c) のように仮定するのなら、漢語、ミャオ・ヤオ諸語、タイ諸語のすべての形態素は、後の A、B、C、D 調（漢語では平、上、去、入）に発展する四つのグループに分かれており、それぞれの音節末子音は共通していたことになる[13]。無論、漢語からの借用語のみが漢語と同様の音節末子音を持っており、固有語は異なる構造であったと考えることもできなくはない。しかし、それならば回輝語やチアン語のように漢語にはない自前の声調を発展させてもよさそうであるが、その形跡はない。漢語史研究では、平声に*-ø、上声に*-ʔ、去声に*-s を仮定するのが定説となりつつあり（Baxter 1992:302-324)、いま四つのグループの音節末子音がこれらの言語間で共通していたと仮定するなら、南方諸語においても A 調には*-ø、B 調には*-ʔ、C 調には*-s をそれぞれ再構することになる。ヴェトナム語ではモン・クメール語との比較により、このような音節末子音（*-ʔ、*-h (< *-s)）の脱落により声調の対立が生じたことが明らかにされているが、漢語、ミャオ・ヤオ諸語、タイ諸語においては、これらの音節末子音が存在したことを直接証明する証拠は

13　ここでは Haudricourt 氏によるヴェトナム語の声調発生モデルを念頭において、音節末子音と言っているが、音節全体の特徴（phonation の様式や長さ）であるかも知れない。

十分とは言えない[14]。Ratliff (2010:193-198)は、ミャオ・ヤオ諸語の音節に見られる四つの特徴ある現象を説明するために、Layered Phonation Hypothesis という仮説を立て、B 調には*-ʔ、C 調には*-h が存在したことを証明しようとしている。今後は、世界の諸言語の tonogenesis の類型を視野に入れながら Ratliff 氏のように精密なフィールドワークを行い、漢語借用語の同定や分類および祖語再構の作業を通じて、漢語、ミャオ・ヤオ諸語、タイ諸語の音節中に声調発生と関連する何らかの痕跡を探っていく必要があるだろう。

参考文献

陈其光 1991.「苗瑶语篇」，马学良主编『汉藏语概论』：601-806 页。北京：北京大学出版社。(2003 年に民族出版社より再版)

江荻 2010. 「回辉语揭示的语言接触感染机制」，『民族语文』2010 年第 6 期：19-26 页。

刘光坤 1998.「论羌语声调的产生和发展」，『民族语文』1998 年第 2 期：1-8 页。

曾晓渝 2004.『汉语水语关系论』，北京：商务印书馆。

曾晓渝 2010.「水语里汉语借词的历史层次」，曾晓渝主编『侗台苗瑶语言的汉借词研究』：41-62 页。北京：商务印书馆。

赵敏兰 2010.「瑶语里汉语借词的历史层次」，曾晓渝主编『侗台苗瑶语言的汉借词研究』：237-295 页。北京：商务印书馆。

郑贻青 1997.『回辉话研究』（中国新发现语言研究丛书），上海：上海远东出版社。

三谷恭之 1989.「タイ語」，亀井孝・河野六郎・千野栄一編著『言語学大辞典』第２巻世界言語編（中）: 529-545 頁。東京：三省堂。

冨田健次 1988.「ヴェトナム語」，亀井孝・河野六郎・千野栄一編著『言語学大辞典』第１巻世界言語編（上）: 759-787 頁。東京：三省堂。

Baxter, William H. 1992. *A Handbook of Old Chinese Phonology*. Berlin and New York: Mouton de Gruyter.

Evans, Jonathan P. 2001. Contact-Induced Tonogenesis in Southern Qiang. *Language and Linguistics* 2-2: 63-110.

Matisoff, James A. 2001. Genetic versus Contact Relationship: Prosodic Diffusibility in South-East Asian Languages. In Alexandra Y. Aikhenvald and R. M. W. Dixon (eds.), *Areal Diffusion and Genetic Inheritance, Problems in Comparative Linguistics*. Oxford: Oxford University Press. 291-327.

Ratliff, Martha 2010. *Hmong-Mien Language History*. Canberra: The Australian National University.

---

14 *-ʔ や *-s について、漢語内部に証拠を求めようとする試みは Baxter (1992:313-315, 322-323)に詳しい。

ナムイ語の使用状況について

—四川省涼山彝族自治州冕寧県連合郷における調査結果から[1]—

西田　文信

秋田大学国際交流センター

纳木义语，是藏缅语族的一种语言，与羌语同属羌语支，主要分布在四川省凉山彝族自治州西昌市、木里县、冕宁县、盐源县，及甘孜州九龙县。约有 3 千人使用。按照纳木义语的解释，“纳木”是“黑”，“义”是“人”，“纳木义”即“黑人”。纳木义人在中国被分为藏族的一支，话者人口较少的一个少数民族群体。漫长的历史变迁中，纳木义人与彝族、汉族长期杂居，互相依存，形成了密不可分的关系。纳木义人的语言使用，不能不受周围民族语言的影响。纳木义语的使用功能日趋衰退，已处于濒危状态。本文以纳木义语为个案，分析纳木义语使用功能上的特点，论述族群分化与语言濒危的关系。

纳木义语　语言使用　濒危语言

1 ナムイ

1.1 話者・分布地域・系統関係

ナムイ語[2]は、中華人民共和国四川省涼山彝族自治州の冕寧県・木里藏族自治県・西昌県・塩源県及び甘孜藏族自治州九龍県に分布している所謂「川西民族走廊諸語 (Languages of the Ethnic Corridor)」のひとつである。ナムイ語の言語系統は、シナ=チベット語族・チベット=ビルマ語派・羌語支（孫 2001: 160）とされるのが一般的であるが、未確定である。ナムイ語の話者人口は 3,000 人で、多くは彝語と漢語を流暢に操りモノリンガルの話者は少ない。

ナムイ語を話すチベット族（以下、ナムイ=チベット族と称することとする）は民国時代までは「西蕃」、1949 年以降は「小西蕃」と称されたが、民族識別工作では蔑称である

---

1 本研究で用いるデータは、筆者が 2003 年から四川省涼山彝族自治州冕寧県連合郷（東経 101° 42’ 10”～101° 50’30”, 北緯 28° 8’0”～28°19’ 58”）にて断続的に収集したものである。調査の過程では、四川省涼山彝族自治州冕寧県連合郷政府の方々に非常にお世話になった。記して謝意を表したい。

2 言語名は、漢語では纳木义语，纳木依语，纳木兹语，南义语，纳磨依语など、英語では Namuyi, Namyi, Namuzi, Namzi 等、民族名は[namuʑi], [namuzi], [^{F}namuji], [^{F}namji]等の表記がある。

と改められ、現在では藏族 (Tibetan) として分類されている。「西番」は主に大渡河以南から金沙江以北の地域に分布し、「納木依」「多須」「里汝」「爾蘇」「魯蘇」「本尼洛」「須迷」の7種の自称集団が存在する。歴史的な文献では、『博物志』異魯に「蜀中南高山有西蕃部落」、『宋史』巻49蛮夷4に「至黎州……入西蕃求良馬以中市」、『冕寧県志』(咸豊7年編)に「冕寧聚五方之民、西蕃、猓、獏狻……雑処其地……」等の記載が見られる。

ナムイ語を含む川西民族走廊諸語は、孫(2001:160)が羌語支の設定を確定するまではヒマラヤ語支(Himalayaish)乃至は彝語支(Lolish)として分類されてきた。孫の謂う羌語支は死語である西夏語を含む以下の13言語から成り立っている。

川西民族走廊諸語のグルーピング

[Tangut (Xixia)	西夏]		北支
Qiang	羌		北支
Minyaky=minyao=Muya	木雅		北支
Primi=Pumi	普米		北支
Ergong	尔龚		北支
rGyalrong=Jiarong	嘉戎		北支
Lavrung	拉坞戎		北支
Ersu	尔苏		南支
Namuyi	纳木义（纳木兹）		南支
Shixing	史兴		南支
Guiqiong	贵琼		南支
Choyo	却隅		南支
Zhaba	扎巴		南支

1.2 伝説・宗教

ナムイ＝チベット族には、自分たちの祖先は400年ほど前にラサから移住してきたという伝承が広く分布している。また、ナムイは当時の某有力者の10人兄弟の息子達のうちの5人兄弟の末裔であるとの伝承も流布している。当時はナムイ＝チベット族は漢族と通婚すべきではないとされたが、ある有力者が漢族と結婚したことでそれを快く思わない人々の間で戦争がはじまり、大規模な要塞に建設され多くの人が配置されたという伝承もある。現在では、ナムイ＝チベット族は漢族及び彝族と広く通婚している。

涼山彝族自治州のナムイ＝チベット族の中には、「ナムイ」という語が「ナム」が“黒”、「イ」が“人”から構成されていることを根拠に、自分たちの祖先が彝族と関係があると信じている者が少なくない。歴史的にはボン教を信仰していたと主張する者もいるが、現在ボン教寺院は一つも存在しない。各家族で信仰する山をもち、家族が死亡すると死者の加護を目的に山羊・羊・豚などの家畜を殺し神に捧げる。

超自然的存在の表象としてナムイ＝チベット族は、ナムイ語で ^{R}mupu と称される白石祀る習慣があるが、白石を深山から採取して持ち帰り、屋根の東端に 3 個または 5 個か 7 個置く。その際オンドリ・ヤク・メンヨウのいずれか生贄とし、^{H}papi と称される宗教職能者が経文を唱える。この他に、樹神及び山神が重要な宗教的存在となっている。

2 ナムイ語について

2.1 音韻体系

2.1.1 音節構造

音節構造は(C_1) (C_2) (V_1) V2 (V_3) (C_3)と表すことができる。( )内の要素は必須ではない。

2.1.2 子音音素

子音音素は 44 音素を設定することができる。子音音素は以下の如くである。

子音音素

	両唇	歯茎	そり舌	歯茎硬口蓋	軟口蓋	口蓋垂	声門
無声無気閉鎖	p[p]	t[t]			k[k]	q[q]	
無声有気閉鎖	ph[p^h]	th[t^h]			kh[k^h]	qh[q^h]	
有声閉鎖	b[b]	d[d]			g[g]	**G[G]**	
無声無気破擦		ts[ts]	tr[tʂ]	c[tɕ]			
無声有気破擦		tsh[ts^h]	trh[$tʂ^h$]	ch[$tɕ^h$]			
有声破擦		dz[dz]	dr[dʐ]	j[dʑ]			
無声無気摩擦	f[f]	s[s]	sr[ʂ]	sh[ɕ]	x[x]	X[χ]	h[h]
有声摩擦	v[v〜ʋ]	z[z]	zr[ʐ]	zh[ʑ]	g’[ɣ]	G’[ʁ]	H[ɦ]
鼻音	m[m]	n[n]		ny[ɲ]	ng[ŋ]		
有声流音			r[ɹ〜r〜ɽ]				
無声流音			hr[ɹ̥ 〜r̥〜ɽ̥]				
有声側面音		l[l]					
無声側面音		hl[l̥]					
接近音				y[j]			

2.1.3 母音音素

母音音素は 8 音素を設定することができる。母音音素は以下の如くである。

/i/[i～ɪ]　　/ɨ/[ɿ ～ʅ ～ɯ]　/ʉ/ [ʉ～y]　　/u/[u～ʊ]
/e/[e～ɛ]　　/o/[o～ɔ]
/ə/ [ə～ɤ]
/a/[a～ɑ]

この他鼻 2 つの母音音素、/ĩ/及び /ũ/が存在する。これらの音素は/h/の後ろにしか立たない。これらの母音音素は、二次的に発達した/h/の rhinoglottophilia（Matisoff 1975）によるものと考えられる。なお、/hĩ/はチベット＝ビルマ祖語の*gya に遡ることができる(例 : PTB *gyat ナムイ ^{R}hĩ　[hĩ˥˦]<8>、PTB *gya　ナムイ ^{H}hĩ　[hĩ˥] ＜100＞)。

2.1.4 超分節音素

超分節音素は 4 つ設定することができる。

TONE 1 高平調 [＋high][－falling] 例 ^{H}mi ‘女’
TONE 2 高降調 [＋high][＋falling] 例 ^{R}mi ‘火’
TONE 3 低降調 [－high][＋falling] 例 ^{F}mi ‘熟した’
TONE 4 低平調 [－high][－falling] 例 ^{L}mi ‘猿’

複音節では第一音節の声調の型が全体に覆いかぶさるため、語声調言語であるといえる。

2.2 類型的特徴

音韻論的には、ナムイ語の子音体系はかなり複雑である。母音は上述の通り 8 母音体系である。

ナムイ語は典型的な膠着的言語である。文法関係について謂えば、P は有生性に関係なくゼロで現れることが多い。P を明示する場合、または強調する場合は<=dia>で表わされる。ナムイ語は他動詞文と自動詞文のいずれでも主語に同じ格が用いられ、他動詞文の目的語に異なった格が用いられる。しかし、意志動詞・情報伝達動詞・移動動詞文[3]では、動作者を明示的に示す標識が用いられる。

以下に見られるように代名詞は動作主・経験者・授受の起点、属格、被動作者で以下の

3 移動を表す動詞表現に関しては、動詞に付属する方向接辞で区別される所謂 satellite-framed language である。

ように格変化をする：

代名詞の格変化

	S/A	GEN	P
1sg	^{H}nga	^{F}nye	^{F}nga
2sg	^{F}no	^{F}ne	^{F}na
3sg	^{F}chi	^{F}che	^{H}cha

ナムイ語は典型的な従属部標示の言語で、項は名詞につく格標識で示され動詞の形態は変化しない。修飾語は属格標識や述語の語尾で示され被修飾語は変化しない。

ナムイ語の文の圧倒的大多数は動詞文である。動詞複合体の基本的な構造は以下の通りである：

(否定辞)-本動詞-(助動詞)-(TAM 接辞)-(動詞句末接辞)-(疑問接辞)

3 言語使用の状況

3.1 調査の背景

本研究の目的はナムイ語の使用状況を把握することであるが、ナムイ語コミュニティで実際に使用されている言語、特にコミュニティ言語話者の口語状況について、言語使用の実態を接触場面において参加者が接触をどのように評価しているか等も含めて、参与観察とインタビューを中心に記述データを作成することを目標としている[4]。

ここでは3言語（ナムイ語・彝語及び漢語）を使用するナムイ語コミュニティの言語生活を、面接調査および発話の録音資料により考察した初歩的結果を提示する。なお、本研究はGibbons（1987）、Pennington等（1992）、及びPannu（1994）という3つの同様の先行研究に基づいている。本稿のデータは、筆者が2003年以降断続的に四川省涼山彝族自治州冕寧県連合郷（東経101° 42' 10"～101° 50'30", 北緯28° 8'0"～28°19' 58"）にて収集したものである。

3.2 調査について

筆者は、四川省涼山彝族自治州冕寧県連合郷にて地元の政府関係者、教師、及び地元の

---

4 音声・音韻レベルの諸現象、多言語の語彙表示、コード切り替えに関与する文法的条件等々にも着目した研究を進めていく予定である。最終的にはこれまでに行われた種々の調査結果を踏まえて、通時的にデータの取れるコミュニティを選定し、上記目的に適合する調査の枠組みを構築するのが狙いである。

リーダーの及び彼らの家族計 30 名について言語使用に関するインタビュー調査を実施した。調査の媒介言語は漢語である。

言語運用能力による各言語の順位付けは以下の如くである[5]：

言語	第一言語	第二言語	第三言語
ナムイ語	12.7%	10.5%	22.4%
彝語	45.7%	19.8%	6.6%
漢語	33.7%	48.9%	21.7%

ナムイ語話者自身の感覚からすると、社会経済的な要因によりナムイ語は危機に瀕しているという意識が非常に強い。言語保持を主張する者もわずかながら存在するが、教育制度における言語政策[6]、経済的な趨勢、通婚のパターン、ラジオ・テレビ・インターネットといったマスメディアの普及、それに加えて、ナムイ語に対するネガティブな態度が言語シフト（漢語や彝語を多用）や言語喪失（ナムイ語を完全に使用しない）へと向かわせているのは否めない事実である。

参与観察の過程で、コードスイッチングの例が多くみられたが、ナムイ語をベース言語としていても語彙は完全に彝語と漢語に置き換わっている文も多くみられ、形態面における特に漢語の使用が甚だしい。

以下に世代別の言語使用の特徴を述べる。

3.3 老年層の言語使用

ここでは 1950 年代以前に出生したものを老年層とする。老年層の多くは山岳農村部出身であり、ナムイ語を流暢にはほぼ保持されており，完全なネイティブである。彝語はやや困難を感じる者もいるが彼らを彝語とナムイ語とのバイリンガルと称することができる。

中年層・若年層との会話には主に彝語を用いるが、ナムイ語が使用されなくなることに関しては時代の趨勢と受けとめとりわけ深刻には考えていないようである。中年層・若年層との心理的な壁はほとんど感じないと言う。

---

[5] 場面別の言語選択・会話能力・言語意識や自己意識、個人的属性等に関する多肢選択式のアンケート調査を実施したが、その結果をもとに作成した。内省による自己評価を評価方法とした。言語使用に関する調査を行った.基準として、(1)話せないし聞けないを 0 点、(2)聞けるがあまり話せないを 1 点、(3)まあまあである 2 点、(4)流暢である、聞くのも話すのも問題ないを 3 点、を設定してとり行った。 複数回答可としこれらの合計点数をもとにパーセンテージを算出した。

[6] ナムイ＝チベット族の居住地域における教育は、2000 年より国家語言委員会の要請で普通話教育がはじめられたことから現在ではすべて漢語によって行われている。近年彝語も含めたバイリンガル教育も施行されているが、上手く機能しているとは言い難い。

この世代は文章を書く時は彝語及び漢語を用いるが､ナムイ語は無文字言語であるので,表記には彝文字で類似の音を表記しようとしている者もいた。

自由発話では、彝語の文に単語レベルでナムイ語が混在する形式も多い。

3.4 中年層の言語使用

中年層（1960-70 年代に出生した者）は、彝語と漢語のバイリンガリズムの様相を呈している。彼らの多くは日常生活で彝語を習得し、小学校で漢語を学習した世代である。

彼らが児童の頃は四川の他地域の青少年との交流も活発に行われてはいたようである。漢語を操り社会的経済的地位が向上した者が多く、現在当該地域のナムイ＝チベット族コミュニティにおいて中核的な地位を占めている。

ごく少数ではあるが、ナムイ語に関しての伝統的な韻文・散文等を数多く暗誦している者もおり、彼らはナムイ語会話に関しては老年層と比べても遜色ない。

彼らの家庭内での会話はほとんど漢語である。若年層たる彼らの子供達には、ナムイ語は習得させるつもりはないと断言するものが多い。近年はこの世代の男性は出稼ぎで現地を離れるものも多く、そのため家族と共に過ごす時間が不足するのが最大の悩みの種だと多くの人が指摘する。工事現場の労働者は，現場監督や上司との意思疎通が必須のため、流暢な漢語を話す。

3.5 若年層の言語使用

若年層（1980 年代以降に出生した者）は言語面で大きく 2 つに大別される。1 つは漢語と彝語のバイリンガル、もう 1 つは完全な漢語のモノリンガルである。この相違は両親のライフスタイルと子供の教育に関する考え方によっている。漢語と彝語のバイリンガルは中年層と同様であるが、この世代は彝語に関しては聴く・話すは問題ないものの、読み書きはほとんど不可能である。伝統的な彝文字を習得しているものはごく少数である。

漢語のモノリンガルは 2 つのタイプに分かれる。1 つは家族との接触時間が比較的少ない、初等教育を受けている児童であり、もう一方は経済的に裕福で、将来大都市にて立身出世を計らんとの両親の期待を受けている児童である。前者は、本来は家族との接触時間を増やしてできれば彝語やナムイ語の言語文化も教えたいと考えているが、仕事のためにいかんともしがたい家庭の子供であり、後者は、今後都市部で高等教育を受けさせるためには漢語が必須であり、彝語をあえて習得させる必要はないと考える家庭の子供である。前者は若年層の 3 割を占め，後者は 1 割を占める。

漢語のモノリンガルには、祖父母の母語たるナムイ語、ひいては両親の話す彝語も全く理解しないものも存在するため、老年層や中年層から涼山人としてのアイデンティに関して憂慮する声も多く聴かれるが、漢語能力が有利な就職条件として働くという現実があるため、現実的な選択を行っているのが現状である。

以下に世代毎の言語使用に関しての調査結果を纏めて提示する：

	老年層			中年層			若年層		
	漢語	**彝語**	**ナムイ語**	**漢語**	**彝語**	**ナムイ語**	**漢語**	**彝語**	**ナムイ語**
私的会話	0.0	10.7	89.3	44.3	25.7	30.0	66.4	32.3	1.3
公的会話	64.2	30.0	5.8	79.7	20.3	0.0	87.3	12.7	0.0
公衆の面前	77.6	8.0	14.4	80.4	17.3	2.3	90.5	9.5	0.0
書記言語	77.6	22.4	0.0	86.6	13.4	0.0	96.3	3.7	0.0
報道媒体	89.2	10.8	0.0	78.7	21.3	0.0	97.2	2.7	0.0
教育言語[7]	50.0	50.0	0.0	75.0	25.0	0.0	100.0	0.0	0.0

4 小結

本稿では、まず、涼山彝族自治州冕寧県連合郷のナムイ語話者の言語状況および言語生活を報告した。その後、ナムイ語・彝語・漢語の 3 言語使用を対象として Gibbons（1987）, Pennington 他（1992）および Pannu（1994）の手法の応用を試みた。

本研究で明らかになった点は、老年層・中年層は共にナムイ語・彝語を流暢に操るが、若年層は彝語こそ家庭で耳にすることが少なくないが、グルン語にいたっては日常会話も覚束ないレベルであること、若年層にとって漢語が一番表現が豊かになる言語であり、且つ言語的に価値あるものと認識していること、特に若年層は無意識的にコードミクシングの形式を避ける傾向があり、なるべく純粋型で話そうとすること、等である。

最後に、言語使用との関連で本研究を通じて感じた、四川省涼山彝族自治州冕寧県連合郷のナムイ＝チベット族の今後の課題と展望を述べておきたい。エスニックマイノリティのリテラシー問題は、特に発展途上国の教育の最重要課題として取り組まれてきたものであるが、四川省においても低所得労働者・移民にカテゴライズされる人々のリテラシーの欠如は大きな問題として捉えられねばならない。現在最もよく用いられるリテラシーの定義は、1978 年ユネスコ総会で採択された、「日常生活に関する簡単かつ短い文章を理解しながら読みかつ書くことの両方ができること」という基本義に加え「機能的リテラシー, すなわち自己が属する集団および社会が効果的に機能するため、ならびに自己および自己の属する社会の開発のために読み書きおよび計算をしつづけることができるために読み書き能力が必要とされるすべての活動に従事することができること」までも含めて捉えられるようになってきている。ナムイ＝チベット族が能動的に周辺地域社会ひいては都市部と関わりコミュニケーションしていく能力を身に付けさせるためにも、若年層に対する中年層の期待は非常に大きい。

7 教育言語に関しては、自身が児童・生徒であった頃使用した言語である。

元来懐の深いナムイ＝チベット人が、ナムイ固有の伝統や文化保持及び漢語の価値観の理解との狭間にあって、適切なバランスを求めつつ行動していく姿を筆者は目の当たりにしてきた。今後も涼山彝族自治州冕寧県連合郷をはじめとする四川省周辺地域の言語状況に関しての事例研究を重ねていく所存である。

参考文献

西田文信 2006a. 「納木義語における漢語からの借用について」『開篇』 25: 334-341 頁。

西田文信 2006b. 「中国四川省涼山イ族自治州における言語生活」 日本言語政策学会第 8 回大会（於早稲田大学）発表論文. 2006 年 6 月 18 日.

西田文信 2007. 「ナムイ語表記法試案」『中国研究』 15: 81-91 頁。

西田文信. 2010.「ナムイ語の格標識」澤田英夫編. 『チベット＝ビルマ系言語の文法現象 1: 格とその周辺』東京外国語大学アジア・アフリカ言語文化研究所. 29-42 頁。

西田龍雄. 1993.「川西走廊言語」亀井孝・河野六郎・千野栄一（編).『言語學大辭典第 5 巻補遺・言語名索引編』三省堂. 197-198 頁。

黄布凡・仁増旺拇 1990.「納木兹語」戴庆厦、黄布凡、傅爱兰、仁增旺姆、刘菊黄『藏緬語十五種』北京燕山出版社. 153-173 页。

刘辉强 1983.「纳木依语概要」『雅江砻下游考察报告』（六江流域民族综合科学考察报告之一）中国西南民族研究学会. 218-241 页。

孙宏开 1983.「六江流域的民族语言及其系属分类－兼述嘉陵江上游、雅鲁蔵布江流域的民族语言」『民族学报』昆明: 云南民族出版社. 3: 99-273 页。

孫宏開 2001.「論蔵緬語族中的羌語支語言」『語言曁語言學』2. 1. 157-181 頁。

Gibbons, J. P. 1987. *Code-switching and code choice: A Hong Kong case study*. Clevedon: Multilingual Matters.

Matisoff, James, A. 1975. “Rhinoglottophilia: The Mysterious Connection between Nasality and Glottality”, in C. A. Ferguson, L. M. Hyman and J. J. Ohala eds., *Nasálfest: Papers from a Symposium on Nasals and Nasalization,* Universals Language Project, Stanford University, Stanford, 265-287.

Pannu, J. 1994. *Code-mixing in a trilingual speech community: Indian adolescents in Hong Kong*. M. A. thesis, City University of Hong Kong.

Pennington, M., Balla, J., Detaramani, C., Poon, A. & Tam, F. 1992. *Towards a model of language choice among Hong Kong tertiary students: A preliminary analysis.* Research Report No. 18, Department of English, City University of Hong Kong.

基诺语补远话音系简介*

林 范彦
神户市外国语大学

基诺语补远话是中国云南省景洪市勐旺乡聚集的基诺族使用的一个语言，属于藏缅语族彝缅语群。本文根据笔者的第一手材料描写还基诺语补远话的音系概况。与基诺语攸乐话相比起来，补远话的音系系统更简单：无浊擦音，无清鼻音，无清边音。

基诺语　藏缅语族　中国云南省　音系　声调分布条件

1 引言

基诺语分布于中国云南省西双版纳傣族自治州景洪市基诺乡与勐旺乡一带，是基诺族使用的语言。基诺族有两万余人。有许多学者(Bradley 1983, Thurgood 1989, 戴 2007，Matisoff 2003)说基诺语属于藏缅语族彝缅语群彝语支。

基诺语有两种方言，一种是攸乐话，另一种是补远话。关于基诺语方言系统，请看图一。盖兴之先生(1986)说前者有百分之九十的话者，后者有百分之十的话者。基诺语补远话主要有两个土话，即坝冈-坝南话和科联话。本文由第一手材料[1]对基诺语补远话(以下简称“补远话”)[2]的音系作简单的分析和描写。

* 本文是将曾经在瑞典隆德大学展开的第 43 届国际汉藏语语言与语言学学会(The 43rd International Conference on Sino-Tibetan Languages and Linguistics, Lund University, Sweden, October, 2010)上宣读的论文加以修改写成的。会上承蒙诸位老师的指教，特别是戴庆厦教授、马提索夫(James A. Matisoff)教授与布莱德里(David Bradley)教授的宝贵意见和建议，在此表示衷心的感谢。文章中所有的错误和误解都属于笔者自己的。

1 笔者到景洪市勐旺乡做过五次调研工作(2004 年、2006 年、2009 年、2010 年和 2011 年)。为了调研工作，笔者获得了以下资助金，向各方面在此表示衷心的谢意：日本学术振兴会科学研究费补助金(03J04890, 05J10264, 2072011, 23720209)。

2 本文的“补远话”是以景洪市勐旺乡坝冈-坝南话为代表的。

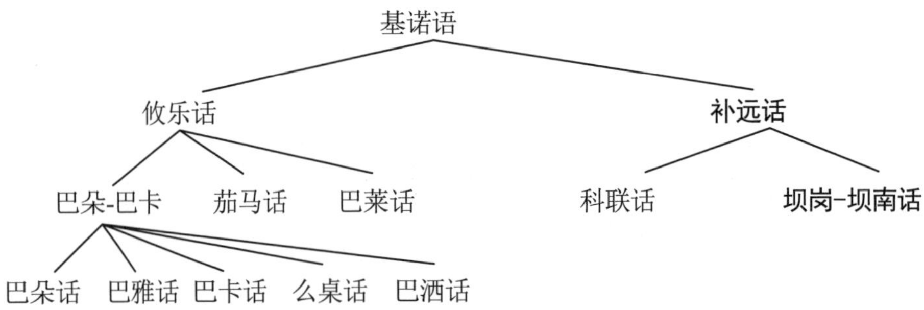

图一：基诺语方言系统（假说）

2 先行研究

除了笔者以外，基诺语补远话还有一个先行的研究，就是盖(1986)。盖兴之先生已经描写了这个方言的音系及与攸乐话[3]的对应关系。以下，笔者对他的分析作出简单介绍。

盖(1986)说补远基诺语有 30 个声母，27 个韵母与 8 个声调。盖先生的说明如下：

声母分为单辅音声母和腭化复辅音声母。单辅音声母就是：/p, ph, t, th, k, kh, (ˀ); ts, tsh, tɕ, tɕh; m, n, ȵ, ŋ; l; w, f, v, s, z, ɕ, j, x, ɣ/。腭化复辅音声母就是：/pj, phj, mj, tj, thj, lj/。

韵母分为三类， 单元音韵母，复元音韵母和带鼻音韵尾的韵母。单元音韵母共有 14 个：非鼻化元音 11 个 /i, e, ɛ, æ, ɑ, ə, ɯ, ɤ, u, o, ɔ/ 和鼻化元音 3 个 /ĩ, ẽ, ɑ̃/。他说 i 韵母中含有变体[ɿ]，与tɕ类声母拼合时读作[i]，与ts类声母拼合时读作[ɿ]。复元音韵母共有 7 个：非鼻化复元音 5 个 /əu, ɔu, ui, uæ, uɑ/ 和鼻化复元音 2 个 /uɑ̃, uĩ/。带鼻音韵尾的韵母就有 6 个：/iŋ, ɑŋ, ɤŋ, uŋ, ɔŋ, uɑŋ/。补远话的鼻音韵尾只有舌根鼻音韵尾，带鼻音韵尾韵母的元音除 iŋ 外舌位都偏后。

声调共有 8 个：/55, 44, 33, 42, 31, 13, 11, 53/。他说这些声调有区别词汇意义和语法意义的作用。

从下一节起，笔者将根据第一手材料来描写和分析补远话的音系。

3 音节结构

补远话的音节结构形式会有如下模式：

(1) S(音节) = C1C2VC3/T

补远话的音节结构与攸乐话的一样。C 是辅音，V 是元音，而 T 是声调。本文看做 C1

[3] 基诺语攸乐话的研究主要有三种：盖(1986), 林(2009), 蒋(2010)。后二者没有涉及到补远话的语料。

是声母，C2 是介音，V 是主元音，C3 是韵尾，T 是声调。V 包含着单元音与复元音。以下，第 4 节将对辅音与元音进行详细说明。第 5 节将就声调进行描述。

4 辅音与元音

补远话有二十一个单辅音和八个单元音。

4.1 声母

［塞音］

补远话的塞音只有清音，没有浊音。有送气音和不送气音的对立[4]。/k-, kh-/ 主要与后元音拼合。举例如下：

/p/ : /tsha^{55}**pi**^{55}/ [tsʰɐ^{55}**pi**^{55}] ‘泥巴’, /**pi**^{31}/ [**pi**^{31}] ‘给’, /pɛ^{31}**pɛ**^{31}pja^{55}xɔ^{44}/ [pɛ^{31}**pɛ**^{31}pʲɐ^{55}xɔ^{44}] ‘蝴蝶’, /**pa**^{55}phu^{31}/ [**pɐ**^{55}pʰu^{31}] ‘肩膀’, /**pɤ**^{44}/ [**pɤ**^{44}] ‘踢’, /a^{31}**pu**^{55}**pu**^{35}/ [ɐ^{31}**pu**^{55}**pu**^{35}] ‘烂’

/ph/ : /**phi**^{31}khu^{31}/ [**pʰi**^{31}kʰu^{31}] ‘领子’, /**phi**^{55}thu^{55}/ [**pʰi**^{55}tʰu^{55}] ‘梳子’, /**pha**^{55}xa^{44}/ [**pʰɐ**^{55}xɐ^{44}] ‘膝盖’, /a^{31}**phɔ**^{55}/ [ɐ^{31}**pʰɔ**^{55}] ‘明亮’, /la^{55}**phu**^{44}/ [lɐ^{55}**pʰu**^{44}] ‘左边’

/t/ : /**ti**^{55}ku^{55}/ [**ti**^{55}ku^{55}] ‘水田’, /**te**^{55}/ [**te**^{55}] ‘看’, /tsa^{55}**tɛ**^{31}**tɛ**^{31}jɔ^{55}/ [t͡sɐ^{55}**tɛ**^{31}**tɛ**^{31}ʝɔ^{55}] ‘匙子’, /**ta**^{55}/ [**tɐ**^{55}] ‘挖’, /**tɤ**^{44}/ [**tɤ**^{44}] ‘钉（钉子）’, /a^{55}**tu**^{31}/ [ɐ^{55}**tu**^{31}] ‘翅膀’

/th/ : /pa^{55}**thɛ**^{31}/ [pɐ^{55}**tʰɛ**^{31}] ‘小刀’, /**thɤ**^{55}/ [**tʰɤ**^{55}] ‘一’, /nɤ^{31}**thɤ**^{55}/ [nɤ^{31}**tʰɤ**^{55}] ‘脚跟’, /**tha**^{55}khɔ^{44}/ [**tʰɐ**^{55}kʰɔ^{44}] ‘痰’, /**thu**^{55}/ [**tʰu**^{55}] ‘舂（米）’

/k/ : /**ka**^{31}khɔ^{55}/ [**kɐ**^{31}kʰɔ^{55}] ‘城市’, /**kɤ**^{44}**kɤ**^{44}/ [**kɤ**^{44}**kɤ**^{44}] ‘慢慢地’, /**ku**^{31}ɳɤ^{55}/ [**ku**^{31}ɳɤ^{55}] ‘糯米’, /**kɤ**^{44}/ [**kɤ**^{44}] ‘撬开’, /**ku**^{44}/ [**ku**^{44}] ‘拾’, /a^{31}**ku**^{55}/ [ɐ^{31}**ku**^{55}] ‘门’

/kh/ : /**kha**^{44}/ [**kʰɐ**^{44}] ‘叫’, /**khɤ**^{55}nɔ^{55}/ [**kʰɤ**^{55}nɔ^{55}] ‘狗’, /i^{55}**khɔ**^{44}/ [i^{55}**kʰɔ**^{44}] ‘屁’, /**khɔ**^{55}phjɔ^{55}/ [**kʰɔ**^{55}pʰjɔ^{55}] ‘男人’, /**khu**^{44}/ [**kʰu**^{44}] ‘挂’, /a^{55}**khu**^{31}/ [ɐ^{55}**kʰu**^{31}] ‘窟窿’

［塞擦音］

补远话有四种塞擦音。与塞音一样，有送气音和不送气音的对立。例如：

/ts/ : /**tsi**^{55}/ [**t͡sɿ**^{55}] ‘唱’, /**tsa**^{55}/ [**t͡sɐ**^{55}] ‘在’, /**tsa**^{55}ta^{44}/ [**t͡sɐ**^{55}tɐ^{44}] ‘玉米’, /a^{55}**tsɤ**^{44}/ [ɐ^{55}**t͡sɤ**^{44}] ‘暖和’, /**tsɔ**^{31}phu^{55}/ [**t͡sɔ**^{31}phu^{55}] ‘寨子’, /**tsu**^{31}/ [**t͡su**^{31}] ‘屋子’

/tsh/ : /**tshi**^{55}**tshi**^{55}/ [**t͡sʰɿ**^{55}**t͡sʰɿ**^{55}] ‘叔父’, /**tsha**^{55}pi^{55}/ [**t͡sʰɐ**^{55}pi^{55}] ‘泥巴’, /i^{55}**tshɤ**^{44}/ [i^{55}**t͡sʰɤ**^{44}] ‘山’, /**tshɤ**^{55}khu^{31}/ [**t͡sʰɤ**^{55}kʰu^{31}] ‘阴茎’, /a^{31}**tshu**^{55}/ [ɐ^{31}**t͡sʰu**^{55}] ‘东西，物品’

/tɕ/ : /nɤ^{31}**tɕi**^{44}/ [nɤ^{31}**t͡ɕi**^{44}] ‘骗’, /**tɕɛ**^{55}/ [**t͡ɕɛ**^{55}] ‘爬’, /ka^{55}**tɕɛ**^{31}/ [kɐ^{55}**t͡ɕɛ**^{31}] ‘钥匙’, /a^{55}**tɕa**^{55}/[ɐ^{55}**t͡ɕɐ**^{55}] ‘筋’, /a^{31}**tɕu**^{55}/ [ɐ^{31}**t͡ɕu**^{55}] ‘刺儿’

/tɕh/ : /nɤ^{55}**tɕhi**^{31}/ [nɤ^{55}**t͡ɕʰi**^{31}] ‘胸脯’, /a^{55}**tɕhi**^{31}/ [ɐ^{55}**t͡ɕʰi**^{31}] ‘脚’, /i^{55}**tɕhɛ**^{31}/ [i^{55}**t͡ɕʰɛ**^{31}]

---

[4] 关于前元音与后元音的区别，请看 4.3。

‘尿’, /**tɕh**ɤ^{55}tshɔ^{55}/ [**t͡ɕʰ**ɤ^{55}tsʰɔ^{55}] ‘汗’, /**tɕ**hu^{55}/ [**t͡ɕʰ**u^{55}] ‘喊’

［鼻音］

补远话只有浊鼻音，没有清鼻音。根据调音部位，有四种鼻音。值得注意的是，/n-, ŋ-/ 主要与后元音拼合。

/m/ : /**mi**^{55}/ [**mi**^{55}] ‘火’, /**me**^{31}na^{55}wu^{55}/ [**me**^{31}nɐ^{55}vʋ̩^{55}] ‘隐鼠’, /**ma**^{31}tshɤ^{31}/ [**mɐ**^{31}t͡sʰɤ^{31}]‘朋友’, /a^{55}**m**ɤ^{44}/ [ɐ^{55}**m**ɤ^{44}] ‘头发’, /a^{55}**mu**^{55}/ [ɐ^{55}**mu**^{55}] ‘愚蠢’

/n/ : /a^{55}**na**^{55}/ [ɐ^{55}**nɐ**^{55}] ‘(女人的) 奶’, /**n**ɤ^{31}/ [**n**ɤ^{31}] ‘你(主格)’, /**n**ɔ^{55}pha^{55}/ [**n**ɔ^{55}pʰɐ^{55}]‘耳朵’, /a^{31}**nu**^{55}/ [ɐ^{31}**nu**^{55}] ‘软’

/ȵ/ : /**ȵi**^{55}/ [**ȵi**^{55}] ‘切’, /**ȵi**^{31}wu^{44}/ [**ȵi**^{31}vʋ̩^{44}] ‘太阳’, /**ȵ**ɛ^{31}tu^{44}/ [**ȵ**ɛ^{31}tu^{44}] ‘外边’, /**ȵa**^{35}/ [**ȵɐ**^{35}]‘哭’, /ku^{31}**ȵ**ɤ^{55}/ [ku^{31}**ȵ**ɤ^{55}] ‘糯米’

/ŋ/ : /**ŋa**^{31}jɔ^{55}/ [**ŋɐ**^{31}ʝɔ^{55}] ‘鸟’, /**ŋa**^{31}ɔ^{55}/ [**ŋɐ**^{31}ɔ^{55}] ‘是的’(‘COP-PART’), /**ŋ**ɔ^{55}tɤ^{31}/ [**ŋ**ɔ^{55}tɤ^{31}] ‘鱼’, /a^{31}**ŋ**ɔ^{55}lɔ^{55}/ [ɐ^{31}**ŋ**ɔ^{55}lɔ^{55}] ‘(身子)高’

［边音］

补远话只有一种边音，就是/l/。没有攸乐话那样的清边音。举例如下：

/l/ : /**l**i^{55}jɔ^{55}/ [**l**i^{55}ʝɔ^{55}] ‘孙子’, /**l**e^{55}/ [**l**e^{55}] ‘推’ , /**l**a^{55}tɕhɛ^{44}/ [**l**ɐ^{55}t͡ɕʰɛ^{44}] ‘手镯’, /**l**a^{55}mi^{44}/[**l**ɐ^{55}mi^{44}] ‘嘴唇’, /**l**ɔ^{55}mɔ^{44}/ [**l**ɔ^{55}mɔ^{44}] ‘老虎’, /**l**ɔ^{31}/ [**l**ɔ^{31}] ‘来’, /**l**ɤ^{31}tshɤ55/ [**l**ɤ^{31}t͡sʰɤ^{55}] ‘喉咙’, /**l**ɤ^{55}ka^{55}/ [**l**ɤ^{55}kɐ^{55}] ‘木筏’, /pi^{55}**l**u^{44}/ [pi^{55}**l**u^{44}] ‘笛子’

［擦音］

补远话有四种擦音，只有清音系列。到目前为止，/f-/一般与/-u/拼合[5]，而/x-/主要与后元音拼合[6]。

/f/ : /**f**u^{31}khɔ^{55}/ [**f**ʋ̩^{31}kʰɔ^{55}] ‘刺猬’, /**f**u^{31}ma^{55}/ [**f**ʋ̩^{31}mɐ^{55}] ‘乌鸦’, /**f**u^{44}/ [**f**ʋ̩^{44}] ‘滚/蛆’, /a^{55}**f**u^{55}/ [ɐ^{55}**f**ʋ̩^{55}] ‘前面’

/s/ : /**s**i^{55}/ [**s**ɿ^{55}] ‘金子’, /a^{55}**s**i^{55}/ [ɐ^{55}**s**ɿ^{55}] ‘果实’, /**s**a^{31}/ [**s**ɐ^{31}] ‘客人’, /**s**a^{55}na^{44}/ [**s**ɐ^{55}nɐ^{44}] ‘枪’, /**s**ɔ^{55}lɔ^{55}/ [**s**ɔ^{55}lɔ^{55}] ‘布’, /a^{55}**s**ɤ^{44}/ [ɐ^{55}**s**ɤ^{44}] ‘黄’, /a^{55}**s**u^{55}/ [ɐ^{55}**s**u^{55}] ‘哥哥’

/ɕ/ : /**ɕ**i^{31}/ [**ɕ**i^{31}] ‘风’, /**ɕ**ɛ^{31}xɔ^{55}/ [**ɕ**ɛ^{31}xɔ^{55}] ‘铁’, /a^{55}**ɕ**ɤ^{55}/ [ɐ^{55}**ɕ**ɤ^{55}] ‘重’, /mi^{31}**ɕ**ɔ^{55}/ [mi^{31}**ɕ**ɔ^{55}] ‘箫’, /**ɕ**u^{55}mjɔ^{31}lu^{31}/ [**ɕ**u^{55}mjɔ^{31}lu^{31}] ‘长’

/x/ : /**x**eŋ^{31}/ [**x**eŋ^{31}] ‘横’, /**x**a^{55}tu^{31}/ [**x**ɐ^{55}tu^{31}] ‘坟墓’, /**x**a^{55}ta^{55}/ [**x**ɐ^{55}tɐ^{55}] ‘各个’, /**x**ɔ^{55}/ [**x**ɔ^{55}] ‘山羊’,

---

[5] 声母/f-/与韵母/-u/拼合时，韵母/-u/的音值是[ʋ̩]。请看 4.3。

[6] 这篇论文把［f-］与［x-］分成两个音位(/f-//x-/)，但是，从两个音的分布情况来看，也许可以把这两个音成为一个音位/x-/。

/a^{55}**x**ɔ^{44}/ [ɐ^{55}**x**ɔ^{44}] ‘舌头’, /**x**ɤ^{55}/ [**x**ɤ^{55}] ‘饭’

［半元音］

补远话有两种半元音，就是 /j/和/w/。值得注意的是/w/有下面举的音系规则(2)。

(2) /w/→[v]/__u

/j/ : /la^{55}**j**i^{44}/ [lɐ^{55}ʝi^{44}] ‘肘子’, /a^{31}**j**ɛ^{55}/ [ɐ^{31}ʝɛ^{55}] ‘花’, /**j**a^{55}/ [ʝɐ^{55}] ‘鸡’, /**j**ɔ^{44}/ [ʝɔ^{44}] ‘这儿’, /la^{55}**j**ɔ^{31}/ [lɐ^{55}ʝɔ^{31}] ‘伤’, /**j**ɤ^{55}/ [ʝɤ^{55}] ‘骂’, /**j**u^{55}tsi^{31}/ [ʝu^{55}t͡sɿ^{31}] ‘丈夫’

/w/ : /**w**ei^{31}thjɛ^{55}/ [**w**ei^{31}t^{jh}ɛ^{55}] ‘周围’, /**w**a^{55}/ [**w**ɐ^{55}] ‘猪’, /a^{31}**w**a^{55}/ [ɐ^{31}**w**ɐ^{55}] ‘下面’, /**w**an^{55}/ [**w**ɐn^{55}] ‘（一）万’, /**w**u^{31}/ [**v**v̩^{31}] ‘买’, /a^{31}**w**u^{44}/ [ɐ^{31}**v**v̩^{44}] ‘麻疹’

4.2 介音

补远话只有一种介音，就是/-j-/。它与声母/p-, ph-, t-, th-, m-, l-/拼合。与/t-, th-, l-/拼合的词汇大都出现在汉语借词里。到目前为止，与/t-/拼合的词汇罕见。举例如下：

/p-/ : /pji^{55}ji^{55}/ [p^{j}i^{55}ʝi^{55}] ‘蜜蜂’, /pje^{55}tsa^{55}/ [p^{j}e^{55}t͡sɐ^{55}] ‘虫子’, /pja^{55}tɤ^{31}lɤ^{31}/ [p^{j}ɐ^{55}tɤ^{31}lɤ^{31}]‘蚯蚓’, /ja^{55}pjao^{31}/ [ʝɐ^{55}p^{j}ɐɔ^{31}] ‘扫帚’, /a^{31}pju^{55}/ [ɐ^{31}p^{j}u^{55}] ‘书’

/ph-/ : /phje^{55}lɔ^{44}/ [p^{jh}e^{55}lɔ^{44}] ‘吐’, /phje^{44}/ [p^{jh}e^{44}] ‘刮（胡子）’, /jɔ^{31}phjɛ^{31}lɛ^{31}/ [ʝɔ^{31}p^{jh}ɛ^{31}lɛ^{31}] ‘墙’, /phja^{31}/ [p^{jh}ɐ^{31}] ‘钱’, /a^{55}phjao^{55}/ [ɐ^{55}p^{jh}ɐɔ^{55}] ‘大腿’

/t-/ : /ku^{55}ȶje^{55}/ [ku^{55}t^{j}e^{55}] ‘姑父’

/th-/ : /thje^{55}/ [t^{jh}e^{55}] ‘stick (v.)’, /thje^{55}wu^{44}/ [t^{jh}e^{55}v̩^{44}] ‘湖，水池’, /a^{31}tsa^{55}thje^{31}/ [ɐ^{31}t͡sɐ^{55}t^{jh}e^{31}] ‘皱纹’, /thjao^{55}wu^{31}/ [t^{jh}ɐɔ^{55}v̩^{31}] ‘跳舞’

/m-/ : /si^{31}mje^{55}/ [sɿ^{31}m^{j}e^{55}] ‘苍蝇’, /a^{31}mja^{55}mja^{55}/ [ɐ^{31}m^{j}ɐ^{55}m^{j}ɐ^{55}] ‘(天) 黑’, /mja^{31}pje^{55}/ [m^{j}ɐ^{31}p^{j}e^{55}] ‘瞎子’, /mjao^{55}lɔ^{44}/ [m^{j}ɐɔ^{55}lɔ^{44}] ‘增加’, /khɔ^{55}mjɔ^{55}/ [k^{h}ɔ^{55}m^{j}ɔ^{55}] ‘女儿’, /mju^{55}/ [m^{j}u^{55}] ‘马’

/l-/ : /ljen^{31}tao^{55}/ [l^{j}en^{31}tɐɔ^{55}] ‘镰刀’, /ma^{55}lju^{55}/ [mɐ^{55}l^{j}u^{55}] ‘蝗虫’

4.3 主元音

补远话的主元音分为单元音和复元音。

［单元音］

补远话有八个单元音: /i, e, ɛ, a, ɔ, o, ɤ, u/。本文主张/i, e, ɛ/ 属于前元音, /a, ɔ, o, ɤ, u/ 属于后元音。/i/和/u/以声母条件有音位变体。

/i/ : [ɿ] /__[+ anterior, - coronal], [i] /elsewhere

/tɕhi^{55}me^{55}tsi^{31}/ [tɕhi^{55}me^{55}tsɿ^{31}] '药'、/pi^{31}/ [pi^{31}] '给'、/ti^{55}ku^{55}/ [ti^{55}ku^{55}] '水田', /si^{55}/ [sɿ^{31}] '金子', /mi^{55}/ [mi^{55}] '火', /li^{55}jɔ^{55}/ [li^{55}ʝɔ^{55}] '孙子'

/e/ : /te^{55}/ [te^{55}] '看', /a^{55}the^{55}/ [ɐ^{55}t^{h}e^{55}] '凉', /ne^{55}pu^{44}/ [ne^{55}pu^{44}] '鼻涕', /a^{55}ȵe^{31}le^{31}/ [ɐ^{55}ȵe^{31}le^{31}] '臭', /pje^{55}tɕhe^{55}mɔ^{44}/ [p^{j}e^{55}t͡ɕ^{h}e^{55}mɔ^{44}] '傣族'

/ɛ/ : /pɛ^{31}pɛ^{31}pja^{55}xɔ^{44}/ [pɛ^{31}pɛ^{31}p^{j}ɐ^{55}xɔ^{44}] '蝴蝶', /tɛ^{31}khɤ^{55}/ [tɛ^{31}k^{h}ɤ^{55}] '棍子', /ɕɛ^{31}xɔ^{55}/[ɕɛ^{31}xɔ^{55}] '铁'

/a/ : /a^{55}pa^{31}/ [ɐ^{55}pɐ^{31}]'祖父', /ta^{55}/ [tɐ^{55}] '挖', /sa^{31}/ [sɐ^{31}] '客人', /la^{55}na^{31}/ [lɐ^{55}nɐ^{31}] '手指'

/ɔ/ : /jaŋ^{55}khɔ^{44}/ [jɐŋ^{55}k^{h}ɔ^{44}] '烟', /sɔ^{55}lɔ^{55}/ [sɔ^{55}lɔ^{55}] '布', /mi^{31}ɕɔ^{55}/ [mi^{31}ɕɔ^{55}] '箫', /xɔ^{31}/ [xɔ^{31}] '地', /lɔ^{31}/ [lɔ^{31}] '来', /ɔ^{55}ȵɤ^{55}mɔ^{44}/ [ɔ^{55}ȵɤ^{55}mɔ^{44}] '基诺族'

/o/ : /ta^{55}o^{31}/ [tɐ^{55}o^{31}] '鹅', /pho^{55}pho^{55}mɔ^{44}/ [p^{h}o^{55}p^{h}o^{55}mɔ^{44}] '蟑螂'

/ɤ/ : /pɤ^{55}na^{44}/ [pɤ^{55}nɐ^{44}] '水牛', /tɤ^{44}/ '钉 (钉子)', /a^{55}sɤ^{44}/ [ɐ^{55}sɤ^{44}] '黄色', /nɤ^{31}/ [nɤ^{31}] '你(主格)', /ȵi^{55}xɤ^{55}/ [ȵi^{55}xɤ^{55}] '午饭', /lɤ^{55}ka^{55}/ [lɤ^{55}kɐ^{55}] '木筏', /tshɤ^{55}/ [t͡s^{h}ɤ^{55}] '车'

/u/ : [v̩] /{f, w}__, [u] /elsewhere

/fu^{31}khɔ^{55}/ [fv̩^{31}k^{h}ɔ^{55}] '刺猬', /a^{31}pu^{55}pu^{55}/ [ɐ^{31}pu^{55}pu^{55}] '烂', /a^{55}tu^{31}/ [ɐ^{55}tu^{31}] '翅膀', /i^{31}khu^{31}/ [i^{31}k^{h}u^{31}] '事情', /a^{55}su^{55}/ [ɐ^{55}su^{55}] '哥哥', /lu^{31}pu^{55}/ [lu^{31}pu^{55}] '瓶子', /pi^{55}lu^{44}/ [pi^{55}lu^{44}] '笛子'

［复元音］

本文主张补远话至少有四种复元音，就是 /-ai, -ao, -ua, -ei/。复元音主要出现在汉语借词里。例举如下：

/-ai/ : /a^{55}phai^{44}phai^{44}/ [ɐ^{55}p^{h}ɐi^{44}p^{h}ɐi^{44}] '一排一排的', /pje^{55}khai^{55}/ [p^{j}e^{55}k^{h}ɐi^{55}] '裂开'

/-ao/ : /a^{55}pjao^{55}pjao^{55}/ [ɐ^{55}p^{j}ɐɔ^{55}p^{j}ɐɔ^{55}] '(天) 亮', /mao^{31}tɕin^{55}/ [mɐɔ^{31}t͡ɕin^{55}] '毛巾'

/-ua/ : /suan^{55}[suɐn^{55}] '算', /xua^{55}tsa^{55}lɔ^{55}/ [xuɐ^{55}t͡sɐ^{55}lɔ^{55}] '溶解'

/-ei/ : /mei^{31}mao^{55}/ [mei^{31}mɐɔ^{55}] '眉毛', /wei^{31}thjɛ^{55}/ [wei^{31}t^{jh}ɛ^{55}] '围'

/-ao/往往与/-ɔ/可以交换。例举如下：

(3) /khɔ^{55}phjao^{55}/ ～/khɔ^{55}phjɔ^{55}/ '男人' ，/phao^{31}thɛ^{31}/ ～/phɔ^{31}thɛ^{31}/ '拥抱' ，/kao^{55}tsha^{44}/ ～/kɔ^{55}tsha^{44}/ '告状'， /xɔ^{55}la^{31}tshɔ^{55}/ ～/xɔ^{55}la^{31}tshao^{55}/ '差得多'

可以与/-ɔ/交换的词汇有限，所以这就是属于形态音位学上的现象。

另外，值得注意的是，补远话的句子里有很多其他复元音，这就是因为两个词汇合并而造成的。(4) 表示音值的印象有复元音, 但是这也应该是属于形态音位学上的现象。

(4) [ŋɔɛ^{55}] '我(主格)' < /ŋɔ^{31} (我)/+ /ɛ^{55} (主格标记)/， [ŋɔɐ^{55}] '我的'< /ŋɔ^{31} (我)/+ /a^{55} (领格标记)/， [tɕ^{h}iu^{53}] '咬的'< /tɕhi^{55} (咬)/+ /u^{44} (句末助词)/，

4.4 韵尾

补远话有两种韵尾，就是/-n/ 和/-ŋ/，主要出现于汉语借词里。与基诺语攸乐话和其它彝语支语言一样，补远话没有塞音韵尾。举例如下：

/-n/ : /mao^{31}tɕi**n**^{55}/ [mɐɔ^{31}t͡ɕi**n**^{55}] ‘毛巾’, /ȵe**n**^{31}tɕhiŋ^{44}/ [ȵẽ**n**^{31}t͡ɕʰiŋ^{44}] ‘年轻’, /na**n**^{31}/ [nẽ**n**^{31}] ‘难’
/-ŋ/ : /ɕi**ŋ**^{35}/ [ɕi**ŋ**^{35}] ‘姓’, /xe**ŋ**^{31}/ [xe**ŋ**^{31}~xẽ^{31}] ‘横’, /ja**ŋ**^{55}khɔ^{44}/ [jɐ**ŋ**^{55}kʰɔ^{44}] ‘香烟’, /tsho**ŋ**^{44}/ [t͡sʰo**ŋ**^{44}] ‘葱’, /pɤ**ŋ**^{55}thu^{31}/ [pɤ**ŋ**^{55}tʰu^{31}] ‘弓’

5 声调

5.1 从单音节来看的声调区别

补远话共有五个声调：55, 44, 31, 35, 53。举例如下：

55 (高平调) : 音调高而平。有时元音音长减缩。
/ja^{55}/ [jɐ^{55}] ‘织’, /fu^{55}thu^{55}/ [fv̩^{55}thu^{55}] ‘裤子’, /wu^{55}/ [vv̩^{55}] ‘卖’, /a^{31}ȵa^{55}/[ɐ^{31}ȵɐ^{55}] ‘粘’, /ŋɔ^{55}tɤ^{31}/ [ŋɔ^{55}tɤ^{31}] ‘鱼’
44 (次高平调) : 稍微低于55调，但是还算高。
/ja^{44}/ [jɐ^{44}] ‘扫’, /fu^{44}/ [fv̩^{44}] ‘滚/蛆’, /ŋɔ^{44}/ [ŋɔ^{44}] ‘五’
31 (中降调) : 音调算低。音节末位下降。
/ja^{31}/ [jɐ^{31}] ‘拿’, /fu^{31}/ [fv̩^{31}] ‘欺骗’, /wu^{31}/ [vv̩^{31}] ‘买’, /ŋɔ^{31}/ [ŋɔ^{31}] ‘我(主格)’
35 (中升调) : 从中调上升到最高的调位。与其他声调相比，比较罕见。
/a^{31}fu^{31}fu^{35}/ [ɐ^{31}fv̩^{31}fv̩^{35}] ‘很热’, /ȵa^{35}/ [ȵɐ^{35}] ‘哭’, /ŋɔ^{35}/ [ŋɔ^{35}] ‘真的’
53 (高降调) : 从最高的调位下降到中调。
/tsɔ^{53}/ [t͡sɔ^{53}] ‘(完了体标记)’, /mi^{31}ɕao^{53}/ [mi^{31}ɕɐɔ^{53}] ‘美丽’, /xɔ^{55}tɔ^{44}mjɛ^{53}/ [xɔ^{55}tɔ^{44}mjɛ^{53}] ‘怎样’

如上述，基诺语补远话有两个平调(55 调, 44 调)和三个曲调(31 调, 35 调, 53 调)。但是，与其他声调相比，53 调有特别的地位。请看 5.2 节。

5.2 53 调的分布条件

由于笔者收集的材料，53 调的分布有一定的限制。一般来说，53 调主要出现于语法标记的末尾[7]。例举如下：

---

[7] 53 调出现于有些词汇里，例如：/ka^{31}ka^{53}/ ‘全部’等。

(5) a. /mɔ^{55} kɔ^{55} **tsɔ**^{53}/ '(我)不胜了', /khɤ^{31} **tsɔ**^{53}/ '到了', 等等。

不 胜 了 到 了

b. /mi^{31} **ɕao**^{53}/ '美丽', /mɤŋ^{55} **ɕao**^{53}/'depressed', 等等。

美丽 词缀 depressed ?

c. /m^{31} **kɔ**^{53}/ '做了', /sa^{44}mɔ^{55} **la**^{53}/ '告诉', 等等。

做 了 告诉 来

[双音节词中的声调分布]

双音节词的声调分布有限制，请参看表一。

表一：补远话双音节词中声调分布情况

		第二音节 (S2)				
		55	44	31	35	53
第一音节 (S1)	55	○	○	○	△	△
	44	△	○	×	×	×
	31	○	○	○	△	△
	35	△	△	△	△	△
	53	×	×	×	×	×

(○: 多见, △: 罕见, ×: 目前未发现)

补远话有开头 55 调，44 调，31 调，35 调的双音节词，但是目前没有发现开头 53 调的词汇。

音节的声调类型有限，可能是因为本语言的形态音系部门受到了双音节化与词声调化(word -tonalization)给于的影响。从上述的例子来看，53 调可被看作一个有词内位置的影响的声调，它的功能负担量在基诺语补远话音系当中较低。

6 结论

这篇论文涉及到基诺语补远话的音系系统，到目前为止，笔者下了以下结论：

表二：基诺语补远话的音系

辅音	元音	声调
p ph t th k kh ts tsh tɕ tɕh m n ȵ ŋ l f s ɕ x w j (-j-可当作介音，-n 与-ŋ 可当作韵尾。)	i u e ɤ o ɛ ɔ a (复元音有： /-ai//-ao//-ua//-ei/)	55, 44, 31, 35, 53

与盖(1986)的描写相比，表二的音系可以说更为简单。表二有以下特征:

(6) a. 塞音与塞擦音没有浊音， 只有清音。有送气音与不送气音的对立。
 b. 鼻音与边音没有清音，只有浊音。
 c. 擦音没有浊音，只有清音。
 d. 53 调的音位功能很低。

参考文献

林範彦 (Hayashi, Norihiko) 2009. 『チノ語文法(悠楽方言)の記述研究』(神戸市外国語大学研究叢書第 4 冊)神戸: 神戸市外国語大学外国学研究所。

戴庆厦 (主编) 2007. 『基诺语语言使用现状及其演变』北京: 商务印书馆。

盖兴之 1986. 『基诺语简志』北京: 民族出版社。

蒋光友 2010. 『基诺语参考语法』 北京: 中国社会科学出版社。

Bradley, David 1983. The Linguistic Position of Jinuo. In Chauncey Chu et. al. (eds.), *Proceeding of the Fourteenth International Conference in Sino-Tibetan Languages and Linguistics*. pp. 21-42. Taipei: Student Book Publishing Co.

Matisoff, James A. 2003. *Handbook of Proto-Tibeto-Burman ---System and Philosophy of Sino-Tibetan Reconstruction---*. Berkeley: University of California Press.

Thurgood, Graham 1989. The subgrouping of Jino. In David Bradley, Eugenie J. A. Henderson and Martine Mazaudon (eds.), *Prosodic analysis and Asian linguistics: to honour R. K. Sprigg*. pp. 251-258. Canberra: Pacific Linguistic C-104.

鸣谢

笔者向以下单位表示衷心的谢意：

中国云南民族博物馆、中国云南省教育厅、中国西双版纳傣族自治州民族宗教局、云南民族大学民族文化学院，中国云南省景洪市勐旺乡人民政府与基诺族人民

附录：基诺语补远话 核心词 150

1. 天 mɤ^{55}tha^{55}si^{31}
2. 太阳 n̥i^{31}vu^{44}
3. 月亮 pja^{55}xɔ^{44}
4. 星星 mɤ^{55}tɕi^{44}
5. 云 mi^{55}tɕha^{44}
6. 风 ɕi^{31}
7. 雨 mɤ^{55}tha^{55}
8. 火 mi^{55}
9. 火烟 mi^{55}tɕha^{55}
10. 山 i^{55}tshɤ^{44}
11. 路 i^{31}khu^{31}
12. 水田 ti^{55}ku^{55}
13. 石头 lu^{55}mɔ^{55}
14. 沙子 mɤ^{31}sai^{31}
15. 土 tsha^{55}pi^{55}
16. 水 i^{31}tshu^{55}
17. 金 si^{31}
18. 银 phja^{31}
19. 铁 ɕɛ^{31}xɔ^{55}
20. 盐 tshɤ^{55}lɤ^{44}
21. 草木灰 khɔ^{55}lɔ^{31}
22. 家 tsu^{31}
23. 人 tshɤ^{31}jɔ^{55}
24. 名字 a^{55}mi^{31}
25. 小孩 je^{55}kɤ^{55}
26. 男人 khɔ^{55}phjɔ^{55}
27. 女人 khɔ^{55}mjɔ^{55}
28. 祖父 a^{55}pa^{31}
29. 祖母 a^{55}phi^{55}
30. 父亲 a^{31}pu^{55}
31. 母亲 a^{31}mɔ^{55}
32. 儿子 jɔ^{55}ju^{44}
33. 女儿 jɔ^{55}mi^{55}
34. 孙子 li^{55}jɔ^{55}
35. 身体 a^{55}mɤ^{31}
36. 头 wu^{55}ta^{55}
37. 头发 tshɤ^{31}tɕhi^{31}
38. 眼睛 mja^{31}tsi^{44}
39. 鼻子 nɔ^{31}pje^{31}
40. 耳朵 nɔ^{55}pha^{55}
41. 嘴巴 la^{55}mi^{44}
42. 脖子 lɤ^{31}tshɤ^{55}
43. 肩膀 pa^{55}phu^{31}
44. 脊背 khɤ^{31}tha^{44}
45. 乳房 a^{55}na^{55}
46. 肚子 wu^{31}mɔ^{55}
47. 膝盖 pha^{55}xa^{44}
48. 脚 a^{55}tɕhi^{31}
49. 手 la^{55}pu^{44}
50. 皮肤 a^{31}khu^{55}
51. 羽毛 a^{55}mɤ^{55}
52. 肉 kɤ^{31}tsha^{55}
53. 血 a^{55}si^{55}
54. 骨头 a^{55}ji^{55}
55. 牙齿 a^{55}tsi^{31}
56. 舌头 a^{55}xɔ^{44}
57. 心 nɤ^{31}sɤ^{44}
58. 肝 a^{55}tshi^{55}
59. 屎 a^{55}tɕhi^{55}
60. 水牛 pɤ^{55}na^{31}
61. 黄牛 me^{31}n̥a^{55}
62. 犄角 pɤ^{55}na^{44}wu^{55}tɕhi^{31}
63. 尾巴 tu^{55}mi^{55}
64. 马 mju^{55}
65. 山羊 tshi^{55}pje^{44} (le^{44})
66. 爪子 la^{55}si^{44}
67. 猪 wa^{55}
68. 狗 khɤ^{55}nɔ^{55}
69. 鸡 ja^{55}
70. 猴子 xɔ^{31}pɤ^{55}
71. 老鼠 fu^{31}tsha^{55}
72. 鸟 ŋa^{31}jɔ^{55}
73. 蛇 i^{31}lɤ^{31}
74. 鱼 ŋɔ^{55}tɤ^{31}
75. 虫 pje^{55}tsa^{55}
76. 虱子 si^{31}phja^{31}
77. 树 si^{31}tsɤ^{55}pɤ^{31}
78. 树皮 si^{55}tsɤ^{31}khu^{55}
79. 根 si^{31}tsɤ^{55}pɤ^{31}tu^{55}phi^{55}
80. 叶子 a^{31}pha^{55}
81. 花 a^{31}jɛ^{55}
82. 竹子 ɔ^{55}pɤ^{55}lɤ^{55}
83. 种子 a^{31}tsi^{44}
84. 鸡蛋 ja^{55}wu^{55}
85. 左 la^{55}phu^{44}
86. 右 la^{55}mɔ^{31}
87. 年 a^{55}mjao^{31}

88. 月 a^{31}xɔ^{55}
89. 晚上 mi^{31}tɕhi^{31}
90. 一 thɤ^{55}
91. 二 n̥i^{55}
92. 三 ɕɛ^{31}
93. 四 li^{44}
94. 五 ŋɔ^{44}
95. 六 tɕhu^{55}
96. 七 si^{44}
97. 八 ɕi^{44}
98. 九 tɕa^{44}
99. 十 tshɤ^{31}
100. 我 ŋɔ^{31}
101. 我们 n̥a^{55}su^{31}
102. 你 nɤ^{31}
103. 你们 nu^{55}su^{31}
104. 他 a^{55}jɤ^{31}mɤ^{31}
105. 他们 a^{55}jɤ^{31}su^{31}lu^{31}
106. 这个 jɤ^{44}
107. 那个 a^{55}jɤ^{44}
108. 谁 xɔ^{55}mɤ^{44}
109. 什么 a^{55}tshu^{55}
110. 吃 tsɔ^{55}
111. 喝 tɤ^{31}
112. 咬 tɕhi^{55}
113. 看见 te^{55}mju^{35}
114. 听见 tshi^{55}nɔ^{31}tɕɔ^{55}
115. 知道 si^{55}tɕha^{53}
116. 睡 i^{55}thi^{55}
117. 死 mja^{55} (thjɛ^{55})
118. 杀 ɕɛ^{55}
119. 游泳 na^{55}kha^{44}tɕhɛ^{44}
120. 飞 pje^{35}
121. 走 ju^{55}
122. 来 lɔ^{31}
123. 坐 n̥i^{31}kha^{55}
124. 站 tɤ^{55}thɔ^{44}
125. 给 pi^{55}
126. 说 sa^{44}
127. 燃烧 tshi^{55}tɛ^{55}
128. 洗 ja^{55}tshi^{44}
129. 多 la^{55}zɔ^{55}
130. 少 i^{31}pi^{55}pi^{55}
131. 大 le^{55}mɔ^{44}
132. 小 le^{55}jɔ^{55}
133. 长 ɕu^{55}mju^{31}lu^{31}
134. 短 thu^{55}n̥i^{31}lu^{31}
135. 红 a^{55}nɤ^{44} (lɤ^{44})
136. 绿 a^{55}n̥i^{44} (li^{44})
137. 黄 a^{55}sɤ^{44} (lɤ^{44})
138. 白 a^{31}pja^{55} (la^{55})
139. 黑 a^{55}na^{55} (la^{55})
140. 苦 a^{55}khɔ^{55} (lɔ^{55})
141. (太阳)热 a^{55}fu^{31}fu^{35}
142. (天气)冷 tshu^{44}
143. 满 pju^{44}
144. 新 a^{31}si^{55}
145. 好 mɤ^{55}
146. 圆 thuan^{31}thuan^{55}
147. 远 mi^{31}xɤ^{55}lɤ^{55}
148. 深 a^{31}na^{55}la^{55}
149. 全部 ka^{31}ka^{53}
150. 和 xɤ^{44}

メカニズムを通して学ぶ中国語の無声有気音の考察

松本　洋子
外務省研修所非常勤講師

日本学生的汉语发音有不少问题，无声送气音就是其中之一。对此，我作了若干研究后，最近发现了解无声部分，尤其是了解有声元音开始前的无声元音是解决问题的关键。具体说，首先是让学生学习将无声元音转换成有声元音，了解带无声送气音的音节机制，最后掌握发出无声送气音的方法。通过对现任教师的调查，以及对发不好无声送气音音节的学生和没学过汉语的一些日本人的调查来证明这种方法是否有效。

无声送气音　无声元音　有声元音　音节机制

小論中の「日本語」とは東京方言、「中国語」とは“普通话”を指す。単独で「学習者」と言った場合「日本語母語話者中国語学習者」を指す。通常「調音点」とされるものを、小論では「調音部位」としている。また小論では無声有気そり舌音は除く。

1日本語の中の無声母音

日本語は有声母音が優勢の言語である。日本語母語話者は母音の標識を目にすると、たとえそれが独立した/a/、/i/、/u/、/e/、/o/ではなく子音と一体になっている形式であっても、すぐに有声母音を発音しようとしてしまう習慣がある。無声子音に伴う気息音も少ないため、いろいろな外国語学習では不利に働く。澤島（1977:38-39）は、

> 東京方言を中心として、無声子音に挟まれた /i//u/が無声化する現象がある（北/ki̥ta/、薬/ku̥suri/）が、それが有声のままでも意味の対立はない。無声化母音と有声母音の喉頭調節は明確に分離し、両者の間に連続的な移行は見られないという（Yoshioka 1981）。英語では語頭、語中の位置の別などにより無声破裂音の直後に強い気流雑音を伴うものと伴わないものがあり、両者を異なった子音として区別はしないが使い分けははっきりしている。中国語ではその両者は異なる子音として区別される。（要旨）（下線筆者）

と述べる。無声化母音は本来有声であるはずの母音が同化作用によって無声になるだけ

で音韻的必要があって区別しているわけではないため、日本語の中では「ささやき声」を除くと、無声母音は前後の環境に同化した結果生成された、いわば副産物のようなもので、それ自体の積極的役割はないと言える。

2 中国語の無声有気音と学習者

朱川（1997:70-71）は、中国語の無声有気音の習得が難しい留学生の状況を挙げている。

> 图 1.2-9c 便是一张这类错误的语图。图 1.2-9a 破裂后立即接共振峰横杠，表明辅音不送气；图 1.2-9b 破裂后有持续乱纹（乱纹段无噪音和共振峰横杠），再接共振峰横杠，表明辅音送气，图 1.2-9c 则像是图 1.2-9a 与图 1.2-9b 的叠加；破裂后立即接噪音和共振峰横杠，但在元音开始的前半段混有大量乱纹，这表明此时声道中有摩擦。至此，我们可以对这种错误作出描述：由于教学中强调送气，留学生在发送气音时便有意加强气流，但是他们的送气没有形成独立的送气段，而是将送气加在韵母元音上，所以在吹纸练习中，纸片肯定会被吹动，但是由于破裂后紧接元音，元音与摩擦同时出现，而元音响度大，在感知上较摩擦有很大的优势，故听感仍类似不送气音。（下線筆者）
> 彼らの気息には独立したその区間がなく、呼気を母音に重ねてしまうので、紙を吹く練習の際、紙は呼気によって動くが、破裂後すぐ母音に続くために、母音と摩擦が同時に出現し、しかも母音の響きが大きくて感覚的には摩擦より目立ってしまうため、聴覚的にやはり無気音のようになってしまうのである。（原文下線部のみ筆者日訳）

図1　朱川 1997:71

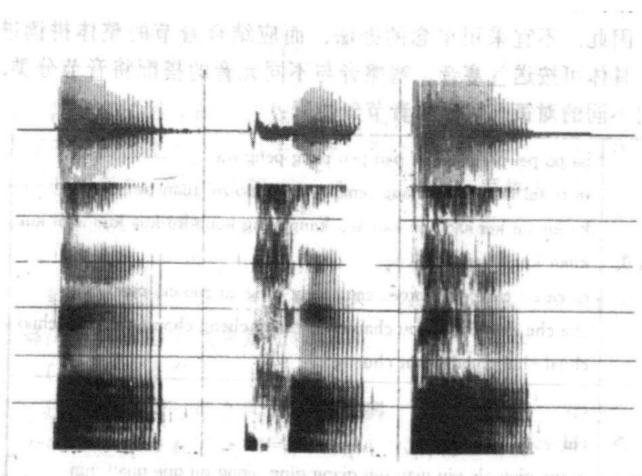
图 1.2-9　[pa] [p'a] 与错误的 [p'a] 语图

朱川（1997:70-71）が挙げるこの問題は、留学生のみならず日本国内の学習者にも散見される。数としてはさほど多くないが、中国語で無声有気音ができないことは致命的なので問題は深刻である。

王振宇・李小捷(2011:33-34)も［p^hei^{51}］（“配”）を２人の日本人学生に発音させて、「正しい発音」と「有気音の発音方法を習得できず、無気音に誤って発音」してしまった例を、波形とサウンドスペクトログラム

図２　王振宇・李小捷 2011:33

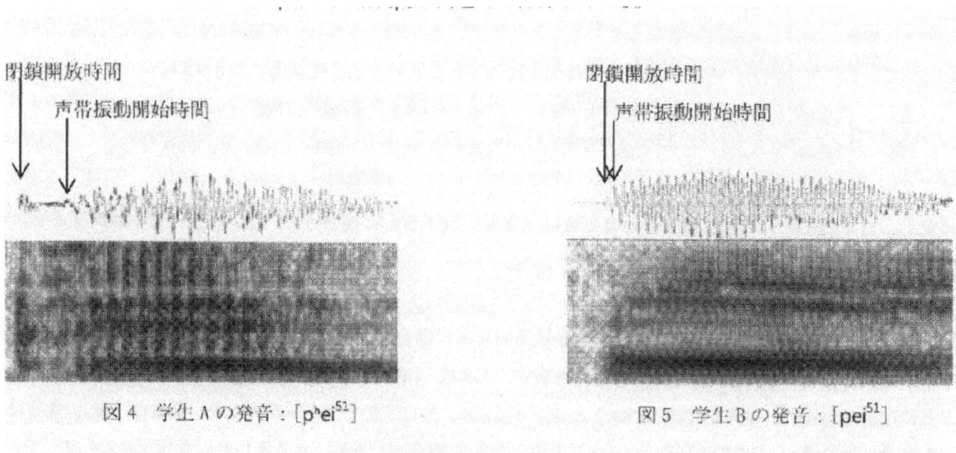

で表示している。図２の左が学生Ａの正しい発音であり、右が学生Ｂの誤った発音である。学生Ｂは学生Ａに比べ、閉鎖開放から声帯振動開始までの時間が極端に短いことが分かる。朱川（1997:71）および王振宇・李小捷（2011:33-34）が挙げる問題はいずれも、学習者が無声有気音生成のメカニズムを十分に理解できていないこと、とりわけ無声がどのような条件下で実現されるのかについての理解が不足していることに起因していると考えられる。メカニズムの解明は、松本（2011:193）でも試みたが、無声有気音の無声状態を確保するための方法として「喉頭（声門）に力を入れすぎず、呼気を通し易くしておく」としか述べなかった。今回はそれよりさらに理解しやすい説明を考案しようと考えた。

３無声区間のメカニズム理解の重要性

中国語の無声有気音および無声無気音の「無声」について考察してみると、そもそも「無声」という語の示すものが学習者にとって明確でない。ともに「無声」という語が冠されているが、その２種の「無声」は「非有声」ということでは一致しているものの、その実相は懸け離れている。服部（1962:24）によると、（C）は声帯声門が閉じて軟骨声門のみが開いている場合、強い「ささやき」の際の声門の状態である。（D）派生門が完全に閉じた場合、すなわち「声門閉鎖」の状態を示す（服部 1962:24-25）。無声有気音の無声状態とは、声帯声門が閉じて軟骨部分のみが開いている

図３　服部 1962:24

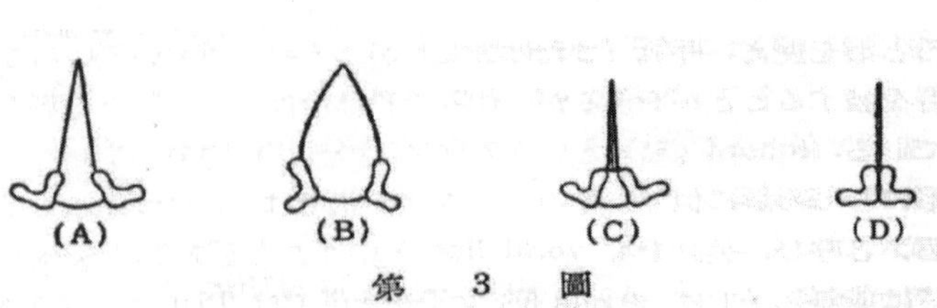

「ささやき」の際の声門の状態（C）で、肺臓から両唇内部まで空間が隔絶なく一つながりになっており、腹筋や胸郭筋の適度な圧力があれば肺臓気流は調音部位まで達する。一方、無声無気音の「無声」の状態とは、声門が完全に閉じた状態、すなわち「声門閉鎖」の状態（D）であり、肺臓気流は声門下に留まっており、喉頭から調音部位までの空間に貯められた滞留気が周りの筋肉に押されることによって調音部位（bā の場合は両唇）で破裂した直後、声門の閉鎖が緩んで肺臓気流により声帯振動が開始し直接有声母音につながるのである。図３の（C）（D）２種を比較すれば、「無声有気音」と「無声無気音」の「無声」の状態はずいぶんと異なることが分かる。

加えて、無声有気音の無声区間、より詳しくいうと有声母音が開始するまでの「無声子音の調音破裂＋気息音＋無声母音」の区間は、呼気の量が十分であれば、１～４秒ほど、あるいはそれ以上続けられる。（Iwata, R & Hirose, H.1976:53 の報告では、実際のネイティブ男性話者の/th/における V.O.T.[1]は 95.5msec すなわち 0.1 秒弱である。）一方、無声無気音の無声区間はどれほど長く続けようと思っても１秒さえも続けられない。逆にいうと、無声無気音は声門から調音部位までの間にある滞留気で子音の破裂を達成しすぐに有声母音に移行しさえすれば事足りるのである。ここに無声有気音の無声状態を把握するカギがあると筆者は考える。

pā を IPA で表すと、[pʰɑː⁵⁵]であって、各要素の順序は大体示されているが、[ʰ]は[p]に加えられる特性のように見え、また[ɑ]の直前で終了してしまうかのような印象も与えるため、[ʰ]が[p]の破裂後どのくらいの時間継続するのかが明確でなく、[ɑ]とはあまり関係のないような印象を与える。実際には、[ʰ]および[ɑ̥] は[p]の破裂と同時に発出され並行して継続し、短時間ではあるが[p]と有声の[ɑ]をつなぐのである。この無声の[ɑ̥]も含めた無声区間を学習者に理解し易い言葉で単独で提示し、さらに無声の[ɑ̥]から有声の[ɑ]に息の切れ目なしに滑らかに移行することを教えられれば、無声有気音のメカニズムをより良く理解してもらえると確信する。無声部分のみ単独で提示できるということはメカニズムの重要な一部をよく理解していると言えるからである。これまでの教師の実音指導は筆者自身も含め、たぶんほとんど常に無声部分と有声部分を連続して行なっていたため、無声部分が明確でなかったと筆者は考える。筆者自身、初学時深い理解もなしに極めて身体感覚的に無声有気音を習得してしまった事実から考えると、もしかしたら実際の無声有気音発出には習熟しているのにメカニズムを明確には把握していない教師もいるかも知れない。筆者の考え方に基づいて[pʰɑː]を図解すると図４のようになる。無声母音と有声母音は息の切れ目を作らず、しかも音程を変えずに滑らかにつながる。

もちろんこれまでこのような分析は研究者の間では十分すぎるほどなされているに違いなく、音声学の専門領域では常識に属することであろうが、筆者が言いたいのは、身体感覚的に無声有気音を習得できない学習者に対して、より具体的な説明が必要だと

---

[1] Voice Onset Time の略で、有声開始時間のこと。

いうことであり、上記のようなことが学習者にどれほど明確に提示されてきたか、むしろ提示されてこなかったのではないかということである。だから朱川や王振宇・李小捷が挙げたような問題が今だに存在するのである。ピンインの a を見ても IPA 表示の[ɑ]を見ても、学習者は無意識に有声母音と考えてしまうであろう。そのような背景下で、ピンイン pa と ba について、無声部分を網掛けで表すと、pa と ba とするのが自然であるが、実際は pa を paa とした方が実相に近い。もちろんピンインは記号に過ぎず、目に映じたものを約束に従って変換して発音するのだから、「ピンイン表記をもっと実相を反映したものにすべきだ」というのは当たらない。しかし発音指導の際、教師が自身の理解・考察と身体感覚をもって実相を図解などで説明し、学習者の理解の助けとすることは何ら禁止されていないし、大いに行なうべきである。にも関わらず、これまでの教科書などの記述を見ると、無声有気音の指導は口の前の紙が動くか否かを見る、いわゆる短冊方式と、無声子音破裂時「ハ行音」を足す方法が多く見られる。短冊方式は発出された音声が無気音か有気音かを見るにはある程度有効だが、どのように調音するかを具体的に説明したものではない。「ハ行音」を足す方法は筆者自身も長年行なってきたが、冒頭で述べたように、日本語母語話者の習性として、母音の標識を目にすると、たとえそれが独立した/a/、/i/、/u/、/e/、/o/ではなく子音と一体になっている形式であっても、すぐに有声母音を発音しようとしてしまうこと（これこそが朱や王振宇・李小捷の挙げている問題でもある）から限界を感じており、何とか無声の状態をより容易に実現できないかずっと考察してきた。松本（2011:182）では、声門開大と肺臓気流による調音部位付近の圧迫を主張したが、学習者が無声状態を自覚しないままでは容易に有声母音を発してしまう例もあり、さらなる考察を進めてきた。無気音／有気音の別を「コエとイキ」の関係において詳しく述べている日下（2007: 105）はむしろ少数派である。日下（2007: 105）は、

> 実際には母音部分を発音してはじめて有気音・無気音の区別が明確になるのですから、子音部分だけでなくて、音節全体を無気音・有気音と呼ぶのが実用的かも知れません。（下線筆者）

と述べる。しかし、それでも無声有気音音節のどこまでが無声でどこから有声になるのかはまだ明確でない。加えて日本語では、澤島（1977:38-39）のいうように「無声化母音と有声母音の喉頭調節は明確に分離し、両者の間に連続的な移行は見られない」のだから、無声母音から有声母音に滑らかにつながる現象にも習熟していない。ただし、日常生活の中で無声の一種である「ささやき声」は用いているのだから、これを中国語無声有気音の無声区間に応用したらうまく行くのではないかと、筆者は考えた。

以上から、次のような調査および実験を行なって、筆者の仮説の成否を見た。

図4

	無声側	有声側
声門の状態：	（軟骨声門開大）	（声門は緩く閉じ声帯振動）
喉の感覚：	指をあてて震えを感じない	指をあてると震えを感じられる
有無声の別：	**無声**（強いささやき声）	**有声**（普通の母音）

p 無声有気音

h----
気息音

a----
無声母音

a----
有声母音

↑
↑ここで無声から有声に滑らかに移行

1) 数年以上の教授経験のある、中国人教師および日本人教師に、無声有気音を含む音節 pā の無声部分のみ発音してくれるよう依頼し、発音を聞いて、無声部分のみ単独で発音できるか否かを見る。・・・・・・調査
2) 無声有気音をうまく発音できない学習者か、まったくこれまで中国語の発音を学んだことのない日本語母語話者を対象とし、筆者が実験を行なって効果を見る。
具体的な手順は以下の通り。図4も提示する。・・・・・実験
＜1＞・・・外から喉頭（声門）あたりに指をあて、無声（ささやき声）と有声（普通の声）で「アー」を発音させ、その際「震えない」ことと「震える」ことに気づかせる。
＜2＞・・・図解を示し、中央縦線の左側が無声で右側が有声と説明し、まず無声部分 pa のみ気息音を十分出すよう注意しながら、教師が実音を提示する。被験者にも同様のことを求める。
＜3＞・・・被験者が＜2＞を正確にできたら、次に再び教師が無声部分に続けて息の切れ目を作らず、有声母音 a に滑らかに移行することを行なった後、被験者にも同様のことを求める。
3) 知り合いの教師に 2)と同様の実験を行なってもらい、効果を見る。・・・実験

4 調査および実験の実施とそれに関する考察

1)、2)、3)はすべて 2012 年 6 月から 7 月にかけて日本国内で行なった。

4.1　1)筆者の教師に対する調査の結果は表１の通りである。

表１　教師に対するpāの無声部分発音調査　　日は日本語母語話者
中は中国語母語話者　○は正答　×は誤答　「」は対象者が述べた理由

調査対象者 番号　日／中	発音　正誤	備考
１　　日	[pʰɯ̥]　　×	迷いながら
２　　日	[pʰɑ̥]　　○	
３　　中	不可　　×	「中国語の音節は子音だけでは発音できないから」
４　　中	閉鎖のみ　×	「破裂させると有声母音が出てしまうから」
５　　中	[pʰɑ̥]　　○	
６　　中	[pɑː]　　×	無声を無気と誤解
７　　日	[pʰɑ̥]　　○	
８　　中	[pʰɑ̥]　　○ （2度目）	最初、有声部分も発音してしまった
９　　日	[pɑː]　　×	無声を無気と誤解
１０　日	閉鎖のみ　　×	
１１　日	[pʰɯ̥]　　×	
１２　日	[pʰɯ̥]　　×	
１３　中	[pʰoː]　　×	有声部分も発音
１４　中	[pɑː]　　×	無声を無気と誤解
１５　中	[pʰɑː]　　×	音節全体を発音
１６　中	[pʰɑ̥]　　○	

１６人中、正答したのは５人で、１１人がpāの無声部分のみの発音ができなかった。すなわち、pā生成のメカニズムを正確には知らない可能性がある。誤答中、３人が「無声」を「無気」と誤解している。１人（３番）が「できない」、２人（４番と１０番）が「閉鎖のみ」と答えているが、理由は４番の対象者が述べている通り「破裂させると有声母音が出てしまうから」であろう。[pʰɯ̥]や[pʰoː]という答えと「閉鎖のみ」あるいは「できない」という答えの根底にある考えは、さほど違わないと考えられる。すなわち、pāのaは有声だけであると誤解している。

4.2　2)筆者自身による無声有気音pāとqīの指導の実験。

被験者は、日本語母語話者で①中国語既習者で無声有気音の発音が良くできていない学習者、および②これまで中国語をまったく学習したことがない人とした。しかし、中国語以外でも無声有気音は使われるので、これまで他の外国語から受けたかも知れない何らかの影響を持つ人を除くために、海外居住経験者や特に外国語を学習したことのある人（たとえば大学で専攻したなど）は対象としなかった。実験の結果は表２の通り。

表２　筆者自身による無声有気音 pā と qī の指導の実験

（既）は既習者の意

被験者番号	年齢	所要時間（分）	被験者番号	年齢	所要時間（分）
1	５４	5	２３	６３	3
2	５５	2	２４	６０	２．５
3	５７	2	２５（既）	１９	2
4	５６	2	２６	２０	2
5	４４	2	２７（既）	１８	2
6	２０	2	２８	１８	2
7	６０	2	２９（既）	１９	2
8	６０	2	３０（既）	１９	3
9	５９	5	３１（既）	１９	2
１０	２７	2	３２	１８	2
１１	２７	3	３３	５３	2
１２（既）	５４	１．５	３４	４４	2
１３	６８	2	３５	４０	2
１４	２６	2	３６	２３	2
１５	２２	2	３７	６１	２．５
１６	２２	3	３８	５９	4
１７	２４	2	３９	４２	２．５
１８	２７	2	４０	３６	2
１９	２２	2	４１	３４	１．５
２０	４４	2	４２	３７	2
２１	５７	2	４３	３６	１．５
２２	６５	2	４４	６０	１．５

２分程度でできた被験者が多かったが、中にはそれ以上（最大５分）かかった者もいた。１番、２９番、３８番は最初無声の[ɑ̥]を出すのが困難だった。２４番と３１番は無声の[ɑ̥]から滑らかに有声の[ɑ]に移るのが難しいようだった。３２番は無声有気音は発出できたものの、呼気がやや弱く、物足りない感じがあったが、一応メカニズムは理解した上で発音していた。全体として、無声母音をある程度の時間長で発音することに慣れていず、また無声母音から有声母音への移行にも慣れない感じがあった。またせっかく無声状態を作れたのに、気息音をおずおずと遠慮しながら発出しているので「そこは思い切って強い息の音を出してください」と言うと、すぐその通りにして正しい音に到達できた例もあった。一般に日本語母語話者は、中国語におけるような積極的な意味とある程度の時間長を持つ無声母音を発出する習慣がないので、そこをクリアできれば強い気息音も割合容易に発出できるようである。まず無声の状態を作るよう指導する方法は、筆者の実験ではおおむね成功し、有効であると言える。

4.3　3)他教師２名（日本語母語話者）による無声有気音 pā と qī の指導の実験とそれに関する考察。

教師 A と B に 4.2 と同様の実験の実施を依頼した。結果は次の通りである。

表３　教師 A による無声有気音 pā と qī の指導の実験　（既）は既習者

×できない　△あまり良くない　○大体良い　◎大変良い

被験者番号	年齢	所要時間（分）	結果状況
１（既）	５９	3	△　声が不自然
２（既）	４０	3	◎
３（既）	４６	3	○
４（既）	１８	3	◎
５（既）	４９	3	◎
６（既）	６５	3	△　声が不自然
７（既）	６３	3	○
８（既）	４０	3	◎
９（既）	４３	3	○
１０（既）	４０代	3	◎
１１（既）	５０代	3	○
１２（既）	３０代	5	◎
１３（既）	３０代	3	◎
１４（既）	４０代	5分後×	×有声音出現早すぎる
１５（既）	６０代	3	◎
１６（既）	６０代	5分後×	×　無声と有声がうまくつながらない

１番、６番、１４番、１６番を除けば、３０代から６０代の幅広い層でこの方法は有効であったと言える。

＜教師 A の感想＞

学習者が発音の練習をする際に、特に大人は頭で納得することが大切なので普通话の有気音の説明として、日本語と中国語の違いを知り有気音を知る上では非常に有効と思うが、メカニズムは頭で理解できても身体（口）で出せるようにするには一定期間粘り強い練習が必要と思う。

表４　教師 B による無声有気音 pā と qī の指導の実験

被験者番号	年齢	所要時間（分）
1（既）	５１	5
2（既）	４０代	１０
3（既）	５８	１０
4（既）	５１	3
5（既）	６３	1
6	６８	3
7	５６	6
8	５７	4
9	４０	3

４０歳から６８歳まで、既習者および未習者のいずれにもこの方法が有効であった。

＜教師 B の感想＞

これまでのやり方より分かりやすく、より有効だと思う。特にゼロから始める学習者にはとても良いのではないかと感じる。既習者にももちろん有効だが、実験をしてみて思いのほか学習経験のない方の習得の速さに驚いた。既習者は「有気音」だと分かると力が入ってしまったりするが、中国語知識ゼロの方は素直に真似をしてくれて短時間で出た。

4.4　調査／実験のまとめ

1)の調査の結果、対象の現役教師１６人（日本語母語話者７人、中国語母語話者９人）のうち、半数以上が pā の無声部分を正しく発音できないことが判明した。これはこれらの教師が中国語無声無気音のメカニズムを理解していない可能性があることを示している。実験 2)と 3)を通して、最初に学習者に対して無声状態をどのように準備するかを教え、さらに無声母音と有声母音を滑らかにつなげることを教えることが、中国語の無声有気音の指導において有効であり、指導方法の一種となり得ることが証明された。

文献目録

日下恒夫 2007.『アタマで知り　カラダで覚える中国語の発音』。東京：アルク。

松本洋子 2011.「日本語母語話者に対する中国語発音教育の理論と実践」、博士学位論文、東京：早稲田大学。

澤島政行 1988.「喉頭の機能と音声言語」、〔所収〕東京大学医学部音声言語医学研究施設（編）『澤島教授　研究と業績』、東京：澤島政行教授退官記念会、61-70 頁。〔初出〕1982『東京医学』第 89 巻、第 1/2 号、31-45 頁。

王振宇・李小捷 2011.「初級段階における中国語発音の指導について」、『ポリグロシア　言語と言語教育─アジア太平洋の声』第 21 号、.31-44 頁。別府：立命館アジア太平洋研究センター。

朱川 1997.『外国学生汉语语音学习对策』。北京：语文出版社。

Iwata, R & Hirose, H. 1976. Fiberoptic Acoustic Studies of Mandarin Stops and Affricates. *Annual Bulletin*, Research Institute of Logopedics and Phoniatrics, University of Tokyo 10:47-60.

Yoshioka, H. 1981. Laryngeal adjustments in the production of the fricative consonants anddevoiced vowels in Japanese, *Phonetica*, 38:236.　(※引用中の引用)

日本語話者の中国語学習者のための統語構造表示

—階層構造と語順の把握のために—

山崎　直樹
関西大学

本研究提出了一套新的显示汉语句式结构的模式图。此模式图是为了让以日语作为母语的汉语学习者理解汉语句式结构而设计的。在这个模式图上，只要改变一个特定的句法层次里的仅一个次序参数的值，就能把汉语特有的词序变换成日语词序。学习者通过这个极为简单的操作，进而能够理解中日两种语言的结构异同。

日语为母语的汉语学习者　X 杆语法　层次结构　中心词参数

1. この研究の目的

本論文では、中国語の統語構造を表示する中国語学習用模式図を提案する。この模式図は、もっぱら日本語話者の学習者を支援する目的で考案された。そのため、習得目標となる中国語の構文とそれに相当する日本語の構文との間での構造比較が容易に行え、中国語の構造から最小限の変換操作で相当する日本語の構造が得られるよう最適化されている。

この模式図を使用する目的は、中国語の統語構造の「階層構造」を日本語話者に感覚的に把握させること、習得目標言語である中国語の統語構造と起点言語である日本語の統語構造の異同を感覚的に把握させることである。

2. 第二言語習得過程に関する若干の前提

2.1 形式に注意を向けさせることの重要性

コミュニカティブな産出能力を重視する言語教育においても、学習者内部の言語体系を発達させるためには、インプットとして与えられる言語形式に対し、学習者が意味と形式の対応を取りつつ形式に注意を向けることが重要であることは、つとに指摘されている（詳しくは、Krashen1985、Long1991、VanPatten1996 などを参照）。

2.2 学習者の認知過程—内的言語体系の構築

ここでは、学習者が目標言語の構造をどのように認知し、その内部にどのような目標言語の体系を構築しているのかという過程の実例を見てみたい。

以下は、著者が担当する中国語のクラス（大学1年生、学習履歴ゼロの状態からスタート）において、学習者自身に「中国語について気づいたこと」を自由に書き出させた記録の中から、語順に関する記述を抽出したものである。

- （疑問詞疑問文は）日本語と同じで、平叙文と構造上は何の変わりもない。
- “过”は動詞に付くので、英語の“I have been there.”などとは順番が違う。
- “的”は「〜の」という感じで使う。要る時と要らない時がある。
- “很不冷”が完全否定で“不很冷”が部分否定なのは、高校で習った漢文と同じ。
- 英語とか日本語は“どこに・where”は文頭なのに（“哪儿”は）最後に来ている。

当然ながら、限定的なインプットを基に分析を行うので、時には不正確な帰納が行われることもあるが、ある程度認知的に発達した学習者はこのような分析能力を備えているという事実は注目されてよい。

いっぽう、以下に見る分析は、現象の表面だけを見れば、まちがいとは言えないのであるが、中国語の構造を正確に捉えた描写とはいえない。

- （助動詞“会”は）動詞の前、疑問文の時も主語の後ろ。
- “我在……”“你们在……”のように、“在”は代名詞の後に来る。

上記の2項は1つの特徴を共有している。それは、このような分析は、焦点となる形式の直前直後にどのような形式があるかでしか文の構造を見ていないということ、つまり、統語構造を線状構造でしか捉えていない、ということである。

もちろん、この種の認識は学習を進めていけば修正されうる。しかし、インプットの段階での導入方法を適切に設計することにより、このような認知過程を経ずにすむように誘導することができれば、より効率的である。

2.3 中国語学習者によく見られる誤用

以下は筆者の推定だが、上述の「直前直後の接続関係しか見ない」「線状構造でしか統語構造を捉えない」という傾向は、日本語話者のある種の誤用を誘発している可能性がある。

次の(1a)(1b)の誤用例（【　】の語句の位置が不適切）はよく見かけるところである。この誤用は、(1a') (1b')の[ ]で示した動詞句の階層構造をイメージでき、否定辞はその外側に置かれるべきであることを理解すれば避けることができる。

(1a) 这样【不】说。　(1b) 把袜子【不要】放在桌子上。
(1a') 不［ 这样说 ］　(1b') 不要［ 把袜子［ 放在桌子上 ］］

また、日本語話者の中国語学習者であっても、(2)のように関係節を主要部名詞に接続させる時、構造助詞“的”を使い忘れることがある（日本語話者は、後述の理由により構造助詞の使いかたの習得には有利であろうと考えられるにも関わらず）。

(2) ［［…関係節…］**的** ］主要部

- 関係節が主要部に先行する語順はどちらの言語にも共通する。
- 関係節には使わないが、日本語には連体修飾語を作る助詞“の”がある。
- 日本語も、関係節が主要部に接続する時、文法的な標識を必要とすることがある（例：活用語尾の連体形）。

日本語のように高度に順序付けられた述語の複合体が必ず句末に来る言語に比べ、中国語は埋め込まれる関係節の最右端（句末）の要素は遥かに多様である。このため、「関係節の中のXに“的”を付す」のような一般化ができない。これは「直前直後の接続関係しか見ない」という方略では規則化ができない。

日本語話者の学習者が“的”を落とす理由はいろいろあるであろうが、上述の理由もその１つであろうと推測される。

2.4 階層構造を把握することの重要性

§2.3では、学習者にありがちな「直前直後の接続関係しか見ない」「線状構造でしか統語構造を捉えない」分析の危うさを概観した。この観点から考えても、ある言語の統語構造が本来もっている階層構造を学習者に把握させることがいかに重要であるかがわかる。

しかし、このことは、言語学的な概念・用語をそのまま知識として与える教授法が望ましいということを意味しない。「関係節」「主要部」などの概念・用語は、ふつうの学習者にとって必須のものではない。必要なのは、ある構造がひとまとまりになっていて、別の構造に埋め込まれているという「感じ」である。本研究の模式図は、この「感じ」を印象づけることを目指している。

3. 樹形図による階層構造の表示について

3.1 既存の分析による構造表示をなぜ使わないか

本研究の模式図は樹形図を用いる。樹形図の利点は、階層構造が視覚的にわかりやすいこと、線状的な配列との対応がわかりやすいこと、配列を決定する変数の値の変化が実際の語順に与える影響がわかりやすいことなどである。ただ、これまでの文法研究において、構造表示のために多くの樹形図が描かれてきたが、本研究では既存の分析法による構造表示をそのまま用いることはしない。

その理由は、既存の構造表示は§1で述べた目的に対し最適ではないとうこと、また、これまでに提出された統語構造の表示は、純粋に統語的な現象と、機能分析による構造の解釈と、意味論的な（論理的な）解釈の表示とが混在しているので、本研究ではこのような解釈の多様性とは無関係な統語的現象だけを機械的に取り扱いたいということである。

1例を挙げると、Chao1964も朱1982も、次の(3a)は(3b)の階層構造を成しており、主述構造が埋め込まれた構造（主述述語文）であると分析するであろう。

(3a) 我今天城里有事。　(3b) [我 [今天 [城里 [有事]]]]

しかし、この階層構造は統語的な現象をその根拠として挙げることができるのであろうか。機能主義的な分析を階層構造で表示しているだけではないだろうか。

3.2 本研究の模式図を用いて得られる効果

本研究において構造を可視化することの目的は、「階層構造を成している感じ」を把握させることである。このことにより、学習者は、自身の内部の言語体系において、上述の「直前・直後の接続関係しか見ない」「線状構造でしか統語構造を捉えない」という段階に比べ、より効率的な構造の規則化ができるようになることが期待される。

また、本研究で提出する中国語の階層構造の模式は、特定の範疇の主要部と補部の配列の変数を操作するのみで、対応する日本語文の構造が得られることを目的に設計されている。この操作により、学習者は彼我の言語の語順の違いが特定の範疇内での配列の違いのみに依ることを自ら発見し、両言語間の構造の変換方法に習熟することが期待される。

4. 主要部と補部の配列を操作する文法

4.1 X-bar Syntax

ここでは、主要部と補部の配列を操作する枠組みを提唱する先行研究を見る。

階層構造の各レベルで主要部と補部の配列を決める統語理論は、X-bar Syntax と呼ばれる（詳細はJackendoff1980を参照）。これは大雑把にいえば、(a)句構造を細分化し、各々のレベルでの主要部とその他の要素の配列を決める、(b)「名詞句」「動詞句」などを別の構造を持つものとせず、すべての句範疇に共通な構造を設定する、という特徴を持つ。

ごくシンプルなX-bar理論では句構造は次の(4)のように設定される。

(4) XP → YP X'　　X' → X ZP

- ある主要部Xとその補助部ZPは、X'という1つ上のレベルの範疇を形成する。
- 主要部X'とYPはXPという句範疇（最大投射範疇）を形成する。

山崎1987では、古典中国語の動詞句はX'''が最大投射（=XP）であると仮定し、その下の各レベルの主要部と補助部の配列が変わることにより、アスペクト助詞の文法化と結果補語の文法化が引き起こされたという説明を試みている。

4.2 Inversion Transduction Grammar

Wu1995 で提唱された ITG(Inversion Transduction Grammar)は、特定の範疇において主要部の位置が異なる 2 つの言語の構成要素を対応させるための文法である。例えば、次の(5a)(5b)は同じ意味を表す英語と中国語の文である。もちろん語順が異なるが、どちらかの $[_{vv}]$（動詞）と $[_{pp}]$（前置詞句）の位置を逆転させれば、平行する語順に変わる。ITG はこのようにして、2 言語平行コーパスの対応する文の間で構成要素の対を取る。

(5a) The Authority will $[_{vv}$ be accountable] $[_{pp}$ to the Financial Secretary].

(5b) 管理局將會 $[_{pp}$ 向財政司] $[_{vv}$ 負責]。

ごく大雑把にいうと、この文法は、主語＋動詞句の構造を作る句構造規則や、前置詞句の構造を作る句構造規則などのうち、2 言語間で共通の規則は、下記の(6a)のように定めておき、2 言語間で配列が異なる構造は(6b)ののように、2 通りの配列が現れることを記述する方式である。これにより、1 組の規則で 2 言語の平行する意味をもつ構造が記述できる。

(6a) SP → [NP VP]　　PP → [Prep NP]　　(6b) VP → [VV PP | PP VV]

4.3 Head finalization

Isozaki(et al.)2010 は、やはり機械翻訳において、他の語順を持つ言語から SOV の語順への変換のために、文の中の個々の階層において、それぞれ、機能的主要部を機械的に階層内の配列の末尾に置く変換方法（Head finalization）を提案し、この手法が、日本語のような一貫した主要部後置型の構造を持つ言語の派生には有効であることを示している。

4.4 本研究で用いる枠組みの特徴

本研究で提示する模式図とその操作方法は、基本的には X-bar 理論の枠内にあり、§4.2 と§4.3 で紹介した、個々の階層でそれぞれの主要部の配置を変換することにより文全体の語順を操作する手法を援用しているが、違いは以下の通りである。

(i) 句範疇も語彙範疇も細分化せず、抽象化した少数の範疇を用いる。

(ii) 同じ形の単純な枝分かれ構造を再帰的に用いる。

(iii) 階層構造を語順変換の制約のために最適化する。

5. 本研究で提案する構造化の枠組み

5.1 構造化の原則

本研究では以下の原則で構造を最適化する。

1. 習得目標言語と起点言語との対応関係のみを重視し最適化する。
2. 対応関係とは、ある範疇内の主要部と補部の配列の変数を操作するだけで、目標言語の構造から起点言語の構造への変換ができる関係を意味する。
3. 構造を最適化するとは、2 言語での変換操作が最小限になる（＝その構造を生成する規則ができるだけシンプルになる）ようにするということである。

5.2 基本的な範疇

使用する基本的な範疇は次のように定義する。

S: （一般的な）「文」。[S… [S…]]のように再帰的に現れうる。

Pred: モダリティを示す助詞など。中国語・日本語とも文末に置かれる。

X: 何かに作用を及ぼす語彙範疇。Vennemann1974 などでいうところの“Operator”。中国語の場合、動詞、助動詞、前置詞、否定辞がここに帰属する。[+動詞性]という特徴を有するクラス。

Comp: 動詞や前置詞の目的語など、いわゆる（主要部に対しての）補部。

X': 主要部 X と Comp から構成される範疇。この X'という節点の下では、中国語は例外なく主要部先行型の語順になり、日本語は主要部後置型となる。

Ad: 「話題／主題」「主語」と呼ばれる機能範疇および時間詞、場所詞、副詞などの動詞の前に現れうる各種の語。XP の下の姉妹要素として複数生起が可能。

XP: Ad と X'からなる範疇。[XP… [XP… [XP…]]]のように再帰的に現れることができる。

以下では、説明の便宜と理解のため、模式図においても各範疇に名称を付すが、学習者に提示する際には、範疇名は「X'」の表示ぐらいにとどめる（学習者に提示する際にはもっとなじみやすい用語を使う）。これは学習者の負担を軽減するためである。

なお、「主語・目的語…」などの機能範疇、「名詞、動詞…」などの語彙範疇は用いない。前者については、人によって定義が異なるので積極的に使用することがためらわれる。

後者については、その語彙を知っておりさえすれば容易に推定できる範疇の名称であれば表示する必要はない（“吃”や“吗”がどんな範疇の語であるかを迷う学習者は少ない）。学習者が範疇を推定しにくい語彙は、中国語特有の品詞であったり、多品詞語であったりすることが予想されるので、それの理解が学習者に負担を与える可能性がある。また、その細分化された範疇への理解が語順の把握に役立つという積極的な意義を見いだせない。

5.3 句構造規則

【図 1】

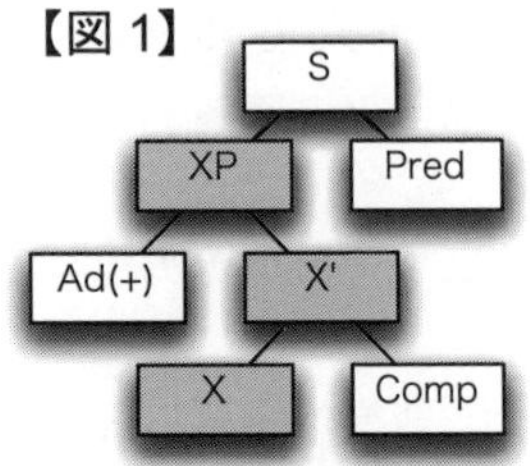

句構造規則は次のように定める。

S →S | XP Pred　　XP → XP | Ad X'　　X' → X Comp

S は S をその下にもつことも、XP と Pred に展開されることもある。XP は XP をその下にもつことも、X'と Comp に展開されることもある。S の下に S があるのは、Pred に現れる文末助詞が複数ある場合、その相互の位置関係が固定的であることを示すのに役立つ。この構造を樹形図で示せば、【図 1】の通りである。

厳密に考えると、前置詞や方向補語のように、ある程度、文法化した語彙は動詞のような階層構造をもたない非成層的な範疇である。ここでの枠組みでいえば、Ad を伴わない。

この非成層的範疇を小文字の x を使って、次のように規定することも可能である。

xP → x'　　x' → x Comp （※Ad が現れないことに注意）

ただし、これを学習者に提示する必要があるかないかは別に考える必要がある。

また、ある語彙が完全に文法化しているかどうか、成層的語彙であるかどうかは、明確に 2 分できるものではなく、境界的な例も多い。いずれにせよ、あまりこれに拘る必要はあるまい。

この句構造を設定するにあたり、以下の２つの原則に従った。

a) 二分木で表示する：本研究の提案する枠組みは、主要部と補部の変数の操作のみで 2 言語間の語順の変換を記述するため、できるだけ二分木（枝を 2 本に限定する樹形図）で描写する。これは、例えば、中国語の構造を日本語の構造に変換する時、[X A B]→[A B X]という規則を設定するより、[X A B]を[X [A B]]と階層構造化しておき（X は主要部)、主要部 X の補部に対する位置の変数をセットし直す規則（[X [···]]を[[···]X]に変換する）を設定するほうが、感覚的にわかりやすいということによる。

b) 変換可能な語順を階層で制限する：[X A B]という要素が同一範疇内にある時、同一範疇内での並べ替えなら 6 通りの可能な配列があるが、これを[X [A B]]と階層化し、範疇を越えたかき混ぜを許容しなければ、4 通りしか配列の可能性はない。このように細かく階層化することにより、学習者を惑わせる要素を排除できる。逆に、自由にかき混ぜ可能な要素は同一範疇内の姉妹要素にする。

6. 記述の例

6.1 比較構文と使役構文

次の文(8)(9)は図 2、図 3 のように表せる。

(8) 她比你大两岁吧。【図 2】　　(9) 老公要我接孩子。【図 3】

【図 2】

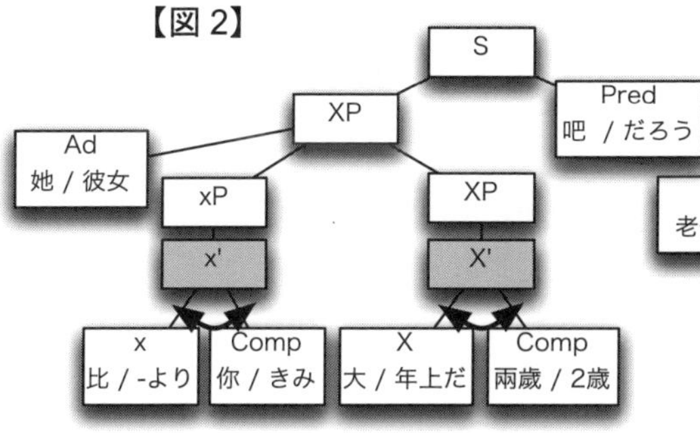

【図 3】

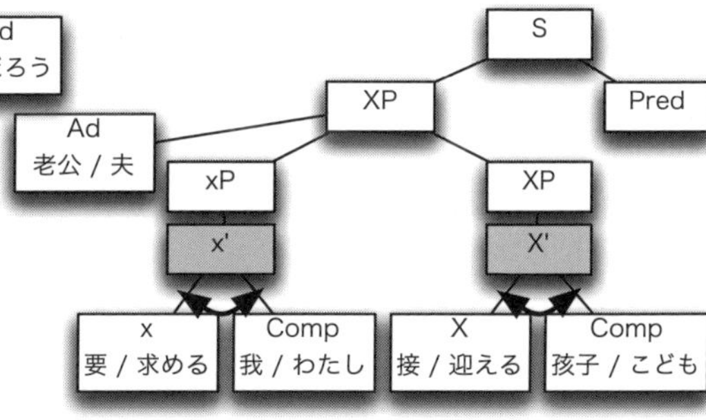

２つの文の構造が同じ構造として表示されている点にも注意されたい。

動詞も前置詞も範疇 X で括られる（必要なら前置詞と文法化した使役動詞には x を使ってもよい)。X'内の配列の変数（主要部 X と補助部 Comp の位置を決める変数、二分木なので変数の値の数は最小限にとどまる）を操作するだけで、この中国語の文は、対応する日本語の構造の語順(8') (9')に並べ替えられる。

(8') [[彼女 [きみ より] [2歳 年上だ]] だろう]

(9') [[夫 [わたし 求める] [こども 迎える]]]

(8') (9')はもちろん日本語の文として完全ではないが、学習者がまっさきに注目するであろう名詞や動詞といった内容語（Content word）の位置の対応関係の把握には寄与できる。

要するに、日本語と中国語との対応関係のみで見るのなら、X'の構造規則は下記のように２つの規則があり、中国語は(1)を選び、日本語は(2)を選ぶということである。

X'の生成規則(1): X'→ X Comp　　X'の生成規則(2): X'→ Comp X

なお、学習者に提示する場合は、上述の「範疇のラベルは表示しない」に加え「不要な枝を刈り込む」という操作が必要であろう。その上で節点 X'に焦点を当て、その節点の子要素の配列の違いだけが両言語の語順の相違であることを理解させればよい。

6.2 副詞の配列

(10)の文は副詞が４つ並んでいる。このような構造を理解しているかどうかの確認のため、(11)のような語順整序問題がよく使われる。

(10) 漂亮也不一定都是好事。

(11)｛　｝内の語句を日本文の意味になるよう並べ替えよ。

｛都，好事，一定，不，漂亮，是，也｝

美しいということもまた、いつでも好ましいことであるとは限らない。

【図 4】

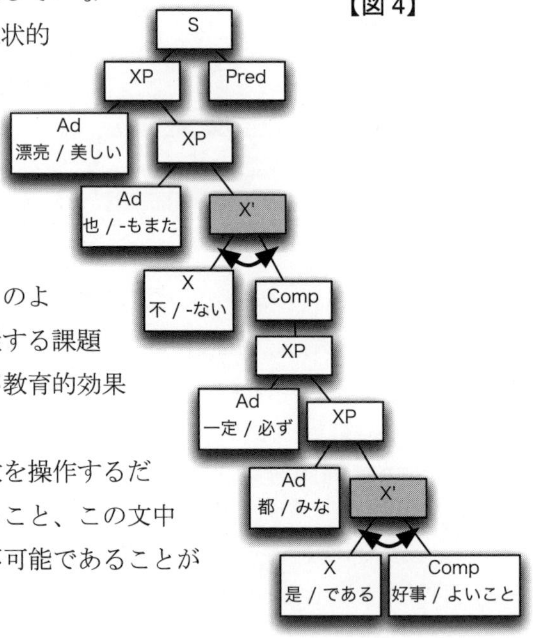

この問題は、中国語の基本構造を把握していない学習者には困難である。なぜなら、線状的に考えた場合、可能な組み合わせは 7! 通り存在するからである。また、学習者の誤用を見ても、どの副詞の用法を把握していないから、その誤用を産出したのかわかりにくい。

上述の整序問題を課すより前に、図 4 のような階層構造を提示し、文の構造を把握する課題（§7 で説明する）を遂行させたほうが教育的効果が高い。

この樹形図からは、2 ヶ所の X'の変数を操作するだけで、対応する日本語の語順が得られること、この文中の副詞は相互に位置を交換することが不可能であることが見て取れる。

6.3 かき混ぜ可能な要素

§3.2 で取り上げた(3a)の文は (12)のように表示される（XP 以下のみ省略して示す）。

(12) [$_{\text{XP}}$ $_{\text{Ad}}$我 $_{\text{Ad}}$今天 $_{\text{Ad}}$城里 [$_{\text{X'}}$ 有事]]

動詞の前の３つの要素がすべて同じ節点 XP の下にある Ad と表示されているので、かき混ぜ可能であることが感覚的に把握できる。学習者には、かきまぜ可能であることが最重要であり、それが主語なのか主題なのか……という考察は不要であると考える。また動詞に対する意味的な関係も語彙の意味から理解可能であるので表示する必要はない。

7. どのように学習に用いるか

「階層の感じを把握させる」ためには学習者にどのような操作をさせるべきか。見るだけでは「感じ」は掴みにくいので、実際に手を動かして語順の変換操作をさせるのがよい。

「手を動かして操作する」を実現する方法として、あらかじめ PC 上で描画された樹形図をユーザーが変換操作できるソフトウェアという手段が考えられる。この方法でなら、学習者は何度でも階層構造の制約の中で語順の変換（主要部と補助部の入れ替え）を行い、必要な「感覚」を養うことができると考える（この構想については山崎 2012 に詳述した）。

8. 残された課題

本研究では、主要部と補部の位置を操作するという操作だけで中国語の構造から日本語の構造へと語順を変換することを試み、その目的のために中国語の階層構造を最適化して記述した。逆に日本語から中国語への変換もこの手法が適用できるのか、また、他の言語との対応関係はどうなるのか、という問題については、今後の検討課題である。

参考文献

山崎直樹. 1987. 「中国語通時相における動詞句の構造変化」. 早稲田大学文学研究科修士論文.

山崎直樹. 2012. 「ことばをオモチャのように扱う中国語学習支援ソフトの構想」. 『言語処理学会第 18 回年次大会発表論文集』: 813-816 頁.

朱德熙. 1982. 『语法讲义』. 北京: 商务印书馆.

Chao, Yuen Ren. 1964. *A Grammar of Spoken Chinese*. Berkeley & London: University of California Press.

Isozaki , Hideki., Katsuhito Sudoh, Hajime Tsukada and Kevin Duh. 2010. "Head finalization: a simple reordering rule for SOV languages." *Proceedings of the Joint 5th Workshop on Statistical Machine Translation and Metrics MATR: 244-251.*

Jackendoff, R. S. 1980. *X-bar Syntax: A Study of Phrase Structure. (Linguistic Inquiry Monographs).* MA: The MIT Press.

Krashen, S. 1985. *The input hypothesis: Issues and implications.* New York: Longman.

Li, Charles N. & Sandra A. Thompson. 1981. *Mandarin Chinese: A Functional Reference Grammar*. Berkeley & London: University of California Press.

Long, M. H. 1991. "Focus on form: A design feature in language teaching methodology." In K. de Bot, D. Coste, C. Kramsch & R. Ginsberg (Eds.), *Foreign Language Research in Cross-Cultural Perspective.* Amsterdam/Philadelphia: John Benjamins, pp.39-52.

Amsterdam/Philadelphia: John Benjamins.

VanPatten, B. 1996. *Input Processing and Grammar Instruction*. Norwood, NJ: Ablex.

Vennemann, T. 1973. Explanation in syntax, J. Kimball (ed.) *Syntax and Semantics* 2, New York: Seminar Press. 1-50.

Wu, Dekai. 1997. "Stochastic inversion transduction grammars and bilingual parsing of parallel corpora." *Computational Linguistics* 23: 377-403.

あとがき

いま、約半年に及んだ編集作業を終えて印刷に付す段階に到り、心から安堵している。ここでは、刊行までの道のりを簡単に振り返っておきたい。

本論文集の企画を発案したのは秋谷裕幸であり、平成二十二年秋の日本中国語学会全国大会の折に早稲田大学の同窓である山崎直樹に声をかけ、山崎氏がそれに賛同する形でスタートしたのだという。神戸市外国語大学での連絡役として私が加わったのは翌平成二十三年春のことであり、六月には好文出版の尾方敏裕社長をも交えて打ち合わせの機会を持った。私としては、いつもマイペースを崩さない秋谷氏が大変な熱意をもってこの計画を推進しようとしているのが意外であり、その熱に巻き込まれるようにして刊行会に加わった感がある。この点は山崎氏も同じだったようである。

その時の打ち合わせで、秋谷氏が両先生と交流のある中国人研究者とのやり取り、山崎氏が編集実務の全般、私が連絡等の事務作業を行うという役割分担が決まり、さらに早稲田大学での連絡役として野原将揮にも加わってもらうことにした。そして、平成二十三年の十一月、神戸市外国語大学・早稲田大学における受業生と両先生にゆかりのある研究者を対象として、出版計画の概要を説明する書状を送り、翌平成二十四年の夏を期限として研究論文の寄稿を依頼した。

今回、事情により原稿を寄せることがかなわなかった方もおられたものの、ほとんどすべての方から力作をご寄稿いただき、また中国からも十本に及ぶ論文が寄せられたのは、ひとえに太田・古屋両先生の人徳によるものである。原稿をお寄せいただいた方々には、この場を借りて心より御礼を申し上げたい。

その後、日本国内の原稿に関しては山崎・野原・竹越の三名が、また中国からの原稿に関しては秋谷が、スタイルを統一的なものに整えるとともに、原稿と突き合わせ確認する作業を行った。その過程で種々の有益なアドバイスを賜った加納巧氏に感謝したい。もちろん、編集に関わる一切の責任は我々刊行会に帰する。

出版に関しては、古屋先生とともに長年『中国語学研究　開篇』を刊行してこられた尾方社長に大変お世話になった。いつもながらのご尽力に厚く御礼を申し上げたい。

太田斎・古屋昭弘両先生から有形無形の学恩を授かった私どもは、これからも両先生の学問を吸収し継承するとともに、そこから一歩でも前に進むべく努力していきたいと思う。謹んで本書を捧げ、両先生のご多幸と研究の一層の進展をお祈り申し上げる。

平成二十五年一月

竹越　孝

執筆者一覧

遠藤　光暁（えんどう　みつあき）
汪　　維輝（Wang　Weihui）
笹原　宏之（ささはら　ひろゆき）
丁　　　鋒（Ding　Feng）
橋本　貴子（はしもと　たかこ）
更科　慎一（さらしな　しんいち）
竹越　　孝（たけこし　たかし）
千葉　謙悟（ちば　けんご）
荒木　典子（あらき　のりこ）
羅　　福騰（Luo　Futeng）
下地早智子（しもじ　さちこ）
邢　　向東（Xing　Xiangdong）
沈　　　明（Shen　Ming）
張　　盛開（Zhang　Shengkai）
遠藤　雅裕（えんどう　まさひろ）
馬　　之濤（Ma　Zhitao）
中西　裕樹（なかにし　ひろき）
林　　範彦（はやし　のりひこ）
山崎　直樹（やまざき　なおき）
野原　将揮（のはら　まさき）
李　　　藍（Li　Lan）
平田眞一朗（ひらた　しんいちろう）
平田　昌司（ひらた　しょうじ）
吉池　孝一（よしいけ　こういち）
池田　　巧（いけだ　たくみ）
木津　祐子（きづ　ゆうこ）
鋤田　智彦（すきた　ともひこ）
加納　　巧（かのう　たくみ）
趙　　日新（Zhao　Rixin）
辛　　永芬（Xin　Yongfen）
張　　雙慶（Zhang　Shuangqing）
曹　　志耘（Cao　Zhiyun）
秋谷　裕幸（あきたに　ひろゆき）
竹越美奈子（たけこし　みなこ）
工藤　早恵（くどう　さえ）
西田　文信（にしだ　ふみのぶ）
松本　洋子（まつもと　ようこ）

中國語學研究 開篇 單刊 No.15
太田斎・古屋昭弘 両教授還暦記念中国語学論集

2013年 3月15日 発行

■編者 太田斎・古屋昭弘両教授還暦記念中国語学論集刊行会
秋谷裕幸 山崎直樹 竹越孝 野原将揮

■発行者 尾方敏裕

■発行所 株式会社 好文出版
〒162-0041 東京都新宿区早稲田鶴巻町540 林ビル3F
Tel.03-5273-2739 Fax.03-5273-2740
http://www.kohbun.co.jp/

■制作 日本学術書出版機構（JAPO）

■印刷／製本 音羽印刷 株式会社

 ISBN978-4-87220-162-8

中國語學研究 開篇 単刊

No.1 中国江蘇・安徽・上海両省一市境内 親族称謂詞的地理分布 ◎岩田礼 著
品切 B5/ 89p. 本体486円 【*1989*年】

No.2 《山歌》索引 ◎石汝傑・陳榴競 著
品切 B5/178p. 本体1,457円 【*1989*年】

No.3 《翻譯老乞大・朴通事》漢字注音索引 ◎遠藤光暁 著
品切 B5/238p. 本体2,913円【*1990*年】

No.4 『燕京婦語』翻字と解説 ◎鱒澤彰夫 著
品切 B5/239p. 本体3,884円 【*1992*年】

No.5 杭州方言志 ◎銭乃栄 著
品切 B5/130p. 本体1,748円 【*1992*年】

No.6 劉知遠諸宮調 語彙索引 ◎渡部洋 編
品切 B5/204p. 本体2,718円【*1996*年】

No.7 厳州方言研究 ◎曹志耘 著
品切 B5/206p. 本体3,398円【*1996*年】

No.8 呉語読本 明清呉語和現代蘇州方言 ◎石汝傑 著
品切 B5/185p. 本体2,913円【*1996*年】

No.9 徽州方言研究 ◎平田昌司 主編
品切 B5/337p. 本体4,000円【*1998*年】 ISBN 026-8

No.10 球雅集 漢語論稿及琉漢對音新資料 ◎丁鋒 著
品切 B5/113p. 本体1,800円【*1998*年】 ISBN 028-4

No.11 蕭山方言研究 ◎大西博子 著
B5/197p. 本体3,500円【*1999*年】 ISBN 037-3

No.12 呉語処衢方言研究 ◎曹志耘・秋谷裕幸・太田斎・趙日新 著
品切 B5/470p. 本体5,000円【*2000*年】 ISBN 040-3

No.13 東南方言比較文法研究 ◎林璋・佐々木勲人・徐萍飛 著
B5/202p. 本体3,000円【*2002*年】 ISBN 057-8

No.14 臨汾屯里方言研究 ◎樋口勇夫 著
B5/184p. 本体3,000円【*2004*年】 ISBN 082-9

＊一部品切れがございます。詳しくは弊社までお問い合わせください。